ESSAIS

Tome I

DU MÊME AUTEUR

Dans Le Livre de Poche :

MICHEL DE MONTAIGNE

Essais

ÉDITION PRÉSENTÉE, ÉTABLIE
ET ANNOTÉE PAR PIERRE MICHEL

Tome I

LE LIVRE DE POCHE

LA VIE D'UN « HONNÊTE HOMME »

En 1530, influencé par l'humaniste Guillaume **Budé**, François Ier fonde le *Collège royal*, dont les *lecteurs* enseignent le grec et l'hébreu en même temps que le latin. En 1532, Rabelais publie à Lyon le premier de ses romans, *Pantagruel*. Ainsi Montaigne fait son entrée dans la vie en plein triomphe de l'humanisme.

Michel Eyquem naît en 1533, au château de Montaigne, situé à une lieue de Castillon, en Périgord. Sa famille s'était enrichie à Bordeaux dans le commerce des vins exportés en Angleterre, et du poisson. Son bisaïeul, Ramon Eyquem, avait acquis la terre noble et le château de Montaigne ou Montagne, comme on dira encore au XVIIIe siècle. Le père de Montaigne, loin de vendre des harengs, comme le prétend Scaliger, est un véritable seigneur ; comme le père de Ronsard, il participe aux guerres d'Italie et revient ébloui par cette civilisation où les vestiges de l'Antiquité et les innovations de la Renaissance s'associent pour célébrer la beauté et la joie de vivre. Ses compatriotes l'estiment assez pour l'élire maire de Bordeaux.

Une éducation originale.

N'ayant aucune connaissance des lettres, selon le

témoignage de Montaigne, Pierre Eyquem veut que son fils soit mieux instruit, et, comme le latin est la langue universelle des savants et des clercs, il entreprend de la lui faire apprendre au sortir de nourrice, comme langue maternelle. Dans le chapitre *De l'institution des enfants*, Montaigne rappelle avec un sourire attendri comment son père lui donna un précepteur allemand, chèrement gagé, qui avait pour mission de parler latin avec l'enfant, à l'exclusion du français et du périgourdin que celui-ci apprit plus tard. Montaigne sut ainsi le latin comme une langue vivante et put avoir accès de très bonne heure non seulement aux chefs-d'œuvre de l'Antiquité, mais à tous les ouvrages modernes écrits en latin. Mais son père craignit de le retarder par rapport aux autres enfants, s'il prolongeait l'expérience, et le mit au Collège de Guyenne, à Bordeaux. Celui-ci venait d'être réorganisé par un principal portugais, André de Gouvéa, bien connu de Pierre Eyquem, puisqu'il avait reçu son brevet de naturalisation pendant la mairie de celui-ci. Le meilleur principal de France, au dire de Montaigne. Et quels éminents professeurs : les humanistes Buchanan, Guérente, Muret, qui furent même ses répétiteurs particuliers, si les souvenirs des *Essais* sont bien fidèles. Mais quoi ! Le meilleur collège est toujours une « geôle de jeunesse captive » pour un enfant indépendant et personnel. Montaigne se présente lui-même comme un écolier lent et lourd, plus endormi que turbulent : il ne s'intéresse qu'aux livres de son choix, les *Métamorphoses* d'Ovide, l'*Enéide* de Virgile, qu'il « enfile tout d'un trait », et puis Térence et Plaute... Mais il se réveille pour jouer les premiers rôles dans les tragédies latines de Buchanan, de Guérente et de Muret ; plus tard, loin de renier cette passion pour le théâtre, il la justifie : « C'est un exercice que je ne mesloue *a* point aux jeunes enfants de maison », et s'étonne du discrédit où sont tenus les comédiens, considérant que le théâtre est un excellent divertissement social. S'il n'apprit pas grand-

---

a. **Blâme.**

chose au collège, du moins n'y gâta-t-il pas son jugement, qui déjà était sûr.

La carrière juridique.

Au sortir du collège, Montaigne entreprend des études de droit à Toulouse, et sans doute aussi à Paris. Il est conseiller à la cour des aides de Périgueux, puis au parlement de Bordeaux, quand la cour de Périgueux est supprimée. Bientôt, tout lui déplaît dans ses fonctions : la multitude des lois qui les rend inefficaces, leur origine « si faible » qu'elle appartient plus à la coutume qu'à la raison, l'abus que font certains juges de leur pouvoir, par ignorance ou fanatisme. « Combien ai-je vu de condamnations plus criminelles que le crime ! » écrit-il dans les *Essais*. Pendant les treize ans qu'il exerce sa charge, il préfère manquer à la justice plutôt qu'à l'humanité. Avant Montesquieu, il condamne énergiquement la torture.

Cependant cette expérience prolongée de la magistrature, même si elle déçoit, lui procure d'heureuses rencontres : c'est dans les milieux parlementaires qu'il rencontre sa femme, Françoise de la Chassaigne, et son ami La Boétie. Né à Sarlat, La Boétie était le modèle des juges : énergique, incorruptible, nourri des philosophes stoïciens, il apporte à Montaigne avec la chaleur d'une amitié irremplaçable la fermeté qui lui manquait. Si la rencontre de Socrate orienta jadis Platon vers la philosophie, l'amitié de La Boétie fortifia l'indépendance de Montaigne en lui donnant le support d'une doctrine. Avec La Boétie, Montaigne admira les héros stoïciens, qu'ils fussent esclaves comme Epictète, philosophes comme Sénèque ou empereurs comme Marc Aurèle. La mort interrompt cette amitié unique en 1563, mais sans la briser. Par-delà la tombe, La Boétie continue à guider Montaigne dans les chemins difficiles de la vie. Les livres qu'il lui a légués, ses propres œuvres, sont à la fois une nourriture et un exemple. La première activité littéraire de Montaigne sera de publier les poèmes latins, les sonnets en français et les traductions du grec de l'ami disparu. Il ne laissera de côté que le discours *De la servitude volontaire*, que les protestants utilisaient comme pamphlet contre le roi. De même, par affection filiale, Montaigne traduit la *Théologie naturelle* de Raymond Sebond, voulant donner à son vieux père une consolation religieuse. Dans les *Essais*, il consacrera tout un chapitre (I, XXVIII) à l'amitié, avec ce mot touchant d'une sensibilité souvent masquée : « Parce que c'était lui, parce que c'était moi. »

Un homme libre.

En 1570, à trente-huit ans, Montaigne vend sa charge de conseiller et va résider dans son château. Rien ne le retenait plus au parlement : il avait mesuré la vanité de ses fonctions, il n'avait plus son ami pour l'exhorter à la patience ; son père était mort depuis deux ans (1568) lui laissant le domaine et le titre de Montaigne ; son mariage avait arrondi une fortune suffisante. Aussi « ennuyé de l'esclavage de la cour et du parlement », il pouvait se donner, selon une inscription latine de la *Librairie*, « à la liberté, à la tranquillité et aux loisirs ». Ce n'est nullement la retraite d'un misanthrope ou d'un ascète, mais d'un seigneur de village, qui a les moyens de diriger sa vie à sa guise, parfois poussé par l'ambition à s'approcher des grands et à se mêler de politique, le plus souvent ménageant avec soin son indépendance : « Il se faut réserver une *arrière-boutique* toute nôtre, toute franche, en laquelle nous établissons notre vraie liberté et principale retraite et solitude » (livre I, chap. XXXIX). Matériellement, il organise cette *arrière-boutique* dans une tour d'angle qui abrite sa chapelle, sa chambre à coucher et sa *Librairie*, son domaine propre qu'il a soustrait à « la communauté et conjugale et filiale et civile ». Il y a rassemblé mille volumes, chiffre considérable pour l'époque, et pour s'imprégner des leçons de la sagesse éternelle, il a peint sur les solives du plafond des maximes tirées de l'Evangile ou de la philosophie antique. C'est là qu'échappant à toute obligation il lit, médite en marchant, annote ses auteurs préférés ou joue avec sa chatte en contemplant la campagne périgourdine. Par une grâce spéciale, l'incendie qui, au XIXe siècle, a détruit le corps du logis a épargné la tour, permettant d'évoquer encore Montaigne dans le cadre même où il a composé les *Essais*.

Les enfantements de notre esprit (II, VIII).

En 1570 précisément, la Paix de Saint-Germain a mis fin, pour quelque temps, à la guerre religieuse ; en 1571, naît Léonor, le seul de ses enfants qui survivra. Les *Essais* ne cachent pas la déception de Montaigne de n'avoir qu'une fille, dont il abandonne l'éducation à sa femme, alors qu'il aurait souhaité un garçon pour lui transmettre son expérience de la vie, son nom et son domaine. De là, une indifférence à l'égard des enfants, qui nous choque, et qui n'est qu'une tendresse refoulée. De là encore, cette consolation qu'il cherche dans les enfants de son esprit : « Les enfantements de notre esprit, de notre courage et suffisance sont produits par une plus noble partie que la corporelle, et sont plus nôtres... » (II, VIII). Cette même année 1571, il publie à Paris les œuvres de La Boétie, premier pas vers une œuvre personnelle.

L'absence de charge et une solitude relative n'apportent pas nécessairement la paix de l'âme, car « il y a moyen de faillir en la solitude », (I, XXXIX). L'oisiveté est source d'anarchie morale pour un esprit curieux ; Montaigne en fait l'expérience : « Dernièrement que je me retirai chez moi, délibéré autant que je pourrais, ne me mêler d'autre chose que de passer en repos et à part ce peu qui me reste de vie, il me semblait ne pouvoir faire plus grande faveur à mon esprit, que de le laisser en pleine oisiveté s'entretenir soi-même, et s'arrêter et rasseoir en soi... mais je trouve qu'au rebours, faisant le cheval échappé, il se donne cent fois plus de carrière à soi-même qu'il n'en prenait pour autrui ; et m'enfante tant de chimères et monstres fantasques les uns sur les autres sans ordre et sans propos, que, pour en contempler à mon aise l'ineptie et l'étrangeté, j'ai commencé de les mettre en rôle, espérant avec le temps en faire honte à lui-même », (I, VIII). Comme le Narcisse du mythe antique, Montaigne pour se connaître a besoin d'une fontaine, où il se mire. Cette fontaine, ce sont les livres de philosophie légués par La Boétie et ses propres acquisitions, en particulier les *Œuvres morales* de Plutarque, traduites par Amyot en 1572. Plus encore, ce sont les réflexions personnelles qu'il fait en essayant ses forces, confondant les leçons de la vie et celles des livres.

Les Essais de 1580.

Quelle forme Montaigne allait-il donner à ses chimères ? Le goût du siècle lui proposait de multiples compilations de maximes puisées chez les Anciens, tels les *Mots dorés* à Caton, ou les *Apophtegmes* d'Erasme, ou encore les *Maximes des Grecs et des Latins sur la Vertu* d'Henri Estienne. Il pouvait aussi prendre pour modèle des lettres ou dissertations morales imitées des *Lettres à Lucilius* de Sénèque, comme les *Epîtres dorées* de l'Espagnol Guevara, ou les *Diverses Leçons* de Pierre de Messie. Insérer ses *Mémoires* particuliers dans l'histoire générale de son temps le tentait : gentilhomme de la chambre du roi de France, ainsi que de celle du roi de Navarre, cette connaissance des affaires publiques et son objectivité faisaient de lui un observateur privilégié ; aussi ses amis le conviaient-ils à cette œuvre. Mais quoi ? En période de guerre civile, une histoire devient une prise de position : apologie ou pamphlet. Il n'avait pas d'exploits à conter comme les vétérans des guerres d'Italie, les capitaines du Bellay ou le maréchal de Monluc, son voisin. De plus, le style périodique pratiqué en histoire déplaisait à son humeur portée aux saillies poétiques. Le coup de génie, ce fut de fondre des éléments pris à ces divers genres dans des *essais*, qui sont à la fois les ébauches d'un apprenti, les *verves* d'un esprit audacieux, les expériences d'une vie sans lustre, mais non sans épreuves. Certes, le lecteur d'aujourd'hui s'étonne qu'un écrivain ennemi du pédantisme ait tant emprunté aux Anciens, mais ces citations, ces lectures ne visent pas à l'érudition ; incorporées au « moi » de Montaigne, elles l'enrichissent sans lui retirer de sa disponibilité. Ce livre, d'une conception encore jamais vue, devient consubstantiel à son auteur, et Montaigne peut déclarer dans son *Avis au lecteur* : « Je suis moi-même la matière de mon livre. » Mme Bovary, c'est moi ?

Le voyage de 1580-1581.

En 1580, les *Essais* en deux livres paraissent chez Simon Millanges à Bordeaux. Et voilà que Montaigne quitte femme, fille et château pour des grandes vacances, qui dureront dix-sept mois et huit jours. Ce qui ne manqua pas de faire jaser. A ces critiques, Montaigne répond dans le chapitre IX du livre III, en donnant ses raisons : d'abord, une série de cures thermales ; depuis quelques années, il est atteint de la gravelle, dont son père était mort ; maladie douloureuse et incurable en son temps. Or il y a chez Montaigne une *dispathie* (aversion) héréditaire avec la médecine. Comment avoir confiance dans les *crottes de rat pulvérisées* que les apothicaires offrent comme remèdes aux *coliqueux* ? En revanche, la Nature propose la vertu de ses eaux : Montaigne a déjà essayé les sources des Pyrénées et de l'Auvergne, sans amélioration décisive. Mais il reste toutes celles de Lorraine, du Tyrol et d'Italie... D'autre part, n'est-il pas temps de voyager quand on a quarante-huit ans et qu'on se tient à cheval dix heures de suite sans éprouver de gêne ? La pointe de son clocher importune Montaigne, qui grille de « frotter sa cervelle contre celle d'autrui », et qui après avoir surtout étudié dans les livres aspire à « remarquer des choses inconnues et nouvelles ».

Une petite troupe de parents et d'amis, sans compter

les serviteurs, accompagne Montaigne : son frère cadet, son beau-frère, Bernard de Cazalis, un gentilhomme lorrain, M. du Hautoy, et le jeune d'Estissac, descendant de l'illustre famille poitevine, protectrice de Rabelais. L'itinéraire ne va pas au plus court : Montaigne commence par gagner Paris, où il présente ses *Essais* au roi, recevant à son tour des lettres de recommandation et des instructions. Intermède guerrier : il suit la cour au siège de La Fère, puis assiste à Soissons aux obsèques de son ami le comte de Gramont. De là, il revient dans la région parisienne, traverse la Champagne, la Lorraine, où il s'arrête devant la maison de Jeanne d'Arc à Domremy, prend les eaux à Plombières, puis gagne l'Allemagne du Sud, le Tyrol et pénètre en Italie par le Brenner. Alors les sources thermales sont si nombreuses et les sujets de curiosité si variés que les voyageurs prennent le chemin des écoliers : « S'il fait laid à droite, je prends à gauche... » (III, IX). Finalement, on arrive à Rome, rêve de tous les humanistes. Comme Rabelais et du Bellay, Montaigne vénère le *sépulcre* de la Rome antique, mais s'intéresse aussi à la Rome de la Renaissance et à la Rome pontificale, « seule ville commune et universelle..., ville métropolitaine de toutes les nations chrétiennes » (III, IX). Il est reçu en audience par le pape, admire les manuscrits uniques de la bibliothèque vaticane et soumet les *Essais* à la censure du Saint-Office, souvent plus libérale que celle de la Sorbonne. Le séjour le plus agréable et le plus long est celui de Lucques et des bains della Villa. Jamais Montaigne ne s'est senti aussi libre : « Je dormais, j'étudiais quand je voulais ; et lorsque la fantaisie me prenait de sortir, je trouvais partout compagnie de femmes et d'hommes avec qui je pouvais converser... » Il est probable que Montaigne aurait prolongé ses vacances italiennes, si les jurats de Bordeaux ne l'avaient élu maire. Quelque honorable que fût la charge, c'était quitter la liberté pour affronter des soucis pires que les tracas domestiques. Le 15 octobre 1581, il part de Rome et revient par Milan, Turin, Chambéry, Lyon, Clermont-Ferrand et Limoges. A son arrivée au château de Montaigne, il y trouve une lettre flatteuse, mais impérative d'Henri III lui enjoignant de prendre ses fonctions au plus tôt.

Le bénéfice du voyage ? Montaigne ne revient pas guéri de la gravelle ; il est vrai qu'il corrigeait la saveur fade des eaux minérales par le vin blanc et les huîtres. Plutôt mourir que s'en passer ! Mais son expérience humaine est infiniment enrichie. Avant de voyager, il était déjà persuadé que la coutume gouverne les Etats comme les individus. La connaissance de tant de pays divers le confirme dans ce relativisme. Aussi le livre III des *Essais* sera-t-il beaucoup plus varié et personnel que les deux premiers. Se méfiant de sa mémoire, Montaigne notait au jour le jour les étapes avec leurs particularités : ce *Journal*, qui n'était pas destiné la publication, fut retrouvé au XVIIIe siècle par le chanoine Prunis et édité par Neusnier de Querlon (1774). La comparaison entre le *Journal* et les *Essais* montre la distance qui sépare la notation du fait avec sa transposition artistique et les réflexions morales qui en découlent.

Le maire de Bordeaux.

Voilà cet humaniste, fier de son brevet de bourgeois de Rome, promu à la direction de la capitale de l'Aquitaine. Il connaît d'avance le poids de ses fonctions : avant lui, son père « en oubliait le doux air de la maison ». Aussi Montaigne, qui entend ménager sa volonté, commence par poser ses conditions : « A mon arrivée, je me déchiffrai fidèlement et consciencieusement tout tel que je me sens être : sans mémoire, sans vigilance, sans expérience et sans vigueur ; sans haine aussi, sans ambition, sans avarice et sans violence » (III, x). Pour juger de la portée de cette profession de foi, il est juste de la corriger par cette autre affirmation : « Je ne veux pas qu'on refuse aux charges qu'on prend l'attention, les pas, les paroles et la sueur et le sang au besoin » (*ibid.*). La première « mairie » s'écoule sans difficultés majeures, et certainement à la satisfaction des Bordelais, puisque Montaigne est réélu, fait exceptionnel. Mais la seconde lui coûte pas, paroles, sueur et, peu s'en faut, sang. La Guyenne et Bordeaux dépendaient de la couronne de France, mais le roi de Navarre y avait des intérêts ; d'autre part, la Ligue était fort active. Enfin des aventuriers de toute sorte, sans compter les marins de Brouage, interceptaient les transports de vin sur la Gironde et rançonnaient les commerçants. Les troupes de Bordeaux ne sont pas sûres et complotent d'assassiner le maire au cours d'une revue. Dans une telle confusion, Montaigne fait preuve de décision. En liaison constante avec le maréchal de Matignon, gouverneur militaire de la place, il rétablit l'ordre et écarte les menaces protestantes. En fin de mandat, nouvelle calamité : une épidémie de peste éclate à Bordeaux pendant que Montaigne se trouve à son château ; il s'excuse de ne pas revenir présider l'élection de son successeur : prudence et non lâcheté.

La guerre aux portes de Montaigne.

Redevenu simple particulier, Montaigne n'en est que plus vulnérable. Or il n'est ni fanatique, ni *métis* : aussi est-il suspect aux extrémistes des deux camps : « Au gibelin, j'étais guelfe, au guelfe, gibelin. » En 1585, l'armée du roi et de la Ligue met le siège devant Castillon, tenu par les protestants ; les soldats vivent sur le pays et pillent tout : « De ce qui m'advint lors, un ambitieux s'en fût pendu, si eût fait un avaricieux. » Cependant Montaigne ne modifie en rien son attitude pacifique, refusant d'armer son château : « J'essaie de soustraire ce coin à la tempête publique, comme je fais un autre coin en mon âme... Entre tant de maisons armées, moi seul, que je sache, en France, de ma condition, ai fié purement au ciel la protection de la mienne... je ne veux ni me craindre, ni me sauver à demi », (II, xv, addition de l'*exemplaire de Bordeaux*). Par surcroît de malheur, la peste s'abat sur la région ; les gens meurent par milliers, le vignoble même est délaissé ; une centaine d'ouvriers agricoles qui travaillaient sur les terres de Montaigne sont réduits au chômage. Lui-même, si hospitalier, est obligé de quitter sa maison, et de chercher refuge tantôt chez l'un, tantôt chez l'autre. Puis la guerre s'éloigne, la peste s'apaise et la vie reprend. Montaigne prépare une nouvelle édition des *Essais* et renoue ses liens avec Catherine de Médicis.

Les Essais *de 1588.*

En 1588, le livre III, fruit du voyage en Italie, des deux *mairies*, et des épreuves de la guerre et de la peste est prêt. Montaigne se rend à Paris pour le faire imprimer par Abel L'Angelier. Il est aussi porteur d'un message d'Henri de Navarre pour Henri III : dans l'imbroglio de ces guerres qui durent depuis plus de trente ans, les deux souverains tentent enfin un rapprochement ! Mais Montaigne arrive pour la Journée des Barricades : Henri de Guise, chef de la Ligue, s'empare de Paris et en chasse Henri III. Montaigne connu pour son amitié personnelle pour Henri de Navarre, est embastillé, puis échangé contre un ligueur arrêté par Catherine de Médicis. Il quitte Paris et va passer quelques semaines en Picardie chez une fervente admiratrice, Mlle de Gournay, heureuse accalmie parmi tant de vicissitudes. Il accompagne ensuite la cour dans ses déplacements et assiste aux états de Blois, au cours desquels Henri de Guise est assassiné. Amère déception pour tous ceux qui espéraient enfin l'apaisement. De plus en plus désabusé de la politique, Montaigne s'en revient à son château.

« Se conformer à Nature ».

Le poids des ans se fait sentir, les crises de gravelle se multiplient. Montaigne connaît alors la vraie retraite, occupée à remanier et à enrichir ses *Essais*, but suprême de son existence. Certes, il salue avec joie l'accession d'Henri IV au trône de France : enfin, il a un souverain selon son cœur ! Mais il est trop vieux et trop indépendant pour se laisser embrigader dans le nouveau gouvernement ; il se borne à donner des conseils de modération et de justice au nouveau roi. Après avoir cherché le secours des philosophies les plus diverses, il s'en remet désormais à la Nature, estimant que « les plus belles vies sont... celles qui se rangent au modèle commun et humain avec ordre ». Comme son ami La Boétie, il meurt courageusement, dans la foi catholique.

Ainsi disparaît sans bruit cet homme qui s'était appliqué toute sa vie à échapper à tous les entraînements de son époque, dépassant par sa sérénité ce chaos sanglant. « La grande singularité de Montaigne, remarque Sainte-Beuve, et ce qui fait de lui un phénomène, c'est d'avoir été la modération, le ménagement et le tempérament en un tel siècle. » Parmi les contemporains de Montaigne, il y eut des personnalités plus brillantes, comme le baron des Adrets, Monluc ou l'intrépide Agrippa d'Aubigné, toujours l'épée à la main. Montaigne, lui, a passé son existence mouvementée sans fracas, mais aussi sans ruines et sans meurtre. Si à première vue, il représente l'anti-héros par son absence d'outrance, il a mis en pratique des vertus plus rares. Les *Essais*, peinture de son « moi » profond, sont devenus le symbole de la civilisation, le bréviaire des honnêtes gens de tous pays. Non seulement ils sont lus et commentés dans toute l'Europe, mais dans les Amériques et en Asie : au lendemain de la deuxième guerre mondiale, une édition des *Essais* à dix mille exemplaires s'enleva, en un an, au Japon. Non, les *Essais* n'ont pas été écrits *à peu d'hommes et à peu d'années*, mais pour l'éternité et l'universalité de ceux qui croient encore dans la dignité humaine.

PIERRE MICHEL.

PRINCIPALES ÉDITIONS DES ESSAIS

La première édition des Essais parut en mars 1580, à Bordeaux, chez Simon Millanges, en deux volumes in-8° (qui se rencontrent d'ordinaire en un seul). Elle ne comprenait encore que les livres I et II, eux-mêmes réduits à un état qui nous paraît aujourd'hui assez décharné par rapport aux développements qu'ils devaient comporter plus tard.

La deuxième édition parut chez le même éditeur en 1582 (un volume in-8°), après le voyage de Montaigne en Italie. Elle diffère relativement peu de la première, sinon, en particulier, par les allusions qui y sont faites à ce voyage et par les citations de poètes italiens qui y sont ajoutées.

La troisième édition parut à Paris, chez Jean Richer, en 1587 (un volume in-12). L'édition de 1588 porte, à la page de titre, la mention : « Cinquième édition ». Il y aurait donc eu une quatrième édition. Mais comme aucune trace n'en a encore été retrouvée, on considère, jusqu'à preuve contraire, le mot « cinquième » comme une erreur.

L'édition de 1588 serait ainsi en réalité la quatrième. Elle parut à Paris, en un volume in-4°, « chez Abel Langelier au premier pilier de la grand-salle du Palais ». Elle est d'une importance capitale, d'une part parce que, comme l'annonce la page de titre, elle était « augmentée d'un troisième livre et de six cents additions aux deux premiers », d'autre part parce qu'elle fut la dernière publiée du vivant de Montaigne.

Montaigne meurt le 13 septembre 1592. Sur un exemplaire de l'édition de 1588 il n'a pas cessé d'apporter des corrections dont la très grande majorité est faite d'additions. La page de titre elle-

*même est rectifiée et porte maintenant la mention « Sixième édition »
(y aurait-il eu vraiment une quatrième édition — ou simplement
une unité ajoutée au chiffre antérieur ?), avec, en exergue, une devise
tirée de l'Enéide, IV, 175 : « Viresque acquirit eundo. » Cet exemplaire de 1588, porteur des corrections manuscrites, et conservé aujourd'hui à la bibliothèque municipale de Bordeaux, est communément désigné sous le nom d'exemplaire de Bordeaux.*

*Répondant aux intentions de Montaigne, Mlle de Gournay, son
admiratrice et sa « fille d'élection », donne en 1595, et toujours chez
Langelier (ou L'Angelier, ou Langellier), une nouvelle édition, in-
folio, revue et augmentée d'un tiers à l'aide des additions manuscrites. Celles-ci avaient été recopiées par un magistrat-poète de
Bordeaux, Pierre de Brach, et par lui mises à la disposition de
Marie de Gournay ; mais l'édition de 1595 ne les reproduit pas
toujours fidèlement, et les édulcore volontiers.*

Il existe donc trois attitudes possibles pour un éditeur :

*Ou bien suivre l'édition posthume de Mlle de Gournay, qui a pu
bénéficier des confidences orales de Montaigne ainsi que de notes,
brouillons et lettres aujourd'hui disparus.*

*Ou bien adopter, selon les règles actuelles de l'édition critique,
le texte de 1588, dernière édition publiée du vivant de l'auteur.*

*Ou bien préférer l'exemplaire de Bordeaux, enrichi de multiples
additions et corrections par Montaigne lui-même, sans toutefois
avoir la certitude absolue que ce soit là l'état dernier de la pensée
de l'auteur.*

*Du seizième au dix-neuvième siècle, l'exemplaire de Bordeaux
est ignoré ou négligé. La plupart des éditeurs reproduisent le texte
de Mlle de Gournay, en prenant pour base son édition de 1633.*

*En 1802, Naigeon, secrétaire de Diderot, découvre l'intérêt de
l'exemplaire de Bordeaux et publie une édition des Essais remontant
à cette source. Mais son exemple n'est pas suivi.*

*En 1906, Fortunat Strowski fait pencher la balance en faveur de
l'exemplaire de Bordeaux. Il est suivi par P. Villey, A. Armaingaud,
J. Plattard, A. Thibaudet, M. Rat, S. de Sacy. En 1912, la Librairie
Hachette publie une reproduction photographique de l'exemplaire
de Bordeaux. L'Imprimerie nationale (édition Armaingaud) en donne
aussi une reproduction typographique (1931).*

*Les éditions Sacy (1952) et P. Michel (1957), sans négliger l'exem-
plaire de Bordeaux, reproduisent intégralement le texte de 1588 et
donnent conjointement, en italique, les versions différentes ajoutées
de 1588 à 1592 par Montaigne. L'édition Maurice Rat (« La Pléiade »,
1963), refonte de l'édition Thibaudet, renvoie les variantes en fin de
volume, considérant le texte de l'exemplaire de Bordeaux comme le
plus satisfaisant.*

NOTRE TEXTE

CETTE édition étant destinée à un très vaste public, composé non seulement de lecteurs déjà familiarisés avec Montaigne ou d'étudiants, mais aussi de simples curieux, attirés par la réputation universelle des *Essais,* nous avons tenu à présenter un texte sûr et facile d'accès. Ce souci de libérer le lecteur des fatigues et des lenteurs de l'érudition a eu pour conséquences :

● De renoncer au texte de la dernière édition publiée du vivant de l'auteur (1588), règle des éditions critiques, et d'adopter celui de l'*exemplaire de Bordeaux,* comme dans l'édition de la Pléiade. Il en résulte une typographie unifiée, sans coupure, qui facilite la lecture.

● De moderniser l'orthographe. C'est la première édition complète et courante des *Essais,* qui adopte systématiquement l'orthographe d'aujourd'hui. Déjà Mlle de Gournay, *fille d'alliance* de Montaigne, avait rajeuni l'orthographe du XVIe siècle ; au XVIIIe siècle, la grande édition Pierre Coste avait aussi modifié la graphie, pour la conformer aux usages du temps. Pourquoi s'en tenir là ? La graphie du XVIe siècle est un obstacle sérieux pour le lecteur moderne qu'elle déroute sans apporter la moindre compensation. Un universitaire éminent, Henri Bernès, dans un rapport au Conseil supérieur de l'Instruction publique, préconise cette modernisation dès 1895 : « Il semble bon, pour inciter nos élèves à en faire plus tard l'objet de leurs études et de leurs réflexions, de leur présenter de bonne heure les grands écrivains du XVIe siècle, dans leurs parties les plus accessibles et les plus attrayantes, et peut-être dégagées, comme l'ont été depuis longtemps les écrivains du XVIIe siècle, d'une orthographe compliquée qui semble mettre entre eux et nous plus de distance... » Ce qui était vrai du public scolaire à la fin du XIXe siècle, l'est-il moins du public d'aujourd'hui beaucoup plus vaste et plus pressé encore que celui qu'envisageait Henri Bernès ? La *distance* entre l'œuvre et le lecteur n'a fait que grandir ; il fallait à tout prix la diminuer.

Ne serait-il pas étrange, d'ailleurs, de respecter des formes, qui, au XVIe siècle, étaient encore flottantes, et de montrer tant de respect pour des graphies capricieuses, qui dépendaient plutôt des usages des ateliers d'imprimerie que de la volonté de l'auteur ? La querelle de l'orthographe au XVIe siècle mit aux prises Meigret, Ramus, Antoine de Baïf, Jacques Peletier du Mans, partisans d'une orthographe phonétique, et les défenseurs de l'orthographe étymologique, Guillaume des Autels, de Bèze, et surtout les Estienne, en leur double qualité d'humanistes et d'imprimeurs. Quant à Montaigne, d'abord séduit par les facilités apparentes de l'orthographe phonétique, que lui avait vantées Jacques Peletier lors d'un séjour dans son château, il en revint à l'usage le plus répandu pour la publication des *Essais* : « Je ne me mêle ni d'orthographe, et ordonne seulement (que les imprimeurs) suivent l'ancienne, ni de la ponctuation ; je suis peu expert en l'un et en l'autre » (III, IX). Autrement dit, Montaigne s'en remettait à ses imprimeurs, sans même rectifier des bizarreries indéfendables : à quelques lignes d'intervalle, on trouve *Romme* et *Rome, Caesar* et *César,* et bien d'autres anomalies sans motif.

En modernisant l'orthographe et la ponctuation, à l'exclusion de la syntaxe et du vocabulaire, qui font partie du style inimitable de Montaigne, nous pensons rester fidèles à l'esprit de l'auteur, ennemi du pédantisme et de l'effort inutile. Tout lecteur d'aujourd'hui peut ainsi engager la conversation avec le sage d'autrefois, et en goûter la saveur, sans appréhension. Qu'il conserve ses forces intactes pour en pénétrer la pensée et la suivre dans sa mobilité !

● De placer en bas de la page les traductions (vérifiées et souvent rajeunies) des citations, annoncées dans le texte par des astérisques, ainsi que le sens actuel des expressions tombées en désuétude.

● D'insérer à la fin du dernier volume un lexique sommaire, mais commode. Ce lexique explique les mots qui ont disparu de l'usage, et dont l'orthographe moderne ne pourrait rendre compte.

● De donner à la fin de chaque volume des notes explicatives (références livresques, indications historiques, etc.) classées par chapitres des *Essais*, ainsi que les variantes les plus importantes de 1588 et de 1595.

Ces dispositifs nous ont paru les plus pratiques pour le maniement de volumes nourris de suc et, par cela même, trop souvent présentés d'une manière rébarbative. Or la lecture des *Essais*, comme celle de la philosophie véritable, doit être, selon le mot de Montaigne, une *éjouissance constante*.

AU LECTEUR

C'est ici un livre de bonne foi, lecteur. Il t'avertit, dès l'entrée, que je ne m'y suis proposé aucune fin, que domestique et privée. Je n'y ai eu nulle considération de ton service, ni de ma gloire. Mes forces ne sont pas capables d'un tel dessein. Je l'ai voué à la commodité particulière de mes parents et amis : à ce que m'ayant perdu (ce qu'ils ont à faire bientôt) ils y puissent retrouver aucuns traits de mes conditions et humeurs, et que par ce moyen ils nourrissent, plus entière et plus vive, la connaissance qu'ils ont eue de moi. Si c'eût été pour rechercher la faveur du monde, je me fusse mieux paré et me présenterais en une marche étudiée. Je veux qu'on m'y voie en ma façon simple, naturelle et ordinaire, sans contention et artifice : car c'est moi que je peins. Mes défauts s'y liront au vif, et ma forme naïve, autant que la révérence publique me l'a permis. Que si j'eusse été entre ces nations qu'on dit vivre encore sous la douce liberté des premières lois de nature, je t'assure que je m'y fusse très volontiers peint tout entier, et tout nu. Ainsi, lecteur, je suis moi-même la matière de mon livre : ce n'est pas raison que tu emploies ton loisir en un sujet si frivole et si vain. Adieu donc ; de Montaigne, ce premier de mars mil cinq cent quatrevingts.

LIVRE PREMIER

CHAPITRE PREMIER

PAR DIVERS MOYENS
ON ARRIVE
A PAREILLE FIN

LA plus commune façon d'amollir les cœurs de ceux qu'on a offensés, lorsque, ayant la vengeance en main, ils nous tiennent à leur merci, c'est de les émouvoir par soumission à commisération et à pitié. Toutefois, la braverie et la constance, moyens tout contraires, ont quelquefois servi à ce même effet.

Edouard[1], prince de Galles, celui qui régenta si long-temps notre Guyenne, personnage duquel les conditions et la fortune ont beaucoup de notables parties de grandeur, ayant été bien fort offensé par les Limousins, et prenant leur ville par force[2], ne put être arrêté par les cris du peuple et des femmes et enfants abandonnés à la boucherie, lui criant merci, et se jetant à ses pieds, jusqu'à ce que passant toujours outre dans la ville, il aperçut trois gentilshommes français, qui d'une hardiesse incroyable soutenaient seuls l'effort de son armée victorieuse. La considération et le respect d'une si notable vertu reboucha *a* premièrement la pointe de sa colère ; et commença par ces trois, à faire miséricorde à tous les autres habitants de la ville.

Scanderberg [3], prince de l'Epire, suivant un soldat des siens pour le tuer, et ce soldat ayant essayé, par toute espèce d'humilité et de supplication, de l'apaiser, se résolut à toute extrémité de l'attendre l'épée au poing. Cette sienne résolution arrêta sus bout *b* la furie de son maître, qui, pour lui avoir vu prendre un si honorable parti, le reçut en grâce *c*. Cet exemple pourra souffrir autre interprétation de ceux qui n'auront lu la prodigieuse force et vaillance de ce prince-là.

L'empereur Conrad troisième [4], ayant assiégé Guelphe, duc de Bavière, ne voulut condescendre à plus douces conditions, quelques viles et lâches satisfactions qu'on lui offrît, que de permettre seulement aux gentilles femmes qui étaient assiégées avec le duc, de sortir, leur honneur sauf, à pied, avec ce qu'elles pourraient emporter sur elles. Elles, d'un cœur magnanime, s'avisèrent de charger sur leurs épaules leurs maris, leurs enfants et le duc même. L'empereur prit si grand plaisir à voir la gentillesse de leur courage, qu'il en pleura d'aise, et amortit toute cette aigreur d'inimitié mortelle et capitale, qu'il avait portée contre ce duc, et dès lors en avant le traita humainement, lui et les siens.

L'un et l'autre de ces deux moyens m'emporterait aisément. Car j'ai une merveilleuse lâcheté vers la miséricorde et la mansuétude. Tant y a, qu'à mon avis, je serais pour me rendre plus naturellement à la compassion, qu'à l'estimation [5] ; si est la pitié, passion vicieuse aux Stoïques : ils veulent qu'on secoure les affligés, mais non pas qu'on fléchisse et compatisse avec eux.

Or ces exemples me semblent plus à propos : d'autant qu'on voit ces âmes assaillies et essayées par ces deux moyens, en soutenir l'un sans s'ébranler, et courber sous l'autre. Il se peut dire, que de rompre son cœur à la commisération, c'est l'effet de la facilité, débonnaireté

---

a. Emoussa. — *b*. Sur-le-champ. — *c*. Se réconcilia avec lui.

et mollesse, d'où il advient que les natures plus faibles, comme celles des femmes, des enfants et du vulgaire, y sont plus sujettes ; mais ayant eu à dédain les larmes et les prières, de se rendre à la seule révérence de la sainte image de la vertu, que c'est l'effet d'une âme forte et imployable, ayant en affection et en honneur une vigueur mâle et obstinée. Toutefois ès âmes moins généreuses, l'étonnement et l'admiration peuvent faire naître un pareil effet. Témoin le peuple thébain [6], lequel ayant mis en justice d'accusation capitale ses capitaines, pour avoir continué leur charge outre le temps qui leur avait été prescrit et préordonné, absolut à toutes peines Pélopidas, qui pliait sous le faix de telles objections et n'employait à se garantir que requêtes et supplications ; et, au contraire, Epaminondas, qui vint à raconter magnifiquement les choses par lui faites, et à les reprocher au peuple, d'une façon fière et arrogante, il n'eut pas le cœur de prendre seulement les balotes [a] en main ; et se départit [b] l'assemblée, louant grandement la hautesse du courage de ce personnage.

Denys l'ancien, après des longueurs et difficultés extrêmes, ayant pris la ville de Regium [7], et en icelle le capitaine Phyton [8], grand homme de bien, qui l'avait si obstinément défendue, voulut en tirer un tragique exemple de vengeance. Il lui dit premièrement comment, le jour avant, il avait fait noyer son fils et tous ceux de sa parenté. A quoi Phyton répondit seulement, qu'ils en étaient d'un jour plus heureux que lui. Après, il le fit dépouiller et saisir à des bourreaux et le traîner par la ville en le fouettant très ignominieusement et cruellement, et en outre le chargeant de félonnes paroles et contuméliieuses. Mais il eut le courage toujours constant, sans se perdre ; et, d'un visage ferme, allait au contraire ramentevant [c] à haute voix l'honorable et glorieuse cause de sa mort, pour n'avoir voulu rendre son pays entre les mains d'un tyran ; le menaçant d'une prochaine

a. Prendre les boules servant à voter. — *b.* L'assemblée se sépara. — *c.* Rappelant.

punition des dieux. Denys, lisant dans les yeux de la commune de son armée qu'au lieu de s'animer des bravades de cet ennemi vaincu, au mépris de leur chef et de son triomphe, elle allait s'amollissant par l'étonnement d'une si rare vertu et marchandait de se mutiner, étant à même d'arracher Phyton d'entre les mains de ses sergents, fit cesser ce martyre, et à cachettes *a* l'envoya noyer en la mer.

Certes, c'est un sujet merveilleusement vain, divers et ondoyant, que l'homme. Il est malaisé d'y fonder jugement constant et uniforme. Voilà Pompée qui pardonna à toute la ville des Mamertins, contre laquelle il était fort animé, en considération de la vertu et magnanimité du citoyen Zénon [9], qui se chargeait seul de la faute publique, et ne requérait autre grâce que d'en porter seul la peine. Et l'hôte de Sylla ayant usé en la ville de Pérouse [10] de semblable vertu, n'y gagna rien, ni pour soi ni pour les autres.

Et directement contre mes premiers exemples, le plus hardi des hommes et si gracieux *b* aux vaincus, Alexandre [11], forçant après beaucoup de grandes difficultés la ville de Gaza, rencontra Betis qui y commandait, de la valeur duquel il avait, pendant ce siège, senti des preuves merveilleuses, lors seul, abandonné des siens, ses armes dépecées, tout couvert de sang et de plaies, combattant encore au milieu de plusieurs Macédoniens, qui le chamaillaient de toutes parts ; et lui dit, tout piqué d'une si chère victoire, car entre autres dommages il avait reçu deux fraîches blessures sur sa personne : « Tu ne mourras pas comme tu as voulu, Betis ; fais état qu'il te faut souffrir toutes les sortes de tourments qui se pourront inventer contre un captif. » L'autre, d'une mine non seulement assurée, mais rogue et altière, se tint sans mot dire à ces menaces. Lors Alexandre, voyant son fier et obstiné silence : « A-t-il fléchi un genou ? lui est-il échappé quelque voix suppliante ? Vraiment je vaincrai ta taciturnité ; et si je n'en puis

a. En cachette. — *b.* Miséricordieux.

arracher parole, j'en arracherai au moins du gémissement. » Et tournant sa colère en rage, commanda qu'on lui perçât les talons, et le fit ainsi traîner tout vif, déchirer et démembrer au cul d'une charrette [12].

Serait-ce que la hardiesse lui fut si commune que, pour ne l'admirer point, il la respectât moins ? Ou qu'il l'estimât si proprement sienne qu'en cette hauteur il ne pût souffrir de la voir en un autre sans le dépit d'une passion envieuse, ou que l'impétuosité naturelle de sa colère fût incapable d'opposition ?

De vrai, si elle eût reçu la bride, il est à croire qu'en la prise et désolation de la ville de Thèbes, elle l'eût reçue, à voir cruellement mettre au fil de l'épée tant de vaillants hommes perdus et n'ayant plus moyen de défense publique. Car il en fut tué bien six mille, desquels nul ne fut vu ni fuyant ni demandant merci, au rebours cherchant, qui çà, qui là, par les rues, à affronter les ennemis victorieux, les provoquant à les faire mourir d'une mort honorable. Nul ne fut vu si abattu de blessures qui n'essayât en son dernier soupir de se venger encore, et à tout [a] les armes du désespoir consoler sa mort en la mort de quelque ennemi. Si ne trouva l'affliction de leur vertu aucune pitié, et ne suffit la longueur d'un jour à assouvir sa vengeance. Dura ce carnage jusqu'à la dernière goutte de sang qui se trouva épandable, et ne s'arrêta qu'aux personnes désarmées, vieillards, femmes et enfants, pour en tirer trente mille esclaves [13].

_a._ Avec.

CHAPITRE II

DE LA TRISTESSE

Je suis des plus exempts de cette passion, et ne l'aime ni l'estime, quoique le monde ait pris, comme à prix fait, de l'honorer de faveur particulière. Ils en habillent la sagesse, la vertu, la conscience : sot et monstrueux ornement. Les Italiens ont plus sortablement *a* baptisé de son nom la malignité. Car c'est une qualité toujours nuisible, toujours folle, et, comme toujours, couarde et basse, les Stoïciens en défendent le sentiment à leurs sages.

Mais le conte dit [1] que Psammenite, roi d'Egypte, ayant été défait et pris par Cambyse, roi de Perse, voyant passer devant lui sa fille prisonnière, habillée en servante, qu'on envoyait puiser de l'eau, tous ses amis pleurant et lamentant autour de lui, se tint coi sans mot dire, les yeux fichés en terre ; et voyant encore tantôt qu'on menait son fils à la mort, se maintint en cette même contenance ; mais qu'ayant aperçu un de ses domestiques [2] conduit entre les captifs, il se mit à battre sa tête et mener un deuil extrême.

Ceci se pourrait apparier à ce qu'on vit dernièrement d'un prince des nôtres [3], qui, ayant ouï à Trente, où il était, nouvelles de la mort de son frère aîné, mais un frère en qui consistaient l'appui et l'honneur de toute sa maison, et bientôt après d'un puîné, sa seconde espérance, et ayant soutenu ces deux charges d'une constance exemplaire, comme quelques jours après un de

a. Convenablement.

ses gens vint à mourir, il se laissa emporter à ce dernier accident, et, quittant sa résolution, s'abandonna au deuil et aux regrets, en manière qu'aucuns en prirent argument, qu'il n'avait été touché au vif que de cette dernière secousse. Mais à la vérité ce fut, qu'étant d'ailleurs plein et comblé de tristesse, la moindre surcharge brisa les barrières de la patience. Il s'en pourrait (dis-je) autant juger de notre histoire, n'était qu'elle ajoute que Cambyse, s'enquérant à Psammenite pourquoi, ne s'étant ému au malheur de son fils et de sa fille, il portait si impatiemment celui d'un de ses amis : « C'est, répondit-il, que ce seul dernier déplaisir se peut signifier par larmes, les deux premiers surpassant de bien loin tout moyen de se pouvoir exprimer. »

A l'aventure reviendrait à ce propos l'invention de cet ancien peintre [4], lequel, ayant à représenter au sacrifice d'Iphigénie le deuil des assistants, selon les degrés de l'intérêt que chacun apportait à la mort de cette belle fille innocente, ayant épuisé les derniers efforts de son art, quand se vint au père de la fille, il le peignit le visage couvert, comme si nulle contenance ne pouvait représenter ce degré de deuil. Voilà pourquoi les poètes feignent cette misérable mère Niobé, ayant perdu premièrement sept fils, et puis de suite autant de filles, surchargée de pertes, avoir été enfin transmuée en rocher,

> *diriguisse malis *,*

pour exprimer cette morne, muette et sourde stupidité qui nous transit, lorsque les accidents nous accablent surpassant notre portée.

De vrai, l'effort d'un déplaisir, pour être extrême, doit étonner toute l'âme, et lui empêcher la liberté de ses actions : comme il nous advient, à la chaude alarme d'une bien mauvaise nouvelle, de nous sentir saisis, transis, et comme perclus de tous mouvements, de façon que l'âme se relâchant après aux larmes et aux

---

* Ovide, *Métamorphoses*, chant VI : « Et elle fut pétrifiée de douleur ».

plaintes, semble se déprendre, se démêler et se mettre plus au large, et à son aise,

Et via vix tandem voci laxata dolore est *

En la guerre que le roi Ferdinand fit contre la veuve de Jean, roi de Hongrie, autour de Bude, Raïsciac, capitaine allemand, voyant rapporter le corps d'un homme de cheval, à qui chacun avait vu excessivement bien faire en la mêlée, le plaignait d'une plainte commune ; mais curieux avec les autres de reconnaître qui il était, après qu'on l'eut désarmé, trouva que c'était son fils. Et, parmi les larmes publiques, lui seul se tint sans épandre ni voix, ni pleurs, debout sur ses pieds, ses yeux immobiles, le regardant fixement, jusqu'à ce que l'effort de la tristesse venant à glacer ses esprits vitaux, le porta en cet état roide mort par terre [5].

Chi puo dir com'egli arde é in picciol fuoco **, disent les amoureux, qui veulent représenter une passion insupportable :

> *misero quod omnes*
> *Eripit sensus mihi. Nam simul te,*
> *Lesbia, aspexi, nihil est super mi*
> *Quod loquar amens.*
> *Lingua sed torpet, tenuis sub artus*
> *Flamma dimanat, sonitu suopte*
> *Tinniunt aures, gemina teguntur*
> *Lumina nocte* ***

Aussi n'est-ce pas en la vive et plus cuisante chaleur de l'accès que nous sommes propres à déployer nos

---

* Virgile, *Enéide*, chant XI : « Et enfin, à grand-peine, la douleur laissa passer sa voix. »

** « C'est brûler peu que pouvoir dire combien on brûle. » Dernier vers du sonnet CXXXVII de Pétrarque.

*** Catulle, *Poème* LI : « Malheureux ! Tous mes sens me sont ravis. Dès que je t'aperçois, Lesbie, je ne puis plus parler, dans mon égarement ; ma langue est paralysée, une flamme subtile coule dans mes membres, mes oreilles tintent de leur propre bourdonnement, une double nuit couvre mes yeux. » Cette ode que Catulle avait imitée de Sapho a été adaptée au XVIIIe siècle par l'abbé Delille avec assez de bonheur.

plaintes et nos persuasions ; l'âme est lors aggravée
de profondes pensées, et le corps abattu et languissant
d'amour.

Et de là s'engendre parfois la défaillance fortuite, qui
surprend les amoureux si hors de saison, et cette glace
qui les saisit par la force d'une ardeur extrême, au giron
même de la jouissance [6]. Toutes passions qui se laissent
goûter et digérer, ne sont que médiocres,

Curæ leves loquuntur, ingentes stupent *.

La surprise d'un plaisir inespéré nous étonne de même,

Ut me conspexit venientem, et Troïa circum
Arma amens vidit, magnis exterrita monstris,
Diriguit visu in medio, calor ossa reliquit,
Labitur, et longo vix tandem tempore fatur **.

Outre la femme romaine, qui mourut surprise d'aise
de voir son fils revenu de la route ª de Cannes [7], Sophocle
et Denys le tyran, qui trépassèrent d'aise, et Talva qui
mourut en Corse [8], lisant les nouvelles des honneurs que
le Sénat de Rome lui avait décernés, nous tenons en
notre siècle que le pape Léon dixième [9], ayant été averti
de la prise de Milan, qu'il avait extrêmement souhaitée,
entra en tel excès de joie, que la fièvre l'en prit et en
mourut. Et pour un plus notable témoignage de l'imbécillité ᵇ humaine, il a été remarqué par les Anciens que
Diodore le Dialecticien [10] mourut sur-le-champ, épris
d'une extrême passion de honte, pour en son école et
en public ne se pouvoir développer d'un argument qu'on
lui avait fait.

Je suis peu en prise de ces violentes passions. J'ai
l'appréhension naturellement dure ; et l'encroûte et
épaissis tous les jours par discours.

a. Déroute. — b. Faiblesse.
* Sénèque, *Hippolyte*, acte II : « Légers les soucis sont ba-
vards, immenses, ils se taisent. »
** Virgile, *Enéide*, chant III : « Dès qu'elle me vit approcher,
et qu'elle reconnut autour de moi les armes troyennes, hors d'elle-
même, terrorisée par ce prodige, son regard devint fixe, la chaleur
abandonna son corps : elle tombe évanouie et ce n'est que longtemps
après qu'elle retrouve la parole. »

CHAPITRE III

NOS AFFECTIONS
S'EMPORTENT
AU-DELA DE NOUS

CEUX qui accusent les hommes d'aller toujours béant après les choses futures, et nous apprennent à nous saisir des biens présents et nous rasseoir en ceux-là, comme n'ayant aucune prise sur ce qui est à venir, voire *a* assez moins que nous n'avons sur ce qui est passé, touchent la plus commune des humaines erreurs, s'ils osent appeler erreur chose à quoi nature même nous achemine, pour le service de la continuation de son ouvrage, nous imprimant, comme assez d'autres, cette imagination fausse, plus jalouse de notre action que de notre science. Nous ne sommes jamais chez nous, nous sommes toujours au-delà. La crainte, le désir, l'espérance nous élancent vers l'avenir, et nous dérobent le sentiment et la considération de ce qui est, pour nous amuser à ce qui sera, voire quand nous ne serons plus.

Calamitosus est animus futuri anxius *.

Ce grand précepte est souvent allégué en Platon [1] :

a. Même.
* Sénèque, *Epîtres*, 98 : « Malheureux est l'esprit préoccupé par l'avenir. »

« Fais ton fait et te connais. » Chacun de ces deux membres enveloppe généralement tout notre devoir, et semblablement enveloppe son compagnon. Qui aurait à faire son fait, verrait que sa première leçon, c'est connaître ce qu'il est et ce qui lui est propre. Et qui se connaît, ne prend plus l'étranger fait pour le sien ; s'aime et se cultive avant toute autre chose ; refuse les occupations superflues et les pensées et propositions inutiles. *Ut stultitia etsi adepta est quod concupivit nunquam se tamen satis consecutam putat : sic sapientia semper eo contenta est quod adest, neque eam unquam sui pœnitet* *.

Epicure dispense son sage de la prévoyance et sollicitude de l'avenir.

Entre les lois qui regardent les trépassés, celle-ci me semble autant solide, qui oblige les actions des princes à être examinées après leur mort. Ils sont compagnons, sinon maîtres des lois ; ce que la Justice n'a pu sur leurs têtes, c'est raison qu'elle l'ait sur leur réputation, et biens de leurs successeurs : choses que souvent nous préférons à la vie. C'est une usance qui apporte des commodités singulières aux nations où elle est observée, et désirable à tous bons princes qui ont à se plaindre de ce qu'on traite la mémoire des méchants comme la leur. Nous devons la sujétion et l'obéissance également à tous rois, car elle regarde leur office : mais l'estimation, non plus que l'affection, nous ne la devons qu'à leur vertu. Donnons à l'ordre politique de les souffrir patiemment indignes, de celer leurs vices, d'aider de notre recommandation leurs actions indifférentes pendant que leur autorité a besoin de notre appui. Mais notre commerce fini, ce n'est pas raison de refuser à la justice et à notre liberté l'expression de nos vrais ressentiments *a*, et nommément de refuser aux bons sujets la

---

a. Sentiments.
* Cicéron, *Tusculanes*, livre V, chap. XVIII. En 1595, l'édition de Mlle de Gournay remplaça la citation latine par la traduction suivante : « Comme la folie, quand on lui octroiera ce qu'elle désire, ne sera pas contente, aussi est la sagesse contente de ce qui est présent, ne se déplaît jamais de soi. »

gloire d'avoir révéremment et fidèlement servi un maître, les imperfections duquel leur étaient si bien connues, frustrant la postérité d'un si utile exemple. Et ceux qui, par respect de quelque obligation privée, épousent iniquement la mémoire d'un prince mèslouable, font justice particulière aux dépens de la justice publique. Tite-Live dit vrai, que le langage des hommes nourris sous la royauté est toujours plein de folles ostentations et vains témoignages, chacun élevant indifféremment son roi à l'extrême ligne de valeur et grandeur souveraine.

On peut réprouver la magnanimité de ces deux soldats qui répondirent à Néron à sa barbe[2]. L'un, enquis de lui pourquoi il lui voulait du mal : « Je t'aimai quand tu le valais, mais depuis que tu es venu parricide, boutefeu, bateleur, cocher, je te hais comme tu mérites. » L'autre, pourquoi il le voulait tuer : « Parce que je ne trouve autre remède à tes continuelles méchancetés. » Mais les publics et universels témoignages qui après sa mort ont été rendus, et le seront à tout jamais[3] de ses tyranniques et vilains déportements, qui de sain entendement les peut réprouver ?

Il me déplaît qu'en une si sainte police[a] que la Lacédémonienne[4] se fût mêlée une si feinte cérémonie. A la mort des rois, tous les confédérés et voisins, tous les ilotes, hommes, femmes, pêle-mêle, se découpaient le front pour témoignage de deuil et disaient en leurs cris et lamentations que celui-là, quel qu'il eût été, était le meilleur roi de tous les leurs : attribuant au rang le los qui appartenait au mérite, et qui appartenait au premier mérite au postrême et dernier rang. Aristote[5], qui remue toutes choses, s'enquiert sur le mot de Solon que nul avant sa mort ne peut être dit heureux, si celui-là même qui a vécu et qui est mort selon ordre, peut être dit heureux, si sa renommée va mal, si sa postérité est misérable. Pendant que nous nous remuons, nous nous portons par préoccupation où il nous plaît : mais étant hors de l'être, nous n'avons aucune communication avec ce qui est. Et serait meilleur de dire à Solon, que jamais

a. Organisation politique.

homme n'est donc heureux, puisqu'il ne l'est qu'après qu'il n'est plus.

> *Quisquam*
> *Vix radicitus e vita se tollit, et ejicit ;*
> *Sed facit esse sui quiddam super inscius ipse,*
> *Nec removet satis a projecto corpore sese, et vindicat* *.

Bertrand du Guesclin [6] mourut au siège du château de Rangon près du Puy en Auvergne. Les assiégés s'étant rendus après, furent obligés de porter les clefs de la place sur le corps du trépassé.

Barthelemy d'Alviane, général de l'armée des Vénitiens [7], étant mort au service de leurs guerres en la Bresse [8], et son corps ayant à être rapporté à Venise par le Véronais, terre ennemie, la plupart de ceux de l'armée étaient d'avis qu'on demandât sauf-conduit pour le passage à ceux de Vérone. Mais Théodore Trivolce y contredit ; et choisit plutôt de le passer par vive force, au hasard du combat : « N'étant convenable, disait-il, que celui qui en sa vie n'avait jamais eu peur de ses ennemis, étant mort fît démonstration de les craindre. »

De vrai, en chose voisine, par les lois grecques, celui qui demandait à l'ennemi un corps pour l'inhumer, renonçait à la victoire, et ne lui était plus loisible d'en dresser trophée. A celui qui en était requis, c'était titre de gain. Ainsi perdit Nicias l'avantage qu'il avait nettement gagné sur les Corinthiens. Et au rebours, Agésilas assura celui qui lui était bien douteusement acquis sur les Béotiens [9].

Ces traits se pourraient trouver étranges, s'il n'était reçu de tout temps, non seulement d'étendre le soin que nous avons de nous au-delà cette vie, mais encore de croire que bien souvent les faveurs célestes nous accompagnent au tombeau, et continuent à nos reliques. De

---

* Lucrèce, *De Natura Rerum*, chant III : « Chacun ne s'arrache qu'à grand-peine de la vie jusqu'à la racine, mais à son insu même, il s'imagine qu'une partie de lui-même lui survit ; et il ne peut se détacher et se libérer complètement de son corps abattu par la mort. » Le texte de Lucrèce a été modifié par Montaigne.

quoi il y a tant d'exemples anciens, laissant à part les nôtres, qu'il n'est besoin que je m'y étende. Edouard premier [10], roi d'Angleterre, ayant essayé aux longues guerres d'entre lui et Robert, roi d'Ecosse, combien sa présence donnait d'avantage à ses affaires, rapportant toujours la victoire de ce qu'il entreprenait en personne, mourant, obligea son fils par solennel serment à ce qu'étant trépassé, il fît bouillir son corps pour déprendre sa chair d'avec les os, laquelle il fît enterrer ; et quant aux os, qu'il les réservât pour les porter avec lui et en son armée, toutes les fois qu'il lui adviendrait d'avoir guerre contre les Ecossais. Comme si la destinée avait fatalement attaché la victoire à ses membres.

Jean Zischa [11] qui troubla la Bohême pour la défense des erreurs de Wiclef [12] voulut qu'on l'écorchât après sa mort et de sa peau qu'on fît un tambourin à porter à la guerre contre ses ennemis, estimant que cela aiderait à continuer les avantages qu'il avait eus aux guerres par lui conduites contre eux. Certains Indiens portaient ainsi au combat contre les Espagnols les ossements de l'un de leurs capitaines, en considération de l'heur qu'il avait eu en vivant [13]. Et d'autres peuples en ce même monde, traînent à la guerre les corps des vaillants hommes qui sont morts en leurs batailles, pour leur servir de bonne fortune et d'encouragement.

Les premiers exemples ne réservent au tombeau que la réputation acquise par leurs actions passées ; mais ceux-ci y veulent encore mêler la puissance d'agir. Le fait du capitaine Bayard [14] est de meilleure composition, lequel, se sentant blessé à mort d'une arquebusade dans le corps, conseillé de se retirer de la mêlée, répondit, qu'il ne commencerait point sur sa fin à tourner le dos à l'ennemi ; et, ayant combattu autant qu'il eut de force, se sentant défaillir et échapper de cheval, commanda à son maître d'hôtel de le coucher au pied d'un arbre, mais que ce fût en façon qu'il mourût le visage tourné vers l'ennemi, comme il fit.

Il me faut ajouter cet autre exemple aussi remarquable pour cette considération que nul des précédents. L'empe-

reur Maximilien, bisaïeul du roi Philippe [15], qui est à
présent, était prince doué de tout plein de grandes qualités, et entre autres d'une beauté de corps singulière.
Mais parmi ces humeurs, il avait celle-ci, bien contraire
à celle des princes, qui, pour dépêcher les plus importantes affaires, font leur trône de leur chaise-percée :
c'est qu'il n'eut jamais valet de chambre si privé, à qui
il permît de le voir en sa garde-robe. Il se dérobait pour
tomber de l'eau, aussi religieux qu'une pucelle à ne
découvrir ni à médecin, ni à qui que ce fût les parties
qu'on a accoutumé de tenir cachées. Moi, qui ai la bouche
si effrontée, suis pourtant par complexion touché de
cette honte. Si ce n'est à une grande suasion de la nécessité ou de la volupté, je ne communique guère aux yeux
de personne les membres et actions que notre coutume
ordonne être couvertes. J'y souffre plus de contrainte,
que je n'estime bienséant à un homme, et surtout, à un
homme de ma profession. Mais, lui, en vint à telle superstition, qu'il ordonna par paroles expresses de son testament qu'on lui attachât des caleçons, quand il serait
mort. Il devait ajouter par codicille, que celui qui les lui
monterait eût les yeux bandés. L'ordonnance que Cyrus
fait à ses enfants, que ni eux ni autre ne voie et touche
son corps après que l'âme en sera séparée, je l'attribue
à quelque sienne dévotion. Car et son historien [16] et lui,
entre leurs grandes qualités, ont semé par tout le cours
de leur vie un singulier soin et révérence à la religion.

Ce conte me déplut qu'un Grand me fit d'un mien allié,
homme assez connu et en paix et en guerre. C'est que
mourant bien vieil en sa cour, tourmenté de douleurs
extrêmes de la pierre, il amusa toutes ses heures dernières avec un soin véhément, à disposer l'honneur et la
cérémonie de son enterrement [17], et somma toute la
noblesse qui le visitait de lui donner parole d'assister à
son convoi. A ce prince même, qui le vit sur ces derniers
traits, il fit une instante supplication que sa maison fût
commandée de s'y trouver, employant plusieurs exemples et raisons à prouver que c'était chose qui appartenait à un homme de sa sorte ; et sembla expirer content,

ayant retiré cette promesse, et ordonné à son gré la distribution et ordre de sa montre. Je n'ai guère vu de vanité si persévérante.

Cette autre curiosité contraire, en laquelle je n'ai point aussi faute d'exemple domestique, me semble germaine à celle-ci, d'aller se soignant et passionnant à ce dernier point à régler son convoi, à quelque particulière et inusitée parcimonie, à un serviteur et une lanterne. Je vois louer cette humeur, et l'ordonnance de Marcus Emilius Lepidus [18], qui défendit à ses héritiers d'employer pour lui les cérémonies qu'on avait accoutumé en telles choses. Est-ce encore tempérance et frugalité, d'éviter la dépense et la volupté, desquelles l'usage et la connaissance nous est imperceptible ? Voilà une aisée réformation et de peu de coût. S'il était besoin d'en ordonner, je serais d'avis qu'en celle-là, comme en toutes actions de la vie, chacun en rapportât la règle à la forme de sa fortune. Et le philosophe Lycon [19] prescrit sagement à ses amis de mettre son corps où ils aviseront pour le mieux, et quant aux funérailles de les faire ni superflues ni mécaniques. Je lairrai *a* purement la coutume ordonner de cette cérémonie ; et [20] m'en remettrai à la discrétion des premiers à qui je tomberai en charge. « *Totus hic locus est contemnendus in nobis, non negligendus in nostris*.* » Et est saintement dit à un saint : « *Curatio funeris, conditio sepulturae, pompa exequiarum magis sunt vivorum solatia quam subsidia mortuorum**.* » Pourtant Socrate à Criton [21], qui sur l'heure de sa fin lui demande comment il veut être enterré : « Comme vous voudrez », répond-il. Si j'avais à m'en empêcher plus avant, je trouverais plus galant d'imiter ceux qui entreprennent, vivants et respirants, jouir de l'ordre et honneur de leur sépulture, et qui se plaisent de voir en marbre leur morte contenance. Heu-

---

a. Laisserai.
* Cicéron, *Tusculanes* : « C'est un soin qu'il faut totalement mépriser pour soi-même, mais ne pas négliger pour les siens. »
** Saint Augustin, *Cité de Dieu* : « Le soin des funérailles, le choix de la sépulture, la pompe des obsèques sont plutôt des consolations pour les vivants que des secours pour les morts. »

reux, qui savent réjouir et gratifier leur sens par l'insensibilité, et vivre de leur mort.

A peu que je n'entre en haine irréconciliable contre toute domination populaire, quoiqu'elle me semble la plus naturelle et équitable, quand il me souvient de cette inhumaine injustice du peuple athénien, de faire mourir sans rémission et sans les vouloir seulement ouïr en leurs défenses ses braves capitaines, venant de gagner contre les Lacédémoniens la bataille navale près des îles Arginuses, la plus contestée, la plus forte bataille que les Grecs aient onques donnée en mer de leurs forces, parce qu'après la victoire ils avaient suivi les occasions que la loi de la guerre leur présentait, plutôt que de s'arrêter, à recueillir et inhumer leurs morts. Et rend cette exécution plus odieuse le fait de Diomédon [22]. Celui-ci est l'un des condamnés, homme de notable vertu, et militaire et politique ; lequel, se tirant avant pour parler, après avoir ouï l'arrêt de leur condamnation, et trouvant seulement lors temps de paisible audience, au lieu de s'en servir au bien de sa cause et à découvrir l'évidente injustice d'une si cruelle conclusion, ne représenta qu'un soin de la conservation de ses juges, priant les dieux de tourner ce jugement à leur bien ; et afin qu'à faute de rendre les vœux que lui et ses compagnons avaient voués, en reconnaissance d'une si illustre fortune, ils n'attirassent l'ire des dieux sur eux, les avertissant quels vœux c'étaient. Et sans dire autre chose, et sans marchander, s'achemina de ce pas courageusement au supplice.

La fortune quelques années après les punit de même pain soupe. Car Chabrias, capitaine général de l'armée de mer des Athéniens, ayant eu le dessus du combat contre Pollis [23], amiral de Sparte, en l'île de Naxos, perdit le fruit tout net et comptant de sa victoire, très important à leurs affaires, pour n'encourir le malheur de cet exemple. Et pour ne perdre peu des corps morts de ses amis qui flottaient en mer, laissa voguer en sauveté un monde d'ennemis vivants, qui depuis leur firent bien acheter cette importune superstition.

Quaeris quo jaceas post obitum loco ?
Quo non nata jacent *.

Cet autre redonne le sentiment du repos à un corps sans âme :

Neque sepulchrum quo recipiat, habeat portum cor-
                                              [*poris,*
Ubi, remissa humana vita, corpus requiescat a malis **.

Tout ainsi que nature nous fait voir que plusieurs choses mortes ont encore des relations occultes à la vie. Le vin s'altère aux caves, selon aucunes mutations des saisons de sa vigne. Et la chair de venaison change d'état aux saloirs et de goût, selon les lois de la chair vive, à ce qu'on dit.

---

* Sénèque, *Les Troyennes* : « Tu veux savoir où tu seras après la mort ? Où sont les choses à naître ? »
** Ennius, cité par Cicéron, dans les *Tusculanes* : « Qu'il n'ait pas de tombeau pour le recevoir, qu'il n'ait pas de port, où, déchargé du fardeau de la vie humaine, son corps repose en paix. »

CHAPITRE IV

COMME L'AME DÉCHARGE
SES PASSIONS
SUR DES OBJETS FAUX
QUAND LES VRAIS
LUI DÉFAILLENT

Un gentilhomme des nôtres merveilleusement sujet à la goutte, étant pressé par les médecins de laisser du tout l'usage des viandes salées, avait accoutumé de répondre fort plaisamment, que sur les efforts et tourments du mal, il voulait avoir à qui s'en prendre, et que s'écriant et maudissant tantôt le cervelas, tantôt la langue de bœuf et le jambon, il s'en sentait d'autant allégé. Mais en bon escient, comme le bras étant haussé pour frapper, il nous deut, si le coup ne rencontre et qu'il aille au vent ; aussi que pour rendre une vue plaisante, il ne faut pas qu'elle soit perdue et écartée dans le vague de l'air, ains qu'elle ait butte pour la soutenir à raisonnable distance,

Ventus ut amittit vires, nisi robore densæ
Occurrant silvæ spatio diffusus inani * :

* Lucain, *Pharsale*, chant III : « Comme le vent, si d'épaisses forêts ne lui barrent la route de leur rouvre, perd ses forces et se dissipe dans l'espace vide. »

de même il semble que l'âme ébranlée et émue se perde en soi-même, si on ne lui donne prise ; et faut toujours lui fournir d'objet où elle s'abutte ᵃ et agisse. Plutarque ¹ dit, à propos de ceux qui s'affectionnent aux guenons et petits chiens, que la partie amoureuse qui est en nous, à faute de prise légitime, plutôt que de demeurer en vain, s'en forge ainsi une fausse et frivole. Et nous voyons que l'âme en ses passions se pipe plutôt elle-même, se dressant un faux sujet et fantastique, voire contre sa propre créance, que de n'agir contre quelque chose.

Ainsi emporte les bêtes leur rage à s'attaquer à la pierre et au fer qui les a blessées, et à se venger à belles dents sur soi-même du mal qu'elles sentent,

> *Pannonis haud aliter post ictum sœvior ursa*
> *Cum jaculum parva Libys amentavit habena,*
> *Se rotat in vulnus, telúmque irata receptum*
> *Impetit, et secum fugientem circuit hastam* *.

Quelles causes n'inventons-nous des malheurs qui nous adviennent ? A quoi ne nous prenons-nous à tort ou à droit, pour avoir où nous escrimer ? Ce ne sont pas ces tresses blondes que tu déchires, ni la blancheur de cette poitrine que, dépitée, tu bats si cruellement, qui ont perdu d'un malheureux plomb ce frère bien-aimé : prends-t'en ailleurs Tite-Live, parlant de l'armée romaine en Espagne après la perte des deux frères ² ses grands capitaines : « *Flere omnes repente et offensare capita* **. » C'est un usage commun. Et le philosophe Bion ³ de ce Roi qui de deuil s'arrachait les poils, fut-il pas plaisant : « Celui-ci pense-t-il que la pelade soulage le deuil ? » Qui n'a vu mâcher et engloutir les cartes, se gorger d'une balle de dés, pour avoir où se venger de la

---

a. **Prend pour but.**
* Lucain, *Pharsale*, chant VI : « De même, l'ourse de Pannonie devient plus féroce après avoir été frappée par le javelot à la mince courroie de Libye ; elle se roule sur sa plaie, et, furieuse, elle s'élance sur le trait qu'elle a reçu, et tourne en rond pour saisir la javeline qui fuit avec elle. »
** « Tous de pleurer aussitôt et de se frapper la tête. »

perte de son argent ? Xerxès [4] fouetta la mer de l'Hellespont, l'enforgea et lui fit dire mille vilenies, et écrivit un
cartel de défi au mont Athos, et Cyrus amusa toute une
armée plusieurs jours à se venger de la rivière de Gyn-
dès pour la peur qu'il avait eue en la passant ; et
Caligula ruina une très belle maison, pour le plaisir que
sa mère y avait eu [5].

Le peuple disait en ma jeunesse qu'un Roi de nos
voisins, ayant reçu de Dieu une bastonnade, jura de s'en
venger : ordonnant que de dix ans on ne le priât, ni
parlât de lui, ni, autant qu'il était en son autorité, qu'on
ne crût en lui. Par où on voulait peindre non tant la
sottise que la gloire naturelle à la nation de quoi était
le conte. Ce sont vices toujours conjoints, mais telles
actions tiennent, à la vérité, un peu plus encore d'outrecuidance que de bêtise.

L'empereur Auguste [6], ayant été battu de la tempête
sur mer, se prit à défier le dieu Neptune et en la pompe
des jeux circenses [7] fit ôter son image du rang où elle
était parmi les autres dieux pour se venger de lui. En
quoi il est encore moins excusable que les précédents,
et moins qu'il ne fut depuis, lorsqu'ayant perdu une
bataille sous Quintilius Varus en Allemagne, il allait
de colère et de désespoir, choquant sa tête contre la
muraille, en s'écriant : « Varus, rends-moi mes soldats. »
Car ceux-là surpassent toute folie, d'autant que l'impiété y est jointe, qui s'en adressent à Dieu même, ou à
la fortune, comme si elle avait des oreilles sujettes à
notre batterie, à l'exemple des Thraces qui, quand il
tonne ou éclaire, se mettent à tirer contre le ciel d'une
vengeance titanienne, pour ranger Dieu à raison, à coups
de flèches [8]. Or, comme dit cet ancien poète chez Plutarque [9],

Point ne se faut courroucer aux affaires.
Il ne leur chaut de toutes nos colères.

Mais nous ne dirons jamais assez d'injures au dérèglement de notre esprit.

CHAPITRE V

SI LE CHEF
D'UNE PLACE ASSIÉGÉE
DOIT SORTIR
POUR PARLEMENTER

LUCIUS MARCIUS [1], légat des Romains, en la guerre contre Persée, roi de Macédoine, voulant gagner le temps qu'il lui fallait encore à mettre en point son armée, sema des entrejets *a* d'accord, desquels le Roi endormi accorda trêve pour quelques jours, fournissant par ce moyen son ennemi d'opportunité et loisir pour s'armer ; d'où le Roi encourut sa dernière ruine. Si est-ce que *b* les vieils du Sénat, mémoratifs des mœurs de leurs pères, accusèrent cette pratique comme ennemie de leur style ancien : qui fut, disaient-ils, combattre de vertu, non de finesse, ni par surprises et rencontres de nuit, ni par fuites apostées *c* ; et recharges inopinées, n'entreprenant guerre qu'après l'avoir dénoncée, et souvent après avoir assigné l'heure et lieu de la bataille. De cette conscience ils renvoyèrent à Pyrrhus son traître médecin, et aux Falisques leur méchant maître d'école [2].

a. Projets. — *b.* Toujours est-il que... — *c.* Feintes.

C'étaient les formes vraiment romaines, non de la grecque subtilité et astuce punique, où le vaincre par force est moins glorieux que par fraude. Le tromper peut servir pour le coup ; mais celui seul se tient pour surmonté, qui sait l'avoir été ni par ruse ni de sort, mais par vaillance, de troupe à troupe, en une loyale et juste guerre. Il appert bien par le langage de ces bonnes gens qu'ils n'avaient encore reçu cette belle sentence :

dolus an virtus quis in hoste requirat * ?

Les Achéens, dit Polybe [3] détestaient toute voie de tromperie en leurs guerres, n'estimant victoire, sinon où les courages des ennemis sont abattus. « *Eam vir sanctus et sapiens sciet veram esse victoriam, quæ salva fide et integra dignitate parabitur* ** », dit un autre.

Vos ne velit an me regnare hera quidve ferat fors
Virtute experiamur ***.

Au royaume de Ternate [4], parmi ces nations que, si à pleine bouche, nous appelons barbares, la coutume porte qu'ils n'entreprennent guerre sans l'avoir premièrement dénoncée, y ajoutant ample déclaration des moyens qu'ils ont à y employer : quels, combien d'hommes, quelles munitions, quelles armes offensives et défensives. Mais cela fait aussi, si leurs ennemis ne cèdent et viennent à accord, ils se donnent loi au pis faire et ne pensent pouvoir être reprochés de trahison, de finesse et de tout moyen qui sert à vaincre.

Les anciens Florentins [5] étaient si éloignés de vouloir

---

* Virgile, *Enéide*, chant II : « Ruse ou valeur, qui s'en inquiéterait à propos d'un ennemi ? »

** *Ibid.*, livre V : « L'homme vertueux et sage saura que seule est une véritable victoire celle qu'on gagne en gardant intacts loyauté et honneur. »

*** Ennius, cité par Cicéron, *De Officiis* : « Eprouvons par le courage si c'est à vous ou à moi que la Fortune, maîtresse des événements, destine le gouvernement. »

gagner davantage sur leurs ennemis par surprise, qu'ils les avertissaient un mois avant que de mettre leur exercité[a] aux champs par le continuel son de la cloche qu'ils nommaient Martinella[6].

Quant à nous, moins superstitieux, qui tenons celui avoir l'honneur de la guerre, qui en a le profit, et qui, après Lysandre[7], disons que où la peau du lion ne peut suffire, il y faut coudre un lopin de celle du renard, les plus ordinaires occasions de surprise se tirent de cette pratique ; et n'est heure, disons-nous, où un chef doive avoir plus l'œil au guet, que celle des parlements et traités d'accord. Et pour cette cause, c'est une règle en la bouche de tous les hommes de guerre de notre temps, qu'il ne faut jamais que le gouverneur en une place assiégée sorte lui-même pour parlementer. Du temps de nos pères, cela fut reproché aux seigneurs de Montmort et de Lassigny, défendant Mousson[8] contre le comté de Nassau. Mais aussi à ce compte, celui-là serait excusable, qui sortirait en telle façon, que la sûreté et l'avantage demeurassent de son côté : comme fit en la ville de Reggio le comte Guy de Rangon (s'il en faut croire du Bellay, car Guichardin dit que ce fut lui-même) lorsque le seigneur de l'Escut s'en approcha pour parlementer ; car il abandonna de si peu son fort, qu'un trouble s'étant ému pendant ce parlement, non seulement monsieur de l'Escut et sa troupe, qui était approchée avec lui, se trouva la plus faible, de façon que Alexandre Trivulce y fut tué, mais lui-même fut contraint, pour le plus sûr, de suivre le comte et se jeter sur sa foi à l'abri des coups dans la ville.

Eumène[9] en la ville de Nora, pressé par Antigonos, qui l'assiégeait, de sortir parler à lui, et qui après plusieurs autres entremises alléguait que c'était raison qu'il vînt devers lui, attendu qu'il était le plus grand et le plus fort, après avoir fait cette noble réponse : « Je n'estimerai jamais homme plus grand que moi, tant que j'aurai mon épée en ma puissance », n'y consentit, qu'An-

a. Armée.

tigonos ne lui eût donné Ptolomée son propre neveu, otage, comme il demandait.

Si est-ce que encor en y a-t-il, qui se sont très bien trouvés de sortir sur la parole de l'assaillant. Témoin Henry de Vaux [10], chevalier champenois, lequel étant assiégé dans le château de Commercy par les Anglais, et Barthélemy de Bonnes, qui commandait au siège, ayant par dehors fait saper la plupart du château, si qu'il ne restait que le feu pour accabler les assiégés sous les ruines, somma ledit Henry de sortir à parlementer pour son profit, comme il fit lui quatrième, et son évidente ruine lui ayant été montrée à l'œil, il s'en sentit singulièrement obligé à l'ennemi ; à la discrétion duquel, après qu'il se fut rendu et sa troupe, le feu étant mis à la mine, les étançons [11] de bois venus à faillir, le château fut emporté de fond en comble.

Je me fie aisément à la foi d'autrui. Mais malaisément le ferais-je lorsque je donnerais à juger l'avoir plutôt fait par désespoir et faute de cœur que par franchise et fiance *a* de sa loyauté.

a. Confiance.

CHAPITRE VI

L'HEURE
DES PARLEMENTS
DANGEREUSE

Toutefois je vis dernièrement en mon voisinage de Mussidan [1], que ceux qui en furent délogés à force par notre armée, et autres de leur parti, criaient comme de trahison, de ce que pendant les entremises d'accord, et le traité se continuant encore, on les avait surpris et mis en pièces ; chose qui eût eu à l'aventure apparence en un autre siècle ; mais, comme je viens de dire, nos façons sont entièrement éloignées de ces règles ; et ne se doit attendre fiance des uns aux autres, que le dernier sceau d'obligation n'y soit passé ; encore y a-t-il lors assez affaire.

Et a toujours été conseil hasardeux de fier à la licence d'une armée victorieuse l'observation de la foi qu'on a donnée à une ville qui vient de se rendre par douce et favorable composition et d'en laisser sur la chaude l'entrée libre aux soldats. L. Emilius Regillus [2], préteur romain, ayant perdu son temps à essayer de prendre la ville de Phocée à force, pour la singulière prouesse des habitants à se bien défendre, fit pacte avec eux de les

recevoir pour amis du peuple romain et d'y entrer
comme en ville confédérée, leur ôtant toute crainte
d'action hostile. Mais y ayant quant et lui *a* introduit son
armée, pour s'y faire voir en plus de pompe, il ne fut
en sa puissance, quelque effort qu'il y employât, de tenir
la bride à ses gens ; et vit devant ses yeux fourrager
bonne partie de la ville, les droits de l'avarice et de la
vengeance suppéditant *b* ceux de son autorité et de la
discipline militaire.

Cléomène [3] disait que, quelque mal qu'on pût faire
aux ennemis en guerre, cela était par-dessus la justice,
et non sujet à icelle, tant envers les dieux qu'envers les
hommes. Et, ayant fait trêve avec les Argiens pour sept
jours, la troisième nuit après il les alla charger tout
endormis et les défit, alléguant qu'en sa trêve il n'avait
pas été parlé des nuits. Mais les dieux vengèrent cette
perfide subtilité.

Pendant le parlement et qu'ils musaient sur leurs
sûretés, la ville de Casilinum fut saisie par surprise [4], et
cela pourtant aux siècles et des plus justes capitaines et
de la plus parfaite milice romaine. Car il n'est pas dit,
que, en temps et lieu, il ne soit permis de nous prévaloir
de la sottise de nos ennemis, comme nous faisons de leur
lâcheté. Et certes la guerre a naturellement beaucoup
de privilèges raisonnables au préjudice de la raison ;
et ici faut la règle : « *neminem id agere ut ex alterius
prædetur inscitia* *. »

Mais je m'étonne de l'étendue que Xénophon leur
donne, et par les propos et par divers exploits de
son parfait empereur [5] : auteur de merveilleux poids en
telles choses, comme grand capitaine et philosophe des
premiers disciples de Socrate. Et ne consens pas à la
mesure de sa dispense, en tout et partout.

M. d'Aubigny, assiégeant Capoue, et après y avoir
fait une furieuse batterie, le seigneur Fabrice Colonne,
capitaine de la ville, ayant commencé à parlementer de

a. Avec lui. — *b.* Supplantant.
* Cicéron, *De Officiis* : « Que personne ne cherche à profiter de
la sottise d'autrui. »

dessus un bastion, et ses gens faisant plus molle garde, les nôtres s'en emparèrent et mirent tout en pièces [6]. Et de plus fraîche mémoire, à Yvoy [7], le seigneur Jullian Rommero, ayant fait ce pas de clerc de sortir pour parlementer avec M. le connétable, trouva au retour sa place saisie. Mais afin que nous ne nous en allions pas sans revanche, le marquis de Pesquaire assiégeant Gênes [8], où le duc Octavien Fregose commandait sous notre protection, et l'accord entre eux ayant été poussé si avant, qu'on le tenait pour fait, sur le point de la conclusion, les Espagnols s'étant coulés dedans, en usèrent comme en une victoire plénière. Et depuis, en Ligny-en-Barrois [9], où le comte de Brienne commandait, l'empereur l'ayant assiégé en personne, et Bertheuille, lieutenant dudit comte, étant sorti pour parler, pendant le marché la ville se trouva saisie.

> *Fu il vincer sempre mai laudabil cosa,*
> *Vincasi o per fortuna o per ingegno* *,

disent-ils. Mais le philosophe Chrysippe [10] n'eût pas été de cet avis, et moi aussi peu : car il disait que ceux qui courent à l'envi, doivent bien employer toutes leurs forces à la vitesse ; mais il ne leur est pourtant aucunement loisible de mettre la main sur leur adversaire pour l'arrêter, ni de lui tendre la jambe pour le faire choir.

Et plus généreusement encore ce grand Alexandre [11] à Polypercon, qui lui suadait [a] de se servir de l'avantage que l'obscurité de la nuit lui donnait pour assaillir Darius : « Point, fit-il, ce n'est pas à moi d'employer des victoires dérobées : « *malo me fortunæ pæniteat, quam victoriæ pudeat* ** » ;

---

a. Conseillait.
* Arioste, *Roland furieux* : « Vaincre est toujours chose glorieuse, que la victoire soit due à la fortune ou à l'adresse. »
** « J'aime mieux avoir à me plaindre de la fortune qu'à rougir de ma victoire. »

Atque idem fugientem haud est dignatus Orodem
Sternere, nec jacta cæcum dare cuspide vulnus :
Obvius, adversóque occurrit, seque viro vir
Contulit, haud furto melior, sed fortibus armis *.

* Virgile, *Enéide* : « Mézence ne jugea pas digne d'abattre Orode en fuite, ni de le blesser d'un trait qu'il n'aurait pas vu. Il court à sa rencontre, l'attaque face à face, homme contre homme, et triomphe non par ruse, mais par le courage de ses armes. »

CHAPITRE VII

QUE L'INTENTION JUGE
NOS ACTIONS

La mort, dit-on, nous acquitte de toutes nos obligations. J'en sais qui l'ont pris en diverse façon. Henry septième, roi d'Angleterre [1], fit composition avec Dom Philippe, fils de l'empereur Maximilien, ou, pour le confronter plus honorablement, père de l'empereur Charles cinquième, que ledit Philippe remettait entre ses mains le duc de Suffolk, de la rose blanche, son ennemi, lequel s'était enfui et retiré aux Pays-Bas, moyennant qu'il promettait de n'attenter rien sur la vie dudit duc ; toutefois, venant à mourir, il commanda par son testament à son fils de le faire mourir, soudain après qu'il serait décédé.

Dernièrement, en cette tragédie que le duc d'Albe nous fit voir à Bruxelles ès comtes de Hornes et d'Egmont [2], il y eut tout plein de choses remarquables, et entre autres que ledit comte d'Egmont, sous la foi et assurance duquel le comte de Hornes s'était venu rendre au duc d'Albe, requit avec grande instance qu'on le fît mourir le premier : afin que sa mort l'affranchît de l'obligation qu'il avait audit comte de Hornes. Il semble que la mort n'ait point déchargé le premier de sa foi donnée, et que

le second en était quitte, même sans mourir. Nous ne
pouvons être tenus au-delà de nos forces et de nos
moyens. A cette cause, parce que les effets et exécutions
ne sont aucunement en notre puissance et qu'il n'y a
rien en bon escient en notre puissance que la volonté :
en celle-là se fondent par nécessité et s'établissent toutes
les règles du devoir de l'homme. Par ainsi le comte
d'Egmont, tenant son âme et volonté endettée à sa
promesse, bien que la puissance de l'effectuer ne fût
pas en ses mains, était sans doute absous de son devoir,
quand il eût survécu au comte de Hornes. Mais le roi
d'Angleterre, faillant à sa parole par son intention, ne
se peut excuser pour avoir retardé jusques après sa mort
l'exécution de sa déloyauté ; non plus que le maçon de
Hérodote, lequel, ayant loyalement conservé durant sa
vie le secret des trésors du roi d'Egypte, son maître,
mourant les découvrit à ses enfants [3].

J'ai vu plusieurs de mon temps convaincus par leur
conscience retenir de l'autrui, se disposer à y satisfaire
par leur testament et après leur décès. Ils ne font rien
qui vaille, ni de prendre terme à chose si pressante, ni
de vouloir rétablir une injure [a] avec si peu de leur ressentiment [b] et intérêt. Ils doivent du plus leur. Et d'autant qu'ils payent plus pesamment, et incommodément,
d'autant en est leur satisfaction plus juste et méritoire.
La pénitence demande à se charger.

Ceux-là font encore pis, qui réservent la révélation de
quelque haineuse volonté envers le proche à leur dernière volonté, l'ayant cachée pendant la vie ; et montrent avoir peu de soin du propre honneur, irritant
l'offensé à l'encontre de leur mémoire, et moins de leur
conscience, n'ayant, pour le respect de la mort même,
su faire mourir leur maltalent [c], et en étendant la vie
outre la leur. Iniques juges, qui remettent à juger alors
qu'ils n'ont plus de connaissance de cause.

Je me garderai, si je puis, que ma mort dise chose
que ma vie n'ait premièrement dit.

_a._ Injustice. — _b._ Sentiment. — _c._ Haine.

CHAPITRE VIII

DE L'OISIVETÉ

COMME nous voyons des terres oisives[1], si elles sont grasses et fertiles, foisonner en cent mille sortes d'herbes sauvages et inutiles, et que, pour les tenir en office, il les faut assujettir et employer à certaines semences, pour notre service ; et comme nous voyons que les femmes produisent bien toutes seules des amas et pièces de chair informes, mais que pour faire une génération bonne et naturelle, il les faut embesogner d'une autre semence[2] : ainsi est-il des esprits. Si on ne les occupe à certain sujet, qui les bride et contraigne, ils se jettent déréglés, par-ci par-là, dans le vague champ des imaginations.

> Sicut aquæ tremulum labris ubi lumen ahenis
> Sole repercussum, aut radiantis imagine Lunæ
> Omnia pervolitat latè loca, jámque sub auras
> Erigitur, summique ferit laquearia tecti*.

* Virgile, Enéide, chant VIII : « Ainsi quand, dans un vase de bronze, une eau agitée réfléchit les rayons du soleil ou l'image de la lune, les reflets de lumière voltigent en tous sens, s'élèvent dans les airs et vont frapper les lambris. »

Et n'est folie ni rêverie, qu'ils ne produisent en cette agitation,

velut ægri somnia, vanæ
Finguntur species *.

L'âme qui n'a point de but établi, elle se perd : car, comme on dit, c'est n'être en aucun lieu, que d'être partout.

Quisquis ubique habitat, Maxime, nusquam habi-
[*tat* **.

Dernièrement que je me retirai chez moi, délibéré autant que je pourrai, ne me mêler d'autre chose que de passer en repos et à part ce peu qui me reste de vie, il me semblait ne pouvoir faire plus grande faveur à mon esprit, que de le laisser en pleine oisiveté, s'entretenir soi-même, et s'arrêter et rasseoir en soi : ce que j'espérais qu'il peut meshuy *a* faire plus aisément, devenu avec le temps plus pesant, et plus mûr. Mais je trouve,

variam semper dant otia mentem ***,

qu'au rebours, faisant le cheval échappé, il se donne cent fois plus d'affaire à soi-même, qu'il n'en prenait pour autrui ; et m'enfante tant de chimères et monstres fantasques les uns sur les autres, sans ordre et sans propos, que pour en contempler à mon aise l'ineptie et l'étrangeté, j'ai commencé de les mettre en rôle [3], espérant avec le temps lui en faire honte à lui-même.

---

a. Désormais.
* Horace, *Art poétique* : « Ils imaginent de vaines chimères, comme des songes de malade. »
** Martial, *Epigrammes* : « Celui qui habite partout n'habite nulle part. » *Cf.* aussi Sénèque, *Lettres à Lucilius*, XXVIII.
*** Lucain, chant IV : « L'oisiveté toujours disperse l'esprit. »

CHAPITRE IX

DES MENTEURS

Il n'est homme à qui il sièse si mal de se mêler de parler de mémoire. Car je n'en reconnais quasi trace en moi, et ne pense qu'il y en ait au monde une autre si monstrueuse en défaillance. J'ai toutes mes autres parties viles et communes. Mais en celle-là je pense être régulier et très rare, et digne de gagner par là nom et réputation [1].

Outre l'inconvénient naturel que j'en souffre, car certes, vu sa nécessité, Platon a raison de la nommer une grande et puissante déesse, si en mon pays on veut dire qu'un homme n'a point de sens, ils disent qu'il n'a point de mémoire, et quand je me plains du défaut de la mienne, ils me reprennent et mécroient, comme si je m'accusais d'être insensé. Ils ne voient pas de choix entre mémoire et entendement. C'est bien empirer mon marché. Mais ils me font tort, car il se voit par expérience plutôt au rebours que les mémoires excellentes se joignent volontiers aux jugements débiles. Ils me font tort aussi en ceci, qui ne sais rien si bien faire qu'être ami, que les mêmes paroles qui accusent ma maladie, représentent l'ingratitude. On se prend de mon affection à ma mémoire ; et d'un défaut naturel, on en fait un

défaut de conscience. Il a oublié, dit-on, cette prière ou
cette promesse. Il ne se souvient point de ses amis. Il ne
s'est point souvenu de dire, ou faire, ou taire cela, pour
l'amour de moi. Certes, je puis aisément oublier, mais
de mettre à nonchaloir la charge que mon ami m'a
donnée, je ne le fais pas. Qu'on se contente de ma
misère, sans en faire une espèce de malice, et de la
malice autant ennemie de mon humeur.

Je me console aucunement. Premièrement sur ce que
c'est un mal duquel principalement j'ai tiré la raison
de corriger un mal pire qui se fût facilement produit en
moi, savoir est l'ambition, car c'est une défaillance
insupportable à qui s'empêche[a] des négociations du
monde ; que, comme disent plusieurs pareils exemples
du progrès de nature, elle a volontiers fortifié d'autres
facultés en moi, à mesure que celle-ci s'est affaiblie,
et irais facilement couchant et alanguissant mon esprit
et mon jugement sur les traces d'autrui, comme fait le
monde, sans exercer leurs propres forces, si les inventions et opinions étrangères m'étaient présentes par le
bénéfice de la mémoire ; que mon parler en est plus
court, car le magasin de la mémoire est volontiers plus
fourni de matière que n'est celui de l'invention ; si elle
m'eût tenu bon, j'eusse assourdi tous mes amis de babil, les sujets éveillant cette telle quelle faculté que j'ai
de les manier et employer, échauffant et attirant[2] mes
discours. C'est pitié. Je l'essaie par la preuve d'aucuns
de mes privés amis : à mesure que la mémoire leur
fournit la chose entière et présente, ils reculent si
arrière leur narration, et la chargent de vaines circonstances, que si le conte est bon, ils en étouffent la
bonté ; s'il ne l'est pas, vous êtes à maudire ou l'heur
de leur mémoire, ou le malheur de leur jugement. Et
c'est chose difficile de fermer un propos et de le couper
depuis qu'on est arrouté[b]. Et n'est rien où la force d'un
cheval se connaisse plus qu'à faire un arrêt rond et
net. Entre les pertinents[c] mêmes, j'en vois qui veulent

a. S'embarrasse. — *b.* Mis en route. — *c.* Ceux qui parlent à bon
escient.

et ne se peuvent défaire de leur course. Cependant qu'ils cherchent le point de clore le pas, ils s'en vont balivernant et traînant comme des hommes qui défaillent de faiblesse. Surtout les vieillards sont dangereux à qui la souvenance des choses passées demeure et ont perdu la souvenance de leurs redites. J'ai vu des récits bien plaisants devenir très ennuyeux de la bouche d'un seigneur, chacun de l'assistance en ayant été abreuvé cent fois. Secondement, qu'il me souvient moins des offenses reçues, ainsi que disait cet Ancien ; il me faudrait un protocole[3], comme Darius, pour n'oublier l'offense qu'il avait reçue des Athéniens, faisait qu'un page à tous les coups qu'il se mettait à table, lui vînt rechanter par trois fois à l'oreille : « Sire, souvenez vous des Athéniens[4] » ; et que les lieux et les livres que je revois me rient toujours d'une fraîche nouvelleté.

Ce n'est pas sans raison qu'on dit que qui ne se sent point assez ferme de mémoire, ne se doit pas mêler d'être menteur. Je sais bien que les grammairiens[5] font différence entre dire mensonge et mentir ; et disent que dire mensonge, c'est dire chose fausse, mais qu'on a pris pour vraie, et que la définition du mot de mentir en latin, d'où notre français est parti, porte autant comme aller contre sa conscience, et que par conséquent cela ne touche que ceux qui disent contre ce qu'ils savent, desquels je parle. Or ceux ici, ou ils inventent marc et tout[a], ou ils déguisent et altèrent un fond véritable. Lorsqu'ils déguisent et changent, à les remettre souvent en ce même conte, il est malaisé qu'ils ne se déferrent[b], parce que la chose, comme elle est, s'étant logée la première dans la mémoire et s'y étant empreinte, par la voie de la connaissance et de la science, il est malaisé qu'elle ne se représente à l'imagination, délogeant la fausseté, qui n'y peut avoir le pied si ferme, ni si rassis, et que les circonstances du premier apprentissage, se coulant à tous coups dans l'esprit, ne fassent perdre

---

a. Complètement (capital et intérêts). — *b.* Se démasquent.

le souvenir des pièces rapportées, fausses ou abâtardies. En ce qu'ils inventent tout à fait, d'autant qu'il n'y a nulle impression contraire, qui choque leur fausseté, ils semblent avoir d'autant moins à craindre de se mécompter. Toutefois encore ceci, parce que c'est un corps vain et sans prise, échappe volontiers à la mémoire, si elle n'est bien assurée. De quoi j'ai souvent vu l'expérience, et plaisamment, aux dépens de ceux qui font profession de ne former autrement leur parole, que selon qu'il sert aux affaires qu'ils négocient, et qu'il plaît aux grands à qui ils parlent. Car ces circonstances, à quoi ils veulent asservir leur foi et leur conscience, étant sujettes à plusieurs changements, il faut que leur parole se diversifie quand et quand *ᵃ*, d'où il advient que de même chose ils disent gris tantôt, tantôt jaune ; à tel homme d'une sorte, à tel d'une autre ; et si par fortune ces hommes rapportent en butin leurs instructions si contraires, que devient ce bel art ? Outre ce qu'imprudemment ils se déferrent eux-mêmes si souvent ; car quelle mémoire leur pourrait suffire à se souvenir de tant de diverses formes, qu'ils ont forgées à un même sujet ? J'ai vu plusieurs de mon temps, envier la réputation de cette belle sorte de prudence, qui ne voient pas que, si la réputation y est, l'effet n'y peut être.

En vérité, le mentir est un maudit vice. Nous ne sommes hommes et ne nous tenons les uns aux autres que par la parole. Si nous en connaissions l'horreur et le poids, nous le poursuivrions à feu plus justement que d'autres crimes. Je trouve qu'on s'amuse ordinairement à châtier aux enfants des erreurs innocentes très mal à propos et qu'on les tourmente pour des actions téméraires qui n'ont ni impression, ni suite. La menterie seule et, un peu au-dessous, l'opiniâtreté, me semblent être celles desquelles on devrait à toute instance combattre la naissance et le progrès. Elles croissent quant et eux. Et depuis qu'on a donné ce faux train à la langue, c'est merveille combien il est impossible de l'en retirer. Par

a. En même temps.

où il advient que nous voyons des honnêtes hommes d'ailleurs y être sujets et asservis. J'ai un bon garçon de tailleur à qui je n'ouïs jamais dire une vérité, non pas quand elle s'offre pour lui servir utilement.

Si, comme la vérité, le mensonge n'avait qu'un visage, nous serions en meilleurs termes. Car nous prendrions pour certain l'opposé de ce que dirait le menteur. Mais le revers de la vérité a cent mille figures et un champ indéfini.

Les Pythagoriciens font le bien certain et fini, le mal infini et incertain. Mille routes dévoient du blanc[a], une y va. Certes je ne m'assure pas que je puisse venir à bout de moi, à garantir un danger évident et extrême par un effronté et solennel mensonge.

Un ancien père[6] dit que nous sommes mieux en la compagnie d'un chien connu qu'en celle d'un homme duquel le langage nous est inconnu. *« Ut externus alieno non sit hominis vice* *».* Et de combien est le langage faux moins sociable que le silence.

Le roi François I[er][7] se vantait d'avoir mis au rouet par ce moyen Francisque Taverna, ambassadeur de François Sforza, duc de Milan, homme très fameux en science de parlerie. Celui-ci avait été dépêché pour excuser son maître envers Sa Majesté d'un fait de grande conséquence, qui était tel. Le roi pour maintenir toujours quelques intelligences en Italie, d'où il avait été dernièrement chassé, même au duché de Milan, avait avisé d'y tenir près du duc un gentilhomme de sa part, ambassadeur par effet, mais par apparence homme privé, qui fit la mine d'y être pour ses affaires particulières ; d'autant que le duc, qui dépendait beaucoup plus de l'empereur, lors principalement qu'il était en traité de mariage avec sa nièce, fille du roi de Danemark, qui est à présent douairière de Lorraine, ne pouvait découvrir avoir aucune pratique et conférence avec nous, sans son grand intérêt.

a. S'écartent du blanc (de la cible).
* Pline l'Ancien, cité par le commentateur de saint Augustin : « De sorte que l'étranger n'est pas un homme pour l'homme. »

A cette commission se trouva propre un gentilhomme
milanais, écuyer d'écurie chez le roi, nommé Merveille.
Celui-ci dépêché avec lettres secrètes de créance et instructions d'ambassadeur, et avec d'autres lettres de recommandation envers le duc en faveur de ses affaires particulières pour le masque et la montre, fut si longtemps
auprès du duc, qu'il en vint quelque ressentiment à
l'empereur, qui donna cause à ce qui s'ensuivit après,
comme nous pensons ; qui fut, que sous couleur de quelque meurtre, voilà le duc qui lui fait trancher la tête de
belle nuit, et son procès fait en deux jours. Messire Francisque étant venu prêt d'une longue déduction contrefaite
de cette histoire, — car le roi s'en était adressé, pour
demander raison, à tous les princes de Chrétienté et au
duc même —, fut ouï aux affaires du matin, et ayant
établi pour le fondement de sa cause et dressé, à cette
fin, plusieurs belles apparences du fait : que son maître
n'avait jamais pris notre homme, que pour gentilhomme
privé, et sien sujet, qui était venu faire ses affaires à
Milan, et qui n'avait jamais vécu là sous autre visage,
désavouant même avoir su qu'il fût en état de la maison
du roi, ni connu de lui, tant s'en faut qu'il le prît pour
ambassadeur ; le roi à son tour, le pressant de diverses
objections et demandes, et le chargeant de toutes parts,
l'accula enfin sur le point de l'exécution faite de nuit,
et comme à la dérobée. A quoi le pauvre homme embarrassé répondit, pour faire l'honnête, que, pour le respect
de Sa Majesté, le duc eût été bien marri que telle exécution se fût faite de jour. Chacun peut penser comme il
fut relevé s'étant si lourdement coupé, et à l'endroit
d'un tel nez que celui du roi de François [8].

Le pape Jules second ayant envoyé un ambassadeur
vers le roi d'Angleterre, pour l'animer contre le roi
François [9], l'ambassadeur ayant été ouï sur sa charge
et le roi d'Angleterre s'étant arrêté en sa réponse aux
difficultés qu'il trouvait à dresser les préparatifs qu'il
faudrait pour combattre un roi si puissant, et en alléguant quelques raisons, l'ambassadeur répliqua mal à
propos qu'il les avait aussi considérées de sa part et les

avait bien dites au pape. De cette parole si éloignée de sa proposition, qui était de le pousser incontinent à la guerre, le roi d'Angleterre prit le premier argument de ce qu'il trouva depuis par effet, que cet ambassadeur, de son intention particulière, pendait du côté de France. Et en ayant averti son maître, ses biens furent confisqués et ne tint à guère qu'il n'en perdît la vie.

CHAPITRE X

DU PARLER PROMPT
OU TARDIF

Onc ne furent à tous, toutes grâces données [1].

Aussi voyons-nous qu'au don d'éloquence, les uns ont la facilité et la promptitude, et ce qu'on dit, le boute-hors si aisé, qu'à chaque bout de champ ils sont prêts ; les autres plus tardifs ne parlent jamais rien qu'élaboré et prémédité. Comme on donne des règles aux dames de prendre les jeux et les exercices du corps, selon l'avantage de ce qu'elles ont le plus beau, si j'avais à conseiller de même, en ces deux divers avantages de l'éloquence, de laquelle il semble en notre siècle que les prêcheurs et les avocats fassent principale profession, le tardif serait mieux prêcheur, ce me semble, et l'autre mieux avocat : parce que la charge de celui-là lui donne autant qu'il lui plaît de loisir pour se préparer, et puis sa carrière se passe d'un fil et d'une suite, sans interruption, là où les commodités de l'avocat le pressent à toute heure de se mettre en lice, et les réponses imprévues de sa partie adverse le rejettent hors de son branle, où il lui faut sur-le-champ prendre nouveau parti.

Si est-ce qu'à l'entrevue du pape Clément [2] et du roi
François à Marseille, il advint tout au rebours, que
M. Poyet [3], homme toute sa vie nourri au barreau, en
grande réputation, ayant charge de faire la harangue
au pape, et l'ayant de longue main pourpensée, voire,
à ce qu'on dit, apportée de Paris toute prête, le jour
même qu'elle devait être prononcée, le pape se craignant
qu'on lui tînt propos qui pût offenser les ambassadeurs
des autres princes, qui étaient autour de lui, manda
au roi l'argument qui lui semblait être le plus propre
au temps et au lieu, mais de fortune tout autre que celui
sur lequel M. Poyet s'était travaillé ; de façon que sa
harange demeurait inutile, et lui en fallait promptement refaire une autre. Mais, s'en sentant incapable,
il fallut que M. le cardinal du Bellay en prît la charge.

La part de l'avocat est plus difficile que celle du
prêcheur, et nous trouvons pourtant, ce m'est avis, plus
de passables avocats que prêcheurs, au moins en
France.

Il semble que ce soit le plus propre de l'esprit d'avoir
son opération prompte et soudaine, et plus le propre
du jugement de l'avoir lente et posée. Mais qui demeure
du tout muet, s'il n'a loisir de se préparer, et celui aussi
à qui le loisir ne donne avantage de mieux dire, ils sont
en pareil degré d'étrangeté. On récite de Severus
Cassius [4] qu'il disait mieux sans y avoir pensé ; qu'il devait plus à la fortune qu'à sa diligence ; qu'il lui venait
à profit d'être troublé en parlant, et que ses adversaires
craignaient de le piquer, de peur que la colère ne lui fît
redoubler son éloquence. Je connais, par expérience, cette
condition de nature, qui ne peut soutenir une véhémente préméditation et laborieuse. Si elle ne va
gaiement et librement, elle ne va rien qui vaille. Nous
disons d'aucuns ouvrages qu'ils puent l'huile et la
lampe, pour certaine âpreté et rudesse que le travail
imprime en ceux où il a grande part. Mais, outre cela,
la sollicitude de bien faire, et cette contention de l'âme
trop bandée et trop tendue à son entreprise, la met
au rouet, la rompt et l'empêche, ainsi qu'il advient à

l'eau qui, par force de*a* se presser de sa violence et abondance, ne peut trouver issue en un goulet ouvert.

En cette condition de nature, de quoi je parle, il y
a quant et quant*b* aussi cela, qu'elle demande à être
non pas ébranlée et piquée par ces passions fortes,
comme la colère de Cassius (car ce mouvement serait
trop âpre), elle veut être non pas secouée, mais solli-
citée ; elle veut être échauffée et réveillée par les occasions
étrangères, présentes et fortuites. Si elle va toute seule,
elle ne fait que traîner et languir. L'agitation est sa vie
et sa grâce.

Je ne me tiens pas bien en ma possession et disposition. Le hasard y a plus de droit que moi. L'occasion,
la compagnie, le branle même de ma voix tire plus de
mon esprit que je n'y trouve lorsque je le sonde et
emploie à part moi.

Ainsi les paroles en valent mieux que les écrits, s'il
y peut avoir choix où il n'y a point de prix.

Ceci m'advient aussi : que je ne me trouve pas où
je me cherche ; et me trouve plus par rencontre que par
l'inquisition de mon jugement. J'aurais élancé*c* quelque subtilité en écrivant. (J'entends bien : mornée pour
un autre, affilée pour moi. Laissons toutes ces honnête-
tés. Cela se dit par chacun selon sa force.) Je l'ai si
bien perdue que je ne sais ce que j'ai voulu dire ;
et l'a l'étranger découverte parfois avant moi. Si je por-
tais le rasoir partout où cela m'advient, je me déferais*d*
tout. La rencontre m'en offrira le jour quelque autre fois
plus apparent que celui du midi ; et me fera étonner de
mon hésitation.

---

a. A force de. — *b.* En même temps. — *c.* Emoussé. — *d.* Je
supprimerais.

CHAPITRE XI

DES PRONOSTICATIONS

Quant aux oracles, il est certain que, bonne pièce avant la venue de Jésus-Christ, ils avaient commencé à perdre leur crédit : car nous voyons que Cicéron se met en peine de trouver la cause de leur défaillance ; et ces mots sont à lui : « *Cur isto modo jam oracula Delphis non eduntur non modo nostra œtate sed jamdiu, ut modo nihil possit esse contemptius** ». Mais quant aux autres pronostics, qui se tiraient de l'anatomie des bêtes aux sacrifices, auxquels Platon attribue en partie la constitution naturelle des membres internes d'icelles [1], du trépignement des poulets, du vol des oiseaux, « *aves quasdam rerum augurandarum causa natas esse putamus*** » des foudres, du tournoiement des rivières, « *multa cernunt aruspices, multa augures provident, multa oraculis declarantur, multa vaticinationibus, multa*

---

* Cicéron, *De divinatione*, livre II : « Pourquoi des oracles de ce genre ne sont-ils plus rendus à Delphes, non seulement de notre temps, mais depuis longtemps, au point que rien ne saurait être plus méprisé. »
** Cicéron, *De Natura deorum*, livre II : « Nous pensons que certains oiseaux sont nés pour servir aux augures. »

somniis, multa portentis * », et autres sur lesquels l'ancienneté appuyait sur la plupart des entreprises, tant publiques que privées, notre religion les a abolis. Et encore qu'il reste entre nous quelques moyens de divination ès astres, ès esprits, ès figures du corps, ès songes, et ailleurs, — notable exemple de la forcenée curiosité de notre nature, s'amusant à préoccuper les choses futures, comme si elle n'avait pas assez affaire à digérer les présentes :

> _cur hanc tibi, rector Olympi,_
> _Sollicitis visum mortalibus addere curam_
> _Noscant venturas ut dira per omina clades ?_
> _Sit subitum quodcumque paras, sit cæca futuri_
> _Mens hominum fati, liceat sperare timenti **._

« _Ne utile quidem est scire quid futurum sit. Miserum est enim nihil proficientem angi *** »,_ si est-ce qu'elle est de beaucoup moindre autorité.

Voilà pourquoi l'exemple de François [2], marquis de Saluces, m'a semblé remarquable. Car, lieutenant du roi François en son armée delà les monts, infiniment favorisé de notre cour, et obligé au roi du marquisat même, qui avait été confisqué de son frère, au reste ne se présentant occasion de le faire, son affection même y contredisant, se laissa si fort épouvanter (comme il a été avéré) aux belles pronostications qu'on faisait lors courir de tous côtés à l'avantage de l'empereur Charles cinquième et à notre désavantage, même en Italie, où ces folles prophéties avaient trouvé tant de place, qu'à

---

* _Ibid._, II : « Les aruspices voient beaucoup de choses ; les augures en prévoient beaucoup ; beaucoup sont annoncées par les oracles, beaucoup par les prophéties, beaucoup par les songes, beaucoup par les prodiges. »

** Lucain, _Pharsale_, chant II : « Pourquoi, maître de l'Olympe, as-tu jugé bon d'ajouter aux inquiétudes des mortels, l'angoisse de connaître les catastrophes futures par de cruels présages ? Que soit imprévu le sort, quel qu'il soit, que tu prépares, que l'âme humaine soit aveugle sur l'avenir, et qu'il soit permis d'espérer à celui qui craint. »

*** Cicéron, _De Natura Deorum_ : « Il n'est pas même utile de connaître l'avenir. C'est une misère de se tourmenter sans profit. »

Rome fut baillée grande somme d'argent au change, pour
cette opinion de notre ruine, qu'après s'être souvent
condolu[a] à ses privés des maux qu'il voyait inévitable-
ment préparés à la couronne de France et aux amis qu'il
y avait, se révolta et changea de parti ; à son grand dommage pourtant, quelque constellation qu'il y eût. Mais
il s'y conduisit en homme combattu de diverses passions. Car ayant et villes et forces en sa main, l'armée
ennemie sous Antoine de Leve à trois pas de lui, et nous
sans soupçon de son fait, il était en lui de faire pis qu'il
ne fit. Car, pour sa trahison, nous ne perdîmes ni
homme, ni ville que Fossano [3] encore après l'avoir longtemps contestée.

Prudens futuri temporis exitum
Caliginosa nocte premit Deus,
Ridétque si mortalis ultra
Fas trepidat.

Ille potens sui
Laetúsque deget, cui licet in diem
Dixisse, vixi, cras vel atra
Nube polum pater occupato
Vel sole puro *.

Laetus in praesens animus, quod ultra est,
Oderit curare**

Et ceux qui croient ce mot, au contraire, le croient
à tort : « *Ista sic reciprocantur, ut et, si divinatio sit,
dii sint ; et, si dii sint, sit divinatio****. » Beaucoup plus
sagement Pacuvius :

a. S'être plaint.
* Horace, *Odes*, III : « Dans sa prudence, la Divinité couvre d'une
nuit épaisse les événements de l'avenir et se rit du mortel qui s'inquiète au-delà de ce qui est permis. — Celui-là est maître de lui-
même et passe joyeusement sa vie, qui peut dire chaque jour : j'ai
vécu ; qu'importe que demain Jupiter obscurcisse le ciel de sombres
nuées ou nous donne un ciel serein. »
** *Ibid.*, II : « L'esprit satisfait du présent détestera de s'inquiéter
de l'avenir. »
*** Cicéron, *De divinatione*, livre I : « Voici leur argument : s'il
y a une divination, il y a des dieux ; et s'il y a des dieux, il y a une
divination. »

Nam istis qui linguam avium intelligunt,
Plusque ex alieno jecore sapiunt, quam ex suo.
Magis audiendum quam auscultandum censeo *.

Ce tant célébré art de deviner des Toscans naquit ainsi. Un laboureur, perçant de son coutre profondément la terre en vit sourdre Tages, demi-dieu d'un visage enfantin, mais de sénile prudence chacun y accourut, et furent ses paroles et science recueillie et conservée à plusieurs siècles, contenant les principes et moyens de cet art [4]. Naissance conforme à son progrès.

J'aimerais bien mieux régler mes affaires par le sort des dés que par ces songes.

Et de vrai en toutes républiques on a toujours laissé la bonne part d'autorité au sort. Platon en la police [5] qu'il forge à discrétion lui attribue la décision de plusieurs effets d'importance et veut entre autres choses que les mariages se fassent par sort entre les bons ; et donne si grand poids à cette élection fortuite que les enfants qui en naissent, il ordonne qu'ils soient nourris au pays ; ceux qui naissent des mauvais en soient mis hors ; toutefois si quelqu'un de ces bannis venait par cas d'aventure à montrer en croissant quelque bonne espérance de soi, qu'on le puisse rappeler, et exiler aussi celui d'entre les retenus qui montrera peu d'espérance de son adolescence.

J'en vois qui étudient et glosent leurs almanachs, et nous en allèguent l'autorité aux choses qui se passent. A tant dire, il faut qu'ils disent et la vérité et le mensonge : « *Quis est enim qui totum diem jaculans non aliquando collineet ***. » Je ne les estime de rien mieux, pour les voir tomber en quelque rencontre : ce serait plus de certitude, s'il y avait règle et vérité à mentir toujours. Joint que personne ne tient registre de leur

---

* Vers de Pacuvius, cités par Cicéron, *De divinatione*, livre I : « Car ceux qui comprennent la langue des oiseaux, et qui s'en rapportent au foie d'un animal plutôt qu'au leur, je suis d'avis qu'on doit les écouter plutôt que les croire. »
** Cicéron, *De divinatione*, livre II : « Quel est celui qui, tirant un jour entier, ne touchera pas une fois le but ? »

mécompte, d'autant qu'ils sont ordinaires et infinis ; et fait-on valoir leurs divinations de ce qu'elles sont rares, incroyables et prodigieuses. Ainsi répondit Diagoras [6] qui fut surnommé l'Athée, étant en la Samothrace, à celui qui en lui montrant au temple force vœux et tableaux de ceux qui avaient échappé le nauffrage, lui dit : « Eh bien, vous qui pensez que les dieux mettent à nonchaloir les choses humaines, que dites-vous de tant d'hommes sauvés par leur grâce ? — Il se fait ainsi, répondit-il : ceux-là ne sont pas peints qui sont demeurés noyés, en bien plus grand nombre. » Cicéron dit [7] que seul Xéno-phane de Colophon, entre tous les philosophes qui ont avoué les dieux, a essayé déraciner toute sorte de divination. D'autant est-il moins de merveille que si nous avons vu parfois à leur dommage aucunes de nos âmes principesques s'arrêter à ces vanités.

Je voudrais bien avoir reconnu de mes yeux ces deux merveilles : du livre de Joachim [8], abbé calabrais, qui prédisait tous les papes futurs, leurs noms et formes ; et celui de Léon l'empereur, qui prédisait les empereurs et patriarches de Grèce. Ceci ai-je reconnu de mes yeux, qu'ès confusions publiques les hommes étonnés de leur fortune se vont rejetant, comme à toute superstition, à rechercher au ciel les causes et menaces anciennes de leur malheur. Et y sont si étrangement heureux de mon temps, qu'ils m'ont persuadé, qu'ainsi que c'est un amusement d'esprits aigus et oisifs, ceux qui sont duits[a] à cette subtilité de les replier et dénouer, seraient en tous écrits capables de trouver tout ce qu'ils y demandent. Mais surtout leur prête beau jeu le parler obscur, ambigu et fantastique du jargon prophétique, auquel leurs auteurs ne donnent aucun sens clair, afin que la postérité y en puisse appliquer de tel qu'il lui plaira.

Le démon de Socrate était à l'aventure certaine im-pulsion de volonté, qui se présentait à lui, sans attendre le conseil de son discours. En une âme bien épurée,

a. Exerçés.

comme la sienne, et préparée par continuel exercice de sagesse et de vertu, il est vraisemblable que ces inclinations, quoique téméraires et indigestes, étaient toujours importantes et dignes d'être suivies. Chacun sent en soi quelque image de telles agitations d'une opinion prompte, véhémente et fortuite. C'est à moi de leur donner quelque autorité, qui en donne si peu à notre prudence. Et en ai eu de pareillement faibles en raison et violentes en persuasion ou en dissuasion, qui étaient plus ordinaires en Socrate, auxquelles je me laissai emporter si utilement et heureusement qu'elles pourraient être jugées tenir quelque chose d'inspiration divine.

CHAPITRE XII

DE LA CONSTANCE

La loi de la résolution et de la constance ne porte pas que nous ne nous devions couvrir, autant qu'il est en notre puissance, des maux et inconvénients qui nous menacent, ni par conséquent d'avoir peur qu'ils nous surprennent. Au rebours, tous moyens honnêtes de se garantir des maux sont non seulement permis, mais louables. Et le jeu de la constance se joue principalement à porter patiemment les inconvénients, où il n'y a point de remède. De manière qu'il n'y a souplesse de corps, ni mouvement aux armes de main, que nous trouvions mauvais, s'il sert à nous garantir du coup qu'on nous rue.

Plusieurs nations très belliqueuses se servaient en leurs faits d'armes de la fuite pour avantage principal et montraient le dos à l'ennemi plus dangereusement que leur visage.

Les Turcs en retiennent quelque chose.

Et Socrate en Platon[1], se moquant de Lachès qui avait défini la fortitude[a] : se tenir ferme en son rang contre les ennemis. « Quoi, fait-il, serait-ce donc lâcheté de les

a. Le courage.

battre en leur faisant place ? » Et lui allègue Homère qui loue en Enée la science de fuir. Et parce que Lachès, se ravisant, avoue cet usage aux Scythes, et enfin généralement aux gens de cheval, il lui allègue encore l'exemple des gens de pied lacédémoniens, nation sur toutes duite *ª* à combattre de pied ferme, qui en la journée de Platée [2], ne pouvant ouvrir la phalange persienne, s'avisèrent de s'écarter et sier arrière *ᵇ*, pour par l'opinion de leur fuite faire rompre et dissoudre cette masse en les poursuivant. Par où ils se donnèrent la victoire.

Touchant les Scythes, on dit d'eux [3], quand Darius alla pour les subjuguer, qu'il manda à leur Roi force reproches pour le voir toujours reculant devant lui et gauchissant la mêlée. A quoi Indathyrse, car ainsi se nommait-il, fit réponse que ce n'était pour avoir peur ni de lui, ni d'homme vivant, mais que c'était la façon de marcher de sa nation, n'ayant ni terre cultivée, ni ville, ni maison à défendre, et à craindre que l'ennemi en pût faire profit. Mais s'il avait si grand faim d'y mordre, qu'il approchât pour voir le lieu de leurs anciennes sépultures et que là il trouverait à qui parler.

Toutefois aux canonnades, depuis qu'on leur est planté en butte *ᶜ*, comme les occasions de la guerre portent souvent, il est messéant de s'ébranler pour la menace du coup ; d'autant que pour sa violence et vitesse nous le tenons inévitable. Et en y a maint un *ᵈ* qui pour avoir ou haussé la main, ou baissé la tête, en a pour le moins apprêté à rire à ses compagnons.

Si est-ce qu'au voyage [4] que l'empereur Charles cinquième fit contre nous en Provence, le marquis de Guast étant allé reconnaître la ville d'Arles, et s'étant jeté hors du couvert d'un moulin à vent, à la faveur duquel il s'était approché, fut aperçu par les seigneurs de Bonneval et sénéchal d'Agenais, qui se promenaient sur

---

a. Exercée. — *b.* Reculer. — *c.* Exposé comme cible. — *d.* Plus d'un.

le théâtre aux arènes. Lesquels, l'ayant montré au seigneur de Villier, commissaire de l'artillerie, il braqua si
à propos une couleuvrine, que sans ce que ledit marquis, voyant mettre le feu, se lança à quartier, il fût
tenu qu'il en avait dans le corps. Et de même quelques
années auparavant. Laurent de Médicis [5], duc d'Urbin,
père de la reine, mère du roi, assiégeant Mondolphe,
place d'Italie, aux terres qu'on nomme du Vicariat,
voyant mettre le feu à une pièce qui le regardait, bien
lui servit de faire la cane. Car autrement le coup, qui ne
lui rasa que le dessus de la tête, lui donnait sans doute
dans l'estomac. Pour en dire le vrai, je ne crois pas
que ces mouvements se fissent avec discours ; car quel
jugement pouvez-vous faire de la mire haute ou basse
en chose si soudaine ? Et est bien plus aisé à croire
que la fortune favorisa leur frayeur, et que ce serait
moyen une autre fois aussi bien pour se jeter dans le
coup que pour l'éviter.

Je ne me puis défendre, si le bruit éclatant d'une
arquebusade vient à me frapper les oreilles à l'imprévu,
en lieu où je ne la dusse pas attendre, que je n'en tres-
saille ; ce que j'ai vu encore advenir à d'autres qui valent
mieux que moi.

Ni n'entendent les Stoïciens [6] que l'âme de leur sage
puisse résister aux [a] premières visions et fantaisies qui
lui surviennent, ains comme à une sujétion naturelle
consentent qu'il cède au grand bruit du ciel, ou d'une
ruine, par exemple, jusques à la pâleur et contraction.
Ainsi aux autres passions, pourvu que son opinion
demeure sauve et entière et que l'assiette de son discours n'en souffre atteinte ni altération quelconque et
qu'il ne prête nul consentement à son effroi et souffrance. De celui qui n'est pas sage il en va de même
en la première partie, mais tout autrement en la seconde.
Car l'impression des passions ne demeure pas en lui
superficielle, ains va pénétrant jusques au siège de sa
raison, l'infectant et la corrompant. Il juge selon icelles

a. Au contraire.

et s'y conforme. Voyez bien disertement et pleinement l'état du sage Stoïque.

Mens immota manet, lachrimae volvuntur inanes *.

Le sage Péripatéticien ne s'exempte pas des perturbations, mais il les modère.

---

* Virgile, *Enéide*, livre IV. Les reproches de Didon ne détournent pas Enée de sa décision : « Son âme demeure inébranlable, ses larmes coulent en vain. » Montaigne a lu ce vers, cité par saint Augustin dans le même chapitre de la *Cité de Dieu*.

CHAPITRE XIII

CÉRÉMONIE DE L'ENTREVUE
DES ROIS

Il n'est sujet si vain qui ne mérite un rang en cette rhapsodie. A nos règles communes, ce serait une notable discourtoisie, et à l'endroit d'un pareil et plus à l'endroit d'un grand, de faillir à vous trouver chez vous, quand il vous aurait averti d'y devoir venir. Voire, ajoutait la reine de Navarre, Marguerite, à ce propos, que c'était incivilité à un gentilhomme de partir de sa maison, comme il se fait le plus souvent, pour aller au-devant de celui qui le vient trouver, pour grand qu'il soit ; et qu'il est plus respectueux et civil de l'attendre, pour le recevoir, ne fût que de peur de faillir sa route ; et qu'il suffit de l'accompagner à son partement [a].

Pour moi, j'oublie souvent l'un et l'autre de ces vains offices, comme je retranche en ma maison toute cérémonie. Quelqu'un s'en offense : qu'y ferais-je ? Il vaut mieux que je l'offense pour une fois, que à moi tous les jours ; ce serait une sujétion continuelle. A quoi faire fuit-on la servitude des cours, si on l'en traîne jusques en sa tanière.

a. Départ.

C'est aussi une règle commune en toutes assemblées, qu'il touche aux moindres de se trouver les premiers à l'assignation, d'autant qu'il est mieux dû aux plus apparents de se faire attendre. Toutefois à l'entrevue qui se dressa du pape Clément et du roi François à Marseille [1], le roi y ayant ordonné les apprêts nécessaires, s'éloigna de la ville et donna loisir au pape de deux ou trois jours pour son entrée et rafraîchissement [a], avant qu'il le vînt trouver. Et de même à l'entrée aussi du pape et de l'empereur à Bologne [2], l'empereur donna moyen au pape d'y être le premier, et y survint après lui. C'est, disent-ils, une cérémonie ordinaire aux abouchements de tels princes, que le plus grand soit avant les autres au lieu assigné, voire avant celui chez qui se fait l'assemblée ; et le prennent de ce biais, que c'est afin que cette apparence témoigne que c'est le plus grand que les moindres vont trouver, et le recherchent, non pas lui eux.

Non seulement chaque pays, mais chaque cité a sa civilité particulière, et chaque vacation [b]. J'y ai été assez soigneusement dressé en mon enfance et ai vécu en assez bonne compagnie, pour n'ignorer pas les lois de la nôtre française ; et en tiendrais école. J'aime à les ensuivre, mais non pas si couardement que ma vie en demeure contrainte. Elles ont quelques formes pénibles ; lesquelles, pourvu qu'on oublie par discrétion, non par erreur, on n'en a pas moins de grâce. J'ai vu souvent des hommes incivils par trop de civilité, et importuns de courtoisie.

C'est, au demeurant, une très utile science que la science de l'entregent. Elle est, comme la grâce et la beauté, conciliatrice des premiers abords de la société et familiarité ; et par conséquent nous ouvre la porte à nous instruire par les exemples d'autrui, et à exploiter et produire notre exemple, s'il a quelque chose d'instruisant et communicable.

---

a. Repos. — *b*. Profession.

CHAPITRE XIV

QUE LE GOUT · DES BIENS
ET DES MAUX
DÉPEND EN BONNE PARTIE
DE L'OPINION
QUE NOUS EN AVONS

LES hommes (dit une sentence grecque ancienne) sont tourmentés par les opinions qu'ils ont des choses, non par les choses mêmes [1]. Il y aurait un grand point gagné pour le soulagement de notre misérable condition humaine, qui pourrait établir cette proposition vraie tout partout. Car si les maux n'ont entrée en nous que par notre jugement, il semble qu'il soit en notre pouvoir de les mépriser ou contourner à bien. Si les choses se rendent à notre merci, pourquoi n'en chevirons [a]-nous, ou ne les accommoderons-nous à notre avantage ? Si ce que nous appelons mal et tourment n'est ni mal ni tourment de soi, ains [b] seulement que notre fantaisie lui donne cette qualité, il est en nous de la changer. Et en ayant le choix, si nul ne nous force, nous sommes étrangement fols de nous bander pour le parti qui nous est le plus ennuyeux, et de donner aux maladies, à

---

a. N'en disposons-nous. — *b.* Mais au contraire.

l'indigence et au mépris un aigre et mauvais goût, si nous le leur pouvons donner bon, et si, la fortune fournissant simplement de matière, c'est à nous de lui donner la forme. Or que ce que nous appelons mal ne le soit pas de soi, ou au moins tel qu'il soit, qu'il dépende de nous de lui donner autre saveur et autre visage, car tout revient à un, voyons s'il se peut maintenir.

Si l'être originel de ces choses que nous craignons, avait crédit de se loger en nous de son autorité, il logerait pareil et semblable en tous ; car les hommes sont tous d'une espèce, et sauf le plus et le moins, se trouvent garnis de pareils outils et instruments pour concevoir et juger. Mais la diversité des opinions que nous avons de ces choses-là montre clairement qu'elles n'entrent en nous que par composition ; tel à l'aventure les loge chez soi en leur vrai être, mais mille autres leur donnent un être nouveau et contraire chez eux.

Nous tenons la mort, la pauvreté et la douleur pour nos principales parties.

Or cette mort que les uns appellent des choses horribles la plus horrible, qui ne sait que d'autres la nomment l'unique port [2] des tourments de cette vie ? le souverain bien de nature ? seul appui de notre liberté ? et commune et prompte recette à tous maux ? et comme les uns l'attendent tremblants et effrayés, d'autres la supportent plus aisément que la vie.

Celui-là se plaint de sa facilité :

Mors, utinam pavidos vitae subducere nolles,
*Sed virtus te sola daret * !*

Or laissons ces glorieux courages. Théodore répondit à Lysimaque menaçant de le tuer : « Tu feras un grand coup, d'arriver à la force d'une cantharide [3] !... » La plupart des philosophes se trouvent avoir ou prévenu par dessein ou hâté et secouru leur mort.

Combien voit-on de personnes populaires, conduites

---

* Lucain, *Pharsale*, chant IV : « Plût aux dieux, ô Mort, que tu ne voulusses pas retirer les lâches de la vie, et que seule la vertu pût te donner. »

à la mort, et non à une mort simple, mais mêlée de honte et quelquefois de griefs[a] tourments, y apporter une telle assurance, qui par opiniâtreté, qui par simplesse naturelle, qu'on n'y aperçoit rien de changé de leur état ordinaire ; établissant leurs affaires domestiques, se recommandant à leurs amis, chantant, prêchant et entretenant le peuple ; voire y mêlant quelquefois des mots pour rire, et buvant à leurs connaissances, aussi bien que Socrate. Une[4] qu'on menait au gibet, disait que ce ne fût pas par telle rue, car il y avait danger qu'un marchand lui fît mettre la main sur le collet, à cause d'une vieille dette. Un autre disait au bourreau qu'il ne le touchât pas à la gorge, de peur de le faire tressaillir de rire, tant il était chatouilleux. L'autre répondit à son confesseur, qui lui promettait qu'il souperait ce jour-là avec Notre-Seigneur : « Allez-vous-y-en, vous, car de ma part, je jeûne. » Un autre, ayant demandé à boire, et le bourreau ayant bu le premier, dit ne vouloir boire après lui, de peur de prendre la vérole. Chacun a ouï faire le conte du Picard, auquel, étant à l'échelle, on présenta une garce, et que (comme notre justice permet quelquefois) s'il la voulait épouser, on lui sauverait la vie : lui, l'ayant un peu contemplée, et aperçu qu'elle boitait : « Attache, attache, dit-il, elle cloche. » Et on dit de même qu'en Danemark un homme condamné à avoir la tête tranchée, étant sur l'échafaud, comme on lui présenta une pareille condition, la refusa, parce que la fille qu'on lui offrit avait les joues avalées[b] et le nez trop pointu. Un valet à Toulouse, accusé d'hérésie, pour toute raison de sa créance se rapportait à celle de son maître, jeune écolier prisonnier avec lui ; et aima mieux mourir que se laisser persuader que son maître pût faillir. Nous lisons[5] de ceux de la ville d'Arras, lorsque le roi Louis onzième la prit, qu'il s'en trouva bon nombre parmi le peuple qui se laissèrent pendre, plutôt que de dire : « Vive le roi ! »

---

a. Graves. — *b.* Tombantes.

Au royaume de Narsinque, encore aujourd'hui les femmes de leurs prêtres sont vives ensevelies avec leurs maris morts. Toutes autres femmes sont brûlées vives non constamment seulement, mais gaiement aux funérailles de leurs maris. Et quand on brûle le corps de leur roi trépassé, toutes ses femmes et concubines, ses mignons et toute sorte d'officiers et serviteurs qui font un peuple, accourent si allégrement à ce feu pour s'y jeter quand et leur maître, qu'ils semblent tenir à honneur d'être compagnons de son trépas [6].

Et de ces viles âmes de bouffons il s'en est trouvé qui n'ont voulu abandonner leur gaudisserie en la mort même. Celui à qui le bourreau donnait le branle s'écria : « Vogue la galère ! » qui était son refrain ordinaire. Et l'autre qu'on avait couché, sur le point de rendre sa vie, le long du foyer sur une paillasse, à qui le médecin demandant où le mal le tenait : « Entre le banc et le feu », répondit-il. Et le prêtre, pour lui donner l'extrême-onction, cherchant ses pieds, qu'il avait resserrés et contraints par la maladie : « Vous les trouverez, dit-il, au bout de mes jambes. » A l'homme qui l'exhortait de se recommander à Dieu : « Qui y va ? » demanda-t-il ; et l'autre répondant : « Ce sera tantôt vous-même, s'il lui plaît. — Y fussé-je bien demain au soir, répliqua-t-il. — Recommandez-vous seulement à lui, suivit l'autre, vous y serez bientôt. — Il vaut donc mieux, ajouta-t-il, que je lui porte mes recommandations moi-même [7]. »

Pendant nos dernières guerres de Milan et tant de prises et rescousses, le peuple, impatient de si divers changements de fortune, prit telle résolution à la mort, que j'ai ouï dire à mon père, qu'il y vit tenir compte de bien vingt-cinq maîtres de maison, qui s'étaient défaits eux-mêmes en une semaine. Accident approchant à celui de la ville des Xanthiens [8], lesquels, assiégés par Brutus, se précipitèrent pêle-mêle, hommes, femmes et enfants, à un si furieux appétit de mourir, qu'on ne fait rien pour fuir la mort, que ceux-ci ne fissent pour fuir la vie ; en manière qu'à peine put Brutus en sauver un bien petit nombre.

Toute opinion est assez forte pour se faire épouser au prix de la vie. Le premier article de ce beau serment que la Grèce jura et maintint en la guerre médoise, ce fut que chacun changerait plutôt la mort à la vie que les lois persiennes aux leurs [9]. Combien voit-on de monde, en la guerre des Turcs et des Grecs, accepter plutôt la mort très âpre que de se décirconcire pour se baptiser ? Exemple de quoi nulle sorte de religion n'est incapable.

Les rois de Castille [10] ayant banni de leurs terres les Juifs, le roi Jean de Portugal leur vendit à huit écus pour tête la retraite aux siennes, en condition que dans certain jour ils auraient à les vider ; et lui, promettait leur fournir de vaisseaux à les trajeter *a* en Afrique. Le jour venu, lequel passé il était dit que ceux qui n'auraient obéi demeureraient esclaves, les vaisseaux leur furent fournis escharsement *b*, et ceux qui s'y embarquèrent, rudement et vilainement traités par les passagers, qui, outre plusieurs autres indignités, les amusèrent sur mer, tantôt avant, tantôt arrière, jusques à ce qu'ils eussent consommé leurs victuailles et fussent contraints d'en acheter d'eux si chèrement et si longuement qu'ils fussent rendus à bord après avoir été du tout mis en chemise. La nouvelle de cette inhumanité rapportée à ceux qui étaient en terre, la plupart se résolurent à la servitude ; aucuns firent contenance de changer de religion. Emmanuel [11], venu à la couronne, les mit premièrement en liberté ; et, changeant d'avis depuis, leur donna temps de vider ses pays, assignant trois ports à leur passage. Il espérait, dit l'évêque Osorio, le meilleur historien latin de nos siècles, que la faveur de la liberté, qu'il leur avait rendue, ayant failli de les convertir au christianisme, la difficulté de se commettre, comme leurs compagnons, à la volerie des mariniers, d'abandonner un pays où ils étaient habitués avec grandes richesses, pour s'aller jeter en région inconnue, et étrangère, les y ramènerait. Mais, se voyant

a. Transporter. — *b.* Parcimonieusement.

déchu de son espérance, et eux tous délibérés *a* au passage, il retrancha deux des ports qu'il leur avait promis,
afin que la longueur et incommodité du trajet en ravi-
sât aucuns ; ou pour les amonceler tous à un lieu, pour
une plus grande commodité de l'exécution qu'il avait
destinée. Ce fut qu'il ordonna qu'on arrachât d'entre
les mains des pères et des mères tous les enfants au-
dessous de quatorze ans, pour les transporter hors de
leur vue et conversation, en lieu où ils fussent instruits
à notre religion. Ils disent que cet effet produisit un
horrible spectacle ; la naturelle affection d'entre les
pères et les enfants et de plus le zèle à leur ancienne
créance combattant à l'encontre de cette violente ordonnance. Il y fut vu communément des pères et mères se
défaisant *b* eux-mêmes ; et, d'un plus rude exemple
encore, précipitant par amour et compassion leurs jeunes enfants dans des puits pour fuir à la loi. Au demeurant, le terme qu'il leur avait préfix *c* expiré, par faute
de moyens, ils se remirent en servitude. Quelques-uns
se firent chrétiens ; de la foi desquels, ou de leur race,
encore aujourd'hui cent ans après peu de Portugais
s'assurent, quoique la coutume et la longueur du temps
soient bien plus fortes conseillères que tout autre
contrainte [12]. « *Quoties non modo ductores nostri*, dit
Cicéron, *sed universi, etiam exercitus ad non dubiam
mortem concurrerunt **. »

J'ai vu quelqu'un de mes intimes amis [13] courir la
mort à force, d'une vraie affection et enracinée en son
cœur par divers visages de discours, que je ne lui sus
rabattre, et, à la première qui s'offrit coiffée d'un lustre
d'honneur, s'y précipiter hors de toute apparence, d'une
faim âpre et ardente.

Nous avons plusieurs exemples en notre temps de
ceux, jusques aux enfants, qui, de crainte de quelque
légère incommodité, se sont donnés à la mort. Et à ce

---

a. Décidés. — *b.* Se tuant. — *c.* Fixé d'avance.
* Cicéron, *Tusculanes*, livre I : « Combien de fois non seulement
nos generaux, mais nos armées tout entières ont couru à une mort
certaine. »

propos, que ne craindrons-nous, dit un Ancien [14], si nous craignons ce que la couardise même a choisi pour sa retraite ? D'enfiler ici un grand rôle [a] de ceux de tous sexes et conditions et de toutes sectes ès siècles plus heureux, qui ont ou attendu la mort constamment, ou recherchée volontairement, et recherchée non seulement pour fuir les maux de cette vie, mais aucuns pour fuir simplement la satiété de vivre, et d'autres pour l'espérance d'une meilleure condition ailleurs, je n'aurais jamais fait. Et en est le nombre si infini, qu'à la vérité j'aurais meilleur marché de mettre en compte ceux qui l'ont crainte.

Ceci seulement. Pyrrhon le Philosophe, se trouvant un jour de grande tourmente dans un bateau, montrait à ceux qu'il voyait les plus effrayés autour de lui, et les encourageait par l'exemple d'un pourceau, qui y était, nullement soucieux de cet orage [15]. Oserons-nous donc dire que cet avantage de la raison, de quoi nous faisons tant de fête, et pour le respect duquel nous nous tenons maîtres et empereurs du reste des créatures, ait été mis en nous pour notre tourment ? A quoi faire la connaissance des choses, si nous en perdons le repos et la tranquillité, où nous serions sans cela, et si elle nous rend de pire condition que le pourceau de Pyrrhon ? L'intelligence qui nous a été donnée pour notre plus grand bien, l'emploierons-nous à notre ruine, combattant le dessein de nature, et l'universel ordre des choses, qui porte que chacun use de ses outils et moyens pour sa commodité ?

Bien, me dira-t-on, votre règle serve à la mort, mais que direz-vous de l'indigence ? Que direz-vous encore de la douleur, que Aristippe, Hieronymus [16] et la plupart des sages ont estimé le dernier mal ; et ceux qui le niaient de parole, le confessaient par effet ? Possidonius étant extrêmement tourmenté d'une maladie aiguë et douloureuse, Pompée le fut voir, et s'excusa d'avoir pris heure si importune pour l'ouïr deviser de la philo-

a. Registre.

sophie : « Jà à Dieu ne plaise, lui dit Possidonius, que
la douleur gagne tant sur moi, qu'elle m'empêche d'en
discourir et d'en parler ! » et se jeta sur ce même propos du mépris de la douleur. Mais cependant elle jouait
son rôle et le pressait incessamment. A quoi il s'écriait :
« Tu as beau faire, douleur, si ne dirai-je pas que tu
sois mal. » Ce conte qu'ils font tant valoir, que porte-
t-il pour le mépris de la douleur ? Il ne débat que du
mot, et cependant si ces pointures ne l'émeuvent, pourquoi en rompt-il son propos ? Pourquoi pense-t-il faire
beaucoup de ne l'appeler pas mal ?

Ici tout ne consiste pas en l'imagination. Nous opinons
du reste, c'est ici la certaine science, qui joue son rôle.
Nos sens même en sont juges,

Qui nisi sunt veri, ratio quoque falsa sit omnis*.

Ferons-nous accroire à notre peau que les coups d'étri-
vière la chatouillent ? Et à notre goût que l'aloès soit
du vin de Graves ? Le pourceau de Pyrrhon est ici de
notre écot. Il est bien sans effroi à la mort, mais si on
le bat, il crie et se tourmente. Forcerons-nous la générale
habitude de nature, qui se voit en tout ce qui est vivant
sous le ciel, de trembler sous la douleur ? Les arbres
mêmes semblent gémir aux offenses qu'on leur fait. La
mort ne se sent que par le discours, d'autant que c'est le
mouvement d'un instant :

Aut fuit, aut veniet, nihil est præsentis in illa**,
Morsque minus pœnæ quam mora mortis habet***.

Mille bêtes, mille hommes sont plus tôt morts que menacés. Et à la vérité ce que nous disons craindre principalement en la mort, c'est la douleur, son avant-coureuse
coutumière.

---

* Lucrèce, *De Natura rerum*, chant IV : « Si nos sens ne sont pas
véridiques, tout notre raisonnement doit aussi être faux. »
** Vers tiré d'une satire que La Boétie avait envoyée à Montaigne : « Ou elle a été, ou elle viendra : il n'y a rien de présent
en elle. »
*** Ovide, *Héroïdes*, lettre d'Ariane à Thésée : « La mort est
moins terrible que l'attente de la mort. »

Toutefois s'il en faut croire un saint père : « *Malam mortem non facit, nisi quod sequitur mortem* *. » Et je dirai encore plus vraisemblablement que ni ce qui va devant, ni ce qui vient après, n'est des appartenances de la mort. Nous nous excusons faussement. Et je trouve par expérience que c'est plutôt l'impatience de l'imagination de la mort qui nous rend impatients de la douleur, et que nous la sentons doublement griève de ce qu'elle nous menace de mourir. Mais la raison accusant notre lâcheté de craindre chose si soudaine, si inévitable, si insensible, nous prenons cet autre prétexte plus excusable.

Tous les maux qui n'ont autre danger que du mal, nous les disons sans danger ; celui des dents ou de la goutte, pour grief qu'il soit, d'autant qu'il n'est pas homicide, qui le met en compte de maladie ? Or bien présupposons-le, qu'en la mort nous regardons principalement la douleur. Comme aussi la pauvreté n'a rien à craindre que cela, qu'elle nous jette entre ses bras, par la soif, la faim, le froid, le chaud, les veilles, qu'elle nous fait souffrir.

Ainsi n'ayons affaire qu'à la douleur. Je leur donne que ce soit le pire accident de notre être et volontiers ; car je suis l'homme du monde qui lui veux autant de mal, et qui la fuis autant, pour jusques à présent n'avoir pas eu, Dieu merci ! grand commerce avec elle. Mais il est en nous, sinon de l'anéantir, au moins de l'amoindrir par la patience et, quand bien le corps s'en émouvrait, de maintenir ce néanmoins l'âme et la raison en bonne trempe.

Et s'il ne l'était, qui aurait mis en crédit parmi nous la vertu, la vaillance, la force, la magnanimité et la résolution ? Où joueraient-elles leur rôle, s'il n'y a plus de douleur à défier : « *avida est periculi virtus* ** ». S'il ne faut coucher sur la dure, soutenir armé de toutes

---

* Saint Augustin souvent cité par Montaigne : « La mort n'est un mal que par ce qui vient après elle », *Cité de Dieu*, livre I.

** Sénèque, *De Providentia*, livre IV : « La vertu est avide de danger. »

pièces la chaleur du midi, se paître d'un cheval et d'un âne, se voir détailler*a* en pièces, et arracher une balle d'entre les os, se souffrir recoudre, cautériser et sonder, par où s'acquerra l'avantage que nous voulons avoir sur le vulgaire ? C'est bien loin de fuir le mal et la douleur, ce que disent les Sages, que des actions également bonnes, celle-là est plus souhaitable à faire, où il y a plus de peine. « *Non enim hilaritate, nec lascivia, nec risu aut joco comite levitatis, sed sæpe etiam tristes firmitate et constantia sunt beati**. » Et à cette cause il a été impossible de persuader à nos pères que les conquêtes faites par vive force, au hasard de la guerre, ne fussent plus avantageuses, que celles qu'on fait en toute sûreté par pratiques et menées :

Lœtius est, quoties magno sibi constat honestum **.

Davantage, cela doit nous consoler : que naturellement, si la douleur est violente, elle est courte ; si elle est longue, elle est légère, « *si gravis brevis, si longus levis **** ». Tu ne la sentiras guère longtemps, si tu la sens trop ; elle mettra fin à soi, ou à toi : l'un et l'autre revient à un. Si tu ne la portes, elle t'emportera. « *Memineris maximos morte finiri ; parvos multa habere intervalla requietis ; mediocrium nos esse dominos : ut, si tolerabiles sint, feramus ; sin minus, e vita, quum ea non placeat, tanquam e theatro exeamus *****. »

Ce qui nous fait souffrir avec tant d'impatience la douleur, c'est de n'être pas accoutumés [17] de prendre

a. Mettre en pièces.

* Cicéron, *De finibus*, livre II : « Ce n'est pas dans la gaieté, ni les plaisirs, le rire et les jeux, compagnons de la frivolité, qu'on trouve le bonheur, mais dans la fermeté et la constance malgré la tristesse. »

** Lucain, *Pharsale*, chant IX : « La vertu est d'autant plus agréable qu'elle nous coûte davantage. »

*** Cicéron, *De finibus*, livre II : « Si elle est violente, elle est brève ; si elle est longue, elle est légère. »

**** Cicéron, *De finibus*, livre I : « Souviens-toi que les plus grandes douleurs sont terminées par la mort ; que les petites ont de nombreux intervalles de repos ; que nous sommes maîtres des moyennes. Si donc elles sont supportables, endurons-les ; sinon quittons la vie, si elle nous déplaît, comme un théâtre. »

notre principal contentement en l'âme, de ne nous attendre[a] point assez à elle, qui est seule et souveraine maîtresse de notre condition et conduite. Le corps n'a, sauf le plus et le moins, qu'un train et qu'un pli. Elle est variable en toute sorte de formes, et range à soi et à son état, quel qu'il soit, les sentiments du corps et tous autres accidents. Pourtant la faut-il étudier et enquérir, et éveiller en elle ses ressorts tout-puissants. Il n'y a raison, ni prescription, ni force, qui puisse contre son inclination et son choix. De tant de milliers de biais qu'elle a en sa disposition, donnons-lui-en un propre à notre repos et conservation, nous voilà non couverts seulement de toute offense, mais gratifiés même et flattés, si bon lui semble, des offenses et des maux.

Elle fait son profit de tout indifféremment. L'erreur, les songes, lui servent utilement, comme une loyale matière à nous mettre à garant et en contentement.

Il est aisé à voir que ce qui aiguise en nous la douleur et la volupté, c'est la pointe de notre esprit. Les bêtes, qui le tiennent sous boucle, laissent aux corps leurs sentiments, libres et naïfs, et par conséquent uns, à peu près en chaque espèce, comme nous voyons par la semblable application de leurs mouvements. Si nous ne troublions pas en nos membres la juridiction qui leur appartient en cela, il est à croire que nous en serions mieux et que nature leur a donné un juste et modéré tempérament envers la volupté et envers la douleur. Et ne peut faillir d'être juste, étant égal et commun. Mais puisque nous nous sommes émancipés de ses règles, pour nous abandonner à la vagabonde liberté de nos fantaisies, au moins aidons-nous à les plier du côté le plus agréable.

Platon[18] craint notre engagement âpre à la douleur et à la volupté, d'autant qu'il oblige et attache par trop l'âme au corps. Moi plutôt au rebours, d'autant qu'il l'en déprend et décloue.

Tout ainsi que l'ennemi se rend plus aigre à notre

a. Prêter attention à.

fuite, aussi s'enorgueillit la douleur à nous voir trembler
sous elle. Elle se rendra de bien meilleure composition
à qui lui fera tête [19]. Il se faut opposer et bander contre.
En nous acculant et tirant arrière, nous appelons à nous
et attirons la ruine qui nous menace. Comme le corps
est plus ferme à la charge en le raidissant, aussi est
l'âme [20].

Mais venons aux exemples, qui sont proprement du
gibier des gens faibles de reins, comme moi, où nous
trouverons qu'il va de la douleur, comme des pierres
qui prennent couleur ou plus haute ou plus morne selon
la feuille où l'on les couche, et qu'elle ne tient qu'autant
de place en nous que nous lui en faisons. «*Tantum
doluerunt*, dit saint Augustin, *quantum doloribus se
inseruerunt* *.» Nous sentons plus un coup de rasoir du
chirurgien que dix coups d'épée en la chaleur du combat.
Les douleurs de l'enfantement par les médecins et par
Dieu même estimées grandes [21], et que nous passons
avec tant de cérémonies, il y a des nations entières qui
n'en font nul compte. Je laisse à part les femmes lacédé-
moniennes ; mais aux Suisses [22], parmi nos gens de pied,
quel changement y trouvez-vous ? Sinon que trottant
après leurs maris, vous leur voyez aujourd'hui porter
au col l'enfant qu'elles avaient hier au ventre. Et ces
Egyptiennes contrefaites, ramassées d'entre nous, vont,
elles-mêmes, laver les leurs, qui viennent de naître, et
prennent leur bain en la plus proche rivière. Outre tant
de garces qui dérobent tous les jours leurs enfants tant
en la génération qu'en la conception, cette honnête
femme de Sabinus, patricien romain, pour l'intérêt
d'autrui supporta le travail de l'enfantement de deux
jumeaux, seule, sans assistance, et sans voix et gémissement [23]. Un simple garçonnet de Lacédémone [24], ayant
dérobé un renard (car ils craignaient encore plus la
honte de leur sottise au larcin que nous ne craignons
sa peine) et l'ayant mis sous cape, endura plutôt qu'il
lui eut rongé le ventre que de se découvrir. Et un autre

---

* Saint Augustin, *Cité de Dieu*, livre I : « Ils ont souffert dans
la mesure où ils se sont engagés dans la douleur. »

donnant de l'encens à un sacrifice, le charbon lui étant tombé dans la manche, se laissa brûler jusques à l'os, pour ne troubler le mystère [25]. Et s'en est vu un grand nombre pour le seul essai de vertu, suivant leur institution, qui ont souffert en l'âge de sept ans d'être fouettés jusques à la mort, sans altérer leur visage. Et Cicéron les a vus se battre à troupes, de poings, de pieds et de dents, jusques à s'évanouir avant que d'avouer être vaincus. « *Nunquam naturam mos vinceret : est enim ea semper invicta ; sed nos umbris, deliciis, otio, languore, desidia animum infecimus ; opinionibus maloque more delinitum mollivimus* *. » Chacun sait l'histoire [26] de Scaevola qui, s'étant coulé dans le camp ennemi pour en tuer le chef et ayant failli d'atteinte, pour reprendre son effet d'une plus étrange invention et décharger sa patrie, confessa à Porsenna, qui était le roi qu'il voulait tuer, non seulement son dessein, mais ajouta qu'il avait en son camp un grand nombre de Romains complices de son entreprise tels que lui. Et pour montrer quel il était, s'étant fait apporter un brasier, vit et souffrit griller et rôtir son bras, jusques à ce que l'ennemi même en ayant horreur commandât ôter le brasier. Quoi, celui [27] qui ne daigna interrompre la lecture de son livre pendant qu'on l'incisait ? Et celui qui s'obstina à se moquer et à rire à l'envi des maux qu'on lui faisait : de façon que la cruauté irritée des bourreaux qui le tenaient, et toutes les inventions des tourments redoublés les uns sur les autres lui donnèrent gagné. Mais c'était un philosophe. Quoi ? un gladiateur de César endura toujours riant qu'on lui sondât et détaillât ses plaies [28]. « *Quis mediocris gladiator ingemuit ? Quis vultum mutavit unquam ? Quis non modo stetit, verum etiam decubuit turpiter ? Quis, cum decubuisset, ferrum recipere jussus, collum*

---

* Cicéron, *Tusculanes,* livre V : « Jamais la coutume ne pourrait vaincre la nature : elle est toujours invincible ; mais c'est nous-mêmes qui, par les illusions, les plaisirs, l'oisiveté, l'indolence, la paresse, avons altéré notre âme ; qui, par les préjugés et de mauvaises habitudes, l'avons corrompue. »

contraxit * ? » Mêlons-y les femmes. Qui n'a ouï parler
à Paris de celle qui se fit écorcher pour seulement en
acquérir le teint plus frais d'une nouvelle peau ? Il y
en a qui se sont fait arracher des dents vives et saines
pour en former la voix plus molle et plus grasse, ou
pour les ranger en meilleur ordre. Combien d'exemples
du mépris de la douleur avons-nous en ce genre ? Que
ne peuvent-elles ? que craignent-elles ? pour peu qu'il
y ait d'agencement à espérer en leur beauté :

> *Vellere queis cura est albos a stirpe capillos*
> *Et faciem dempta pelle referre novam* **.

J'en ai vu engloutir du sable, de la cendre, et se tra-
vailler à point nommé de ruiner leur estomac, pour
acquérir les pâles couleurs. Pour faire un corps bien
espagnolé [29], quelle gêne ne souffrent-elles, guindées et
sanglées, à tout *a* de grosses coches [30] sur les côtés, jusques à la chair vive ? oui, quelquefois à en mourir.

Il est ordinaire à beaucoup de nations de notre temps
de se blesser à escient, pour donner foi à leur parole ;
et notre Roi [31] en récite de notables exemples de ce qu'il
en a vu en Pologne et en l'endroit de lui-même. Mais,
outre ce que je sais en avoir été imité en France par
aucuns, j'ai vu [32] une fille, pour témoigner l'ardeur de
ses promesses et aussi sa constance, se donner du poin-
çon qu'elle portait en son poil, quatre ou cinq bons
coups dans le bras, qui lui faisaient craqueter la peau
et la saignaient bien en bon escient. Les Turcs se font
des grandes escarres [33] pour leurs dames ; et afin que
la marque y demeure, ils portent soudain du feu sur la
plaie et l'y tiennent un temps incroyable, pour arrêter
le sang et former la cicatrice. Gens qui l'ont vu, l'ont

a. Avec.

* Cicéron, *Tusculanes*, livre II : « Quel gladiateur quelconque jamais a-t-il gémi ou changé de visage ? Quand s'est-il tenu ou est-il
tombé lâchement ? Quand, étant abattu et contraint à recevoir la
mort, a-t-il détourné la tête ? »

** Tibulle, *Elégies*, livre I, VIII : « Elles prennent soin d'arracher
jusqu'à la racine leurs cheveux blancs et de se refaire un visage neuf
en ôtant la vieille peau. » Les Romaines pratiquaient déjà la chirurgie
esthétique.

écrit et me l'ont juré. Mais pour dix aspres*a*, il se trouve tous les jours entre eux qui se donnera une bien profonde taillade dans le bras ou dans les cuisses.

Je suis bien aise que les témoins nous sont plus à main, où nous en avons plus affaire ; car la Chrétienté nous en fournit à suffisance. Et, après l'exemple de notre saint guide, il y en a eu force qui par dévotion ont voulu porter la croix. Nous apprenons par témoin très digne de foi [34], que le roi saint Louis porta la haire jusques à ce que, sur sa vieillesse, son confesseur l'en dispensât, et que, tous les vendredis, il se faisait battre les épaules par son prêtre de cinq chaînettes de fer, que pour cet effet il portait toujours dans une boîte. Guillaume [35], notre dernier duc de Guyenne, père de cette Alienor qui transmit ce duché aux maisons de France et d'Angleterre, porta les dix ou douze derniers ans de sa vie, continuellement, un corps de cuirasse, sous un habit de religieux, par pénitence. Foulques, comte d'Anjou [36], alla jusques en Jérusalem, pour là se faire fouetter à deux de ses valets, la corde au col, devant le Sépulcre de Notre-Seigneur. Mais ne voit-on encore tous les jours le Vendredi Saint en divers lieux un grand nombre d'hommes et femmes se battre jusques à se déchirer la chair et percer jusques aux os [37] ? Cela ai-je vu souvent et sans enchantement ; et disait-on (car ils vont masqués) qu'il y en avait, qui pour de l'argent entreprenaient en cela de garantir la religion d'autrui, par un mépris de la douleur d'autant plus grand que plus peuvent les aiguillons de la dévotion que de l'avarice.

Q. Maximus enterra son fils consulaire, Marcus Caton le sien préteur désigné ; et L. Paulus les siens deux en peu de jours, d'un visage rassis et ne portant aucun témoignage de deuil [38]. Je disais, en mes jours, de quelqu'un [39] en gaussant, qu'il avait choué*b* la divine justice ; car la mort violente de trois grands enfants lui ayant été envoyée en un jour pour un âpre coup de verge, comme il est à croire, peu s'en fallut qu'il ne la prît à gratification. Et j'en ai perdu, mais en nourrice, deux

a. Monnaie turque. — *b.* Dupé.

ou trois, sinon sans regret, au moins sans fâcherie. Si n'est-il guère accident qui touche plus au vif les hommes. Je vois assez d'autres communes occasions d'affliction qu'à peine sentirais-je, si elles me venaient, et en ai méprisé quand elles me sont venues, de celles auxquelles le monde donne une si atroce figure, que je n'oserais m'en vanter au peuple sans rougir. « *Ex quo intelligitur non in natura, sed in opinione esse aegritudinem* *. »

L'opinion est une puissante partie, hardie et sans mesure. Qui rechercha jamais de telle faim la sûreté et le repos, qu'Alexandre et César ont fait l'inquiétude et les difficultés ? Térès, le Père de Sitalcès, soulait *ᵃ* dire que quand il ne faisait point la guerre, il lui était avis qu'il n'y avait point différence entre lui et son palefrenier [40].

Caton consul, pour s'assurer d'aucunes villes en Espagne, ayant seulement interdit aux habitants d'icelles de porter les armes, grand nombre se tuèrent : « *ferox gens nullam vitam rati sine armis esse* **. » Combien en savons-nous qui ont fui la douceur d'une vie tranquille, en leurs maisons, parmi leurs cognaissants *ᵇ*, pour suivre l'horreur des déserts inhabitables ; et qui se sont jetés à l'abjection, vilité et mépris du monde, et s'y sont plu jusques à l'affectation. Le cardinal Borromée, qui mourut dernièrement à Milan [41], au milieu de la débauche, à quoi le conviaient et sa noblesse, et ses grandes richesses, et l'air de l'Italie, et sa jeunesse, se maintint en une forme de vie si austère, que la même robe qui lui servait en été lui servait en hiver ; n'avait pour son coucher que la paille ; et les heures qui lui restaient des occupations de sa charge, il les passait étudiant continuellement, planté sur ses genoux, ayant un peu d'eau et de pain à côté de son livre, qui était toute la provision de ses repas, et tout le temps qu'il y employait. J'en sais qui à leur escient ont tiré et profit et avantage du co-

---

a. Avait l'habitude de ... — *b.* Parents.
　* *Tusculanes*, livre III : « D'où l'on peut comprendre que le chagrin ne provient pas de la nature, mais de l'opinion. »
　** Tite-Live, livre XXXIV : « Nation farouche, persuadée qu'on ne peut vivre sans combattre. »

cuage, de quoi le seul nom effraye tant de gens. Si la vue n'est plus le nécessaire de nos sens, il est au moins le plus plaisant ; mais et les plus plaisants et utiles de nos membres semblent être ceux qui servent à nous engendrer : toutefois assez de gens les ont pris en haine mortelle, pour cela seulement qu'ils étaient trop aimables, et les ont rejetés à cause de leur prix et valeur. Autant en opina des yeux celui qui se les creva [42].

La plus commune et la plus saine part des hommes tient à grand heur l'abondance des enfants ; moi et quelques autres à pareil heur le défaut.

Et quand on demande à Thalès pourquoi il ne se marie point, il répond qu'il n'aime point à laisser lignée de soi.

Que notre opinion donne prix aux choses, il se voit par celles en grand nombre auxquelles nous ne regardons pas seulement pour les estimer, ains à nous ; et ne considérons ni leurs qualités, ni leurs utilités, mais seulement notre coût à les recouvrer ; comme si c'était quelque pièce de leur substance ; et appelons valeur en elles non ce qu'elles apportent, mais ce que nous y apportons. Sur quoi je m'avise que nous sommes grands ménagers de notre mise. Selon qu'elle pèse, elle sert de ce même qu'elle pèse. Notre opinion ne la laisse jamais courir à faux fret [a]. L'achat donne titre au diamant, et la difficulté à la vertu, et la douleur à la dévotion, et l'âpreté à la médecine.

Tel [43], pour arriver à la pauvreté, jeta ses écus en cette même mer que tant d'autres fouillent de toutes parts pour y pêcher des richesses. Epicure [44] dit que l'être riche n'est pas soulagement, mais changement d'affaires. De vrai, ce n'est pas la disette, c'est plutôt l'abondance qui produit l'avarice. Je veux dire mon expérience autour de ce sujet.

J'ai vécu en trois sortes de condition, depuis être sorti de l'enfance. Le premier temps, qui a duré près de vingt années, je le passai, n'ayant autres moyens que fortuits, et dépendant de l'ordonnance et secours d'autrui, sans état [45] certain et sans prescription. Ma dépense se faisait

_a._ Sans charge utile.

d'autant plus allégrement et avec moins de soin qu'elle était toute en la témérité *a* de la fortune. Je ne fus jamais mieux. Il ne m'est oncques advenu de trouver la bourse de mes amis close ; m'étant enjoint au-delà de toute autre nécessité la nécessité de ne faillir au terme que j'avais pris à m'acquitter. Lequel ils m'ont mille fois allongé, voyant l'effort que je me faisais pour leur satisfaire ; en manière que j'en rendais une loyauté ménagère et aucunement piperesse. Je sens naturellement quelque volupté à payer, comme si je déchargeais mes épaules d'un ennuyeux poids et de cette image de servitude ; aussi, qu'il y a quelque contentement qui me chatouille à faire une action juste et contenter autrui. J'excepte les paiements où il faut venir à marchander et compter, car si je ne trouve à qui en commettre la charge, je les éloigne honteusement et injurieusement tant que je puis, de peur de cette altercation, à laquelle et mon humeur et ma forme de parler est du tout incompatible. Il n'est rien que je haïsse comme à marchander. C'est un pur commerce de trichoterie et d'impudence : après une heure de débat et de barguignage [46], l'un et l'autre abandonne sa parole et ses serments pour cinq sous d'amendement. Et si, j'empruntais avec désavantage ; car n'ayant point le cœur de requérir en présence, j'en renvoyais le hasard sur le papier, qui ne fait guère d'effort, et qui prête grandement la main au refuser. Je me remettais de la conduite de mon besoin plus gaiement aux astres, et plus librement, que je n'ai fait depuis à ma providence et à mon sens.

La plupart des ménagers estiment horrible de vivre ainsi en incertitude, et ne s'avisent pas, premièrement, que la plupart du monde vit ainsi. Combien d'honnêtes hommes ont rejeté tout leur certain à l'abandon, et le font tous les jours, pour chercher le vent de la faveur des Rois et de la fortune ? César s'endetta d'un million d'or outre son vaillant *b* pour devenir César. Et combien de marchands commencent leur trafic par la vente de

a. Au hasard de. — *b.* Sa fortune disponible.

leur métairie, qu'ils envoient aux Indes !

Tot per impotentia freta*!

En une si grande siccité" dè dévotion, nous avons mille et mille collèges, qui la passent commodément, attendant tous les jours de la libéralité du ciel ce qu'il faut à leur dîner.

Secondement, ils ne s'avisent pas que cette certitude sur laquelle ils se fondent n'est guère moins incertaine et hasardeuse que le hasard même. Je vois d'aussi près la misère, au-delà de deux mille écus de rente, que si elle était tout contre moi. Car, outre ce que le sort a de quoi ouvrir cent brèches à la pauvreté au travers de nos richesses, n'y ayant souvent nul moyen entre la suprême et infime fortune :

Fortuna vitrea est ; tunc cum splendet, frangitur ** ;

et envoyer cul sur pointe toutes nos défenses et levées, je trouve que par diverses causes l'indigence se voit autant ordinairement logée chez eux qui ont des biens que chez ceux qui n'en ont point, et qu'à l'aventure elle est aucunement moins incommode, quand elle est seule, que quand elle se rencontre en compagnie des richesses. Elles viennent plus de l'ordre que de la recette : « *Faber est suœ quisque fortunœ ***.* » Et me semble plus misérable un riche malaisé nécessiteux, affaireux, que celui qui est simplement pauvre. « *In divitiis inopes, quod genus egestatis gravissimum est ****.* » Les plus grands

a. Sécheresse, d'où : absence.

* Catulle, poème dédié à un navire. Le vers exact est : « *Et inde tot per impotentia freta* » : « Et de là à travers tant de mers déchaînées. »

** Montaigne a lu cette citation de Publius Syrus (*Mimes*) dans les *Politiques* de Juste Lipse, livre V, chap. XVIII : « La fortune est de verre : au moment où elle brille, elle se brise. » L'image a été reprise par Corneille dans les *Stances* de *Polyeucte* (Acte IV, scène II), après Malherbe :

> « Et comme elle a l'éclat du verre,
> Elle en a la fragilité. »

*** « Chacun est l'artisan de sa fortune. »

**** Sénèque, *Lettres à Lucilius*, 74 : « L'indigence au milieu des richesses est la plus pesante des pauvretés. »

princes et plus riches sont par pauvreté et disette poussés ordinairement à l'extrême nécessité. Car en est-il de plus extrême que d'en devenir tyrans et injustes usurpateurs des biens de leurs sujets ?

Ma seconde forme, ç'a été d'avoir de l'argent. A quoi m'étant pris, j'en fis bientôt des réserves notables selon ma condition ; n'estimant que ce fût avoir, sinon autant qu'on possède outre sa dépense ordinaire, ni qu'on se puisse fier du bien qui est encore en espérance de recette, pour claire qu'elle soit. Car, quoi ? disais-je, si j'étais surpris d'un tel, ou d'un tel accident ? Et, à la suite de ces vaines et vicieuses imaginations, j'allais, faisant l'ingénieux à pourvoir par cette superflue réserve à tous inconvénients ; et savais encore répondre à celui qui m'alléguait que le nombre des inconvénients était trop infini, que si ce n'était à tous, c'était à aucuns et plusieurs. Cela ne se passait pas sans pénible sollicitude. J'en faisais un secret ; et moi, qui ose tant dire de moi, ne parlais de mon argent qu'en mensonge, comme font les autres, qui s'appauvrissent riches, s'enrichissent pauvres, et dispensent leur conscience de jamais témoigner sincèrement de ce qu'ils ont. Ridicule et honteuse prudence. Allais-je en voyage, il ne me semblait être jamais suffisamment pourvu. Et plus je m'étais chargé de monnaie, plus aussi je m'étais chargé de crainte ; tantôt de la sûreté des chemins, tantôt de la fidélité de ceux qui conduisaient mon bagage, duquel, comme d'autres que je connais, je ne m'assurais jamais assez si je ne l'avais devant mes yeux. Laissais-je ma boîte chez moi, combien de soupçons et pensements épineux, et, qui pis est, incommunicables ! J'avais toujours l'esprit de ce côté. Tout compté, il y a plus de peine à garder l'argent qu'à l'acquérir. Si je n'en faisais du tout tant que j'en dis, au moins il me coûtait à m'empêcher de le faire. De commodité, j'en tirais peu ou rien : pour avoir plus de moyen de défense, elle ne m'en pesait pas moins. Car, comme disait Bion[47], autant se fâche le chevelu comme le chauve, qu'on lui arrache le poil ; et depuis que vous êtes accoutumé et avez planté votre fantaisie sur certain monceau, il n'est plus à votre service ; vous n'oseriez l'écorner. C'est un bâtiment qui, comme il vous semble, croulera tout, si vous y touchez. Il faut que la nécessité vous prenne à la gorge pour l'entamer. Et auparavant j'engageais mes hardes et vendais un cheval avec bien moins de contrainte et moins envis, que lors je ne faisais brèche à cette bourse favorite, que je tenais à part. Mais le danger était, que mal aisément peut-on établir bornes certaines à ce désir (elles sont difficiles à trouver ès choses qu'on croit bonnes) et arrêter un point à l'épargne. On va toujours grossissant cet amas et l'augmentant d'un nombre à autre, jusques à se priver vilainement de la jouissance de ses propres biens, et l'établir toute en la garde et à n'en user point.

Selon cette espèce d'usage, ce sont les plus riches gens de monnaie, ceux qui ont charge de la garde des portes et murs d'une bonne ville. Tout homme pécunieux est avaricieux à mon gré.

Platon range ainsi les biens corporels ou humains : la santé, la beauté, la force, la richesse. Et la richesse, dit-il, n'est pas aveugle, mais très clairvoyante, quand elle est illuminée par la prudence.

Denys le fils [48] eut sur ce propos bonne grâce. On l'avertit que l'un de ses Syracusains avait caché dans terre un trésor. Il lui manda de le lui apporter, ce qu'il fit, s'en réservant à la dérobée quelque partie, avec laquelle il s'en alla en une autre ville, où, ayant perdu cet appétit de thésauriser, il se mit à vivre plus libéralement. Ce qu'entendant, Denys lui fit rendre le demeurant de son trésor, disant que puisqu'il avait appris à en savoir user, il le lui rendait volontiers.

Je fus quelques années [49] en ce point. Je ne sais quel bon démon m'en jeta hors très utilement, comme le Syracusain, et m'envoya toute cette conserve à l'abandon, le plaisir de certain voyage de grande dépense ayant mis au pied cette sotte imagination. Par où je suis retombé à une tierce sorte de vie (je dis ce que j'en sens) certes plus plaisante beaucoup et plus réglée :

c'est que je fais courir ma dépense quant et ma recette ;
tantôt l'une devance, tantôt l'autre ; mais c'est de peu
qu'elles s'abandonnent. Je vis du jour à la journée, et
me contente d'avoir de quoi suffire aux besoins présents et ordinaires ; aux extraordinaires toutes les provisions du monde n'y sauraient suffire. Et est folie de
s'attendre que fortune elle-même nous arme jamais
suffisamment contre soi. C'est de nos armes qu'il la
faut combattre. Les fortuites nous trahiront au bon du
fait. Si j'amasse, ce n'est que pour l'espérance de quelque voisine emplette : non pour acheter des terres, de
quoi je n'ai que faire, mais pour acheter du plaisir.
« *Non esse cupidum pecunia est, non esse emacem
vectigal est* *.» Je n'ai ni guère peur que bien me faille,
ni nul désir qu'il m'augmente : « *Divitiarum fructus est
in copia, copiam declarat satietas* **. » Et me gratifie
singulièrement que cette correction me soit arrivée
en un âge naturellement enclin à l'avarice, et que je
me vois défait de cette maladie si commune aux vieux,
et la plus ridicule de toutes les humaines folies.

Féraulez [50], qui avait passé par les deux fortunes et
trouvé que l'accroît de chevance ª n'était pas accroît
d'appétit au boire, manger, dormir et embrasser sa
femme (et qui d'autre part sentait peser sur ses épaules
l'importunité de l'économie, ainsi qu'elle fait à moi),
délibéra de contenter un jeune homme pauvre, son
fidèle ami, aboyant après les richesses, et lui fit présent
de toutes les siennes, grandes et excessives, et de celles
encore qu'il était en train d'accumuler tous les jours par
la libéralité de Cyrus son bon maître et par la guerre ;
moyennant qu'il prît la charge de l'entretenir et nourrir
honnêtement comme son hôte et son ami. Ils vécurent
ainsi depuis très heureusement et également contents

ª. Fortune.
* Cicéron. *Paradoxes des Stoïciens*, livre VI : « C'est une richesse
de ne pas être avide et un revenu de ne pas être dépensier. »
** Cicéron, *ibidem*, VI : « Le fruit des richesses est l'abondance,
c'est la satiété qui indique l'abondance. »

du changement de leur condition. Voilà un tour que j'imiterais de grand courage.

Et loue grandement la fortune d'un vieil prélat [51], que je vois s'être si purement démis de sa bourse, de sa recette et de sa mise, tantôt à un serviteur choisi, tantôt à un autre, qu'il a coulé un long espace d'années, autant ignorant cette sorte d'affaires de son ménage comme un étranger. La fiance *a* de la bonté d'autrui est un non léger témoignage de la bonté propre ; partant la favorise Dieu volontiers. Et, pour son regard, je ne vois point d'ordre de maison, ni plus dignement, ni plus constamment conduit que le sien. Heureux qui ait réglé à si juste mesure son besoin que ses richesses y puissent suffire sans son soin et empêchement, et sans que leur dispensation ou assemblage interrompe d'autres occupations qu'il suit, plus sortables, tranquilles et selon son cœur.

L'aisance donc et l'indigence dépendent de l'opinion d'un chacun ; et non plus la richesse, que la gloire, que la santé, n'ont qu'autant de beauté et de plaisir que leur en prête celui qui les possède. Chacun est bien ou mal selon qu'il s'en trouve. Non de qui on le croit, mais qui le croit de soi est content. Et en cela seul la créance se donne essence et vérité.

La fortune ne nous fait ni bien ni mal : elle nous en offre seulement la matière et la semence, laquelle notre âme, plus puissante qu'elle, tourne et applique comme il lui plaît, seule cause et maîtresse de sa condition heureuse ou malheureuse [52].

Les accessions externes prennent saveur et couleur de l'interne constitution, comme les accoutrements nous échauffent, non de leur chaleur, mais de la nôtre, laquelle ils sont propres à couver et nourrir ; qui en abriterait un corps froid, il en tirerait même service pour la froideur : ainsi se conservent la neige et la glace [53].

Certes tout en la manière qu'à un fainéant [54], l'étude sert de tourment, à un ivrogne l'abstinence du vin, la

a. Confiance.

frugalité est supplice au luxurieux, et l'exercice gêne à un homme délicat et oisif : ainsi est-il du reste. Les choses ne sont pas si douloureuses, ni difficiles d'elles-mêmes ; mais notre faiblesse et lâcheté les fait telles. Pour juger des choses grandes et hautes, il faut une âme de même, autrement nous leur attribuons le vice qui est le nôtre. Un aviron droit semble courbe en l'eau. Il n'importe pas seulement qu'on voie la chose, mais comment on la voit.

Or sus, pourquoi de tant de discours, qui persuadent diversement les hommes de mépriser la mort et de porter la douleur, n'en trouvons-nous quelqu'un qui fasse pour nous ? Et de tant d'espèces d'imaginations, qui l'ont persuadé à autrui, que chacun n'en applique-t-il à soi une le plus selon son humeur ? S'il ne peut digérer la drogue forte et abstersive [a], pour déraciner le mal, au moins qu'il la prenne lénitive, pour le soulager. « *Opinio est quædam effeminata ac levis, nec in dolore magis, quam eadem in voluptate : qua, cum liquescimus fluimusque mollitia, apis aculeum sine clamore ferre non possumus. Totum in eo est, ut tibi imperes* [*].» Au demeurant, on n'échappe pas à la philosophie, pour faire valoir outre mesure l'âpreté des douleurs et l'humaine faiblesse. Car on la contraint de se rejeter à ces invincibles répliques : s'il est mauvais de vivre en nécessité, au moins de vivre en nécessité, il n'est aucune nécessité.

Nul n'est mal longtemps qu'à sa faute.

Qui n'a le cœur de souffrir ni la mort ni la vie, qui ne veut ni résister ni fuir, que lui ferait-on ?

---

a. Détersive.
* Cicéron, *Tusculanes*, livre II : « Un certain préjugé efféminé et frivole nous domine dans le plaisir tout autant que dans la douleur. Nos âmes en sont amollies, liquéfiées ; nous ne pouvons supporter une piqûre d'abeille sans pousser des cris : tout consiste à savoir se commander. »

CHAPITRE XV

ON EST PUNI POUR
S'OPINIATRER A UNE PLACE
SANS RAISON

La vaillance a ses limites, comme les autres vertus, lesquelles franchies, on se trouve dans le train du vice ; en manière que par chez elle on se peut rendre à la témérité, obstination et folie, qui n'en sait bien les bornes, malaisées, en vérité à choisir sur leurs confins. De cette considération est née la coutume, que nous avons aux guerres, de punir, voire *a* de mort, ceux qui s'opiniâtrent à défendre une place qui, par les règles militaires, ne peut être soutenue. Autrement, sous l'espérance de l'impunité, il n'y aurait pouillier [1] qui n'arrêtât une armée. M. le connétable de Montmorency au siège de Pavie, ayant été commis pour passer le Tessin et se loger aux faubourgs Saint-Antoine, étant empêché d'une tour au bout du pont, qui s'opiniâtra jusques à se faire battre, fit pendre tout ce qui était dedans. Et encore depuis, accompagnant M. le dauphin au voyage delà les monts,

---

a. Même.

ayant pris par force le château de Villane, et tout ce qui était dedans ayant été mis en pièces par la furie des soldats, hormis le capitaine et l'enseigne, il les fit pendre et étrangler, pour cette même raison ; comme fit aussi le capitaine Martin du Bellay [2], lors gouverneur de Turin en cette même contrée, le capitaine de Saint-Bony, le reste de ses gens ayant été massacré à la prise de la place. Mais, d'autant que le jugement de la valeur et faiblesse du lieu se prend par l'estimation et contrepoids des forces qui l'assaillent, car tel s'opiniâtrerait justement contre deux couleuvrines, qui ferait l'enragé d'attendre trente canons ; où se met encore en compte la grandeur du prince conquérant, sa réputation, le respect qu'on lui doit, il y a danger qu'on presse un peu la balance de ce côté-là. Et en advient par ces mêmes termes, que tels ont si grande opinion d'eux et de leurs moyens, que, ne leur semblant point raisonnable qu'il y ait rien digne de leur faire tête, passent le couteau partout où ils trouvent résistance, autant que fortune leur dure ; comme il se voit par les formes de sommation et défi que les princes d'Orient et leurs successeurs, qui sont encore, ont en usage, fière, hautaine et pleine d'un commandement barbaresque.

Et au quartier par où les Portugais [3] écornèrent les Indes, ils trouvèrent des Etats avec cette loi universelle et inviolable, que tout ennemi vaincu du roi en présence, ou de son lieutenant, est hors de composition de rançon et de merci.

Ainsi sur tout il se faut garder, qui peut, de tomber entre les mains d'un juge ennemi, victorieux et armé.

CHAPITRE XVI

DE LA PUNITION DE
LA COUARDISE

J'ouïs autrefois tenir à un prince et très grand capitaine, que pour lâcheté de cœur un soldat ne pouvait être condamné à mort ; lui étant, à table, fait récit du procès du seigneur de Vervins, qui fut condamné à mort pour avoir rendu Boulogne [1].

A la vérité, c'est raison qu'on fasse grande différence entre les fautes qui viennent de notre faiblesse, et celles qui viennent de notre malice. Car en celles-ci nous nous sommes bandés à notre escient contre les règles de la raison, que nature a empreintes en nous ; et en celles-là, il semble que nous puissions appeler à garant cette même nature, pour nous avoir laissé en telle imperfection et défaillance ; de manière que prou de gens ont pensé qu'on ne se pouvait prendre à nous, que de ce que nous faisons contre notre conscience ; et sur cette règle est en partie fondée l'opinion de ceux qui condamnent les punitions capitales aux hérétiques et mécréants, et celle qui établit qu'un avocat et un juge ne puissent être tenus de ce que par ignorance ils ont failli en leur charge.

Mais, quant à la couardise, il est certain que la plus commune façon est de la châtier par honte et ignominie. Et tient-on que cette règle a été premièrement mise en usage par le législateur Charondas [2], et qu'avant lui les

lois de Grèce punissaient de mort ceux qui s'en étaient
fuis d'une bataille, là où il ordonna seulement qu'ils
fussent par trois jours assis emmi la place publique,
vêtus de robe de femme, espérant encore s'en pouvoir
servir, leur ayant fait revenir le courage par cette honte.
« *Suffundere malis hominis sanguinem quam effun-
dere**. » Il semble aussi que les lois romaines condamnaient anciennement à mort ceux qui avaient fui. Car
Ammien Marcellin[3] raconte que l'empereur Julien
condamna dix de ses soldats, qui avaient tourné le dos
en une charge contre les Parthes, à être dégradés et
après à souffrir mort, suivant, dit-il, les lois anciennes.
Toutefois ailleurs pour une pareille faute, il en condamne
d'autres seulement à se tenir parmi les prisonniers sous
l'enseigne du bagage. L'âpre condamnation du peuple
romain contre les soldats échappés de Cannes et, en
cette même guerre, contre ceux qui accompagnèrent
Cn. Fulvius en sa défaite, ne vint pas à la mort[4].

Si est-il à craindre que la honte les désespère et les
rende non froids seulement, mais ennemis.

Du temps de nos pères, le seigneur de Franget[5], jadis
lieutenant de la compagnie de M. le maréchal de Châ-
tillon, ayant été mis par M. le maréchal de Chabannes,
gouverneur de Fontarabie, au lieu de M. du Lude, et
l'ayant rendue aux Espagnols, fut condamné à être
dégradé de noblesse, et tant lui que sa postérité déclaré
roturier, taillable, et incapable de porter armes ; et fut
cette rude sentence exécutée à Lyon. Depuis souffrirent
pareille punition tous les gentilshommes qui se trouvèrent dans Guise, lorsque le comte de Nassau[6] y
entra ; et autres encore depuis.

Toutefois, quand il y aurait une si grossière et apparente ou ignorance ou couardise, qu'elle surpassât toutes les ordinaires, ce serait raison de la prendre pour
suffisante preuve de méchanceté et de malice, et de la
châtier pour telle.

---

* Citation de Tertullien, *Apologétique*, lue dans Juste Lipse.
Adversus dialogistam, livre III : « Préfère faire monter le sang au
visage que le répandre. »

CHAPITRE XVII

UN TRAIT DE
QUELQUES AMBASSADEURS

J'observe en mes voyages cette pratique, pour apprendre toujours quelque chose par la communication d'autrui (qui est une des plus belles écoles qui puisse être), de ramener toujours ceux avec qui je confère, aux propos des choses qu'ils savent le mieux.

> *Basti al nocchiero ragionar de' venti,*
> *Al bifolco dei tori, et le sue piaghe*
> *Conti'l guerrier, conti'l pastor gli armenti* *.

Car il advient le plus souvent au rebours, que chacun choisit plutôt à discourir du métier d'un autre que du sien, estimant que c'est autant de nouvelle réputation acquise : témoin le reproche qu'Archidamus fait à Périandre, qu'il quittait la gloire de bon médecin, pour acquérir celle de mauvais poète [1].

Voyez combien César se déploie largement à nous

---

* Ces vers italiens tirés de la *Civil conversation* de Stefano Guazzo traduisent les vers suivants du poète élégiaque latin Properce :
   Navita de ventis, de tauris narrat arator
   Enumerat miles vulnera, pastor oves. (*Elégies*, livre II, élégie I :
« Le pilote parle des vents, le laboureur de ses taureaux, le soldat dénombre ses blessures, le berger ses brebis. »

faire entendre ses inventions à bâtir ponts et engins[2] ;
et combien au prix il va se serrant, où il parle des
offices de sa profession, de sa vaillance et conduite de
sa milice. Ses exploits le vérifient assez capitaine excellent : il se veut faire connaître excellent ingénieur, qualité aucunement étrangère.

Un homme de vacation[a] juridique, mené ces jours
passés voir une étude fournie de toutes sortes de livres
de son métier, et de toute autre sorte, n'y trouva nulle
occasion de s'entretenir. Mais il s'arrête à gloser rudement et magistralement une barricade logée sur la vis[3]
de l'étude, que cent capitaines et soldats rencontrent
tous les jours, sans remarque et sans offense.

Denys l'Ancien était très grand chef de guerre[4],
comme il convenait à sa fortune ; mais il se travaillait
à donner principale recommandation de soi par la poésie : et si, n'y savait rien.

Optat ephippia bos piger, optat arare caballus [*]

Par ce train vous ne faites jamais rien qui vaille.

Ainsi, il faut rejeter toujours l'architecte, le peintre,
le cordonnier, et ainsi du reste, chacun à son gibier. Et,
à ce propos, à la lecture des histoires, qui est le sujet
de toutes gens, j'ai accoutumé de considérer qui en sont
les écrivains[5] : si ce sont personnes qui ne fassent autre
profession que de lettres, j'en apprends principalement
le style et le langage ; si ce sont médecins, je les crois
plus volontiers en ce qu'ils nous disent de la température de l'air, de la santé et complexion des princes, des
blessures et maladies ; si jurisconsultes, il en faut
prendre les controverses des droits, les lois, l'établissement des polices et choses pareilles ; si théologiens, les
affaires de l'Eglise, censures ecclésiastiques, dispenses
et mariages ; si courtisans, les mœurs et les cérémonies ; si gens de guerre, ce qui est de leur charge, et

---

a. Profession.
[*] Horace, *Epîtres*, livre I, épître XIV : « Le bœuf pesant désire la
selle et le cheval la charrue. » On sait que les Anciens n'employaient
pas le cheval pour labourer, mais le bœuf ou le taureau.

principalement les déductions des exploits où ils se sont trouvés en personne ; si ambassadeurs, les menées, intelligentes et pratiques, et manière de les conduire.

A cette cause, ce que j'eusse passé à un autre sans m'y arrêter, je l'ai pesé et remarqué en l'histoire du seigneur de Langey, très entendu en telles choses [6]. C'est qu'après avoir conté ces belles remontrances de l'empereur Charles cinquième, faites au consistoire à Rome, présent l'évêque de Mâcon [7] et le seigneur du Velly, nos ambassadeurs, où il avait mêlé plusieurs paroles outrageuses contre nous, et entre autres que, si ces capitaines, soldats et sujets n'étaient d'autre fidélité et suffisance en l'art militaire que ceux du roi, tout sur l'heure il s'attacherait la corde au col, pour lui aller demander miséricorde (et de ceci il semble qu'il en crut quelque chose, car deux ou trois fois en sa vie depuis il lui advint de redire ces mêmes mots) ; aussi qu'il défia le roi de le combattre en chemise avec l'épée et le poignard, dans un bateau. Ledit seigneur de Langey, suivant son histoire, ajoute que lesdits ambassadeurs faisant une dépêche au roi de ces choses, lui en dissimulèrent la plus grande partie, même lui celèrent les deux articles précédents. Or j'ai trouvé bien étrange qu'il fût en la puissance d'un ambassadeur de dispenser sur les avertissements qu'il doit faire à son maître, même de telle conséquence, venant de telle personne, et dites en si grande assemblée. Et m'eût semblé l'office du serviteur être de fidèlement représenter les choses en leur entier, comme elles sont advenues, afin que la liberté d'ordonner, juger et choisir demeurât au maître. Car de lui altérer ou cacher la vérité, de peur qu'il ne la prenne autrement qu'il ne doit, et que cela ne le pousse à quelque mauvais parti, et cependant le laisser ignorant de ses affaires, cela m'eût semblé appartenir à celui qui donne la loi, non à celui qui la reçoit, au curateur et maître d'école, non à celui qui se doit penser inférieur, non en autorité seulement, mais aussi en prudence et bon conseil. Quoi qu'il en soit, je ne voudrais pas être servi de cette façon, en mon petit fait.

Nous nous soustrayons si volontiers du commandement sous quelque prétexte, et usurpons sur la maîtrise ; chacun aspire si naturellement à la liberté et autorité, qu'au supérieur nulle utilité ne doit être si chère, venant de ceux qui le servent, comme lui doit être chère leur naïve et simple obéissance.

On corrompt l'office du commander quand on y obéit par discrétion, non par sujétion. Et P. Crassus [8], celui que les Romains estimèrent cinq fois heureux, lorsqu'il était en Asie consul, ayant mandé à un ingénieur grec de lui faire mener le plus grand des deux mâts de navire qu'il avait vu à Athènes, pour quelque engin de batterie qu'il en voulait faire, celui-ci sous titre de sa science, se donna loi de choisir autrement, et mena le plus petit et, selon la raison de son art, le plus commode. Crassus, ayant patiemment ouï ses raisons, lui fit très bien donner le fouet, estimant l'intérêt de la discipline plus que l'intérêt de l'ouvrage.

D'autre part, pourtant, on pourrait aussi considérer que cette obéissance si contrainte n'appartient qu'aux commandements précis et préfix [a]. Les ambassadeurs ont une charge plus libre, qui, en plusieurs parties, dépend souverainement de leur disposition ; ils n'exécutent pas simplement, mais forment aussi et dressent par leur conseil la volonté du maître. J'ai vu en mon temps des personnes de commandement repris d'avoir plutôt obéi aux paroles des lettres du roi, qu'à l'occasion des affaires qui étaient près d'eux.

Les hommes d'entendement accusent encore l'usage des rois de Perse de tailler les morceaux si courts à leurs agents et lieutenants, qu'aux moindres choses ils eussent à recourir à leur ordonnance ; ce délai, en une si longue étendue de domination, ayant souvent apporté de notables dommages à leurs affaires.

Et Crassus, écrivant à un homme du métier et lui donnant avis de l'usage auquel il destinait ce mât, semblait-il pas entrer en conférence de sa délibération et le convier à interposer son décret ?

a. Décidés à l'avance.

CHAPITRE XVIII

DE LA PEUR

Ostupui, stererúntque comæ, et vox faucibus hæsit *.

Je ne suis pas bon naturaliste, (qu'ils disent) et ne sais guère par quels ressorts la peur agit en nous ; mais tant y a que c'est une étrange passion ; et disent les médecins qu'il n'en est aucune qui emporte plutôt notre jugement hors de sa due assiette. De vrai, j'ai vu beaucoup de gens devenus insensés de peur ; et aux plus rassis, il est certain, pendant que son accès dure, qu'elle engendre de terribles éblouissements. Je laisse à part le vulgaire à qui elle représente tantôt les bisaïeux sortis du tombeau, enveloppés en leur suaire, tantôt des loups-garous, des lutins et des chimères. Mais, parmi les soldats même, où elle devrait trouver moins de place, combien de fois a-t-elle changé un troupeau de brebis en escadron de corselets *a* ? des roseaux et des canes en gens d'armes et lanciers ? nos amis en nos ennemis ? et la croix blanche à la rouge ?

Lorsque M. de Bourbon prit Rome [1], un porte-ensei-

---

a. Cuirassiers.
* Virgile, *Enéide*, chant II : « Je fus frappé de stupeur, mes cheveux se dressèrent, et ma voix s'arrêta dans ma gorge. »

gne, qui était à la garde du bourg Saint-Pierre, fut saisi
d'un tel effroi à la première alarme, que, par le trou
d'une ruine il se jeta, l'enseigne au poing, hors la ville,
droit aux ennemis, pensant tirer vers le dedans de la
ville ; et à peine enfin, voyant la troupe de M. de Bourbon se ranger pour le soutenir, estimant que ce fut une
sortie que ceux de la ville fissent, il se reconnut, et,
tournant tête rentra par ce même trou, par lequel il
était sorti plus de trois cents pas avant en la campagne.
Il n'en advint pas du tout si heureusement à l'enseigne
du capitaine Juille, lorsque Saint-Pol fut pris sur nous
par le comte de Bures et M. du Reu ; car, étant si fort
éperdu de la frayeur de se jeter à tout son enseigne hors
de la ville par une canonnière *a*, il fut mis en pièces par
les assaillants. Et au même siège fut mémorable la
peur qui serra, saisit et glaça si fort le cœur d'un gentilhomme, qu'il en tomba raide mort par terre à la brèche,
sans aucune blessure.

Pareille peur saisit parfois toute une multitude. En
l'une des rencontres de Germanicus contre les Allemands, deux grosses troupes prirent d'effroi deux routes opposites ; l'une fuyait d'où l'autre partait [2].

Tantôt elle nous donne des ailes aux talons, comme
aux deux premiers ; tantôt elle nous cloue les pieds et
les entrave, comme on lit de l'empereur Théophile,
lequel, en une bataille qu'il perdit contre les Agaré-
niens [3], devint si étonné et si transi, qu'il ne pouvait
prendre parti et s'enfuir : « *adeó pavor etiam auxilia
formidat* * », jusques à ce que Manuel, l'un des principaux chefs de son armée, l'ayant tirassé et secoué
comme pour l'éveiller d'un profond somme, lui dit :
« Si vous ne me suivez, je vous tuerai ; car il vaut
mieux que vous perdiez la vie, que si, étant prisonnier,
vous veniez à perdre l'Empire. »

Lors exprime-t-elle sa dernière force, quand pour son
service elle nous rejette à la vaillance qu'elle a sous-

---

a. Meurtrière.

* Quinte-Curce, *Histoire*, livre III : « Tant la peur s'effraye
même du secours. »

traite à notre devoir et à notre honneur. En la première juste bataille que les Romains perdirent contre Hannibal, sous le consul Sempronius[4], une troupe de bien dix mille hommes de pied ayant pris l'épouvante, ne voyant ailleurs par où faire passage à sa lâcheté, s'alla jeter au travers le gros des ennemis, lequel elle perça d'un merveilleux effort, avec grand meurtre de Carthaginois, achetant une honteuse fuite au même prix qu'elle eût eu d'une glorieuse victoire. C'est ce de quoi j'ai le plus de peur que la peur.

Aussi surmonte-t-elle en aigreur tous autres accidents.

Quelle affection peut être plus âpre et plus juste, que celle des amis de Pompée, qui étaient en son navire, spectateurs de cet horrible massacre ? Si est-ce que la peur des voiles égyptiennes, qui commençaient à les approcher, l'étouffa, de manière qu'on a remarqué qu'ils ne s'amusèrent qu'à hâter les mariniers de diligenter et de se sauver à coups d'aviron ; jusques à ce qu'arrivés à Tyr, libres de crainte, ils eurent loi de tourner leur pensée à la perte qu'ils venaient de faire, et lâcher la bride aux lamentations et aux larmes[5], que cette autre plus forte passion avait suspendues.

Tum pavor sapientiam omnem mihi ex animo expec-
[*torat* *.]

Ceux qui auront été bien frottés en quelque estour[a] de guerre, tout blessés encore et ensanglantés, on les ramène bien le lendemain à la charge. Mais ceux qui ont conçu quelque bonne peur des ennemis, vous ne les leur feriez pas seulement regarder en face. Ceux qui sont en pressante crainte de perdre leur bien, d'être exilés, d'être subjugués, vivent en continuelle angoisse, en perdant le boire, le manger et le repos ; là où les pauvres, les bannis, les serfs vivent souvent aussi joyeusement que les autres. Et tant de gens qui de l'impatience des pointures[b] de la peur se sont pendus, noyés

a. Combat. — b. Piqûres.
* Citation d'Ennius, *Tusculanes*, livre IV, chap. VIII : « Alors la peur m'arrache du cœur tout mon courage. »

et précipités, nous ont bien appris qu'elle est encore plus importune et insupportable que la mort.

Les Grecs [6] en reconnaissent une autre espèce qui est outre l'erreur de notre discours, venant, disent-ils, sans cause apparente et d'une impulsion céleste. Des peuples entiers s'en voient souvent saisis, et des armées entières. Telle fut celle qui apporta à Carthage une merveilleuse désolation. On n'y oyait que cris et voix effrayées. On voyait les habitants sortir de leurs maisons, comme à l'alarme, et se charger, blesser et entretuer les uns les autres, comme si ce fussent ennemis qui vinssent à occuper leur ville. Tout y était en désordre et en tumulte ; jusques à ce que, par oraisons et sacrifices, ils eussent apaisé l'ire des dieux. Ils nomment cela terreurs paniques.

CHAPITRE XIX

QU'IL NE FAUT JUGER
DE NOTRE HEUR
QU'APRÈS LA MORT

Scilicet ultima semper
Expectanda dies homini est, dicique beatus
*Ante obitum nemo, supremáque funera debet *.*

Les enfants savent le conte du roi Crésus à ce propos ;
lequel, ayant été pris par Cyrus et condamné à la mort,
sur le point de l'exécution, il s'écria : « O Solon, Solon ! »
Cela rapporté à Cyrus, et s'étant enquis que c'était à
dire, il lui fit entendre qu'il vérifiait lors à ses dépens
l'avertissement qu'autrefois lui avait donné Solon, que
les hommes, quelque beau visage que fortune leur fasse,
ne se peuvent appeler heureux jusques à ce qu'on leur
ait vu passer le dernier jour de leur vie, pour l'incertitude et variété des choses humaines, qui d'un bien léger

---

* Ovide, *Métamorphoses*, livre III : « Certes, l'homme doit attendre son dernier jour et personne ne doit être dit heureux avant sa
mort et ses funérailles. » Ces considérations philosophiques étaient
fréquentes au XVIᵉ siècle ; Montaigne lui-même en avait touché un
mot à l'essai III du livre I.

mouvement se changent d'un état en autre, tout divers.
Et pourtant Agésilas, à quelqu'un qui disait heureux le
roi de Perse, de ce qu'il était venu fort jeune à un si
puissant état. « Oui mais, dit-il, Priam en tel âge ne fut
pas malheureux [2]. » Tantôt, des rois de Macédoine, successeurs de ce grand Alexandre, il s'en fait des menui-
siers et greffiers à Rome [3] ; des tyrans de Sicile, des
pédantes [a] à Corinthe [4]. D'un conquérant de la moitié
du monde [5] et empereur de tant d'armées, il s'en fait un
misérable suppliant des bélîtres officiers d'un roi
d'Egypte ; tant coûta à ce grand Pompée la prolongation
de cinq ou six mois de vie. Et, du temps de nos pères,
ce Ludovic Sforza [6], dixième duc de Milan, sous qui
avait si longtemps branlé toute l'Italie, on l'a vu mourir
prisonnier à Loches ; mais après y avoir vécu dix ans,
qui est le pis de son marché. La plus belle reine, veuve
du plus grand roi de la Chrétienté, vient-elle pas de
mourir par main de bourreau [7] ? Et mille tels exemples.
Car il semble que, comme les orages et tempêtes se
piquent contre l'orgueil et hautaineté de nos bâtiments,
il y ait aussi là-haut des esprits envieux des grandeurs
de ça-bas.

> *Usque adeo res humanas vis abdita quædam*
> *Obterit, el pulchros fasces sævásque secures*
> *Proculcare, ac ludibrio sibi habere videtur* *.

Et semble que la fortune quelquefois guette à point
nommé le dernier jour de notre vie, pour montrer sa
puissance de renverser en un moment ce qu'elle avait
bâti en longues années ; et nous fait crier, après Labe-
rius : « *Nimirum hac die una plus vixi, mihi quam*
vivendum fuit **. »

Ainsi se peut prendre avec raison ce bon avis de
Solon. Mais d'autant que c'est un philosophe, à l'endroit

---

a. Maîtres d'école.

* Lucrèce, chant V : « Tant il est vrai qu'une puissance cachée
broie le pouvoir humain et semble prendre plaisir à fouler aux pieds
les nobles faisceaux et les haches cruelles. »

** Macrobe, *Saturnales*, livre II : « Assurément, j'ai trop vécu
d'un jour. »

desquels les faveurs et disgrâces de la fortune ne tiennent rang ni d'heur, ni de malheur et sont les grandeurs
et puissances accidents de qualité à peu près indifférente, je trouve vraisemblable qu'il ait regardé plus
avant, et voulu dire que ce même bonheur de notre vie,
qui dépend de la tranquillité et contentement d'un
esprit bien né, et de la résolution et assurance d'une
âme réglée, ne se doive jamais attribuer à l'homme,
qu'on ne lui ait vu jouer le dernier acte de sa comédie,
et sans doute le plus difficile. En tout le reste il y peut
avoir du masque : ou ces beaux discours de la philosophie ne sont en nous que par contenance ; ou les
accidents, ne nous essayant pas jusques au vif, nous
donnent loisir de maintenir toujours notre visage rassis.
Mais à ce dernier rôle de la mort et de nous, il n'y a plus
que feindre, il faut parler français, il faut montrer ce
qu'il y a de bon et de net dans le fond du pot,

> *Nam veræ voces tum demum pectore ab imo*
> *Ejiciuntur, et eripitur persona, manet res* *.

Voilà pourquoi se doivent à ce dernier trait toucher et
éprouver toutes les autres actions de notre vie. C'est le
maître jour, c'est le jour juge de tous les autres : c'est
le jour, dit un Ancien [8], qui doit juger de toutes mes
années passées. Je remets à la mort l'essai du fruit de
mes études. Nous verrons là si mes discours me partent
de la bouche, ou du cœur.

J'ai vu plusieurs donner par leur mort réputation en
bien ou en mal à toute leur vie. Scipion [9], beau-père de
Pompée, rhabilla en bien mourant la mauvaise opinion
qu'on avait eue de lui jusques lors. Epaminondas [10],
interrogé lequel des trois il estimait le plus, ou Chabrias, ou Iphicrate, ou soi-même : « Il nous faut voir
mourir, fit-il, avant que d'en pouvoir résoudre. » De
vrai, on déroberait beaucoup à celui-là, qui le pèserait
sans l'honneur et grandeur de sa fin. Dieu l'a voulu
comme il lui a plu ; mais en mon temps, les trois plus

---

* Lucrèce, chant III : « Alors enfin des paroles sincères jaillissent
du fond du cœur ; le masque tombe, l'homme demeure. »

exécrables personnes que je connusse en toute abomi-
nation de vie, et les plus infâmes, ont eu des morts
réglées et en toute circonstance composées jusques à
la perfection.

Il est des morts braves et fortunées. Je lui ai vu trancher le fil d'un progrès de merveilleux avancement, et
dans la fleur de son croist ª, à quelqu'un, d'une fin si
pompeuse, qu'à mon avis ses ambitieux et courageux
desseins n'avaient rien de si haut que fut leur interruption [11]. Il arriva sans y aller où il prétendait, plus grandement et glorieusement que ne portait son désir et
espérance. Et devança par sa chute le pouvoir et le nom
où il aspirait par sa course.

Au jugement de la vie d'autrui, je regarde toujours
comment s'en est porté le bout ; et des principaux
études de la mienne, c'est qu'il se porte bien, c'est-à-dire
quiètement et sourdement.

a. Croissance.

CHAPITRE XX

QUE PHILOSOPHER
C'EST APPRENDRE A MOURIR

Cicéron dit que philosopher ce n'est autre chose que s'apprêter à la mort [1]. C'est d'autant que l'étude et la contemplation retirent aucunement notre âme hors de nous, et l'embesognent à part de corps, qui est quelque apprentissage et ressemblance de la mort ; ou bien, c'est que toute la sagesse et discours du monde se résout afin à ce point, de nous apprendre à ne craindre point à mourir. De vrai, ou la raison se moque, ou elle ne doit viser qu'à notre contentement, et tout son travail, tendre en somme à nous faire bien vivre, et à notre aise, comme dit la Sainte Ecriture [2]. Toutes les opinions du monde en sont là, que le plaisir est notre but, quoiqu'elles en prennent divers moyens ; autrement, on les chasserait d'arrivée [a], car qui écouterait celui qui pour sa fin établirait notre peine et mésaise ?

Les dissensions des sectes philosophiques, en ce cas, sont verbales. « *Transcurramus solertissimas nugas* [*]. »

a. De prime abord.
[*] Sénèque, *lettre* 117 : « Passons rapidement sur ces bagatelles spirituelles. »

Il n'y a plus d'opiniâtreté et de picoterie qu'il n'appartient à une si sainte profession. Mais quelque personnage que l'homme entreprenne, il joue toujours le sien parmi. Quoi qu'ils disent, en la vertu même, le dernier but de notre visée, c'est la volupté. Il me plaît de battre leurs oreilles de ce mot qui leur est si fort à contrecœur. Et s'il signifie quelque suprême plaisir et excessif contentement, il est mieux dû à l'assistance de la vertu qu'à nulle autre assistance. Cette volupté, pour être plus gaillarde, nerveuse, robuste, virile, n'en est que plus sérieusement voluptueuse. Et lui devions donner le nom du plaisir, plus favorable, plus doux et naturel : non celui de la vigueur, duquel nous l'avons dénommée [3]. Cette autre volupté plus basse, si elle méritait ce beau nom, ce devait être en concurrence, non par privilège. Je la trouve moins pure d'incommodités et de traverses que n'est la vertu. Outre que son goût est plus momentané, fluide et caduque, elle a ses veillées, ses jeûnes et ses travaux et la sueur et le sang ; et en outre particulièrement ses passions tranchantes de tant de sortes, et à son côté une satiété si lourde qu'elle équipolle [a] à pénitence. Nous avons grand tort d'estimer que ces incommodités lui servent d'aiguillon et de condiment à sa douceur, comme en nature le contraire se vivifie par son contraire, et de dire, quand nous venons à la vertu, que pareilles suites et difficultés l'accablent, la rendent austère et inaccessible, là où, beaucoup plus proprement qu'à la volupté, elles ennoblissent, aiguisent et rehaussent le plaisir divin et parfait qu'elle nous moyenne. Celui-là est certes bien indigne de son accointance, qui contrepèse son coût à son fruit, et n'en connaît ni les grâces ni l'usage. Ceux qui nous vont instruisant que sa quête est scabreuse et laborieuse, sa jouissance agréable, que nous disent-ils par là, sinon qu'elle est toujours désagréable ? Car quel moyen humain arriva jamais à sa jouissance ? Les plus parfaits se sont bien contentés d'y aspirer et de l'approcher sans la posséder. Mais ils se trompent : vu que de tous les

a. Equivaut.

plaisirs que nous connaissons, la poursuite même en
est plaisante. L'entreprise se sent de la qualité de la
chose qu'elle regarde, car c'est une bonne portion de
l'effet et consubstantielle. L'heur et la béatitude qui
reluit en la vertu, remplit toutes ses appartenances et
avenues, jusques à la première entrée et extrême bar-
rière. Or, des principaux bienfaits de la vertu est le
mépris de la mort, moyen qui fournit notre vie d'une
molle tranquillité, nous en donne le goût pur et aima-
ble, sans qui toute autre volupté est éteinte [4] ?

Voilà pourquoi toutes les règles se rencontrent et
conviennent à cet article. Et, bien qu'elles nous conduisent aussi toutes d'un commun accord à mépriser la
douleur, la pauvreté et autres accidents à quoi la vie
humaine est sujette, ce n'est pas d'un pareil soin, tant
parce que ces accidents ne sont pas de telle nécessité
(la plupart des hommes passent leur vie sans goûter de
la pauvreté, et tels encore sans sentiment de douleur
et de maladie, comme Xenophilus le Musicien [5], qui
vécut cent et six ans d'une entière santé), qu'aussi d'autant qu'au pis aller la mort peut mettre fin, quand il
nous plaira, et couper broche à tous autres inconvénients. Mais quant à la mort, elle est inévitable,

Omnes eodem cogimur, omnium
Versatur urna, serius ocius
Sors exitura et nos in æternum
Exilium impositura symbæ *.

Et par conséquent, si elle nous fait peur, c'est un
sujet continuel de tourment, et qui ne se peut aucunement soulager. Il n'est lieu d'où elle ne nous vienne ;
nous pouvons tourner sans cesse la tête çà et là comme
en pays suspect [6] : « *quæ quasi saxum Tantalo semper*
impendet ** ». Nos parlements renvoient souvent exé-

* Horace, livre II, ode 3 : « Tous nous sommes poussés au même
endroit ; l'urne tourne pour nous tous ; un peu plus tard, un peu
plus tôt, le sort en sortira et nous placera dans la barque fatale pour
une mort éternelle. »
** Cicéron, *De Finibus*, livre I : « Qui toujours nous menace
comme le rocher de Tantale. » La légende de Sisyphe a été confon-
due avec celle de Tantale.

cuter les criminels au lieu où le crime est commis : durant le chemin, promenez-les par des belles maisons, faites-leur tant de bonne chère qu'il vous plaira,

> *non Siculæ dapes*
> *Dulcem elaborabunt saporem,*
> *Non avium cytharæque cantus*
> *Somnum reducent *,*

pensez-vous qu'ils s'en puissent réjouir, et que la finale intention de leur voyage, leur étant ordinairement devant les yeux, ne leur ait altéré et affadi le goût à toutes ces commodités ?

> *Audit iter, numérátque dies, spacióque viarum*
> *Metitur vitam, torquetur peste futura **.*

Le but de notre carrière, c'est la mort, c'est l'objet nécessaire de notre visée : si elle nous effraie, comme est-il possible d'aller un pas avant, sans fièvre ? Le remède du vulgaire, c'est de n'y penser pas... Mais de quelle brutale stupidité lui peut venir un si grossier aveuglement ? Il lui faut faire brider l'âne par la queue,

> *Qui capite ipse suo instituit vestigia retro ***.*

Ce n'est pas de merveille s'il est si souvent pris au piège. On fait peur à nos gens, seulement de nommer la mort et la plupart s'en signent, comme du nom du diable. Et parce qu'il s'en fait mention aux testaments, ne vous attendez pas qu'ils y mettent la main, que le médecin ne leur ait donné l'extrême sentence ; et Dieu sait lors, entre la douleur et la frayeur, de quel bon jugement ils vous le pâtissent.

Parce que cette syllabe frappait trop rudement leurs oreilles, et que cette voix leur semblait malencontreuse,

---

* Horace, Odes, livre III, ode I : « Les mets siciliens n'arriveront pas à lui paraître savoureux, ni le chant des oiseaux et de la cithare ne ramèneront le sommeil. »

** Claudien, poète officiel de l'empereur Honorius (vᵉ siècle). *Contre Rufin*, livre II, vers 137 : « Il s'informe de l'étape, il compte les jours, il mesure sa vie sur sa longueur du chemin, torturé par le fléau à venir. »

*** Lucrèce, chant IV : « Lui qui s'est mis en tête d'avancer à reculons. »

les Romains avaient appris de l'amollir ou de l'étendre en périphrases. Au lieu de dire : il est mort ; il a cessé de vivre, disent-ils, il a vécu [7]. Pourvu que ce soit vie, soit-elle passée, ils se consolent. Nous en avons emprunté notre feu [8] Maître-Jehan.

A l'aventure, est-ce que, comme on dit, le terme vaut l'argent. Je naquis entre onze heures et midi, le dernier jour de Février mil cinq cent trente-trois, comme nous comptons à cette heure [9], commençant l'an en Janvier. Il n'y a justement que quinze jours que j'ai franchi trente-neuf ans, il m'en faut pour le moins encore autant ; cependant s'empêcher du pensement de chose si éloignée, ce serait folie. Mais quoi, les jeunes et les vieux laissent la vie de même condition. Nul n'en sort autrement que comme si tout présentement il y entrait. Joint qu'il n'est homme si décrépit, tant qu'il voit Mathusalem devant, qui ne pense avoir encore vingt ans dans le corps. D'avantage, pauvre fol que tu es, qui t'a établi les termes de ta vie ? Tu te fondes sur les contes des médecins. Regarde plutôt l'effet et l'expérience. Par le commun train des choses, tu vis pieça [a] par faveur extraordinaire. Tu as passé les termes accoutumés de vivre. Et qu'il soit ainsi, compte de tes connaissants combien il en est mort avant ton âge, plus qu'il n'en y a qui l'aient atteint ; et de ceux même qui ont ennobli leur vie par renommée, fais-en registre, et j'entrerai en gageure d'en trouver plus qui sont morts avant, qu'après trente-cinq ans. Il est plein de raison et de piété de prendre exemple de l'humanité même de Jésus-Christ : or il finit sa vie à trente et trois ans. Le plus grand homme, simplement homme, Alexandre, mourut aussi à ce terme [10].

Combien a la mort de façons de surprise ?

Quid quisque vitet, nunquam homini satis
*Cautum est in horas ** .*

---

a. Depuis longtemps.

* Horace, *Odes*, livre II, ode 13 : « L'homme ne peut jamais prendre assez de précautions pour les dangers qui le menacent à chaque heure. »

Je laisse à part les fièvres et les pleurésies. Qui eût jamais pensé qu'un duc de Bretagne [11] dût être étouffé de la presse, comme fut celui-là à l'entrée du pape Clément, mon voisin [12], à Lyon ? N'as-tu pas vu tuer un de nos rois en se jouant [13] ? Et un de ses ancêtres mourut-il pas choqué par un pourceau [14] ? Eschyle menacé de la chute d'une maison, a beau se tenir à l'airte [a] : le voilà assommé d'un toit de tortue, qui échappa des pattes d'un aigle en l'air. L'autre mourut d'un grain de raisin ; un empereur [15], de l'égratignure d'un peigne, en se testonnant [b], Emilius Lepidus, pour avoir heurté du pied contre le seuil de son huis, et Aufidius [16], pour avoir choqué en entrant contre la porte de la chambre du conseil ; et entre les cuisses des femmes, Cornelius Gallus, préteur, Tigillinus, capitaine du guet à Rome, Ludovic, fils de Guy de Gonzague, marquis de Mantoue, et d'un encore pire exemple, Speusippe, philosophe platonicien, et l'un de nos papes [17]. Le pauvre Bebius, juge, cependant qu'il donne délai de huitaine à une partie, le voilà saisi, le sien de vivre étant expiré. Et Caius Julius, médecin, graissant les yeux d'un patient, voilà la mort qui clôt les siens. Et s'il m'y faut mêler, un mien frère, le capitaine Saint-Martin, âgé de vingt et trois ans, qui avait déjà fait assez bonne preuve de sa valeur, jouant à la paume, reçut un coup d'esteuf [c] qui l'assena [d] un peu au-dessus de l'oreille droite, sans aucune apparence de contusion, ni de blessure. Il ne s'en assit, ni reposa, mais cinq ou six heures après il mourut d'une apoplexie que ce coup lui causa. Ces exemples si fréquents et si ordinaires nous passant devant les yeux, comment est-il possible qu'on se puisse défaire du pensement de la mort, et qu'à chaque instant il ne nous semble qu'elle nous tient au collet ?

Qu'importe-t-il, me direz-vous, comment que ce soit, pourvu qu'on ne s'en donne point de peine ? Je suis de cet avis, et en quelque manière qu'on se puisse mettre à l'abri des coups, fût-ce sous la peau d'un veau [18], je ne

---

a. A l'écart. — *b.* Coiffant. — *c.* Balle. — *d.* Frappa.

suis pas homme qui y reculasse. Car il me suffit de
passer à mon aise ; et le meilleur jeu que je me puisse
donner, je le prends, si peu glorieux au reste et exemplaire que vous voudrez.

> *prætulerim delirus inérsque videri,*
> *Dum mea delectent mala me, vel denique fallant,*
> *Quam sapere et ringi*.*

Mais c'est folie d'y penser arriver par là. Ils vont, ils
viennent, ils trottent, ils dansent, de mort nulles nouvelles. Tout cela est beau. Mais aussi quand elle arrive,
ou à eux, ou à leurs femmes, enfants et amis, les surprenant en dessoude et à découvert, quels tourments, quels
cris, quelle rage, et quel désespoir les accable ? Vîtes-
vous jamais rien si rabaissé, si changé, si confus ? Il y
faut pourvoir de meilleure heure : et cette nonchalance
bestiale, quand elle pourrait loger en la tête d'un
homme d'entendement, ce que je trouve entièrement
impossible, nous vend trop cher ses denrées. Si c'était
ennemi qui se peut éviter, je conseillerais d'emprunter
les armes de la couardise. Mais puisqu'il ne se peut,
puisqu'il vous attrape fuyant et poltron aussi bien
qu'honnête homme

> *Nempe et fugacem persequitur virum,*
> *Nec parcit imbellis juventæ*
> *Poplitibus, timidóque tergo**,*

et que nulle trempe de cuirasse vous couvre,

> *Ille licet ferro cautus se condat ære,*
> *Mors tamen inclusum protrahet inde caput***,*

---

* Horace, *Épîtres*, livre II, épître II : « J'aimerais mieux encore
passer pour fou ou idiot, pourvu que mes maux me plaisent ou
m'échappent, que d'être sage et d'enrager. »
** Horace, *Odes*, livre III, ode II : « La mort poursuit le guerrier
dans sa fuite et n'épargne pas les jarrets et le dos craintif de la jeunesse lâche. » Le premier vers de la strophe dit : « Il est doux et
glorieux de mourir pour la patrie. »
*** Properce, livre III, élégie 18 : « Il a beau se cacher prudem-
ment sous le fer et l'airain : la mort cependant lui fera sortir sa tête
si bien protégée. »

apprenons à le soutenir de pied ferme, et à le combattre.
Et pour commencer à lui ôter son plus grand avantage
contre nous, prenons voie toute contraire à la commune.
Otons-lui l'étrangeté, pratiquons-le, accoutumons-le,
n'ayons rien si souvent en la tête que la mort. A tous
instants représentons-la à notre imagination et en tous
visages. Au broncher d'un cheval, à la chute d'une tuile,
à la moindre piqûre d'épingle, remâchons soudain :
« Eh bien, quand ce serait la mort même ? » et là-dessus,
raidissons-nous et efforçons-nous. Parmi les fêtes et la
joie, ayons toujours ce refrain de la souvenance de
notre condition, et ne nous laissons pas si fort emporter
au plaisir, que parfois il ne nous repasse en la mémoire,
en combien de sortes cette nôtre allégresse est en butte
à la mort et de combien de prises elle la menace. Ainsi
faisaient les Egyptiens [19], qui, au milieu de leurs festins,
et parmi leur meilleure chère, faisaient apporter l'anatomie sèche d'un corps d'homme mort, pour servir
d'avertissement aux conviés.

Omnem crede diem tibi diluxisse supremum.
Grata superveniet, quæ non sperabitur hora *.

Il est incertain où la mort nous attende, attendons-la
partout. La préméditation de la mort est préméditation
de la liberté. Qui a appris à mourir, il a désappris à
servir [20]. Le savoir mourir nous affranchit de toute
sujétion et contrainte. Il n'y a rien de mal en la vie
pour celui qui a bien compris que la privation de la vie
n'est pas mal. Paul-Emile répondit à celui que ce misérable roi de Macédoine, son prisonnier, lui envoyait
pour le prier de ne le mener pas en son triomphe : :
« Qu'il en fasse la requête à soi-même [21]. »

A la vérité, en toutes choses, si nature ne prête un
peu, il est malaisé que l'art et l'industrie aillent guère
avant. Je suis de moi-même non mélancolique, mais
songe-creux. Il n'est rien de quoi je me sois dès toujours

---

* Horace, *Epîtres*, livre I, épître 4 : « Imagine-toi que chaque
jour est le dernier qui luit pour toi : elle te sera agréable l'heure que
tu n'espérais plus. »

plus entretenu que des imaginations de la mort : voire en la saison la plus licencieuse de mon âge,

Jucundum cum œtas florida ver ageret *,

parmi les dames et les jeux, tel me pensait empêché à digérer à part moi quelque jalousie, ou l'incertitude de quelque espérance, cependant que je m'entretenais de je ne sais qui, surpris les jours précédents d'une fièvre chaude, et de sa fin, au partir d'une fête pareille, et la tête pleine d'oisiveté, d'amour et de bon temps, comme moi, et qu'autant m'en pendait à l'oreille :

Jam fuerit, nec post unquam revocare licebit **.

Je ne ridais non plus le front de ce pensement-là, que d'un autre. Il est impossible que d'arrivée nous ne sentions des piqûres de telles imaginations. Mais en les maniant et repassant, au long aller, on les apprivoise sans doute. Autrement de ma part je fusse en continuelle frayeur et frénésie ; car jamais homme ne se défia tant de sa vie, jamais homme ne fit moins d'état de sa durée. Ni la santé, que j'ai joui jusques à présent très vigoureuse et peu souvent interrompue, ne m'en allonge l'espérance, ni les maladies ne me l'accourcissent. A chaque minute il me semble que je m'échappe. Et me rechante sans cesse : « Tout ce qui peut être fait un autre jour, le peut être aujourd'hui. » De vrai, les hasards et dangers nous approchent peu ou rien de notre fin ; et si nous pensons combien il en reste, sans cet accident qui semble nous menacer le plus, de millions d'autres sur nos têtes, nous trouverons que, gaillards et fiévreux, en la mer et en nos maisons, en la bataille et en repos, elle nous est également près. « *Nemo altero fragilior est : nemo in crastinum sui certior**** »

---

* Catulle, poème LXVIII, Mlle de Gournay a traduit joliment : « Quand mon âge fleuri roulait son gai printemps. »
** Lucrèce, chant III : « Bientôt le temps présent ne sera plus et jamais plus nous ne pourrons le rappeler. »
*** Sénèque, *Lettre* 91 : « Aucun homme n'est plus fragile que les autres, aucun n'est plus assuré du lendemain. »

Ce que j'ai affaire avant mourir, pour l'achever tout loisir me semble court, fût-ce d'une heure. Quelqu'un, feuilletant l'autre jour mes tablettes, trouva un mémoire de quelque chose que je voulais être faite après ma mort. Je lui dis, comme il était vrai, que, n'étant qu'à une lieue de ma maison, et sain et gaillard, je m'étais hâté de l'écrire là, pour ne m'assurer[a] point d'arriver jusque chez moi. Comme celui qui continuellement me couve de mes pensées et les couche en moi, je suis à toute heure préparé environ ce que je puis être. Et ne m'avertira de rien de nouveau la survenance de la mort.

Il faut toujours être botté et prêt à partir, en tant qu'en nous est, et surtout se garder qu'on n'ait lors affaire qu'à soi :

Quid brevi fortes jaculamur ævo
Multa[*]

Car nous y aurons assez de besogne, sans autre surcroît. L'un se plaint plus que de la mort, de quoi elle lui rompt le train d'une belle victoire ; l'autre, qu'il lui faut déloger avant qu'avoir marié sa fille, ou contrôlé l'institution de ses enfants ; l'un plaint la compagnie de sa femme, l'autre de son fils, comme commodités principales de son être.

Je suis pour cette heure en tel état, Dieu merci, que je puis déloger quand il lui plaira, sans regret de chose quelconque, si ce n'est de la vie, si sa perte vient à me peser. Je me dénoue partout ; mes adieux sont à demi pris de chacun, sauf de moi. Jamais homme ne se prépara à quitter le monde plus purement et pleinement, et ne s'en déprit plus universellement que je m'attends de faire. Les plus mortes morts sont les plus saines.

---

a. N'étant pas sûr de...
* Horace, *Odes*, livre II, ode 16 : « Pourquoi, dans une vie si courte, visons-nous audacieusement des buts si nombreux ? »

Miser, ô miser, aiunt, omnia ademit
Una dies infesta mihi tot præmia vitæ *

Et le bâtisseur :

Manent (dit-il) *opera interrupta, minæque*
Murorum ingentes **.

Il ne faut rien dessiner de si longue haleine, ou au moins avec telle intention de se passionner pour n'en voir la fin. Nous sommes nés pour agir :

Cum moriar, medium solvar et inter opus ***.

Je veux qu'on agisse et qu'on allonge les offices de la vie tant qu'on peut, et que la mort me trouve plantant mes choux, mais nonchalant d'elle, et encore plus de mon jardin imparfait. J'en vis mourir un, qui, étant à l'extrémité, se plaignait incessamment, de quoi sa destinée coupait le fil de l'histoire qu'il avait en main, sur le quinzième ou seizième de nos Rois.

Illud in his rebus non addunt, nec tibi earum
Jam desiderium rerum super insidet una ****.

Il faut se décharger de ces humeurs vulgaires et nuisibles. Tout ainsi qu'on a planté nos cimetières joignant les églises, et aux lieux les plus fréquentés de la ville, pour accoutumer, disait Lycurgue [22], le bas populaire, les femmes et les enfants à ne s'effaroucher point de voir un homme mort, et afin que ce continuel spectacle d'ossements, de tombeaux et de convois nous avertisse de notre condition :

---

* Lucrèce, chant III : « Ah ! malheureux, malheureux, disent-ils, un seul jour, un jour fatal, m'a ravi tous les biens de la vie. »
** Virgile, *Enéide*, chant IV : « Les travaux restent inachevés, énormes murailles qui menacent le ciel... » Le texte exact de Virgile est *pendent* et non *manent*. Pendant que Didon s'abandonne à sa passion, les chantiers de Carthage restent à l'abandon.
*** Ovide, *Amours*, chant II, poème x : « Quand je mourrai, je veux que la mort me prenne en plein travail. »
**** Lucrèce, chant III : « Sur ce sujet, ils oublient d'ajouter que le regret de ces biens ne survivra pas à notre mort. »

Quin etiam exhilarare viris convivia cœde
Mos olim, et miscere epulis spectacula dira
Certantum ferro, sæpe et super ipsa cadentum
Pocula respersis non parco sanguine mensis *,

et comme les Egyptiens, après leurs festins, faisaient présenter aux assistants une grande image de la mort par un qui leur criait : « Bois et t'éjouis, car, mort, tu seras tel [23] » ; aussi ai-je pris en coutume d'avoir, non seulement en l'imagination, mais continuellement la mort en la bouche ; et n'est rien de quoi je m'informe si volontiers que de la mort des hommes : quelle parole, quel visage, quelle contenance ils y ont eu ; ni endroit des histoires, que je remarque si attentivement. Il y paraît à la farcissure de mes exemples ; et que j'ai en particulière affection cette matière. Si j'étais faiseur de livres, je ferais un registre commenté des morts diverses [24]. Qui apprendrait les hommes à mourir, leur apprendrait à vivre.

Dicéarque en fit un de pareil titre, mais d'autre et moins utile fin [25].

On me dira que l'effet surmonte de si loin l'imagination, qu'il n'y a si belle escrime qui ne se perde, quand on en vient là. Laissez-les dire : le préméditer donne sans doute grand avantage. Et puis, n'est-ce rien, d'aller au moins jusque-là sans altération et sans fièvre ? Il y a plus : Nature même nous prête la main, et nous donne courage. Si c'est une mort courte et violente, nous n'avons pas loisir de la craindre ; si elle est autre, je m'aperçois qu'à mesure que je m'engage dans la maladie, j'entre naturellement en quelque dédain de la vie. Je trouve que j'ai bien plus affaire à digérer cette résolution de mourir quand je suis en santé, que quand je suis en fièvre. D'autant que je ne tiens plus si fort aux

---

* Silius Italicus, poète épique contemporain de Néron, cité par Juste Lipse : « Bien plus, c'était la coutume jadis d'égayer les banquets par des meurtres et de mêler au repas le cruel spectacle de combattants qui s'écroulaient sur les coupes mêmes et inondaient les tables de leur sang. »

commodités de la vie, à raison que je commence à en perdre l'usage et le plaisir, j'en vois la mort d'une vue beaucoup moins effrayée. Cela me fait espérer que, plus je m'éloignerai de celle-là, et approcherai de celle-ci, plus aisément j'entrerai en composition de leur échange. Tout ainsi que j'ai essayé en plusieurs autres occurrences ce que dit César [26], que les choses nous paraissent souvent plus grandes de loin que de près, j'ai trouvé que sain j'avais eu les maladies beaucoup plus en horreur, que lorsque je les ai senties ; l'allégresse où je suis, le plaisir et la force me font paraître l'autre état si disproportionné à celui-là, que par imagination je grossis ces incommodités de moitié, et les conçois plus pesantes, que je ne les trouve, quand je les ai sur les épaules. J'espère qu'il m'en adviendra ainsi de la mort.

Voyons à ces mutations et déclinaisons[a] ordinaires que nous souffrons, comme nature nous dérobe le goût de notre perte et empirement. Que reste-t-il à un vieillard de la vigueur de sa jeunesse, et de sa vie passée ?

Heu ! senibus vitæ portio quanta manet* !

César à un soldat de sa garde, recru et cassé, qui vint en la rue lui demander congé de se faire mourir, regardant son maintien décrépit, répondit plaisamment : « Tu penses donc être en vie [27]. » Qui y tomberait d'un seul coup, je ne crois pas que nous fussions capables de porter un tel changement. Mais, conduits par sa main, d'une douce pente et comme insensible, peu à peu, de degré en degré, elle nous roule dans ce misérable état et nous y apprivoise ; si que nous ne sentons aucune secousse, quand la jeunesse meurt en nous, qui est en essence et en vérité une mort plus dure que n'est la mort entière d'une vie languissante, et que n'est la

---

a. Diminutions (cf. Déclin).

* Citation d'une élégie de Maximianus (*élégie I*) qu'on attribuait au XVIᵉ siècle à Cornelius Gallus, l'ami de Virgile : « Hélas ! quelle portion de vie reste-t-il aux vieillards ? »

mort de la vieillesse. D'autant que le saut n'est pas si lourd du mal-être au non-être, comme il est d'un être doux et fleurissant à un être pénible et douloureux.

Le corps, courbe et plié, a moins de force à soutenir un faix ; aussi a notre âme : il la faut dresser et élever contre l'effort de cet adversaire. Car, comme il est impossible qu'elle se mette en repos pendant qu'elle le craint ; si elle s'en assure aussi, elle se peut vanter, qui est chose comme surpassant l'humaine condition, qu'il est impossible que l'inquiétude, le tourment, la peur, non le moindre déplaisir loge en elle.

> *Non vultus instantis tyranni*
> *Mente quatit solida, neque Auster,*
> *Dux inquieti turbidus Adriæ,*
> *Nec fulminantis magna Jovis manus** *.

Elle est rendue maîtresse de ses passions et concupiscences, maîtresse de l'indigence, de la honte, de la pauvreté et de toutes autres injures de fortune. Gagnons cet avantage qui pourra ; c'est ici la vraie et souveraine liberté, qui nous donne de quoi faire la figure à la force et à l'injustice, et nous moquer des prisons et des fers :

> *in manicis, et*
> *Compedibus, sævo te sub custode tenebo.*
> *— Ispe Deus simul atque volam, me solvet — : opinor*
> *Hoc sentit, moriar. Mors ultima linea rerum est** *.

Notre religion n'a point eu de plus assuré fondement humain, que le mépris de la vie. Non seulement le discours de la raison nous y appelle, car pourquoi

---

* Horace, *Odes*, livre III, ode 3 : « Ni le regard cruel du tyran ni l'Auster qui se déchaîne sur l'Adriatique agitée, ni la grande main de Jupiter brandissant la foudre n'ébranle son âme inflexible. »

** Horace, *Epîtres*, livre I, épître 16 : « Les menottes aux mains et les entraves aux pieds, je te ferai garder par un cruel geôlier. — Un dieu en personne, dès que je le voudrai, me délivrera. — Sans doute, il veut dire : je mourrai. La mort est le terme ultime des choses. »

craindrions-nous de perdre une chose, laquelle perdue ne peut être regrettée ; et puisque nous sommes menacés en tant de façons de mort, n'y a-t-il pas plus de mal à les craindre toutes, qu'à en soutenir une [28] ?

Que chaut-il quand ce soit, puisqu'elle est inévitable ? A celui qui disait à Socrate : « Les trente tyrans t'ont condamné à la mort. — Et nature à eux », répondit-il [29].

Quelle sottise de nous peiner sur le point du passage à l'exemption de toute peine !

Comme notre naissance nous apporta la naissance de toutes choses, aussi fera la mort de toutes choses, notre mort. Par quoi, c'est pareille folie de pleurer de ce que d'ici à cent ans nous ne vivrons pas, que de pleurer de ce que nous ne vivions pas il y a cent ans. La mort est origine d'une autre vie. Ainsi pleurâmes-nous ; ainsi nous coûta-t-il d'entrer en celle-ci ; ainsi nous dépouillâmes-nous de notre ancien voile, en y entrant.

Rien ne peut être grief, qui n'est qu'une fois. Est-ce raison de craindre si longtemps chose de si bref temps ? Le longtemps vivre et le peu de temps vivre est rendu tout un par la mort. Car le long et le court n'est point aux choses qui ne sont plus. Aristote [30] dit qu'il y a des petites bêtes sur la rivière de Hypanis, qui ne vivent qu'un jour. Celle qui meurt à huit heures du matin, elle meurt en jeunesse ; celle qui meurt à cinq heures du soir, meurt en sa décrépitude. Qui de nous ne se moque de voir mettre en considération d'heur ou de malheur ce moment de durée ? Le plus et le moins en la nôtre, si nous la comparons à l'éternité, ou encore à la durée des montagnes, des rivières, des étoiles, des arbres et même d'aucuns animaux, n'est pas moins ridicule.

Mais nature nous y force. « Sortez, dit-elle, de ce monde [31], comme vous y êtes entrés. Le même passage que vous fîtes de la mort à la vie, sans passion et sans frayeur, refaites-le de la vie à la mort. Votre mort est une des pièces de l'ordre de l'univers ; c'est une pièce de la vie du monde,

inter se mortales mutua vivunt
   Et, quasi cursores, vitaï lampada tradunt *.

Changerai-je pas pour vous cette belle contexture des
choses ? C'est la condition de votre création, c'est une
partie de vous que la mort ; vous vous fuyez vous-
mêmes. Cet être qui est vôtre, que vous jouissez, est également parti à la mort et à la vie. Le premier jour de
votre naissance vous achemine à mourir comme à vivre,

   Prima, quæ vitam dedit, hora carpsit **.
   Nascentes morimur, finisque ab origine pendet ***.

Tout ce que vous vivez, vous le dérobez à la vie, c'est
à ses dépens. Le continuel ouvrage de votre vie, c'est
bâtir la mort. Vous êtes en la mort pendant que vous
êtes en vie. Car vous êtes après la mort quand vous
n'êtes plus en vie.

   Ou si vous aimez mieux ainsi, vous êtes mort après la
vie ; mais pendant la vie vous êtes mourant, et la mort
touche bien plus rudement le mourant que le mort, et
plus vivement et essentiellement.

   Si vous avez fait votre profit de la vie, vous en êtes
repu, allez-vous-en satisfait,

   Cur non ut plenus vitæ conviva recedis **** ?

Si vous n'en avez su user, si elle vous était inutile, que
vous chaut-il de l'avoir perdue, à quoi faire la voulez vous
encore ?

   Cur amplius addere quæris

                               [*omne* ***** ?
   Rursum quod pereat male, et ingratum occidat

   * Lucrèce, chant II : « Les mortels se prêtent mutuellement la
vie ; tels les coureurs, ils se passent le flambeau de la vie. »
   ** Sénèque, *Hercule furieux*, acte III : « La première heure qui
t'a donné la vie, l'a entamée. »
   *** Manilius, poète scientifique du 1er siècle après J.-C., auteur des
Astronomiques. La citation est tirée du chant IV : « Dès notre naissance nous mourons et notre fin est la conséquence de notre commencement. »
   **** Lucrèce, chant III : « Pourquoi ne pas se retirer comme un
convive rassasié de la vie ? »
   ***** Lucrèce, chant II : « Pourquoi ajouter à ta vie d'autres
jours qui se perdront de nouveau et disparaîtront sans profit. »

La vie n'est de soi ni bien ni mal : c'est la place du bien et du mal selon que vous la leur faites.

Et si vous avez vécu un jour, vous avez tout vu. Un jour est égal à tous jours. Il n'y a point d'autre lumière, ni d'autre nuit. Ce Soleil, cette Lune, ces Etoiles, cette disposition, c'est celle même que vos aïeux ont joui, et entretiendra vos arrière-neveux :

Non alium videres patres : aliumve nepotes
Aspicient *.

Et, au pis-aller, la distribution et variété de tous les actes de ma comédie se parfournit en un an. Si vous avez pris garde au branle de mes quatre saisons, elles embrassent l'enfance, l'adolescence, la virilité et la vieillesse du monde. Il a joué son jeu. Il n'y sait autre finesse que de recommencer. Ce sera toujours cela même,

versamur ibidem, atque insumus usque **.
Atque in se sua per vestigia volvitur annus ***.

Je ne suis pas délibérée de vous forger autres nouveaux passe-temps,

Nam tibi præterea quod machiner, inveniámque
Quod placeat, nihil est : eadem sunt omnia
                                        [*semper ****.*

Faites place aux autres, comme d'autres vous l'ont faite.

L'équalité est la première pièce de l'équité. Qui se peut plaindre d'être compris, où tous sont compris ? Aussi avez-vous beau vivre, vous n'en rabattrez rien du temps que vous avez à être mort ; c'est pour néant :

---

* Manilius, *Astronomiques*, chant I : « Vos pères n'en ont pas vu d'autre, et vos descendants n'en contempleront pas d'autre. »

** Lucrèce, chant III : « Nous tournons dans le même cercle et nous y restons toujours enfermés. »

*** Virgile, *Géorgiques*, chant II : « L'année revient sur elle-même et suit ses propres traces. »

**** Lucrèce, chant III : « Te fabriquer, t'inventer de nouveaux plaisirs, c'est impossible : ce sont toujours les mêmes. »

aussi longtemps serez-vous en cet état-là, que vous
craignez, comme si vous étiez mort en nourrice,

> *licet, quod vis, vivendo vincere secla,*
> *Mors æterna tamen nihilominus illa manebit* *.

Et si vous mettrai en tel point, auquel vous n'aurez
aucun mécontentement,

> *In vera nescis nullum fore morte alium te,*
> *Qui possit vivus tibi te lugere peremptum,*
> *Stánsque jacentem* ** ?

Ni ne désirerez la vie que vous plaignez tant,

> *Nec sibi enim quisquam tum se vitámque requirit,*
> *Nec desiderium nostri nos afficit ullum* ***.

La mort est moins à craindre que rien, s'il y avait quelque chose de moins,

> *multo mortem minus ad nos esse putandum*
> *Si minus esse potest quam quod nihil esse vide-*
> [*mus* ****.

Elle ne vous concerne ni mort ni vif : vif, parce que
vous êtes ; mort, parce que vous n'êtes plus.

Nul ne meurt avant son heure. Ce que vous laissez de
temps n'était non plus vôtre que celui qui s'est passé
avant votre naissance ; et ne vous touche non plus,

> *Respice enim quam nil ad nos ante acta vetustas*
> *Temporis æterni fuerit* *****.

---

* Lucrèce, chant III : « Tu peux vaincre les générations en
vivant aussi longtemps qu'il te plaît, la mort n'en restera pas moins
éternelle. »
** Lucrèce, chant III : « Ne sais-tu pas que la mort ne laissera
pas survivre un autre toi-même qui, vivant, puisse te pleurer mort,
debout devant ton cadavre gisant. »
*** Lucrèce, chant III : « Personne alors ne s'inquiète ni de la
vie ni de soi-même ; il ne nous reste aucun regret de nous. »
**** Lucrèce, chant III : Montaigne cite le texte latin après
l'avoir traduit.
***** Lucrèce, chant III : « Retourne-toi vers l'éternité des siècles
écoulés avant toi : elle n'est rien pour toi. »

Où que votre vie finisse, elle y est toute. L'utilité du vivre n'est pas en l'espace, elle est en l'usage : tel a vécu longtemps, qui a peu vécu ; attendez-vous-y pendant que vous y êtes. Il gît en votre volonté, non au nombre des ans, que vous ayez assez vécu. Pensiez-vous jamais n'arriver là, où vous alliez sans cesse ? Encore n'y a-t-il chemin qui n'ait son issue. Et si la compagnie vous peut soulager, le monde ne va-t-il pas même train que vous allez ?

omnia te, vita perfuncta, sequentur *.

Tout ne branle-t-il pas votre branle ? Y a-t-il chose qui ne vieillisse quant et vous ? Mille hommes, mille animaux et mille autres créatures meurent en ce même instant que vous mourez :

Nam nox nulla diem, neque noctem aurora sequuta
[*est.*

Quæ non audierit mixtos vagitibus ægris
Ploratus, mortis comites et funeris atri **.

A quoi faire y reculez-vous, si vous ne pouvez tirer arrière. Vous en avez assez vu, qui se sont bien trouvés de mourir, eschevant ª par là des grandes misères. Mais quelqu'un qui s'en soit mal trouvé, en avez-vous vu ? Si est-ce grande simplesse de condamner chose que vous n'avez éprouvée ni par vous, ni par autre. Pourquoi te plains-tu de moi et de la destinée ? te faisons-nous tort ? Est-ce à toi de nous gouverner, ou à nous toi ? Encore que ton âge ne soit pas achevé, ta vie l'est. Un petit homme est homme entier, comme un grand.

Ni les hommes, ni leurs vies ne se mesurent à l'aune. Chiron refusa l'immortalité, informé des conditions d'icelle par le dieu même du temps et de la durée,

---

ª. Evitant.
* Lucrèce, chant III : « Tout te suivra dans la mort. »
** Lucrèce, chant II : « Jamais la nuit n'a succédé au jour, jamais l'aurore n'a succédé à la nuit sans qu'on n'entendît, mêlés aux vagissements plaintifs de l'enfant, les lamentations qui accompagnent la mort et les lugubres funérailles. »

Saturne, son père. Imaginez de vrai combien serait une vie perdurable, moins supportable à l'homme et plus pénible, que n'est la vie que je lui ai donnée. Si vous n'aviez la mort, vous me maudiriez sans cesse de vous en avoir privé. J'y ai à escient mêlé quelque peu d'amertume pour vous empêcher, voyant la commodité de son usage, de l'embrasser trop avidement et indiscrètement. Pour vous loger en cette modération, ni de fuir la vie, ni de refuir à la mort, que je demande de vous, j'ai tempéré l'une et l'autre entre la douceur et l'aigreur.

J'appris à Thalès [32], le premier de vos sages, que le vivre et le mourir était indifférent ; par où, à celui qui lui demanda pourquoi donc il ne mourait, il répondit très sagement : « Parce qu'il est indifférent. »

L'eau, la terre, le feu et autres membres de ce mien bâtiment ne sont non plus instruments de ta vie qu'instruments de ta mort. Pourquoi crains-tu ton dernier jour ? il ne confère non plus à ta mort que chacun des autres. Le dernier pas ne fait pas la lassitude : il la déclare. Tous les jours vont à la mort, le dernier y arrive [33]. »

Voilà les bons avertissements de notre mère nature. Or j'ai pensé souvent d'où venait cela, qu'aux guerres le visage de la mort, soit que nous la voyons en nous ou en autrui, nous semble sans comparaison moins effroyable qu'en nos maisons, autrement ce serait une armée de médecins et de pleurards ; et, elle étant toujours une, qu'il y ait toutefois beaucoup plus d'assurance parmi les gens de village et de basse condition qu'ès autres. Je crois à la vérité que ce sont ces mines et appareils effroyables de quoi nous l'entournons, qui nous font plus peur qu'elle : une toute nouvelle forme de vivre, les cris des mères, des femmes et des enfants, la visitation de personnes étonnées et transies, l'assistance d'un nombre de valets pâles et éplorés, une chambre sans jour, des cierges allumés, notre chevet assiégé de médecins et de prêcheurs ; somme, tout horreur et tout effroi autour de nous. Nous voilà déjà ensevelis et enterrés. Les enfants ont peur de leurs amis mêmes quand ils les voient masqués ; aussi avons-nous. Il faut ôter le masque aussi bien des choses que des personnes ; ôté qu'il sera, nous ne trouverons au-dessous que cette même mort, qu'un valet ou simple chambrière passèrent dernièrement sans peur [34]. Heureuse la mort qui ôte le loisir aux apprêts de tel équipage !

CHAPITRE XXI

DE LA FORCE
DE L'IMAGINATION

« *Fortis imaginatio generat casum* * », disent les clercs. Je suis de ceux qui sentent très grand effort de l'imagination. Chacun en est heurté, mais aucuns en sont renversés [1]. Son impression me perce. Et mon art est de lui échapper, non pas de lui résister. Je vivrais de la seule assistance de personnes saines et gaies. La vue des angoisses d'autrui m'angoisse matériellement, et a mon sentiment souvent usurpé le sentiment d'un tiers. Un tousseur continuel irrite mon poumon et mon gosier. Je visite plus mal volontiers les malades auxquels le devoir m'intéresse, que ceux auxquels je m'attends moins et que je considère moins. Je saisis le mal que j'étudie, et le couche en moi. Je ne trouve pas étrange qu'elle donne et les fièvres et la mort à ceux qui la laissent faire et qui lui applaudissent. Simon Thomas était un grand médecin de son temps. Il me souvient que, me rencontrant un jour à Toulouse chez un riche vieillard pulmonique, et traitant avec lui des moyens de sa guérison, il lui dit que c'en était l'un de me donner

* « Une imagination forte produit l'événement. »

occasion de me plaire en sa compagnie, et que, fichant
ses yeux sur la fraîcheur de mon visage et sa pensée
sur cette allégresse et vigueur qui regorgeait de mon
adolescence, et remplissant tous ses sens de cet état
florissant [2] en quoi j'étais, son habitude s'en pourrait
amender. Mais il oubliait à dire que la mienne s'en pourrait empirer aussi.

Gallus Vibius [3] banda si bien son âme à comprendre
l'essence et les mouvements de la folie, qu'il emporta
son jugement hors de son siège, si qu'onques depuis il
ne l'y put remettre ; et se pouvait vanter d'être devenu
fol par sagesse. Il y en a qui, de frayeur, anticipent la
main du bourreau. Et celui qu'on débandait pour lui
lire sa grâce, se trouva raide mort sur l'échafaud du
seul coup de son imagination. Nous tressuons, nous
tremblons, nous pâlissons et rougissons aux secousses
de nos imaginations, et renversés dans la plume sentons
notre corps agité à leur branle, quelquefois jusques à
en expirer. Et la jeunesse bouillante s'échauffe si avant
en son harnois, tout endormie, qu'elle assouvit en songe
ses amoureux désirs,

Ut quasi transactis saepe omnibus rebus profundant
Fluminis ingentes fluctus, vestémque cruentent *.

Et encore qu'il ne soit pas nouveau de voir croître la
nuit des cornes à tel qui ne les avait pas en se couchant,
toutefois l'événement de Cyppus, roi d'Italie, est mémorable, lequel pour avoir assisté le jour avec grande
affection au combat des taureaux, et avoir eu en songe
toute la nuit des cornes en la tête, les produisit en son
front par la force de l'imagination [4]. La passion donna
au fils de Crésus la voix que nature lui avait refusée [5].
Et Antiochus prit la fièvre de la beauté de Stratonice
trop vivement empreinte en son âme. Pline [6] dit avoir
vu Lucius Cossitius de femme changé en homme le jour
de ses noces. Pontanus et d'autres racontent pareilles

---

* Lucrèce, chant IV : « Souvent, comme s'ils avaient consommé
l'acte, ils répandent les vastes flots de leur sève et en souillent leur
vêtement. »

métamorphoses advenues en Italie ces siècles passés,
et par véhément désir de lui et de sa mère,

Vota puer solvit, quae fœmina voverat Iphis *.

Passant à Vitry-le-François [7], je pus voir un homme
que l'évêque de Soissons avait nommé Germain en
confirmation, lequel tous les habitants de là ont connu
et vu fille, jusques à l'âge de vingt-deux ans, nommée
Marie. Il était à cette heure-là fort barbu, et vieil, et
point marié. Faisant, dit-il, quelque effort en sautant,
ses membres virils se produisirent ; et est encore en
usage, entre les filles de là, une chanson, par laquelle
elles s'entravertissent de ne faire point de grandes en-
jambées, de peur de devenir garçons, comme Marie Germain. Ce n'est pas tant de merveille, que cette sorte
d'accident se rencontre fréquent ; car si l'imagination
peut en telles choses, elle est si continuellement et si
vigoureusement attachée à ce sujet, que, pour n'avoir
si souvent à rechoir en même pensée et âpreté de désir,
elle a meilleur compte d'incorporer, une fois pour toutes,
cette virile partie aux filles.

Les uns attribuent à la force de l'imagination les
cicatrices du roi Dagobert [8] et de saint François. On dit
que les corps s'en enlèvent telle fois de leur place. Et
Celse récite d'un prêtre, qui ravissait son âme en telle
extase, que le corps en demeurait longue espace sans
respiration et sans sentiment. Saint Augustin [9] en nomme
un autre, à qui il ne fallait que faire ouïr des cris lamentables et plaintifs, soudain il défaillait et s'emportait
si vivement hors de soi, qu'on avait beau le tempêter et
hurler, et le pincer, et le griller, jusques à ce qu'il fût
ressuscité : lors il disait avoir ouï des voix, mais comme
venant de loin, et s'apercevait de ses échaudures et
meurtrissures. Et, que ce ne fût une obstination apostée [a]
contre son sentiment, cela le montrait, qu'il n'avait
cependant ni pouls ni haleine.

---

a. Feinte.
* Ovide, *Métamorphoses*, chant IX : « Iphis acquitta, garçon, les
vœux qu'il avait faits étant fille. »

Il est vraisemblable que le principal crédit des miracles, des visions, des enchantements et de tels effets
extraordinaires, vienne de la puissance de l'imagination
agissant principalement contre les âmes du vulgaire, plus
molles. On leur a si fort saisi la créance qu'ils pensent
voir ce qu'ils ne voient pas.

Je suis encore de cette opinion, que ces plaisantes
liaisons de quoi notre monde se voit si entravé, qu'il ne
se parle d'autre chose, ce sont volontiers des impressions
de l'appréhension et de la crainte. Car je sais par expérience [10], que tel, de qui je puis répondre comme de moi-
même, en qui il ne pouvait choir soupçon aucun de
faiblesse, et aussi peu d'enchantement, ayant ouï faire
le conte à un sien compagnon, d'une défaillance extraordinaire, en quoi il était tombé sur le point qu'il en
avait le moins de besoin, se trouvant en pareille occasion,
l'horreur de ce conte lui vint à coup si rudement frapper
l'imagination, qu'il en encourut une fortune pareille ;
et de là en hors [a] fut sujet à y rechoir, ce vilain souvenir
de son inconvénient le gourmandant et tyrannisant. Il
trouva quelque remède à cette rêverie par une autre
rêverie. C'est que, avouant lui-même et prêchant avant
la main cette sienne sujétion, la contention de son âme
se soulageait sur ce, qu'apportant ce mal comme attendu,
son obligation en amoindrissait et lui en pesait moins.
Quand il a eu loi, à son choix (sa pensée débrouillée et
débandée, son corps se trouvant en son dû) de le faire
lors premièrement tenter, saisir et surprendre à la connaissance d'autrui, il s'est guéri tout net à l'endroit de
ce sujet.

A qui on a été une fois capable, on n'est plus incapable, sinon par juste faiblesse [11].

Ce malheur n'est à craindre qu'aux entreprises où
notre âme se trouve outre mesure tendue de désir et de
respect, et notamment si les commodités se rencontrent
imprévues et pressantes ; on n'a pas moyen de se ravoir
de ce trouble. J'en sais, à qui il a servi d'y apporter

a. Désormais.

le corps même commencé à rassasier d'ailleurs, pour
endormir l'ardeur de cette fureur, et qui par l'âge se
trouve moins impuissant de ce qu'il est moins puissant.
Et tel autre à qui il a servi aussi qu'un ami l'ait assuré
d'être fourni d'une contre-batterie d'enchantements certains à le préserver. Il vaut mieux que je dise comment
ce fut. Un comte [12] de très bon lieu, de qui j'étais fort
privé, se mariant avec une belle dame qui avait été
poursuivie de tel qui assistait à la fête, mettait en grand
peine ses amis et nommément une vieille dame, sa
parente, qui présidait à ces noces et les faisait chez elle,
craintive de ces sorcelleries ; ce qu'elle me fit entendre.
Je la priai s'en reposer sur moi. J'avais de fortune en
mes coffres certaine petite pièce d'or plate, où étaient
gravées quelques figures célestes, contre le coup de soleil
et ôter la douleur de tête, la logeant à point sur la couture du test, et, pour l'y tenir, elle était cousue à un
ruban propre à rattacher sous le menton. Rêverie germaine à celle de quoi nous parlons. Jacques Peletier [13]
m'avait fait ce présent singulier. J'avisai d'en tirer quelque usage. Et dis au comte qu'il pourrait courir fortune
comme les autres, y ayant là des hommes pour lui en
vouloir prêter d'une ; mais que hardiment il s'allât coucher ; que je lui ferais un tour d'ami ; et n'épargnerais à
son besoin un miracle, qui était en ma puissance, pourvu
que, sur son honneur, il me promît de le tenir très fidèlement secret ; seulement, comme sur la nuit on irait
lui porter le réveillon, s'il lui était mal allé, il me fît
un tel signe. Il avait eu l'âme et les oreilles si battues,
qu'il se trouva lié du trouble de son imagination, et me
fit son signe. Je lui dis lors, qu'il se levât sous couleur
de nous chasser, et prît en se jouant la robe de nuit que
j'avais sur moi (nous étions de taille fort voisine) et s'en
vêtît, tant qu'il aurait exécuté mon ordonnance, qui fut :
quand nous serions sortis, qu'il se retirât à tomber de
l'eau ; dît trois fois telles oraisons, et fît tels mouvements ; qu'à chacune de ces trois fois, il ceignît le ruban
que je lui mettais en main, et couchât bien soigneusement la médaille qui y était attachée, sur ses rognons,

la figure en telle posture ; cela fait, ayant bien étreint
ce ruban pour qu'il ne se pût ni dénouer, ni mouvoir
de sa place, que, en toute assurance, il s'en retournât
à son prix fait, et n'oubliât de rejeter ma robe sur son
lit, en manière qu'elle les abritât tous deux. Ces singeries sont le principal de l'effet, notre pensée ne se pouvant démêler que moyens si étranges ne viennent de
quelqu'abstruse science. Leur inanité leur donne poids
et révérence. Somme, il fut certain que mes caractères
se trouvèrent plus Vénériens que Solaires, plus en action
qu'en prohibition. Ce fut une humeur prompte et curieuse qui me convia à tel effet, éloigné de ma nature.
Je suis ennemi des actions subtiles et feintes, et hais la
finesse, en mes mains, non seulement récréative, mais
aussi profitable. Si l'action n'est vicieuse, la route l'est.

Amasis [14], roi d'Egypte, épousa Laodice, très belle
fille grecque ; et lui, qui se montrait gentil compagnon
partout ailleurs, se trouva court à jouir d'elle, et menaça
de la tuer, estimant que ce fut quelque sorcerie. Comme
ès choses qui consistent en fantaisie, elle le rejeta à la
dévotion, et ayant fait ses vœux et promesses à Vénus, il
se trouva divinement remis dès la première nuit d'emprès
ses oblations et sacrifices.

Or, elles ont tort de nous recueillir de ces contenances
minceuses [a], querelleuses et fuyardes, qui nous éteignent
en nous allumant. La bru [15] de Pythagore disait que la
femme qui se couche avec un homme, doit avoir la cotte
laisser aussi la honte, et la reprendre avec le cotillon.
L'âme de l'assaillant, troublée de plusieurs diverses alarmes, se perd aisément ; et à qui l'imagination a fait une
fois souffrir cette honte (et elle ne le fait souffrir qu'aux
premières accointances, d'autant qu'elles sont plus
bouillantes et âpres, et aussi qu'en cette première connaissance, on craint beaucoup plus de faillir), ayant mal
commencé, il entre en fièvre et dépit de cet accident qui
lui dure aux occasions suivantes.

Les mariés, le temps étant tout leur, ne doivent ni

a. Minaudières.

presser, ni tâter leur entreprise, s'ils ne sont prêts ; et
vaut mieux faillir indécemment à étrenner la couche
nuptiale, pleine d'agitation et de fièvre, attendant une et
une autre commodité plus privée et moins alarmée, que
de tomber en une perpétuelle misère, pour s'être étonné
et désespéré du premier refus. Avant la possession prise,
le patient se doit à saillies et divers temps légèrement
essayer et offrir, sans se piquer et opiniâtrer à se convaincre définitivement soi-même. Ceux qui savent leurs
membres de nature docile, qu'ils se soignent seulement
de contre-piper leur fantaisie.

On a raison de remarquer l'indocile liberté de ce
membre, s'ingérant si importunément, lorsque nous
n'en avons que faire, et défaillant si importunément,
lorsque nous en avons le plus affaire, et contestant de
l'autorité si impérieusement avec notre volonté, refusant
avec tant de fierté et d'obstination nos sollicitations
et mentales et manuelles. Si toutefois en ce qu'on gour-
mande sa rébellion, et qu'on en tire preuve de sa condamnation, il m'avait payé pour plaider sa cause, à
l'aventure mettrais-je en soupçon nos autres membres,
ses compagnons, de lui être allé dresser, par belle envie
de l'importance et douceur de son usage, cette querelle
apostée, et avoir par complot armé le monde à l'encontre de lui, le chargeant malignement seul de leur faute
commune. Car je vous donne à penser, s'il y a une
seule des parties de notre corps qui ne refuse à notre
volonté souvent son opération et qui souvent ne l'exerce
contre notre volonté. Elles ont chacune des passions
propres, qui les éveillent et endorment, sans notre congé.
A quant de fois témoignent les mouvements forcés de
notre visage les pensées que nous tenions secrètes, et
nous trahissent aux assistants. Cette même cause qui
anime ce membre, anime aussi à notre su le cœur, le
poumon et le pouls ; la vue d'un objet agréable répan-
dant imperceptiblement en nous la flamme d'une émotion fiévreuse. N'y a-t-il que ces muscles et ces veines
qui s'élèvent et se couchent sans l'aveu, non seulement
de notre volonté, mais aussi de notre pensée ? Nous ne

commandons pas à nos cheveux de se hérisser, et à notre peau de frémir de désir ou de crainte. La main se porte souvent où nous ne l'envoyons pas. La langue se transit, et la voix se fige à son heure. Lors même que, n'ayant de quoi frire, nous lui défendrions volontiers, l'appétit de manger et de boire ne laisse pas d'émouvoir les parties qui lui sont sujettes, ni plus ni moins que cet autre appétit ; et nous abandonne de même, hors de propos, quand bon lui semble. Les outils qui servent à décharger le ventre ont leurs propres dilatations et compressions, outre et contre notre avis, comme ceux destinés à décharger nos rognons. Et ce que, pour autoriser la toute-puissance de notre volonté, saint Augustin [16] allègue avoir vu quelqu'un qui commandait à son derrière autant de pets qu'il en voulait, et que Vivès [17], son glossateur, enchérit d'un autre exemple de son temps, de pets organisés suivant le ton des vers qu'on leur prononçait, ne suppose non plus pure l'obéissance de ce membre ; car en est-il ordinairement de plus indiscret et tumultuaire. Joint que j'en sais un si turbulent et revêche, qu'il y a quarante ans qu'il tient son maître à péter d'une haleine et d'une obligation constante et irrémittente, et le mène ainsi à la mort. Et plût à Dieu que je ne le susse que par les histoires, combien de fois notre ventre, par le refus d'un seul pet, nous mène jusqu'aux portes d'une mort très angoisseuse ; et que l'Empereur, qui nous donna la liberté de péter partout, nous en eût donné le pouvoir [18] !

Mais notre volonté, pour les droits de qui nous mettons en avant ce reproche, combien plus vraisemblablement la pouvons-nous marquer de rébellion et sédition par son dérèglement et désobéissance ! Veut-elle toujours ce que nous voudrions qu'elle voulût ? Ne veut-elle pas souvent ce que nous lui prohibons de vouloir ; et à notre évident dommage ? Se laisse-t-elle non plus mener aux conclusions de notre raison ? Enfin je dirais pour monsieur ma partie, que « plaise à considérer qu'en ce fait, sa cause étant inséparablement conjointe à un consort et indistinctement, on ne s'adresse pourtant qu'à lui, et par des arguments et charges telles, vu la condition des parties, qu'elles ne peuvent aucunement appartenir ni concerner son dit consort. Partant se voit l'animosité et illégalité manifeste des accusateurs ». Quoi qu'il en soit, protestant que les avocats et juges ont beau quereller et sentencier, nature tirera cependant son train; qui n'aurait fait que raison, quand elle aurait doué ce membre de quelque particulier privilège, auteur du seul ouvrage immortel des mortels. Pourtant *ᵃ* est à Socrate action divine que la génération ; et amour, désir d'immortalité et Démon immortel lui-même [19].

Tel, à l'aventure, par cet effet de l'imagination, laisse ici les écrouelles, que son compagnon rapporte en Espagne [20]. Voilà pourquoi, en telles choses, l'on a accoutumé de demander une âme préparée. Pourquoi pratiquent les médecins avant main *ᵇ* la créance de leur patient avec tant de fausses promesses de guérison, si ce n'est afin que l'effet de l'imagination supplée l'imposture de leur aposème *ᶜ* ? Ils savent qu'un des maîtres de ce métier leur a laissé par écrit, qu'il s'est trouvé des hommes à qui la seule vue de la médecine faisait l'opération.

Et tout ce caprice m'est tombé présentement en main, sur le conte que me faisait un domestique apothicaire de feu mon père, homme simple et Suisse, nation peu vaine et mensongère, d'avoir connu longtemps un marchand à Toulouse, maladif et sujet à la pierre, qui avait souvent besoin de clystères, et se les faisait diversement ordonner aux médecins, selon l'occurrence de son mal. Apportés qu'ils étaient, il n'y avait rien omis des formes accoutumées ; souvent il tâtait s'ils étaient trop chauds. Le voilà couché, renversé, et toutes les approches faites, sauf qu'il ne s'y faisait aucune injection. L'apothicaire retiré après cette cérémonie, le patient accommodé, comme s'il avait véritablement pris le clystère, il en sentait pareil effet à ceux qui les prennent. Et si le médecin n'en trouvait l'opération suffisante, il lui en redonnait deux ou trois autres, de même forme. Mon témoin jure que, pour épargner la dépense (car il les

a. C'est pourquoi. — *b.* D'avance. — *c.* Décoction.

payait comme s'il les eût reçus), la femme de ce malade ayant quelquefois essayé d'y faire seulement mettre de l'eau tiède, l'effet en découvrit la fourbe, et pour avoir trouvé ceux-là inutiles, qu'il fallut revenir à la première façon.

Une femme, pensant avoir avalé une épingle avec son pain, criait et se tourmentait comme ayant une douleur insupportable au gosier, où elle pensait la sentir arrêtée ; mais, parce qu'il n'y avait ni enflure ni altération par le dehors, un habile homme, ayant jugé que ce n'était que fantaisie et opinion, prise de quelque morceau de pain qui l'avait piquée en passant, la fit vomir et jeta à la dérobée, dans ce qu'elle rendit, une épingle tordue. Cette femme, cuidant l'avoir rendue, se sentit soudain déchargée de sa douleur. Je sais qu'un gentilhomme, ayant traité chez lui une bonne compagnie, se vanta trois ou quatre jours après, par manière de jeu (car il n'en était rien), de leur avoir fait manger un chat en pâte ; de quoi une demoiselle de la troupe prit une telle horreur, qu'en étant tombée en un grand dévoiement d'estomac et fièvre, il fut impossible de la sauver. Les bêtes mêmes se voient comme nous sujettes à la force de l'imagination. Témoin les chiens, qui se laissent mourir de deuil de la perte de leurs maîtres. Nous les voyons aussi japper et trémousser en songe, hennir les chevaux et se débattre.

Mais tout ceci se peut rapporter à l'étroite couture de l'esprit et du corps s'entre-communiquant leurs fortunes. C'est autre chose que l'imagination agisse quelquefois, non contre son corps seulement, mais contre le corps d'autrui. Et tout ainsi qu'un corps rejette son mal à son voisin, comme il se voit en la peste, en la vérole, et au mal des yeux, qui se chargent de l'un à l'autre :

Dum spectant oculi laesos, laeduntur et ipsi
Multaque corporibus transitione nocent* ;

---

* Ovide, *Les Remèdes de l'Amour*, chant V : « En regardant des yeux malades, les yeux deviennent malades eux aussi, et beaucoup de maux se transmettent d'un corps à l'autre. »

pareillement, l'imagination ébranlée avec véhémence, élance des traits qui puissent offenser l'objet étranger. L'ancienneté [21] a tenu de certaines femmes en Scythie, qu'animées et courroucées contre quelqu'un, elles le tuaient du seul regard. Les tortues et les autruches couvent leurs œufs de la seule vue, signe qu'ils y ont quelque vertu éjaculatrice. Et quant aux sorciers, on les dit avoir des yeux offensifs et nuisants,

Nescio quis teneros oculus mihi fascinat agnos *.

Ce sont pour moi mauvais répondants, que magiciens. Tant y a que nous voyons par expérience les femmes envoyer aux corps des enfants qu'elles portent au ventre des marques de leurs fantaisies, témoin celle qui engendra le more [22]. Et il fut présenté à Charles, roi de Bohême et empereur, une fille d'auprès de Pise, toute velue et hérissée, que sa mère disait avoir été ainsi conçue, à cause d'une image de saint Jean Baptiste pendue en son lit. Des animaux il en est de même, témoin les brebis de Jacob [23], et les perdrix et les lièvres, que la neige blanchit aux montagnes. On vit [24] dernièrement chez moi un chat guettant un oiseau au haut d'un arbre, et, s'étant fiché la vue ferme l'un contre l'autre quelque espace de temps, l'oiseau s'était laissé choir comme mort entre les pattes du chat, ou enivré par sa propre imagination, ou attiré par quelque force attractive du chat. Ceux qui aiment la volerie ᵃ ont ouï faire le conte du fauconnier qui, arrêtant obstinément sa vue contre un milan en l'air, gageait de la seule force de sa vue le ramener contre-bas ; et le faisait, à ce qu'on dit. Car les histoires que j'emprunte, je les renvoie sur la conscience de ceux de qui je les prends.

Les discours sont à moi, et se tiennent par la preuve de la raison, non de l'expérience ; chacun y peut joindre ses exemples : et qui n'en a point, qu'il ne laisse pas de croire qu'il en est, vu le nombre et variété des accidents.

Si je ne comme ᵇ bien, qu'un autre comme pour moi.

a. La chasse au moyen des oiseaux de proie. — *b.* Commente.
* Virgile, *Bucoliques*, III : « Je ne sais quel œil fascine mes tendres agneaux. »

Aussi en l'étude que je traite de nos mœurs et mouvements, les témoignages fabuleux, pourvu qu'ils soient possibles, y servent comme les vrais. Advenu ou non advenu, à Paris ou à Rome, à Jean ou à Pierre, c'est toujours un tour de l'humaine capacité, duquel je suis utilement avisé par ce récit. Je le vois et en fais mon profit également en ombre que en corps. Et aux diverses leçons qu'ont souvent les histoires, je prends à me servir de celle qui est la plus rare et mémorable. Il y a des auteurs desquels la fin, c'est dire les événements. La mienne, si j'y savais advenir, serait dire sur ce qui peut advenir. Il est justement permis aux écholes de supposer des similitudes, quand ils n'en ont point. Je n'en fais pas ainsi pourtant, et surpasse de ce côté-là en religion superstitieuse, toute foi historiale. Aux exemples que je tire céans, de ce que j'ai ouï dire, fait ou dit, je me suis défendu d'oser altérer jusques aux plus légères et inutiles circonstances. Ma conscience ne falsifie pas un iota, ma science, je ne sais. Sur ce propos, j'entre parfois en pensée qu'il puisse assez bien convenir à un théologien, à un philosophe, et telles gens d'exquise et exacte conscience et prudence, d'écrire l'histoire. Comment peuvent-ils engager leur foi sur une foi populaire ?. Comment répondre des pensées de personnes inconnues et donner pour argent comptant leurs conjectures ? Des actions à divers membres, qui se passent en leur présence, ils refuseraient d'en rendre témoignage, assermentés par un juge ; et n'ont homme si familier, des intentions duquel ils entreprennent de pleinement répondre. Je tiens moins hasardeux d'écrire les choses passées que présentes ; d'autant que l'écrivain n'a à rendre compte que d'une vérité empruntée. Aucuns me convient d'écrire les affaires de mon temps, estimant que je les vois d'une vue moins blessée de passion qu'un autre, et de plus près, pour l'accès que fortune m'a donné aux chefs de divers partis. Mais ils ne disent pas que, pour la gloire de Salluste, je n'en prendrais pas la peine ; ennemi juré d'obligation, d'assiduité, de constance ; qu'il n'est rien si contraire à mon style qu'une narration étendue ; je me recoupe si souvent à faute d'haleine, je n'ai ni composition, ni explication qui vaille, ignorant au-delà d'un enfant les phrases et vocables qui servent aux choses plus communes ; pourtant ai-je pris à dire ce que je sais dire, accommodant la matière à ma force ; si j'en prenais qui me guidât, ma mesure pourrait faillir à la sienne ; que ma liberté, étant si libre, j'eusse publié des jugements, à mon gré même et selon raison, illégitimes et punissables. Plutarque nous dirait volontiers de ce qu'il en a fait, que c'est l'ouvrage d'autrui que ses exemples soient en tout et partout véritables ; qu'ils soient utiles à la postérité, et présentés d'un lustre qui nous éclaire à la vertu, que c'est son ouvrage. Il n'est pas dangereux, comme en une drogue médicinale en un conte ancien, qu'il soit ainsi ou ainsi.

CHAPITRE XXII

LE PROFIT DE L'UN
EST DOMMAGE
DE L'AUTRE

DEMADE [1], Athénien, condamna un homme de sa ville, qui faisait métier de vendre les choses nécessaires aux enterrements, sous titre de ce qu'il en demandait trop de profit, et que ce profit ne lui pouvait venir sans la mort de beaucoup de gens. Ce jugement semble être mal pris, d'autant qu'il ne se fait aucun profit qu'au dommage d'autrui, et qu'à ce compte il faudrait condamner toute sorte de gain.

Le marchand ne fait bien ses affaires qu'à la débauche de la jeunesse ; le laboureur, à la cherté des blés ; l'architecte, à la ruine des maisons ; les officiers de la justice, aux procès et querelles des hommes ; l'honneur même et pratique des ministres de la religion se tire de notre mort et de nos vices. Nul médecin ne prend plaisir à la santé de ses amis mêmes, dit l'ancien Comique grec [2], ni soldat à la paix de sa ville : ainsi du reste. Et qui pis est, que chacun se sonde au-dedans, il trouvera que nos souhaits intérieurs pour la plupart naissent et se nourrissent aux dépens d'autrui.

Ce que considérant, il m'est venu en fantaisie, comme

nature ne se dément point en cela de sa générale police ; car les physiciens tiennent que la naissance, nourrissement et augmentation de chaque chose, est l'altération et corruption d'une autre :

Nam quodcunque suis mutatum finibus exit,
Continuo hoc mors est illius, quod fuit ante *.

---

* Lucrèce, *De Natura rerum*, chant II, et chant III : « En effet toute chose qui se transforme et sort de sa nature, aussitôt voit mourir l'objet qui existait antérieurement. »

CHAPITRE XXIII

DE LA COUTUME
ET DE NE CHANGER AISÉMENT
UNE LOI REÇUE

Celui me semble avoir très bien conçu la force de la coutume [1], qui premier forgea ce conte, qu'une femme de village, ayant appris de caresser et porter entre ses bras un veau dès l'heure de sa naissance, et continuant toujours à ce faire, gagna cela par l'accoutumance, que tout grand bœuf qu'il était, elle le portait encore [2]. Car c'est à la vérité une violente et traîtresse maîtresse d'école que la coutume. Elle établit en nous, peu à peu, à la dérobée, le pied de son autorité ; mais par ce doux et humble commencement, l'ayant rassis et planté avec l'aide du temps, elle nous découvre tantôt un furieux et tyrannique visage, contre lequel nous n'avons plus la liberté de hausser seulement les yeux. Nous lui voyons forcer tous les coups les règles de nature. « *Usus efficacissimus rerum omnium magister* *. »

J'en crois l'antre de Platon en sa République [3], et crois les médecins, qui quittent si souvent à son autorité

* Pline, *Histoire Naturelle*, livre XXVI, chap. II : « L'usage est le plus puissant maître en toutes choses. »

les raisons de leur art ; et ce Roi [4] qui, par son moyen,
rangea son estomac à se nourrir de poison ; et la fille
qu'Albert [5] récite s'être accoutumée à vivre d'araignées.

Et en ce monde des Indes nouvelles [6] on trouva des
grands peuples et en fort divers climats, qui en vivaient,
en faisaient provision, et les appâtaient, comme aussi
des sauterelles, fourmis, lézards, chauves-souris, et fut
un crapaud vendu six écus en une nécessité de vivres ;
ils les cuisent et apprêtent à diverses sauces. Il en fut
trouvé d'autres auxquels nos chairs et nos viandes étaient
mortelles et venimeuses. « *Consuetudinis magna vis est.
Pernoctant venatores in nive ; in montibus uri se patiun-
tur. Pugiles caestibus contusi ne ingemiscunt quidem* *.* »

Ces exemples étrangers ne sont pas étranges, si nous
considérons, ce que nous essayons ordinairement, combien l'accoutumance hébète nos sens. Il ne nous faut pas
aller chercher ce qu'on dit des voisins des cataractes
du Nil [7], et ce que les philosophes estiment de la musique
céleste, que les corps de ces cercles, étant solides et
venant à se lécher et frotter l'un à l'autre en roulant, ne
peuvent faillir de produire une merveilleuse harmonie,
aux coupures et nuances de laquelle se manient les
contours et changements de caroles [a] des astres ; mais
qu'universellement les ouïes des créatures, endormies
comme celles des Egyptiens par la continuation de ce
son, ne le peuvent apercevoir, pour grand qu'il soit. Les
maréchaux, meuniers, armuriers ne sauraient durer au
bruit qui les frappe, s'ils s'en étonnaient comme nous.
Mon collet de fleur sert à mon nez, mais, après que je
m'en suis vêtu trois jours de suite, il ne sert qu'aux
nez assistants. Ceci est plus étrange, que, nonobstant
des longs intervalles et intermissions, l'accoutumance
puisse joindre et établir l'effet de son impression sur
nos sens ; comme essayent les voisins des clochers. Je

---

a. Danses.
* Cicéron, *Tusculanes*, livre II, chap. XVII : « La force de
l'habitude est grande : les chasseurs passent des nuits entières dans
la neige ; ils endurent d'être brûlés sur les montagnes ; les athlètes,
meurtris par ce ceste, ne gémissent même pas. »

loge chez moi en une tour où, à la diane et à la retraite, une fort grosse cloche sonne tous les jours l'*Ave Maria*. Ce tintamarre effraie ma tour même ; et, aux premiers jours me semblant insupportable, en peu de temps m'apprivoise, de manière que je l'ouïs sans offense et souvent sans m'en éveiller.

Platon tança un enfant qui jouait aux noix. Il lui répondit : « Tu me tances de peu de chose. — L'accoutumance, répliqua Platon, n'est pas chose de peu [8]. »

Je trouve que nos plus grands vices prennent leur pli de notre plus tendre enfance, et que notre principal gouvernement est entre les mains des nourrices. C'est passe-temps aux mères de voir un enfant tordre le col à un poulet et s'ébattre à blesser un chien et un chat ; et tel père est si sot de prendre à bon augure d'une âme martiale, quand il voit son fils gourmer injurieusement un paysan ou un laquais qui ne se défend point, et à gentillesse, quand il le voit affiner [a] son compagnon par quelque malicieuse déloyauté et tromperie. Ce sont pourtant les vraies semences et racines de la cruauté, de la tyrannie, de la trahison ; elles se germent là, et s'élèvent après gaillardement, et profitent à force entre les mains de la coutume. Et est une très dangereuse institution d'excuser ces vilaines inclinations par la faiblesse de l'âge et légèreté du sujet. Premièrement, c'est nature qui parle, de qui la voix est lors plus pure et plus forte qu'elle est plus grêle. Secondement, la laideur de la piperie ne dépend pas de la différence des écus aux épingles. Elle dépend de soi. Je trouve bien plus juste de conclure ainsi : « Pourquoi ne tromperait-il aux écus, puisqu'il trompe aux épingles ? » que, comme ils font : « Ce n'est qu'aux épingles, il n'aurait garde de le faire aux écus. » Il faut apprendre soigneusement aux enfants de haïr les vices de leur propre contexture, et leur en faut apprendre la naturelle difformité, à ce qu'ils les fuient, non, en leur action seulement, mais surtout en leur cœur ; que la pensée même leur en soit odieuse, quelque masque qu'ils portent. Je sais bien que, pour

a. Abuser.

m'être duit *a* en ma puérilité *b* de marcher toujours mon
grand et plein chemin, et avoir eu à contre cœur de mêler
ni tricotterie *c*, ni finesse à mes jeux enfantins (comme
de vrai il faut noter que les jeux des enfants ne sont pas
jeux, et les faut juger en eux comme leurs plus sérieuses
actions), il n'est passe-temps si léger où je n'apporte du
dedans, d'une propension naturelle, et sans étude, une
extrême contradiction à tromper. Je manie les cartes
pour les doubles *d* et tiens compte, comme pour les doubles doublons, lorsque le gagner et le perdre contre ma
femme et ma fille m'est indifférent, comme lorsqu'il y
va de bon. En tout et partout il y a assez de mes yeux
à me tenir en office ; il n'y en a point qui me veillent
de si près, ni que je respecte plus.

Je viens de voir [9] chez moi un petit homme natif de
Nantes, né sans bras, qui a si bien façonné ses pieds
au service que lui devaient ses mains, qu'ils en ont à
la vérité à demi oublié leur office naturel. Au demeurant
il les nomme ses mains, il tranche, il charge un pistolet
et le lâche, il enfile son aiguille, il coud, il écrit, il
tire le bonnet, il se peigne, il joue aux cartes et
aux dés, et les remue avec autant de dextérité que
saurait faire quelqu'autre ; l'argent que je lui ai donné
(car il gagne sa vie à se faire voir), il l'a emporté
en son pied, comme nous faisons en notre main. J'en
vis un autre, étant enfant, qui maniait une épée à
deux mains et une hallebarde du pli du col, à faute
de mains, les jetait en l'air et les reprenait, lançait
une dague, et faisait craqueter un fouet aussi bien
que charretier de France [10].

Mais on découvre bien mieux ses effets aux étranges
impressions qu'elle fait en nos âmes, où elle ne trouve
pas tant de résistance. Que ne peut-elle en nos jugements
et en nos créances ? Y a-t-il opinion si bizarre (je laisse
à part la grossière imposture des religions, de quoi tant
de grandes nations et tant de suffisants personnages se
sont vus enivrés ; car cette partie étant hors de nos rai-

a. Habitué. — *b*. Enfance. — *c*. Tricherie. — *d*. Doubles deniers.

sons humaines, il est plus excusable de s'y perdre, à qui n'y est extraordinairement éclairé par faveur divine), mais d'autres opinions y en a-t-il de si étranges, qu'elle n'ait planté et établi par lois ès régions que bon lui a semblé ? Et est très juste cette ancienne exclamation : « *Non pudet physicum, id est speculatorem venatoremque naturæ, ab animis consuetudine imbutis quærere testimonium veritatis* *. »

J'estime qu'il ne tombe en l'imagination humaine aucune fantaisie si forcenée qui ne rencontre l'exemple de quelque usage public, et par conséquent que notre discours n'étaye et ne fonde. Il est des peuples [11] où on tourne le dos à celui qu'on salue, et ne regarde-t-on jamais celui qu'on veut honorer. Il en est où, quand le roi crache, la plus favorite des dames de sa cour tend la main ; et en autre nation les plus apparents qui sont autour de lui, se baissent à terre pour amasser en du linge son ordure.

Dérobons ici la place d'un conte. Un gentilhomme français [12] se mouchait toujours de sa main ; chose très ennemie de notre usage. Defendant là-dessus son fait (et était fameux en bonnes rencontres), il me demanda quel privilège avait ce sale excrément que nous allassions lui apprêtant un beau linge délicat à le recevoir, et puis, qui plus est, à l'empaqueter et serrer soigneusement sur nous ; que cela devait faire plus de horreur et de mal au cœur, que de le voir verser où que ce fût, comme nous faisons tous autres excréments. Je trouvai qu'il ne parlait pas du tout sans raison ; et m'avait la coutume ôté l'apercevance de cette étrangeté, laquelle pourtant nous trouvons si hideuse, quand elle est récitée d'un autre pays.

Les miracles sont selon l'ignorance en quoi nous sommes de la nature, non selon l'être de la nature.

---

* Cicéron, *De Natura deorum*, livre I, chap. xxx : « N'est-il pas honteux pour un physicien dont la mission est d'observer et de scruter la nature de demander un témoignage sur la vérité à des esprits imprégnés par la coutume. »

L'assuéfaction[a] endort la vue de notre jugement. Les barbares ne nous sont de rien plus merveilleux, que nous sommes à eux, ni avec plus d'occasion ; comme chacun avouerait, si chacun savait, après s'être promené par ces nouveaux exemples, se coucher sur les propres et les conférer sainement. La raison humaine est une teinture infuse environ de pareil poids à toutes nos opinions et mœurs, de quelque forme qu'elles soient : infinie en matière, infinie en diversité. Je m'en retourne. Il est des peuples où sauf sa femme et ses enfants aucun ne parle au roi que par sarbacane. En une même nation, et les vierges montrent à découvert leurs parties honteuses, et les mariées les couvrent et cachent soigneusement ; à quoi cette autre coutume qui est ailleurs a quelque relation : la chasteté n'y est en prix que pour le service du mariage, car les filles se peuvent abandonner à leur poste, et, engrossées, se faire avorter par médicaments propres, au vu d'un chacun. Et ailleurs, si c'est un marchand qui se marie, tous les marchands conviés à la noce couchent avec l'épousée avant lui ; et plus il y en a, plus a elle d'honneur et de recommandation de fermeté et de capacité ; si un officier se marie, il en va de même ; de même si c'est un noble, et ainsi des autres, sauf si c'est un laboureur ou quelqu'un du bas peuple : car lors c'est au seigneur à faire ; et si, on ne laisse pas d'y recommander étroitement la loyauté, pendant le mariage. Il en est où il se voit des bordeaux publics de mâles, voire et des mariages ; où les femmes vont à la guerre quant et[b] leurs maris, et ont rang, non au combat seulement, mais aussi en commandement. Ou non seulement les bagues se portent au nez, aux lèvres, aux joues, et aux orteils des pieds, mais des verges d'or bien pesantes au travers des tétins et des fesses. Où en mangeant on s'essuie les doigts aux cuisses et à la bourse des génitoires et à la plante des pieds. Où les enfants ne sont pas héritiers, ce sont les frères et neveux ; et ailleurs les neveux seulement, sauf en la succession du prince. Où pour régler la communauté des biens, qui

a. L'habitude. — b. Avec.

s'y observe, certains magistrats souverains ont charge
universelle de la culture des terres et de la distribution
des fruits, selon le besoin d'un chacun. Où l'on pleure
la mort des enfants et festoie-t-on celle des vieillards.
Où ils couchent en des lits dix ou douze ensemble avec
leurs femmes. Où les femmes qui perdent leurs maris
par mort violente se peuvent remarier, les autres non.
Où l'on estime si mal de la condition des femmes, qu'on
y tue les femelles qui y naissent, et achète-t-on des
voisins des femmes pour le besoin. Où les maris peuvent
répudier sans alléguer aucune cause les femmes, non
pour cause quelconque. Où les maris ont loi de les vendre,
si elles sont stériles. Où ils font cuire le corps du trépassé,
et puis piler, jusques à ce qu'il se forme comme en bouillie, laquelle ils mêlent à leur vin et la boivent. Où la plus
désirable sépulture est d'être mangé des chiens, ailleurs
des oiseaux [13]. Où l'on croit que les âmes heureuses vivent en toute liberté, en des champs plaisant fournis de
toutes commodités ; et que ce sont elles qui font cet écho
que nous oyons. Où ils combattent en l'eau, et tirent
sûrement de leurs arcs en nageant. Ou, pour signe de
sujétion, il faut hausser les épaules et baisser la tête,
et déchausser ses souliers quand on entre au logis du roi.
Où les Eunuques qui ont les femmes religieuses en garde,
ont encore le nez et les lèvres à dire, pour ne pouvoir être
aimés ; et les prêtres se crèvent les yeux pour accointer
leurs démons et prendre les oracles. Où chacun fait un
dieu de ce qui lui plaît, le chasseur d'un lion ou d'un
renard, le pêcheur de certain poisson, et des idoles de
chaque action ou passion humaine ; le soleil, la lune, et
la terre sont les dieux principaux ; la forme de jurer,
c'est toucher la terre, regardant le soleil ; et y mange-t-on
la chair et le poisson cru. Où le grand serment, c'est
jurer de nom de quelque homme trépassé qui a été en
bonne réputation au pays, touchant de la main sa tombe.
Où les étrennes annuelles que le roi envoie aux princes
ses vassaux, c'est du feu [14]. L'ambassadeur qui l'apporte,
arrivant, l'ancien feu est éteint tout partout en la maison.
Et de ce feu nouveau, le peuple dépendant de ce prince

en doit venir prendre chacun pour soi, sur peine de crime
de lèse-majesté. Où quand le roi, pour s'adonner du tout
à la dévotion (comme ils font souvent), se retire de sa
charge, son premier successeur est obligé d'en faire
autant, et passe le droit du royaume au troisième
successeur. Où l'on diversifie la forme de la police, selon
que les affaires le requièrent ; on dépose le roi quand il
semble bon, et substitue-t-on des anciens à prendre le
gouvernement de l'Etat et le laisse-t-on parfois aussi
ès mains de la commune. Où les hommes et femmes sont
circoncis et pareillement baptisés. Où le soldat qui en
un ou divers combats est arrivé à présenter à son roi
sept têtes d'ennemis, est fait noble. Où l'ont vit sous cette
opinion si rare et incivile de la mortalité des âmes. Où
les femmes s'accouchent sans plainte et sans effroi. Où
les femmes en l'une et l'autre jambe portent des grèves *a*
de cuivre ; et, si un pou les mord, sont tenues par devoir
de magnanimité de le remordre ; et n'osent épouser,
qu'elles n'aient offert à leur roi s'il veut de leur pucelage.
Où l'on salue mettant le doigt à terre, et puis le haussant
vers le ciel. Où les hommes portent les charges sur la
tête, les femmes sur les épaules ; elles pissent debout, les
hommes accroupis. Où ils envoient de leur sang en signe
d'amitié, et encensent comme les dieux les hommes qu'ils
veulent honorer. Où non seulement jusques au quatrième
degré, mais en aucun plus éloigné, la parenté n'est souf-
ferte aux mariages. Où les enfants sont quatre ans en
nourrice, et souvent douze ; et là même, il est estimé
mortel de donner à l'enfant à téter tout le premier jour.
Où les pères ont la charge du châtiment des mâles ; et les
mères à part, des femelles ; et est le châtiment de les
fumer, pendus par les pieds. Où on fait circoncire les
femmes. Où l'on mange toute sorte d'herbes, sans autre
discrétion que de refuser celles qui leur semblent avoir
mauvaise senteur. Où tout est ouvert, et les maisons
pour belles et riches qu'elles soient, sans porte, sans
fenêtre, sans coffre qui ferme ; et sont les larrons double-

_____
a. Jambières.

ment punis qu'ailleurs. Où ils tuent les poux avec les dents, comme les Magots, et trouvent horrible de les voir escacher[a] sous les ongles. Où l'on ne coupe en toute la vie ni poil ni ongle ; ailleurs où l'on ne coupe que les ongles de la droite, celles de la gauche se nourrissent par gentillesse. Où ils nourrissent tout le poil du corps du côté droit, tant qu'il peut croître, et tiennent ras le poil de l'autre côté. Et en voisines provinces celle-ci nourrit le poil de devant, celle-là le poil de derrière, et rasent l'opposite. Où les pères prêtent leurs enfants, les maris leurs femmes, à jouir aux hôtes, en payant. Où on peut honnêtement faire des enfants à sa mère, les pères se mêler à leurs filles, et à leurs fils. Où, aux assemblées des festins, ils s'entreprêtent les enfants les uns aux autres.

Ici on vit de chair humaine [15] ; là c'est office de piété de tuer son père en certain âge ; ailleurs les pères ordonnent des enfants encore au ventre des mères, ceux qu'ils veulent être nourris et conservés, et ceux qu'ils veulent être abandonnés et tués ; ailleurs les vieux maris prêtent leurs femmes à la jeunesse pour s'en servir ; et ailleurs elles sont communes sans péché ; voire en tel pays portent pour marque d'honneur autant de belles houppes frangées au bord de leurs robes, qu'elles ont accointé de mâles. N'a pas fait la coutume encore une chose publique [16] de femmes à part ? leur a-t-elle pas mis les armes à la main ? fait dresser des armées, et livrer des batailles ? Et ce que toute la philosophie ne peut planter en la tête des plus sages, ne l'apprend-elle pas de sa seule ordonnance au plus grossier vulgaire ? car nous savons des nations entières où non seulement la mort était méprisée, mais festoyée ; où les enfants de sept ans souffraient à être fouettés jusques à la mort, sans changer de visage ; où la richesse était en tel mépris, que le plus chétif citoyen de la ville n'eût daigné baisser le bras pour amasser une bourse d'écus. Et savons des régions très fertiles en toutes façons de vivre, où toutefois, les plus

---

a. Ecraser.

ordinaires mets et les plus savoureux, c'étaient du pain, du nasitort [17] et de l'eau.

Fit-elle pas encore ce miracle en Chio, qu'il s'y passa sept cents ans, sans mémoire que femme ni fille y eût fait faute à son honneur ?

En somme, à ma fantaisie, il n'est rien qu'elle ne ne fasse, ou qu'elle ne puisse ; et avec raison l'appelle Pindare, à ce qu'on m'a dit, la reine et emperière du monde.

Celui qu'on rencontra battant son père, répondit que c'était la coutume de sa maison : que son père avait ainsi battu son aïeul ; son aïeul, son bisaïeul ; et, montrant son fils : « Et celui-ci me battra quand il sera venu au terme de l'âge où je suis [18]. »

Et le père que le fils tirassait et saboulait *a* emmi la rue, lui commanda de s'arrêter à certain huis ; car lui n'avait traîné son père que jusque-là ; que c'était la borne des injurieux traitements héréditaires que les enfants avaient en usage faire aux pères en leur famille. Par coutume, dit Aristote, aussi souvent que par maladie, des femmes s'arrachent le poil, rongent leurs ongles, mangent des charbons et de la terre ; et autant par coutume que par nature les mâles se mêlent aux mâles.

Les lois de la conscience que nous disons naître de nature, naissent de la coutume ; chacun ayant en vénération interne les opinions et mœurs approuvées et reçues autour de lui, ne s'en peut défendre sans remords, ni s'y appliquer sans applaudissement.

Quand ceux de Crète voulaient au temps passé maudire quelqu'un, ils priaient les dieux de l'engager en quelque mauvaise coutume [19].

Mais le principal effet de sa puissance, c'est de nous saisir et empiéter de telle sorte, qu'à peine soit-il en nous de nous ravoir de sa prise et de rentrer en nous, pour discourir et raisonner de ses ordonnances. De vrai, parce que nous les humons avec le lait de notre naissance, et que le visage du monde se présente en cet état

a. Houspillait dans.

à notre première vue, il semble que nous soyons nés à la condition de suivre ce train. Et les communes imaginations, que nous trouvons en crédit autour de nous et infuses en notre âme par la semence de nos pères, il semble que ce soient les générales et naturelles.

Par où il advient que ce qui est hors des gonds de coutume, on le croit hors des gonds de raison ; Dieu sait combien déraisonnablement, le plus souvent. Si, comme nous, qui nous étudions, avons appris de faire, chacun qui ouït une juste sentence regardait incontinent *a* par où elle lui appartient en son propre, chacun trouverait que celle-ci n'est pas tant un bon mot, qu'un bon coup de fouet à la bêtise ordinaire de son jugement. Mais on reçoit les avis de la vérité et ses préceptes comme adressés au peuple, non jamais à soi ; et au lieu de les coucher sur ses mœurs, chacun les couche en sa mémoire, très sottement et très inutilement. Revenons à l'empire de la coutume.

Les peuples nourris à la liberté et à se commander eux-mêmes, estiment tout autre forme de police monstrueuse et contre nature. Ceux qui sont duits *b* à la monarchie en font de même. Et quelque facilité que leur prête fortune au changement, lors même qu'ils se sont, avec grandes difficultés, défaits de l'importunité d'un maître, ils courent à en replanter un nouveau avec pareilles difficultés, pour ne se pouvoir résoudre de prendre en haine la maîtrise.

C'est par l'entremise de la coutume que chacun est content du lieu où Nature l'a planté, et les sauvages d'Ecosse n'ont que faire de la Touraine, ni les Scythes de la Thessalie.

Darius [20] demandait à quelques Grecs pour combien ils voudraient prendre les coutumes des Indes, de manger leurs pères trépassés (car c'était leur forme, estimant ne leur pouvoir donner plus favorable sépulture, que dans eux-mêmes), ils lui répondirent que pour chose du monde ils ne le feraient ; mais, s'étant aussi essayé de

---

a. Immédiatement. — *b.* Habitués.

persuader aux Indiens de laisser leur façon et prendre celle de Grèce, qui était de brûler les corps de leurs pères, il leur fit encore plus d'horreur. Chacun en fait ainsi, d'autant que l'usage nous dérobe le vrai visage des choses,

> *Nil adeo magnum, nec tam mirabile quicquam*
> *Principio, quod non minuant mirarier omnes*
> *Paulatim*.*

Autrefois, ayant à faire valoir quelqu'une de nos observations, et reçue avec résolue autorité bien loin autour de nous, et ne voulant point, comme il se fait, l'établir seulement par la force des lois et des exemples, mais quêtant toujours jusques à son origine, j'y trouvai le fondement si faible, qu'à peine que je ne m'en dégoûtasse, moi qui avais à le confirmer en autrui.

C'est cette recette, de quoi Platon.[21] entreprend de chasser les amours dénaturés de son temps, qu'il estime souveraine et principale : assavoir que l'opinion publique les condamne, que les poètes, que chacun en fasse des mauvais contes. Recette par le moyen de laquelle les plus belles filles n'attirent plus l'amour des pères, ni les frères plus excellents en beauté l'amour des sœurs, les fables mêmes de Thyeste, d'Œdipe [22], de Macarée ayant avec le plaisir de leur chant, infus[a] cette utile créance en la tendre cervelle des enfants

De vrai, la pudicité est une belle vertu, et de laquelle l'utilité est assez connue ; mais de la traiter et faire valoir selon nature, il est autant malaisé, comme il est aisé de la faire valoir selon l'usage, les lois et les préceptes. Les premières et universelles raisons sont de difficile perscrutation[b]. Et les passent nos maîtres en écumant, ou, ne les osant pas seulement tâter, se jettent d'abordée dans la franchise de la coutume, où ils s'en-

a. Répandu. — b. Examen.
* Lucrèce, *De Natura Rerum*, chant II : « Rien n'est si grand ni si admirable au premier abord que peu à peu on ne le regarde avec moins d'étonnement. » Le texte cité par Montaigne est différent des textes actuels, il l'a emprunté à l'édition Lambin.

flent et triomphent à bon compte. Ceux qui ne se veulent laisser tirer hors de cette originelle source faillent encore plus et s'obligent à des opinions sauvages, comme Chrysippe qui sema en tant de lieux de ses écrits le peu de compte en quoi il tenait les conjonctions incestueuses, quelles qu'elles fussent [23]. Qui voudra se défaire de ce violent préjudice[a] de la coutume, il trouvera plusieurs choses reçues d'une résolution indubitable, qui n'ont d'appui qu'en la barbe chenue et rides de l'usage qui les accompagne ; mais, ce masque arraché, rapportant les choses à la vérité et à la raison, il sentira son jugement comme tout bouleversé, et remis pourtant en bien plus sûr état. Pour exemple, je lui demanderai lors, quelle chose peut-être plus étrange, que de voir un peuple obligé à suivre des lois qu'il n'entendit onques, attaché en tous ses affaires domestiques, mariages, donations, testaments, ventes et achats, à des règles qu'il ne peut savoir, n'étant écrites ni publiées en sa langue, et desquelles par nécessité il lui faille acheter l'interprétation et l'usage ? non selon l'ingénieuse opinion d'Isocrate [24], qui conseille à son Roi de rendre les trafics et négociations de ses sujets libres, franches et lucratives, et leurs débats et querelles onéreuses, les chargeant de pesants subsides ; mais selon une opinion monstrueuse, de mettre en trafic la raison même et donner aux lois cours de marchandise. Je sais bon gré à la fortune, de quoi, comme disent nos historiens [25], ce fut un gentilhomme gascon et de mon pays, qui le premier s'opposa à Charlemagne nous voulant donner les lois latines et impériales. Qu'est-il plus farouche que de voir une nation, où par légitime coutume la charge de juger se vende, et les jugements soient payés à purs deniers comptants, et où légitimement la justice soit refusée à qui n'a pas de quoi la payer [26], et ait cette marchandise si grand crédit, qu'il se fasse en une police un quatrième état, de gens maniant les procès, pour le joindre aux trois anciens, de l'Eglise, de la Noblesse et du Peuple ? lequel état, ayant

a. Préjugé.

la charge des lois et souveraine autorité des biens et des
vies, fasse un corps à part de celui de la noblesse ; d'où il
advienne qu'il y ait doubles lois, celles de l'honneur, et
celles de la justice, en plusieurs choses fort contraires
(aussi rigoureusement condamnent celles-là un démenti
souffert, comme celles-ci un démenti revanché) ; par le
devoir des armes, celui-là soit dégradé d'honneur et de
noblesse, qui souffre une injure, et, par le devoir civil,
celui qui s'en venge, encoure une peine capitale (qui
s'adresse aux lois, pour avoir raison d'une offense faite à
son honneur, il se déshonore ; et qui ne s'y adresse, il en
est puni et châtié par les lois) ; et, de ces deux pièces si
diverses se rapportant toutefois à un seul chef, ceux-là
aient la paix, ceux-ci la guerre en charge ; ceux-là aient
le gain, ceux-ci l'honneur ; ceux-là le savoir, ceux-ci la
vertu ; ceux-là la parole, ceux-ci l'action ; ceux-là la justice, ceux-ci la vaillance ; ceux-là la raison, ceux-ci la
force ; ceux-là la longue robe, ceux-ci la courte en partage [27].

Quant aux choses indifférentes, comme vêtements,
qui les voudra ramener à leur vraie fin, qui est le service
et commodité du corps, d'où dépend leur grâce et bienséance originelle, pour les plus monstrueux à mon gré
qui se puissent imaginer, je lui donnerai entre autres
nos bonnets carrés, cette longue queue de velours plissé
qui pend aux têtes de nos femmes avec son attirail
bigarré, et ce vain modèle et inutile d'un membre que
nous ne pouvons seulement honnêtement nommer,
duquel toutefois nous faisons montre et parade en public. Ces considérations ne détournent pourtant pas un
homme d'entendement de suivre le style commun [28] ;
ains, au rebours, il me semble que toutes façons écartées
et particulières partent plutôt de folie ou d'affectation ambitieuse que de vraie raison ; et que le sage doit au-dedans retirer son âme de la presse, et la tenir en liberté et
puissance de juger librement des choses ; mais, quant au-
dehors, qu'il doit suivre entièrement les façons et formes
reçues. La société publique n'a que faire de nos pensées ;
mais le demeurant, comme nos actions, notre travail, nos

fortunes et notre vie propre, il la faut prêter et abandonner à son service et aux opinions communes, comme
ce bon et grand Socrate refusa de sauver sa vie par la
désobéissance du magistrat, voire d'un magistrat très
injuste et très inique [29]. Car c'est la règle des règles, et
générale loi des lois, que chacun observe celles du lieu
où il est :

Νόμοις ἕπεσθαι τοῖσιν ἐγχωρίοις καλόν *.

En voici d'une autre cuvée. Il y a grand doute, s'il se
peut trouver si évident profit au changement d'une loi
reçue, telle qu'elle soit, qu'il y a du mal à la remuer,
d'autant qu'une police, c'est comme un bâtiment de
diverses pièces jointes ensemble, d'une telle liaison, qu'il
est impossible d'en ébranler une que tout le corps ne s'en
sente. Le législateur des Thuriens [30] ordonna que quiconque voudrait ou abolir une des vieilles lois, ou en
établir une nouvelle, se présenterait au peuple la corde
au col ; afin que si la nouvelleté n'était approuvée d'un
chacun, il fût incontinent étranglé. Et celui de Lacédémone [31] employa sa vie pour tirer de ses citoyens une
promesse assurée de n'enfreindre aucune de ses ordonnances. L'éphore [32] qui coupa si rudement les deux
cordes que Phrinys avait ajoutées à la musique, ne
s'esmaie[a] pas si elle en vaut mieux, ou si les accords
en sont mieux remplis ; il lui suffit pour les condamner
que ce soit une altération de la vieille façon. C'est ce que
signifiait cette épée rouillée de la justice de Marseille [33].
Je suis dégoûté de la nouvelleté [34], quelque visage
qu'elle porte, et ai raison, car j'en ai vu des effets très
dommageables. Celle qui nous presse depuis tant d'ans,
elle n'a pas tout exploité, mais on peut dire avec apparence, que par accident elle a tout produit et engen-
dré, voire et les maux et ruines qui se font depuis sans
elle, et contre elle ; c'est à elle à s'en prendre au nez,

---

a. Ne se demande pas.
* Maxime grecque : « Il est beau d'obéir aux lois de son pays. »

*Heu ! patior telis vulnera facta meis * !*

Ceux qui donnent le branle à un état sont volontiers les premiers absorbés en sa ruine. Le fruit du trouble ne demeure guère à celui qui l'a ému ; il bat et brouille l'eau pour d'autres pêcheurs. La liaison et contexture de cette monarchie et ce grand bâtiment ayant été démis et dissout, notamment sur ses vieux ans, par elle, donne tant qu'on veut d'ouverture et d'entrée à pareilles injures. La majesté royale, dit un Ancien, s'avale *a* plus difficilement du sommet au milieu qu'elle ne se précipite du milieu à fond.

Mais si les inventeurs sont plus dommageables, les imitateurs sont plus vicieux, de se jeter en des exemples, desquels ils ont senti et puni l'horreur et le mal. Et s'il y a quelque degré d'honneur, même au mal-faire, ceux-ci doivent aux autres la gloire de l'invention et le courage du premier effort.

Toutes sortes de nouvelle débauche puisent heureusement en cette première et féconde source les images et patrons à troubler notre police *b*. On lit en nos lois mêmes, faites pour le remède de ce premier mal, l'apprentissage et l'excuse de toute sorte de mauvaises entreprises ; et nous advient, ce que Thucydide dit des guerres civiles de son temps, qu'en faveur des vices publics on les baptisait de mots nouveaux plus doux, pour leur excuse, abâtardissant et amollissant leurs vrais titres [35]. C'est pourtant pour réformer nos consciences et nos créances : « *Honesta oratio est ** .* » Mais le meilleur prétexte de nouvelleté est très dangereux : « *adeo nihil motum ex antiquo probabile est *** .* » Si me semble-t-il, à le dire franchement, qu'il y a grand amour de soi et pré-

---

a. Tombe. — b. Organisation politique.

* Ovide, *Héroïdes*, Epître de Phyllis à Démophon : « Hélas ! je souffre les blessures causées par mes propres traits. »

** Térence, *Andrienne* : « Le prétexte est honnête. »

*** Tite-Live, *Histoires*, livre XXXIV, chap. LIV : « Tant il est vrai qu'aucun changement apporté aux institutions anciennes ne mérite d'être approuvé. »

somption d'estimer ses opinions jusque-là que, pour les établir, il faille renverser une paix publique et introduire tant de maux inévitables et une si horrible corruption de mœurs que les guerres civiles apportent, et les mutations d'état, en chose de tel poids ; et les introduire en son pays propre. Est-ce pas mal ménagé, d'avancer tant de vices certains et connus, pour combattre des erreurs contestées et débattables ? Est-il quelque pire espèce de vices, que ceux qui choquent la propre conscience et naturelle connaissance ?

Le Sénat osa donner en payement cette défaite, sur le différend d'entre lui et le peuple, pour le ministère de leur religion : « *Ad deos id magis quam ad se pertinere, ipsos visuros ne sacra sua polluantur* * », conformément à ce que répondit l'oracle à ceux de Delphes en la guerre médoise. Craignant l'invasion des Perses, ils demandèrent au Dieu ce qu'ils avaient à faire des trésors sacrés de son temple, ou les cacher, ou les emporter. Il leur répondit qu'ils ne bougeassent rien ; qu'ils se soignassent d'eux ; qu'il était suffisant pour pourvoir à ce qui lui était propre.

La religion chrétienne a toutes les marques d'extrême justice et utilité ; mais nulle plus apparente, que l'exacte recommandation de l'obéissance du magistrat et manutention des polices. Quel merveilleux exemple nous en a laissé la sapience[a] divine, qui, pour établir le salut du genre humain et conduire cette sienne glorieuse victoire contre la mort et le péché, ne l'a voulu faire qu'à la merci de notre ordre politique ; et a soumis son progrès, et la conduite d'un si haut effet et si salutaire, à l'aveuglement et injustice de nos observations et usances, y laissant courir le sang innocent de tant d'élus ses favoris, et souffrant une longue perte d'années à mûrir ce fruit inestimable.

---

a. Sagesse
* Tite-Live, livre X, chap. vi : « Cette protection concernait les dieux plus que lui-même ; ceux-ci veilleraient à ce que leurs sanctuaires ne soient pas souillés. » — L'oracle de Delphes répondit qu'il garderait lui-même son bien, selon Hérodote, livre VIII, chap. xxxvi.

Il y a grand à dire, entre la cause de celui qui suit les formes et les lois de son pays, et celui qui entreprend de les régenter et changer. Celui-là allègue pour son excuse la simplicité, l'obéissance et l'exemple ; quoi qu'il fasse, ce ne peut être malice, c'est, pour le plus, malheur. « *Quis est enim quem non moveat clarissimis monumentis testata consignataque antiquitas* * *?* »

Outre ce que dit Isocrate [36], que la défectuosité a plus de part à la modération que n'a l'excès. L'autre est en bien plus rude parti ; car qui se mêle de choisir et de changer, usurpe l'autorité de juger, et se doit faire fort de voir la faute de ce qu'il chasse, et le bien de ce qu'il introduit. Cette si vulgaire considération m'a fermi *a* en mon siège, et tenu ma jeunesse même, plus téméraire, en bride : de ne charger mes épaules d'un si lourd faix, que de me rendre répondant d'une science de telle importance, et oser en celle-ci ce qu'en sain jugement je ne pourrais oser en la plus facile de celles auxquelles on m'avait instruit, et auxquelles la témérité de juger est de nul préjudice ; me semblant très inique de vouloir soumettre les constitutions et observances publiques et immobiles à l'instabilité d'une privée fantaisie (la raison privée n'a qu'une juridiction privée) et entreprendre sur les lois divines ce que nulle police ne supporterait aux civiles, auxquelles encore que l'humaine raison ait beaucoup plus de commerce, si sont-elles souverainement juges de leurs juges ; et l'extrême suffisance sert à expliquer et étendre l'usage qui en est reçu, non à le détourner et innover. Si quelquefois la Providence divine a passé par-dessus les règles auxquelles elle nous a nécessairement astreints, ce n'est pas pour nous en dispenser. Ce sont coups de sa main divine, qu'il nous faut, non pas imiter, mais admirer, et exemples extraordinaires, marqués d'un exprès et particulier aveu, du genre des miracles qu'elle nous offre, pour témoignage de sa toute-

---

a. Affermi.

* Cicéron, *De Divinatione*, livre I, chap. XL : « Qui ne serait ému par une antiquité attestée et certifiée par les témoignages les plus éclatants ? »

puissance, au-dessus de nos ordres et de nos forces, qu'il est folie et impiété d'essayer à représenter et que nous ne devons pas suivre, mais contempler avec étonnement. Actes de son personnage, non pas du nôtre.

Cotta proteste bien opportunément : « *Quum de religione agitur T. Coruncanium, P. Scipionem, P. Scaevolam, pontifices maximos, non Zenonem aut Cleanthem aut Chrysippum sequor*.* »

Dieu le sache, en notre présente querelle, où il y a cent articles à ôter et remettre, grands et profonds articles, combien ils sont qui se puissent vanter d'avoir exactement reconnu les raisons et fondements de l'un et l'autre parti ? C'est un nombre, si c'est nombre, qui n'aurait pas grand moyen de nous troubler. Mais toute cette autre presse, où va-t-elle ? sous quelle enseigne se jette-t-elle à quartier ? Il advient de la leur, comme des autres médecines faibles et mal appliquées ; les humeurs qu'elle voulait purger en nous, elle les a échauffées, exaspérées et aigries par le conflit, et si nous est demeurée dans le corps. Elle n'a su nous purger par sa faiblesse, et nous a cependant affaiblis, en manière que nous ne la pouvons vider non plus, et ne recevons de son opération que des douleurs longues et intestines.

Si est-ce que la fortune, réservant toujours son autorité au-dessus de nos discours, nous présente aucune fois la nécessité si urgente, qu'il est besoin que les lois lui fassent quelque place.

Et quand on résiste à l'accroissance d'une innovation qui vient par violence à s'introduire, de se tenir en tout et partout, en bride et en règle contre ceux qui ont la clef des champs, auxquels tout cela est loisible qui peut avancer leur dessein, qui n'ont ni loi ni ordre que de suivre leur avantage, c'est une dangereuse obligation et inéqualité : « *Aditum nocendi perfido præstat fides**.* »

---

* Cicéron, *De Natura deorum*, livre III, chap. II : « Lorsqu'il s'agit de religion, je suis T. Coruncanius, P. Scipion, P. Scaevola, grands pontifes, non Zénon ou Cléanthe ou Chrysippe », c'est-à-dire les prêtres et non les philosophes.

** Sénèque, *Œdipe*, acte III : « Avoir confiance dans un perfide procure le moyen de nuire. »

D'autant que la discipline ordinaire d'un Etat qui est en sa santé ne pourvoit pas à ces accidents extraordinaires ; elle présuppose un corps qui se tient en ses principaux membres et offices, et un commun consentement à son observation et obéissance. L'aller légitime est un aller froid, pesant et contraint, et n'est pas pour tenir bon à un aller licencieux et effrené.

On sait qu'il est encore reproché à ces deux grands personnages, Octave et Caton [37], aux guerres civiles, l'un de Sylla, l'autre de César, d'avoir plutôt laissé encourir toutes extrémités à leur patrie, que de la secourir aux dépens de ses lois et que de rien remuer. Car, à la vérité, en ces dernières nécessités où il n'y a plus que tenir, il serait à l'aventure plus sagement fait de baisser la tête et prêter un peu au coup, que, s'ahurtant[a] outre la possibilité à ne rien relâcher, donner occasion à la violence de fouler tout aux pieds ; et vaudrait mieux faire vouloir aux lois ce qu'elles peuvent, puisqu'elles ne peuvent ce qu'elles veulent. Ainsi fit celui [38] qui ordonna qu'elles dormissent vingt et quatre heures, et celui qui remua pour cette fois un jour du calendrier, et cet autre qui du mois de juin fit le second mai [39]. Les Lacédémoniens mêmes, tant religieux observateurs des ordonnances de leur pays, étant pressés de leur loi qui défendait d'élire par deux fois amiral un même personnage, et de l'autre part leurs affaires requérant de toute nécessité que Lysandre prît de rechef cette charge, ils firent bien un Aracus amiral, mais Lysandre surintendant de la marine [40]. Et de même subtilité, un de leurs ambassadeurs, étant envoyé vers les Athéniens pour obtenir le changement de quelque ordonnance, et Périclès [41] lui alléguant qu'il était défendu d'ôter le tableau où une loi était une fois posée, lui conseilla de le tourner seulement d'autant que cela n'était pas défendu. C'est ce de quoi Plutarque loue Philopœmen [42], qu'étant né pour commander, il savait non seulement commander selon les lois, mais aux lois même, quand la nécessité publique le requérait.

a. S'obstinant.

CHAPITRE XXIV

DIVERS ÉVÉNEMENTS DE
MÊME CONSEIL

JACQUES AMYOT [1], grand aumônier de France, me récita[a] un jour cette histoire à l'honneur d'un prince [2] des nôtres (et nôtre était-il à très bonnes enseignes, encore que son origine fût étrangère), que durant nos premiers troubles, au siège de Rouen [3], ce prince ayant été averti par la reine, mère du roi, d'une entreprise qu'on faisait sur sa vie, et instruit particulièrement par ses lettres de celui qui la devait conduire à chef, qui était un gentilhomme angevin ou manceau, fréquentant lors ordinairement pour cet effet la maison de ce prince, il ne communiqua à personne cet avertissement ; mais, se promenant lendemain au mont Sainte-Catherine, d'où se faisait notre batterie à Rouen (car c'était au temps que nous la tenions assiégée), ayant à ses côtés ledit seigneur grand aumônier et un autre évêque, il aperçut ce gentilhomme qui lui avait été remarqué, et le fit appeler. Comme il fut en sa présence, il lui dit ainsi, le voyant déjà pâlir et frémir des alarmes de sa conscience : « Monsieur de

_a._ Raconta

tel lieu, vous vous doutez bien de ce que je vous veux, et votre visage le montre. Vous n'avez rien à me cacher, car je suis instruit de votre affaire si avant, que vous ne feriez qu'empirer votre marché d'essayer à le couvrir. Vous savez bien telle chose et telle (qui étaient les tenants et aboutissants des plus secrètes pièces de cette menée) ; ne faillez sur votre vie à me confesser la vérité de tout ce dessein. » Quand ce pauvre homme se trouva pris et convaincu (car le tout avait été découvert à la reine par l'un des complices), il n'eut qu'à joindre les mains et requérir la grâce et miséricorde de ce prince, aux pieds duquel il se voulut jeter ; mais il l'en garda, suivant ainsi son propos : « Venez çà ; vous ai-je autrefois fait déplaisir ? ai-je offensé quelqu'un des vôtres par haine particulière ? Il n'y a pas trois semaines que je vous connais, quelle raison vous a pu mouvoir à entreprendre ma mort ? » Le gentilhomme répondit à cela d'une voix tremblante, que ce n'était aucune occasion particulière qu'il en eût, mais l'intérêt de la cause générale de son parti ; et qu'aucuns lui avaient persuadé que ce serait une exécution pleine de piété, d'extirper, en quelque manière que ce fût, un si puissant ennemi de leur religion. « Or, suivit ce prince, je vous veux montrer combien la religion que je tiens est plus douce que celle de quoi vous faites profession. La vôtre vous a conseillé de me tuer sans m'ouïr, n'ayant reçu de moi aucune offense ; et la mienne me commande que je vous pardonne, tout convaincu que vous êtes de m'avoir voulu homicider sans raison. Allez-vous-en, retirez-vous, que je ne vous voie plus ici ; et, si vous êtes sage, prenez dorénavant en vos entreprises des conseillers plus gens de bien que ceux-là. »

L'empereur Auguste [4], étant en la Gaule, reçut certain avertissement d'une conjuration que lui brassait Lucius Cinna ; il délibéra de s'en venger, et manda pour cet effet au lendemain le conseil de ses amis ; mais la nuit d'entre-deux il la passa avec grande inquiétude, considérant qu'il avait à faire mourir un jeune homme de bonne maison et neveu du grand Pompée ; et produisit en se plaignant plusieurs divers discours : « Quoi donc, faisait-il, sera-t-il dit que je demeurerai en crainte et en alarme, et que je lairrai " mon meurtrier se promener cependant à son aise ? S'en ira-t-il quitte, ayant assailli ma tête que j'ai sauvée de tant de guerres civiles, de tant de batailles, par mer et par terre ? et, après avoir établi la paix universelle du monde, sera-t-il absous, ayant délibéré non de me meurtrir seulement, mais de me sacrifier ? » Car la conjuration était faite de le tuer, comme il ferait quelque sacrifice.

Après cela, s'étant tenu coi quelque espace de temps, il recommençait d'une voix plus forte, et s'en prenait à soi-même : « Pourquoi vis-tu, s'il importe à tant de gens que tu meures ? N'y aura-t-il point de fin à tes vengeances et à tes cruautés ? Ta vie vaut-elle que tant de dommage se fasse pour la conserver ? » Livia, sa femme, le sentant en ces angoisses : « Et les conseils des femmes y seront-ils reçus ? lui fit-elle. Fais ce que font les médecins, quand les recettes accoutumées ne peuvent servir : ils en essaient de contraires. Par sévérité tu n'as jusques à cette heure rien profité : Lepidus a suivi Salvidienus ; Murena, Lepidus ; Cæpio, Murena ; Egnatius, Cæpio. Commence à expérimenter comment te succéderont la douceur et la clémence. Cinna est convaincu : pardonne-lui ; de te nuire désormais il ne pourra, et profitera à ta gloire. »

Auguste fut bien aise d'avoir trouvé un avocat de son humeur, et, ayant remercié sa femme et contremandé ses amis qu'il avait assignés au Conseil, commanda qu'on fît venir à lui Cinna tout seul ; et, ayant fait sortir tout le monde de sa chambre et fait donner un siège à Cinna, il lui parla en cette manière : « En premier lieu je te demande, Cinna, paisible audience. N'interromps pas mon parler, je te donnerai temps et loisir d'y répondre. Tu sais, Cinna, que t'ayant pris au camp de mes ennemis, non seulement t'étant fait mon ennemi, mais étant né tel, je te sauvai, je te mis entre mains tous tes biens, et t'ai enfin rendu si accommodé et si aisé, que les victo-

---

a. Laisserai.

rieux sont envieux de la condition du vaincu. L'office
du sacerdoce que tu me demandas, je te l'octroyai,
l'ayant refusé à d'autres, desquels les pères avaient
toujours combattu avec moi. T'ayant si fort obligé, tu
as entrepris de me tuer. » A quoi Cinna s'étant écrié
qu'il était bien éloigné d'une si méchante pensée : « Tu
ne me tiens pas, Cinna, ce que tu m'avais promis, suivit
Auguste ; tu m'avais assuré que je ne serais pas inter-
rompu : oui, tu as entrepris de me tuer, en tel lieu, tel
jour, en telle compagnie, et de telle façon. » Et le voyant
transi de ces nouvelles, et en silence, non plus pour tenir
le marché de se taire, mais de la presse de sa conscience :
« Pourquoi, ajouta-t-il, le fais-tu ? Est-ce pour être
empereur ? Vraiment, il va bien mal à la chose publique,
s'il n'y a que moi qui t'empêche d'arriver à l'empire.
Tu ne peux pas seulement défendre ta maison, et perdis
dernièrement un procès par la faveur d'un simple libertin.
Quoi, n'as-tu moyen ni pouvoir en autre chose, qu'à
entreprendre César ? Je le quitte, s'il n'y a que moi qui
empêche tes espérances. Penses-tu que Paulus, que Fabius, que les Cosséens et Serviliens te souffrent ? et une si
grande troupe de nobles, non seulement nobles de nom,
mais qui par leur vertu honorent leur noblesse ? » Après
plusieurs autres propos (car il parla à lui plus de deux
heures entières) : « Or va, lui dit-il ; je te donne, Cinna,
la vie, à traître et à parricide, que je te donnai autrefois
à ennemi : que l'amitié commence de ce jourd'hui entre
nous ; essayons qui de nous deux, de meilleure foi, moi
t'ai donné ta vie, ou tu l'as reçue. »

Et se départit d'avec lui en cette manière. Quelque
temps après il lui donna le consulat, se plaignant de
quoi il ne le lui avait osé demander. Il l'eut depuis pour
fort ami et fut seul fait par lui héritier de ses biens. Or
depuis cet accident, qui advint à Auguste au quarantième
an de son âge, il n'y eut jamais de conjuration ni
d'entreprise contre lui et reçut une juste récompense
de cette sienne clémence. Mais il n'en advint pas de
même au nôtre : car sa douceur ne le sut garantir qu'il
ne chût depuis aux lacs de pareille trahison[5]. Tant

c'est chose vaine et frivole que l'humaine prudence ; et au travers de tous nos projets, de nos conseils et précautions, la fortune maintient toujours la possession des événements.

Nous appelons les médecins heureux, quand ils arrivent à quelque bonne fin ; comme s'il n'y avait que leur art, qui ne se pût maintenir de lui-même, et qui eût les fondements trop frêles pour s'appuyer de sa propre force ; et comme s'il n'y avait qu'elle, qui ait besoin que la fortune prête la main à ses opérations. Je crois d'elle tout le pis ou le mieux qu'on voudra. Car nous n'avons, Dieu merci, nul commerce ensemble ; je suis au rebours des autres, car je la méprise bien toujours ; mais quand je suis malade, au lieu d'entrer en composition, je commence encore à la haïr et à la craindre ; et réponds à ceux qui me pressent de prendre médecine, qu'ils attendent au moins que je sois rendu à mes forces et à ma santé, pour avoir plus de moyen de soutenir l'effort et le hasard de leur breuvage. Je laisse faire nature, et présuppose qu'elle se soit pourvue de dents et de griffes, pour se défendre des assauts qui lui viennent, et pour maintenir cette contexture, de quoi elle fuit la dissolution. Je crains, au lieu de l'aller secourir, ainsi comme elle est aux prises bien étroites et bien jointes avec la maladie, qu'on secoure son adversaire au lieu d'elle, et qu'on la recharge de nouvelles affaires.

Or je dis que, non en la médecine seulement, mais en plusieurs arts plus certaines, la fortune y a bonne part. Les saillies poétiques [6] ; qui emportent leur auteur et le ravissent [a] hors de soi, pourquoi ne les attribuerons-nous à son bonheur ? puisqu'il confesse lui-même qu'elles surpassent sa suffisance et ses forces, et les reconnaît venir d'ailleurs que de soi, et ne les avoir aucunement en sa puissance ; non plus que les orateurs ne disent avoir en la leur ces mouvements et agitations extraordinaires, qui les poussent au-delà de leur dessein.

---

a. Emportent.

Il en est de même en la peinture, qu'il échappe parfois des traits de la main du peintre, surpassant sa conception et sa science, qui le tiennent lui-même en admiration et qui l'étonnent. Mais la fortune montre bien encore plus évidemment la part qu'elle a en tous ces ouvrages, par les grâces et les beautés qui s'y trouvent, non seulement sans l'intention, mais sans la connaissance même de l'ouvrier. Un suffisant lecteur découvre souvent ès écrits d'autrui des perfections autres que celles que l'auteur y a mises et aperçues, et y prête des sens et des visages plus riches.

Quant aux entreprises militaires, chacun voit comment la fortune y a bonne part. En nos conseils mêmes et en nos délibérations, il faut certes qu'il y ait du sort et du bonheur mêlé parmi ; car tout ce que notre sagesse peut, ce n'est pas grand-chose ; plus elle est aiguë et vive, plus elle trouve en soi de faiblesse, et se défie d'autant plus d'elle-même. Je suis de l'avis de Sylla [7] ; et quand je me prends garde de près aux plus glorieux exploits de la guerre, je vois, ce me semble, que ceux qui les conduisent n'y emploient la délibération et le conseil que par acquit, et que la meilleure part de l'entreprise ils l'abandonnent à la fortune, et, sur la fiance [a] qu'ils ont à son secours, passent à tous les coups au-delà des bornes de tout discours. Il survient des allégresses fortuites et des fureurs étrangères parmi leurs délibérations, qui les poussent le plus souvent à prendre le parti le moins fondé en apparence, et qui grossissent leur courage au-dessus de la raison. D'où il est advenu à plusieurs grands capitaines anciens, pour donner crédit à ces conseils téméraires, d'alléguer à leurs gens qu'ils y étaient conviés par quelque inspiration, par quelque signe et pronostic.

Voilà pourquoi, en cette incertitude et perplexité que nous apporte l'impuissance de voir et choisir ce qui est le plus commode, pour les difficultés que les divers accidents, et circonstances de chaque chose tirent, le plus sûr, quand autre considération ne nous y convierait, est, à mon avis, de se rejeter au parti où il y a plus

a. Confiance.

d'honnêteté et de justice ; et puisqu'on est en doute du plus court chemin, tenir toujours le droit ; comme, en ces deux exemples que je viens de proposer, il n'y a point de doute, qu'il ne fut plus beau et plus généreux à celui qui avait reçu l'offense, de la pardonner, que s'il eût fait autrement. S'il en est mésadvenu au premier, il ne s'en faut pas prendre à ce sien bon dessein ; et ne sait-on, quand il eût pris le parti contraire, s'il eût échappé la fin à laquelle son destin l'appelait ; et si, eût perdu la gloire d'une si notable bonté.

Il se voit dans les histoires force gens en cette crainte, d'où la plupart ont suivi le chemin de courir au-devant des conjurations qu'on faisait contre eux, par vengeance et par supplices ; mais j'en vois fort peu auxquels ce remède ait servi, témoin tant d'empereurs romains. Celui qui se trouve en ce danger ne doit pas beaucoup espérer ni de sa force, ni de sa vigilance. Car combien est-il malaisé de se garantir d'un ennemi, qui est couvert du visage du plus officieux ami que nous ayons ? et de connaître les volontés et pensements intérieurs de ceux qui nous assistent ? Il a beau employer des nations étrangères pour sa garde et être toujours ceint d'une haie d'hommes armés : quiconque aura sa vie à mépris, se rendra toujours maître de celle d'autrui [8]. Et puis ce continuel soupçon, qui met le prince en doute de tout le monde, lui doit servir d'un merveilleux tourment.

Pourtant, Dion [9], étant averti que Callipus épiait les moyens de le faire mourir, n'eut jamais le cœur d'en informer, disant qu'il aimait mieux mourir que vivre en cette misère, d'avoir à se garder non de ses ennemis seulement, mais aussi de ses amis. Ce qu'Alexandre [10] représenta bien plus vivement par effet, et plus roidement, quand ayant eu avis par une lettre de Parménion, que Philippe, son plus cher médecin, était corrompu par l'argent de Darius pour l'empoisonner, en même temps qu'il donnait à lire sa lettre à Philippe, il avala le breuvage qu'il lui avait présenté. Fut-ce pas exprimer cette résolution, que si ses amis le voulaient tuer, il consentait

qu'ils le pussent faire ? Ce prince est le souverain patron
des actes hasardeux ; mais je ne sais s'il y a trait en sa
vie, qui ait plus de fermeté que celui-ci, ni une beauté
illustre par tant de visages.

Ceux qui prêchent aux princes la défiance si attentive,
sous couleur de leur prêcher leur sûreté, leur prêchent
leur ruine et leur honte. Rien de noble ne se fait sans
hasard. J'en sais un [11], de courage très martial de sa
complexion, et entreprenant, de qui tous les jours on
corrompt la bonne fortune par telles persuasions : qu'il
se resserre entre les siens, qu'il n'entende à aucune
réconciliation de ses anciens ennemis, se tienne à part,
et ne se commette entre mains plus fortes, quelque promesse qu'on lui fasse, quelque utilité qu'il y voie. J'en
sais un autre [12] qui a inespérément avancé sa fortune,
pour avoir pris conseil tout contraire. La hardiesse, de
quoi ils cherchent si avidement la gloire, se représente,
quand il est besoin, aussi magnifiquement en pourpoint
qu'en armes, en un cabinet qu'en un camp, le bras
pendant que le bras levé. La prudence si tendre et cir-
conspecte est mortelle ennemie de hautes exécutions.
Scipion sut [13] pour pratiquer la volonté de Syphax,
quittant son armée et abandonnant l'Espagne, douteuse
encore sous sa nouvelle conquête, passer en Afrique dans
deux simples vaisseaux, pour se commettre en terre
ennemie, à la puissance d'un roi barbare, à une foi
inconnue, sans obligation, sans otage, sous la seule
sûreté de la grandeur de son propre courage, de son
bonheur et de la promesse de ses hautes espérances :
« *habita fides ipsam plerumque fidem obligat* *. »

A une vie ambitieuse et fameuse il faut, au rebours,
prêter peu et porter la bride courte aux soupçons ; la
crainte et la défiance attirent l'offense et la convient.
Le plus défiant de nos rois [14] établit ses affaires, principalement pour avoir volontairement abandonné et
commis *a* sa vie et sa liberté entre les mains de ses enne-

a. Confié.
* Tite-Live, livre XXII, chap. XXII : La plupart du temps la
bonne foi appelle la bonne foi. »

mis, montrant avoir entière fiance d'eux, afin qu'ils la prissent de lui. A ses légions, mutinées et armées contre lui, César opposait seulement l'autorité de son visage et la fierté de ses paroles ; et se fiait tant à soi et à sa fortune, qu'il ne craignait point de l'abandonner et commettre à une armée séditieuse et rebelle.

> *Stetit aggere fultus*
> *Cespitis, intrepidus vultu, meruitque timeri*
> *Nil metuens* *.

Mais il est bien vrai que cette forte assurance ne se peut représenter bien entière et naïve, que par ceux auxquels l'imagination de la mort et du pis qui peut advenir après tout, ne donne point d'effroi ; car de la présenter tremblante, encore douteuse et incertaine, pour le service d'une importante réconciliation, ce n'est rien faire qui vaille. C'est un excellent moyen de gagner le cœur et volonté d'autrui, de s'y aller soumettre et fier, pourvu que ce soit librement et sans contrainte d'aucune nécessité, et que ce soit en condition qu'on y porte une fiance pure et nette, le front au moins déchargé de tout scrupule. Je vis en mon enfance un gentilhomme, commandant à une grande ville, empressé à l'émotion d'un peuple furieux [15]. Pour éteindre ce commencement de trouble, il prit parti de sortir d'un lieu très assuré où il était, et se rendre à cette tourbe mutine ; d'où mal lui prit, et y fut misérablement tué. Mais il ne me semble pas que sa faute fut tant d'être sorti, ainsi qu'ordinairement on le reproche à sa mémoire, comme ce fut d'avoir pris une voie de soumission et de mollesse, et d'avoir voulu endormir cette rage, plutôt en suivant que en guidant, et en requérant plutôt qu'en remontrant ; et estime que la fermeté, l'autorité et une contenance de parole, une gracieuse sévérité, avec un commandement militaire plein de sécurité, de confiance, convenable à son rang et à la dignité de sa charge, lui eût mieux succédé [a], au

a. Aurait mieux réussi.
* Lucain, *Pharsale*, chant V : « Il parut sur un tertre de gazon, debout, le visage intrépide, et en ne craignant rien, il mérita d'être craint. »

moins avec plus d'honneur et de bienséance. Il n'est
rien moins espérable de ce monstre ainsi agité que l'humanité et la douceur ; il recevra bien plutôt la révérence
et la crainte. Je lui reprocherais aussi, qu'ayant pris
une résolution, plutôt brave, à mon gré, que téméraire [16],
de se jeter faible et en pourpoint *a* emmi cette mer tem-
pêtueuse d'hommes insensés, il la devait avaler toute,
et n'abandonner ce personnage, là où il lui advint,
après avoir reconnu le danger de près [17], de saigner du
nez et d'altérer encore depuis cette contenance démise
et flatteuse qu'il avait entreprise, en une contenance
effrayée ; chargeant sa voix et ses yeux d'étonnement
et de pénitence. Cherchant à conniller *b* et se dérober,
il les enflamma et appela sur soi.

On délibérait de faire une montre [18] générale de diverses troupes en armes (c'est le lieu des vengeances secrètes,
et n'est point où, en plus grande sûreté, on les puisse
exercer) ; il y avait publiques et notoires apparences qu'il
n'y faisait pas fort bon pour aucuns, auxquels touchait la
principale et nécessaire charge de les reconnaître. Il
s'y proposa divers conseils, comme en chose difficile et
qui avait beaucoup de poids et de suite. Le mien fut,
qu'on évitât surtout de donner aucun témoignage de
ce doute, et qu'on s'y trouvât et mêlât parmi les files,
la tête droite et le visage ouvert, et qu'au lieu d'en retrancher aucune chose (à quoi les autres opinions visaient
le plus), qu'au contraire on sollicitât les capitaines
d'avertir les soldats de faire leurs salves belles et gaillardes en l'honneur des assistants, et n'épargner leur
poudre. Cela servit de gratification envers ces troupes
suspectes, et engendra dès lors en avant une mutuelle
et utile confiance.

La voie qu'y tint Jules César, je trouve que c'est la
plus belle qu'on y puisse prendre. Premièrement, il
essaya, par clémence et douceur, à se faire aimer de ses
ennemis mêmes, se contentant, aux conjurations qui lui
étaient découvertes, de déclarer simplement qu'il en

---

a. Sans protection. — *b.* Se tapir comme un lapin.

était averti ; cela fait, il prit une très noble résolution
d'attendre, sans effroi et sans sollicitude, ce qui lui en
pourrait advenir, s'abandonnant et se remettant à la
garde des dieux et de la fortune ; car certainement c'est
l'état où il était quand il fut tué [19].

Un étranger [20], ayant dit et publié partout qu'il pourrait instruire Denys, tyran de Syracuse, d'un moyen
de sentir et découvrir en toute certitude les parties que
ses sujets machineraient contre lui, s'il lui voulait donner
une bonne pièce d'argent, Denys, en étant averti, le
fit appeler à soi pour l'éclaircir d'un art si nécessaire à
sa conservation ; cet étranger lui dit qu'il n'y avait pas
d'autre art, sinon qu'il lui fît délivrer un talent et se
vantât d'avoir appris de lui un singulier secret. Denys
trouva cette invention bonne et lui fit compter six cents
écus. Il n'était pas vraisemblable qu'il eût donné si
grande somme à un homme inconnu, qu'en récompense
d'un très utile apprentissage ; et servait cette réputation
à tenir ses ennemis en crainte. Pourtant, les princes
sagement publient les avis qu'ils reçoivent des menées
qu'on dresse contre leur vie, pour faire croire qu'ils
sont bien avertis et qu'il ne se peut rien entreprendre
de quoi ils ne sentent le vent. Le duc d'Athènes fit
plusieurs sottises en l'établissement de sa fraîche tyrannie
sur Florence ; mais celle-ci la plus notable, qu'ayant
reçu le premier avis des monopoles que ce peuple dressait
contre lui, par Matteo di Morozo, complice d'icelles,
il le fit mourir, pour supprimer cet avertissement et
ne faire sentir qu'aucun en la ville se peut ennuyer de
son juste gouvernement [21].

Il me souvient avoir lu autrefois [22] l'histoire de quelque
Romain, personnage de dignité, lequel, fuyant la tyrannie
du triumvirat, avait échappé mille fois les mains de ceux
qui le poursuivaient, par la subtilité de ses inventions.
Il advint un jour, qu'une troupe de gens de cheval, qui
avait charge de le prendre, passa tout joignant un hallier
où il s'était tapi, et faillit de le découvrir ; mais lui, sur
ce point-là, considérant la peine et les difficultés auxquelles il avait déjà si longtemps duré, pour se sauver

des continuelles et curieuses recherches qu'on faisait de lui partout, le peu de plaisir qu'il pouvait espérer d'une telle vie, et combien il lui valait mieux passer une fois le pas que demeurer toujours en cette transe, lui-même les rappela et leur trahit sa cachette, s'abandonnant volontairement à leur cruauté, pour ôter eux et lui d'une plus longue peine. D'appeler les mains ennemies, c'est un conseil un peu gaillard ; si crois-je qu'encore vaudrait-il mieux le prendre que de demeurer en la fièvre continuelle d'un accident qui n'a point de remède. Mais, puisque les provisions qu'on y peut apporter sont pleines d'inquiétude et d'incertitude, il vaut mieux d'une belle assurance se préparer à tout ce qui en pourra advenir et tirer quelque consolation de ce qu'on n'est pas assuré qu'il advienne.

CHAPITRE XXV

DU PÉDANTISME

Je me suis souvent dépité [1], en mon enfance, de voir ès comédies italiennes toujours un pedante [a] pour badin [b] et le surnom de magister n'avoir guère plus honorable signification parmi nous. Car, leur étant donné en gouvernement et en garde, que pouvais-je moins faire que d'être jaloux de leur réputation ? Je cherchais bien de les excuser par la disconvenance naturelle qu'il y a entre le vulgaire et les personnes rares et excellentes en jugement et en savoir ; d'autant qu'ils vont un train entièrement contraire les uns des autres. Mais en ceci perdais-je mon latin, que les plus galants hommes c'étaient ceux qui les avaient le plus à mépris, témoin notre bon du Bellay :
« Mais je hais par surtout un savoir pédantesque [2]. »
Et est cette coutume ancienne ; car Plutarque [3] dit que Grec et écolier étaient mots de reproche entre les Romains, et de mépris.

Depuis, avec l'âge, j'ai trouvé qu'on avait une grandissime raison, et que « *magis magnos clericos non sunt*

----

a. Maître d'école. — *b.* Personnage ridicule.

magis magnos sapientes * ». Mais d'où il puisse advenir qu'une âme riche de la connaissance de tant de choses n'en devienne pas plus vive et plus éveillée, et qu'un esprit grossier et vulgaire puisse loger en soi, sans s'amender, les discours et les jugements des plus excellents esprits que le monde ait porté, j'en suis encore en doute.

A recevoir tant de cervelles étrangères, et si fortes, et si grandes, il est nécessaire (me disait une fille, la première de nos princesses [4], parlant de quelqu'un), que la sienne se foule, se contraigne et rapetisse, pour faire place aux autres.

Je dirais volontiers que, comme les plantes s'étouffent de trop d'humeur, et les lampes de trop d'huile ; aussi l'action de l'esprit par trop d'étude et de matière, lequel, saisi et embarrassé d'une grande diversité de choses, perde le moyen de se démêler ; et que cette charge le tienne courbe et croupi. Mais il en va autrement ; car notre âme s'élargit d'autant plus qu'elle se remplit ; et aux exemples des vieux temps il se voit, tout au rebours, des suffisants hommes aux maniements des choses publiques, des grands capitaines et grands conseillers aux affaires d'Etat avoir été ensemble très savants.

Et, quant aux philosophes retirés de toute occupation publique, ils ont été aussi quelquefois, à la vérité, méprisés par la liberté comique de leur temps [5], leurs opinions et façons les rendant ridicules. Les voulez-vous faire juges des droits d'un procès, des actions d'un homme ? Ils en sont bien prêts ! Ils cherchent encore s'il y a vie, s'il y a mouvement, si l'homme est autre chose qu'un bœuf ; que c'est qu'agir et souffrir ; quelles bêtes ce sont que lois et justice. Parlent-ils du magistrat, ou parlent-ils à lui ? C'est d'une liberté irrévérente et incivile. Oient-ils louer leur prince ou un roi ? c'est un pâtre pour eux, oisif comme un pâtre, occupé à pressurer et tondre ses bêtes, mais bien plus rudement qu'un pâtre. En estimez-vous quelqu'un plus grand, pour posséder deux mille

---

* Dicton cité par frère Jean des Entommeurs dans *Gargantua*, chap. xxxix et que Régnier dans la *Satire III* traduit de la façon suivante : « Pardieu les plus grands clercs ne sont pas les plus fins. »

arpents de terre ? eux s'en moquent, accoutumés d'embrasser tout le monde comme leur possession. Vous vantez-vous de votre noblesse pour compter sept aïeux riches ? ils vous estiment de peu, ne concevant à l'image universelle de nature, et combien chacun de nous a eu de prédécesseurs : riches, pauvres, rois, valets, Grecs et Barbares. Et quand vous seriez cinquantième descendant de Hercule, ils vous trouvent vain de faire valoir ce présent de la fortune. Ainsi les dédaignait le vulgaire, comme ignorants " les premières choses et communes, et comme présomptueux et insolents. Mais cette peinture platonique est bien éloignée de celle qu'il faut à nos gens. On enviait ceux-là comme étant au-dessus de la commune façon, comme méprisants les actions publiques, comme ayant dressé une vie particulière et inimitable, réglée à certains discours hautains et hors d'usage. Ceux-ci on les dédaigne, comme étant au-dessous de la commune façon, comme incapables des charges publiques, comme traînant une vie et des mœurs basses et viles après le vulgaire.

Odi homines ignava opera, philosopha sententia *.

Quant à ces philosophes, dis-je, comme ils étaient grands en science, ils étaient encore plus grands, en toute action. Et tout ainsi qu'on dit de ce géomètre de Syracuse [6], lequel, ayant été détourné de sa contemplation pour en mettre quelque chose en pratique à la défense de son pays, qu'il mit soudain en train des engins épouvantables et des effets surpassant toute créance humaine, dédaignant toutefois lui-même toute cette sienne manufacture *b*, et pensant en cela avoir corrompu la dignité de son art, de laquelle ses ouvrages n'étaient que l'apprentissage et le jouet ; aussi eux, si quelquefois on les a mis à la preuve de l'action, on les a vus voler

---

a. Le participe présent, aux XVIe et XVIIe siècles, s'accorde avec le sujet (cf. *méprisants*). — *b.* Technique.
* Vers de Pacuvius cité par Aulu-Gelle, XIII, 8 : « Je hais les hommes lâches en action et philosophes en paroles. » Montaigne a pu le trouver dans la *Politique* de Juste Lipse.

d'une aile si haute, qu'il paraissait bien leur cœur et
leur âme s'être merveilleusement grossie et enrichie
par l'intelligence des choses. Mais aucuns, voyant la
place du gouvernement politique saisie par hommes
incapables, s'en sont reculés ; et celui qui demanda à
Cratès jusques à quand il faudrait philosopher, en reçut
cette réponse : « Jusques à tant que ce ne soient plus
des âniers qui conduisent nos armées [7]. » Héraclite résigna
la royauté à son frère ; et aux Ephésiens qui lui reprochaient à quoi il passait son temps à jouer avec les enfants
devant le temple : « Vaut-il pas mieux faire ceci, que
gouverner les affaires en votre compagnie ? » D'autres
ayant leur imagination logée au-dessus de la fortune
et du monde, trouvèrent les sièges de la justice et les
trônes mêmes des rois, bas et vils. Et refusa Empédocle
la royauté que les Agrigentins lui offrirent [8]. Thalès
accusant quelquefois le soin du ménage et de s'enrichir,
on lui reprocha que c'était à la mode du renard [9], pour
n'y pouvoir advenir. Il lui prit envie, par passe-temps,
d'en montrer l'expérience ; et, ayant pour ce coup ravalé
son savoir au service du profit et du gain, dressa un
trafic, qui dans un an rapporta telles richesses, qu'à
peine en toute leur vie les plus expérimentés de ce mé-
tier-là en pouvaient faire de pareilles [10].

Ce qu'Aristote [11] récite d'aucuns qui appelaient et
celui-là et Anaxagoras et leurs semblables, sages et non
prudents, pour n'avoir assez de soin des choses plus
utiles, outre ce que je ne digère pas bien cette différence
de mots, cela ne sert point d'excuse à mes gens ; et, à
voir la basse et nécessiteuse fortune de quoi ils se payent,
nous aurions plutôt occasion de prononcer tous les deux,
qu'ils sont et non sages et non prudents.

Je quitte cette première raison, et crois qu'il vaut
mieux dire que ce mal vienne de leur mauvaise façon
de se prendre aux sciences ; et qu'à la mode de quoi nous
sommes instruits, il n'est pas merveille si ni les écoliers,
ni les maîtres n'en deviennent pas plus habiles, quoiqu'ils
s'y fassent plus doctes. De vrai, le soin et la dépense de
nos pères ne vise qu'à nous meubler la tête de science ;

du jugement et de la vertu, peu de nouvelles. Criez d'un passant à notre peuple : « O le savant homme ! » Et d'un autre : « O le bon homme ! » Il ne faudra pas de tourner les yeux et son respect vers le premier. Il y faudrait un tiers crieur : « O les lourdes têtes [12] ! » Nous nous enquérons volontiers : « Sait-il du grec ou du latin ? écrit-il en vers ou en prose ? » Mais s'il est devenu meilleur ou plus avisé, c'était le principal, et c'est ce qui demeure derrière. Il fallait s'enquérir qui est mieux savant, non qui est plus savant.

Nous ne travaillons qu'à remplir la mémoire, et laissons l'entendement et la conscience vide. Tout ainsi que les oiseaux vont quelquefois à la quête du grain et le portent au bec sans le tâter, pour en faire becquée à leurs petits, ainsi nos pedantes vont pillotant la science dans les livres, et ne la logent qu'au bout de leurs lèvres, pour la dégorger seulement et mettre au vent.

C'est merveille combien proprement la sottise se loge sur mon exemple. Est-ce pas faire de même, ce que je fais en la plupart de cette composition ? Je m'en vais écorniflant par-ci par-là des livres les sentences qui me plaisent, non pour les garder, car je n'ai point de gardoires, mais pour les transporter en celui-ci, où, à vrai dire, elles ne sont plus miennes qu'en leur première place. Nous ne sommes, ce crois-je, savants que de la science présente, non de la passée, aussi peu que de la future.

Mais, qui pis est, leurs écoliers et leurs petits ne s'en nourrissent et alimentent non plus ; ainsi elle passe de main en main, pour cette seule fin d'en faire parade, d'en entretenir autrui, et d'en faire des contes, comme une vaine monnaie inutile à tout autre usage et emploi qu'à compter et jeter [13].

« *Apud alios loqui didicerunt, non ipsi secum*.* » — « *Non est loquendum, sed gubernandum**.* »

---

* Cicéron, *Tusculanes*, livre V : « Ils ont appris à parler aux autres, non à eux-mêmes. »
** Sénèque, *Lettre 108* : « Il ne s'agit pas de parler, mais de manier le gouvernail. »

Nature, pour montrer qu'il n'y a rien de sauvage en
ce qui est conduit par elle, fait naître ès nations moins
cultivées par art des productions d'esprit souvent, qui
luttent les plus artistes productions [14]. Comme sur mon
propos, le proverbe Gascon [15] est-il délicat : « Bouha
prou bouha, mas a remuda lous dits qu'em : souffler
prou souffler, mais nous en sommes à remuer les
doigts », tiré d'une chalemie [16].

Nous savons dire : « Cicéron dit ainsi ; voilà les mœurs
de Platon ; ce sont les mots mêmes d'Aristote. » Mais nous,
que disons-nous nous-mêmes ? que jugeons-nous ? que
faisons-nous ? Autant en dirait bien un perroquet. Cette
façon me fait souvenir de ce riche Romain [17], qui avait
été soigneux, à fort grande dépense, de recouvrer des
hommes suffisants en tout genre de sciences, qu'il tenait
continuellement autour de lui, afin que, quand il écher-
rait *a* entre ses amis quelque occasion de parler d'une
chose ou d'autre, ils supplissent *b* sa place et fussent tous
prêts à lui fournir, qui d'un discours, qui d'un vers d'Homère, chacun selon son gibier ; et pensait ce savoir être
sien parce qu'il était en la tête de ses gens ; et comme
font aussi ceux desquels la suffisance loge en leurs somp-
tueuses librairies *c*.

J'en connais à qui, quand je demande ce qu'il sait,
il me demande un livre pour me le montrer ; et n'oserait
me dire qu'il a le derrière galeux, s'il ne va sur-le-champ
étudier en son lexicon, que c'est que galeux, et que c'est
que derrière.

Nous prenons en garde les opinions et le savoir d'autrui,
et puis c'est tout. Il les faut faire nôtres. Nous semblons
proprement celui qui, ayant besoin de feu, en irait quérir
chez son voisin, et, y en ayant trouvé un beau et grand,
s'arrêterait là à se chauffer, sans plus se souvenir d'en
rapporter chez soi [18]. Que nous sert-il d'avoir la panse
pleine de viande, si elle ne se digère ? si elle ne se transforme en nous ? si elle ne nous augmente et fortifie ?
Pensons-nous que Lucullus [19], que les lettres rendirent et

---

a. Il surviendrait. — *b.* Remplissent. — *c.* Bibliothèques.

formèrent si grand capitaine sans l'expérience, les eût prises à notre mode ?

Nous nous laissons si fort aller sur les bras d'autrui, que nous anéantissons nos forces. Me veux-je armer contre la crainte de la mort ? c'est aux dépens de Sénèque. Veux-je tirer de la consolation pour moi, ou pour un autre ? je l'emprunte de Cicéron. Je l'eusse prise en moi-même, si on m'y eût exercé. Je n'aime point cette suffisance relative et mendiée.

Quand bien nous pourrions être savants du savoir d'autrui, au moins sages ne pouvons-nous être que de notre propre sagesse.

Μισῶ σοφιστὴν, ὅστις οὐχ αὑτῷ σοφός *.

« *Ex quo Ennius : Nequicquam sapere sapientem, qui ipse sibi prodesse non quiret* **. »

« *si cupidus, si
Vanus et Euganea quamtumvis vilior agna* ***. »

« *Non enim paranda nobis solum, sed fruenda sapientia
[est* ****. »

Denys se moquait des grammairiens qui ont soin de s'enquérir des maux d'Ulysse, et ignorent les propres ; des musiciens qui accordent leurs flûtes et n'accordent pas leurs mœurs, des orateurs qui étudient à dire justice, non à la faire [20].

Si notre âme n'en va un meilleur branle, si nous n'en

---

* L'édition de 1580 donnait la traduction faite par Montaigne : « Je hais le sage qui n'est pas sage pour soi-même. » C'est un vers d'Euripide cité par Stobée.

** Cicéron, *De Officiis*, livre III, chap. xv, cite Ennius. « C'est pourquoi Ennius dit : Vaine est la sagesse du sage, si elle ne profite pas à lui-même. »

*** Juvénal, *Satire VIII* : « S'il est avide, s'il est vain, s'il est plus lâche qu'une brebis d'Euganée. »

**** Cicéron, *De Finibus*, livre I : « Il ne suffit pas d'acquérir la sagesse, il faut en profiter. » Montaigne a pu lire cette pensée dans la *Politique* de Juste Lipse, livre I, chap. x.

avons le jugement plus sain, j'aimerais aussi cher que mon écolier eût passé le temps à jouer à la paume ; au moins le corps en serait plus allègre. Voyez-le revenir de là, après quinze ou seize ans employés : il n'est rien si malpropre à mettre en besogne. Tout ce que vous y reconnaissez d'avantage, c'est que son latin et son grec l'ont rendu plus fier et plus outrecuidé qu'il n'était parti de la maison [21]. Il en devait rapporter l'âme pleine, il ne l'en rapporte que bouffie ; et l'a seulement enflée au lieu de la grossir.

Ces maîtres-ci, comme Platon dit des sophistes, leurs germains, sont de tous les hommes ceux qui promettent d'être les plus utiles aux hommes, et, seuls entre tous les hommes, qui non seulement n'amendent point ce qu'on leur commet, comme fait un charpentier et un maçon, mais l'empirent, et se font payer de l'avoir empiré [22].

Si la loi que Protagoras proposait à ses disciples était suivie [23] : ou qu'ils le payassent selon son mot, ou qu'ils jurassent au temple combien ils estimaient le profit qu'ils avaient reçu de ses disciplines, et selon icelui satisfissent sa peine, mes pédagogues se trouveraient choués *a*, s'étant remis au serment de mon expérience.

Mon vulgaire périgourdin [24] appelle fort plaisamment « lettre-férits » ces savanteaux, comme si vous disiez « lettre-férus », auxquels les lettres ont donné un coup de marteau, comme on dit. De vrai, le plus souvent ils semblent être ravalés *b*, même du sens commun. Car le paysan et le cordonnier, vous leur voyez aller simplement et naïvement leur train, parlant de ce qu'ils savent ; ceux-ci, pour se vouloir élever et gendarmer de ce savoir qui nage en la superficie de leur cervelle, vont s'embarrassant et empêtrant sans cesse. Il leur échappe de belles paroles, mais qu'un autre les accommode. Ils connaissent bien Galien, mais nullement le malade. Ils vous ont déjà rempli la tête de lois, et si n'ont encore conçu le nœud de la cause. Ils savent la théorique de toutes choses, cherchez qui la mette en pratique.

a. Joués. — *b.* Rabaissés.

J'ai vu chez moi un mien ami, par manière de passe-temps, ayant affaire à un de ceux-ci, contrefaire un jargon de galimatias, propos sans suite, tissu de pièces rapportées, sauf qu'il était souvent entrelardé de mots propres à leur dispute, amuser ainsi tout un jour ce sot à débattre, pensant toujours répondre aux objections qu'on lui faisait ; et si était homme de lettres et de réputation, et qui avait une belle robe.

Vos, o patritius sanguis, quos vivere par est
Occipiti cæco, posticæ occurrite sannæ *.

Qui regardera de bien près à ce genre de gens, qui s'étend bien loin, il trouvera, comme moi, que le plus souvent ils ne s'entendent, ni autrui, et qu'ils ont la souvenance assez pleine, mais le jugement entièrement creux, sinon que leur nature d'elle-même le leur ait autrement façonné ; comme j'ai vu Adrien Turnèbe [25], qui, n'ayant fait autre profession que des lettres, en laquelle c'était, à mon opinion, le plus grand homme qui fut il y a mille ans, n'avait toutefois rien de pédantesque que le port de sa robe et quelque façon externe, qui pouvait n'être pas civilisée à la courtisane, qui sont choses de néant. Et hais nos gens qui supportent plus malaisément une robe qu'une âme de travers, et regardent à sa révérence, à son maintien et à ses bottes, quel homme il est. Car au-dedans c'était l'âme la plus polie du monde. Je l'ai souvent à mon escient jeté en propos éloignés de son usage ; il y voyait si clair, d'une appréhension si prompte, d'un jugement si sain, qu'il semblait qu'il n'eût jamais fait autre métier que la guerre et affaires d'Etat. Ce sont natures belles et fortes,

queis arte benigna
Et meliore luto finxit præcordia Titan **,

---

* Perse, *Satire I* : « O vous, nobles patriciens, condamnés à vivre avec une tête aveugle par-derrière, retournez-vous pour voir les grimaces qu'on fait dans votre dos. » Perse dans cette satire se moque des gens de lettres et de leurs admirateurs.
** Juvénal, *Satire XIV* : « Ceux à qui le titan Prométhée, par une grâce particulière, a façonné le cœur d'un meilleur limon. »

qui se maintiennent au travers d'une mauvaise institution. Or ce n'est pas assez que notre institution ne nous gâte pas, il faut qu'elle nous change en mieux.

Il y a aucuns de nos parlements, quand ils ont à recevoir des officiers, qui les examinent seulement sur la science ; les autres y ajoutent encore l'essai du sens, en leur présentant le jugement de quelque cause. Ceux-ci me semblent avoir un beaucoup meilleur style ; et encore que ces deux pièces soient nécessaires et qu'il faille qu'elles s'y trouvent toutes deux, si est-ce qu'à la vérité celle du savoir est moins prisable que celle du jugement. Celle-ci se peut passer de l'autre, et non l'autre de celle-ci. Car, comme dit ce vers grec,

'Ως οὐδὲν ἡ μάθησις, ἢν μὴ νοῦς παρῇ [26],

à quoi faire la science, si l'entendement n'y est ? Plût à Dieu que pour le bien de notre justice ces compagnies-là se trouvassent aussi bien fournies d'entendement et de conscience, comme elles sont encore de science ! « *Non vitæ sed scholæ discimus* * . » Or il ne faut pas attacher le savoir à l'âme, il l'y faut incorporer [27] ; il ne l'en faut pas arroser, il l'en faut teindre ; et, s'il ne la change, et améliore son état imparfait, certainement il vaut beaucoup mieux le laisser là. C'est un dangereux glaive, et qui empêche et offense son maître, s'il est en main faible et qui n'en sache l'usage, « *ut fuerit melius non didicisse* ** ».

A l'aventure est-ce la cause que et nous et la théologie ne requérons pas beaucoup de science aux femmes, et que François, duc de Bretagne, fils de Jean cinquième, comme on lui parla de son mariage avec Isabeau, fille d'Ecosse, et qu'on lui ajouta qu'elle avait été nourrie simplement et sans aucune instruction de lettres, répondit qu'il l'en aimait mieux, et qu'une femme était assez

---

* Sénèque, *Lettre* 105 : « Nous sommes instruits non pour la vie, mais pour l'école. »
** Cicéron, *Tusculanes*, livre II, chap. IV : « Il aurait mieux valu ne rien avoir appris. »

savante quand elle savait mettre différence entre la chemise et le pourpoint de son mari [28].

Aussi ce n'est pas si grande merveille, comme on crie
que nos ancêtres n'aient pas fait grand état des lettres,
et qu'encore aujourd'hui elles ne se trouvent que par
rencontre aux principaux conseils de nos rois ; et, si cette
fin de s'en enrichir, qui seule nous est aujourd'hui proposée par le moyen de la jurisprudence, de la médecine,
du pédantisme, et de la théologie encore, ne les tenait
en crédit, vous les verriez sans doute aussi marmiteuses
qu'elles furent onques. Quel dommage, si elles ne nous
apprennent ni à bien penser, ni à bien faire ? « *Postquam
docti prodierunt, boni desunt* *. »

Toute autre science est dommageable à celui qui n'a
la science de la bonté. Mais la raison que je cherchais
tantôt, serait-elle point aussi de là : que notre étude en
France n'ayant quasi autre but que le profit, moins de
ceux que nature a fait naître à plus généreux offices que
lucratifs, s'adonnant aux lettres, ou si courtement (retirés, avant que d'en avoir pris le goût, à une profession
qui n'a rien de commun avec les livres), il ne reste plus
ordinairement, pour s'engager tout à fait à l'étude, que
les gens de basse fortune qui y quêtent des moyens à
vivre. Et de ces gens-là les âmes, étant et par nature et
par domestique institution et exempte du plus bas aloi,
rapportent faussement le fruit de la science. Car elle
n'est pas pour donner jour à l'âme qui n'en a point, ni
pour faire voir un aveugle ; son métier est, non de lui
fournir la vue, mais de la lui dresser, de lui régler ses
allures pourvu qu'elle ait de soi les pieds et les jambes
droites et capables. C'est une bonne drogue que la
science ; mais nulle drogue n'est assez forte pour se préserver sans altération et corruption, selon le vice du vase
qui l'estuie [a]. Tel a la vue claire, qui ne l'a pas droite ; et
par conséquent voit le bien et ne le suit pas ; et voit
la science, et ne s'en sert pas. La principale ordonnance

---

a. Qui lui sert d'étui.
* Sénèque, *Lettre* 95 : « Depuis que les savants ont paru, les
gens de bien ont disparu. »

de Platon [29] en sa République, c'est donner à ses citoyens, selon leur nature, leur charge. Nature peut tout et fait tout. Les boiteux sont mal propres aux exercices du corps ; et aux exercices de l'esprit les âmes boiteuses ; les bâtardes et vulgaires sont indignes de la philosophie. Quand nous voyons un homme mal chaussé, nous disons que ce n'est pas merveille, s'il est chaussetier. De même il semble que l'expérience nous offre souvent un médecin plus mal médeciné, un théologien moins réformé, un savant moins suffisant que tout autre.

Ariston Chios avait anciennement raison de dire que les philosophes nuisaient aux auditeurs, d'autant que la plupart des âmes ne se trouvent propres à faire leur profit de telle instruction, qui, si elle ne se met à bien, se met à mal : « *asotos ex Aristippi, acerbos ex Zenonis schola exire* * ».

En cette belle institution [30] que Xénophon prête aux Perses, nous trouvons qu'ils apprenaient la vertu à leurs enfants, comme les autres nations font les lettres. Platon dit [31] que le fils aîné, en leur succession royale, était ainsi nourri. Après sa naissance, on le donnait, non à des femmes, mais à des eunuques de la première autorité autour des rois, à cause de leur vertu. Ceux-ci prenaient charge de lui rendre le corps beau et sain, et après sept ans le duisaient *a* à monter à cheval et aller à la chasse. Quand il était arrivé au quatorzième, ils le déposaient entre les mains de quatre : le plus sage, le plus juste, le plus tempérant, le plus vaillant de la nation. Le premier lui apprenait la religion ; le second à être toujours véritable ; le tiers à se rendre maître des cupidités ; le quart à ne rien craindre.

C'est chose digne de très grande considération que, en cette excellente police *b* de Lycurgue [32], et à la vérité monstrueuse par sa perfection, si soigneuse pourtant

a. L'exerçaient. — *b.* Gouvernement.
* Cicéron, *De Natura Deorum*, livre III, chap. XXXI : « L'école d'Aristippe produit des débauchés, celle de Zénon, des sauvages. » Aristippe était un philosophe épicurien, Zénon, le chef de l'école stoïcienne.

de la nourriture des enfants comme de sa principale charge, et au gîte même des Muses, il s'y fasse si peu de mention de la doctrine ; comme si cette généreuse jeunesse, dédaignant tout autre joug que de la vertu, on lui ait dû fournir, au lieu de nos maîtres de science, seulement des maîtres de vaillance, prudence et justice, exemple que Platon en ses Lois a suivi. La façon de leur discipline [33], c'était leur faire des questions sur le jugement des hommes et de leurs actions ; et, s'ils condamnaient et louaient ou ce personnage ou ce fait, il fallait raisonner leur dire, et par ce moyen ils aiguisaient ensemble leur entendement et apprenaient le droit. Astyage, en Xénophon [34], demande à Cyrus conte de sa dernière leçon : « C'est, dit-il, qu'en notre école un grand garçon, ayant un petit saye [a], le donna à un de ses compagnons de plus petite taille, et lui ôta son saye, qui était plus grand. Notre précepteur m'ayant fait juge de ce différend, je jugeai qu'il fallait laisser les choses en cet état, et que l'un et l'autre semblait être mieux accommodé en ce point ; sur quoi il me remontra que j'avais mal fait, car je m'étais arrêté à considérer la bienséance, et il fallait premièrement avoir pourvu à la justice, qui voulait que nul ne fût forcé en ce qui lui appartenait. » Et dit qu'il en fut fouetté, tout ainsi que nous sommes en nos villages pour avoir oublié le premier aoriste de τυπτω [*]. Mon régent me ferait une belle harangue *in genere Demonstrativo*, avant qu'il me persuadât que son école vaut celle-là. Ils ont voulu couper chemin ; et, puisqu'il est ainsi que les sciences, lors même qu'on les prend de droit fil, ne peuvent que nous enseigner la prudence, la prudhomie et la résolution, ils ont voulu d'arrivée mettre leurs enfants au propre des effets, et les instruire non par ouï-dire, mais par l'essai de l'action, en les formant et moulant vivement, non seulement de préceptes et paroles, mais principalement d'exemples et d'œuvres, afin que ce ne fût pas une science en leur âme,

---

a. Manteau.
[*] *Frapper.* Verbe qui servait de modèle dans les grammaires, comme aujourd'hui λυω.

mais sa complexion et habitude ; que ce ne fût pas un acquêt, mais une naturelle possession. A ce propos, on demandait à Agésilas ce qu'il serait d'avis que les enfants apprissent : « Ce qu'ils doivent faire, étant hommes », répondit-il [35]. Ce n'est pas merveille si une telle institution a produit des effets si admirables.

On allait, dit-on, aux autres villes de Grèce chercher des rhétoriciens, des peintres et des musiciens ; mais en Lacédémone, des législateurs, des magistrats et empereurs d'armée. A Athènes on apprenait à bien dire, et ici à bien faire ; là, à se démêler d'un argument sophistique, et à rabattre l'imposture des mots captieusement entrelacés ; ici, à se démêler des appâts de la volupté, et à rabattre d'un grand courage les menaces de la fortune et de la mort ; ceux-là s'embesognaient après les paroles ; ceux-ci, après les choses ; là, c'était une continuelle exercitation de la langue ; ici, une continuelle exercitation de l'âme. Par quoi il n'est pas étrange si, Antipater leur demandant cinquante enfants pour otages, ils répondirent, tout au rebours de ce que nous ferions, qu'ils aimaient mieux donner deux fois autant d'hommes faits, tant ils estimaient la perte de l'éducation de leur pays. Quand Agésilas convie Xénophon d'envoyer nourrir ses enfants à Sparte, ce n'est pas pour y apprendre la rhétorique ou dialectique, mais pour apprendre (ce dit-il) la plus belle science qui soit ; à savoir la science d'obéir et de commander [36].

Il est très plaisant de voir Socrate, à sa mode, se moquant de Hippias [37] qui lui récite comment il a gagné, spécialement en certaines petites villettes de la Sicile, bonne somme d'argent à régenter ; et qu'à Sparte il n'a gagné pas un sol : que ce sont gens idiots, qui ne savent ni mesurer ni compter, ne font état ni de grammaire ni de rythme, s'amusant seulement à savoir la suite des rois, établissements et décadences des Etats, et tels fatras de comptes. Et au bout de cela Socrate, lui faisant avouer par le menu l'excellence de leur forme de gouvernement public, l'heur et vertu de leur vie, lui laisse deviner la conclusion de l'inutilité de ses arts.

Les exemples nous apprennent, et en cette martiale police et en toutes ses semblables, que l'étude des sciences amollit et efféminé les courages, plus qu'il ne les fermit et aguerrit. Le plus fort Etat qui paraisse pour le présent au monde, est celui des Turcs ; peuples également duits à l'estimation des armes et mépris des lettres. Je trouve Rome plus vaillante avant qu'elle fût savante. Les plus belliqueuses nations en nos jours sont les plus grossières et ignorantes. Les Scythes, les Parthes, Tamerlan [38] nous servent à cette preuve. Quand les Goths ravagèrent la Grèce, ce qui sauva toutes les librairies d'être passées au feu, ce fut un d'entre eux qui sema cette opinion, qu'il fallait laisser ce meuble entier aux ennemis, propre à les détourner de l'exercice militaire et amuser à des occupations sédentaires et oisives [39]. Quand notre roi Charles huitième, sans tirer l'épée du fourreau, se vit maître du royaume de Naples et d'une bonne partie de la Toscane, les seigneurs de sa suite attribuèrent cette inespérée facilité de conquête à ce que les princes et la noblesse d'Italie s'amusaient plus à se rendre ingénieux et savants que vigoureux et guerriers.

CHAPITRE XXVI

DE L'INSTITUTION
DES ENFANTS

A MADAME DIANE DE FOIX,
COMTESSE DE GURSON [1].

JE ne vis jamais père, pour teigneux ou bossu que fût son fils, qui laissât de l'avouer[a]. Non pourtant, s'il n'est du tout[b] enivré de cette affection, qu'il ne s'aperçoive de sa défaillance ; mais tant y a qu'il est sien. Aussi moi, je vois, mieux que tout autre, que ce ne sont ici que rêveries d'homme qui n'a goûté des sciences que la croûte première, en son enfance, et n'en a retenu qu'un général et informe visage : un peu de chaque chose, et rien du tout[c], à la Française. Car, en somme, je sais qu'il y a une Médecine, une Jurisprudence, quatre parties en la Mathématique, et grossièrement ce à quoi elles visent. Et à l'aventure encore sais-je la prétention des sciences en général au service de notre vie. Mais d'y enfoncer plus avant, de m'être rongé les ongles[2]

---

a. De le reconnaître (pour son fils). — b. Complètement. — c. Rien à fond.

à l'étude de Platon ou d'Aristote, monarque de la doctrine moderne, ou opiniâtré après quelque science, je ne l'ai jamais fait : ce n'est pas mon occupation, ni n'est art de quoi je susse peindre seulement les premiers linéaments. Et n'est enfant des classes moyennes qui ne se puisse dire plus savant que moi, qui n'ai seulement pas de quoi l'examiner sur sa première leçon, au moins selon icelle. Et, si l'on m'y force, je suis contraint, assez ineptement, d'en tirer quelque matière de propos universel, sur quoi j'examine son jugement naturel : leçon qui leur est autant inconnue, comme à moi la leur.

Je n'ai dressé commerce avec aucun livre solide, sinon Plutarque et Sénèque, où je puisse comme les Danaïdes, remplissant et versant sans cesse. J'en attache quelque chose à ce papier ; à moi, si peu que rien.

L'Histoire, c'est plus mon gibier, ou la poésie, que j'aime d'une particulière inclination. Car, comme disait Cléanthe [3], tout ainsi que la voix, contrainte dans l'étroit canal d'une trompette, sort plus aiguë et plus forte, ainsi me semble-t-il que la sentence, pressée aux pieds nombreux de la poésie, s'élance bien plus brusquement et me fiert [a] d'une plus vive secousse. Quant aux facultés naturelles qui sont en moi, de quoi c'est ici l'essai, je les sens fléchir sous la charge. Mes conceptions et mon jugement ne marchent qu'à tâtons, chancelant, bronchant et choppant [b] ; et quand je suis allé le plus avant que je puis si ne me suis-je aucunement satisfait ; je vois encore du pays au-delà, mais d'une vue trouble et en nuage, que je ne puis démêler. Et, entreprenant de parler indifféremment de tout ce qui se présente à ma fantaisie et n'y employant que mes propres et naturels moyens, s'il m'advient, comme il fait souvent, de rencontrer de fortune dans les bons auteurs ces mêmes lieux que j'ai entrepris de traiter, comme je viens de faire chez Plutarque tout présentement son

_a._ Frappe. — _b._ Buter contre un obstacle, d'où : se tromper.

discours de la force de l'imagination[4], à me reconnaître,
au prix de ces gens-là, si faible et si chétif, si pesant et
si endormi, je me fais pitié ou dédain à moi-même. Si
me gratifié-je de ceci, que mes opinions ont cet honneur de rencontrer souvent aux leurs ; et que je vais
au moins de loin après, disant que voire[5]. Aussi que
j'ai cela, qu'un chacun n'a pas, de connaître l'extrême
différence d'entre eux et moi. Et laisse, ce néanmoins,
courir mes inventions ainsi faibles et basses, comme je
les ai produites, sans en replâtrer et recoudre les défauts
que cette comparaison m'y a découverts[6]. Il faut avoir
les reins bien fermes pour entreprendre de marcher
front à front avec ces gens-là. Les écrivains indiscrets
de notre siècle, qui, parmi leurs ouvrages de néant, vont
semant des lieux entiers des anciens auteurs pour se
faire honneur, font le contraire. Car cette infinie dissemblance de lustres rend un visage si pâle, si terni et
si laid à ce qui est leur, qu'ils y perdent beaucoup
plus qu'ils n'y gagnent.

C'était deux contraires fantaisies. Le philosophe Chrysippe[7] mêlait à ses livres, non les passages seulement,
mais des ouvrages entiers d'autres auteurs, et, en un, la
Médée d'Euripide ; et disait Apollodore que, qui en
retrancherait ce qu'il y avait d'étranger, son papier
demeurerait en blanc. Epicure au rebours, en trois cents
volumes qu'il laissa, n'avait pas semé une seule alléga-
tion étrangère[8].

Il m'advint l'autre jour de tomber sur un tel passage.
J'avais traîné languissant après des paroles françaises
si exsangues, si décharnées et si vides de matière et de
sens que ce n'étaient vraiment que paroles françaises ;
au bout d'un long et ennuyeux chemin, je vins à rencontrer une pièce haute, riche et élevée jusques aux
nues. Si j'eusse trouvé la pente douce et la montée un
peu allongée, cela eût été excusable ; c'était un précipice si droit et si coupé que, des six premières paroles,
je connus que je m'envolais en l'autre monde. De là
je découvris la fondrière d'où je venais, si basse et si
profonde, que je n'eus onques plus le cœur de m'y rava-

ler*. Si j'étoffais l'un de mes discours de ces riches
dépouilles, il éclairerait par trop la bêtise des autres.

Reprendre en autrui mes propres fautes ne me semble
non plus incompatible que de reprendre, comme je
fais souvent, celles d'autrui en moi. Il les faut accuser
partout et leur ôter tout lieu de franchise. Si sais-je
bien combien audacieusement j'entreprends moi-même
à tous coups de m'égaler à mes larcins, d'aller pair à
pair quant et eux*, non sans une téméraire espérance
que je puisse tromper les yeux des juges à les discerner. Mais c'est autant par le bénéfice de mon application
que par le bénéfice de mon invention et de ma force.
Et puis je ne lutte point en gros ces vieux champions-
là, et corps à corps : c'est par reprises, menues et légères atteintes. Je ne m'y aheurte* pas ; je ne fais que les
tâter ; et ne vais point tant comme je marchande d'aller.

Si je leur pouvais tenir palot*, je serais honnête
homme[9], car je ne les entreprends que par où ils sont
les plus raides.

De faire ce que j'ai découvert d'aucuns, se couvrir
des armes d'autrui, jusques à ne montrer pas seulement
le bout de ses doigts, conduire son dessein, comme il
est aisé aux savants en une matière commune, sous les
inventions anciennes rapiécées par ci par là ; à ceux qui
les veulent cacher et faire propres, c'est premièrement
injustice et lâcheté, que, n'ayant rien en leur vaillant*
par où se produire, ils cherchent à se présenter par une
valeur étrangère, et puis, grande sottise, se contentant
par piperie de s'acquérir l'ignorante approbation · du
vulgaire, se décrier envers les gens d'entendement qui
hochent du nez notre incrustation empruntée, desquels
seuls la louange a du poids. De ma part, il n'est rien
que je veuille moins faire. Je ne dis les autres, sinon
pour d'autant plus me dire. Ceci ne touche pas les
centons qui se publient pour centons ; et j'en ai vu de
très ingénieux en mon temps, entre autres un, sous le
nom de Capilupus[10], outre les anciens. Ce sont des

---

a. D'y redescendre. — *b.* Avec eux. — *c.* Je ne m'obstine pas. —
d. Si je pouvais rivaliser. — *e.* En leur bien propre.

esprits qui se font voir et par ailleurs et par là, comme
Lipse en ce docte et laborieux tissu de ses *Politiques* [11].

Quoi qu'il en soit, veux-je dire, et quelles que soient
ces inepties, je n'ai pas délibéré de les cacher, non plus
qu'un mien portrait chauve [12] et grisonnant, où le peintre
aurait mis non un visage parfait, mais le mien. Car
aussi ce sont ici mes humeurs et opinions ; je les donne
pour ce qui est en ma créance, non pour ce qui est à
croire. Je ne vise ici qu'à découvrir moi-même, qui
serai par aventure autre demain, si nouveau apprentissage me change. Je n'ai point l'autorité d'être cru, ni ne
le désire, me sentant trop mal instruit pour instruire
autrui.

Quelqu'un donc, ayant vu l'article précédent [13], me
disait chez moi, l'autre jour, que je me devais être un
peu étendu sur le discours de l'institution des enfants.
Or, Madame, si j'avais quelque suffisance en ce sujet,
je ne pourrais la mieux employer que d'en faire un présent à ce petit homme qui vous menace de faire tantôt
une belle sortie de chez vous (vous êtes trop généreuse
pour commencer autrement que par un mâle). Car, ayant
eu tant de part à la conduite de votre mariage, j'ai
quelque droit et intérêt à la grandeur et prospérité de
tout ce qui en viendra, outre ce que l'ancienne possession que vous avez sur ma servitude m'oblige assez à
désirer honneur, bien et avantage à tout ce qui vous
touche. Mais, à la vérité, je n'y entends sinon cela, que
la plus grande difficulté et importante de l'humaine
science semble être en cet endroit où il se traite de la
nourriture *a* et institution des enfants.

Tout ainsi qu'en l'agriculture, les façons qui vont
avant le planter sont certaines et aisées, et le planter
même ; mais depuis que ce qui est planté vient à prendre vie, à l'élever il y a une grande variété de façons
et difficulté : pareillement aux hommes, il y a peu
d'industrie à les planter ; mais, depuis qu'ils sont nés,
on se charge d'un soin divers, plein d'embesognement
et de crainte, à les dresser et nourrir [14].

a. Nourriture intellectuelle.

La montre de leurs inclinations est si tendre en ce bas âge, et si obscure, les promesses si incertaines et fausses, qu'il est malaisé d'y établir aucun solide jugement.

Voyez Cimon, voyez Thémistocle et mille autres, combien ils se sont disconvenus à eux-mêmes. Les petits des ours, des chiens, montrent leur inclination naturelle ; mais les hommes, se jetant incontinent en des accoutumances, en des opinions, en des lois, se changent ou se déguisent facilement [15].

Si est-il difficile de forcer les propensions naturelles. D'où il advient que, par faute d'avoir bien choisi leur route, pour néant se travaille-t-on souvent et emploie-t-on beaucoup d'âge à dresser des enfants aux choses auxquelles ils ne peuvent prendre pied. Toutefois, en cette difficulté, mon opinion est de les acheminer toujours aux meilleures choses et plus profitables, et qu'on se doit peu appliquer à ces légères divinations et pronostics que nous prenons des mouvements de leur enfance. Platon même, en sa *République* [16], me semble leur donner beaucoup d'autorité.

Madame, c'est un grand ornement que la science, et un outil de merveilleux service, notamment aux personnes élevées en tel degré de fortune, comme vous êtes [17]. A la vérité, elle n'a point son vrai usage en mains viles et basses. Elle est bien plus fière de prêter ses moyens à conduire une guerre, à commander un peuple, à pratiquer l'amitié d'un prince ou d'une nation étrangère, qu'à dresser un argument dialectique, ou à plaider un appel, ou ordonner une masse de pilules. Ainsi, Madame, parce que je crois que vous n'oublierez pas cette partie en l'institution des vôtres, vous qui en avez savouré la douceur, et qui êtes d'une race lettrée (car nous avons encore les écrits de ces anciens comtes de Foix [18], d'où monsieur le comte votre mari et vous êtes descendus ; et François, monsieur de Candale [19], votre oncle, en fait naître tous les jours d'autres, qui étendront la connaissance de cette qualité de votre famille à plusieurs siècles), je vous veux dire là-dessus une seule fantaisie que j'ai contraire au commun usage ; c'est tout ce que je puis conférer à votre service en cela.

La charge du gouverneur que vous lui donnerez du choix duquel dépend tout l'effet de son institution, elle a plusieurs autres grandes parties ; mais je n'y touche point, pour n'y savoir rien apporter qui vaille ; et de cet article, sur lequel je me mêle de lui donner avis, il m'en croira autant qu'il y verra d'apparence. A un enfant de maison qui recherche les lettres, non pour le gain (car une fin si abjecte est indigne de la grâce et faveur des Muses, et puis elle regarde et dépend d'autrui), ni tant pour les commodités externes que pour les siennes propres, et pour s'en enrichir et parer au-dedans, ayant plutôt envie d'en tirer un habile homme qu'un homme savant, je voudrais aussi qu'on fût soigneux de lui choisir un conducteur qui eût plutôt la tête bien faite [20] que bien pleine, et qu'on y requît tous les deux, mais plus les mœurs et l'entendement que la science ; et qu'il se conduisît en sa charge d'une nouvelle manière.

On ne cesse de criailler à nos oreilles, comme qui verserait dans un entonnoir, et notre charge ce n'est que redire ce qu'on nous a dit. Je voudrais qu'il corrigeât cette partie, et que, de belle arrivée [a], selon la portée de l'âme qu'il a en main, il commençât à la mettre sur la montre [b], lui faisant goûter les choses, les choisir et discerner d'elle-même ; quelquefois lui ouvrant chemin, quelquefois le lui laissant ouvrir. Je ne veux pas qu'il invente et parle seul, je veux qu'il écoute son disciple parler à son tour. Socrate et depuis Arcesilas faisaient premièrement parler leurs disciples, et puis ils parlaient à eux [21]. « *Obest plerumque iis qui discere volunt auctoritas eorum qui docent* [*]. »

---

a. D'emblée. — *b.* A l'essai. — *c.* Abaisser.

[*] Cicéron, *De natura deorum*, livre I, chap. v : « L'autorité de ceux qui enseignent nuit la plupart du temps à ceux qui veulent apprendre. »

Il est bon qu'il le fasse trotter devant lui pour juger de son train, et juger jusques à quel point il se doit ravaler ᶜ pour s'accommoder à sa force. A faute de cette proportion nous gâtons tout ; et de la savoir choisir, et s'y conduire bien mesurément, c'est l'une des plus ardues besognes que je sache ; et est l'effet d'une haute âme et bien forte, savoir condescendre à ses allures puériles et les guider. Je marche plus sûr et plus ferme à mont qu'à val.

Ceux qui, comme porte notre usage, entreprennent d'une même leçon et pareille mesure de conduite régenter plusieurs esprits de si diverses mesures et formes, ce n'est pas merveille si, en tout un peuple d'enfants, ils en rencontrent à peine deux ou trois qui rapportent quelque juste fruit de leur discipline.

Qu'il ne lui demande pas seulement compte des mots de sa leçon, mais du sens et de la substance, et qu'il juge du profit qu'il aura fait, non par le témoignage de sa mémoire, mais de sa vie. Que ce qu'il viendra d'apprendre, il le lui fasse mettre en cent visages et accommoder à autant de divers sujets, pour voir s'il l'a encore bien pris et bien fait sien, prenant l'instruction de son progrès des pédagogismes de Platon. C'est témoignage de crudité et indigestion que de regorger la viande comme on l'a avalée. L'estomac n'a pas fait son opération, s'il n'a fait changer la façon et la forme à ce qu'on lui avait donné à cuire.

Notre âme ne branle qu'à crédit, liée et contrainte à l'appétit des fantaisies d'autrui, serve et captivée sous l'autorité de leur leçon. On nous a tant assujettis aux cordes ᵃ que nous n'avons plus de franches allures. Notre vigueur et liberté est éteinte. « *Nunquam tutelæ suæ fiunt* *. » — Je vis privément à Pise un honnête homme [22], mais si Aristotélicien, que le plus général de ses dogmes est : que la touche et règle de toutes imaginations solides et de toute vérité, c'est la conformité

_a._ Lisières.
* Sénèque, *Lettre* 33 : « Ils ne sont jamais sous leur propre autorité. »

à la doctrine d'Aristote ; que, hors de là, ce ne sont que chimères et inanité ; qu'il a tout vu et tout dit. Cette proposition, pour avoir été un peu trop largement et iniquement interprétée, le mit autrefois et tint longtemps en grand accessoire*a* à l'inquisition à Rome.

Qu'il lui fasse tout passer par l'étamine et ne loge rien en sa tête par simple autorité et à crédit ; les principes d'Aristote ne lui soient principes, non plus que ceux des Stoïciens ou Epicuriens. Qu'on lui propose cette diversité de jugements : il choisira s'il peut, sinon il en demeurera en doute. Il n'y a que les fols certains et résolus.

Che non men che saper dubbiar m'aggrada *.

Car s'il embrasse les opinions de Xénophon et de Platon par son propre discours, ce ne seront plus les leurs ce seront les siennes. Qui suit un autre, il ne suit rien. Il ne trouve rien, voire il ne cherche rien. « *Non sumus sub rege ; sibi quisque se vindicet* **. » Qu'il sache qu'il sait, au moins. Il faut qu'il emboive leurs humeurs, non qu'il apprenne leurs préceptes. Et qu'il oublie hardiment, s'il veut, d'où il les tient, mais qu'il se les sache approprier. La vérité et la raison sont communes à un chacun et ne sont non plus à qui les a dites premièrement, qu'à qui les dit après. Ce n'est non plus selon Platon que selon moi, puisque lui et moi l'entendons et voyons de même. Les abeilles pillotent deçà delà les fleurs, mais elles en font après le miel, qui est tout leur ; ce n'est plus thym ni marjolaine [23] : ainsi les pièces empruntées d'autrui, il les transformera et confondra, pour en faire un ouvrage tout sien, à savoir son jugement. Son institution, son travail et étude ne vise qu'à le former.

Qu'il cèle tout ce de quoi il a été secouru, et ne produise que ce qu'il en a fait. Les pilleurs, les emprun-

---

a. Embarras.
  * Emprunté à Dante, l'*Enfer*, chant XI : « Aussi bien que savoir douter me plaît. »
  ** *Lettre* 33 de Sénèque : « Nous ne sommes pas sous la domination d'un roi ; que chacun dispose de lui-même. »

teurs mettent en parade leurs bâtiments, leurs achats, non pas ce qu'ils tirent d'autrui. Vous ne voyez pas les épices d'un homme de parlement, vous voyez les alliances qu'il a gagnées et honneurs à ses enfants. Nul ne met en compte public sa recette ; chacun y met son acquêt.

La gain de notre étude, c'est en être devenu meilleur et plus sage.

C'est, disait Epicharme [24], l'entendement qui voit et qui ouït, c'est l'entendement qui approfite *a* tout, qui dispose tout, qui agit, qui domine et qui règne : toutes autres choses sont aveugles, sourdes et sans âme. Certes, nous le rendons servile et couard, pour ne lui laisser la liberté de rien faire de soi. Qui demanda jamais à son disciple ce qu'il lui semble de la Rhétorique et de la Grammaire de telle ou telle sentence de Cicéron ? On nous les plaque en la mémoire tout empennées *b*, comme des oracles où les lettres et les syllabes sont de la substance de la chose. Savoir par cœur n'est pas savoir : c'est tenir ce qu'on a donné en garde à sa mémoire. Ce qu'on sait droitement, on en dispose, sans regarder au patron, sans tourner les yeux vers son livre. Fâcheuse suffisance, qu'une suffisance pure livresque ! Je m'attends *c* qu'elle serve d'ornement, non de fondement, suivant l'avis de Platon, qui dit la fermeté, la foi, la sincérité être la vraie philosophie, les autres sciences et qui visent ailleurs, n'être que fard.

Je voudrais que le Paluël ou Pompée [25], ces beaux danseurs de mon temps, apprissent des cabrioles à les voir seulement faire, sans nous bouger de nos places, comme ceux-ci veulent instruire notre entendement, sans l'ébranler et mettre en besogne, ou qu'on nous apprît à manier un cheval, ou une pique, ou un luth, ou la voix, sans nous y exercer, comme ceux-ci nous veulent apprendre à bien juger et à bien parler, sans nous exercer ni à parler, ni à juger. Or, à cet apprentissage, tout ce qui se présente à nos yeux sert de livre

a. Tire profit de tout. — *b.* Garnies de plumes. — *c.* Je m'applique à ce que...

suffisant : la malice d'un page, la sottise d'un valet, un propos de table, ce sont autant de nouvelles matières.

A cette cause, le commerce des hommes y est merveilleusement propre, et la visite des pays étrangers [26], non pour en rapporter seulement, à la mode de notre noblesse française, combien de pas a Santa Rotonda [27], ou la richesse des caleçons de la Signora Livie, ou, comme d'autres, combien le visage de Néron, de quelque vieille ruine de là, est plus long et plus large que celui de quelque pareille médaille, mais pour en rapporter principalement les humeurs de ces nations et leurs façons, et pour frotter et limer notre cervelle contre celle d'autrui. Je voudrais qu'on commençât à le promener dès sa tendre enfance, et premièrement, pour faire d'une pierre deux coups, par les nations voisines où le langage est plus éloigné du nôtre, et auquel, si vous ne la formez de bonne heure, la langue ne se peut plier.

Aussi bien est-ce une opinion reçue d'un chacun, que ce n'est pas raison de nourrir un enfant au giron de ses parents. Cette amour naturelle les attendrit trop et relâche, voire les plus sages. Ils ne sont capables ni de châtier ses fautes, ni de le voir nourri grossièrement, comme il faut, et hasardeusement. Ils ne le sauraient souffrir revenir suant et poudreux de son exercice, boire chaud, boire froid, ni le voir sur un cheval rebours, ni contre un rude tireur, le fleuret au poing, ni la première arquebuse. Car il n'y a remède : qui en veut faire un homme de bien, sans doute il ne le faut épargner en cette jeunesse, et souvent choquer les règles de la médecine :

Vitamque sub dio et trepidis agat
In rebus *.

Ce n'est pas assez de lui roidir l'âme ; il lui faut aussi roidir les muscles. Elle est trop pressée, si elle n'est

---

* Horace, *Odes*, livre III, ode II : « Qu'il passe sa vie en plein air et dans les périls. »

secondée, et a trop à faire de seule fournir à deux offices. Je sais combien ahanne la mienne en compagnie d'un corps si tendre, si sensible, qui se laisse si fort aller sur elle. Et aperçois souvent en ma leçon, qu'en leurs écrits mes maîtres font valoir, pour magnanimité et force de courage, des exemples qui tiennent volontiers plus de l'épaississure de la peau et dureté des os. J'ai vu des hommes, des femmes et des enfants ainsi nés qu'une bastonnade leur est moins qu'à moi une chiquenaude ; qui ne remuent ni langue ni sourcil aux coups qu'on leur donne. Quand les athlètes contrefont les philosophes en patience, c'est plutôt vigueur de nerfs que de cœur. Or, l'accoutumance à porter le travail est accoutumance à porter la douleur : « *labor callum obducit dolori* *. » Il le faut rompre à la peine et âpreté des exercices, pour le dresser à la peine et âpreté de la desloueure [a], de la colique, du cautère, et de la geôle, et de la torture. Car de ces dernières ci encore peut-il être en prise, qui regardent les bons, selon le temps, comme les méchants. Nous en sommes à l'épreuve. Quiconque combat les lois, menace les plus gens de bien d'escourgées [b] et de la corde.

Et puis, l'autorité du gouverneur, qui doit être souveraine sur lui, s'interrompt et s'empêche par la présence des parents. Joint que ce respect que la famille lui porte, la connaissance des moyens et grandeurs de sa maison, ce ne sont à mon opinion pas légères incommodités en cet âge.

En cette école du commerce des hommes, j'ai souvent remarqué ce vice, qu'au lieu de prendre connaissance d'autrui, nous ne travaillons qu'à la donne de nous, et sommes plus en peine d'employer notre marchandise que d'en acquérir de nouvelle. Le silence et la modestie sont qualités très commodes à la conversation. On dressera cet enfant à être épargnant et ménager de sa suffisance, quand il l'aura acquise ; à ne se formaliser point

---

a. Dislocation, démembrement. — b. Lanières (de fouet).
* Cicéron, *Tusculanes*, livre II, chap. xv : « Le travail donne du cal contre la douleur. »

des sottises et fables qui se diront en sa présence, car
c'est une incivile importunité de choquer tout ce qui
n'est pas de notre appétit. Qu'il se contente de se corriger soi-même, et ne semble pas reprocher à autrui tout
ce qu'il refuse à faire, ni contraster aux mœurs publiques. « *Licet sapere sine pompa, sine invidia**. » Qu'il
fuie ces images régenteuses et inciviles, et cette puérile
ambition de vouloir paraître plus fin pour être autre,
et tirer nom par répréhensions et nouvelletés [28]. Comme
il n'affiert qu'aux grands poètes d'user des licences de
l'art, aussi n'est-il supportable qu'aux grandes âmes et
illustres de se privilégier au-dessus de la coutume. « *Si
quid Socrates et Aristippus contra morem et consuetu-
dinem fecerint, idem sibi ne arbitretur licere : magnis
enim illi et divinis bonis hanc licentiam assequeban-
tur***. » On lui apprendra de n'entrer en discours ou
contestation que où il verra un champion digne de sa
lutte, et là même à n'employer pas tous les tours qui
lui peuvent servir, mais ceux-là seulement qui lui peuvent le plus servir. Qu'on le rende délicat au choix et
triage de ses raisons, et aimant la pertinence, et par
conséquent la brièveté. Qu'on l'instruise surtout à se
rendre et à quitter les armes à la vérité, tout aussitôt
qu'il l'apercevra ; soit qu'elle naisse ès mains de son
adversaire, soit qu'elle naisse en lui-même par quelque
ravisement. Car il ne sera pas en chaise [a] pour dire un
rôle prescrit. Il n'est engagé à aucune cause, que parce
qu'il l'approuve. Ni ne sera du métier où se vend à purs
deniers comptants la liberté de se pouvoir repentir et
reconnaître. « *Neque, ut omnia quæ præscripta et impe-
rata sint defendat, necessitate ulla cogitur****. »

a. En chaire.
* Sénèque, *Lettre* 103 : « Il est permis d'être sage sans ostentation,
sans insolence. »
** Cicéron, *De Officiis*, livre I, chap. XLI : « Si Socrate et Aristippe
ont agi en quelque chose contrairement aux usages et à la coutume,
qu'il ne s'imagine pas qu'il lui soit permis d'en faire autant : en
effet, ils avaient obtenu cette permission par des qualités grandes et
divines. »
*** Cicéron, *Académiques*, livre II, chap. III : « Il n'est contraint
par aucune nécessité de défendre des opinions prescrites et imposées. »

Si son gouverneur tient de mon humeur, il lui formera la volonté à être très loyal serviteur de son prince et très affectionné et très courageux ; mais il lui refroidira l'envie de s'y attacher autrement que par un devoir public. Outre plusieurs autres inconvénients qui blessent notre franchise par ces obligations particulières, le jugement d'un homme gagé et acheté, ou il est moins entier et moins libre, ou il est taché et d'imprudence et d'ingratitude.

Un courtisan ne peut avoir ni loi, ni volonté de dire et penser que favorablement d'un maître qui, parmi tant de milliers d'autres sujets, l'a choisi pour le nourrir et élever de sa main. Cette faveur et utilité corompent non sans quelque raison sa franchise, et l'éblouissent. Pourtant voit-on coutumièrement le langage de ces gens-là divers à tout autre langage d'un état, et de peu de foi en telle matière.

Que sa conscience et sa vertu reluisent en son parler, et n'aient que la raison pour guide. Qu'on lui fasse entendre que de confesser la faute qu'il découvrira en son propre discours, encore qu'elle ne soit aperçu que par lui, c'est un effet de jugement et de sincérité, qui sont les principales parties qu'il cherche ; que l'opiniâtrer et contester sont qualités communes, plus apparentes aux plus basses âmes ; que se raviser et se corriger, abandonner un mauvais parti sur le cours de son ardeur, ce sont qualités rares, fortes et philosophiques.

On l'avertira, étant en compagnie, d'avoir les yeux partout ; car je trouve que les premiers sièges sont communément saisis par les hommes moins capables, et que les grandeurs de fortune ne se trouvent guère mêlées à la suffisance.

J'ai vu, cependant qu'on s'entretenait, au haut bout d'une table, de la beauté d'une tapisserie ou du goût de la malvoisie, se perdre beaucoup de beaux traits à l'autre bout.

Il sondera la portée d'un chacun : un bouvier, un maçon, un passant ; il faut tout mettre en besogne, et emprunter chacun selon sa marchandise, car tout sert en ménage ; la sottise même et faiblesse d'autrui lui sera instruction. A contrôler les grâces et façons d'un chacun, il s'engendrera envie des bonnes et mépris des mauvaises.

Qu'on lui mette en fantaisie une honnête curiosité de s'enquérir de toutes choses ; tout ce qu'il y aura de singulier autour de lui, il le verra : un bâtiment, une fontaine, un homme, le lieu d'une bataille ancienne, le passage de César ou de Charlemagne :

Quæ tellus sit lenta gelu, quæ putris ab æstu,
Ventus in Italiam quis bene vela ferat *.

Il s'enquerra des mœurs, des moyens et des alliances de ce prince, et de celui-là. Ce sont choses très plaisantes à apprendre et très utiles à savoir.

En cette pratique des hommes, j'entends y comprendre, et principalement ceux qui ne vivent qu'en la mémoire des livres. Il pratiquera, par le moyen des histoires, ces grandes âmes des meilleurs siècles. C'est un vain étude, qui veut ; mais qui veut aussi c'est un étude de fruit inestimable : et le seul étude, comme dit Platon [29], que les Lacédémoniens eussent réservé à leur part. Quel profit ne fera-t-il en cette part-là, à la lecture des *Vies* de notre Plutarque ? Mais que mon guide se souvienne où vise sa charge ; et qu'il n'imprime pas tant à son disciple la date de la ruine de Carthage que les mœurs de Hannibal et de Scipion, ni tant où mourut Marcellus [30], que pourquoi il fut indigne de son devoir qu'il mourût là. Qu'il ne lui apprenne pas tant les histoires, qu'à en juger. C'est à mon gré, entre toutes, la matière à laquelle nos esprits s'appliquent de plus diverse mesure. J'ai lu en Tite-Live cent choses que tel n'y a pas lu. Plutarque en y a lu cent, outre ce que j'y ai su lire, et, à l'aventure, outre ce que l'auteur y avait mis. A d'aucuns c'est un pur étude grammairien ;

* Properce, *Elégies*, livre IV, élégie III : « Quelle terre est paralysée par la gelée, quelle autre est réduite en poussière par la chaleur, quel vent pousse favorablement les voiles vers l'Italie. »

à d'autres, l'anatomie de la philosophie, en laquelle les plus abstruses parties de notre nature se pénètrent. Il y a dans Plutarque beaucoup de discours étendus, très dignes d'être sus, car, à mon gré, c'est le maître ouvrier de telle besogne ; mais il y en a mille qu'il n'a que touché simplement : il guigne seulement du doigt par où nous irons, s'il nous plaît, et se contente quelquefois de ne donner qu'une atteinte dans le plus vif d'un propos. Il les faut arracher de là et mettre en place marchande. Comme ce sien mot [31], que les habitants d'Asie servaient à un seul *a*, pour ne savoir prononcer une seule syllabe, qui est Non, donna peut-être la matière et l'occasion à La Boétie de sa *Servitude Volontaire*. Cela même de lui voir trier une légère action en la vie d'un homme, ou un mot, qui semble ne porter pas : cela, c'est un discours. C'est dommage que les gens d'entendement aiment tant la brièveté ; sans doute leur réputation en vaut mieux, mais nous en valons moins ; Plutarque aime mieux que nous le vantions de son jugement que de son savoir ; il aime mieux nous laisser désir de soi que satiété. Il savait qu'ès choses bonnes mêmes on peut trop dire, et que Alexandridas [32] reprocha justement à celui qui tenait aux éphores des bons propos, mais trop longs : « O étranger, tu dis ce qu'il faut, autrement qu'il ne faut. » Ceux qui ont le corps grêle le grossissent d'embourrures *b* : ceux qui ont la matière exile, l'enflent de paroles.

Il se tire une merveilleuse clarté, pour le jugement humain, de la fréquentation du monde. Nous sommes tous contraints et amoncelés en nous, et avons la vue raccourcie à la longueur de notre nez. On demandait à Socrate d'où il était. Il ne répondit pas : « D'Athènes », mais : « Du monde [33] ». Lui, qui avait son imagination plus pleine et plus étendue, embrassait l'univers comme sa ville, jetait ses connaissances, sa société et ses affections à tout le genre humain, non pas comme nous qui ne regardons que sous nous. Quand les vignes gèlent

---

a. Etaient les esclaves d'un seul. — *b.* Garnitures de bourre.

en mon village, mon prêtre en argumente l'ire de Dieu sur la race humaine et juge que la pépie en tienne déjà les Cannibales. A voir nos guerres civiles, qui ne crie que cette machine se bouleverse et que le jour du jugement nous prend au collet, sans s'aviser que plusieurs pires choses se sont vues, et que les dix mille parts du monde ne laissent pas de galler [34] le bon temps cependant ? Moi, selon leur licence et impunité, admire de les voir si douces et molles. A qui il grêle sur la tête, tout l'hémisphère semble être en tempête et orage. Et disait le Savoyard [35] que, si ce sot de roi de France eût su bien conduire sa fortune, il était homme pour devenir maître d'hôtel de son duc. Son imagination ne concevait autre plus élevée grandeur que celle de son maître. Nous sommes insensiblement tous en cette erreur : erreur de grande suite et préjudice. Mais qui se présente, comme dans un tableau, cette grande image de notre mère nature en son entière majesté ; qui lit en son visage une si générale et constante variété ; qui se remarque là-dedans, et non soi, mais tout un royaume, comme un trait d'une pointe très délicate : celui-là seul estime les choses selon leur juste grandeur.

Ce grand monde, que les uns multiplient encore comme espèces sous un genre, c'est le miroir où il nous faut regarder pour nous connaître de bon biais. Somme [a], je veux que ce soit le livre de mon écolier. Tant d'humeurs, de sectes, de jugements, d'opinions, de lois et de coutumes nous apprennent à juger sainement des nôtres, et apprennent notre jugement à reconnaître son imperfection et sa naturelle faiblesse : qui n'est pas un léger apprentissage. Tant de remuements d'Etat et changements de fortune publique nous instruisent à ne faire pas grand miracle de la nôtre. Tant de noms, tant de victoires et conquêtes ensevelies sous l'oubliance, rendent ridicule l'espérance d'éterniser notre nom par la prise de dix argolets [b] et d'un pouillier [c] qui n'est connu que de sa chute. L'orgueil et la fierté

a. Bref. — *b.* Archers. — *c.* Poulailler, baraque.

de tant de pompes étrangères, la majesté si enflée de tant de cours et de grandeurs, nous fermit et assure la vue à soutenir l'éclat des nôtres sans siller[a] les yeux. Tant de milliasses d'hommes enterrés avant nous nous encouragent à ne craindre d'aller trouver si bonne compagnie en l'autre monde. Ainsi du reste.

Notre vie, disait Pythagore [36], retire[b] à la grande et populeuse assemblée des jeux Olympiques. Les uns s'y exercent le corps pour en acquérir la gloire des jeux ; d'autres y portent des marchandises à vendre pour le gain. Il en est, et qui ne sont pas les pires, lesquels ne cherchent autre fruit que de regarder comment et pourquoi chaque chose se fait, et être spectateurs de la vie des autres hommes, pour en juger et régler la leur.

Aux exemples se pourront proprement assortir tous les plus profitables discours de la philosophie, à laquelle se doivent toucher les actions humaines comme à leur règle. On lui dira,

> *quid fas optare, quid asper*
> *Quantum elargiri deceat : quem te Deus esse*
> *Utile nummus habet ; patriæ charisque propinquis*
> *Jussit, et humana qua parte locatus es in re ;*
> *Quid sumus, aut quidnam victuri gignimur* * *;*

que c'est que savoir et ignorer, qui doit être le but de l'étude ; que c'est que vaillance, tempérance et justice ; ce qu'il y a à dire entre l'ambition et l'avarice, la servitude et la sujétion, la licence et la liberté ; à quelles marques on connaît le vrai et solide contentement ; jusques où il fait craindre la mort, la douleur et la honte.

---

a. Fermer. — *b.* Ressemble à.
* Perse, *Satire III* : « Ce qu'il est permis de souhaiter, quelle utilité a l'argent dur à gagner, combien on doit se dévouer à sa patrie et à ses parents, ce que Dieu a voulu que tu fusses, quel rôle il t'a attribué dans l'Etat, ce que nous sommes, pourquoi nous sommes nés. »

Et quo quemque modo fugiatque feratque laborem * ;

quels ressorts nous meuvent et le moyen de tant divers
branles en nous. Car il me semble que les premiers
discours de quoi on lui doit abreuver l'entendement,
ce doivent être ceux qui règlent ses mœurs et son sens,
qui lui apprendront à se connaître, et à savoir bien
mourir et bien vivre. Entre les arts libéraux, commen-
çons par l'art qui nous fait libres.

Elles servent toutes aucunement à l'instruction de
notre vie et à son usage, comme toutes autres choses y
servent aucunement. Mais choisissons celle qui y sert
directement et professoirement *ᵃ*.

Si nous savions restreindre les appartenances *ᵇ* de
notre vie à leurs justes et naturelles limites, nous trouverions que la meilleure part des sciences qui sont en
usage est hors de notre usage ; et en celles mêmes qui
le sont, qu'il y a des étendues et enfonçures très inutiles,
que nous ferions mieux de laisser là, et suivant l'institution de Socrate [37], borner le cours de notre étude en
icelles, où faut l'utilité.

Sapere aude,
Incipe : vivendi recte qui prorogat horam,
Rusticus expectat dum defluat amnis ; at ille
Labitur, et labetur in omne volubilis ævum **.

C'est une grande simplesse d'apprendre à nos enfants

Quid moveant Pisces, animosàque signa Leonis,
Lotus et Hesperia quid Capricornus aqua ***,

a. Expressément. — *b.* Dépendances.
* Virgile, *Enéide*, chant III : « Et comment on peut éviter ou
supporter les épreuves. »
** Horace, *Epîtres*, livre I, épître II : « Ose être sage, commence ;
celui qui diffère l'heure de vivre raisonnablement ressemble à ce
paysan qui attend que le fleuve baisse ; mais le fleuve coule et coulera
en roulant ses flots jusqu'à l'éternité. » Horace donne des conseils de
sagesse à un jeune homme encore à l'école des rhéteurs.
*** Properce, *Elégies*, livre IV, élégie I : « Quel pouvoir ont les
Poissons, les signes enflammés du Lion, le Capricorne qui se baigne
dans les flots de l'Hespérie. »

la science des astres et le mouvement de la huitième
sphère, avant que les leurs propres :

> τι Πλειάδεσσι κάμοι
> Τί δ'άστρασι Βοώτεω *.

Anaximène [38] écrivant à Pythagore : « De quel sens
puis-je m'amuser *a* au secret des étoiles, ayant la mort
ou la servitude toujours présente aux yeux ? » (Car lors
les rois de Perse préparaient la guerre contre son pays,
chacun doit dire ainsi : « Etant battu d'ambition, d'avarice, de témérité, de superstition, et ayant au-dedans tels
autres ennemis de la vie, irai-je songer au branle du
monde ? »)

Après qu'on lui aura dit ce qui sert à le faire plus
sage et meilleur, on l'entretiendra que c'est que logique,
physique, géométrie, rhétorique ; et la science qu'il choisira, ayant déjà le jugement formé, il en viendra bientôt
à bout. Sa leçon se fera tantôt par devis *b*, tantôt par
livre ; tantôt son gouverneur lui fournira de l'auteur
même, propre à cette fin de son institution ; tantôt il
lui en donnera la moelle et la substance toute mâchée.
Et si, de soi-même, il n'est assez familier des livres pour
y trouver tant de beaux discours qui y sont, pour l'effet
de son dessein, on lui pourra joindre quelque homme
de lettres, qui à chaque besoin fournisse les munitions
qu'il faudra, pour les distribuer et dispenser à son nour-
risson. Et que cette leçon ne soit plus aisée et naturelle
que celle de Gaza [39], qui y peut faire doute ? Ce sont là
préceptes épineux et mal plaisants, et des mots vains
et décharnés, où il n'y a point de prise, rien qui vous
éveille l'esprit. En celle-ci, l'âme trouve où mordre et
où se paître. Ce fruit est plus grand, sans comparaison,
et si sera plus tôt mûri.

C'est grand cas que les choses en soient là en notre
siècle, que la philosophie, ce soit, jusques aux gens d'entendement, un nom vain et fantastique, qui se trouve

a. Perdre mon temps. — *b.* Entretien.
* Anacréon, *Ode* XVII : « Que m'importent à moi les Pléiades,
la constellation du Bouvier ! »

de nul usage et de nul prix, et par opinion et par effet.
Je crois que ces ergotismes en sont cause, qui ont saisi
ses avenues. On a grand tort de la peindre inaccessible
aux enfants, et d'un visage renfrogné, sourcilleux et terrible. Qui me l'a masquée de ce faux visage, pâle et
hideux ? Il n'est rien plus gai, plus gaillard, plus enjoué,
et à peu que je ne dise folâtre. Elle ne prêche que fête
et bon temps. Une mine triste et transie montre que ce
n'est pas là son gîte. Démétrius le Grammairien, rencontrant dans le temple de Delphes une troupe de philosophes assis ensemble, il leur dit : « Ou je me trompe,
ou, à vous voir la contenance si paisible et si gaie, vous
n'êtes pas en grand discours entre vous. » A quoi l'un
d'eux Héracléon le Mégarien, répondit : « C'est à faire à
ceux qui cherchent si le futur du verbe βάλλω a double
λ, ou qui cherchent la dérivation des comparatifs
χεῖρον et βέλτιον [40], et des superlatifs χείριστον et
βέλτιστον, qu'il faut rider le front, s'entretenant de leur
science. Mais quant aux discours de la philosophie, ils
ont accoutumé d'égayer et réjouir ceux qui les traitent,
non les renfrogner et contrister [41]. »

Deprendas animi tormenta latentis in ægro
Corpore, deprendas et gaudia : sumit utrumque
Inde habitum facies *.

L'âme qui loge la philosophie doit, par sa santé, rendre
sain encore le corps. Elle doit faire luire jusques au-
dehors son repos et son aise ; doit former à son moule
le port extérieur, et l'armer par conséquent d'une gracieuse fierté, d'un maintien actif et allègre, et d'une
contenance contente et débonnaire. La plus expresse
marque de la sagesse, c'est un éjouissance constante ;
son état est comme des choses au-dessus de la lune :
toujours serein [42]. C'est « Baroco » et « Baralipton [43] »
qui rendent leurs suppôts ainsi crottés [44] et enfumés,

---

* Juvénal, *satire IX*. Juvénal apostrophe un certain Nevolus, dont
l'extérieur était négligé : « On peut deviner, dans un corps malade,
les tourments cachés de l'âme et ses joies : car c'est de là que le
visage tire ses deux expressions. »

ce n'est pas elle ; ils ne la connaissent que par ouï-dire.
Comment ? Elle fait état de sereiner les tempêtes de
l'âme, et d'apprendre la faim et les fièvres à rire, non
par quelques épicycles imaginaires [45], mais par raisons
naturelles et palpables. Elle a pour son but la vertu, qui
n'est pas, comme dit l'école, plantée à la tête d'un mont
coupé, raboteux et inaccessible. Ceux qui l'ont approchée, la tiennent, au rebours, logée dans une belle plaine
fertile et fleurissante, d'où elle voit bien sous soi toutes
choses ; mais si peut-on y arriver, qui en sait l'adresse,
par des routes ombrageuses, gazonnées et douces fleu-
rantes, plaisamment et d'une pente facile et polie,
comme est celle des voûtes célestes [46]. Pour n'avoir
hanté cette vertu suprême, belle, triomphante, amoureuse, délicieuse pareillement et courageuse, ennemie
professe et irréconciliable d'aigreur, de déplaisir, de
crainte et de contrainte, ayant pour guide nature, fortune et volupté pour compagnes, ils sont allés, selon
leur faiblesse, feindre cette sotte image, triste, que-
relleuse, dépite, menaceuse, mineuse, et la placer sur
un rocher, à l'écart, emmi des ronces, fantôme à
étonner les gens.

Mon gouverneur, qui connaît devoir remplir la volonté
de son disciple autant ou plus d'affection que de révérence envers la vertu, lui saura dire que les poètes suivent les humeurs communes, et lui faire toucher au
doigt que les dieux ont mis plutôt la sueur aux avenues
des cabinets de Vénus que de Pallas. Et quand il com-
mencera de se sentir, lui présentant Bradamante ou
Angélique [47] pour maîtresse à jouir, et d'une beauté
naïve, active, généreuse, non hommasse, mais virile, au
prix d'une beauté molle, affétée, délicate artificielle ;
l'une travestie en garçon coiffée d'un morion luisant,
l'autre vêtue en garce, coiffée d'un attifet *a* emperlé ; il
jugera mâle son amour même, s'il choisit tout diversement à cet efféminé pasteur de Phrygie [48]. Il lui fera
cette nouvelle leçon, que le prix et hauteur de la vraie

a. Parure.

vertu est en la facilité, utilité et plaisir de son exercice,
si éloigné de difficulté, que les enfants y peuvent comme
les hommes, les simples comme les subtils. Le règlement c'est son outil, non pas la force. Socrate, son premier mignon, quitte à escient sa force, pour glisser en
la naïveté et aisance de son progrès. C'est la mère nourrice des plaisirs humains. En les rendant justes, elle les
rend sûrs et purs. Les modérant, elle les tient en haleine
et en goût. Retranchant ceux qu'elle refuse, elle nous
aiguise envers ceux qu'elle nous laisse ; et nous laisse
abondamment tous ceux que veut nature, et jusques à
la satiété, maternellement, sinon jusques à la lasseté
(si d'aventure nous ne voulons dire que le régime, qui
arrête le buveur avant l'ivresse, le mangeur avant la
crudité, le paillard avant la pelade, soit ennemi de nos
plaisirs). Si la fortune commune lui faut*a*, elle lui
échappe ou elle s'en passe, et s'en forge une autre
toute sienne, non plus flottante et roulante. Elle sait
être riche et puissante et savante, et coucher dans des
matelas musqués. Elle aime la vie, elle aime la beauté
et la gloire et la santé. Mais son office propre et particulier, c'est savoir user de ces biens-là reglément, et les
savoir perdre constamment : office bien plus noble
qu'âpre, sans lequel tout cours de vie est dénaturé, turbulent et difforme, et y peut-on justement attacher ces
écueils, ces halliers et ces monstres. Si ce disciple se
rencontre de si diverse condition, qu'il aime mieux ouïr
une fable que la narration d'un beau voyage ou un sage
propos quand il l'entendra ; qui, au son du tambourin
qui arme la jeune ardeur de ses compagnons, se
détourne à un autre qui l'appelle au jeu des bateleurs ;
qui, par souhait, ne trouve plus plaisant et plus doux
revenir poudreux et victorieux d'un combat, que de la
paume ou du bal avec le prix de cet exercice, je n'y
trouve autre remède, sinon que de bonne heure son
gouverneur l'étrangle, s'il est sans témoins, ou qu'on le
mette pâtissier dans quelque bonne ville, fût-il fils d'un

a. Manque.

duc, suivant le précepte de Platon qu'il faut colloquer les enfants non selon les facultés de leur père, mais selon les facultés de leur âme.

Puisque la philosophie est celle qui nous instruit à vivre, et que l'enfance y a sa leçon, comme les autres âges, pourquoi ne la lui communique-t-on ?

Udum et molle lutum est ; nunc nunc properandus,
[*et acri*
Fingendus sine fine rota *.

On nous apprend à vivre quand la vie est passée. Cent écoliers ont pris la vérole avant que d'être arrivés à leur leçon d'Aristote, de la tempérance. Cicéron disait que, quand il vivrait la vie de deux hommes, il ne prendrait pas le loisir d'étudier les poètes lyriques. Et je trouve ces ergotistes plus tristement encore inutiles. Notre enfant est bien plus pressé : il ne doit au pédagogisme que les premiers quinze ou seize ans de sa vie ; le demeurant est dû à l'action. Employons un temps si court aux instructions nécessaires. Ce sont abus ; ôtez toutes ces subtilités épineuses de la dialectique, de quoi notre vie ne se peut amender, prenez les simples discours de la philosophie, sachez les choisir et traiter à point : ils sont plus aisés à concevoir qu'un conte de Boccace. Un enfant en est capable, au partir de la nourrice, beaucoup mieux que d'apprendre à lire ou écrire. La philosophie a des discours pour la naissance des hommes comme pour la décrépitude.

Je suis de l'avis de Plutarque [49], qu'Aristote n'amusa pas tant son grand disciple à l'artifice de composer syllogismes, ou aux principes de géométrie, comme à l'instruire des bons préceptes touchant la vaillance, prouesse, la magnanimité et tempérance, et l'assurance de ne rien craindre ; et, avec cette munition, il l'envoya encore enfant subjuguer l'empire du monde à tout seulement 30 000 hommes de pied, 4 000 chevaux et qua-

---

* Perse, *Satire III* : « L'argile est humide et molle : Hâtons-nous de la modeler sur la roue rapide qui tourne sans fin. »

rante-deux mille écus. Les autres arts et sciences, dit-il,
Alexandre les honorait bien, et louait leur excellence et
gentillesse ; mais, pour plaisir qu'il y prît, il n'était pas
facile à se laisser surprendre à l'affection de les vouloir
exercer.

Petite hinc, juvenésque senesque,
Finem animo certum, miserisque viatica canis*.

C'est ce que dit Epicure au commencement de sa lettre à Menicée [50] : « Ni le plus jeune refuie à philosopher,
ni le plus vieil s'y lasse. » Qui fait autrement, il semble
dire ou qu'il n'est pas encore saison d'heureusement
vivre, ou qu'il n'en est plus saison.

Pour tout ceci, je ne veux pas qu'on emprisonne ce
garçon. Je ne veux pas qu'on l'abandonne à l'humeur
mélancolique d'un furieux maître d'école. Je ne veux
pas corrompre son esprit à le tenir à la géhenne et au
travail, à la mode des autres, quatorze ou quinze heures
par jour, comme un portefaix. Ni ne trouverais bon,
quand par quelque complexion solitaire et mélancolique
on le verrait adonné d'une application trop indiscrète
à l'étude des livres, qu'on la lui nourrît ; cela les rend
ineptes à la conversation civile et les détourne de meilleures occupations. Et combien ai-je vu de mon temps
d'hommes abêtis par téméraire avidité de science ? Carnéade [51] s'en trouva si affolé, qu'il n'eut plus le loisir
de se faire le poil et les ongles. Ni ne veux gâter ses
mœurs généreuses par l'incivilité et barbarie d'autrui.
La sagesse française a été anciennement en proverbe,
pour une sagesse qui prenait de bonne heure, et n'avait
guère de tenue [52]. A la vérité, nous voyons encore qu'il
n'est rien de si gentil que les petits enfants en France ;
mais ordinairement ils trompent l'espérance qu'on en
a conçue, et, hommes faits, on n'y voit aucune excellence. J'ai ouï tenir à gens d'entendement que ces collèges où on les envoie, de quoi ils ont foison, les abru-
tissent ainsi.

---

* Perse, *Satire V* : « Tirez de là, jeunes et vieux, une ferme règle
de vie et des provisions pour le triste hiver de la vie. »

Au nôtre, un cabinet, un jardin, la table et le lit, la solitude, la compagnie, le matin et le vêpre, toutes heures lui seront unes, toutes places lui seront étude ; car la philosophie, qui, comme formatrice des jugements et des mœurs, sera sa principale leçon, a ce privilège de se mêler partout. Isocrate l'orateur, étant prié en un festin de parler de son art, chacun trouve qu'il eut raison de répondre : « Il n'est pas maintenant temps de ce que je sais faire ; et ce de quoi il est maintenant temps, je ne le sais pas faire [53]. » Car de présenter des harangues ou des disputes de rhétorique à une compagnie assemblée pour rire et faire bonne chère ce serait un mélange de trop mauvais accord. Et autant en pourrait-on dire de toutes les autres sciences. Mais, quant à la philosophie, en la partie où elle traite de l'homme et de ses devoirs et offices, ç'a été le jugement commun de tous les sages, que, pour la douceur de sa conversation, elle ne devait être refusée ni aux festins, ni aux jeux. Et Platon l'ayant invitée à son convive [54], nous voyons comme elle entretient l'assistance d'une façon molle et accommodée au temps et au lieu, quoique ce soit de ses plus hauts discours et plus salutaires :

Æque pauperibus prodest, locupletibus æque ;
Et, neglecta, æque pueris senibúsque nocebit *.

Ainsi, sans doute, il chômera moins que les autres. Mais comme les pas que nous employons à nous promener dans une galerie, quoiqu'il y en ait trois fois autant, ne nous lassent pas comme ceux que nous mettons à quelque chemin desseigné ᵃ, aussi notre leçon, se passant comme par rencontre, sans obligation de temps et de lieu, et se mêlant à toutes nos actions, se coulera sans se faire sentir. Les jeux mêmes et les exercices seront une bonne partie de l'étude : la course, la lutte, la musi-

---

a. Déterminé.
* Horace, *Épîtres*, livre I, épître ɪ : « Elle est utile aux pauvres, elle est utile aux riches. Si on la néglige, elle nuira également aux enfants et aux vieillards. »

que, la danse, la chasse, le maniement des chevaux et des armes. Je veux que la bienséance extérieure, et l'entregent, et la disposition de la personne, se façonne quant et quant *a* à l'âme. Ce n'est pas une âme, ce n'est pas un corps qu'on dresse, c'est un homme ; il n'en faut pas faire à deux. Et, comme dit Platon, il ne faut pas les dresser l'un sans l'autre, mais les conduire également, comme une couple de chevaux attelés à même timon [55]. Et à l'ouïr, semble-t-il pas prêter plus de temps et plus de sollicitude aux exercices du corps, et estimer que, l'esprit s'en exerce quant à quant, et non au rebours [56].

Au demeurant cette institution se doit conduire par une sévère douceur, non comme il se fait. Au lieu de convier les enfants aux lettres, on ne leur présente, à la vérité, que horreur et cruauté. Otez-moi la violence et la force ; il n'est rien à mon avis qui abâtardisse et étourdisse si fort une nature bien née. Si vous avez envie qu'il craigne la honte et le châtiment ne l'y endurcissez pas. Endurcissez-le à la sueur et au froid, au vent, au soleil et aux hasards qu'il lui faut mépriser ; ôtez-lui toute mollesse et délicatesse au vêtir et coucher, au manger et au boire ; accoutumez-le à tout. Que ce ne soit pas un beau garçon et dameret, mais un garçon vert et vigoureux. Enfant, homme, vieil, j'ai toujours cru et jugé de même. Mais, entre autres choses, cette police *b* de la plupart de nos collèges m'a toujours déplu. On eût failli à l'aventure moins dommageablement, s'inclinant vers l'indulgence. C'est une vraie geôle de jeunesse captive. On la rend débauchée, l'en punissant avant qu'elle le soit. Arrivez-y sur le point de leur office : vous n'oyez que cris et d'enfants suppliciés, et de maîtres enivrés en leur colère. Quelle manière pour éveiller l'appétit envers leur leçon, à ces tendres âmes et craintives, de les y guider d'une trogne effroyable, les mains armées de fouets ? Inique et pernicieuse forme. Joint ce que Quintilien en a très bien remar-

a. Avec. — *b.* Discipline.

qué [57], que cette impérieuse autorité tire des suites périlleuses, et nommément à notre façon de châtiment. Combien leurs classes seraient plus décemment jonchées de fleurs et de feuilles que de tronçons d'osier sanglants ! J'y ferais pourtraire *a* la joie, l'allégresse, et Flora et les Grâces, comme fit en son école le philosophe Speusippe [58]. Où est leur profit, que ce fût aussi leur ébat. On doit ensucrer les viandes salubres à l'enfant, et enfieller celles qui lui sont nuisibles.

C'est merveille combien Platon [59] se montre soigneux en ses *Lois*, de la gaieté et passe-temps de la jeunesse de sa cité, et combien il s'arrête à leurs courses, jeux, chansons, sauts et danses, desquelles il dit que l'Antiquité a donné la conduite et le patronage aux dieux mêmes : Apollon, les Muses et Minerve.

Il s'étend à mille préceptes pour ses gymnases ; pour les sciences lettrées, s'y amuse fort peu, et semble ne recommander particulièrement la poésie que pour la musique.

Toute étrangeté et particularité en nos mœurs et conditions est évitable comme ennemie de communication et de société, et comme monstrueuse. Qui ne s'étonnerait de la complexion de Démophon, maître d'hôtel d'Alexandre, qui suait à l'ombre et tremblait au soleil [60] ? J'en ai vu fuir la senteur des pommes plus que les arquebusades, d'autres s'effrayer pour une souris, d'autres rendre la gorge à voir de la crème, d'autres à voir brasser un lit de plume, comme Germanicus [61] ne pouvait souffrir ni la vue, ni le chant des coqs. Il y peut avoir, à l'aventure, à cela quelque propriété occulte ; mais on l'éteindrait, à mon avis, qui s'y prendrait de bonne heure. L'institution a gagné cela sur moi, il est vrai que ce n'a point été sans quelque soin, que, sauf la bière, mon appétit est accommodable indifféremment à toutes choses de quoi on se paît. Le corps encore souple, on le doit, à cette cause, plier à toutes façons et coutumes. Et pourvu qu'on puisse tenir

a. Représenter en portraits.

l'appétit et la volonté sous boucle, qu'on rende hardiment un jeune homme commode à toutes nations et compagnies, voire au dérèglement et aux excès, si besoin est. Son exercitation suive l'usage. Qu'il puisse faire toutes choses, et n'aime à faire que les bonnes. Les philosophes mêmes ne trouvent pas louable en Callisthène [62] d'avoir perdu la bonne grâce du grand Alexandre, son maître, pour n'avoir voulu boire d'autant à lui. Il rira, il folâtrera, il se débauchera avec son prince. Je veux qu'en la débauche même il surpasse en vigueur et en fermeté ses compagnons, et qu'il ne laisse à faire le mal ni à faute de force ni de science, mais à faute de volonté. « *Multum interest utrum peccare aliquis nolit aut nesciat** *. »

Je pensais faire honneur à un seigneur aussi éloigné de ces débordements qu'il en soit en France, de m'enquérir à lui, en bonne compagnie, combien de fois en sa vie il s'était enivré pour la nécessité des affaires du Roi en Allemagne. Il le prit de cette façon, et me répondit que c'était trois fois, lesquelles il récita. J'en sais qui, à faute de cette faculté, se sont mis en grand-peine, ayant à pratiquer cette nation. J'ai souvent remarqué avec grande admiration la merveilleuse nature d'Alcibiade [63], de se transformer si aisément à façons si diverses, sans intérêt de sa santé : surpassant tantôt la somptuosité et pompe persienne, tantôt l'austérité et frugalité lacédémonienne ; autant réformé en Sparte comme voluptueux en Ionie,

*Omnis Aristippum decuit color, et status, et res***.

Tel voudrais-je former mon disciple,

quem duplici panno patientia velat
Mirabor, vitæ via si conversa decebit,

* *Lettre 90* de Sénèque : « Il y a une grande différence entre ne pas vouloir et ne pas savoir faire le mal. »
** Horace, *Epître XVII* du livre I : Horace oppose à l'intransigeance de Diogène la souplesse d'Aristippe : « Toute apparence, toute condition, toute fortune convint à Aristippe. »

Personamque feret non inconcinnus utramque*.

Voici mes leçons.

Où le faire va avec le dire. Car à quoi sert-il qu'on prêche l'esprit, si les effets ne vont quant et quant ? On
verra à ses entreprises s'il y a de la prudence, s'il y a
de la bonté en ses actions, de l'indifférence en son goût,
soit chair, poisson, vin ou eau. Il ne faut pas seulement
qu'il dise sa leçon, mais qu'il la fasse. Celui-là y a
mieux profité, qui les fait, que qui les sait. Si vous le
voyez, vous l'oyez ; si vous l'oyez, vous le voyez.

« Jà à Dieu ne plaise, dit quelqu'un en Platon [64], que
philosopher ce soit apprendre plusieurs choses et traiter
les arts ! »

« *Hanc amplissimam omnium artium bene vivendi
disciplinam vita magis quam literis persequuti sunt **.* »

Léon [65], prince des Phliasiens, s'enquérant à Héra-
clides Ponticus de quelle science, de quel art il faisait
profession : « Je ne sais, dit-il, ni art ni science, mais je
suis philosophe. »

On reprochait à Diogène [66] comment, étant ignorant,
il se mêlait de la philosophie : « Je m'en mêle, dit-il,
d'autant mieux à propos. »

Hégésias le priait de lui lire quelque livre : « Vous
êtes plaisant, lui répondit-il, vous choisissez les figues
vraies et naturelles, non peintes ; que ne choisissez-vous
aussi les exercitations naturelles, vraies et non écrites ? »

Il ne dira pas tant sa leçon, comme il la fera. Il la
répétera en ses actions. On verra s'il y a de la prudence
en ses entreprises, s'il a de la bonté et de la justice en
ses déportements ; s'il a du jugement et de la grâce en

---

* Citation empruntée à la même *Epître* : « J'admirerai celui
qui supporte avec patience d'être recouvert d'un haillon plié en
deux, et accepte avec modération un retour de fortune, jouant les
deux rôles avec élégance. »
** Cicéron, *Tusculanes*, livre IV, chap. III : « C'est par leurs
mœurs plutôt que par leurs études qu'ils se sont attachés à la plus
importante science, celle de bien vivre. »

son parler, de la vigueur en ses maladies, de la modestie en ses jeux, de la tempérance en ses voluptés, de l'indifférence en son goût, soit chair, poisson, vin ou eau, de l'ordre en son économie :

« *Qui disciplinam suam, non ostentationem scientiæ sed legem vitæ putet, quique obtemperet ipse sibi, et decretis pareat **.* »

Le vrai miroir de nos discours est le cours de nos vies.

Zeuxidamus répondit à un qui lui demanda pourquoi les Lacédémoniens ne rédigeaient par écrit les ordonnances de la prouesse *a*, et ne les donnaient à lire à leurs jeunes gens : « que c'était parce qu'ils les voulaient accoutumer aux faits, non pas aux paroles [67] ». Comparez, au bout du 15 ou 16 ans, à celui-ci un de ces latineurs de collège, qui aura mis autant de temps à n'apprendre simplement qu'à parler ! Le monde n'est que babil, et ne vis jamais homme qui ne dise plutôt plus que moins qu'il ne doit ; toutefois la moitié de notre âge s'en va là [68]. On nous tient quatre ou cinq ans à entendre les mots et les coudre en clauses *b* ; encore autant à en proportionner un grand corps, étendu en quatre ou cinq parties ; et autres cinq, pour le moins, à les savoir brièvement mêler et entrelacer de quelque subtile façon. Laissons-le à ceux qui en font profession expresse.

Allant un jour à Orléans, je trouvai, dans cette plaine au-deçà de Cléry, deux régents qui venaient à Bordeaux, environ à cinquante pas l'un de l'autre. Plus loin, derrière eux, je découvris une troupe et un maître en tête, qui était feu M. le comte de la Rochefoucauld. Un de mes gens s'enquit au premier de ces régents, qui était ce gentilhomme qui venait après lui. Lui, qui n'avait pas vu ce train qui le suivait, et qui pensait

---

a. Vaillance. — *b.* Phrases, périodes.
** Cicéron, *Tusculanes*, livre II, chap. iv : « Qui pense que la philosophie n'est pas un sujet d'ostentation, mais une règle de vie, qui s'obéit à lui-même et agit conformément à ses principes. »

qu'on lui parlât de son compagnon, répondit plaisamment : « Il n'est pas gentilhomme ; c'est un grammairien, et je suis logicien. » Or, nous qui cherchons ici, au rebours, de former non un grammairien ou logicien, mais un gentilhomme, laissons-les abuser de leur loisir ; nous avons affaire ailleurs. Mais que notre disciple soit bien pourvu de choses, les paroles ne suivront que trop ; il les traînera, si elles ne veulent suivre. J'en ouïs qui s'excusent de ne se pouvoir exprimer, et font contenance d'avoir la tête pleine de plusieurs belles choses, mais, à faute d'éloquence, ne les pouvoir mettre en évidence. C'est une baye *a*. Savez-vous, à mon avis que c'est que cela ? Ce sont des ombrages *b* qui leur viennent de quelques conceptions informes, qu'ils ne peuvent démêler et éclaircir au-dedans, ni par conséquent produire au-dehors : ils ne s'entendent pas encore eux-mêmes. Et voyez-les un peu bégayer sur le point de l'enfanter, vous jugez que leur travail n'est point à l'accouchement, mais à la conception, et qu'ils ne font que lécher cette matière imparfaite. De ma part, je tiens, et Socrate l'ordonne, que, qui a en l'esprit une vive imagination et claire, il la produira, soit en bergamasque [69], soit par mines s'il est muet :

*Verbaque prævisam rem non invita sequentur**.*

Et comme disait celui-là, aussi poétiquement en sa prose, *«cum res animum occupavere, verba ambiunt**»*. Et cet autre : « *Ipsæ res verba rapiunt****.* » Il ne sait pas ablatif, conjonctif, substantif, ni la grammaire ; ne fait pas son laquais ou une harangère du Petit-Pont [70], et si, vous entretiendront tout votre saoul, si vous en avez envie, et se déferreront aussi peu, à

----

a. Plaisanterie. — *b.* Ombres.
* Horace, *Art Poétique :* « Si le sujet est bien vu, les mots suivront aisément. »
** Sénèque, *Controverses*, livre III : « Quand le sujet s'est emparé de l'esprit, les mots l'assiègent. »
*** Cicéron. *De Finibus*, livre III, chap. v *:* « D'eux-mêmes, les sujets entraînent les mots. »

l'aventure, aux règles de leur langage, que le meilleur maître ès arts de France. Il ne sait pas la rhétorique, ni, pour avant jeu, capter la bénévolence *ª* du candide lecteur [71], ni ne lui chaut de le savoir. De vrai, toute belle peinture s'efface aisément par le lustre d'une vérité simple et naïve.

Ces gentillesses ne servent que pour amuser le vulgaire, incapable de prendre la viande plus massive et plus ferme, comme Aper montre bien clairement chez Tacite [72]. Les ambassadeurs de Samos étaient venus à Cléomène, roi de Sparte, préparés d'une belle et longue oraison pour l'émouvoir à la guerre contre le tyran Polycrate. Après qu'il les eut bien laissés dire, il leur répondit : « Quant à votre commencement et exorde, il ne m'en souvient plus, ni par conséquent du milieu ; et quant à votre conclusion, je n'en veux rien faire [73]. » Voilà une belle réponse, ce me semble, et des harangueurs bien camus.

Et quoi cet autre ? Les Athéniens étaient à choisir de deux architectes à conduire une grande fabrique *ᵇ*. Le premier plus affété *ᶜ*, se présenta avec un beau discours prémédité sur le sujet de cette besogne et tirait le jugement du peuple à sa faveur. Mais l'autre, en trois mots : « Seigneurs Athéniens, ce que celui-ci a dit, je le ferai [74]. »

Au fort de l'éloquence de Cicéron plusieurs en entraient en admiration ; mais Caton, n'en faisant que rire : « Nous avons, disait-il, un plaisant consul [75]. » Aille devant ou après, une utile sentence, un beau trait est toujours de saison. S'il n'est pas bien à ce qui va devant, ni à ce qui vient après, il est bien en soi. Je ne suis pas de ceux qui pensent la bonne rime faire le bon poème ; laissez-lui allonger une courte syllabe, s'il veut ; pour cela, non force ; si les inventions y rient, si l'esprit et le jugement y ont bien fait leur office, voilà un bon poète, dirai-je, mais un mauvais versificateur,

a. Bienveillance. — *b*. Construction. — *c*. Recherché.

Emunctæ naris, durus componere versus*.

Qu'on fasse, dit Horace, perdre à son ouvrage toutes ses coutures et mesures,

Tempora certa modosque, et quod prius ordine verbum
                                              [*est,*
Posterius facias, præponens ultima primis,
Invenias etiam disjecti membra poeta**,

il ne se démentira point pour cela ; les pièces mêmes en seront belles. C'est ce que répondit Ménandre, comme on le tança, approchant le jour auquel il avait promis une comédie, de quoi il n'y avait encore mis la main : « Elle est composée et prête, il ne reste qu'à y ajouter les vers [76]. » Ayant les choses et la matière disposée en l'âme, il mettait en peu de compte les mots, les pieds et les césures, qui sont, à la vérité, de fort peu au prix du reste. Depuis que Ronsard et du Bellay ont donné crédit à notre poésie française, je ne vois si petit apprenti qui n'enfle des mots, qui ne range les cadences à peu près comme eux. « *Plus sonat quam valet***.* » Pour le vulgaire, il ne fut jamais tant de poètes. Mais, comme il leur a été bien aisé de représenter leurs rimes, ils demeurent bien aussi court à imiter les riches descriptions de l'un et les délicates inventions de l'autre.

Voire mais, que fera-t-il si on le presse de la subtilité sophistique de quelque syllogisme : le jambon fait boire, le boire désaltère, par quoi le jambon désaltère ? Qu'il s'en moque. Il est plus subtil de s'en moquer que d'y répondre.

Qu'il emprunte d'Aristippe [77] cette plaisante contre-

---

* Horace, *Satires*, livre I, ɪᴠ : « Son goût est bon, si ses vers sont raboteux. »

** Horace, *Satires*, livre I : Supprimez le rythme et la mesure, intervertissez l'ordre des mots, en plaçant les premiers les derniers et les derniers les premiers, vous pourrez retrouver le poète même dans ses membres dispersés. » Le texte habituel d'Horace enclave entre le début et la fin de la citation un exemple tiré d'Ennius ; Montaigne a simplifié.

*** Sénèque, *Lettre 40* : « *Plus de son que de sens.* »

finesse : « Pourquoi le délierai-je, puisque, tout lié, il m'empêche ? » Quelqu'un proposait contre Cléanthe des finesses dialectiques, à qui Chrysippe dit : « Joue-toi de ces battelages avec les enfants, et ne détourne à cela les pensées sérieuses d'un homme d'âge. » Si ces sottes arguties, « *contorta et aculeata sophismata** », lui doivent persuader un mensonge, cela est dangereux ; mais si elles demeurent sans effet, et ne l'émeuvent qu'à rire, je ne vois pas pourquoi il s'en doive donner garde. Il en est de si sots, qui se détournent de leur voie un quart de lieue, pour courir après un beau mot ; « *aut qui non verba rebus aptant, sed res extrinsecus arcessunt, quibus verba conveniant*** ». Et l'autre : « *Sunt qui alicujus verbi decore placentis vocentur ad id quod non proposuerant scribere***.* » Je tords bien plus volontiers une bonne sentence pour la coudre sur moi, que je ne tords mon fil pour l'aller quérir. Au rebours, c'est aux paroles à servir et à suivre, et que le Gascon y arrive, si le Français n'y peut aller ! Je veux que les choses surmontent et qu'elles remplissent de façon l'imagination de celui qui écoute, qu'il n'ait aucune souvenance des mots. Le parler que j'aime, c'est un parler simple et naïf, tel sur le papier qu'à la bouche ; un parler succulent et nerveux, court et serré, non tant délicat et peigné comme véhément et brusque :

Hæc demum sapiet dictio, quæ feriet ****,

plutôt difficile qu'ennuyeux, éloigné d'affectation, déréglé, décousu et hardi ; chaque lopin y fasse son corps ; non pédantesque, non fratesque, non plaideresque[a],

---

a. Non de professeur, de frère prêcheur d'avocat.

* Cicéron *Académiques* livre II chap. xxiv : « Sophismes entortillés et épineux. »

** Quintilien *Institution Oratoire*, livre VIII, chap. iii : « ou bien qui n'adaptent pas les mots aux choses, mais vont chercher hors du sujet des choses pour y adapter les mots ».

*** Sénèque, *Epître* 59 : « Il y a des auteurs que l'éclat d'un mot plaisant attire hors de leur sujet. »

**** Epitaphe de Lucain : « Est seule bonne l'expression qui frappe. »

mais plutôt soldatesque, comme Suétone appelle celui de Jules César [78] ; et si, ne sens pas bien pourquoi il l'en appelle.

J'ai volontiers imité cette débauche qui se voit en notre jeunesse, au port de leurs vêtements : un manteau en écharpe, la cape sur une épaule, un bas mal tendu, qui représente une fierté dédaigneuse de ces parements étrangers et nonchalante de l'art. Mais je la trouve encore mieux employée en la forme du parler. Toute affectation, nommément en la gaieté et liberté française, et mésadvenante au courtisan. Et, en une monarchie, tout gentilhomme doit être dressé à la façon d'un courtisan. Par quoi nous faisons bien de gauchir un peu sur le naïf et méprisant.

Je n'aime point de tissure où les liaisons et les coutures paraissent, tout ainsi qu'en un beau corps il ne faut qu'on y puisse compter les os et les veines. « *Quæ veritati operam dat oratio, incomposita sit et simplex* *. »

« *Quis accurate loquitur, nisi qui vult putidè loqui* ** ? »

L'éloquence fait injure aux choses, qui nous détourne à soi.

Comme aux accoutrements, c'est pusillanimité de se vouloir marquer par quelque façon particulière et inusitée ; de même, au langage, la recherche des phrases nouvelles et de mots peu connus vient d'une ambition puérile et pédantesque. Puissé-je ne me servir que de ceux qui servent aux halles à Paris [79] ! Aristophane le grammairien n'y entendait rien, de reprendre en Epicure la simplicité de ses mots et la fin de son art oratoire, qui était perspicuité [a] de langage seulement [80]. L'imitation du parler, par sa facilité, suit incontinent tout un peuple ; l'imitation du juger, de l'inventer ne va

---

a. Clarté.
* Sénèque, *Lettre 40* : « Le style qui s'applique au vrai doit être simple et sans art. »
** Sénèque, *Lettre 75* : « Qui s'exprime avec soin, sinon celui qui veut parler avec affectation ? »

pas si vite. La plupart des lecteurs, pour avoir trouvé une pareille robe, pensent très faussement tenir un pareil corps.

La force et les nerfs ne s'empruntent point ; les atours et le manteau s'empruntent.

La plupart de ceux qui me hantent parlent de même les *Essais* ; mais je ne sais s'ils pensent de même.

Les Athéniens (dit Platon [81]) ont pour leur part le soin de l'abondance et élégance du parler ; les Lacédémoniens, de la brièveté, et ceux de Crète, de la fécondité des conceptions plus que du langage ; ceux-ci sont les meilleurs. Zénon [82] disait qu'il avait deux sortes de disciples : les uns, qu'il nommait φιλολόγους, curieux d'apprendre les choses, qui étaient ses mignons ; les autres λογοφίλους, qui n'avaient soin que du langage. Ce n'est pas à dire que ce ne soit une belle et bonne chose que le bien-dire, mais non pas si bonne qu'on la fait ; et suis dépit*a* de quoi notre vie s'embesogne toute à cela. Je voudrais premièrement bien savoir ma langue, et celle de mes voisins où j'ai plus ordinaire commerce. C'est un bel et grand agencement sans doute que le grec et latin, mais on l'achète trop cher. Je dirai ici une façon d'en avoir meilleur marché que de coutume, qui a été essayée*b* en moi-même. S'en servira qui voudra.

Feu mon père [83], ayant fait toutes les recherches qu'homme peut faire, parmi les gens savants et d'entendement, d'une forme d'institution exquise, fut avisé de cet inconvénient qui était en usage ; et lui disait-on que cette longueur que nous mettions à apprendre les langues qui ne leur coûtaient rien est la seule cause pourquoi nous ne pouvions arriver à la grandeur d'âme et de connaissance des anciens grecs et romains. Je ne crois pas que ce en soit la seule cause. Tant y a que l'expédient que mon père y trouva, ce fut que, en nourrice et avant le premier dénouement de ma langue, il me donna en charge à un Allemand qui depuis est mort fameux médecin en France, du tout*c* ignorant de

a. Fâché. — *b.* Mise à l'épreuve. — *c.* Complètement.

notre langue, et très bien versé en la latine. Celui-ci,
qu'il avait fait venir exprès, et qui était bien chèrement
gagé, m'avait continuellement entre les bras. Il en eut
aussi avec lui deux autres moindres en savoir pour me
suivre, et soulager le premier. Ceux-ci ne m'entretenaient
d'autre langue que latine [84]. Quant au reste de sa maison, c'était une règle inviolable que ni lui-même, ni ma
mère, ni valet, ni chambrière, ne parlaient en ma compagnie qu'autant de mots de latin que chacun avait appris
pour jargonner avec moi. C'est merveille du fruit que
chacun y fit. Mon père et ma mère y apprirent assez de
latin pour l'entendre, et en acquirent à suffisance pour
s'en servir à la nécessité, comme firent aussi les autres
domestiques qui étaient plus attachés à mon service.
Somme [a], nous nous latinisâmes tant, qu'il en regorgea
jusques à nos villages tout autour, où il y a encore, et
ont pris pied par l'usage plusieurs appellations latines
d'artisans et d'outils. Quant à moi, j'avais plus de six
ans avant que j'entendisse non plus de français ou de
périgourdin que d'arabesque. Et, sans art, sans livre, sans
grammaire ou précepte, sans fouet et sans larmes,
j'avais appris du latin, tout aussi pur que mon maître
d'école le savait : car je ne le pouvais avoir mêlé ni
altéré. Si, par essai, on me voulait donner un thème,
à la mode des collèges, on le donne aux autres en
français ; mais à moi il me le fallait donner en mauvais
latin, pour le tourner en bon. Et Nicolas Grouchy [85],
qui a écrit *De comitiis Romanorum*, Guillaume Guérente, qui a commenté Aristote, George Buchanan, ce
grand poète écossais [86], Marc-Antoine Muret [87], que la
France et l'Italie reconnaît pour le meilleur orateur du
temps, mes précepteurs domestiques, m'ont dit souvent que j'avais ce langage en mon enfance si prêt
et si à la main, qu'ils craignaient à m'accoster. Buchanan, que je vis depuis à la suite de feu M. le maréchal de Brissac, me dit qu'il était après à écrire de
l'institution des enfants, et qu'il prenait l'exemplaire

---

a. Bref.

de la mienne ; car il avait lors en charge ce comte de Brissac que nous avons vu depuis si valeureux et si brave [88].

Quant au grec, duquel je n'ai quasi du tout point d'intelligence, mon père desseigna me le faire apprendre par art, mais d'une voie nouvelle, par forme d'ébat et d'exercice. Nous pelotions nos déclinaisons à la manière de ceux qui, par certains jeux de tablier [a], apprennent l'arithmétique et la géométrie. Car, entre autres choses, il avait été conseillé de me faire goûter la science et le devoir par une volonté non forcée et de mon propre désir, et d'élever mon âme en toute douceur et liberté, sans rigueur et contrainte. Je dis jusques à telle superstition que, parce que aucuns tiennent que cela trouble la cervelle tendre des enfants de les éveiller le matin en sursaut, et de les arracher du sommeil (auquel ils sont plongés beaucoup plus que nous ne sommes) tout à coup et par violence, il me faisait éveiller par le son de quelque instrument ; et ne fus jamais sans homme qui m'en servît [89].

Cet exemple suffira pour en juger le reste, et pour recommander aussi et la prudence et l'affection d'un si bon père, auquel il ne se faut nullement prendre, s'il n'a recueilli aucuns fruits répondant à une si exquise culture. Deux choses en furent cause : le champ stérile et incommode ; car, quoique j'eusse la santé ferme et entière, et quant et quant [b] un naturel doux et traitable, j'étais parmi cela si pesant, mol et endormi, qu'on ne me pouvait arracher de l'oisiveté, non pas pour me faire jouer. Ce que je voyais, je le voyais bien et, sous cette complexion lourde, nourrissais des imaginations hardies et des opinions au-dessus de mon âge. L'esprit, je l'avais lent, et qui n'allait qu'autant qu'on le menait ; l'appréhension, tardive ; l'invention, lâche ; et après tout, un incroyable défaut de mémoire. De tout cela, il n'est pas merveille s'il ne sut rien tirer qui vaille. Secondement, comme ceux que presse un furieux désir de guérison se

---

a. Jeux d'échecs ou de dames. — *b.* Avec.

laissent aller à toute sorte de conseil, le bonhomme, ayant extrême peur de faillir en chose qu'il avait tant à cœur, se laissa enfin emporter à l'opinion commune, qui suit toujours ceux qui vont devant, comme les grues, et se rangea à la coutume, n'ayant plus autour de lui ceux qui lui avaient donné ces premières institutions, qu'il avait apportées d'Italie ; et m'envoya, environ mes six ans, au collège de Guyenne[90], très florissant pour lors, et le meilleur de France. Et là, il n'est possible de rien ajouter au soin qu'il eut, et à me choisir des précepteurs de chambre suffisants, et à toutes les autres circonstances de ma nourriture, en laquelle il réserva plusieurs façons particulières contre l'usage des collèges. Mais tant y a, que c'était toujours collège. Mon latin s'abâtardit incontinent, duquel depuis par désaccoutumance j'ai perdu tout usage. Et ne me servit cette mienne nouvelle institution, que de me faire enjamber d'arrivée *a* aux premières classes : car à treize ans que je sortis du collège, j'avais achevé mon cours (qu'ils appellent), et à la vérité sans aucun fruit que je puisse à présent mettre en compte.

Le premier goût que j'eus aux livres, il me vint du plaisir des fables de la *Métamorphose* d'Ovide. Car, environ l'âge de sept ou huit ans, je me dérobais de tout autre plaisir pour les lire ; d'autant que cette langue était la mienne maternelle, et que c'était le plus aisé livre que je connusse, et le plus accommodé à la faiblesse de mon âge, à cause de la matière. Car des *Lancelots du Lac*, des *Amadis*, des *Huons de Bordeaux*[91], et tel fatras de livres à quoi l'enfance s'amuse, je n'en connaissais pas seulement le nom, ni ne fais encore le corps, tant exacte était ma discipline. Je m'en rendais plus nonchalant à l'étude de mes autres leçons prescrites. Là, il me vint singulièrement à propos d'avoir affaire à un homme d'entendement de précepteur, qui sut dextrement conniver *b* à cette mienne débauche, et autres pareilles. Car, par là, j'enfilai tout d'un train

a. D'emblée. — *b.* Etre de connivence, favoriser.

Virgile en l'*Enéide*, et puis Térence, et puis Plaute, et
des comédies italiennes, leurré toujours par la douceur
du sujet. S'il eût été si fol de rompre ce train, j'estime
que je n'eusse rapporté du collège que la haine des
livres, comme fait quasi toute notre noblesse. Il s'y
gouverna ingénieusement. Faisant semblant de n'en voir
rien, il aiguisait ma faim, ne me laissant qu'à la dérobée
gourmander ces livres, et me tenant doucement en office
pour les autres études de la règle. Car les principales
parties que mon père cherchait à ceux à qui il donnait
charge de moi, c'était la débonnaireté et facilité de
complexion. Aussi n'avait la mienne autre vice que langueur et paresse. Le danger n'était pas que je fisse mal,
mais que je ne fisse rien. Nul ne pronostiquait que je
dusse devenir mauvais, mais inutile. On y prévoyait de
la fainéantise, non pas de la malice.

Je sens qu'il en est advenu de même. Les plaintes
qui me cornent aux oreilles sont comme cela : « Oisif ;
froid aux offices d'amitié et de parenté et aux offices
publics ; trop particulier. » Les plus injurieux ne disent
pas : « Pourquoi a-t-il pris ? Pourquoi n'a-t-il payé ? »
Mais : « Pourquoi ne quitte-t-il ? ne donne-t-il ? »

Je recevrais à faveur qu'on ne désirât en moi que
tels effets de supererogation [a]. Mais ils sont injustes
d'exiger ce que je ne dois pas, plus rigoureusement
beaucoup qu'ils n'exigent d'eux ce qu'ils doivent. En
m'y condamnant, ils effacent la gratification de l'action
et la gratitude qui m'en serait due ; là où le bien-faire
actif devrait plus peser de ma main, en considération
de ce que je n'en ai passif nul qui soit. Je puis d'autant
plus librement disposer de ma fortune qu'elle est plus
mienne. Toutefois, si j'étais grand enlumineur de mes
actions, à l'aventure rembarrerais-je bien ces reproches.
Et à quelques-uns apprendrais qu'ils ne sont pas si
offensés que je ne fasse pas assez, que de quoi je puisse
faire assez plus que je ne fais.

Mon âme ne laissait pourtant en même temps d'avoir

a. Actions surérogatoires.

à part soi des remuements fermes et des jugements sûrs et ouverts autour des objets qu'elle connaissait, et les digérait seule, sans aucune communication. Et, entre autres choses, je crois à la vérité qu'elle eût été du tout incapable de se rendre à la force et violence.

Mettrai-je en compte cette faculté de mon enfance : une assurance de visage, et souplesse de voix et de geste, à m'appliquer aux rôles que j'entreprenais ? Car, avant l'âge,

Alter ab undecimo tum me vix ceperat annus *,

j'ai soutenu les premiers personnages ès tragédies latines [92] de Buchanan, de Guérente et de Muret, qui se représentèrent en notre collège de Guyenne avec dignité. En cela, Andréas Goveanus [93], notre principal, comme en toutes autres parties de sa charge, fut sans comparaison le plus grand principal de France ; et m'en tenait-on maître ouvrier. C'est un exercice que je ne mesloue[a] point aux jeunes enfants de maison ; et ai vu nos Princes s'y adonner depuis en personne, à l'exemple d'aucuns des anciens, honnêtement et louablement.

Il était loisible même d'en faire métier aux gens d'honneur en Grèce : « *Aristoni tragico actori rem aperit : huic et genus et fortuna honesta erant ; nec ars, quia nihil tale apud Græcos pudori est, ea deformabat* **.

Car j'ai toujours accusé d'impertinence ceux qui condamnent ces ébattements, et d'injustice ceux qui refusent l'entrée de nos bonnes villes aux comédiens qui le valent, et envient au peuple ces plaisirs publics.

---

a. Blâme.
* Citation de Virgile, *Bucoliques*, VIII, que Montaigne adapte à son propre cas en remplaçant : *jam* (déjà) par *vix* (à peine) : « A peine avais-je atteint ma douzième année. »
** Tite-Live, *Histoires*, livre XXIV, chap. XXIV : « Il découvre ses intentions à l'acteur tragique Ariston, personnage de naissance et de fortune honorables ; son métier ne le déconsidérait pas, car il n'est pas déshonorant chez les Grecs. » Chez les Romains, au contraire, devenir acteur était déchoir. Cette prévention durera, chez nous, jusqu'à la fin du XVIII° siècle.

Les bonnes polices prennent soin d'assembler les citoyens et les rallier, comme aux offices sérieux de la dévotion, aussi aux exercices et jeux ; la société et amitié s'en augmentent [94]. Et puis on ne leur saurait concéder des passe-temps plus réglés que ceux qui se font en présence d'un chacun et à la vue même du magistrat. Et trouverais raisonnable que le magistrat et le prince, à ses dépens, en gratifiât quelquefois la commune, d'une affection et bonté comme paternelle ; et qu'aux villes populeuses il y eût des lieux destinés et disposés pour ces spectacles, quelque divertissement de pires actions et occultes.

Pour revenir à mon propos, il n'y a tel que d'allécher l'appétit et l'affection, autrement on ne fait que des ânes chargés de livres. On leur donne à coups de fouet en garde leur pochette pleine de science, laquelle, pour bien faire, il ne faut pas seulement loger chez soi, il la faut épouser.

CHAPITRE XXVII

C'EST FOLIE DE RAPPORTER
LE VRAI ET LE FAUX
A NOTRE SUFFISANCE

CE n'est pas à l'aventure sans raison que nous attribuons à simplesse et ignorance la facilité de croire et de se laisser persuader : car il me semble avoir appris autrefois que la créance, c'était comme une impression qui se faisait en notre âme ; et, à mesure qu'elle se trouvait plus molle et de moindre résistance, il était plus aisé à y empreindre quelque chose. « *Ut necesse est lancem in libra ponderibus impositis deprimi, sic animum perspicuis cedere* *. » D'autant que l'âme est plus vide et sans contrepoids, elle se baisse plus facilement sous la charge de la première persuasion. Voilà pourquoi les enfants, le vulgaire, les femmes et les malades sont plus sujets à être menés par les oreilles. Mais aussi, de l'autre part, c'est une sotte présomption d'aller dédaignant et condamnant pour faux ce qui ne nous semble pas vraisemblable, qui est un vice ordinaire de ceux qui pensent avoir quelque suffisance outre la commune. J'en faisais

---

* Citation de Cicéron, *Académiques*, livre II, chap. XII : « Comme le poids fait nécessairement pencher le plateau de la balance, ainsi l'évidence entraîne l'esprit. »

ainsi autrefois, et si j'oyais parler ou des esprits qui
reviennent, ou du pronostic des choses futures, des enchantements, des sorcelleries, ou faire quelque autre
conte où je ne pusse pas mordre,

> *Somnia, terrores magicos, miracula, sagas,*
> *Nocturnos lemures portentaque Thessala*,*

il me venait compassion du pauvre peuple abusé de ces
folies. Et, à présent, je trouve que j'étais pour le moins
autant à plaindre moi-même : non que l'expérience m'ait
depuis rien fait voir au-dessus de mes premières créances, (et si *ᵃ* n'a pas tenu à ma curiosité) ; mais la raison
m'a instruit que de condamner ainsi résolument une
chose pour fausse et impossible, c'est se donner l'avantage d'avoir dans la tête les bornes et limites de la volonté de Dieu et de la puissance de notre mère nature ;
et qu'il n'y a point de plus notable folie au monde que
de les ramener à la mesure de notre capacité et suffisance. Si nous appelons monstres ou miracles ce où
notre raison ne peut aller, combien s'en présente-t-il
continuellement à notre vue ? Considérons au travers de
quels nuages et comment à tâtons on nous mène à la
connaissance de la plupart des choses qui nous sont
entre mains ; certes nous trouverons que c'est plutôt
accoutumance que science qui nous en ôte l'étrangeté,

> *jam nemo, fessus saturusque videndi,*
> *Suspicere in cæli dignatur lucida templa**,*

et que ces choses-là, si elles nous étaient présentées
de nouveau, nous les trouverions autant ou plus incroyables que aucunes autres,

> *si nunc primum mortalibus adsint*
> *Ex improviso, ceu sint objecta repente,*

---

a. Et pourtant cela.
* Horace, *Epîtres*, livre II, épître II : « Songes, terreurs magiques,
prodiges, sorcières, spectres, et autres merveilles de la Thessalie. »
** Lucrèce, *De Natura rerum*, chant II : « Désormais, personne,
fatigués et rassasiés que nous sommes de cette vue, ne prend la
peine de lever les yeux vers les espaces lumineux du ciel. »

> *Nil magis his rebus poterat mirabile dici,*
> *Aut minus ante quod auderent fore credere gentes* *.

Celui qui n'avait jamais vu de rivière, à la première qu'il rencontra, il pensa que ce fut l'Océan. Et les choses qui sont à notre connaissance les plus grandes, nous les jugeons être les extrêmes que nature fasse en ce genre,

> *Scilicet et fluvius, qui non maximus, ei est*
> *Qui non ante aliquem majorem vidit, et ingens*
> *Arbor homoque videtur ; et omnia de genere omni*
> *Maxima quæ vidit quisque, hæc ingentia fingit* **,

« *Consuetudine oculorum assuescunt animi, neque admirantur, neque requirunt rationes earum rerum quas semper vident* ***. »

La nouvelleté des choses nous incite plus que leur grandeur à en chercher les causes.

Il faut juger avec plus de révérence *a* de cette infinie puissance de nature et plus de reconnaissance de notre ignorance et faiblesse. Combien y a-t-il de choses peu vraisemblables, témoignées par gens dignes de foi, desquelles si nous ne pouvons être persuadés, au moins les faut-il laisser en suspens ; car de les condamner impossibles, c'est se faire fort, par une téméraire présomption, de savoir jusques où va la possibilité. Si l'on entendait bien la différence qu'il y a entre l'impossible et l'inusité,

---

a. Respect.

* Lucrèce, chant II : « Supposons que ces choses apparaissent pour la première fois aux mortels et subitement ou bien qu'elles se montrent soudain à leurs yeux : on ne pourrait rien dire de plus surprenant, et personne n'y aurait cru avant de les voir. » Il s'agit de la conclusion du chant II dans laquelle Lucrèce expose les conséquences de la conception atomique de l'Univers. Les textes actuels de Lucrèce diffèrent légèrement du texte cité.

** *Ibid., Chant VI :* « Sans doute un fleuve, qui n'est pas très grand, semble immense à celui qui n'en a pas vu de plus grand, de même un arbre, un homme ; dans tous les genres, ce qu'on a vu de plus grand, on le trouve gigantesque. »

*** Cicéron, *De Natura deorum*, livre II, chap. XXXVIII : « Par l'accoutumance des yeux, l'esprit s'habitue, ne s'étonne plus de ce qu'il voit continuellement et n'en recherche plus les causes. »

et entre ce qui est contre l'ordre du cours de la nature, et contre la commune opinion des hommes, en ne croyant pas témérairement, ni aussi ne décroyant pas facilement, on observerait la règle de : « Rien trop », commandée par Chilon [1].

Quand on trouve, dans Froissart, que le comte de Foix sut, en Béarn, la défaite du roi Jean de Castille, à Juberoth, le lendemain qu'elle fut advenue [2], et les moyens qu'il en allègue, on s'en peut moquer ; et de ce même que nos annales [3] disent que le pape Honorius, le propre jour que le roi Philippe Auguste mourut à Mantes, fit faire ses funérailles publiques et les manda faire par toute l'Italie. Car l'autorité de ces témoins n'a pas à l'aventure assez de rang pour nous tenir en bride. Mais quoi ? si Plutarque, outre plusieurs exemples qu'il allègue à l'Antiquité, dit savoir de certaine science que, du temps de Domitien, la nouvelle de la bataille perdue par Antonius en Allemagne, à plusieurs journées de là, fut publiée à Rome et semée par tout le monde le même jour qu'elle avait été perdue [4], et si César tient qu'il est souvent advenu que la renommée a devancé l'accident, dirons-nous pas que ces simples gens-là se sont laissé piper après le vulgaire, pour n'être pas clairvoyants comme nous ? Est-il rien plus délicat, plus net et plus vif que le jugement de Pline, quand il lui plaît de le mettre en jeu, rien plus éloigné de vanité ? je laisse à part l'excellence de son savoir, duquel je fais moins de compte : en quelle partie de ces deux-là le surpassons-nous ? Toutefois il n'est si petit écolier qui ne le convainque de mensonge, et qui ne lui veuille faire leçon sur le progrès des ouvrages de nature.

Quand nous lisons dans Bouchet [5], les miracles des reliques de saint Hilaire, passe : son crédit n'est pas assez grand pour nous ôter la licence d'y contredire. Mais de condamner d'un train toutes pareilles histoires me semble singulière impudence. Ce grand saint Augustin [6] témoigne avoir vu, sur les reliques saint Gervais et Protais, à Milan, un enfant aveugle recouvrer la vue ; une femme, à Carthage, être guérie d'un cancer par le signe de croix qu'une femme nouvellement baptisée lui fit ; Hesperius, un sien familier, avoir chassé les esprits qui infestaient sa maison, avec un peu de terre du Sépulcre de notre Seigneur, et, cette terre depuis transportée à l'église, un paralytique en avoir été soudain guéri ; une femme en une procession, ayant touché à la châsse saint Etienne d'un bouquet, et de ce bouquet s'étant frottée les yeux, avoir recouvré la vue, pièça *a* perdue ; et plusieurs autres miracles, où il dit lui-même avoir assisté. De quoi accuserons-nous et lui et deux saints évêques *b*, Aurelius et Maximius, qu'il appelle pour ses recors ? Sera-ce d'ignorance, simplesse, facilité, ou de malice et imposture ? Est-il homme, en notre siècle, si impudent qui pense leur être comparable, soit en vertu et piété, soit en savoir, jugement et suffisance ? « *Qui, ut rationem nullam afferent, ipsa auctoritate me frangerent* *. »

C'est une hardiesse dangereuse et de conséquence, outre l'absurde témérité qu'elle traîne quant et soi, de mépriser ce que nous ne concevons pas. Car après que, selon votre bel entendement, vous avez établi les limites de la vérité et du mensonge, et qu'il se trouve que vous avez nécessairement à croire des choses où il y a encore plus d'étrangeté qu'en ce que vous niez, vous vous êtes déjà obligé de les abandonner. Or ce qui me semble apporter autant de désordre en nos consciences, en ces troubles où nous sommes de la religion, c'est cette dispensation que les catholiques font de leur créance. Il leur semble faire bien les modérés et les entendus, quand ils quittent aux adversaires aucuns articles de ceux qui sont en débat. Mais, outre ce, qu'ils ne voient pas quel avantage c'est à celui qui vous charge, de commencer à lui céder et vous tirer arrière, et combien cela l'anime à poursuivre sa pointe, ces articles-là qu'ils choisissent pour les plus légers sont aucune fois très importants. Ou il faut se soumettre du tout à l'autorité de

a. Depuis longtemps. — *b.* Témoins.
* Cicéron, *Tusculanes*, livre I, chap. XXI : « Ceux-ci, même s'ils n'apportaient aucune raison, me persuaderaient par leur seule autorité. »

notre police ecclésiastique, ou du tout s'en dispenser.
Ce n'est pas à nous à établir la part que nous lui devons
d'obéissance. Et davantage : je le puis dire pour l'avoir
essayé, ayant autrefois usé de cette liberté de mon choix
et triage particulier, mettant à nonchaloir certains points
de l'observance de notre Eglise, qui semblent avoir un
visage ou plus vain ou plus étrange, venant à en communiquer aux hommes savants, j'ai trouvé que ces choses-là
ont un fondement massif et très solide, et que ce n'est
que bêtise et ignorance qui nous fait les recevoir avec
moindre révérence que le reste. Que ne nous souvient-il
combien nous sentons de contradiction en notre jugement même ? combien de choses nous servaient hier
d'articles de foi, qui nous sont fables aujourd'hui ? La
gloire et la curiosité sont les deux fléaux de notre âme.
Celle-ci nous conduit à mettre le nez partout, et celle-là
nous défend de rien laisser irrésolu et indécis.

CHAPITRE XXVIII

DE L'AMITIÉ

Considérant la conduite de la besogne d'un peintre que j'ai, il m'a pris envie de l'ensuivre. Il choisit le plus bel endroit et milieu de chaque paroi, pour y loger un tableau élaboré de toute sa suffisance[a] ; et, le vide tout autour, il le remplit de grotesques, qui sont peintures fantasques, n'ayant grâce qu'en la variété et étrangeté. Que sont-ce ici aussi, à la vérité, que grotesques et corps monstrueux, rapiécés de divers membres, sans certaine figure, n'ayant ordre, suite ni proportion que fortuite ?

Desinit in piscem mulier formosa superne[*].

Je vais bien jusques à ce second point avec mon peintre, mais je demeure court en l'autre et meilleure partie ; car ma suffisance ne va pas si avant que d'oser entreprendre un tableau riche, poli et formé selon l'art. Je me suis avisé d'en emprunter un d'Etienne de la Boétie[1], qui honorera tout le reste de cette besogne. C'est un discours auquel il donna nom *La Servitude volontaire* ;

---

a. De tout son talent.
* *Art Poétique* d'Horace : « C'est le buste d'une belle femme qui finit en queue de poisson. »

mais ceux qui l'ont ignoré, l'ont bien proprement depuis
rebaptisé *Le Contre Un* [2]. Il l'écrivit par manière d'essai,
en sa première jeunesse [3], à l'honneur de la liberté contre
les tyrans. Il court piéça [a] ès mains des gens d'entendement, non sans bien grande et méritée recommandation :
car il est gentil, et plein ce qu'il est possible. Si [b] y a-t-il
bien à dire que ce ne soit le mieux qu'il pût faire ; et si,
en l'âge que je l'ai connu, plus avancé, il eût pris un tel
dessein que le mien de mettre par écrit ses fantaisies,
nous verrions plusieurs choses rares et qui nous appro-
cheraient bien près de l'honneur de l'Antiquité ; car,
notamment en cette partie des dons de nature, je n'en
connais point qui lui soit comparable. Mais il n'est
demeuré de lui que ce discours, encore par rencontre,
et crois qu'il ne le vit onques depuis qu'il lui échappa,
et quelques mémoires sur cet édit de Janvier [4], fameux
par nos guerres civiles, qui trouveront encore ailleurs
peut-être leur place. C'est tout ce que j'ai pu recouvrer
de ses reliques, moi qu'il laissa, d'une si amoureuse
recommandation, la mort entre les dents, par son testament, héritier de sa bibliothèque et de ses papiers, outre
le livret de ses œuvres que j'ai fait mettre en lumière [5].
Et si, suis obligé particulièrement à cette pièce, d'autant
qu'elle a servi de moyen à notre première accointance.
Car elle me fut montrée longue pièce avant que je l'eusse
vu, et me donna la première connaissance de son nom,
acheminant ainsi cette amitié que nous avons nourrie,
tant que Dieu a voulu, entre nous, si entière et si parfaite
que certainement il ne s'en lit guère de pareilles, et, entre
nos hommes, il ne s'en voit aucune trace en usage. Il
faut tant de rencontres à la bâtir, que c'est beaucoup
si la fortune y arrive une fois en trois siècles.

Il n'est rien à quoi il semble que nature nous ait plus
acheminé qu'à la société. Et dit Aristote [6] que les bons
législateurs ont eu plus de soin de l'amitié que de la
justice. Or le dernier point de sa perfection est celui-ci.
Car, en général, toutes celles que la volupté ou le profit,

---

a. Depuis longtemps ou depuis quelque temps ? On hésite sur
l'interprétation. — *b.* Pourtant.

le besoin public ou privé forge et nourrit, en sont d'autant moins belles et généreuses, et d'autant moins amitiés, qu'elles mêlent autre cause et but et fruit en l'amitié, qu'elle-même.

Ni ces quatre espèces anciennes : naturelle, sociale, hospitalière, vénérienne, particulièrement n'y conviennent, ni conjointement.

Des enfants aux pères, c'est plutôt respect. L'amitié se nourrit de communication qui ne peut se trouver entre eux, pour la trop grande disparité, et offenserait à l'aventure les devoirs de nature. Car ni toutes les secrètes pensées des pères ne se peuvent communiquer aux enfants pour n'y engendrer une messéante privauté, ni les avertissements et corrections, qui est un des premiers offices d'amitié, ne se pourraient exercer des enfants aux pères. Il s'est trouvé des nations [7] où, par usage, les enfants tuaient leurs pères, et d'autres où les pères tuaient leurs enfants, pour éviter l'empêchement qu'ils se peuvent quelquefois entreporter, et naturellement l'un dépend de la ruine de l'autre. Il s'est trouvé des philosophes dédaignant cette couture naturelle, témoin Aristippe [8] : quand on le pressait de l'affection qu'il devait à ses enfants pour être sortis de lui, il se mit à cracher, disant que cela en était aussi bien sorti ; que nous engendrions bien des poux et des vers. Et cet autre, que Plutarque voulait induire à s'accorder avec son frère : « Je n'en fais pas, dit-il, plus grand état pour être sorti de même trou [9]. » C'est, à la vérité, un beau nom et plein de dilection que le nom de frère, et à cette cause en fîmes-nous, lui et moi, notre alliance. Mais ce mélange de biens, ces partages, et que la richesse de l'un soit la pauvreté de l'autre, cela détrempe merveilleusement et relâche cette soudure fraternelle. Les frères ayant à conduire le progrès de leur avancement en même sentier et même train, il est force qu'ils se heurtent et choquent souvent. Davantage, la correspondance et relation qui engendre ces vraies et parfaites amitiés, pourquoi se trouvera-t-elle en ceux-ci ? Le père et le fils peuvent être de complexion entièrement éloignée, et les frères aussi. C'est mon fils, c'est mon parent, mais c'est un homme farouche, un méchant ou un sot. Et puis, à mesure que ce sont amitiés que la loi et l'obligation naturelle nous commandent, il y a d'autant moins de notre choix et liberté volontaire. Et notre liberté volontaire n'a point de production qui soit plus proprement sienne que celle de l'affection et amitié. Ce n'est pas que je n'aie essayé de ce côté-là tout ce qui en peut être, ayant eu le meilleur père qui fut onques, et le plus indulgent, jusques à son extrême vieillesse, et étant d'une famille fameuse de père en fils, et exemplaires en cette partie de la concorde fraternelle.

et ipse
Notus in fratres animi paterni *.

D'y comparer l'affection envers les femmes, quoiqu'elle naisse de notre choix, on ne peut, ni la loger en ce rôle. Son feu, je le confesse,

neque enim est dea nescia nostri
Quæ dulcem curis miscet amaritiem **,

est plus actif, plus cuisant et plus âpre. Mais c'est un feu téméraire et volage, ondoyant et divers, feu de fièvre, sujet à accès et remises, et qui ne nous tient qu'à un coin. En l'amitié, c'est une chaleur générale et universelle, tempérée au demeurant et égale, une chaleur constante et rassise, toute douceur et polissure, qui n'a rien d'âpre et de poignant. Qui plus est, en l'amour ce n'est qu'un désir forcené après ce qui nous fuit :

Come segue la lepre il cacciatore
Al freddo, al caldo, alla montagna, al lito ;
Ne più l'estima poi che presa vede,
Et sol dietro a chi fugge affretta il piede ***.

---

* Horace, *Odes*, livre II, ode II : « Connu moi-même pour mon affection paternelle à l'égard de mes frères. »
** Catulle, *Epigrammes*, LXVIII : « Car je ne suis pas inconnu de la déesse qui mêle une douce amertume aux tourments amoureux. »
*** Arioste, *Roland furieux*, chant X : « Tel le chasseur poursuit le lièvre par le froid, par le chaud, dans la montagne et dans la vallée ; il le méprise une fois pris et ne le désire que tant qu'il fuit. »

Aussitôt qu'il entre aux termes de l'amitié, c'est-à-dire en la convenance des volontés, il s'évanouit et s'alanguit. La jouissance le perd, comme ayant la fin corporelle et sujette à satiété. L'amitié, au rebours, est jouïe à mesure qu'elle est désirée, ne s'élève, se nourrit, ni ne prend accroissance qu'en la jouissance comme étant spirituelle, et l'âme s'affinant par l'usage. Sous cette parfaite amitié, ces affections volages ont autrefois trouvé place chez moi, afin que je ne parle de lui, qui n'en confesse que trop par ces vers. Ainsi ces deux passions sont entrées chez moi en connaissance l'une de l'autre ; mais en comparaison jamais : la première maintenant sa route d'un vol hautain et superbe, et regardant dédaigneusement celle-ci passer ses pointes bien loin au-dessous d'elle.

Quant aux mariages, outre ce que c'est un marché qui n'a que l'entrée libre (sa durée étant contrainte et forcée, dépendant d'ailleurs que de notre vouloir), et marché qui ordinairement se fait à autres fins, il y survient mille fusées *a* étrangères à démêler parmi, suffisantes à rompre le fil et troubler le cours d'une vive affection ; là où, en l'amitié, il n'y a affaire ni commerce que d'elle-même. Joint qu'à dire vrai, la suffisance ordinaire des femmes n'est pas pour répondre à cette conférence et communication, nourrice de cette sainte couture ; ni leur âme ne semble assez ferme pour soutenir l'étreinte d'un nœud si pressé et si durable. Et certes, sans cela, s'il se pouvait dresser une telle accointance, libre et volontaire, où non seulement les âmes eussent cette entière jouissance, mais encore où les corps eussent part à l'alliance, où l'homme fût engagé tout entier, il est certain que l'amitié en serait plus pleine et plus comble. Mais ce sexe par nul exemple n'y est encore pu arriver, et par le commun consentement des écoles anciennes en est rejeté.

Et cette autre licence grecque est justement abhorrée par nos mœurs. Laquelle pourtant, pour avoir, selon leur

a. Complications.

usage, une si nécessaire disparité d'âges et différences
d'offices entre les amants, ne répondait non plus assez
à la parfaite union et convenance qu'ici nous demandons :
« *Quis est enim iste amor amicitiae ? Cur neque defor-
mem adolescentem quisquam amat, neque formosum se-
nem * ?* » Car la peinture même qu'en fait l'Académie ne
me désavouera pas, comme je pense, de dire ainsi de sa
part : que cette première fureur inspirée par le fils de
Vénus au cœur de l'amant sur l'objet de la fleur d'une
tendre jeunesse, à laquelle ils permettent tous les insolents
et passionnés efforts que peut produire une ardeur immodérée, était simplement fondée en une beauté externe,
fausse image de la génération corporelle. Car en l'esprit
elle ne pouvait, duquel la montre était encore cachée,
qui n'était qu'en sa naissance, et avant l'âge de germer.
Que si cette fureur saisissait un bas courage, les moyens
de sa poursuite c'étaient richesses, présents, faveur à
l'avancement des dignités, et telle autre basse marchandise, qu'ils réprouvent. Si elle tombait en un courage
plus généreux, les entremises étaient généreuses de même :
instructions philosophiques, enseignements à révérer la
religion, obéir aux lois, mourir pour le bien de son pays,
exemples de vaillance, prudence, justice ; s'étudiant
l'amant de se rendre acceptable par la bonne grâce et
beauté de son âme, celle de son corps étant pièça fanée,
et espérant par cette société mentale établir un marché
plus ferme et durable. Quand cette poursuite arrivait
à l'effet en sa saison (car ce qu'ils ne requièrent point
en l'amant, qu'il apportât loisir et discrétion en son
entreprise, ils le requièrent exactement en l'aimé ; d'autant
qu'il lui fallait juger d'une beauté interne, de difficile
connaissance et abstruse découverte), lors naissait en
l'aimé le désir d'une conception spirituelle par l'entremise
d'une spirituelle beauté. Celle-ci était ici principale ; la
corporelle, accidentelle et seconde : tout le rebours de
l'amant. A cette cause préfèrent-ils l'aimé, et vérifient

---

* *Tusculanes*, livre IV : « Qu'est-ce en effet que cet amour d'amitié ? Pourquoi personne n'aime-t-il un jeune homme laid, ni un
beau vieillard ? »

que les dieux aussi le préfèrent, et tancent grandement le poète Eschyle d'avoir, en l'amour d'Achille et de Patrocle, donné la part de l'amant à Achille qui était en la première et imberbe verdeur de son adolescence, et le plus beau des Grecs [10]. Après cette communauté générale, la maîtresse et plus digne partie d'icelle exerçant ses offices et prédominant, ils disent qu'il en provenait des fruits très utiles au privé et au public ; que c'était la force des pays qui en recevaient l'usage, et la principale défense de l'équité et de la liberté : témoin les salutaires amours de Harmodios et d'Aristogiton [11]. Pourtant la nomment-ils sacrée et divine. Et n'est, à leur compte, que la violence des tyrans et lâcheté des peuples qui lui soit adversaire. Enfin tout ce qu'on peut donner à la faveur de l'Académie, c'est dire que c'était un amour se terminant en amitié ; chose qui ne se rapporte pas mal à la définition stoïque de l'amour : « *Amorem conatum esse amicitiae faciendae ex pulchritudinis specie*.* » Je reviens à ma description, de façon plus équitable et plus équable [a] : « *Omnino amicitiae, corroboratis jam, confirmatisque ingeniis et aetatibus, judicandae sunt**.* »

Au demeurant, ce que nous appelons ordinairement amis et amitiés, ce ne sont qu'accointances et familiarités nouées par quelque occasion ou commodité, par le moyen de laquelle nos âmes s'entretiennent. En l'amitié de quoi je parle elles se mêlent et confondent l'une en l'autre, d'un mélange si universel, qu'elles effacent et ne retrouvent plus la couture qui les a jointes. Si on me presse de dire pourquoi je l'aimais, je sens que cela ne se peut exprimer, qu'en répondant : « Parce que c'était lui ; parce que c'était moi. »

---

a. Egal.
* *Tusculanes*, livre IV : « L'amour est le désir d'obtenir l'amitié d'une personne qui nous attire par sa beauté. »
** Cicéron, *De Amicitia*, chap. xx : « Il faut juger de l'amitié seulement quand l'âge a formé et affermi les caractères. » Cicéron dans son dialogue *Sur l'amitié*, prenant comme exemple l'amitié célèbre de Scipion et de Lælius, définit l'amitié, ses conditions et ses obligations. L'ouvrage est comparable au dialogue *Lysis* de Platon et à la *Morale à Nicomaque* d'Aristote.

Il y a au-delà de tout mon discours, et de ce que j'en puis dire particulièrement, ne sais quelle force inexplicable et fatale, médiatrice de cette union. Nous nous cherchions avant que de nous être vus, et par des rapports que nous oyïons l'un de l'autre, qui faisaient en notre affection plus d'effort que ne porte la raison des rapports, je crois par quelque ordonnance du ciel ; nous nous embrassions par nos noms. Et à notre première rencontre, qui fut par hasard en une grande fête et compagnie de ville [12], nous nous trouvâmes si pris, si connus, si obligés entre nous, que rien dès lors ne nous fut si proche que l'un à l'autre. Il écrivit une satire latine excellente, qui est publiée [13], par laquelle il excuse et explique la précipitation de notre intelligence, si promptement parvenue à sa perfection. Ayant si peu à durer, et ayant si tard commencé, car nous étions tous deux hommes faits, et lui plus de quelques années [14], elle n'avait point à perdre temps et à se régler au patron des amitiés molles et régulières, auxquelles il faut tant de précautions de longue et préalable conversation. Celle-ci n'a point d'autre idée que d'elle-même, et ne se peut rapporter qu'à soi. Ce n'est pas une spéciale considération, ni deux, ni trois, ni quatre, ni mille : c'est je ne sais quelle quintessence de tout ce mélange, qui ayant saisi toute ma volonté, l'amena se plonger et se perdre dans la sienne ; qui, ayant saisi toute sa volonté, l'amena se plonger et se perdre en la mienne, d'une faim, d'une concurrence[a] pareille. Je dis perdre, à la vérité, ne nous réservant rien qui nous fût propre, ni qui fût ou sien, ou mien.

Quand Lélius, en présence des consuls romains, lesquels, après la condamnation de Tiberius Gracchus, poursuivaient tous ceux qui avaient été de son intelligence, vint à s'enquérir de Caïus Blosius (qui était le principal de ses amis) combien il eût voulu faire pour lui, et qu'il eut répondu : « Toutes choses. — Comment, toutes choses ? suivit-il. Et quoi, s'il t'eût commandé

_a._ Emulation.

de mettre le feu en nos temples ? — Il ne me l'eût jamais commandé, répliqua Blosius. — Mais s'il l'eût fait ? ajouta Lélius. — J'y eusse obéi », répondit-il [15]. S'il était si parfaitement ami de Gracchus, comme disent les histoires, il n'avait que faire d'offenser les consuls par cette dernière et hardie confession ; et ne se devait départir de l'assurance qu'il avait de la volonté de Gracchus. Mais, toutefois, ceux qui accusent cette réponse comme séditieuse, n'entendent pas bien ce mystère et ne présupposent pas, comme il est, qu'il tenait la volonté de Gracchus en sa manche, et par puissance et par connaissance. Ils étaient plus amis que citoyens, plus amis qu'amis et qu'ennemis de leur pays, qu'amis d'ambition et de trouble. S'étant parfaitement commis l'un à l'autre, ils tenaient parfaitement les rênes de l'inclination l'un de l'autre ; et faites guider cet harnois par la vertu et conduite de la raison (comme aussi est-il du tout impossible de l'atteler sans cela), la réponse de Blosius est telle qu'elle devait être. Si leurs actions se démanchèrent, ils n'étaient ni amis selon ma mesure l'un de l'autre, ni amis à eux-mêmes. Au demeurant, cette réponse ne sonne non plus que ferait la mienne, à qui s'enquerrait à moi de cette façon : « Si votre volonté vous commandait de tuer votre fille, la tueriez-vous ? » et que je l'accordasse. Car cela ne porte aucun témoignage de consentement à ce faire, parce que je ne suis point en doute de ma volonté, et tout aussi peu de celle d'un tel ami. Il n'est pas en la puissance de tous les discours du monde de me déloger de la certitude que j'ai des intentions et jugements du mien. Aucune de ses actions ne me saurait être présentée, quelque visage qu'elle eût, que je n'en trouvasse incontinent le ressort. Nos âmes ont charrié si uniment ensemble, elles se sont considérées d'une si ardente affection, et de pareille affection découvertes jusques au fin fond des entrailles l'une à l'autre, que non seulement je connaissais la sienne comme la mienne, mais je me fusse certainement plus volontiers fié à lui de moi qu'à moi.

Qu'on ne me mette pas en ce rang ces autres amitiés

communes ; j'en ai autant de connaissance qu'un autre,
et des plus parfaites de leur genre, mais je ne conseille
pas qu'on confonde leurs règles : on s'y tromperait. Il
faut marcher en ces autres amitiés la bride à la main, avec
prudence et précaution ; la liaison n'est pas nouée en
manière qu'on n'ait aucunement à s'en défier. « Aimez-le
(disait Chilon) comme ayant quelque jour à le haïr ; haïs-
sez-le, comme ayant à l'aimer [16]. » Ce précepte qui est si
abominable en cette souveraine et maîtresse amitié,
il est salubre en l'usage des amitiés ordinaires et
coutumières, à l'endroit desquelles il faut employer
le mot qu'Aristote avait très familier : « O mes amis, il
n'y a nul ami [17] ! »

En ce noble commerce, les offices et les bienfaits,
nourriciers des autres amitiés, ne méritent pas seulement
d'être mis en compte ; cette confusion si pleine de nos
volontés en est cause. Car, tout ainsi que l'amitié que je
me porte ne reçoit point augmentation pour le secours
que je me donne au besoin, quoi que disent les Stoïciens [18], et comme je ne me sais aucun gré du service que
je me fais, aussi l'union de tels amis étant véritablement
parfaite, elle leur fait perdre le sentiment de tels devoirs,
et haïr et chasser d'entre eux ces mots de division et
de différence : bienfait, obligation, reconnaissance,
prière, remerciement, et leurs pareils. Tout étant par
effet commun entre eux, volonté, pensements, jugements,
biens, femmes, enfants, honneur et vie, et leur convenance n'étant qu'une âme en deux corps selon la très
propre définition d'Aristote [19], ils ne se peuvent ni prêter,
ni donner rien. Voilà pourquoi les faiseurs de lois, pour
honorer le mariage de quelque imaginaire ressemblance
de cette divine liaison, défendent les donations entre le
mari et la femme, voulant inférer par là que tout doit
être à chacun d'eux et qu'ils n'ont rien à diviser et partir
ensemble. Si, en l'amitié de quoi je parle, l'un pouvait
donner à l'autre, ce serait celui qui recevrait le bienfait
qui obligerait son compagnon. Car cherchant l'un et
l'autre, plus que toute autre chose, de s'entre-bienfaire,
celui qui en prête la matière et l'occasion est celui-là

qui fait le libéral, donnant ce contentement à son ami d'effectuer en son endroit ce qu'il désire le plus. Quand le philosophe Diogène avait faute d'argent, il disait qu'il le redemandait à ses amis, non qu'il le demandait [20]. Et, pour montrer comment cela se pratique par effet, j'en réciterai un ancien exemple singulier.

Eudamidas [21], Corinthien, avait deux amis : Charixenus, Sycionien, et Arétheus, Corinthien. Venant à mourir étant pauvre, et ses deux amis riches, il fit ainsi son testament : « Je lègue à Arétheus de nourrir ma mère et l'entretenir en sa vieillesse ; à Charixenus, de marier ma fille et lui donner le douaire le plus grand qu'il pourra ; et, au cas que l'un d'eux vienne à défaillir, je substitue en sa part celui qui survivra. » Ceux qui premiers virent ce testament, s'en moquèrent ; mais ses héritiers, en ayant été avertis, l'acceptèrent avec un singulier contentement. Et l'un d'eux, Charixenus, étant trépassé cinq jours après, la substitution étant ouverte en faveur d'Arétheus, il nourrit curieusement [a] cette mère, et, de cinq talents qu'il avait en ses biens, il en donna les deux et demi en mariage à une sienne fille unique, et deux et demi pour le mariage de la fille d'Eudamidas, desquelles il fit les noces en même jour.

Cet exemple est bien plein, si une condition en était à dire, qui est la multitude d'amis. Car cette parfaite amitié, dequoi je parle, est indivisible ; chacun se donne si entier à son ami, qu'il ne lui reste rien à départir ailleurs ; au rebours, il est marri qu'il ne soit double, triple ou quadruple, et qu'il n'ait plusieurs âmes et plusieurs volontés pour les conférer toutes à ce sujet. Les amitiés communes, on les peut départir ; on peut aimer en celui-ci la beauté, en cet autre la facilité de ses mœurs, en l'autre la libéralité, en celui-là la paternité, en cet autre la fraternité, ainsi du reste ; mais cette amitié qui possède l'âme et la régente en toute souveraineté, il est impossible qu'elle soit double. Si deux en même temps demandaient à être secourus, auquel courriez-vous ? S'ils requéraient de vous des offices

a. Soigneusement.

contraires, quel ordre y trouveriez-vous ? Si l'un com-
mettait *ᵃ* à votre silence chose qui fût utile à l'autre
de savoir, comment vous en démêleriez-vous ? L'unique
et principale amitié découd toutes autres obligations.
Le secret que j'ai juré ne déceler à nul autre, je le puis,
sans parjure, communiquer à celui qui n'est pas autre :
c'est moi. C'est un assez grand miracle de se doubler ;
et n'en connaissent pas la hauteur, ceux qui parlent de
se tripler. Rien n'est extrême, qui a son pareil. Et qui
présupposera que de deux j'en aime autant l'un que
l'autre, et qu'ils s'entraînent et m'aiment autant que
je les aime, il multiplie en confrérie la chose la plus une
et unie, et de quoi une seule est encore la plus rare à
trouver au monde.

Le demeurant de cette histoire convient très bien à
ce que je disais : car Eudamidas donne pour grâce et
pour faveur à ses amis de les employer à son besoin.
Il les laisse héritiers de cette sienne libéralité, qui consiste
à leur mettre en main les moyens de lui bienfaire. Et,
sans doute, la force de l'amitié se montre bien plus
richement en son fait qu'en celui d'Aretheus. Somme,
ce sont effets inimaginables à qui n'en a goûté, et qui
me font honorer à merveille la réponse de ce jeune
soldat à Cyrus s'enquérant à lui pour combien il voudrait
donner un cheval, par le moyen duquel il venait de
gagner le prix de la course, et s'il le voudrait échanger
à un royaume : « Non, certes, Sire, mais bien le lairrais-je
volontiers pour en acquérir un ami, si je trouvais homme
digne de telle alliance ²² ».

Il ne disait pas mal : « si j'en trouvais » ; car on trouve
facilement des hommes propres à une superficielle
accointance. Mais en celle-ci, en laquelle on négocie du
fin fond de son courage, qui ne fait rien de reste, certes
il est besoin que tous les ressorts soient nets et sûrs
parfaitement.

Aux confédérations qui ne tiennent que par un bout,
on n'a à pourvoir qu'aux imperfections qui particuliè-

---

a. Confiait.

rement intéressent ce bout-là. Il ne peut chaloir de quelle
religion soit mon médecin et mon avocat. Cette considération n'a rien de commun avec les offices de l'amitié
qu'ils me doivent. Et, en l'accointance domestique que
dressent avec moi ceux qui me servent, j'en fais de
même. Et m'enquiers peu d'un laquais s'il est chaste ; je
cherche s'il est diligent. Et ne crains pas tant un muletier
joueur que imbécile, ni un cuisinier jureur qu'ignorant.
Je ne me mêle pas de dire ce qu'il faut faire au monde,
d'autres assez s'en mêlent, mais ce que j'y fais.

Mihi sic usus est ; tibi, ut opus est facto, face *.

A la familiarité de la table j'associe le plaisant, non le
prudent ; au lit, la beauté avant la bonté ; en la société
du discours, la suffisance, voire sans la prud'homie. Pareillement ailleurs.

Tout ainsi que celui qui [23] fut rencontré à chevauchons
sur un bâton, se jouant avec ses enfants, pria l'homme
qui l'y surprit de n'en rien dire jusques à ce qu'il fût
père lui-même, estimant que la passion qui lui naîtrait
lors en l'âme le rendrait juge équitable d'une telle action ;
je souhaiterais aussi parler à des gens qui eussent essayé
ce que je dis. Mais, sachant combien c'est chose éloignée
du commun usage qu'une telle amitié, et combien elle
est rare, je ne m'attends pas d'en trouver aucun bon juge.
Car les discours même que l'Antiquité nous a laissés sur
ce sujet me semblent lâches au prix du sentiment que
j'en ai. Et, en ce point, les effets surpassent les préceptes
mêmes de la philosophie :

Nil ego contulerim jucundo sanus amico **.

L'ancien Ménandre disait celui-là heureux, qui avait
pu rencontrer seulement l'ombre d'un ami. Il avait
certes raison de le dire, même s'il en avait tâté. Car, à
la vérité, si je compare tout le reste de ma vie, quoiqu'avec

---

* Térence, *Heautontimoroumenos* (le *Bourreau de soi-même*).
« Pour moi c'est ainsi que j'en use ; pour toi, agis à ta guise. »
** Horace, *Satires*, livre I : « Tant que je serai sain d'esprit, je
ne saurais rien comparer à un ami agréable. »

la grâce de Dieu je l'aie passée douce, aisée et, sauf la
perte d'un tel ami, exempte d'affliction pesante, pleine
de tranquillité d'esprit, ayant pris en paiement mes
commodités naturelles et originelles sans en rechercher
d'autres ; si je la compare, dis-je, toute aux quatre années
qu'il m'a été donné de jouir de la douce compagnie et société de ce personnage, ce n'est que fumée, ce n'est qu'une
nuit obscure et ennuyeuse. Depuis le jour que je le perdis,

> *quem semper acerbum,*
> *Semper honoratum (sic, Dii, voluistis !) habebo* *,

je ne fais que traîner languissant ; et les plaisirs même
qui s'offrent à moi, au lieu de me consoler, me redoublent
le regret de sa perte. Nous étions à moitié de tout ; il
me semble que je lui dérobe sa part,

> *Nec fas esse ulla me voluptate hic frui*
> *Decrevi, tantisper dum ille abest meus particeps* **.

J'étais déjà si fait et accoutumé à être deuxième partout,
qu'il me semble n'être plus qu'à demi.

> *Illam meae si partem animae tulit*
> *Maturior vis, quid moror altera,*
> *Nec carus aeque, nec superstes*
> *Integer ? Ille dies utramque*
> *Duxit ruinam* ***.

Il n'est action ou imagination où je ne le trouve à dire
comme si eût-il bien fait à moi. Car, de même qu'il me
surpassait d'une distance infinie en toute autre suffisance et vertu, aussi faisait-il au devoir de l'amitié.

---

* Virgile, *Enéide*, chant V : « Jour, qui sera toujours cruel pour
moi et toujours honoré (telle a été votre volonté, ô Dieux !). »
** Térence, *Le Bourreau de soi-même* : « J'ai décidé qu'il ne
m'était plus permis de jouir d'aucun plaisir, maintenant que je n'ai
plus celui qui partageait ma vie. »
*** Horace, *Odes*, livre II, ode XVII : « Si un destin prématuré
m'a enlevé cette moitié de mon âme, à quoi bon m'attarder, moi
l'autre moitié, qui n'ai plus une valeur égale et qui ne survis pas
tout entier ? Ce jour a conduit à sa perte l'une et l'autre. »

Quis desiderio sit pudor aut modus
Tam cari capitis * ?

O misero frater adempte mihi !
Omnia tecum una perierunt gaudia nostra,
Quæ tuus in vita dulcis alebat amor.
Tu mea, tu moriens fregisti commoda, frater ;
Tecum una tota est nostra sepulta anima,
Cujus ego interitu tota de mente fugavi
Hæc studia atque omnes delicias animi.
Alloquar ? audiero nunquam tua verba loquentem ?
Nunquam ego te, vita frater amabilior,
Aspiciam posthac ? At certe semper amabo **.

Mais oyons un peu parler ce garçon de seize ans [24].

Parce que j'ai trouvé que cet ouvrage a été depuis mis
en lumière, et à mauvaise fin [25], par ceux qui cherchent
à troubler et changer l'état de notre police, sans se soucier
s'ils l'amenderont, qu'ils ont mêlé à d'autres écrits de
leur farine, je me suis dédit de le loger ici. Et afin que
la mémoire de l'auteur n'en soit intéressée en l'endroit
de ceux qui n'ont pu connaître de près ses opinions et
ses actions, je les avise que ce sujet fut traité par lui
en son enfance, par manière d'exercitation seulement,
comme sujet vulgaire et tracassé en mille endroits des
livres. Je ne fais nul doute qu'il ne crût ce qu'il écrivait,
car il était assez consciencieux pour ne mentir pas même
en se jouant. Et sais davantage que, s'il eût eu à choisir,
il eût mieux aimé être né à Venise qu'à Sarlat [26] ; et avec

---

* Horace, *Odes*, livre I, ode XXIV : « Peut-il y avoir de la honte
ou de la mesure dans le regret d'une tête si chère ? »
** Citations de Catulle, tirées des *élégies LXVIII et LXV*,
dont Montaigne a légèrement modifié le texte pour l'adapter à son
cas : « O malheureux que je suis, mon frère, de t'avoir perdu. Avec
toi ont péri toutes les joies que ta tendre affection entretenait dans
ma vie. En mourant, tu as brisé tout mon bonheur, mon frère. Avec
toi, notre âme tout entière a été ensevelie, et par suite de ta mort
j'ai chassé de mon cœur mes études et toutes les délices de mon
esprit. Ne te parlerai-je plus ? Ne t'entendrai-je plus me parler ?
Jamais je ne te verrai plus, frère, que j'aimais mieux que la vie.
Du moins je t'aimerai toujours ! »

raison. Mais il avait une autre maxime souverainement empreinte en son âme, d'obéir et de se soumettre très religieusement aux lois sous lesquelles il était né. Il ne fut jamais un meilleur citoyen, ni plus affectionné au repos de son pays, ni plus ennemi des remuements et nouvelletés de son temps. Il eût bien plutôt employé sa suffisance à les éteindre, qu'à leur fournir de quoi les émouvoir davantage. Il avait son esprit moulé au patron d'autres siècles que ceux-ci.

Or, en échange de cet ouvrage sérieux, j'en substituerai un autre [27], produit en cette même saison de son âge, plus gaillard et plus enjoué. Ce sont 29 sonnets que le sieur de Poiferré. homme d'affaires et d'entendement, qui le connaissait longtemps avant moi, a retrouvés par fortune chez lui, et me les vient d'envoyer : de quoi je lui suis très obligé, et souhaiterais que d'autres qui détiennent plusieurs lopins de ses écrits, par-ci, par-là, en fissent de même.

CHAPITRE XXIX

VINGT ET NEUF
SONNETS
D'ÉTIENNE DE LA BOÉTIE

A MADAME DE GRAMMONT,
COMTESSE DE GUISSEN.

MADAME [1], je ne vous offre rien du mien, ou parce qu'il est déjà vôtre, ou pour ce que je n'y trouve rien digne de vous. Mais j'ai voulu que ces vers, en quelque lieu qu'ils se vissent, portassent votre nom en tête, pour l'honneur que ce leur sera d'avoir pour guide cette grande Corisande d'Andoins. Ce présent m'a semblé vous être propre, d'autant qu'il est peu de dames en France qui jugent mieux et se servent plus à propos que vous de la poésie ; et puisqu'il n'en est point qui la puissent rendre vive et animée, comme vous faites par ces beaux et riches accords [2] de quoi, parmi un million d'autres beautés, nature vous a étrennée. Madame, ces vers méritent que vous les chérissiez ; car vous serez de mon avis, qu'il n'en est point sorti de Gascogne qui eussent plus d'invention et de gentillesse, et qui témoignent être sortis d'une plus riche main. Et n'entrez pas en jalousie de quoi vous n'avez que le reste de ce que piéça j'en ai fait imprimer sous le nom de monsieur de Foix, votre bon parent [3], car certes ceux-ci ont je ne sais quoi de plus vif et de plus bouillant, comme il les fit en sa plus verte jeunesse, et échauffé d'une belle et noble ardeur que je vous dirai, Madame, un jour à l'oreille. Les autres furent faits depuis, comme il était à la poursuite de son mariage, en faveur de sa femme, et sentent déjà je ne sais quelle froideur maritale. Et moi je suis de ceux qui tiennent que la poésie ne rit point ailleurs, comme elle fait en un sujet folâtre et déréglé.

Ces vers se voient ailleurs [4].

SONNETS

I

Pardon, amour, pardon ; ô Seigneur ! je te voue
Le reste de mes ans, ma voix et mes écrits,
Mes sanglots, mes soupirs, mes larmes et mes cris :
Rien, rien tenir d'aucun que de toi, je n'avoue.

Hélas ! comment de moi ma fortune se joue !
De toi n'a pas longtemps, amour je me suis ris,
J'ai failli, je le vois ; je me rends, je suis pris.
J'ai trop gardé mon cœur, or je le désavoue.

Si j'ai pour le garder retardé ta victoire
Ne l'en traite plus mal, plus grande en est ta gloire.
Et si du premier coup tu ne m'as abattu.

Pense qu'un bon vainqueur, et né pour être grand,
Son nouveau prisonnier, quand un coup il se rend,
Il prise et l'aime mieux, s'il a bien combattu.

II

C'est amour, c'est amour, c'est lui seul, je le sens,
Mais le plus vif amour, la poison la plus forte,
A qui onc pauvre cœur ait ouverte la porte :
Ce cruel n'a pas mis un de ses traits perçants,

Mais arc, traits et carquois, et lui tout dans mes sens.
Encor un mois n'a pas que ma franchise est morte,
Que ce venin mortel dans mes veines je porte ;
Et déjà j'ai perdu et le cœur et le sens.

Et quoi ? Si cet amour à mesure croissoit,
Qui en si grand tourment dedans moi se conçoit ?
O crois, si tu peux croître, et amende en croissant :

Tu te nourris de pleurs, des pleurs je te promets,
Et pour te rafraîchir, des soupirs pour jamais ;
Mais que le plus grand mal soit au moins en naissant !

III

C'est fait, mon cœur, quittons la liberté.
De quoi meshui servirait la défense,
Que d'agrandir et la peine et l'offense ?
Plus ne suis fort, ainsi que j'ai été.

La raison fut un temps de mon côté :
Or, révoltée, elle veut que je pense
Qu'il faut servir, et prendre en récompense
Qu'onc d'un tel nœud nul ne fut arrêté.

S'il se faut rendre, alors il est saison,
Quand on n'a plus devers soi la raison.
Je vois qu'amour, sans que je le desserve,

Sans aucun droit, se vient saisir de moi ;
Et vois qu'encor il faut à ce grand roi,
Quand il a tort, que la raison lui serve.

IV

C'était alors, quand! les chaleurs passées,
Le sale Automne aux cuves va foulant,
Le raisin gras dessous le pied coulant,
Que mes douleurs furent encommencées.

Le paisan bat ses gerbes amassées,
Et aux caveaux ses bouillants muids roulant,
Et des fruitiers son automne croulant,
Se venge lors des peines avancées.

Serait-ce un présage donné
Que mon espoir est déjà moissonné ?
Non certes, non ! mais pour certain je pense,

J'aurai, si bien à deviner j'entends,
Si l'on peut rien pronostiquer du temps,
Quelque grand fruit de ma longue espérance.

V

J'ai vu ses yeux perçants, j'ai vu sa face claire
(Nul jamais sans son dam ne regarde les dieux) ;
Froid, sans cœur me laissa son œil victorieux,
Tout étourdi du coup de sa forte lumière.

Comme un surpris de nuit, aux champs, quand il éclaire,
Etonné, se pâlit si la flèche des cieux
Sifflant lui passe contre, et lui serre les yeux ;
Il tremble, et voit, transi, Jupiter en colère.

Dis-moi, ma Dame, au vrai, dis-moi si tes yeux verts
Ne sont pas ceux qu'on dit que l'amour tient couverts ?
Tu les avais, je crois, la fois que je t'ai vue ;

Au moins il me souvient qu'il me fût lors avis
Qu'amour tout à un coup, quand premier je te vis,
Débanda dessus moi et son arc et sa vue.

VI

Ce dit maint un de moi : De quoi se plaint-il tant,
Perdant ses ans meilleurs en chose si légère ?
Qu'a-t-il tant à crier, si encor il espère ?
Et s'il n'espère rien, pourquoi n'est-il content ?

Quand j'étais libre et sain, j'en disais bien autant.
Mais certes celui-là n'a la raison entière,
Ains a le cœur gâté de quelque rigueur fière,
S'il se plaint de ma plainte, et mon mal il n'entend.

Amour tout à un coup de cent douleurs me point,
Et puis l'on m'avertit que je ne crie point.
Si vain je ne suis pas que mon mal j'agrandisse,

A force de parler : s'on m'en peut exempter,
Je quitte les sonnets, je quitte le chanter.
Qui me défend le deuil, celui-là me guérisse !

VII

Quand à chanter ton los parfois je m'aventure,
Sans oser ton grand nom dans mes vers exprimer,
Sondant le moins profond de cette large mer,
Je tremble de m'y perdre, et aux rives m'assure ;

Je crains, en louant mal, que je te fasse injure.
Mais le peuple, étonné d'ouïr tant t'estimer,
Ardant de te connaître, essaie à te nommer,
Et, cherchant ton saint nom ainsi à l'aventure.

Ebloui, n'atteint pas à voir chose si claire ;
Et ne te trouve point, ce grossier populaire,
Qui, n'ayant qu'un moyen, ne voit pas celui-là :

C'est que s'il peut trier, la comparaison faite,
Des parfaites du monde une la plus parfaite,
Lors, s'il a voix, qu'il crie hardiment : La voilà !

VIII

Quand viendra ce jour-là, que ton nom au vrai passe
Par France dans mes vers ? combien et quantes fois
S'en empresse mon cœur, s'en démangent mes doigts ?
Souvent dans mes écrits de soi-même il prend place.

Malgré moi je t'écris, malgré moi je t'efface.
Quand Astrée viendrait, et la foi, et le droit,
Alors joyeux, ton nom au monde se rendroit.
Ores, c'est à ce temps, que cacher il te fasse,

C'est à ce temps malin une grande vergogne,
Donc, ma Dame, tandis tu seras ma Dordogne.
Toutefois, laisse-moi, laisse-moi ton nom mettre ;

Ayez pitié du temps : si au jour je te mets,
Si le temps ce connaît, lors je te le promets,
Lors il sera doré, s'il le doit jamais être.

IX

O entre tes beautés, que ta constance est belle !
C'est ce cœur assuré, ce courage constant,
C'est, parmi tes vertus, ce que l'on prise tant :
Ainsi qu'est-il plus beau, qu'une amitié fidèle ?

Or ne charge donc rien de ta sœur infidèle,
De Vézère ta sœur [5] : elle va s'écartant,
Toujours flottant mal sûre en son cours inconstant
Vois-tu comme à leur gré les vents se jouent d'elle ?

Et ne te repens point, pour droit de ton aînage,
D'avoir déjà choisi la constance en partage.
Même race porta l'amitié souveraine.

Des bons jumeaux, desquels l'un à l'autre départ
Du ciel et de l'enfer la moitié de sa part,
Et l'amour diffamé de la trop belle Hélène.

X

Je vois bien, ma Dordogne, encor humble tu vas :
De te montrer Gasconne, en France, tu as honte.
Si du ruisseau de Sorgue on fait ores grand conte,
Si a-t-il bien été quelquefois aussi bas.

Vois-tu le petit Loir [6], comme il hâte le pas ?
Comme déjà parmi les plus grands il se compte ?
Comme il marche hautain d'une course plus prompte
Tout à côté du Mince, et il ne s'en plaint pas ?

Un seul olivier d'Arne, enté au bord de Loire,
Le fait courir plus brave et lui donne sa gloire.
Laisse, laisse-moi faire ; et un jour, ma Dordogne,

Si je devine bien, on te connaîtra mieux ;
Et Garonne, et le Rhône, et ces autres grands dieux,
En auront quelque envie, et, possible, vergogne.

XI

Toi qui ois mes soupirs, ne me sois rigoureux
Si mes larmes à part toutes miennes je verse,
Si mon amour ne suit en sa douleur diverse
Du Florentin transi les regrets langoureux [7],

Ni de Catulle aussi, le folâtre amoureux,
Qui le cœur de sa dame en chatouillant lui perce,
Ni le savant amour du mi-grégeois Properce :
Ils n'aiment pas pour moi, je n'aime pas pour eux.

Qui pourra sur autrui ses douleurs limiter,
Celui pourra d'autrui les plaintes imiter :
Chacun sent son tourment, et sait ce qu'il endure ;

Chacun parla d'amour ainsi qu'il l'entendit.
Je dis ce que mon cœur, ce que mon mal me dit.
Que celui aime peu qui aime à la mesure !

XII

Quoi ? qu'est-ce ? ô vents, ô nues, ô l'orage !
A point nommé, quand d'elle m'approchant,
Les bois, les monts, les baisses vais tranchant,
Sur moi d'aguet vous poussez votre rage.

Ores mon cœur s'embrase davantage.
Allez, allez faire peur au marchand
Qui dans la mer les trésors va cherchant :
Ce n'est ainsi qu'on m'abat le courage.

Quand j'ois les vents, leur tempête et leurs cris,
De leur malice en mon cœur je me ris :
Me pensent-ils pour cela faire rendre ?

Fasse le ciel du pire, et l'air aussi :
Je veux, je veux, et le déclare ainsi
S'il faut mourir, mourir comme Léandre.

XIII

Vous qui aimer encore ne savez,
Ores m'oyant parler de mon Léandre,
Ou jamais non, vous y devez apprendre,
Si rien de bon dans le cœur vous avez.

Il osa bien, branlant ses bras lavés,
Armé d'amour, contre l'eau se défendre,
Qui pour tribut la fille voulut prendre,
Ayant le frère et le mouton sauvés [8].

Un soir, vaincu par les flots rigoureux,
Voyant déjà, ce vaillant amoureux,
Que l'eau maîtresse à son plaisir le tourne,

Parlant aux flots, leur jeta cette voix :
Pardonnez-moi maintenant que j'y vois,
Et gardez-moi la mort quand je retourne,

XIV

O cœur léger, ô courage mal seur,
Penses-tu plus que souffrir je te puisse ?
O bonté creuse, ô couverte malice !
Traître beauté, venimeuse douceur !

Tu étais donc toujours sœur de ta sœur ?
Et moi, trop simple, il fallait que j'en fisse
L'essai sur moi, et que tard j'entendisse
Ton parler double et tes chants de chasseur ?

Depuis le jour que j'ai pris à t'aimer,
J'eusse vaincu les vagues de la mer.
Qu'est-ce meshui que je pourrais attendre ?

Comment de toi pourrais-je être content ?
Qui apprendra ton cœur d'être constant,
Puisque le mien ne le lui peut apprendre ?

XV

Ce n'est pas moi que l'on abuse ainsi :
Qu'à quelque enfant ses ruses on emploie,
Qui n'a nul goût, qui n'entend rien qu'il oie :
Je sais aimer, je sais haïr aussi.

Contente-toi de m'avoir jusqu'ici
Fermé les yeux ; il est temps que j'y voie,
Et que meshui las et honteux je sois
D'avoir mal mis mon temps et mon souci.

Oserais-tu, m'ayant ainsi traité,
Parler à moi jamais de fermeté ?
Tu prends plaisir à ma douleur extrême ;

Tu me défends de sentir mon tourment,
Et si je veux bien que je meure en t'aimant :
Si je ne sens, comment veux-tu que j'aime ?

XVI

Oh ! l'ai-je dit ? Hélas, l'ai-je songé,
Ou si pour vrai j'ai dit blasphème telle ?
Ça, fausse langue, il faut que l'honneur d'elle,
De moi, par moi, dessus moi, soit vengé.

Mon cœur chez toi, ô ma Dame, est logé :
Là donne-lui quelque gêne nouvelle,
Fais-lui souffrir quelque peine cruelle ;
Fais, fais-lui tout, fors lui donner congé.

Or seras-tu (je le sais) trop humaine,
Et ne pourras longuement voir ma peine :
Mais, un tel fait, faut-il qu'il se pardonne ?

A tout le moins, haut je me dédierai
De mes sonnets, et me démentirai :
Pour ces deux faux, cinq cents vrais je t'en donne.

XVII

Si ma raison en moi s'est pu remettre,
Si recouvrer asteure je me puis,
Si j'ai du sens, si plus homme je suis,
Je t'en mercie, ô bienheureuse lettre !

Qui m'eût (hélas !), qui m'eût su reconnaître,
Lorsqu'enragé, vaincu de mes ennuis,
En blasphémant ma Dame je poursuis ?...
De loin, honteux, je te vis lors paraître,

O saint papier ! alors je me revins,
Et devers toi dévotement je vins.
Je te donrais *a* un autel pour ce fait,

Qu'on vît les traits de cette main divine.
Mais de les voir aucun homme n'est digne,
Ni moi aussi, s'elle ne m'en eût fait.

a. Donnerais.

XVIII

J'étais prêt d'encourir pour jamais quelque blâme.
De colère échauffé, mon courage brûlait ;
Ma folle voix au gré de ma fureur branlait ;
Je dépitais les dieux, et encore ma Dame.

Lorsqu'elle de loin jette un brevet dans ma flamme
Je le sentis soudain comme il me rhabillait,
Qu'aussitôt devant lui ma fureur s'en allait,
Qu'il me rendait, vainqueur, en sa place mon âme.

Entre vous, qui de moi, ces merveilles oyez,
Que me dites-vous d'elle ? et je vous prie, voyez,
S'ainsi comme je fais, adorer je la dois ?

Quels miracles en moi pensez-vous qu'elle fasse
De son œil tout-puissant, ou d'un rai de sa face,
Puisqu'en moi firent tant les traces de ses doigts ?

XIX

Je tremblais devant elle, et attendais, transi,
Pour venger mon forfait quelque juste sentence,
A moi-même consent du poids de mon offense,
Lorsqu'elle me dit : Va, je te prends à merci.

Que mon los désormais partout soit éclairci :
Emploie là tes ans ; et sans plus, meshui pense
D'enrichir de mon nom par tes vers notre France :
Couvre de vers ta faute, et paye-moi ainsi.

Sus donc, ma plume, il faut, pour jouir de ma peine,
Courir par sa grandeur d'une plus large veine :
Mais regarde à son œil, qu'il ne nous abandonne.

Sans ses yeux nos esprits se mourraient languissants.
Ils nous donnent le cœur, ils nous donnent le sens :
Pour se payer de moi, il faut qu'elle me donne.

XX

O vous, maudits sonnets, vous qui prîtes l'audace
De toucher à ma Dame ! ô malins et pervers,
Des Muses le reproche, et honte de mes vers !
Si je vous fis jamais, s'il faut que je me fasse.

Ce tort de confesser vous tenir de ma race,
Lors pour vous les ruisseaux ne furent pas ouverts
D'Apollon le Doré, des Muses aux yeux verts ;
Mais vous reçut naissants Tisiphone en leur place.

Si j'ai onc quelque part à la postérité,
Je veux que l'un et l'autre en soit déshérité ;
Et si au feu vengeur dès or je ne vous donne,

C'est pour vous diffamer : vivez, chétifs, vivez,
Vivez aux yeux de tous, de tout honneur privez :
Car c'est pour vous punir, qu'ores je vous pardonne.

XXI

N'ayez plus, mes amis, n'ayez plus cette envie
Que je cesse d'aimer ; laissez-moi, obstiné,
Vivre et mourir ainsi puisqu'il est ordonné :
Mon amour, c'est le fil auquel se tient ma vie.

Ainsi me dit la Fée ; ainsi en Œagrie,
Elle fit Méléagre [9] à l'amour destiné,
Et alluma sa souche à l'heure qu'il fut né,
Et dit : Toi et ce feu, tenez-vous compagnie.

Elle le dit ainsi, et la fin ordonnée
Suivit après le fil de cette destinée.
La souche (ce dit-on) au feu fut consommée ;

Et dès lors (grand miracle), en un même moment,
On vit tout à un coup du misérable amant
La vie et le tison s'en aller en fumée.

XXII

Quand tes yeux conquérants, étonné, je regarde,
J'y vois dedans à clair tout mon esprit écrit,
J'y vois dedans mon amour lui-même qui me rit,
Et m'y montre mignard le bonheur qu'il me garde.

Mais que de te parler parfois je me hasarde,
C'est lors que mon espoir desséché se tarit ;
Et d'avouer jamais ton œil, qui me nourrit,
D'un seul mot de faveur, cruelle, tu n'as garde.

Si tes yeux sont pour moi, or vois ce que je dis :
Ce sont ceux-là, sans plus, à qui je me rendis.
Mon Dieu, quelle querelle en toi-même se dresse,

Si ta bouche et tes yeux se veulent démentir !
Mieux vaut, mon doux tourment, mieux vaut les départir,
Et que je prenne au mot de tes yeux la promesse.

XXIII

Ce sont tes yeux tranchants qui me font le courage.
Je vois sauter dedans la gaye liberté,
Et mon petit archer, qui mène à son côté
La belle Gaillardise et le Plaisir volage ;

Mais après, la rigueur de ton triste langage
Me montre dans ton cœur la fière honnêteté ;
Et, condamné, je vois la dure chasteté
Là gravement assise, et la vertu sauvage.

Ainsi mon temps divers par ces vagues se passe ;
Ores son œil m'appelle, or sa bouche me chasse.
Hélas, en cet estrif, combien ai-je enduré !

Et puisqu'on pense avoir d'amour quelque assurance,
Sans cesse, nuit et jour, à la servir je pense,
Ni encor de mon mal ne puis être assuré.

XXIV

Or, dis-je bien, mon espérance est morte ;
Or est-ce fait de mon aise et mon bien.
Mon mal est clair : maintenant, je vois bien,
J'ai épousé la douleur que je porte.

Tout me court sus, rien ne me réconforte,
Tout m'abandonne, et d'elle je n'ai rien,
Sinon toujours quelque nouveau soutien,
Qui rend ma peine et ma douleur plus forte.

Ce que j'attends, c'est un jour d'obtenir
Quelques soupirs des gens de l'avenir,
Quelqu'un dira dessus moi par pitié :

Sa dame et lui naquirent destinés,
Egalement de mourir obstinés,
L'un en rigueur, et l'autre en amitié.

XXV

J'ai tant vécu chétif, en ma langueur,
Qu'or j'ai vu rompre (et suis encore en vie)
Mon espérance avant mes yeux ravie,
Contre l'écueil de sa fière rigueur.

Que m'a servi de tant d'ans la longueur ?
Elle n'est pas de ma peine assouvie ;
Elle s'en rit, et n'a point d'autre envie
Que de tenir mon mal en sa vigueur.

Doncques j'aurai, malheureux en aimant,
Toujours un cœur, toujours nouveau tourment
Je me sens bien que j'en suis hors d'haleine,

Prêt à laisser la vie sous le faix :
Qu'y ferait-on, sinon ce que je fais ?
Piqué du mal, je m'obstine en ma peine.

XXVI

Puisqu'ainsi sont mes dures destinées,
J'en saoulerai, si je puis, mon souci.
Si j'ai du mal, elle le veut aussi :
J'accomplirai mes peines ordonnées.

Nymphes des bois, qui avez, étonnées,
De mes douleurs, je crois, quelque merci,
Qu'en pensez-vous ? puis-je durer ainsi,
Si à mes maux trêves ne sont données ?

Or si quelqu'une à m'écouter s'encline,
Oyez, pour Dieu, ce qu'ores je devine :
Le jour est près que mes forces jà vaines.

Ne pourront plus fournir à mon tourment.
C'est mon espoir : si je meurs en aimant,
Adonc, je crois, faillirai-je à mes peines.

XXVII

Lorsque lasse est de me lasser ma peine,
Amour, d'un bien mon mal rafraîchissant,
Flatte au cœur mort ma plaie languissant,
Nourrit mon mal et lui fait prendre haleine.

Lors je conçois quelque espérance vaine ;
Mais aussitôt, ce dur tyran, s'il sent
Que mon espoir se renforce en croissant,
Pour l'étouffer, cent tourments il m'ameine,

Encor tous frais : lors je me vois blâmant
D'avoir été rebelle à mon tourment.
Vive le mal, ô dieux, qui me dévore !

Vive à son gré mon tourment rigoureux !
O bien heureux, et bien heureux encore,
Qui sans relâche est toujours malheureux !

XXVIII

Si contre amour je n'ai autre défence,
Je m'en plaindrai, mes vers le maudîront,
Et après moi les roches rediront
Le tort qu'il fait à ma dure constance.

Puisque de lui j'endure cette offence,
Au moins tout haut, mes rimes le diront,
Et nos neveux, alors qu'ils me liront,
En l'outrageant, m'en feront la vengeance.

Ayant perdu tout l'aise que j'avois,
Ce sera peu que de perdre ma voix.
S'on sait l'aigreur de mon triste souci ;

Et fut celui qui m'a fait cette plaie,
Il en aura, pour si dur cœur qu'il aie,
Quelque pitié, mais non pas de merci.

XXIX

Jà reluisait la benoîte journée
Que la nature au monde te devait,
Quand des trésors qu'elle te réservait
Sa grande clef te fut abandonnée.

Tu pris la grâce à toi seule ordonnée ;
Tu pillas tant de beautés qu'elle avoit,
Tant qu'elle, fière, alors qu'elle te voit,
En est parfois elle-même étonnée.

Ta main de prendre enfin se contenta ;
Mais la nature encor te présenta,
Pour t'enrichir, cette terre où nous sommes.

Tu n'en pris rien, mais en toi tu t'en ris,
Te sentant bien en avoir assez pris
Pour être ici reine du cœur des hommes.

CHAPITRE XXX

DE LA MODÉRATION

Comme si nous avions l'attouchement infect, nous corrompons par notre maniement les choses qui d'elles-mêmes sont belles et bonnes. Nous pouvons saisir la vertu de façon qu'elle en deviendra vicieuse, si nous l'embrassons d'un désir trop âpre et violent. Ceux qui disent qu'il n'y a jamais d'excès en la vertu, d'autant que ce n'est plus vertu si l'excès y est, se jouent des paroles :

Insani sapiens nomen ferat, æquus iniqui,
Ultra quam satis est virtutem si petat ipsam*.

C'est une subtile considération de la philosophie. On peut et trop aimer la vertu, et se porter excessivement en une action juste. A ce biais s'accommode la voix divine : « Ne soyez pas plus sages qu'il ne faut, mais soyez sobrement sages [1]. »

J'ai vu tel Grand blesser la réputation de sa religion pour se montrer religieux outre tout exemple des hommes de sa sorte [2].

---

* Horace, *Epîtres*, livre I, épître VI : « Le sage mériterait le nom d'insensé, le juste celui d'injuste, s'il visait à la vertu même, au-delà de ce qui est suffisant. »

J'aime des natures tempérées et moyennes. L'immo-
dération vers le bien même si elle ne m'offense, elle
m'étonne et me met en peine de la baptiser. Ni la mère
de Pausanias, qui donna la première instruction et porta
la première pierre à la mort de son fils, ni le dictateur
Postumius [3], qui fit mourir le sien que l'ardeur de jeunesse avait poussé heureusement sur les ennemis, un peu
avant son rang, ne me semble si juste comme étrange.
Et n'aime ni à conseiller, ni à suivre une vertu si sauvage
et si chère.

L'archer qui outrepasse le blanc *a* faut *b*, comme celui
qui n'y arrive pas. Et les yeux me troublent à monter
à coup vers une grande lumière également comme à
dévaler à l'ombre. Calliclès, en Platon [4], dit l'extrémité
de la philosophie être dommageable, et conseille de ne
s'y enfoncer outre les bornes du profit ; que, prise avec
modération, elle est plaisante et commode, mais qu'en
fin elle rend un homme sauvage et vicieux, dédaigneux
des religions et lois communes, ennemi de la conversation civile *c*, ennemi des voluptés humaines, incapable de
toute administration politique et de secourir autrui et
de se secourir à soi, propre à être impunément souffleté.
Il dit vrai, car, en son excès, elle esclave notre naturelle
franchise, et nous dévoie, par une importune subtilité,
du beau et plain chemin que nature nous a tracé.

L'amitié que nous portons à nos femmes, elle est très
légitime ; la théologie ne laisse pas de la brider pourtant,
et de la restreindre. Il me semble avoir lu autrefois chez
saint Thomas [5], en un endroit où il condamne les mariages des parents ès degrés défendus, cette raison parmi
les autres, qu'il y a danger que l'amitié qu'on porte à une
telle femme soit immodérée : car si l'affection maritale
s'y trouve entière et parfaite ; comme elle doit, et qu'on
la surcharge encore de celle qu'on doit à la parentelle, il
n'y a point de doute que ce surcroît n'emporte un tel
mari hors les barrières de la raison.

Les sciences qui règlent les mœurs des hommes, comme
la théologie et la philosophie, elles se mêlent de tout.

a. Le but. — *b*. Manque. — *c*. Relations sociales.

Il n'est d'action si privée et secrète, qui se dérobe de leur connaissance et juridiction. Bien apprentis sont ceux qui syndiquent leur liberté. Ce sont les femmes qui communiquent tant qu'on veut leurs pièces à garçonner ; à médeciner, la honte le défend. Je veux donc, de leur part, apprendre ceci aux maris, car il y a grand danger qu'ils ne se perdent en ce débordement, s'il s'en trouve encore qui y soient trop acharnés : c'est que les plaisirs mêmes qu'ils ont à l'accointance de leurs femmes sont réprouvés, si la modération n'y est observée ; et qu'il y a de quoi faillir en licence et débordement, comme en un sujet illégitime. Ces enchériments *a* déshontés que la chaleur première nous suggère en ce jeu, non indécemment seulement, mais dommageablement employés envers nos femmes. Qu'elles apprennent l'impudence au moins d'une autre main. Elles sont toujours assez éveillées pour notre besoin. Je ne m'y suis servi que de l'instruction naturelle et simple.

C'est une religieuse liaison et dévote que le mariage ; voilà pourquoi le plaisir qu'on en tire, ce doit être un plaisir retenu, sérieux et mêlé à quelque sévérité ; ce doit être une volupté aucunement prudente et consciencieuse. Et, parce que sa principale fin c'est la génération, il y en a qui mettent en doute si, lorsque nous sommes sans l'espérance de ce fruit, comme quand elles sont hors d'âge, ou enceintes, il est permis d'en rechercher l'embrassement. Cela tiens-je pour certain qu'il est beaucoup plus sain de s'en abstenir. *C'est un homicide, à la mode de Platon*[6]. *Certaines nations*[7], et entre autres la Mahométane[8], abominent la conjonction avec les femmes enceintes ; plusieurs aussi, avec celles qui ont leurs flueurs. Zénobie ne recevait son mari que pour une charge, et, cela fait, elle le laissait courir tout le temps de sa conception, lui donnant lors seulement loi de recommencer[9] : brave et généreux exemple de mariage.

C'est de quelque poète disetteux et affamé de ce déduit, que Platon[10] emprunta cette narration, que Jupiter fit

---

a. Caresses.

à sa femme une si chaleureuse charge un jour que, ne pouvant avoir patience qu'elle eût gagné son lit, il la versa sur le plancher, et, par la véhémence du plaisir, oublia les résolutions grandes et importantes qu'il venait de prendre avec les autres dieux en sa cour céleste ; se vantant qu'il l'avait trouvé aussi bon ce coup-là, que lorsque premièrement il la dépucela à cachette de leurs parents.

Les rois de Perse [11] appelaient leurs femmes à la compagnie de leurs festins ; mais quand le vin venait à les échauffer en bon escient et qu'il fallait tout à fait lâcher la bride à la volupté, ils les renvoyaient en leur privé, pour ne pas les faire participantes de leurs appétits immodérés, et faisaient venir en leur lieu des femmes auxquelles ils n'eussent point cette obligation de respect.

Tous plaisirs et toutes gratifications ne sont pas bien logées en toutes gens ; Epaminondas [12] avait fait emprisonner un garçon débauché ; Pélopidas le pria de le mettre en liberté en sa faveur ; il l'en refusa, et l'accorda à une sienne garce, qui aussi l'en pria : disant que c'était une gratification due à une amie, non à un capitaine. Sophocle, étant compagnon en la préture avec Périclès, voyant de cas de fortune passer un beau garçon : « O le beau garçon que voilà, fit-il à Périclès. — Cela serait bon à un autre qu'à un préteur, lui dit Périclès, qui doit avoir non les mains seulement, mais aussi les yeux chastes [13]. »

Ælius Verus, l'empereur [14], répondit à sa femme, comme elle se plaignait de quoi il se laissait aller à l'amour d'autres femmes, qu'il le faisait par occasion consciencieuse, d'autant que le mariage était un nom d'honneur et dignité, non de folâtre et lascive concupiscence. Et nos anciens auteurs ecclésiastiques [15] font avec honneur mention d'une femme qui répudia son mari pour ne vouloir seconder ses trop lascives et immodérées amours. Il n'est en somme aucune si juste volupté, en laquelle l'excès et l'intempérance ne nous soit reprochable.

Mais, à parler à bon escient, est-ce pas un misérable animal que l'homme ? A peine est-il en son pouvoir, par sa condition naturelle, de goûter un seul plaisir entier et pur, encore se met-il en peine de le retrancher par discours ; il n'est pas assez chétif, si par art et par étude il n'augmente sa misère :

Fortunæ miseras auximus arte vias *.

La sagesse humaine fait bien sottement l'ingénieuse de s'exercer à rabattre le nombre et la douceur des voluptés qui nous appartiennent, comme elle fait favorablement et industrieusement d'employer ses artifices à nous peigner et farder les maux et en alléger le sentiment. Si j'eusse été chef de part, j'eusse pris autre voie, plus naturelle, qui est à dire vraie, commode et sainte ; et me fusse peut-être rendu assez fort pour la borner.

Quoique nos médecins spirituels et corporels, comme par complot fait entre eux, ne trouvent aucune voie à la guérison, ni remède aux maladies du corps et de l'âme, que par le tourment, la douceur et la peine ; les veilles, les jeûnes, les haires, les exils lointains et solitaires, les prisons perpétuelles, les verges et autres afflictions ont été introduites pour cela ; mais en telle condition que ce soient véritablement afflictions et qu'il y ait de l'aigreur poignante ; et qu'il n'en advienne point comme à un Gallio [16], lequel ayant été envoyé en exil en l'île de Lesbos, on fut averti à Rome qu'il s'y donnait du bon temps, et que ce qu'on lui avait enjoint pour peine, lui tournait à commodité ; parquoi ils se ravisèrent de le rappeler près de sa femme et en sa maison, et lui ordonnèrent de s'y tenir, pour accommoder leur punition à son ressentiment. Car à qui le jeûne aiguiserait la santé et l'allégresse, à qui le poisson serait plus appétissant que la chair, ce ne serait plus recette salutaire ; non plus qu'en l'autre médecine, les drogues n'ont point d'effet à l'endroit de celui qui les prend avec appétit et plaisir. L'amertume et la difficulté sont circonstances servant à leur opération. Le naturel qui accepterait la rhubarbe comme

* Properce, *Elégies*, livre III, élégie VII : « Nous avons augmenté par notre art les voies lamentables de notre sort. »

familière, en corrompait l'usage ; il faut que ce soit chose qui blesse notre estomac pour le guérir ; et ici faut la règle commune, que les choses se guérissent par leurs contraires, car le mal y guérit le mal.

Cette impression se rapporte aucunement à cette autre si ancienne, de penser gratifier au Ciel et à la nature par notre massacre et homicide, qui fut universellement embrassée en toutes religions. Encore du temps de nos pères, Amurat, en la prise de l'Isthme, immola six cents jeunes hommes grecs à l'âme de son père, afin que ce sang servît de propitiation à l'expiation des péchés du trépassé [17]. En ces nouvelles terres, découvertes en notre âge [18], pures encore et vierges au prix des nôtres, l'usage en est aucunement reçu partout ; toutes leurs idoles s'abreuvent de sang humain, non sans divers exemples d'horrible cruauté. On les brûle vifs, et, demi rôtis, on les retire du brasier pour leur arracher le cœur et les entrailles. A d'autres, voire aux femmes, on les écorche vives, et de leur peau ainsi sanglante, en revêt-on et masque d'autres. Et non moins d'exemples de constance et résolution. Car ces pauvres gens sacrifiables, vieillards, femmes, enfants vont, quelques jours avant, quêtant eux-mêmes les aumônes pour l'offrande de leur sacrifice, et se présentent à la boucherie chantant et dansant avec les assistants. Les ambassadeurs du roi de Mexico faisant entendre à Fernand Cortez la grandeur de leur maître, après lui avoir dit qu'il avait trente vassaux, desquels chacun pouvait assembler cent mille combattants, et qu'il se tenait en la plus belle et forte ville qui fût sous le ciel, lui ajoutèrent qu'il avait à sacrifier aux dieux cinquante mille hommes par an. De vrai, ils disent qu'il nourrissait la guerre avec certains grands peuples voisins, non seulement pour l'exercice de la jeunesse du pays, mais principalement pour avoir de quoi fournir à ses sacrifices par des prisonniers de guerre. Ailleurs, en certain bourg, pour la bienvenue dudit Cortez, ils sacrifièrent cinquante hommes tout à la fois. Je dirai encore ce conte. Aucuns de ces peuples, avant été battus par lui, envoyèrent le reconnaître et rechercher d'amitié ; les messagers lui présentèrent trois sortes de présents, en cette manière : « Seigneur, voilà cinq esclaves ; si tu es un Dieu fier [a] qui te paisses de chair et de sang, mange-les, et nous t'en aimerons [b] davantage ; si tu es un Dieu débonnaire, voilà de l'encens et des plumes ; si tu es homme, prend les oiseaux et les fruits que voici. »

a. Cruel. — b. Amènerons (?).

CHAPITRE XXXI

DES CANNIBALES

QUAND le roi Pyrrhus passa en Italie [1], après qu'il eut reconnu l'ordonnance de l'armée que les Romains lui envoyaient au-devant : « Je ne sais, dit-il, quels barbares sont ceux-ci (car les Grecs appelaient ainsi toutes les nations étrangères), mais la disposition de cette armée que je vois, n'est aucunement barbare. » Autant en dirent les Grecs de celle que Flaminius [2] fit passer en leur pays et Philippe [3], voyant d'un tertre l'ordre et distribution du camp romain en son royaume, sous Publius Sulpicius Galba. Voilà comment il se faut garder de s'attarder aux opinions vulgaires, et les faut juger par la voix de la raison, non par la voix commune.

J'ai eu longtemps avec moi un homme qui avait demeuré dix ou douze ans en cet autre monde, qui a été découvert en notre siècle, en l'endroit où Villegagnon [4] prit terre, qu'il surnomma la France Antarctique. Cette découverte d'un pays infini semble être de considération. Je ne sais si je me puis répondre qu'il ne s'en fasse à l'avenir quelqu'autre, tant de personnages plus grands que nous ayant été trompés en celle-ci. J'ai peur que nous ayons les yeux plus grands que le ventre, et plus de curiosité que nous n'avons de capacité. Nous embrassons tout, mais n'étreignons que du vent. Platon [5] introduit Solon racontant avoir appris des prêtres de la ville de Saïs, en Egypte, que, jadis et avant le déluge, il y avait une grande île, nommée Atlantide, droit à la bouche du détroit de Gibraltar, qui tenait plus de pays que l'Afrique et l'Asie toutes deux ensemble, et que les rois de cette contrée-là, qui ne possédaient pas seulement cette île, mais s'étaient étendus dans la terre ferme si avant qu'ils tenaient de la largeur d'Afrique jusques en Egypte, et de la longueur de l'Europe jusques en la Toscane, entreprirent d'enjamber jusques sur l'Asie et subjuguer toutes les nations qui bordent la mer Méditerranée jusques au golfe de la mer Majour [6] ; et, pour cet effet, traversèrent les Espagnes, la Gaule, l'Italie, jusques en la Grèce, où les Athéniens les soutinrent [a] ; mais que, quelque temps après, et les Athéniens, et eux, et leur île furent engloutis par le déluge. Il est bien vraisemblable que cet extrême ravage d'eaux ait fait des changements étranges aux habitations de la terre, comme on tient que la mer a retranché la Sicile d'avec l'Italie,

> *Hæc loca, vi quondam et vasta convulsa ruina,*
> *Dissiluisse ferunt, cum protinus utráque tellus*
> *Una foret* *,

Chypre d'avec la Syrie, l'île de Négrepont [7] de la terre ferme de la Béotie ; et joint ailleurs les terres qui étaient divisées, comblant de limon et de sable les fossés d'entre-deux,

> *sterilisque diu palus aptaque remis*
> *Vicinas urbes alit, et grave sentit aratrum* **.

Mais il n'y a pas grande apparence que cette île soit ce monde nouveau que nous venons de découvrir ; car

a. Les arrêtèrent.
* *Enéide*, chant III : « On dit que ces terres qui ne formaient qu'un seul continent ont été séparées jadis de force, arrachées par une énorme convulsion. »
** Horace, *Art poétique* : « Un marais longtemps stérile et propre aux rames supporte la pesante charrue. »

elle touchait quasi l'Espagne, et ce serait un effet incroyable d'inondation de l'en avoir reculée, comme elle est, de plus de douze cents lieues ; outre ce que les navigations des modernes ont déjà presque découvert que ce n'est point une île, ains [a] terre ferme et continente avec l'Inde orientale d'un côté, et avec les terres qui sont sous les deux pôles d'autre part ; ou, si elle en est séparée, que c'est d'un si petit détroit et intervalle qu'elle ne mérite pas d'être nommée île pour cela [8]. Il semble qu'il y ait des mouvements, naturels les uns, les autres fiévreux, en ces grands corps comme aux nôtres. Quand je considère l'impression que ma rivière de Dordogne fait de mon temps vers la rive droite de sa descente, et qu'en vingt ans elle a tant gagné, et dérobé le fondement à plusieurs bâtiments, je vois bien que c'est une agitation extraordinaire ; car, si elle fût toujours allée à ce train, ou dût aller à l'avenir, la figure du monde serait renversée. Mais il leur prend des changements : tantôt elles s'épandent d'un côté, tantôt d'un autre ; tantôt elles se contiennent. Je ne parle pas des soudaines inondations de quoi nous manions les causes. En Médoc, le long de la mer, mon frère, sieur d'Arsac [9], voit une sienne terre ensevelie sous les sables que la mer vomit devant elle ; le faîte d'aucuns bâtiments paraît encore ; ces rentes et domaines se sont échangés en pacages bien maigres. Les habitants disent que, depuis quelque temps, la mer se pousse si fort vers eux qu'ils ont perdu quatre lieues de terre. Ces sables sont ses fourriers ; et voyons des grandes mont-joies d'arène [b] mouvante qui marchent d'une demi-lieue devant elle, et gagnent pays.

L'autre témoignage de l'Antiquité, auquel on veut rapporter cette découverte, est dans Aristote, au moins si ce petit livret *Des merveilles inouïes* est à lui. Il raconte là que certains Carthaginois, s'étant jetés au travers de la mer Atlantique, hors le détroit de Gibraltar, et navigué longtemps, avaient découvert enfin une

---

a. Mais. — *b.* Des dunes de sable.

grande île fertile, toute revêtue de bois et arrosée de grandes et profondes rivières, fort éloignée de toutes terres fermes ; et qu'eux, et autres depuis, attirés par la bonté et fertilité du terroir, s'y en allèrent avec leurs femmes et enfants, et commencèrent à s'y habituer. Les seigneurs de Carthage, voyant que leur pays se dépeuplait peu à peu, firent défense expresse, sur peine de mort, que nul n'eût plus à aller là, et en chassèrent ces nouveaux habitants, craignant, à ce que l'on dit, que par succession de temps ils ne vinssent à multiplier tellement qu'ils les supplantassent eux-mêmes et ruinassent leur Etat. Cette narration d'Aristote n'a non plus d'accord avec nos terres neuves.

Cet homme que j'avais, était homme simple et grossier, qui est une condition propre à rendre véritable témoignage ; car les fines gens remarquent bien plus curieusement et plus de choses, mais ils les glosent ; et, pour faire valoir leur interprétation et la persuader, ils ne se peuvent farder d'altérer un peu l'Histoire ; ils ne vous représentent jamais les choses pures, ils les inclinent et masquent selon le visage qu'ils leur ont vu ; et, pour donner crédit à leur jugement et vous y attirer, prêtent volontiers de ce côté-là à la matière, l'allongent et l'amplifient. Ou il faut un homme très fidèle, ou si simple qu'il n'ait pas de quoi bâtir et donner de la vraisemblance à des inventions fausses, et qui n'ait rien épousé. Le mien était tel ; et, outre cela, il m'a fait voir à diverses fois plusieurs matelots et marchands qu'il avait connus en ce voyage. Ainsi je me contente de cette information, sans m'enquérir de ce que les cosmographes en disent.

Il nous faudrait des topographes qui nous fissent narration particulière des endroits où ils ont été. Mais, pour avoir cet avantage sur nous d'avoir vu la Palestine, ils veulent jouir de ce privilège de nous conter nouvelles de tout le demeurant du monde. Je voudrais que chacun écrivît ce qu'il sait, et autant qu'il en sait, non en cela seulement, mais en tous autres sujets : car tel peut avoir quelque particulière science ou expérience de la nature d'une rivière ou d'une fontaine, qui ne sait au reste que ce que chacun sait. Il entreprendra toutefois, pour faire courir ce petit lopin, d'écrire toute la physique. De ce vice sourdent plusieurs grandes incommodités.

Or je trouve, pour revenir à mon propos, qu'il n'y a rien de barbare et de sauvage en cette nation [10], à ce qu'on m'en a rapporté, sinon que chacun appelle barbarie ce qui n'est pas de son usage ; comme de vrai, il semble que nous n'avons autre mire de la vérité et de la raison que l'exemple et idée des opinions et usances du pays où nous sommes. Là est toujours la parfaite religion, la parfaite police, parfait et accompli usage de toutes choses. Ils sont sauvages, de même que nous appelons sauvages les fruits que nature, de soi et de son progrès ordinaire, a produits : là où, à la vérité, ce sont ceux que nous avons altérés par notre artifice et détournés de l'ordre commun, que nous devrions appeler plutôt sauvages. En ceux-là sont vives et vigoureuses les vraies et plus utiles et naturelles vertus et propriétés, lesquelles nous avons abâtardies en ceux-ci, et les avons seulement accommodées au plaisir de notre goût corrompu. Et si pourtant, la saveur même et délicatesse se trouve à notre goût excellente, à l'envi des nôtres, en divers fruits de ces contrées-là sans culture. Ce n'est pas raison que l'art gagne le point d'honneur sur notre grande et puissante mère Nature. Nous avons tant rechargé la beauté et richesse de ses ouvrages par nos inventions que nous l'avons du tout étouffée. Si est-ce que, partout où sa pureté reluit, elle fait une merveilleuse honte à nos vaines et frivoles entreprises,

Et veniunt ederæ sponte sua melius,
Surgit et in solis formosior arbutus antris,
Et volucres nulla dulcius arte canunt *.

---

* Properce, *Elégies*, livre I, élégie II : « Le lierre pousse mieux spontanément, l'arbousier croît plus beau dans les antres solitaires, et les oiseaux chantent plus doucement sans aucun art. »

Tous nos efforts ne peuvent seulement arriver à représenter le nid du moindre oiselet, sa contexture, sa beauté
et l'utilité de son usage, non pas la tissure de la chétive
araignée. Toutes choses, dit Platon [11], sont produites
par la nature ou par la fortune, ou par l'art ; les plus
grandes et plus belles, par l'une ou l'autre des deux
premières ; les moindres et imparfaites, par la dernière.

Ces nations me semblent donc ainsi barbares, pour
avoir reçu fort peu de leçon de l'esprit humain, et être
encore fort voisines de leur naïveté originelle. Les lois
naturelles leur commandent encore, fort peu abâtardies
par les nôtres ; mais c'est en telle pureté, qu'il me prend
quelquefois déplaisir de quoi la connaissance n'en soit
venue plus tôt, du temps qu'il y avait des hommes qui en
eussent su mieux juger que nous. Il me déplaît que
Lycurgue et Platon ne l'aient eue ; car il me semble que
ce que nous voyons par expérience en ces nations-là,
surpasse non seulement toutes les peintures de quoi la
poésie a embelli l'âge doré et toutes ses inventions à
feindre une heureuse condition d'hommes, mais encore
la conception et le désir même de la philosophie. Ils
n'ont pu imaginer une naïveté si pure et simple, comme
nous la voyons par expérience ; ni n'ont pu croire que
notre société se peut maintenir avec si peu d'artifice et
de soudure humaine. C'est une nation, dirais-je à Platon,
en laquelle il n'y a aucune espèce de trafic ; nulle
connaissance de lettres ; nulle science de nombres ; nul
nom de magistrat, ni de supériorité politique ; nuls
usages de service, de richesse ou de pauvreté ; nuls
contrats ; nulles successions ; nuls partages ; nulles
occupations qu'oisives ; nul respect de parenté que
commun ; nuls vêtements ; nulle agriculture ; nul métal ;
nul usage de vin ou de blé. Les paroles mêmes qui
signifient le mensonge, la trahison, la dissimulation,
l'avarice, l'envie, la détraction[a], le pardon, inouïes.
Combien trouverait-il la république qu'il a imaginée

_____

a. Médisance.

éloignée de cette perfection : « *viri a diis recentes** ».

Hos natura modos primun dedit**.

Au demeurant, ils vivent en une contrée de pays très plaisante et bien tempérée ; de façon qu'à ce que m'ont dit mes témoins, il est rare d'y voir un homme malade ; et m'ont assuré n'en y avoir vu aucun tremblant, chassieux, édenté, ou courbé de vieillesse. Ils sont assis le long de la mer, et fermés du côté de la terre de grandes et hautes montagnes, ayant, entre-deux, cent lieues ou environ d'étendue en large. Ils ont grande abondance de poissons et les mangent sans autre artifice que de les cuire, de chairs qui n'ont aucune ressemblance aux nôtres. Le premier qui y mena un cheval, quoiqu'il les eût pratiqués à plusieurs autres voyages, leur fit tant d'horreur en cette assiette, qu'ils le tuèrent à coups de trait, avant que le pouvoir reconnaître. Leurs bâtiments sont fort longs, et capables de deux ou trois cents âmes, étoffés d'écorce de grands arbres, tenant à terre par un bout et se soutenant et appuyant l'un contre l'autre par le faîte, à la mode d'aucunes de nos granges, desquelles la couverture pend jusques à terre, et sert de flanc. Ils ont du bois si dur qu'ils en coupent, et en font leurs épées et des grils à cuire leur viande. Leurs lits sont d'un tissu de coton, suspendus contre le toit, comme ceux de nos navires, à chacun le sien ; car les femmes couchent à part des maris. Ils se lèvent avec le soleil, et mangent soudain après s'être levés, pour toute la journée ; car ils ne font autre repas que celui-là. Ils ne boivent pas lors, comme Suidas dit de quelques autres peuples d'Orient, qui buvaient hors du manger ; ils boivent à plusieurs fois sur jour, et d'autant. Leur breuvage est fait de quelque racine, et est de la couleur de nos vins clairets. Ils ne le boivent que tiède ; ce breuvage ne se conserve que deux ou trois jours ; il a le

---

* Sénèque, *Lettre 90* : « des hommes fraîchement formés par les dieux. »

** *Géorgiques*, chant II : « Voilà les premières règles que la Nature donna. »

goût un peu piquant, nullement fumeux, salutaire à
l'estomac, et laxatif à ceux qui ne l'ont accoutumé ;
c'est une boisson très agréable à qui y est duit[a]. Au
lieu du pain [12], ils usent d'une certaine matière blanche,
comme du coriandre [13] confit. J'en ai tâté : le goût
en est doux et un peu fade. Toute la journée se passe
à danser. Les plus jeunes vont à la chasse des bêtes
à tout des arcs. Une partie des femmes s'amusent
cependant à chauffer leur breuvage, qui est leur principal office. Il y a quelqu'un des vieillards qui, le matin,
avant qu'ils se mettent à manger, prêche en commun
toute la grangée, en se promenant d'un bout à l'autre
et redisant une même clause à plusieurs fois, jusques
à ce qu'il ait achevé le tour (car ce sont bâtiments qui
ont bien cent pas de longueur). Il ne leur recommande
que deux choses : la vaillance contre les ennemis et
l'amitié à leurs femmes. Et ne faillent jamais de remarquer cette obligation, pour leur refrain, que ce sont
elles qui leur maintiennent leur boisson tiède et assai-
sonnée. Il se voit en plusieurs lieux, et entre autres
chez moi, la forme de leurs lits, de leurs cordons, de
leurs épées et bracelets de bois de quoi ils couvrent
leurs poignets aux combats, et des grandes cannes,
ouvertes par un bout, par le son desquelles ils soutiennent la cadence en leur danser. Ils sont ras partout,
et se font le poil beaucoup plus nettement que nous,
sans autre rasoir que de bois ou de pierre. Ils croient
les âmes éternelles, et celles qui ont bien mérité des
dieux, être logées à l'endroit du ciel où le soleil se lève ;
les maudites, du côté de l'Occident.

Ils ont je ne sais quels prêtres et prophètes, qui se
présentent bien rarement au peuple, ayant leur demeure
aux montagnes. A leur arrivée, il se fait une grande fête
et assemblée solennelle de plusieurs villages (chaque
grange, comme je l'ai décrite, fait un village, et sont
environ à une lieue française l'une de l'autre). Ce prophète parle à eux en public, les exhortant à la vertu et

---

a. Habitués.

à leur devoir ; mais toute leur science éthique ne contient que ces deux articles, de la résolution à la guerre et affection à leurs femmes. Celui-ci leur pronostique les choses à venir et les événements qu'ils doivent espérer de leurs entreprises, les achemine ou détourne de la guerre ; mais c'est par tel si que *a*, où il faut *b* à bien deviner, et s'il leur advient autrement qu'il ne leur a prédit, il est haché en mille pièces s'ils l'attrapent, et condamné pour faux prophète. A cette cause, celui qui s'est une fois mécompté, on ne le voit plus.

C'est don de Dieu que la divination ; voilà pourquoi ce devrait être une imposture punissable d'en abuser. Entre les Scythes [14], quand les devins avaient failli de rencontre *c*, on les couchait, enforgés *d* de pieds et de mains, sur des chariotes pleines de bruyère, tirées par des bœufs, en quoi on les faisait brûler. Ceux qui manient les choses sujettes à la conduite de l'humaine suffisance, sont excusables d'y faire ce qu'ils peuvent. Mais ces autres, qui nous viennent pipant des assurances d'une faculté extraordinaire qui est hors de notre connaissance, faut-il pas les punir de ce qu'ils ne maintiennent l'effet de leur promesse, et de la témérité de leur imposture ?

Ils ont leurs guerres contre les nations qui sont au-delà de leurs montagnes, plus avant en la terre ferme, auxquelles ils vont tout nus, n'ayant autres armes que des arcs ou des épées de bois, apointées par un bout, à la mode des langues de nos épieux. C'est chose émerveillable que de la fermeté de leurs combats, qui ne finissent jamais que par meurtre et effusion de sang ; car, de déroutes et d'effroi, ils ne savent que c'est. Chacun rapporte pour son trophée la tête de l'ennemi qu'il a tué, et l'attache à l'entrée de son logis [15]. Après avoir longtemps bien traité leurs prisonniers, et de toutes les commodités dont ils se peuvent aviser, celui qui en est le maître, fait une grande assemblée de ses connaissants ;

a. Par telle condition. — *b.* Manque (faillir). — *c.* Trompés. — *d.* Enchaînés.

il attache une corde à l'un des bras du prisonnier, par le
bout de laquelle il le tient éloigné de quelques pas, de
peur d'en être offensé ª, et donne au plus cher de ses
amis l'autre bras à tenir de même ; et eux deux, en présence de toute l'assemblée, l'assomment à coups d'épée.
Cela fait, ils le rôtissent et en mangent en commun et
en envoient des lopins à ceux de leurs amis qui sont
absents. Ce n'est pas, comme on pense, pour s'en nourrir, ainsi que faisaient anciennement les Scythes ; c'est
pour représenter une extrême vengeance. Et qu'il soit
ainsi, ayant aperçu que les Portugais, qui s'étaient ralliés
à leurs adversaires, usaient d'une autre sorte de mort
contre eux, quand ils les prenaient, qui était de les
enterrer jusques à la ceinture, et tirer au demeurant du
corps force coups de trait, et les pendre après, ils
pensèrent que ces gens ici de l'autre monde, comme
ceux qui avaient semé la connaissance de beaucoup
de vices parmi leur voisinage, et qui étaient beaucoup
plus grands maîtres qu'eux en toute sorte de malice,
ne prenaient pas sans occasion cette sorte de vengeance,
et qu'elle devait être plus aigre que la leur, commencèrent de quitter leur façon ancienne pour suivre celle-ci.
Je ne suis pas marri que nous remarquons l'horreur
barbaresque qu'il y a en une telle action, mais oui bien
de quoi, jugeant bien de leurs fautes, nous soyons si
aveugles aux nôtres. Je pense qu'il y a plus de barbarie
à manger un homme vivant qu'à le manger mort, à
déchirer par tourments et par gênes un corps encore
plein de sentiment, le faire rôtir par le menu, le faire
mordre et meurtrir aux chiens et aux pourceaux (comme
nous l'avons non seulement lu, mais vu de fraîche
mémoire, non entre des ennemis anciens, mais entre
des voisins et concitoyens, et, qui pis est, sous prétexte
de piété et de religion), que de le rôtir et manger après
qu'il est trépassé.

Chrysippe et Zénon, chefs de la secte stoïque, ont bien
pensé qu'il n'y avait aucun mal de se servir de notre

ª. Atteint.

charogne à quoi que ce fut pour notre besoin, et d'en
tirer de la nourriture [16] ; comme nos ancêtres, étant
assiégés par César en la ville de Alésia [17], se résolurent
de soutenir la faim de ce siège par les corps des vieillards, des femmes et d'autres personnes inutiles au
combat.

Vascones, fama est, alimentis talibus usi
Produxere animas *.

Et les médecins ne craignent pas de s'en servir à toute
sorte d'usage pour notre santé ; soit pour l'appliquer
au-dedans ou au-dehors ; mais il ne se trouva jamais
aucune opinion si déréglée qui excusât la trahison, la
déloyauté, la tyrannie, la cruauté, qui sont nos fautes
ordinaires.

Nous les pouvons donc bien appeler barbares, eu
égard aux règles de la raison, mais non pas eu égard
à nous, qui les surpassons en toute sorte de barbarie.
Leur guerre est toute noble et généreuse, et a autant
d'excuse et de beauté que cette maladie humaine en
peut recevoir ; elle n'a autre fondement parmi eux que
la seule jalousie de la vertu. Ils ne sont pas en débat de
la conquête [18] de nouvelles terres, car ils jouissaient
encore de cette uberté ª naturelle qui les fournit sans
travail et sans peine de toutes choses nécessaires, en
telle abondance qu'ils n'ont que faire d'agrandir leurs
limites. Ils sont encore en cet heureux point, de ne désirer qu'autant que leurs nécessités naturelles leur ordonnent ; tout ce qui est au-delà est superflu pour eux. Ils
s'entr'appellent généralement, ceux de même âge, frères ;
enfants, ceux qui sont au-dessous ; et les vieillards sont
pères à tous les autres. Ceux-ci laissent à leurs héritiers
en commun cette possession de biens par indivis, sans
autre titre que celui tout pur que nature donne à ses
créatures, les produisant au monde. Si leurs voisins

ª. Abondance (latin *ubertas*).
* Juvénal, Satire XV : « Les Gascons, dit-on, s'étant servis de
tels aliments, prolongèrent leur vie. »

passent les montagnes pour les venir assaillir, et qu'ils
emportent la victoire sur eux, l'acquêt du victorieux,
c'est la gloire, et l'avantage d'être demeuré maître en
valeur et en vertu ; car autrement ils n'ont que faire des
biens des vaincus, et s'en retournent à leur pays, où
ils n'ont faute d'aucune chose nécessaire, ni faute encore
de cette grande partie, de savoir heureusement jouir
de leur condition et s'en contenter. Autant en font
ceux-ci à leur tour. Ils ne demandent à leurs prisonniers autre rançon que la confession et reconnaissance
d'être vaincus ; mais il ne s'en trouve pas un, en tout
un siècle, qui n'aime mieux la mort que de relâcher, ni
par contenance, ni de parole un seul point d'une grandeur de courage invincible ; il ne s'en voit aucun qui
n'aime mieux être tué et mangé, que de requérir seulement de ne l'être pas. Ils les traitent en toute liberté,
et leur fournissent de toutes les commodités de quoi ils
se peuvent aviser, afin que la vie leur soit d'autant plus
chère ; et les entretiennent communément des menaces
de leur mort future, des tourments qu'ils y auront à
souffrir, des apprêts qu'on dresse pour cet effet, du
détranchement de leurs membres et du festin qui se fera
à leurs dépens. Tout cela se fait pour cette seule fin
d'arracher de leur bouche quelque parole molle ou
rabaissée, ou de leur donner envie de s'enfuir, pour
gagner cet avantage de les avoir épouvantés, et d'avoir
fait force à leur constance. Car aussi, à le bien prendre,
c'est en ce seul point que consiste la vraie victoire :

> *victoria nulla est*
> *Quam quæ confessos animo quoque subjugat hostes* *.

Les Hongres [19], très belliqueux combattants, ne poursuivaient jadis leur pointe, outre avoir rendu l'ennemi
à leur merci. Car, en ayant arraché cette confession,
ils le laissaient aller sans offense, sans rançon, sauf,

---

* Citation de Claudien rencontrée par Montaigne dans les *Politiques* de Juste Lipse, livre V : « Il n'y a de véritable victoire que
celle qui force l'ennemi à s'avouer vaincu. »

pour le plus, d'en tirer parole de ne s'armer dès lors en avant contre eux.

Assez d'avantages gagnons-nous sur nos ennemis, qui sont avantages empruntés, non pas nôtres. C'est la qualité d'un portefaix, non de la vertu, d'avoir les bras et les jambes raides ; c'est une qualité morte et corporelle que la disposition ; c'est un coup de la fortune de faire broncher notre ennemi et de lui éblouir les yeux par la lumière du soleil ; c'est un tour d'art et de science, et qui peut tomber en une personne lâche et de néant, d'être suffisant à l'escrime. L'estimation et le prix d'un homme consiste au cœur et en la volonté ; c'est là où gît son vrai honneur ; la vaillance, c'est la fermeté non pas des jambes et des bras, mais du courage et de l'âme ; elle ne consiste pas en la valeur de notre cheval, ni de nos armes, mais en la nôtre. Celui qui tombe obstiné en son courage, « *si succiderit, de genu pugnat* * » ; qui, pour quelque danger de la mort voisine, ne relâche aucun point de son assurance ; qui regarde encore, en rendant l'âme, son ennemi d'une vue ferme et dédaigneuse, il est battu non pas de nous, mais de la fortune ; il est tué, non pas vaincu.

Les plus vaillants sont parfois les plus infortunés.

Aussi y a-t-il des pertes triomphantes à l'envi des victoires. Ni ces quatre victoires sœurs, les plus belles que le soleil ait onques vues de ses yeux, de Salamine, de Platées, de Mycale, de Sicile [20], osèrent onques opposer toute leur gloire ensemble à la gloire de la déconfiture du roi Léonidas et des siens, au pas des Thermopyles.

Qui courut jamais d'une plus glorieuse envie et plus ambitieuse au gain d'un combat, que le capitaine Ischolas [21] à la perte ? Qui plus ingénieusement et curieusement s'est assuré de son salut, que lui de sa ruine ? Il était commis à défendre certain passage du Péloponnèse contre les Arcadiens. Pour quoi faire, se trouvant du

---

* Sénèque, *De Providentia*, livre II : « S'il tombe, il combat à genoux. »

tout incapable, vu la nature du lieu et inégalité des
forces, et se résolvant que tout ce qui se présenterait
aux ennemis, aurait la nécessité à y demeurer ; d'autre
part, estimant indigne et de sa propre vertu et magnanimité et du nom lacédémonien de faillir à sa charge ;
il prit entre ces deux extrémités un moyen parti, de
telle sorte. Les plus jeunes et dispos de sa troupe, il les
conserva à la tuition *a* et service de leur pays, et les
y renvoya ; et avec ceux desquels le défaut *b* était moindre, il délibéra de soutenir ce pas, et, par leur mort,
en faire acheter aux ennemis l'entrée la plus chère qu'il
lui serait possible : comme il advint. Car, étant tantôt
environné de toutes parts par les Arcadiens, après en
avoir fait une grande boucherie, lui et les siens furent
tous mis au fil de l'épée. Est-il quelque trophée assigné pour les vainqueurs, qui ne soit mieux dû à ces
vaincus ? Le vrai vaincre a pour son rôle l'estour *c* ; non
pas le salut ; et consiste l'honneur de la vertu à combattre, non à battre.

Pour revenir à notre histoire, il s'en faut tant que ces
prisonniers se rendent, pour tout ce qu'on leur fait,
qu'au rebours, pendant ces deux ou trois mois qu'on
les garde, ils portent une contenance gaie ; ils pressent
leurs maîtres de se hâter de les mettre en cette épreuve ;
ils les défient, les injurient, leur reprochent leur lâcheté
et le nombre des batailles perdues contre les leurs. J'ai
une chanson faite par un prisonnier, où il y a ce trait :
qu'ils viennent hardiment trétous *d* et s'assemblent pour
dîner de lui ; car ils mangeront quant et quant *e* leurs
pères et leurs aïeux, qui ont servi d'aliment et de nourriture à son corps. « Ces muscles, dit-il, cette chair et ces
veines, ce sont les vôtres, pauvres fols que vous êtes ;
vous ne reconnaissez pas que la substance des membres
de vos ancêtres s'y tient encore : savourez-les bien, vous
y trouverez le goût de votre propre chair [22]. » Invention
qui ne sent aucunement la barbarie. Ceux qui les pei-

---

a. Protection. — *b.* L'absence. — *c.* Le combat. — *d.* Absolument tous. — *e.* Avec.

gnent mourants, et qui représentent cette action quand on les assomme, ils peignent le prisonnier crachant au visage de ceux qui le tuent et leur faisant la moue. De vrai, ils ne cessent jusques au dernier soupir de les braver et défier de parole et de contenance. Sans mentir, au prix de nous, voilà des hommes bien sauvages ; car, ou il faut qu'ils le soient bien à bon escient, ou que nous le soyons ; il y a une merveilleuse distance entre leur forme et la nôtre.

Les hommes y ont plusieurs femmes, et en ont d'autant plus grand nombre qu'ils sont en meilleure réputation de vaillance ; c'est une beauté remarquable en leurs mariages, que la même jalousie que nos femmes ont pour nous empêcher de l'amitié et bienveillance d'autres femmes, les leurs l'ont toute pareille pour la leur acqué- rir. Etant plus soigneuses de l'honneur de leurs maris que de toute autre chose, elles cherchent et mettent leur sollicitude à avoir le plus de compagnes qu'elles peuvent, d'autant que c'est un témoignage de la vertu du mari.

Les nôtres crieront au miracle ; ce ne l'est pas ; c'est une vertu proprement matrimoniale ; mais du plus haut étage. Et, en la Bible [23], Lia, Rachel, Sara et les femmes de Jacob fournirent leurs belles servantes à leurs maris ; et Livie seconda les appétits d'Auguste, à son intérêt [24] ; et la femme du roi Dejotarus, Stratonique, prêta non seulement à l'usage de son mari une fort belle jeune fille de chambre qui la servait, mais en nourrit soigneuse- ment les enfants, et leur fit épar'le à succéder aux états de leur père [25].

Et, afin qu'on ne pense point que tout ceci se fasse par une simple et servile obligation à leur usance et par l'impression de l'autorité de leur ancienne coutume, sans discours et sans jugement, et pour avoir l'âme si stupide que de ne pouvoir prendre autre parti, il faut alléguer quelques traits de leur suffisance [a]. Outre celui que je viens de réciter de l'une de leurs chansons guer-

a. Mérite.

rières, j'en ai une autre, amoureuse, qui commence en ce sens :

« Couleuvre, arrête-toi ; arrête-toi, couleuvre, afin que ma sœur tire sur le patron de ta peinture la façon et l'ouvrage d'un riche cordon que je puisse donner à m'amie : ainsi soit en tout temps ta beauté et ta disposition préférée à tous les autres serpents. »

Ce premier couplet, c'est le refrain de la chanson. Or j'ai assez de commerce avec la poésie [26] pour juger ceci, que non seulement il n'y a rien de barbare en cette imagination, mais qu'elle est tout à fait anacréontique. Leur langage, au demeurant, c'est un doux langage et qui a le son agréable, retirant aux terminaisons grecques.

Trois d'entre eux [27], ignorant combien coûtera un jour à leur repos et à leur bonheur la connaissance des corruptions de deçà, et que de ce commerce naîtra leur ruine, comme je présuppose qu'elle soit déjà avancée, bien misérables de s'être laissé piper au désir de la nouvelleté, et avoir quitté la douceur de leur ciel pour venir voir le nôtre, furent à Rouen, du temps que le feu roi Charles neuvième y était. Le Roi parla à eux longtemps ; on leur fit voir notre façon, notre pompe, la forme d'une belle ville. Après cela, quelqu'un en demanda leur avis, et voulut savoir d'eux ce qu'ils y avaient trouvé de plus admirable ; ils répondirent trois choses, d'où j'ai perdu la troisième, et en suis bien marri ; mais j'en ai encore deux en mémoire. Ils dirent qu'ils trouvaient en premier lieu fort étrange que tant de grands hommes, portant barbe, forts et armés, qui étaient autour du Roi (il est vraisemblable qu'ils parlaient des Suisses de sa garde), se soumissent à obéir à un enfant, et qu'on ne choisisse plutôt quelqu'un d'entre eux pour commander ; secondement (ils ont une façon de leur langage telle, qu'ils nomment les hommes moitié les uns des autres) qu'ils avaient aperçu qu'il y avait parmi nous des hommes pleins et gorgés de toutes sortes de commodités, et que leurs moitiés étaient mendiants à leurs portes, décharnés de faim et de pauvreté ; et trouvaient étrange comme ces moitiés ici nécessiteuses pouvaient souffrir une telle injustice, qu'ils ne prissent les autres à la gorge, ou missent le feu à leurs maisons.

Je parlai à l'un d'eux fort longtemps ; mais j'avais un truchement *a* qui me suivait si mal et qui était si empêché à recevoir mes imaginations par sa bêtise, que je n'en pus tirer guère de plaisir. Sur ce que je lui demandai quel fruit il recevait de la supériorité qu'il avait parmi les siens (car c'était un capitaine, et nos matelots le nommaient roi), il me dit que c'était marcher le premier à la guerre ; de combien d'hommes il était suivi, il me montra une espace de lieu, pour signifier que c'était autant qu'il en pourrait en une telle espace, ce pouvait être quatre ou cinq mille hommes ; si, hors la guerre, toute son autorité était expirée, il dit qu'il lui en restait cela que, quand il visitait les villages qui dépendaient de lui, on lui dressait des sentiers au travers des haies de leurs bois, par où il pût passer bien à l'aise.

Tout cela ne va pas trop mal : mais quoi, ils ne portent point de hauts-de-chausses !

a. Interprète.

CHAPITRE XXXII

QU'IL FAUT SOBREMENT
SE MÊLER DE JUGER
DES ORDONNANCES DIVINES

Le vrai champ et sujet de l'imposture sont les choses inconnues. D'autant qu'en premier lieu l'étrangeté même donne crédit ; et puis, n'étant point sujettes à nos discours ordinaires, elles nous ôtent le moyen de les combattre. A cette cause, dit Platon [1], est-il bien plus aisé de satisfaire parlant de la nature des Dieux que de la nature des hommes, parce que l'ignorance des auditeurs prête une belle et large carrière et toute liberté au maniement d'une matière cachée.

Il advient de là qu'il n'est rien cru si fermement que ce qu'on sait le moins, ni gens si assurés que ceux qui nous content des fables, comme alchimistes, pronostiqueurs, judiciaires [2], chiromanciens, médecins, « *id genus omne* * ». Auxquels je joindrais volontiers, si j'osais, un tas de gens, interprètes et contrôleurs ordinaires des desseins de Dieu, faisant état de trouver les causes de chaque accident [a], et de voir dans les secrets de la

---

a. Evénement.
* Horace, *Satires*, I, 2 : « Toute cette engeance ».

volonté divine les motifs incompréhensibles de ses
œuvres ; et quoique la variété et discordance continuelle
des événements les rejette de coin en coin, et d'Orient
en Occident, ils ne laissent de suivre pourtant leur
esteuf *a*, et, de même crayon, peindre le blanc et le noir.

En une nation indienne [3], il y a cette louable observance : quand il leur mésadvient *b* en quelque rencontre
ou bataille, ils en demandent publiquement pardon au
soleil, qui est leur dieu, comme d'une action injuste,
rapportant leur heur ou malheur à la raison divine et
lui soumettant leur jugement et discours.

Suffit à un chrétien croire toutes choses venir de Dieu,
les recevoir avec reconnaissance de sa divine et inscru-
table sapience, pourtant *c* les prendre en bonne part,
en quelque visage qu'elles lui soient envoyées. Mais je
trouve mauvais ce que je vois en usage, de chercher à
fermir et appuyer notre religion par le bonheur et prospérité de nos entreprises. Notre créance a assez d'autres
fondements, sans l'autoriser par les événements ; car, le
peuple accoutumé à ces arguments plausibles et proprement de son goût, il est danger, quand les événements
viennent à leur tour contraires et désanvantageux, qu'il
en ébranle sa foi. Comme aux guerres où nous sommes
pour la religion, ceux qui eurent l'avantage au rencontre
de La Roche-Abeille [4], faisant grand fête de cet accident,
et se servant de cette fortune pour certaine approbation
de leur parti, quand ils viennent après à excuser leurs
défortunes de Moncontour et de Jarnac [5] sur ce que ce
sont verges et châtiments paternels, s'ils n'ont un peuple du tout à leur merci, ils lui font assez aisément sentir que c'est prendre d'un sac deux moutures et de même
bouche souffler le chaud et le froid. Il vaudrait mieux
l'entretenir des vrais fondements de la vérité. C'est une
belle bataille navale qui s'est gagnée ces mois passés
contre les Turcs, sous la conduite de don Juan d'Autriche [6], mais il a bien plu à Dieu en faire autrefois voir
d'autres telles à nos dépens. Somme, il est malaisé de

a. Balle (au jeu de paume). — *b.* Quand cela tourne mal. —
c. En conséquence.

ramener les choses divines à notre balance, qu'elles n'y souffrent du déchet. Et qui voudrait rendre raison de ce que Arius [7] et Léon, son pape, chefs principaux de cette hérésie, moururent en divers temps de morts si pareilles et si étranges (car, retirés de la dispute par douleur de ventre à la garde-robe, tous deux y rendirent subitement l'âme), et exagérer cette vengeance divine par la circonstance du lieu, y pourrait bien encore ajouter la mort de Héliogabale, qui fut aussi tué en un retrait. Mais quoi ? Irénée se trouve engagé en même fortune [8]. Dieu, nous voulant apprendre que les bons ont autre chose à espérer, et les mauvais autre chose à craindre que les fortunes ou infortunes de ce monde, il les manie et applique selon sa disposition occulte, et nous ôte le moyen d'en faire sottement notre profit. Et se moquent ceux qui s'en veulent prévaloir selon l'humaine raison. Ils n'en donnent jamais une touche qu'ils n'en reçoivent deux. Saint Augustin [9] en fait une belle preuve sur ses adversaires. C'est un conflit qui se décide par les armes de la mémoire plus que par celles de la raison. Il se faut contenter de la lumière qu'il plaît au soleil nous communiquer par ses rayons ; et, qui élèvera ses yeux pour en prendre une plus grande dans son corps même [10], qu'il ne trouve pas étrange si, pour la peine de son outrecuidance, il y perd la vue. « *Quis hominum potest scire consilium dei ? aut quis poterit cogitare quid velit dominus* * ? »

---

* Tiré de la *Sagesse*, livre IX : « Lequel d'entre les hommes peut connaître les desseins de Dieu ? ou qui peut imaginer la volonté du Seigneur ? »

CHAPITRE XXXIII

DE FUIR LES VOLUPTÉS
AU PRIX DE LA VIE

J'AVAIS bien vu convenir en ceci la plupart des anciennes opinions : qu'il est l'heure de mourir lorsqu'il y a plus de mal que de bien à vivre ; et que, de conserver notre vie à notre tourment et incommodité, c'est choquer les lois mêmes de nature, comme disent ces vieilles règles :

Η ζῆν ἀλύπως, ἡ θανεῖν εὐδαιμόνως.
Καλόν θνήσκειν οἷς υβριν τὸ ζῆν φέρει.
Κρεῖσσον τὸ μὴ ζῆν ἐστίν η ζῆν ἀθλίως *.

Mais de pousser le mépris de la mort jusques à tel degré, que de l'employer pour se distraire des honneurs, richesses, grandeurs et autres faveurs et biens que nous appelons de la fortune, comme si la raison n'avait pas assez affaire à nous persuader de les abandonner, sans y ajouter cette nouvelle recharge, je ne l'avais vu ni commander, ni pratiquer, jusque lors que ce passage de

* Vers tirés d'un recueil de sentences grecques publié par Crispin en 1569 : « Ou vivre sans chagrin ou mourir heureusement. — Il est bien de mourir quand la vie est à charge. Il est préférable de ne pas vivre que de vivre misérablement. »

Sénèque [1] me tomba entre mains, auquel conseillant à
Lucilius, personnage puissant et de grande autorité
autour de l'empereur, de changer cette vie voluptueuse
et pompeuse, et de se retirer de cette ambition du
monde à quelque vie solitaire, tranquille et philosophique, sur quoi Lucilius alléguait quelques difficultés :
« Je suis d'avis (dit-il) que tu quittes cette vie-là, ou la
vie tout à fait ; bien te conseillé-je de suivre la plus
douce voie, et de détacher plutôt que de rompre ce que
tu as mal noué, pourvu que, s'il ne se peut autrement
détacher, tu le rompes. Il n'y a homme si couard qui
n'aime mieux tomber une fois que de demeurer toujours
en branle. » J'eusse trouvé ce conseil sortable à la
rudesse stoïque ; mais il est plus étrange qu'il soit
emprunté d'Epicure, qui écrit, à ce propos, choses
toutes pareilles à Idoménée.

Si est-ce que [a] je pense avoir remarqué quelque trait
semblable parmi nos gens, mais avec la modération
chrétienne. Saint Hilaire [2], évêque de Poitiers, ce fameux
ennemi de l'hérésie arienne, étant en Syrie, fut averti
qu'Abra, sa fille unique, qu'il avait laissée par-deçà
avec sa mère, était poursuivie en mariage par les plus
apparents seigneurs du pays, comme fille très bien
nourrie, belle, riche et en la fleur de son âge. Il lui écrivit (comme nous voyons) qu'elle ôtât son affection de
tous ces plaisirs et avantages qu'on lui présentait ; qu'il
lui avait trouvé en son voyage un parti bien plus grand
et plus digne, d'un mari, de bien autre pouvoir et magnificence, qui lui ferait présent de robes et de joyaux de
prix inestimable. Son dessein était de lui faire perdre
l'appétit et l'usage des plaisirs mondains, pour la joindre toute à Dieu ; mais, à cela le plus court et plus
certain moyen lui semblant être la mort de sa fille, il
ne cessa par vœux, prières et oraisons, de faire requête
à Dieu de l'ôter de ce monde et de l'appeler à soi,
comme il advint ; car bientôt après son retour elle lui
mourut, de quoi il montra une singulière joie. Celui-ci

a. Néanmoins.

semble enchérir sur les autres, de ce qu'il s'adresse à ce moyen de prime face, lequel ils ne prennent que subsidiairement, et puisque c'est à l'endroit de sa fille unique. Mais je ne veux omettre le bout de cette histoire, encore qu'il ne soit pas de mon propos. La femme de saint Hilaire, ayant entendu par lui comme la mort de leur fille s'était conduite par son dessein et volonté, et combien elle avait plus d'heur d'être délogée de ce monde que d'y être, prit une si vive appréhension de la béatitude éternelle et céleste, qu'elle sollicita son mari avec extrême instance d'en faire autant pour elle. Et Dieu, à leurs prières communes, l'ayant retirée à soi bientôt après, ce fut une mort embrassée avec singulier contentement commun.

CHAPITRE XXXIV

LA FORTUNE SE RENCONTRE SOUVENT AU TRAIN DE LA RAISON

L'INCONSTANCE du branle divers de la fortune fait qu'elle nous doive présenter toute espèce de visages. Y a-t-il action de justice plus expresse que celle-ci ? Le duc de Valentinois [1], ayant résolu d'empoisonner Adrien, cardinal de Cornete, chez qui le pape Alexandre sixième, son père, et lui allaient souper au Vatican, envoya devant quelque bouteille de vin empoisonné et commanda au sommelier qu'il la gardât bien soigneusement. Le pape y étant arrivé avant le fils et ayant demandé à boire, ce sommelier, qui pensait ce vin ne lui avoir été recommandé que pour sa bonté, en servit au pape ; et le duc même, y arrivant sur le point de la collation, et se fiant qu'«on aurait pas touché à sa bouteille, en prit à son tour : en manière que le père en mourut soudain ; et le fils, après avoir été longuement tourmenté de maladie, fut réservé à une autre pire fortune.

Quelquefois il semble à point nommé qu'elle se joue à nous. Le seigneur d'Estrée [2], lors guidon de M. de Vendôme, et le seigneur de Licques, lieutenant de la compagnie du duc d'Ascot, étant tous deux serviteurs[a] de la sœur du sieur de Foungueselles, quoique de divers partis (comme il advient aux voisins de la frontière), le sieur de Licques l'emporta ; mais, le même jour des noces, et, qui pis est, avant le coucher, le marié, ayant envie de rompre un bois en faveur de sa nouvelle épouse, sortit à l'escarmouche près de Saint-Omer, où le sieur d'Estrée, se trouvant le plus fort, le fit son prisonnier ; et, pour faire valoir son avantage, encore fallut-il que la damoiselle,

> _Conjugis ante coacta novi dimittere collum,_
> _Quam veniens una atque altera rurrus hyems_
> _Noctibus in longis avidum saturasset amorem_ *,

lui fît elle-même requête par courtoisie de lui rendre son prisonnier, comme il fit : la noblesse française ne refusant jamais rien aux dames.

Semble-t-il pas que ce soit un sort artiste ? Constantin, fils d'Hélène, fonda l'empire de Constantinople ; et, tant de siècles après, Constantin, fils d'Hélène, le finit[3].

Quelquefois il lui plaît envier sur nos miracles. Nous tenons que le roi Clovis, assiégeant Angoulême, les murailles churent d'elles-mêmes par faveur divine ; et Bouchet emprunte de quelque auteur, que le roi Robert assiégeant une ville, et s'étant dérobé du siège pour aller à Orléans solenniser la fête saint Aignan, comme il était en dévotion, sur certain point de la messe, les murailles de la ville assiégée s'en allèrent sans aucun effort en ruine[4]. Elle fit tout à contrepoil en nos guerres de Milan. Car le capitaine Rense assiégeant pour nous la ville d'Eronne, et ayant fait mettre la mine sous un grand pan de mur, et le mur en étant brusquement enlevé hors de terre, rechut toutefois tout empanné[b], si droit dans son fondement que les assiégés n'en valurent pas moins[5].

_a._ Chevaliers servants, amoureux. — _b._ Retomba d'un bloc (cf. pan de mur).

* Catulle, _Elégie_ LXXIII : « Contrainte de s'arracher des bras d'un jeune époux avant qu'un et deux hivers, en longues nuits, eussent rassasié sa passion avide. »

Quelquefois elle fait la médecine. Jason Phereus [6], étant abandonné des médecins pour une apostume qu'il avait dans la poitrine, ayant envie de s'en défaire, au moins par la mort, se jeta en une bataille à corps perdu dans la presse des ennemis, où il fut blessé à travers le corps, si à point, que son apostume en creva, et guérit.

Surpassa-t-elle pas le peintre Protogène en la science de son art ? Celui-ci, ayant parfait l'image d'un chien las et recru, à son contentement en toutes les autres parties, mais ne pouvant représenter à son gré l'écume et la bave, dépité contre sa besogne, prit son éponge, et, comme elle était abreuvée de diverses peintures, la jeta contre, pour tout effacer ; la fortune porta tout à propos le coup à l'endroit de la bouche du chien et y parfournit *a* ce à quoi l'art n'avait pu atteindre [7].

N'adresse *b*-t-elle pas quelquefois nos conseils et les corrige ? Isabelle, reine d'Angleterre, ayant à repasser de Zélande en son royaume, avec une armée en faveur de son fils contre son mari, était perdue si elle fût arrivée au port qu'elle avait projeté, y étant attendue par ses ennemis ; mais la fortune la jeta contre son vouloir ailleurs, où elle prit terre en toute sûreté [8]. Et cet ancien qui, ruant *c* la pierre à un chien, en assena et tua sa marâtre [9], eut-il pas raison de prononcer ce vers :

Ταὐτόματον ἡμῶν καλλίω βουλεύεται *,

la fortune a meilleur avis que nous ?

Icètes [10] avait pratiqué *d* deux soldats pour tuer Timoléon, séjournant à Adrane, en la Sicile. Ils prirent heure sur le point qu'il ferait quelque sacrifice ; et, se mêlant parmi la multitude, comme ils se guignaient l'un l'autre que l'occasion était propre à leur besogne, voici un tiers qui, d'un grand coup d'épée, en assène l'un par la tête, et le rue mort par terre, et s'enfuit. Le compagnon, se tenant pour découvert et perdu, recourut à l'autel, requérant franchise, avec promesse de dire toute la vérité. Ainsi qu'il faisait le conte de la conjuration, voici le

a. Acheva. — b. Redresse. — c. Lançant. — d. Soudoyé.
* Vers de Ménandre tiré du recueil de Crispin.

tiers qui avait été attrapé, lequel, comme meurtrier, le
peuple pousse et saboule ᵃ, au travers la presse, vers
Timoléon et les plus apparents de l'assemblée. Là il crie
merci, et dit avoir justement tué l'assassin de son père,
vérifiant sur-le-champ, par des témoins que son bon
sort lui fournit tout à propos, qu'en la ville des Léon-
tins son père, de vrai, avait été tué par celui sur lequel
il s'était vengé. On lui ordonna dix mines attiques pour
avoir eu cet heur, prenant raison de la mort de son
père, d'avoir retiré de mort le père commun des Siciliens. Cette fortune surpasse en règlement ᵇ les règles
de l'humaine prudence.

Pour la fin. En ce fait ici se découvre-t-il pas une bien
expresse application de sa faveur, de bonté et piété
singulière ? Ignatius père et fils, proscrits par les trium-
virs à Rome, se résolurent à ce généreux office de rendre leurs vies entre les mains l'un de l'autre, et en
frustrer la cruauté des tyrans ; ils se coururent sus,
l'épée au poing ; elle en dressa les pointes et en fit
deux coups également mortels, et donna à l'honneur
d'une si belle amitié qu'ils eussent justement la force
de retirer encore des plaies leurs bras sanglants et
armés, pour s'entr'embrasser en cet état d'une si forte
étreinte que les bourreaux coupèrent ensemble leurs
deux têtes, laissant les corps toujours pris en ce noble
nœud, et les plaies jointes, humant amoureusement le
sang et les restes de la vie l'une de l'autre [11].

a. Houspille. — *b.* Précision.

CHAPITRE XXXV

D'UN DÉFAUT DE NOS POLICES

FEU mon père, homme pour n'être aidé que de l'expérience et du naturel, d'un jugement bien net, m'a dit autrefois qu'il avait désiré mettre en train qu'il y eût ès villes certain lieu désigné, auquel ceux qui auraient besoin de quelque chose se pussent rendre et faire enregistrer leur affaire à un officier établi pour cet effet, comme : je cherche à vendre des perles, je cherche des perles à vendre. Tel veut compagnie pour aller à Paris ; tel s'enquiert d'un serviteur de telle qualité ; tel d'un maître ; tel demande un ouvrier ; qui ceci, qui cela, chacun selon son besoin. Et semble que ce moyen de nous entr'avertir apporterait non légère commodité au commerce public ; car à tous coups il y a des conditions qui s'entrecherchent, et, pour ne s'entr'entendre, laissent les hommes en extrême nécessité.

J'entends, avec une grande honte de notre siècle, qu'à notre vue deux très excellents personnages en savoir sont morts en état de n'avoir pas leur soûl à manger : Lilius Gregorius Giraldus en Italie [1], et Sebastianus Castalio en Allemagne [2] ; et crois qu'il y a mille hommes qui les eussent appelés avec très avantageuses conditions, ou secourus où ils étaient, s'ils l'eussent su. Le monde n'est pas si généralement corrompu que je ne sache tel homme qui souhaiterait de bien grande affection que les moyens que les siens lui ont mis en main se pussent employer, tant qu'il plaira à la fortune qu'il en jouisse, à mettre à l'abri de la nécessité les personnages rares et remarquables en quelque espèce de valeur que le malheur combat quelquefois jusques à l'extrémité, et qui les mettraient pour le moins en tel état qu'il ne tiendrait qu'à faute de bons discours, s'ils n'étaient contents.

En la police économique *, mon père avait cet ordre, que je sais louer, mais nullement ensuivre : c'est qu'outre le registre des négoces du ménage où se logent les menus comptes, paiements, marchés, qui ne requièrent la main du notaire, lequel registre un receveur a en charge, il ordonnait à celui de ses gens, qui lui servait à écrire un papier journal ³ à insérer toutes les survenances de quelque remarque, et jour par jour les mémoires de l'histoire de sa maison, très plaisante à voir quand le temps commence à en effacer la souvenance, et très à propos pour nous ôter souvent de peine : quand fut entamée telle besogne ? quand achevée ? quels trains ᵇ y ont passé ? combien arrêté ? nos voyages, nos absences, mariages, morts, la réception des heureuses ou malencontreuses nouvelles ; changement des serviteurs principaux ; telles matières. Usage ancien, que je trouve bon à rafraîchir, chacun en sa chacunière. Et me trouve un sot d'y avoir failli.

_____

a. L'administration de la maison. — *b.* Equipages.

CHAPITRE XXXVI

DE L'USAGE DE SE VÊTIR

OÙ que je veuille donner, il me faut forcer quelque bar-
rière de la coutume, tant elle a soigneusement bridé
toutes nos avenues. Je devisais, en cette saison frileuse,
si la façon d'aller tout nu de ces nations dernièrement
trouvées est une façon forcée par la chaude température
de l'air, comme nous disons des Indiens et des Mores,
ou si c'est l'originale des hommes. Les gens d'entendement, d'autant que tout ce qui est sous le ciel, comme
dit la sainte parole, est sujet à mêmes lois [1], ont accoutumé, en pareilles considérations à celles ici, où il faut
distinguer les lois naturelles des controuvées, de recourir à la générale police du monde, où il n'y peut avoir
rien de contrefait. Or, tout étant exactement fourni
ailleurs de filet [a] et d'aiguille pour maintenir son être,
il est, à la vérité, mécréable [b] que nous soyons seuls
produits en état défectueux et indigent, et en état qui ne
se puisse maintenir sans secours étranger. Ainsi je
tiens que, comme les plantes, arbres, animaux et tout
ce qui vit, se trouve naturellement équipé de suffisante
couverture, pour se défendre de l'injure du temps,

---

a. Fil. — b. Incroyable.

Proptereaque fere res omnes aut corio sunt,
Aut seta, aut conchis, aut callo, aut cortice tectæ *,

aussi étion-nous ; mais, comme ceux qui éteignent par
artificielle lumière celle du jour, nous avons éteint nos
propres moyens par les moyens empruntés. Et est aisé à
voir que c'est la coutume qui nous fait impossible ce
qui ne l'est pas ; car, de ces nations qui n'ont aucune
connaissance de vêtements, il s'en trouve d'assises environ sous même ciel que le nôtre ; et puis la plus délicate
partie de nous est celle qui se tient toujours découverte : les yeux, la bouche, le nez, les oreilles ; à nos
contadins *a*, comme à nos aïeux, la partie pectorale et
le ventre. Si nous fussions nés avec condition de cotil-
lons et de gréguesques *b*, il ne faut faire doute que
nature n'eût armé d'une peau plus épaisse ce qu'elle eût
abandonné à la batterie des saisons, comme elle a fait
le bout des doigts et plante des pieds.

Pourquoi semble-t-il difficile à croire ? Entre ma
façon d'être vêtu et celle d'un paysan de mon pays, je
trouve bien plus de distance qu'il n'y a de sa façon à
un homme qui n'est vêtu que de sa peau.

Combien d'hommes, et en Turquie surtout, vont nus
par dévotion !

Je ne sais qui [2] demandait à un de nos gueux qu'il
voyait en chemise en plein hiver, aussi scarrebillat *c* que
tel qui se tient emmitonné dans les martes jusques aux
oreilles, comme il pouvait avoir patience *d* : « Et vous,
monsieur, répondit-il, vous avez bien la face découverte ;
or moi, je suis tout face. » Les Italiens content du fol
du duc de Florence, ce me semble, que son maître s'enquérant comment, ainsi mal vêtu, il pouvait porter le
froid à quoi il était bien empêché lui-même : « Suivez,
dit-il, ma recette de charger sur vous tous vos accoutrements, comme je fais les miens, vous n'en souffrirez

a. Paysans. — *b.* Culottes (grègues). — *c.* Gaillard. — *d.* Endu-
rance.
* Lucrèce, *De Natura Rerum*, chant IV : « C'est pourquoi presque
tous les êtres sont protégés par le cuir, le poil, la coquille, le cal ou
l'écorce. »

non plus que moi. » Le roi Massinissa jusques à l'extrême vieillesse ne put être induit à aller la tête couverte, par froid, orage et pluie qu'il fît [3]. Ce qu'on dit aussi de l'empereur Sévère.

Aux batailles données entre les Egyptiens et les Perses, Hérodote [4] dit avoir été remarqué et par d'autres et par lui, que, de ceux qui y demeuraient morts, le test [a] était sans comparaison plus dur aux Egyptiens qu'aux Persiens, à raison que ceux ici portent leurs têtes toujours couvertes de béguins et puis de turbans ; ceux-là, rases dès l'enfance et découvertes.

Et le roi Agésilas observa jusques à sa décrépitude de porter pareille vêture en hiver qu'en été [5]. César, dit Suétone [6], marchait toujours devant sa troupe, et le plus souvent à pied, la tête découverte, soit qu'il fît soleil ou qu'il plût ; et autant en dit-on d'Annibal,

> *tum vertice nudo*
> *Excipere insanos imbres cœlique ruinam* *.

Un Vénitien qui s'y est tenu longtemps, et qui ne fait que d'en venir, écrit qu'au royaume du Pégu [7], les autres parties du corps vêtues, les hommes et les femmes vont toujours les pieds nus, même à cheval.

Et Platon conseille merveilleusement [8], pour la santé de tout le corps, de ne donner aux pieds et à la tête autre couverture que celle que nature y a mise.

Celui que les Polonais ont choisi pour leur roi après le nôtre [9], qui est à la vérité un des plus grands princes de notre siècle, ne porte jamais gants, ni de change, pour hiver et temps qu'il fasse, le même bonnet qu'il porte au couvert.

Comme je ne puis souffrir d'aller déboutonné et détaché, les laboureurs de mon voisinage se sentiraient entravés de l'être. Varron tient que, quand on ordonna que nous tinssions la tête découverte en présence des dieux ou du magistrat [10], on le fit plus pour notre santé

---

a. Crâne.
* Silius Italicus. *Les Puniques*, chant I : « Alors, sur sa tête nue, il recevait des pluies torrentielles, l'écroulement du ciel. »

et nous fermir contre les injures du temps, que pour compte de la révérence *a*.

Et puisque nous sommes sur le froid, et Français accoutumés à nous bigarrer (non pas moi, car je ne m'habille guère que de noir ou de blanc, à l'imitation de mon père), ajoutons, d'une autre pièce *b*, que le capitaine Martin Du Bellay dit au voyage de Luxembourg, avoir vu les gelées si âpres, que le vin de la munition *c* se coupait à coups de hache et de cognée, se débitait aux soldats par poids, et qu'ils l'emportaient dans des paniers [11]. Et Ovide, à deux doigts près :

> *Nudaque consistunt formam servantia testæ*
> *Vina, nec hausta meri, sed data frusta bibunt* *.

Les gelées sont si âpres en l'embouchure des Palus Mæotides [12], qu'en la même place où le lieutenant de Mithridate avait livré bataille aux ennemis à pied sec et les y avait défaits, l'été venu il y gagna contre eux encore une bataille navale.

Les Romains souffrirent grand désavantage au combat qu'ils eurent contre les Carthaginois près de Plaisance, de ce qu'ils allèrent à la charge le sang figé et les membres contraints de froid, là où Annibal avait fait épandre du feu par tout son ost *d*, pour échauffer ses soldats, et distribuer de l'huile par les bandes, afin que, s'oignant, ils rendissent leurs nerfs plus souples et dégourdis, et encroûtassent les pores contre les coups de l'air et du vent gelé qui tirait lors [13].

La retraite des Grecs, de Babylone en leur pays, est fameuse des difficultés et mésaises *e* qu'ils eurent à surmonter. Celle-ci en fut qu'accueillis aux montagnes d'Arménie d'un horrible ravage de neiges, ils en perdirent la connaissance du pays et des chemins, et, en

---

a. Respect. — b. D'un autre côté. — c. Provision de l'armée. — d. Armée. — e. Désagréments.

* *Tristes*, chant III, x : « Le vin vidé conserve la forme du récipient : ce n'est plus un breuvage que l'on puise, mais des morceaux que l'on boit. »

étant assiégés tout court ^a, furent un jour et une nuit sans boire et sans manger, la plupart de leurs bêtes mortes ; d'entre eux plusieurs morts, plusieurs aveugles du coup du grésil et lueur de la neige, plusieurs estro-piés par les extrémités, plusieurs roides, transis immo-biles de froid, ayant encore le sens entier [14].

Alexandre vit une nation en laquelle on enterre les arbres fruitiers en hiver, pour les défendre de la gelée [15].

Sur le sujet de vêtir, le roi du Mexique changeait quatre fois par jour d'accoutrements, jamais ne les réitérait ^b, employant sa déferre ^c à ses continuelles libé-ralités et récompenses ; comme aussi ni pot, ni plat, ni ustensile de sa cuisine et de sa table ne lui étaient servis à deux fois [16].

---

a. Tout à coup. — *b.* Remettait. — *c.* Défroque.

CHAPITRE XXXVII

DU JEUNE CATON

Je n'ai point cette erreur commune de juger d'un autre selon que je suis [1]. J'en crois aisément des choses diverses à moi. Pour me sentir engagé à une forme, je n'y oblige pas le monde, comme chacun fait ; et crois et conçois mille contraires façons de vie ; et, au rebours du commun, reçois plus facilement la différence que la ressemblance en nous. Je décharge tant qu'on veut un autre être de mes conditions et principes, et le considère simplement en lui-même, sans relation, l'étoffant sur son propre modèle. Pour n'être continent, je ne laisse d'avouer sincèrement la continence des Feuillants [2] et des Capucins, et de bien trouver l'air de leur train ; je m'insinue, par imagination, fort bien en leur place,

Et si, les aime et les honore d'autant plus qu'ils sont autres que moi. Je désire singulièrement qu'on nous juge chacun à part soi, et qu'on ne me tire en conséquence des communs exemples.

Ma faiblesse n'altère aucunement les opinions que je dois avoir de la force et vigueur de ceux qui le méritent. « *Sunt, qui nihil laudent, nisi quod si imitari posse*

confidunt *. » Rampant au limon de la terre, je ne laisse
pas de remarquer, jusque dans les nues, la hauteur
inimitable d'aucunes âmes héroïques. C'est beaucoup
pour moi d'avoir le jugement réglé, si les effets ne le
peuvent être, et maintenir au moins cette maîtresse partie exempte de corruption. C'est quelque chose d'avoir la
volonté bonne, quand les jambes me faillent. Ce siècle
auquel nous vivons, au moins pour notre climat, est si
plombé *a* que, je ne dis pas l'exécution, mais l'imagination même de la vertu en est à dire ; et semble que ce
ne soit autre chose qu'un jargon de collège :

> *virtutem verba putant, ut*
> *Lucum ligna* **.
> « *Quam vereri deberent, etiamsi percipere non pos-*
> *[sent* ***. »

C'est un affiquet *b* à pendre en un cabinet, ou au bout
de la langue, comme au bout de l'oreille, pour parement.

Il ne se reconnaît plus d'action vertueuse : celles qui
en portent le visage, elles n'en ont pas pourtant
l'essence ; car le profit, la gloire, la crainte, l'accoutumance et autres telles causes étrangères nous achemi-
nent à les produire. La justice, la vaillance, la débonnaireté que nous exerçons lors, elles peuvent être ainsi
nommées pour la considération d'autrui, et du visage
qu'elles portent en public ; mais, chez l'ouvrier, ce n'est
aucunement vertu : il y a une autre fin proposée, autre
cause mouvante. Or la vertu n'avoue rien que ce qui se
fait par elle et pour elle seule.

En cette grande bataille de Potidée [3] que les Grecs
sous Pausanias gagnèrent contre Mardonius et les Perses,
les victorieux, suivant leur coutume, venant à partir *c*

---

a. Lourd (comme du plomb). — *b.* Parure. — *c.* Partager.
* Cicéron, *Tusculanes*, livre II : « Il y a des gens pour louer seulement ce qu'ils croient pouvoir imiter. »
** Horace, *Epîtres*, livre I, épître VI : « Ils croient que la vertu
n'est qu'un mot, et le bois sacré du bois. »
*** Cicéron, *Tusculanes*, livre V : « Qu'ils devraient honorer,
même s'ils ne pouvaient la comprendre. »

entre eux la gloire de l'exploit, attribuèrent à la nation
spartiate la précellence de valeur en ce combat. Les
Spartiates, excellents juges de la vertu, quand ils vin-
vent à décider à quel particulier devait demeurer
l'honneur d'avoir le mieux fait en cette journée, trouvèrent qu'Aristodème s'était le plus courageusement
hasardé ; mais pourtant ils ne lui donnèrent point le
prix, parce que sa vertu avait été incitée du désir de se
purger du reproche qu'il avait encouru au fait des
Thermopyles, et d'un appétit de mourir courageusement
pour garantir sa honte passée.

Qui plus est nos jugements sont encore malades et
suivent la dépravation de nos mœurs. Je vois la plupart
des esprits de mon temps faire les ingénieux à obscurcir
la gloire des belles et généreuses actions anciennes,
leur donnant quelque interprétation vile et leur controu-
vant des occasions et des causes vaines.

Grande subtilité ! Qu'on me donne l'action la plus
excellente et pure, je m'en vais y fournir vraisemblablement cinquantes vicieuses intentions. Dieu sait, à
qui les veut entendre, quelle diversité d'images ne
souffre notre interne volonté ! Ils ne font pas tant
malicieusement que lourdement et grossièrement les
ingénieux à toute leur médisance.

La même peine qu'on prend à détracter de ces
grands noms, et la même licence, je la prendrais volontiers à leur prêter quelque tour d'épaule à les hausser. Ces rares figures, et triées pour l'exemple du
monde par le consentement des sages, je ne me
feindrais *a* pas de les recharger d'honneur, autant que
mon invention pourrait en interprétation et favorable circonstance. Mais il faut croire que les efforts
de notre conception sont loin au-dessous de leur
mérite. C'est l'office des gens de bien de peindre
la vertu la plus belle qui se puisse ; et ne nous messierait
pas, quand la passion nous transporterait à la faveur

a. Je n'hésiterais pas.

de si saintes formes. Ce que ceux-ci font au contraire,
ils le font ou par malice, ou par ce vice de ramener leur
créance à leur portée, de quoi je viens de parler, ou,
comme je pense plutôt, pour n'avoir pas la vue assez forte
et assez nette pour concevoir la splendeur de la vertu en
sa pure naïve, ni dressée à cela ; comme Plutarque[4] dit
que, de son temps, aucuns attribuaient la cause de la
mort du jeune Caton à la crainte qu'il avait eue de
César ; de quoi il se pique avec raison ; et peut-on juger
par là combien il se fût encore plus offensé de ceux qui
l'ont attribuée à l'ambition. Sottes gens ! Il eût bien fait
une belle action, généreuse et juste, plutôt avec ignominie que pour la gloire. Ce personnage-là fut véritablement un patron que nature choisit pour montrer jusques
où l'humaine vertu et fermeté pouvait atteindre.

Mais je ne suis pas ici à même pour traiter ce
riche argument. Je veux seulement faire lutter ensemble
les traits de cinq poètes latins sur la louange de Caton,
et pour l'intérêt de Caton, et, par incident, pour le
leur aussi. Or devra l'enfant bien nourri[a] trouver, au
prix des autres, les deux premiers traînants, le troisième plus vert, mais qui s'est battu par l'extravagance
de sa force ; estimer que là il y aurait place à un ou
deux degrés d'invention encore pour arriver au quatrième, sur le point duquel il joindra ses mains par
admiration. Au dernier, premier de quelque espace, mais
laquelle espace il jurera ne pouvoir être remplie par
nul esprit humain, il s'étonnera, il se transira. Voici merveille : nous avons bien plus de poètes que de juges
et interprètes de poésie. Il est plus aisé de la faire, que
de la connaître. A certaine mesure basse, on la peut
juger par les préceptes et par art. Mais la bonne,
l'excessive, la divine est au-dessus des règles et de la
raison. Quiconque en discerne la beauté d'une vue
ferme et rassise, il ne la voit pas, non plus que la
splendeur d'un éclair. Elle ne pratique point notre
jugement ; elle le ravit et ravage. La fureur qui époin-

a. Instruit.

çonne *a* celui qui la sait pénétrer, fiert *b* encore un tiers
à la lui ouïr traiter et réciter ; comme l'aimant non
seulement attire une aiguille, mais infond encore en
icelle sa faculté d'en attirer d'autres [5]. Et il se voit
plus clairement aux théâtres, que l'inspiration sacrée
des muses, ayant premièrement agité le poète à la
colère, au deuil, à la haine, et hors de soi où elles veulent, frappe encore par le poète l'acteur, et par l'acteur
consécutivement tout un peuple. C'est l'enfilure de
nos aiguilles, suspendues l'une de l'autre. Dès ma
première enfance, la poésie a eu cela, de me transpercer
et transporter. Mais ce ressentiment *c* bien vif qui est
naturellement en moi, a été diversement manié par
diversité de formes, non tant plus hautes et plus basses
(car c'étaient toujours des plus hautes en chaque
espèce) comme différentes en couleur : premièrement
une fluidité gaie et ingénieuse ; depuis une subtilité
aiguë et relevée ; enfin une force mûre et constante.
L'exemple le dira mieux : Ovide, Lucain, Virgile. Mais
voilà nos gens sur la carrière.

Sit Cato, dum vivit, sane vel Cæsare major *, dit l'un.

Et invictum, devicta morte, Catonem **,

dit l'autre. Et l'autre, parlant des guerres civiles d'entre
César et Pompée,

Victrix causa diis placuit, sed victa Catoni ***.

Et le quatrième, sur les louanges de César :

---

a. Aiguillonne. — *b.* Frappe (du verbe *férir*). — *c.* Sentiment.

* Martial, *Epigrammes*, livre VI, épigramme XXXII : « Que Caton,
même de son vivant, soit plus grand que César. »

** Manilius, *Astronomiques*, chant IV : « Et Caton invaincu,
ayant vaincu la mort. »

*** Lucain, *Pharsale*, chant I : « La cause des vainqueurs plut aux
dieux, mais celle des vaincus à Caton. »

Et cuncta terrarum subacta,
Præter atrocem animum Catonis *.

Et le maître du chœur, après avoir étalé les noms des plus grands Romains en sa peinture, finit en cette manière :

his dantem jura Catonem **.

---

* Horace, *Odes,* livre II, ode 1 : « Ayant dompté l'univers, sauf l'âme inflexible de Caton. »
** Virgile, *Enéide,* chant VIII : « Caton qui leur dicte des lois. »

CHAPITRE XXXVIII

COMME NOUS PLEURONS
ET RIONS
D'UNE MÊME CHOSE

QUAND nous rencontrons, dans les histoires, qu'Antigonus sut très mauvais gré à son fils de lui avoir présenté la tête du roi Pyrrhus, son ennemi, qui venait sur l'heure même d'être tué combattant contre lui, et que, l'ayant vue, il se prit bien fort à pleurer[1] ; et que le duc René de Lorraine[2] plaignit aussi la mort du duc Charles de Bourgogne qu'il venait de défaire, et en porta le deuil en son enterrement ; et que, en la bataille d'Auray[3] que le comte de Montfort gagna contre Charles de Blois, sa partie[a] pour le duché de Bretagne, le victorieux, rencontrant le corps de son ennemi trépassé, en mena grand deuil, il ne faut pas s'écrier soudain :

Et cosi aven che l'animo ciascuna
Sua passion sotto el contrario manto
Ricopre, con la vista hor' chiara hor bruna*.

---

a. Son adversaire, (terme du barreau).
* Pétrarque, sonnet 82 de l'édition de 1550 : « Et c'est ainsi que l'âme couvre ses passions sous des apparences contraires, le visage tantôt joyeux, tantôt sombre. »

Quand on présenta à César la tête de Pompée, les histoires [4] disent qu'il n'en détourna sa vue comme d'un vilain et mal plaisant spectacle. Il y avait eu entre eux une si longue intelligence et société au maniement des affaires publiques, tant de communauté de fortunes, tant d'offices [a] réciproques et d'alliance, qu'il ne faut pas croire que cette contenance fut toute fausse et contrefaite, comme estime cet autre :

tutumque putavit
Jam bonus esse socer ; lachrimas non sponte caden-
                                                        [tes
*Effudit, gemitúsque expressit pectore lœto ** .*

Car, bien que, à la vérité, la plupart de nos actions ne soient que masque et fard, et qu'il puisse quelquefois être vrai,

*Hœredis fletus sub persona risus est ** ,*

si est-ce [b] qu'au jugement de ces accidents il faut considérer comme nos âmes se trouvent souvent agitées de diverses passions. Et tout ainsi qu'en nos corps ils disent qu'il y a une assemblée de diverses humeurs, desquelles celle-là est maîtresse qui commande le plus ordinairement en nous, selon nos complexions : aussi, en nos âmes, bien qu'il y ait divers mouvements qui l'agitent, si faut-il qu'il y en ait un à qui le champ demeure. Mais ce n'est pas avec si entier avantage que, pour la volubilité et la souplesse de notre âme, les plus faibles par occasion ne regagnent encore la place et ne fassent une courte charge à leur tour. D'où nous voyons non seulement les enfants, qui vont tout naïvement après la nature, pleurer et rire souvent de même chose ; mais nul d'entre nous ne se peut vanter, quelque voyage

a. Services. — *b.* Néanmoins.
* Lucain, *Pharsale*, chant IX : « Il pensa qu'il pouvait sans péril se montrer beau-père ; il versa des larmes forcées et il tira des gémissements d'un cœur joyeux. »
** Citation de Publius Syrus rapportée par Aulu-Gelle ; Mlle de Gournay la traduit ainsi : « Les pleurs d'un héritier sont des ris sous le masque. »

qu'il fasse à son souhait, que encore au départir de sa famille et de ses amis il ne sente frissonner le courage ; et, si les larmes ne lui en échappent tout à fait, au moins met-il le pied à l'étrier d'un visage morne et contristé. Et, quelque gentille flamme qui échauffe le cœur des filles bien nées, encore les déprend-on à force du col de leurs mères pour les rendre à leur époux quoique dise ce bon compagnon :

Est ne novis nuptis odio venus, anne parentum
Frustrantur falsis gaudia lachrimulis,
Ubertim thalami quas intra limina fundunt ?
Non, ita me divi, vera gemunt, juverint *.

Ainsi il n'est pas étrange de plaindre celui-là mort, qu'on ne voudrait aucunement être en vie.

Quand je tance avec mon valet, je tance du meilleur courage que j'aie, ce sont vraies et non feintes imprécations ; mais cette fumée passée, qu'il ait besoin de moi, je lui bien ferai volontiers ; je tourne à l'instant le feuillet. Quand je l'appelle un badin *a*, un veau, je n'entreprends pas de lui coudre jamais ces titres ; ni ne pense me dédire pour le nommer tantôt honnête homme. Nulle qualité nous embrasse purement et universellement. Si ce n'était la contenance d'un fol de parler seul, il n'est jour auquel on ne m'ouït gronder en moi-même et contre moi : « Bren du fat ! *b* » Et si *c*, n'entends pas que ce soit ma définition.

Qui pour me voir une mine tantôt froide, tantôt amoureuse envers ma femme, estime que l'une ou l'autre soit feinte, il est un sot. Néron, prenant congé de sa mère qu'il envoyait noyer, sentit toutefois l'émotion de cet adieu maternel, et en eut horreur et pitié *5*.

a. Ridicule. — *b.* M... pour le sot. — *c.* Et pourtant.
* Catulle, *La Chevelure de Bérénice* : « Vénus est-elle odieuse aux jeunes mariées, ou celles-ci se moquent-elles de la joie de leurs parents par les larmes fausses qu'elles répandent en abondance sur le seuil de la chambre nuptiale. A Dieu ne plaise ! Ces larmes ne sont pas vraies. »

On dit que la lumière du soleil n'est pas d'une pièce continue, mais qu'il nous élance si dru sans cesse nouveaux rayons les uns sur les autres que nous n'en pouvons apercevoir l'entre-deux [6] :

> *Largus enim liquidi fons luminis, ætherius sol*
> *Inrigat assidue cælum candore recenti,*
> *Suppedit atque novo confestim lumine lumen* *,

ainsi élance notre âme ses pointes diversement et imperceptiblement.

Artabane surprit Xerxès, son neveu, et le tança de la soudaine mutation de sa contenance. Il était à considérer la grandeur démesurée de ses forces au passage de l'Hellespont pour l'entreprise de la Grèce. Il lui prit premièrement un tressaillement d'aise à voir tant de milliers d'hommes à son service, et le témoigna par l'allégresse et fête de son visage. Et, tout soudain, en même instant, sa pensée lui suggérant comme tant de vies avaient à défaillir au plus loin dans le siècle, il refroigna son front, et s'attrista jusques aux larmes [7].

Nous avons poursuivi avec résolue volonté la vengeance d'une injure, et ressenti un singulier contentement de la victoire, nous en pleurons pourtant ; ce n'est pas de cela que nous pleurons ; il n'y a rien de changé, mais notre âme regarde la chose d'un autre œil, et se la représente par un autre visage ; car chaque chose a plusieurs biais et plusieurs lustres. La parenté, les anciennes accointances et amitiés saisissent notre imagination et la passionnent pour l'heure, selon leur condition ; mais le contour en est si brusque, qu'il nous échappe.

> *Nil adeo fieri celeri ratione videtur*
> *Quam si mens fieri proponit et inchoat ipsa.*

---

* Lucrèce, *De Natura Rerum*, chant V : « Le soleil dans l'éther, source abondante de la lumière limpide, arrose le ciel d'une clarté sans cesse renaissante et remplace sur-le-champ le rayon par un rayon nouveau. »

Ocius ergo animus quam res se perciet ulla,
Ante oculos quarum in promptu natura videtur *.

Et, à cette cause, voulant de toute cette suite continuer
un corps, nous nous trompons. Quand Timoléon pleure
le meurtre qu'il avait commis d'une si mûre et généreuse
délibération, il ne pleure pas la liberté rendue à sa
patrie, il ne pleure pas le tyran, mais il pleure son
frère [8]. L'une partie de son devoir est jouée, laissons-lui
en jouer l'autre.

---

* Lucrèce, *De Natura Rerum,* chant III : « Rien ne se fait, selon
toute évidence, aussi rapidement que la conception d'un acte dans
l'âme et le commencement de sa réalisation. L'âme est donc plus
vive à se mouvoir que tout objet placé sous nos yeux ou à portée
de nos sens. »

CHAPITRE XXXIX

DE LA SOLITUDE

Laissons à part [1] cette longue comparaison de la vie solitaire à l'active, et quant à ce beau mot de quoi se couvre l'ambition et l'avarice [a] : que nous ne sommes pas nés pour notre particulier, ains [b] pour le public, rapportons-nous-en hardiment à ceux qui sont en la danse ; et qu'ils se battent la conscience, si, au rebours, les états, les charges, et cette tracasserie du monde ne se recherche plutôt pour tirer du public son profit particulier. Les mauvais moyens par où on s'y pousse en notre siècle, montrent bien que la fin n'en vaut guère. Répondons à l'ambition que c'est elle-même qui nous donne goût de la solitude : car que fuit-elle tant que la société ? que cherche-t-elle tant que ses coudées franches ? Il y a de quoi bien et mal faire partout : toutefois, si le mot de Bias est vrai, que la pire part c'est la plus grande [2], ou ce que dit l'*Ecclesiastique*, que de mille il n'en est pas un bon,

> *Rari quippe boni : numero vix sunt totidem, quot*
> *Thebarum portæ, vel divitis ostia Nili* *,

a. Cupidité. — b. Mais.

* Juvénal, *Satire XIII* : « Les gens de bien sont rares : c'est à peine s'il y en a autant que les portes de Thèbes ou les bouches du Nil fertile. »

la contagion est très dangereuse en la presse. Il faut ou imiter les vicieux, ou les haïr. Tous les deux sont dangereux, et de leur ressembler par ce qu'ils sont beaucoup ; et d'en haïr beaucoup, parce qu'ils sont dissemblables [3].

Et les marchands qui vont en mer ont raison de regarder que ceux qui se mettent en même vaisseau ne soient dissolus, blasphémateurs, méchants : estimant telle société infortunée.

Par quoi Bias [4], plaisamment, à ceux qui passaient avec lui le danger d'une grande tourmente, et appelaient le secours des dieux : « Taisez-vous, fit-il, qu'ils ne sentent point que vous soyez ici avec moi. »

Et, d'un plus pressant exemple, Albuquerque, viceroi en l'Inde pour le roi Emmanuel de Portugal, en un extrême péril de fortune de mer, prit sur ses épaules un jeune garçon, pour cette seule fin qu'en la société de leur fortune son innocence lui servît de garant et de recommandation envers la faveur divine, pour le mettre à sauveté [5].

Ce n'est pas que le sage ne puisse partout vivre content, voire et seul en la foule d'un palais ; mais, s'il est à choisir, il en fuira, dit-il, même la vue. Il portera[a], s'il est besoin, cela ; mais, s'il est en lui[b], il élira ceci. Il ne lui semble point suffisamment s'être défait des vices, s'il faut encore qu'il conteste avec ceux d'autrui [6].

Charondas [7] châtiait pour mauvais ceux qui étaient convaincus de hanter mauvaise compagnie.

Il n'est rien si dissociable et sociable que l'homme : l'un par son vice, l'autre par sa nature [8].

Et Antisthène ne me semble avoir satisfait à celui qui lui reprochait sa conversation[c] avec les méchants, en disant que les médecins vivaient bien entre les malades [9] ; car, s'ils servent à la santé des malades, ils détériorent la leur par la contagion, la vue continuelle et pratique des malades.

Or la fin, ce crois-je, en est tout une, d'en vivre plus

_a._ Supportera. — _b._ S'il en a la possibilité. — _c._ Société.

à loisir et à son aise. Mais on n'en cherche pas toujours bien le chemin. Souvent on pense avoir quitté les affaires, on ne les a que changées. Il n'y a guère moins de tourment au gouvernement d'une famille que d'un Etat entier ; où que l'âme soit empêchée *a*, elle y est toute ; et, pour être les occupations domestiques moins importantes, elles n'en sont pas moins importunes. D'avantage, pour nous être défaits de la Cour et du marché *b*, nous ne sommes pas défaits des principaux tourments de notre vie.

> *ratio et prudentia curas,*
> *Non locus effusi late maris arbiter, aufert* *.

L'ambition, l'avarice, l'irrésolution, la peur et les concupiscences ne nous abandonnent point pour changer de contrée.

> *Et post equitem sedet atra cura* **.

Elles nous suivent souvent jusque dans les cloîtres et dans les écoles de philosophie. Ni les déserts, ni les rochers creusés, ni la haie, ni les jeûnes ne nous en démêlent :

> *hœret lateri letalis arundo* ***.

On disait à Socrate que quelqu'un ne s'était aucunement amendé en son voyage : « Je crois bien, dit-il, il s'était emporté avec soi [10]. »

> *Quid terras alio calentes*
> *Sole mutamus ? patria quis exul*
> *Se quoque fugit* **** ?

a. Occupé. — *b.* Affaires.

* Horace, *Epîtres*, livre I, épître II : « C'est la raison et la sagesse qui ôtent les tourments, non le site d'où l'on découvre une vaste étendue de mer. »
** Horace, livre III des *Odes*, I : « Le noir souci monte en croupe derrière le cavalier. »
*** Virgile, *Enéide*, chant IV : « Le roseau mortel reste planté dans son flanc. »
**** Horace, *Odes*, livre II, ode XVI : « Pourquoi chercher des terres chauffées par un autre soleil ? Qui donc, exilé de sa patrie, se fuit aussi lui-même ? »

Si on ne se décharge premièrement et son âme, du faix qui la presse, le remuement la fera fouler davantage ; comme en un navire les charges empêchent moins, quand elles sont rassises. Vous faites plus de mal que de bien au malade, de lui faire changer de place. Vous ensachez[a] le mal en le remuant, comme les pals s'enfoncent plus avant et s'affermissent en les branlant et secouant. Par quoi ce n'est pas assez de s'être écarté du peuple ; ce n'est pas assez de changer de place, il se faut écarter des conditions populaires qui sont en nous ; il se faut séquestrer et ravoir de soi.

Rupi jam vincula dicas :
Nam luctata canis nodum arripit ; attamen illi,
Cum fugit, a collo trahitur pars longa catenœ *.

Nous emportons nos fers quant et nous[b] : ce n'est pas une entière liberté, nous tournons encore la vue vers ce que nous avons laissé, nous en avons la fantaisie pleine.

Nisi purgatum est pectus, quœ prœlia nobis
Atque pericula tunc ingratis insinuandum ?
Quantœ conscindunt hominem cuppedinis acres
Sollicitum curœ, quantique perinde timores ?
Quidve superbia, spurcitia, ac petulantia, quantas
*Efficiunt clades ? quid luxus desidiesque** ?*

Notre mal nous tient en l'âme : or elle ne se peut échapper à elle-même,

*In culpa est animus qui se non effugit unquam*** .

---

a. Enfermez (comme dans un sac). — *b.* Avec nous.
* Perse, *Satire V* : « J'ai rompu mes liens, dirais-tu : oui, comme le chien brise sa chaîne après maints efforts ; cependant, en fuyant, il en traîne un long bout à son cou. »
** Lucrèce, *De Natura Rerum*, chant V : « Si le cœur n'a pas été purgé de ces vices, quels combats et quels dangers nous faut-il affronter, nous qui sommes insatiables ! Quels soucis pénétrants déchirent l'homme tourmenté par la passion ! Que de craintes ! Combien de catastrophes entraînent l'orgueil, la luxure, la colère ! Combien aussi, l'amour du luxe et l'oisiveté ! » « Elle est en faute, l'âme qui n'échappe jamais à elle-même. »
*** Horace, *Épîtres*, livre I, épître XIV.

Ains *a* il la faut ramener et retirer en soi : c'est la vraie solitude, et qui se peut jouir au milieu des villes et des cours des rois ; mais elle se jouit plus commodément à part.

Or, puisque nous entreprenons de vivre seuls et de nous passer de compagnie, faisons que notre contentement dépende de nous ; déprenons-nous de toutes les liaisons qui nous attachent à autrui, gagnons sur nous de pouvoir à bon escient vivre seuls et y vivre à notre aise.

Stilpon [11], étant échappé de l'embrasement de sa ville, où il avait perdu femme, enfants et chevance *b*, Démetrius Poliorcete, le voyant, en une si grande ruine de sa patrie, le visage non effrayé, lui demanda s'il n'avait pas eu du dommage. Il répondit que non, et qu'il n'y avait, Dieu merci, rien perdu de sien. C'est ce que le philosophe Antisthène disait plaisamment : que l'homme se devait pourvoir de munitions *c* qui flottassent sur l'eau et pussent à nage échapper avec lui du naufrage [12].

Certes, l'homme d'entendement n'a rien perdu, s'il a soi-même. Quand la ville de Nole fut ruinée par les Barbares, Paulin, qui en était évêque, y ayant tout perdu, et leur prisonnier, priait ainsi Dieu : « Seigneur, garde-moi de sentir cette perte, car tu sais qu'ils n'ont encore rien touché de ce qui est à moi [13]. » Les richesses qui le faisaient riche, et les biens qui le faisaient bon, étaient encores en leur entier. Voilà que c'est de bien choisir les trésors qui se puissent affranchir de l'injure *d*, et de les cacher en lieu où personne n'aille, et lequel ne puisse être trahi que par nous-mêmes. Il faut avoir femmes, enfants, biens, et surtout de la santé, qui peut ; mais non pas s'y attacher en manière que notre heur en dépende. Il se faut réserver une arrière-boutique toute nôtre, toute franche, en laquelle nous établissons notre vraie liberté et principale retraite et solitude. En celle-ci faut-il prendre notre ordinaire entretien de nous à nous-mêmes, et si privé que nulle accointance ou communica-

a. Au contraire. — *b.* Fortune. — *c.* Provisions. — *d.* Injustice, dommage.

tion étrangère y trouve place ; discourir et y rire comme
sans femme, sans enfants et sans biens, sans train et
sans valets, afin que, quand l'occasion adviendra de
leur perte, il ne nous soit pas nouveau de nous en passer.
Nous avons une âme contournable en soi-même ; elle se
peut faire compagnie ; elle a de quoi assaillir et de quoi
défendre, de quoi recevoir et de quoi donner ; ne craignons pas en cette solitude nous croupir d'oisiveté
ennuyeuse :

in solis sis tibi turba locis *.

La vertu, dit Antisthène, se contente de soi : sans
disciplines, sans paroles, sans effets.

En nos actions accoutumées, de mille il n'en est pas
une qui nous regarde. Celui que tu vois grimpant contremont *a* les ruines de ce mur, furieux et hors de soi, en
butte de tant d'arquebusades ; et cet autre, tout cicatrisé,
transi et pâle de faim, délibéré *b* de crever plutôt que
de lui ouvrir la porte, penses-tu qu'ils y soient pour eux ?
Pour tel, à l'aventure, qu'ils ne virent onques, et qui ne
se donne aucune peine de leur fait *c*, plongé cependant
en l'oisiveté et aux délices. Celui-ci, tout pituiteux,
chassieux et crasseux, que tu vois sortir après minuit
d'une étude, penses-tu qu'il cherche parmi les livres
comme il se rendra plus homme de bien, plus content
et plus sage ? Nulles nouvelles. Il y mourra, ou il apprendra à la postérité la mesure des vers de Plaute et la
vraie orthographe d'un mot latin. Qui ne contrechange
volontiers la santé, le repos et la vie à la réputation
et à la gloire, la plus inutile, vaine et fausse monnaie
qui soit en notre usage ? Notre mort ne nous faisait pas
assez de peur, chargeons-nous encore de celle de nos
femmes, de nos enfants et de nos gens. Nos affaires ne
nous donnaient pas assez de peine, prenons encore à

---

a. En haut de. — *b*. Décidé à. — *c*. Actes.
 * Tibulle, *Élégies*, livre IV, élégie XIII : « Dans la solitude, sois
une foule pour toi-même. »

nous tourmenter et rompre la tête de ceux de nos voisins et amis.

> *Vah ! quemquamne hominem in animum instituere,*
> [*aut*
> *Parare, quod sit charius quam ipse est sibi* ?*

La solitude me semble avoir plus d'apparence et de raison à ceux qui ont donné au monde leur âge plus actif et fleurissant, suivant l'exemple de Thalès [14].

C'est assez vécu pour autrui, vivons pour nous au moins ce bout de vie. Ramenons à nous et à notre aise nos pensées et nos intentions. Ce n'est pas une légère partie*a* que de faire sûrement sa retraite ; elle nous empêche*b* assez sans y mêler d'autres entreprises. Puisque Dieu nous donne loisir de disposer de notre délogement, préparons-nous-y ; plions bagage ; prenons de bonne heure congé de la compagnie ; dépêtrons-nous de ces violentes prises qui nous engagent ailleurs et éloignent de nous. Il faut dénouer ces obligations si fortes, et meshui*c* aimer ceci et cela, mais n'épouser rien que soi. C'est à dire : le reste soit à nous, mais non pas joint et collé en façon qu'on ne le puisse déprendre sans nous écorcher et arracher ensemble quelque pièce du nôtre. La plus grande chose du monde, c'est de savoir être à soi.

Il est temps de nous dénouer de la société, puisque nous n'y pouvons rien apporter. Et qui ne peut prêter, qu'il se défende d'emprunter. Nos forces nous faillent ; retirons-les et resserrons en nous. Qui peut renverser et confondre en soi les offices de l'amitié et de la compagnie, qu'il le fasse. En cette chute, qui le rend inutile, pesant et importun aux autres, qu'il se garde d'être importun à soi-même, et pesant, et inutile. Qu'il se flatte et caresse, et surtout se régente, respectant et craignant

a. Entreprise. — *b.* Occupe. — *c.* Désormais.
* Térence, les *Adelphes*, acte I, scène 1 : « Comment ! un homme se mettre dans la tête de se donner un objet qui lui soit plus cher que lui-même ! »

sa raison et sa conscience, si *a* qu'il ne puisse sans honte broncher en leur présence. « *Rarum est enim ut satis se quisque vereatur* *. »

Socrate dit que les jeunes se doivent faire instruire, les hommes s'exercer à bien faire, les vieils se retirer de toute occupation civile et militaire, vivant à leur discrétion, sans obligation à nul certain office *b*.

Il y a des complexions plus propres à ces préceptes de la retraite les unes que les autres. Celles qui ont l'appréhension *c* molle et lâche, et une affection et volonté délicate, et qui ne s'asservit ni s'emploie pas aisément, desquelles je suis et par naturelle condition et par discours, ils se plieront mieux à ce conseil que les âmes actives et occupées, qui embrassent tout et s'engagent partout, qui se passionnent de toutes choses, qui s'offrent, qui se présentent et qui se donnent à toutes occasions. Il se faut servir de ces commodités accidentelles et hors de nous, en tant qu'elles nous sont plaisantes, mais sans en faire notre principal fondement ; ce ne l'est pas ; ni la raison ni la nature ne le veulent. Pourquoi contre ses lois asservirons-nous notre consentement à la puissance d'autrui ? D'anticiper aussi les accidents de fortune, se priver des commodités qui nous sont en main, comme plusieurs ont fait par dévotion et quelques philosophes par discours, se servir soi-même, coucher sur la dure, se crever les yeux [15], jeter ses richesses emmi *d* la rivière [16], rechercher la douleur (ceux-là pour, par le tourment de cette vie, en acquérir la béatitude d'une autre ; ceux-ci pour, s'étant logés en la plus basse marche, se mettre en sécurité de nouvelle chute), c'est l'action d'une vertu excessive. Les natures plus roides et plus fortes fassent leur cachette même glorieuse et exemplaire :

tuta et parvula laudo,
Cum res deficiunt, satis inter vilia fortis :

a. Si bien qu'il. — *b.* Fonction déterminée. — *c.* Compréhension. — *d.* Dans.

* Quintilien, *Institution Oratoire*, livre X, chap. VII : « Il est rare qu'on se respecte assez soi-même. »

*Verum ubi quid melius contingit et unctius, idem
Hos sapere, et solos aio bene vivere, quorum
Conspicitur nitidis fundata pecunia villis* *.

Il y a pour moi assez affaire sans aller si avant. Il me
suffit, sous la faveur de la fortune, me préparer à sa
défaveur, et me représenter, étant à mon aise, le mal
advenir, autant que l'imagination y peut atteindre ;
tout ainsi que nous nous accoutumons aux joutes et
tournois, et contrefaisons la guerre en pleine paix.

Je n'estime point Arcésilas [17] le philosophe moins
reformé, pour le savoir avoir usé d'ustensiles d'or et
d'argent, selon que la condition de sa fortune le lui
permettait ; et l'estime mieux que s'il s'en fut démis,
de ce qu'il en usait modérément et libéralement.

Je vois jusques à quelles limites va la nécessité naturelle ; et, considérant le pauvre mendiant à ma porte
souvent plus enjoué et plus sain que moi, je me plante
en sa place, j'essaie de chausser mon âme à son biais.
Et, courant ainsi par les autres exemples, quoique je
pense la mort, la pauvreté, le mépris et la maladie à mes
talons, je me résous aisément de n'entrer en effroi de
ce qu'un moindre que moi prend avec telle patience. Et
ne puis croire que la bassesse de l'entendement puisse
plus que la vigueur ; ou que les effets du discours ne
puissent arriver aux effets de l'accoutumance. Et,
connaissant combien ces commodités accessoires tiennent à peu, je ne laisse pas, en pleine jouissance, de
supplier Dieu, pour ma souveraine requête, qu'il me
rende content de moi-même et des biens qui naissent de
moi. Je vois des jeunes hommes gaillards, qui ne laissent pas de porter dans leurs coffres une masse de
pilules pour s'en servir quand le rhume les pressera,
lequel ils craignent d'autant moins qu'ils en pensent
avoir le remède en main. Ainsi faut-il faire ; et encore,

* Horace, *Epîtres*, livre I, épître xv : « Si les biens me font défaut, je vante un tout petit avoir et sa sécurité, me contentant de
peu ; mais quand le sort me traite mieux et me donne de l'aisance,
alors je déclare que seuls sont raisonnables et heureux, ceux dont
on voit la fortune fondée sur de belles propriétés. »

si on se sent sujet à quelque maladie plus forte, se garnir de ces médicaments qui assoupissent et endorment la partie.

L'occupation qu'il faut choisir à une telle vie, ce doit être une occupation non pénible ni ennuyeuse; autrement pour néant ferions-nous état d'y être venus chercher le séjour. Cela dépend du goût particulier d'un chacun : le mien ne s'accommode aucunement au ménage. Ceux qui l'aiment, ils s'y doivent adonner avec modération.

Conentur sibi res, non se submittere rebus *.

C'est autrement un office servile que la ménagerie *a*, comme le nomme Salluste [18]. Elle a des parties plus excusables, comme le soin des jardinages, que Xénophon attribue à Cyrus [19] ; et se peut trouver un moyen entre ce bas et vil soin, tendu et plein de sollicitude, qu'on voit aux hommes qui s'y plongent du tout *b*, et cette profonde et extrême nonchalance laissent tout aller à l'abandon, qu'on voit en d'autres,

Democriti pecus edit agellos
Cultaque, dum peregre est animus sine corpore
[*velox* **.

Mais oyons le conseil que donne le jeune Pline à Cornelius Rufus, son ami, sur ce propos de la solitude : « Je te conseille, en cette pleine et grasse retraite où tu es, de quitter à tes gens ce bas et abject soin du ménage, et t'adonner à l'étude des lettres, pour en tirer quelque chose qui soit toute tienne [20]. » Il entend la réputation ; d'une pareille humeur à celle de Cicéron qui dit vouloir employer sa solitude et séjour des affaires publiques à s'en acquérir par ses écrits une vie immortelle [21] » :

a. La direction du « ménage ». — *b*. Complètement.
* Horace, *Epîtres*, livre I, épître I : « Qu'ils s'efforcent de plier les choses à eux-mêmes, et non de se plier aux choses. » Montaigne a légèrement modifié le texte pour l'adapter à son tour de phrase.
** Horace, *Epîtres*, livre I, épître XII : « Le bétail dévore les champs de Démocrite, pendant que son esprit rapide, loin de son corps, voyage au loin. »

usque adeo ne
Scire tuum nihil est, nisi te scire hoc sciat alter. * ?

Il semble que ce soit raison, puisqu'on parle de se retirer du monde, qu'on regarde hors de lui ; ceux-ci ne le font qu'à demi. Ils dressent bien leur partie, pour quand ils n'y seront plus ; mais le fruit de leur dessein, ils prétendent le tirer encore lors- du monde, absents, par une ridicule contradiction. L'imagination de ceux qui, par dévotion, recherchent la solitude, remplissant leur courage de la certitude des promesses divines en l'autre vie, est bien plus sainement assortie. Ils se proposent Dieu, objet infini et en bonté et en puissance ; l'âme a de quoi y rassasier ses désirs en toute liberté. Les afflictions, les douleurs leur viennent à profit, employées à l'acquêt d'une santé et réjouissance éternelle : la mort, à souhait, passage à un si parfait état. L'âpreté de leurs règles est incontinent aplanie par l'accoutumance ; et les appétits charnels, rebutés et endormis par leur refus, car rien ne les entretient que l'usage et exercice. Cette seule fin d'une autre vie heureusement immortelle mérite loyalement que nous abandonnions les commodités et douceurs de cette vie nôtre. Et qui peut embraser son âme de l'ardeur de cette vive foi et espérance, réellement et constamment, il se bâtit en la solitude une vie voluptueuse et délicate au-delà de toute autre forme de vie.

Ni la fin donc, ni le moyen de ce conseil ne me contente ; nous retombons toujours de fièvre en chaud mal. Cette occupation des livres est aussi pénible que tout autre, et autant ennemie de la santé, qui doit être principalement considéré. Et ne se faut point laisser endormir au plaisir qu'on y prend ; c'est ce même plaisir qui perd le ménagier *, l'avaricieux, le voluptueux et l'ambitieux. Les sages nous apprennent assez à nous garder de la trahison de nos appétits, et à discerner les

---

a. L'économe.
* Perse, *Satire I* : « Quoi donc ! ton savoir n'est-il donc rien, si les autres ne savent pas que tu sais. »

vrais plaisirs, et entiers, des plaisirs mêlés et bigarrés
de plus de peine. Car la plupart des plaisirs, disent-ils,
nous chatouillent et embrassent pour nous étrangler,
comme faisaient les larrons que les Egyptiens appelaient Philistas [22]. Et, si la douleur de tête nous venait
avant l'ivresse, nous nous garderions de trop boire.
Mais la volupté, pour nous tromper, marche devant et
nous cache sa suite. Les livres sont plaisants ; mais, si
de leur fréquentation nous en perdons enfin la gaieté et
la santé, nos meilleures pièces, quittons-les. Je suis de
ceux qui pensent leur fruit ne pouvoir contrepeser cette
perte. Comme les hommes qui se sentent de longtemps
affaiblis par quelque indisposition, se rangent à la fin
à la merci de la médecine, et se font desseigner par
art certaines règles de vivre pour ne les plus outre-
passer : aussi celui qui se retire, ennuyé et dégoûté de
la vie commune, doit former celle-ci aux règles de la
raison, l'ordonner et ranger par préméditation et discours. Il doit avoir pris congé de toute espèce de travail, quelque visage qu'il porte, et fuir en général les
passions qui empêchent la tranquillité du corps et de
l'âme, et choisir la route qui est plus selon son humeur,

*Unusquisque sua noverit ire via**.

Au ménage, à l'étude, à la chasse et tout autre exercice, il faut donner jusques aux dernières limites du
plaisir, et garder de s'engager plus avant, où la peine
commence à se mêler parmi. Il faut réserver d'embesognement et d'occupation autant seulement qu'il en est
besoin pour nous tenir en haleine, et pour nous garantir
des incommodités que tire après soi l'autre extrémité
d'une lâche oisiveté et assoupie. Il y a des sciences
stériles et épineuses, et la plupart forgées pour la
presse : il les faut laisser à ceux qui sont au service
du monde. Je n'aime, pour moi, que des livres ou plaisants et faciles, qui me chatouillent, ou ceux qui me

---

* Vers de Properce, livre II, élégie xxv. Montaigne a traduit
avant de citer.

consolent et conseillent à régler ma vie et ma mort :

tacitum sylvas inter reptare salubres,
Curantem quidquid dignum sapiente bonoque est *.

Les gens plus sages peuvent se forger un repos tout
spirituel, ayant l'âme forte et vigoureuse. Moi qui l'ai
commune, il faut que j'aide à me soutenir par les
commodités corporelles ; et, l'âge m'ayant tantôt dérobé
celles qui étaient plus à ma fantaisie, j'instruis et aiguise
mon appétit à celles qui restent plus sortables à cette
autre saison. Il faut retenir à tout *ª* nos dents et nos
griffes l'usage des plaisirs de la vie, que nos ans nous
arrachent des poings, les uns après les autres :

carpamus dulcia ; nostrum est
Quo vivis : cinis et manes et fabula fies **.

Or, quant à la fin que Pline et Cicéron nous proposent,
de la gloire, c'est bien loin de mon compte. La plus
contraire humeur à la retraite, c'est l'ambition. La gloire
et le repos sont choses qui ne peuvent loger en même
gîte. A ce que je vois, ceux-ci n'ont que les bras et les
jambes hors de la presse ; leur âme, leur intention y
demeure engagée plus que jamais :

Tun', vetule, auriculis alienis colligis escas *** ?

Ils se sont seulement reculé pour mieux sauter, et
pour, d'un plus fort mouvement, faire une plus vive
faucée *ᵇ* dans la troupe. Vous plaît-il voir comme ils
tirent court d'un grain *ᶜ* ? Mettons au contrepoids l'avis
de deux philosophes, et de deux sectes très différentes,

---

a. Avec. — *b.* Percée. — *c.* Petit poids : 0,05 g.
* Horace, *Epîtres*, livre I, épître IV : « Me promener silencieu-
sement dans les forêts salubres, m'occupant de sujets dignes d'un
sage et d'un homme de bien. »
** La citation de Perse (*Satire V*, vers 151) : « Cueillons les
plaisirs ; nous ne tenons que l'espace de notre vie : tu deviendras
cendre, ombre, vain nom » a remplacé cette autre : « Quelle que soit
l'heure dont la divinité t'a gratifié, prends-la d'une main reconnais-
sante, et ne reporte pas les plaisirs à l'année suivante. »
*** Perse, *Satire I* : « Vieux radoteur, ne ramasses-tu des aliments
que pour les oreilles d'autrui ? »

écrivant, l'un [23] à Idoménée, l'autre à Lucilius, leurs
amis, pour, du maniement des affaires et des grandeurs,
les retirer à la solitude. Vous avez (disent-ils) vécu
nageant et flottant jusques à présent, venez-vous-en
mourir au port. Vous avez donné le reste de votre vie à
la lumière, donnez ceci à l'ombre. Il est impossible de
quitter les occupations, si vous n'en quittez le fruit ; à
cette cause, défaites-vous de tout soin de nom[a] et de
gloire. Il est danger que la lueur de vos actions passées
ne vous éclaire que trop et vous suive jusque dans votre
tanière. Quittez avec les autres voluptés celle qui vient
de l'approbation d'autrui ; et, quant à votre science et
suffisance, ne vous chaille, elle ne perdra pas son effet,
si vous en valez mieux vous-même. Souvienne-vous de
celui à qui, comme on demandait à quoi faire il se
peinait si fort en un art qui ne pouvait venir à la
connaissance de guère de gens : « J'en ai assez de peu,
répondit-il, j'en ai assez d'un, j'en ai assez de pas un. »
Il disait vrai : vous et un compagnon êtes assez suffisant théâtre l'un à l'autre, ou vous à vous-même. Que le
peuple vous soit un, et un vous soit tout le peuple. C'est
une lâche ambition de vouloir tirer gloire de son oisiveté
et de sa cachette. Il faut faire comme les animaux qui
effacent la trace à la porte de leur tanière. Ce n'est
plus ce qu'il vous faut chercher, que le monde parle
de vous, mais comme il faut que vous parliez à vous-
même. Retirez-vous en vous, mais préparez-vous premièrement de vous y recevoir ; ce serait folie de vous
fier à vous-même, si vous ne vous savez gouverner. Il y
a moyen de faillir en la solitude comme en la compagnie. Jusques à ce que vous vous soyez rendu tel, devant
qui vous n'osiez clocher, et jusques à ce que vous ayez
honte et respect de vous-même, « *observentur species
honestæ animo*[*] », présentez-vous toujours en l'imagination Caton, Phocion et Aristide, en la présence desquels les fols mêmes cacheraient leurs fautes, et éta-

a. Renom.
* Cicéron, *Tusculanes*, livre II, chap. XXII : « Que de nobles
images remplissent votre esprit. »

blissez-les contrôleurs de toutes vos intentions ; si elles se détraquent, leur révérence[a] les remettra en train. Ils vous contiendront en cette voie de vous contenter de vous-même, de n'emprunter rien que de vous, d'arrêter et fermir votre âme en certaines et limitées cogitations où elle se puisse plaire ; et, ayant entendu les vrais biens, desquels on jouit à mesure qu'on les entend, s'en contenter, sans désir de prolongement de vie ni de nom. Voilà le conseil de la vraie et naïve philosophie, non d'une philosophie ostentatrice et parlière[b], comme est celle des deux premiers [24].

a. Respect. — b. Tout en paroles.

CHAPITRE XL

CONSIDÉRATION
SUR CICÉRON

Encore un trait à la comparaison de ces couples [1]. Il se tire des écrits de Cicéron et de ce Pline (peu retirant [a], à mon avis, aux humeurs de son oncle), infinis témoignages de nature outre mesure ambitieuse ; entre autres qu'ils sollicitent, au su de tout le monde, les historiens de leur temps de ne les oubier en leurs registres [2] ; et la fortune, comme par dépit, a fait durer jusques à nous la vanité de ces requêtes, et pieça [b] fait perdre ces histoires. Mais ceci surpasse toute bassesse de cœur, en personne de tel rang, d'avoir voulu tirer quelque principale gloire du caquet et de la parlerie, jusques à y employer les lettres privées écrites à leurs amis ; en manière que, aucunes ayant failli leur saison pour être envoyées, ils les font ce néanmoins publier avec cette digne excuse qu'ils n'ont pas voulu perdre leur travail et veillées. Sied-il pas bien à deux consuls romains, souverains magistrats de la chose publique emperière [c] du monde, d'employer leur loisir à ordonner et fagoter gen-

---

a. Ressemblant. — b. Depuis longtemps. — c. Impératrice. —

timent une belle missive, pour en tirer la réputation de
bien entendre le langage de leur nourrice ? Que ferait pis
un simple maître d'école qui en gagnât sa vie ? Si les
gestes *a* de Xénophon et de César n'eussent de bien loin
surpassé leur éloquence, je ne crois pas qu'ils les eussent
jamais écrits. Ils ont cherché à recommander non leur
dire, mais leur faire. Et, si la perfection du bien parler
pouvait apporter quelque gloire sortable à un grand personnage, certainement Scipion et Lélius n'eussent pas ré-
signé l'honneur de leurs comédies et toutes les mignar-
dises et délices du langage latin à un serf africain [3] ; car,
que cet ouvrage soit leur, sa beauté et son excellence le
maintient assez, et Térence l'avoue lui-même [4]. On me
ferait déplaisir de me déloger de cette créance.

C'est une espèce de moquerie et d'injure de vouloir
faire valoir un homme par des qualités mésavenantes à
son rang, quoiqu'elles soient autrement *b* louables, et
par les qualités aussi qui ne doivent pas être les siennes
principales ; comme qui louerait un roi d'être bon peintre, ou bon architecte, ou encore bon arquebusier, ou
bon coureur de bague [5] ; ces louanges ne font honneur,
si elles ne sont présentées en foule, et à la suite de celles
qui lui sont propres : à savoir de la justice et de la
science de conduire son peuple en paix et en guerre. De
cette façon fait honneur à Cyrus l'agriculture [6], et à
Charlemagne l'éloquence et connaissance des bonnes lettres. J'ai vu de mon temps, en plus forts termes, des personnages qui tiraient d'écrire et leurs titres et leur voca-
tion *c*, désavouer leur apprentissage, corrompre leur
plume et affecter l'ignorance de qualité si vulgaire et que
notre peuple tient ne se rencontrer guère en mains savantes, se recommandant par meilleures qualités.

Les compagnons de Démosthène en l'ambassade vers
Philippe louaient ce prince d'être beau, éloquent et bon
buveur ; Démosthène disait que c'étaient louanges qui
appartenaient mieux à une femme, à un avocat, à une
éponge qu'à un roi [7].

---

a. Exploits. — *b.* Par ailleurs. — *c.* Profession.

Imperet bellante prior, jacentem
Lenis in hostem*.

Ce n'est pas sa profession de savoir ou bien chasser ou bien danser,

Orabunt causas alii, cœlique meatus
Describent radio, et fulgentia sidera dicent ;
Hic regere imperio populos sciat**.

Plutarque [8] dit d'avantage [a], que de paraître si excellent en ces parties moins nécessaires, c'est produire contre soi le témoignage d'avoir mal dispensé son loisir et l'étude, qui devait être employé à choses plus nécessaires et utiles. De façon que Philippe, roi de Macédoine, ayant ouï ce grand Alexandre, son fils, chanter en un festin à l'envie des meilleurs musiciens : « N'as-tu pas honte, lui dit-il, de chanter si bien ? » Et, à ce même Philippe, un musicien contre lequel il débattait de son art : « Jà à Dieu ne plaise, Sire, dit-il, qu'il t'advienne jamais tant de mal que tu entendes ces choses-là mieux que moi [9]. »

Un roi doit pouvoir répondre comme Iphicrate répondit à l'orateur qui le pressait en son invective, de cette manière : « Eh bien, qu'es-tu, pour faire tant le brave ? es-tu homme d'armes ? es-tu archer ? es-tu piquier ? — Je ne suis rien de tout cela, mais je suis celui qui sait commander à tous ceux-là [10]. »

Et Antisthène prit pour argument de peu de valeur en Ismenias, de quoi on le vantait d'être excellent joueur de flûte [11].

Je sais bien, quand j'ois quelqu'un qui s'arrête au langage des *Essais*, que j'aimerais mieux qu'il s'en tût.

---

[a]. En outre.
* Horace, *Carmen Saeculare :* « Qu'il commande, vainqueur de l'ennemi qui résiste, clément pour celui qui est abattu. »
** Virgile, *Enéide*, chant VI : « D'autres plaideront des procès ; d'autres dessineront au compas les mouvements du ciel, et nommeront les astres étincelants ; pour lui qu'il sache gouverner les peuples. » Le vers exact de Virgile est : « Tu regere imperio populos, Romane, memento » : « Toi, Romain, souviens-toi de gouverner les peuples. »

Ce n'est pas tant élever les mots, comme c'est déprimer[a]
le sens, d'autant plus piquamment[b] que plus oblique-
ment. Si suis-je trompé, si guère d'autres donnent plus
à prendre en la matière ; et, comment que ce soit, mal ou
bien, si nul écrivain l'a semée ni guère plus matérielle
ni au moins plus drue en son papier. Pour en ranger
davantage, je n'en entasse que les têtes. Que j'y attache
leur suite, je multiplierai plusieurs fois ce volume. Et
combien y ai-je épandu d'histoires qui ne disent mot,
lesquelles qui voudra éplucher un peu ingénieusement,
en produira infinis *Essais*. Ni elles, ni mes allégations ne
servent pas toujours simplement d'exemple, d'autorité ou
d'ornement. Je ne les regarde pas seulement par l'usage
que j'en tire. Elles portent souvent, hors de mon propos,
la semence d'une matière plus riche et plus hardie, et
sonnent à gauche un ton plus délicat, et pour moi qui
n'en veux exprimer davantage, et pour ceux qui ren-
contreront mon air. Revenant à la vertu parlière, je ne
trouve pas grand choix entre ne savoir dire que mal, ou
ne savoir rien que bien dire. « *Non est ornamentum virile concinnitas* *. »

Les sages disent que, pour le regard du savoir, il n'est
que la philosophie, et, pour le regard des effets, que la
vertu, qui généralement soit propre à tous degrés et à
tous ordres.

Il y a quelque chose de pareil en ces deux autres philosophes [12], car ils promettent aussi éternité aux lettres
qu'ils écrivent à leurs amis [13] ; mais c'est d'autre façon,
et s'accommodant pour une bonne fin à la vanité d'autrui : car ils leur mandent que si le soin de se faire
connaître aux siècles à venir et de la renommée les arrête
encore au maniement des affaires, et leur fait craindre la solitude et la retraite où ils les veulent appeler,
qu'ils ne s'en donnent plus de peine ; d'autant qu'ils ont
assez de crédit avec la postérité pour leur répondre que,
ne fût que par les lettres qu'ils leur écrivent, ils rendront

leur nom aussi connu et fameux que pourraient faire leurs actions publiques. Et, outre cette différence, encore ne sont-ce pas lettres vides et décharnées, qui ne se soutiennent que par un délicat choix de mots, entassés et rangés à une juste cadence, ains *a* farcies et pleines de beaux discours de sapience, par lesquelles on se rend non plus éloquent, mais plus sage, et qui nous apprennent non à bien dire, mais à bien faire. Fi de l'éloquence qui nous laisse envie de soi, non des choses ; si ce n'est qu'on die que celle de Cicéron, étant en si extrême perfection, se donne corps elle-même.

J'ajouterai encore un conte que nous lisons de lui à ce propos, pour nous faire toucher au doigt son naturel. Il avait à orer *b* en public, et était un peu pressé du temps pour se préparer à son aise. Eros, l'un de ses serfs, le vint avertir que l'audience était remise au lendemain. Il en fut si aise qu'il lui donna liberté pour cette bonne nouvelle [14].

Sur ce sujet de lettres, je veux dire ce mot, que c'est un ouvrage auquel mes amis tiennent que je puis quelque chose. Et eusse pris plus volontiers cette forme à publier mes verves *c*, si j'eusse eu à qui parler. Il me fallait, comme je l'ai eu autrefois, un certain commerce qui m'attirât, qui me soutînt et soulevât. Car de négocier au vent, comme d'autres, je ne saurais que de songes, ni forger des vains noms à entretenir en chose sérieuse : ennemi juré de toute falsification. J'eusse été plus attentif et plus sûr, ayant une adresse forte et amie, que je ne suis, regardant les divers visages d'un peuple. Et suis déçu, s'il ne m'eût mieux succédé. J'ai naturellement un style comique et privé, mais c'est d'une forme mienne, inepte *d* aux négociations publiques, comme en toutes façons est mon langage : trop serré, désordonné, coupé, particulier ; et ne m'entends pas en lettres cérémonieuses, qui n'ont autre substance que d'une belle enfilure de paroles courtoises. Je n'ai ni la faculté, ni le goût de ces longues offres d'affection et de service. Je n'en crois

a. Mais. — *b.* Plaider. — *c.* Fantaisies. — *d.* Impropre.

pas tant, et me déplaît d'en dire guère outre ce que j'en crois. C'est bien loin de l'usage présent ; car il ne fut jamais si abjecte et servile prostitution de présentations ; la vie, l'âme, dévotion, adoration, serf, esclave, tous ces mots y courent si vulgairement que, quand ils veulent faire sentir une plus expresse volonté et plus respectueuse, ils n'ont plus de manière pour l'exprimer.

Je hais à mort de sentir au flatteur ; qui fait que je me jette naturellement à un parler sec, rond et cru qui tire, à qui ne me connaît d'ailleurs, un peu vers le dédaigneux. J'honore le plus ceux que j'honore le moins ; et, où mon âme marche d'une grande allégresse, j'oublie les pas de la contenance. Et me présente moins à qui je me suis le plus donné [15]. Il me semble qu'ils le doivent lire en mon cœur, et que l'expression de mes paroles fait tort à ma conception.

A bienveigner [a], à prendre congé, à remercier, à saluer, à présenter mon service, et tels compliments verbeux des lois cérémonieuses de notre civilité, je ne connais personne si sottement stérile de langage que moi.

Et n'ai jamais été employé à faire des lettres de faveur et recommandation, que celui pour qui c'était n'ait trouvées sèches et lâches.

Ce sont grands imprimeurs de lettres que les Italiens. J'en ai, ce crois-je, cent divers volumes ; celles d'Annibal Caro me semblent les meilleures [16]. Si tout le papier que j'ai autrefois barbouillé pour les dames était en nature, lorsque ma main était véritablemenent emportée par ma passion, il s'en trouverait à l'aventure quelque page digne d'être communiquée à la jeunesse oisive, embabouinée de cette fureur. J'écris mes lettres toujours en poste [b], et si précipiteusement, que, quoique je peigne [c] insupportablement mal, j'aime mieux écrire de ma main que d'y en employer une autre, car je n'en trouve point qui me puisse suivre, et ne les transcris jamais. J'ai accoutumé les grands qui me connaissent, à y supporter

---

a. Souhaiter la bienvenue. — b. En hâte. — c. J'écrive.

des litures*a* et des trassures*b*, et un papier sans pliure et sans marge. Celles qui me coûtent le plus sont celles qui valent le moins ; depuis que je traîne, c'est signe que je n'y suis pas. Je commence volontiers sans projet ; le premier trait produit le second. Les lettres de ce temps sont plus en bordures et préface qu'en matière. Comme j'aime mieux composer deux lettres que d'en clore et plier une, et résigne toujours cette commission à quelque autre : de même, quand la matière est achevée, je donnerais volontiers à quelqu'un la charge d'y ajouter ces longues harangues, offres et prières que nous logeons sur la fin, et désire que quelque nouvel usage nous en décharge ; comme aussi de les inscrire d'une légende de qualité et titres, pour auxquels ne broncher, j'ai maintes fois laissé d'écrire, et notamment à gens de justice et de finance. Tant d'innovations d'offices*c*, une si difficile dispensation et ordonnance de divers noms d'honneur, lesquels, étant si chèrement achetés, ne peuvent être échangés ou oubliés sans offense. Je trouve pareillement de mauvaise grâce d'en charger le front et inscription*d* des livres que nous faisons imprimer [17].

a. Ratures. — *b.* Traits. — *c.* Changements dans les charges publiques. — *d.* Frontispice et titre.

CHAPITRE XLI

DE NE COMMUNIQUER
SA GLOIRE

DE toutes les rêveries *a* du monde, la plus reçue et plus universelle est le soin de la réputation et de la gloire, que nous épousons jusques à quitter les richesses, le repos, la vie et la santé qui sont biens effectuels *b* et substantiels, pour suivre cette vaine image et cette simple voix qui n'a ni corps ni prise :

> *La fama, ch'invaghisce a un dolce suono*
> *Gli superbi mortali, et par si bella,*
> *E un echo, un sogno, anzi d'un sogno un ombra*
> *Ch'ad ogni vento si dilegua et sgombra *.*

Et des humeurs déraisonnables des hommes, il semble que les philosophes mêmes se défassent plus tard et plus envis de celle-ci que de nulle autre.

C'est la plus revêche et opiniâtre : « *Quia etiam bene proficientes animos tentare non cessat **.* » Il n'en est

---

a. Sottises. — b. Réels.
* Tasse, *Jérusalem délivrée*, chant XIV : « La renommée qui enchante par sa douce voix les orgueilleux mortels, et qui semble si belle, n'est qu'un écho, un songe, l'ombre d'un songe, qu'un souffle disperse et fait évanouir. »
** Saint Augustin, *Cité de Dieu*, livre V : « Parce qu'elle ne cesse de tenter même les âmes en progrès. »

guère de laquelle la raison accuse si clairement la vanité, mais elle a ses racines si vives en nous, que je ne sais si jamais aucun s'en est pu nettement décharger. Après que vous avez tout dit et tout cru pour la désavouer, elle produit contre votre discours une inclination si intestine que vous avez pu que tenir à l'encontre.

Car, comme dit Cicéron [1], ceux-mêmes qui la combattent, encore veulent-ils que les livres qu'ils en écrivent, portent au front leur nom, et se veulent rendre glorieux de ce qu'ils ont méprisé la gloire. Toutes autres choses tombent en commerce ; nous prêtons nos biens et nos vies au besoin de nos amis ; mais de communiquer son honneur et d'étrenner [a] autrui de sa gloire, il ne se voit guère. Catulus Luctatius, en la guerre contre les Cimbres, ayant fait tous ses efforts d'arrêter ses soldats qui fuyaient devant les ennemis, se mit lui-même entre les fuyards, et contrefit le couard, afin qu'ils semblassent plutôt suivre leur capitaine que fuir l'ennemi [2] : c'était abandonner sa réputation pour couvrir la honte d'autrui. Quand l'empereur Charles cinquième passa en Provence, l'an mil cinq cent trente-sept [3], on tient que Antoine de Lève, voyant son maître résolu de ce voyage et l'estimant lui être merveilleusement glorieux, opinait toutefois le contraire et le déconseillait, à cette fin que toute la gloire et honneur de ce conseil en fût attribué à son maître, et qu'il fût dit son bon avis et sa prévoyance avoir été tels que, contre l'opinion de tous, il eut mit à fin une si belle entreprise ; qui était l'honorer à ses dépens. Les ambassadeurs thraciens [4], consolant Archileonide, mère de Brasidas, de la mort de son fils, et le haut-louant jusques à dire qu'il n'avait point laissé son pareil, elle refusa cette louange privée et particulière pour la rendre au public : « Ne me dites pas cela, fit-elle, je sais que la ville de Sparte a plusieurs citoyens plus grands et plus vaillants qu'il n'était. » En la bataille de Crécy [5], le prince de Galles, encore fort jeune, avait l'avant-garde à conduire. Le principal effort de la rencontre fut en cet endroit. Les

a. Gratifier de.

seigneurs qui l'accompagnaient, se trouvant en dur parti d'armes, mandèrent au roi Edouard de s'approcher pour les secourir. Il s'enquit de l'état de son fils, et, lui ayant été répondu qu'il était vivant et à cheval : « Je lui ferais, dit-il, tort de lui aller maintenant dérober l'honneur de la victoire de ce combat qu'il a si longtemps soutenu ; quelque hasard qu'il y ait, elle sera toute sienne. » Et n'y voulut aller ni envoyer, sachant, s'il y fût allé, qu'on eût dit que tout était perdu sans son secours, et qu'on lui eût attribué l'avantage de cet exploit : « *Semper enim quod postremum adjectum est, id rem totam videtur traxisse* *. »

Plusieurs estimaient à Rome et se disait *ᵃ* communément que les principaux beaux-faits de Scipion étaient en partie dus à Lælius, qui toutefois alla toujours promouvant et secondant la grandeur et gloire de Scipion, sans aucun soin de la sienne. Et Theopompus, roi de Sparte, à celui qui lui disait que la chose publique demeurait sur ses pieds, pour autant qu'il savait bien commander : « C'est plutôt, dit-il, parce que le peuple sait bien obéir *ᵇ*.

Comme les femmes qui succédaient aux pairies avaient, nonobstant leur sexe, droit d'assister et opiner aux causes qui appartiennent à la juridiction des pairs, aussi les pairs ecclésiastiques, nonobstant leur profession, étaient tenus d'assister nos rois en leurs guerres, non seulement de leurs amis et serviteurs, mais de leur personne aussi. L'évêque de Beauvais, se trouvant avec Philippe-Auguste en la bataille de Bouvines, participait bien fort courageusement à l'effet *ᵇ* ; mais il lui semblait ne devoir toucher au fruit et gloire de cet exercice sanglant et violent. Il mena, de sa main, plusieurs des ennemis à raison ce jour-là ; et les donnait au premier gentilhomme qu'il trouvait, à égosiller *ᶜ* ou prendre prisonnier ; lui en résignant toute l'exécution ; et le fit ainsi de Guillaume comte de Salsberi à messire Jean de Nesle. D'une pareille subti-

---

a. Cela se disait. — *b.* A l'action. — *c.* Egorger.

* Tite-Live, livre XXVII, chap. xlv. « Toujours le dernier renfort paraît avoir enlevé toute la victoire. »

lité de conscience à cette autre : il voulait bien assommer,
mais non pas blesser, et pourtant *ª* ne combattait que
de masse *ᵇ*. Quelqu'un, en mes jours, étant reproché par
le roi d'avoir mis les mains sur un prêtre, le niait fort
et ferme : c'était qui l'avait battu et foulé aux pieds [7].

a. Et par suite. — *b.* Avec sa masse d'armes.

CHAPITRE XLII

DE L'INÉGALITÉ
QUI EST ENTRE NOUS

Plutarque dit en quelque lieu [1], qu'il ne trouve point si grande distance de bête à bête, comme il trouve d'homme à homme. Il parle de la suffisance [a] de l'âme et qualités internes [2]. A la vérité, je trouve si loin d'Epaminondas, comme je l'imagine, jusques à tel que je connais, je dis capable de sens commun, que j'enchérirais volontiers sur Plutarque ; et dirais qu'il y a plus de distance de tel à tel homme qu'il n'y a de tel homme à telle bête :

> *hem ! vir viro quid præstat* * ;

et qu'il y a autant de degrés d'esprits qu'il y a d'ici au ciel de brasses, et autant innumérables [3].

Mais, à propos de l'estimation des hommes, c'est merveille que, sauf nous, aucune chose ne s'estime que par ses propres qualités. Nous louons un cheval de ce qu'il est vigoureux et adroit,

---

a. Pouvoir.
* Térence, *Eunuque*, acte II, scène III : « Ah ! qu'un homme peut être supérieur à un autre homme. »

volucrem

Sic laudamus equum, facili cui plurima palma
Fervet, et exultat rauco victoria circo *,

non de son harnais ; un lévrier de sa vitesse, non de son collier ; un oiseau de son aile, non de ses longes et sonnettes [4]. Pourquoi de même n'estimons-nous un homme par
ce qui est sien ? Il a un grand train, un beau palais, tant
de crédit, tant de rente : tout cela est autour de lui, non
en lui. Vous n'achetez pas un chat en poche. Si vous mar-
chandez un cheval, vous lui ôtez ses bardes [a], vous le voyez
nu et à découvert ; ou, s'il est couvert, comme on les présentait anciennement aux princes à vendre, c'est par les
parties moins nécessaires, afin que vous ne vous amusiez
pas à la beauté de son poil ou largeur de sa croupe, et que
vous vous arrêtiez principalement à considérer les jambes,
les yeux et le pied, qui sont les membres les plus utiles.

Regibus hic mos est : ubi equos mercantur opertos
Inspiciunt, ne, si facies, ut sæpe, decora
Molli fulta pede est, emptorem inducat hiantem,
Quod pulchræ clunes, breve quod caput, ardua cervix **.

Pourquoi, estimant un homme, l'estimez-vous tout
enveloppé et empaqueté ? Il ne nous fait montre que
des parties qui ne sont aucunement siennes, et nous
cache celles par lesquelles seules on peut vraiment juger
de son estimation. C'est le prix de l'épée que vous cherchez, non de la gaine : vous n'en donnerez à l'aventure
pas un quatrain [b], si vous l'avez dépouillé. Il le faut juger
par lui-même, non par ses atours. Et, comme dit très
plaisamment un ancien [5] : « Savez-vous pourquoi vous
l'estimez grand ? Vous y comptez la hauteur de ses

---

a. Harnachement. — *b.* Liard.

* Juvénal, *Satire VIII* : « Ainsi, nous louons un cheval rapide,
qui remporte facilement de nombreuses palmes, pour qui la victoire
bondit dans le cirque enroué. »

** Horace, *Satires*, livre I, satire II : « Les rois ont coutume quand
ils achètent des chevaux de les examiner couverts, de peur que,
comme il arrive souvent, une belle tête s'appuie sur un pied mou,
l'acheteur béant d'admiration ne se laisse tenter par une belle croupe,
une tête fine, une haute encolure. »

patins [a]. » La base n'est pas de la statue. Mesurez-le sans ses échasses ; qu'il mette à part ses richesses et honneurs, qu'il se présente en chemise. A-t-il le corps propre à ses fonctions, sain et allègre ? Quelle âme a-t-il ? est-elle belle, capable et heureusement pourvue de toutes ses pièces ? Est-elle riche du sien, ou de l'autrui ? la fortune n'y a-t-elle que voir ? Si, les yeux ouverts, elle attend les épées traites ; s'il ne lui chaut par où lui sorte la vie, par la bouche ou par le gosier ; si elle est rassise, équable et contente : c'est ce qu'il faut voir, et juger par là les extrêmes différences qui sont entre nous. Est-il :

sapiens, sibique imperiosus,
Quem neque pauperies, neque mors, neque
                    [vincula terrent,
Responsare cupidinibus, contemnere honores
Fortis, et in seipso totus teres atque rotundus,
Externi ne quid valeat per læve morari,
In quem manca ruit semper fortuna * ?

un tel homme est cinq cents brasses au-dessus des royaumes et des duchés : il est lui-même à soi son empire [6] ?

Sapiens pol ipse fingit fortunam sibi **.

Que lui reste-t-il à désirer ?

Nonne videmus
Nil aliud sibi naturam latrare, nisi ut quoi
Corpore sejunctus dolor absit, mente fruatur,
Jucundo sensu cura semotus metuque *** ?

---

a. Chaussures.
* Horace, livre II, *Satire VII* : « Sage et maître de lui, celui que n'effraient ni la pauvreté, ni la mort, ni les chaînes, celui qui a le courage d'affronter ses passions, de mépriser les honneurs, et qui en lui-même est rond et poli comme la boule qu'aucun objet étranger ne peut freiner, contre lequel s'élance la fortune toujours impuissante. »
** *Trinummus* de Plaute, acte II, scène II : « Le sage, par Pollux, modèle lui-même son propre sort. »
*** Lucrèce. *De Natura Rerum*, chant II : « Ne voyons-nous pas que la Nature ne réclame rien d'autre qu'un corps sans douleur et une âme sereine, exempte de soucis et de craintes. »

Comparez-lui la tourbe *a* de nos hommes[6 *bis*], stupide,
basse, servile, instable et continuellement flottante en
l'orage des passions diverses qui la poussent et repoussent,
pendant toute d'autrui ; il y a plus d'éloignement que du
ciel à la terre ; et toutefois l'aveuglement de notre usage
est tel, que nous en faisons peu ou point d'état, là où,
si nous considérons un paysan et un roi, un noble et un
vilain, un magistrat et un homme privé, un riche et
un pauvre, il se présente soudain à nos yeux une extrême
disparité, qui ne sont différents par manière de dire qu'en
leurs chausses.

En Thrace, le roi était distingué de son peuple d'une
plaisante manière, et bien renchérie. Il avait une religion
à part, un Dieu tout à lui qu'il n'appartenait à ses sujets
d'adorer : c'était Mercure : et lui dédaignait les leurs :
Mars, Bacchus, Diane[7].

Ce ne sont pourtant que peintures *b*, qui ne font aucune
dissemblance essentielle[8].

Car, comme les joueurs de comédie, vous les voyez
sur l'échafaud *c* faire une mine de duc et d'empereur ;
mais, tantôt après, les voilà devenus valets et croche-
teurs misérables, qui est leur naïve *d* et originelle condition : aussi l'empereur, duquel la pompe vous éblouit
en public,

> *Scilicet et grandes viridi cum luce smaragdi*
> *Auro includuntur, teriturque Thalassima vestis*
> *Assidue, et Veneris sudorem exercita potat* *,

voyez-le derrière le rideau, ce n'est rien qu'un homme
commun, et, à l'aventure, plus vil que le moindre de
ses sujets. « *Ille beatus introrsum est. — Istius bracteata
felicitas est ** .* »

La couardise, l'irrésolution, l'ambition, le dépit et
l'envie l'agitent comme un autre :

a. Foule. — *b.* Apparences. — *c.* La scène. — *d.* Naturelle.
* Lucrèce, *De Natura Rerum*, chant IV : « Car de grandes éme-
raudes au reflet vert sont enchâssées dans l'or et il use sans cesse
des étoffes couleur vert-de-mer, qui boivent la sueur de Vénus. »
** Sénèque, *Lettres 119* et *115* : « Celui-là est heureux en lui-même
— le bonheur de cet autre est seulement en surface. »

Non enim gazæ neque consularis
Summovet lictor miseros tumultus
Mentis et curas laqueata circum
Tecta volantes * *; ,*

et le soin et la crainte le tiennent à la gorge au milieu
de ses armées,

Re veráque metus hominum, curæque sequaces,
Nec metuunt sonitus armorum, nec fera tela ;
Audacterque inter reges, rerumque potentes
Versantur, neque fulgorem reverentur ab auro **.

La fièvre, la migraine et la goutte l'épargnent-elles
non plus que nous ? Quand la vieillesse lui sera sur les
épaules, les archers de sa garde l'en déchargeront-ils ?
Quand la frayeur de la mort le transira, se rassurera-t-il
par l'assistance des gentilshommes de sa chambre ?
Quand il sera en jalousie et caprice, nos bonnettades [a]
le remettront-elles ? Ce ciel de lit, tout enflé d'or et de
perles, n'a aucune vertu à rapaiser les tranchées d'une
verte colique :

Nec calidæ citius decedunt corpore febres,
Textilibus si in picturis ostroque rubenti
Jacteris, quam si plebeia in veste cubandum est ***.

Les flatteurs du grand Alexandre lui faisaient à croire
qu'il était fils de Jupiter. Un jour, étant blessé, regardant écouler le sang de sa plaie : « Eh bien, qu'en dites-
vous ? fit-il. Est-ce pas ici un sang vermeil et purement
humain ? Il n'est pas de la trempe de celui que Homère

---

a. Saluts du bonnet.
* Horace, livre II des *Odes*, ode XVI : « En effet, ni les trésors,
ni le licteur consulaire n'écartent les misérables troubles de l'âme
et les soucis voltigeant autour des demeures lambrissées. »
** Lucrèce, *De Natura Rerum*, chant II : « En vérité, les craintes
et les soucis attachés aux hommes ne redoutent ni le bruit des armes,
ni les traits cruels. Hardiment, ils se répandent parmi les rois et
les puissants et ne craignent pas l'éclat produit par l'or. »
*** Lucrèce, chant II : « La fièvre brûlante n'abandonne pas ton
corps plus vite, si tu es étendu sur des broderies et une étoffe de
pourpre que si tu dois coucher sur un drap plébéien. »

fait écouler de la plaie des dieux [9]. » Hermodore, le poète, avait fait des vers en l'honneur d'Antigonus, où il l'appelait fils du Soleil ; et lui au contraire : « Celui, dit-il, qui vide ma chaise percée sait bien qu'il n'en est rien [10]. » C'est un homme, pour tous potages [11] ; et si, de soi-même, c'est un homme mal né, l'empire de l'univers ne le saurait rhabiller :

> *puellæ*
> *Hunc rapiant ; quidquid calcaverit hic, rosa fiat* *,

quoi pour cela si c'est une âme grossière et stupide ? La volupté même et le bonheur ne se perçoivent point sans vigueur et sans esprit :

> *Hæc perinde sunt, ut illius animus qui ea possidet,*
> *Qui uti scit, ei bona ; illi quinon utitur recte, mala* **.

Les biens de la fortune, tous tels qu'ils sont, encore faut-il avoir du sentiment pour les savourer. C'est le jouir, non le posséder, qui nous rend heureux :

> *Non domus et fundus, non æris acervus et auri*
> *Ægroto domini deduxit corpore febres,*
> *Non animo curas : valeat possessor oportet,*
> *Qui comportatis rebus bene cogitat uti.*
> *Qui cupit aut metuit, juvat illum sic domus aut res,*
> *Ut lippum pictæ tabulæ, fomenta podagram* ***.

Il est un sot, son goût est mousse[a] et hébété ; il n'en jouit non plus qu'un morfondu[b] de la douceur du vin grec, ou qu'un cheval de la richesse du harnais duquel

---

a. Emoussé. — b. Enrhumé.

* Perse, *Satire II* : « Que les jeunes filles se l'arrachent, que partout où il marche naissent les roses. »

** Térence, *Heautontimoroumenos*, acte I, scène III : « Les choses valent ce que vaut l'âme de ce qui les possède : bonnes, pour qui sait s'en servir, mauvaises pour qui n'en fait pas bon usage. »

*** *Epîtres*, livre I, épître II : « Ni la maison, ni les propriétés, ni les monceaux de bronze et d'or ne chassent les fièvres du corps, ni les soucis de l'âme si leur possesseur est malade : celui qui veut jouir de ses biens doit être en bonne santé ; celui qui désire ou craint, celui-là sa maison et ses biens lui plaisent autant qu'un tableau à un chassieux ou des onguents à un podagre. »

on l'a paré ; tout ainsi, comme Platon dit [12], que la santé, la beauté, la force, les richesses, et tout ce qui s'appelle bien, est également mal à l'injuste comme bien au juste, et le mal au rebours.

Et puis, où le corps et l'esprit sont en mauvais état, à quoi faire ces commodités externes ? vu que la moindre piqûre d'épingle et passion de l'âme est suffisante à nous ôter le plaisir de la monarchie du monde. A la première strette [a] que lui donne la goutte, il a beau être Sire et Majesté,

*Totus et argento conflatus, totus et auro ***,*

perd-il pas le souvenir de ses palais et de ses grandeurs ? S'il est en colère, sa principauté le garde-t-elle de rougir, de pâlir, de grincer les dents, comme un fol ? Or, si c'est un habile homme et bien né, la royauté ajoute peu à son bonheur :

Si ventri bene, si lateri est pedibusque tuis, nil
*Divitæ poterunt regales addere majus ** ;*

il voit que ce n'est que biffe [b] et piperie. Oui, à l'aventure il sera de l'avis du roi Séleucus, que, qui saurait le poids d'un sceptre, ne daignerait l'amasser, quand il le trouverait à terre [13] ; il le disait pour les grandes et pénibles charges qui touchent un bon roi. Certes, ce n'est pas peu de chose que d'avoir à régler autrui puisqu'à régler nous-mêmes il se présente tant de difficultés. Quant au commander, qui semble être si doux, considérant l'imbécillité [c] du jugement humain et la difficulté du choix ès choses nouvelles et douteuses, je suis fort de cet avis, qu'il est bien plus aisé et plus plaisant de suivre que de guider, et que c'est un grand séjour [d] d'esprit de n'avoir à tenir qu'une voie tracée et à répondre que de soi :

a. Crise. — b. Tromperie. — c. Faiblesse. — d. Repos.
* Tibulle, *Elégies*, livres I et II : « Tout est gonflé d'argent et d'or. »
** Horace, *Epîtres*, livre I, épître XII : « Si tu as bon estomac, bons poumons et bon pied, les richesses des rois ne pourront rien t'apporter de plus. »

> *Ut satius multo jam sit parere quietum,*
> *Quam regere imperio res velle** *.

Joint que Cyrus disait qu'il n'appartenait de commander
à l'homme qui ne vaille mieux que ceux à qui il commande [14].

Mais le roi Hiéron, en Xénophon [15], dit davantage :
qu'en la jouissance des voluptés mêmes, ils sont de pire
condition que les privés, d'autant que l'aisance et la
facilité leur ôte l'aigre-douce pointe que nous y trouvons.

> *Pinguis amor nimiumque potens, in tædia nobis*
> *Vertitur, et stomacho dulcis ut esca nocet** **.

Pensons-nous que les enfants de chœur prennent grand
plaisir à la musique ? la satiété la leur rend plutôt ennuyeuse. Les festins, les danses, les mascarades, les tournois, réjouissent ceux qui ne les voient pas souvent et qui
ont désiré de les voir ; mais, à qui en fait ordinaire, le goût
en devient fade et mal plaisant ; ni les dames ne chatouillent celui qui en jouit à cœur saoul. Qui ne se donne
loisir d'avoir soif, ne saurait prendre plaisir à boire. Les
farces des bateleurs nous réjouissent, mais, aux joueurs,
elles servent de corvée. Et qu'il soit ainsi, ce sont délices
aux princes, c'est leur fête, de se pouvoir quelquefois
travestir et démettre à la façon de vivre basse et populaire,

> *Plerumque gratæ principibus vices,*
> *Mundæque parvo sub lare pauperum*
> *Cenæ sine aulæis et ostro,*
> *Sollicitam explicuere frontem** ***.

Il n'est rien si empêchant, si dégoûté, que l'abondance.
Quel appétit ne se rebuterait à voir trois cents femmes

* Lucrèce, *De Natura Rerum*, chant V : « Il est bien préférable
d'obéir tranquillement que de vouloir commander. »
** Ovide, *Amours*, livre II, poème XIX : « L'amour repu et trop
puissant se transforme en dégoût, comme une nourriture agréable
fatigue l'estomac. »
*** Horace, *Odes*, livre III, ode XXIX : « Souvent le changement
est agréable aux Grands ; un repas frugal dans l'humble maison du
pauvre, sans tapis ni pourpre déride leur front soucieux. »

à sa merci, comme les a le grand seigneur en son sérail [16] ?
Et quel appétit et visage de chasse s'était réservé celui
de ses ancêtres qui n'allait jamais aux champs à moins
de sept mille fauconniers ?

Et outre cela, je crois que ce lustre de grandeur apporte
non légères incommodités à la jouissance des plaisirs
plus doux ; ils sont trop éclairés et trop en butte [a].

Et, je ne sais comment, on requiert plus d'eux de
cacher et couvrir leur faute. Car ce qui est à nous indiscrétion, à eux le peuple juge que ce soit tyrannie, mépris
et dédain des lois ; et, outre l'inclination au vice, il
semble qu'ils y ajoutent encore le plaisir de gourmander
et soumettre à leurs pieds les observances publiques.
De vrai, Platon, en son *Gorgias* [17], définit tyran celui
qui a licence en une cité de faire tout ce qui lui plaît.
Et souvent, à cette cause, la montre et publication de
leur vice blesse plus que le vice même. Chacun craint
à être épié et contrôlé : ils le sont jusques à leurs contenances et à leurs pensées, tout le peuple estimant avoir
droit et intérêt d'en juger ; outre ce que les tâches
s'agrandissent selon l'éminence [b] et clarté du lieu où
elles sont assises, et qu'un seing [c] et une verrue au front
paraissent plus que ne fait ailleurs une balafre.

Voilà pourquoi les poètes feignent [d] les amours de
Jupiter conduites sous autre visage que le sien ; et, de
tant de pratiques amoureuses qu'ils lui attribuent, il
n'en est qu'une seule, ce me semble, où il se trouve en
sa grandeur et majesté.

Mais revenons à Hiéron [18]. Il récite [e] aussi combien
il sent d'incommodité en sa royauté, pour ne pouvoir
aller et voyager en liberté, étant comme prisonnier
dans les limites de son pays ; et qu'en toutes ses actions
il se trouve enveloppé d'une fâcheuse presse. De vrai,
à voir les nôtres tout seuls à table, assiégés de tant de
parleurs et regardants inconnus, j'en ai eu souvent plus
de pitié que d'envie.

Le roi Alphonse disait que les ânes étaient en cela

a. En vue. — *b.* Elévation. — *c.* Marque. — *d.* Imaginent. —
e. Rapporte.

de meilleure condition que les rois : leurs maîtres les laissent paître à leur aise, là où les rois ne peuvent pas obtenir cela de leurs serviteurs.

Et ne m'est jamais tombé en fantaisie que ce fût quelque notable commodité à la vie d'un homme d'entendement, d'avoir une vingtaine de contrôleurs à sa chaise percée ; ni que les services d'un homme qui a dix mille livres de rente, ou qui a pris Casal, ou défendu Sienne [19], lui soient plus commodes et acceptables que d'un bon valet et bien expérimenté.

Les avantages principesques sont quasi avantages imaginaires. Chaque degré de fortune a quelque image de principauté. César appelle roitelets tous les seigneurs ayant justice en France de son temps [20]. De vrai, sauf le nom de Sire, on va bien avant avec nos rois. Et voyez aux provinces éloignées de la cour, nommons Bretagne pour exemple, le train, les sujets, les officiers, les occupations, le service et cérémonie d'un seigneur retiré *a* et casanier, nourri entre ses valets ; et voyez aussi le vol de son imagination ; il n'est rien plus royal ; il ouït parler de son maître une fois l'an, comme du roi de Perse, et ne le reconnaît que par quelque vieux cousinage que son secrétaire tient en registre. A la vérité, nos lois sont libres assez, et le poids de la souveraineté ne touche un gentilhomme français à peine deux fois en sa vie. La sujétion essentielle et effectuelle *b* ne regarde d'entre nous que ceux qui s'y convient et qui aiment à s'honorer et enrichir par tel service ; car qui se veut tapir en son foyer, et sait conduire sa maison sans querelle et sans procès, il est aussi libre que le duc de Venise : « *Paucos servitus, plures servitutem tenent* *. »

Mais surtout Hiéron fait cas de quoi il se voit privé de toute amitié et société mutuelle, en laquelle consiste le plus parfait et doux fruit de la vie humaine. Car quel témoignage d'affection et de bonne volonté puis-je tirer de celui qui me doit, veuille-t-il ou non, tout ce qu'il

a. Vivant à l'écart. — *b.* Effective.
* Sénèque, *Lettre* 22 : « La servitude attache peu d'hommes ; plus nombreux sont ceux qui s'attachent à elle. »

peut ? Puis-je faire état de son humble parler et courtoise révérence, vu qu'il n'est pas en lui de me la refuser ? L'honneur que nous recevons de ceux qui nous craignent, ce n'est pas honneur ; ces respects se doivent à la royauté, non à moi :

> *maximum hoc regni bonum est,*
> *Quod facta domini cogitur populus sui*
> *Quam ferre tam laudare *.*

Vois-je pas que le méchant, le bon roi, celui qu'on hait, celui qu'on aime, autant en a l'un que l'autre ; de mêmes apparences, de même cérémonie était servi mon prédécesseur, et le sera mon successeur. Si mes sujets ne m'offensent pas, ce n'est témoignage d'aucune bonne affection : pourquoi le prendrai-je en cette part-là, puisqu'ils ne pourraient quand ils voudraient ? Nul ne me suit pour l'amitié qui soit entre lui et moi, car il ne s'y saurait coudre amitié où il y a si peu de relation et de correspondance. Ma hauteur m'a mis hors du commerce des hommes : il y a trop de disparité et de disproportion. Ils me suivent par contenance et par coutume [21] ou plutôt que moi, ma fortune, pour en accroître la leur. Tout ce qu'ils me disent et font, ce n'est que fard. Leur liberté étant bridée de toutes parts par la grande puissance que j'ai sur eux, je ne vois rien autour de moi, que couvert et masqué.

Ses courtisans louaient un jour Julien l'Empereur de faire bonne justice : « Je m'en orgueillirais volontiers, dit-il, de ces louanges, si elles venaient de personnes qui osassent accuser ou mesolouer mes actions contraires, quand elles y seraient [22]. »

Toutes les vraies commodités qu'ont les princes leur sont communes avec les hommes de moyenne fortune (c'est affaire aux Dieux de monter des chevaux ailés et se paître d'ambroisie) ; ils n'ont point d'autre sommeil et d'autre appétit que le nôtre ; leur acier n'est pas de

---

* Sénèque le Tragique, *Thyeste*, acte II, scène I : « Le plus grand avantage de la royauté, c'est que le peuple est contraint non seulement de supporter les actes du maître, mais de les louer. »

meilleure trempe que celui de quoi nous nous armons ; leur couronne ne les couvre ni du soleil, ni de la pluie. Dioclétien, qui en portait une si révérée et si fortunée, la résigna pour se retirer au plaisir d'une vie privée ; et quelque temps après, la nécessité des affaires publiques requérant qu'il revînt en prendre la charge, il répondit à ceux qui l'en priaient : « Vous n'entreprendriez pas de me persuader cela, si vous aviez vu le bel ordre des arbres que j'ai moi-même plantés chez moi, et les beaux melons que j'y ai semés [23]. »

A l'avis d'Anarchasis [24], le plus heureux état d'une police serait où, toutes autres choses étant égales, la préséance se mesurerait à la vertu, et le rebut au vice.

Quand le roi Pyrrhus [25] entreprenait de passer en Italie, Cynéas, son sage conseiller, lui voulant faire sentir la vanité de son ambition : « Eh bien ! Sire, lui demanda-t-il, à quelle fin dressez-vous cette grande entreprise ? — Pour me faire maître de l'Italie, répondit-il soudain. — Et puis, suivit Cynéas, cela fait ? — Je passerai, dit l'autre, en Gaule et en Espagne. — Et après ? — Je m'en irai subjuguer l'Afrique ; et enfin, quand j'aurai mis le monde en ma sujétion, je me reposerai et vivrai content et à mon aise. — Pour Dieu, Sire, rechargea lors Cinéas, dites-moi à quoi il tient que vous ne soyez dès à présent, si vous voulez, en cet état ? pourquoi ne vous logez-vous, dès cette heure, où vous dites aspirer, et vous épargnez tant de travail et de hasard que vous jetez entre deux ? »

Nimirum quia non bene norat quæ esset habendi
Finis, et omnino quoad crescat vera voluptas *.

Je m'en vais clore ce pas [a], par ce verset ancien que je trouve singulièrement beau à ce propos : « *Mores cuique sui fingunt fortunam* **. »

---

a. **Passage.** Expression tirée des exercices militaires : *ouvrir le pas, clore le pas.*

* Lucrèce, *De Natura Rerum*, chant V : « Apparemment, il ne connaissait pas très bien les limites de la possession et jusqu'où va le plaisir véritable. »

** Cornelius Nepos, *Vie d'Atticus*, chap. II : « C'est notre caractère qui modèle pour chacun de nous notre sort. »

CHAPITRE XLIII

DES LOIS SOMPTUAIRES

La façon de quoi nos lois essayent à régler les folles et vaines dépenses des tables et vêtements semble être contraire à sa fin [1]. Le vrai moyen, ce serait d'engendrer aux hommes le mépris de l'or et de la soie, comme de choses vaines et inutiles ; et nous leur augmentons l'honneur et le prix, qui est une bien inepte façon pour en dégoûter les hommes ; car dire ainsi qu'il n'y aura que les princes qui mangent du turbot et qui puissent porter du velours et de la tresse d'or, et l'interdire au peuple, qu'est-ce autre chose que mettre en crédit ces choses-là, et faire croître l'envie à chacun d'en user ? Que les rois quittent hardiment ces marques de grandeur, ils en ont assez d'autres ; tels excès sont plus excusables à tout autre qu'à un prince. Par exemple de plusieurs nations, nous pouvons apprendre assez de meilleures façons de nous distinguer extérieurement et nos degrés (ce que j'estime à la vérité être bien requis en un Etat), sans nourrir pour cet effet cette corruption et incommodité si apparente. C'est merveille comme la coutume, en ces choses indifférentes, plante aisément et soudain le pied de son autorité. A peine fûmes-nous un an, pour le deuil du roi Henri second, à porter du drap à la cour, il est certain que déjà, à l'opinion d'un chacun, les soies étaient venues à telle vileté *a* que, si vous en voyiez quelqu'un vêtu, vous en faisiez incontinent quelque homme de ville. Elles étaient demeurées en partage aux médecins et aux chirurgiens ; et, quoiqu'un chacun fût à peu près vêtu de même, si y avait-il d'ailleurs assez de distinctions apparentes des qualités des hommes.

Combien soudainement viennent en honneur parmi nos armées les pourpoints crasseux de chamois et de toile ; et la polissure *b* et richesse des vêtements, à reproche et à mépris !

Que les rois commencent à quitter ces dépenses, ce sera fait en un mois, sans édit et sans ordonnance ; nous irons tous après. La loi devrait dire, au rebours, que le cramoisi et l'orfèvrerie est défendue à toute espèce de gens, sauf aux bateleurs et aux courtisanes. De pareille invention corrigea Zeleucus les mœurs corrompues des Locriens [2]. Ses ordonnances étaient telles : que la femme de condition libre ne puisse mener après elle plus d'une chambrière, sinon lorsqu'elle sera ivre ; ni ne puisse sortir hors de la ville de nuit ; ni porter joyaux d'or à l'entour de sa personne, ni robe enrichie de broderie, si elle n'est publique et putain ; que, sauf les ruffians, à l'homme ne laisse porter en son doigt anneau d'or, ni robe délicate, comme sont celles des draps tissus en la ville de Milet. Et ainsi, par ces exceptions honteuses, il divertissait ingénieusement ses citoyens des superfluités et délices pernicieuses.

C'était une très utile manière d'attirer par honneur et ambition les hommes à l'obéissance. Nos rois peuvent tout en telles réformations externes ; leur inclination y sert de loi [3] « *Quidquid principes faciunt, præcipere videntur* *. » Le reste de la France prend pour règle la règle de la Cour. Qu'ils se déplaisent de cette vilaine chaussure [4] qui montre si à découvert nos membres

a. Bon marché. — *b*. Elégance.

* Quintilien, *Déclamations*, livre IV, reproduite par Juste-Lispe dans ses *Politiques* : « Tout ce que font les princes, ils paraissent l'ordonner. »

occultes ; ce lourd grossissement de pourpoints, qui nous fait tous autres que nous ne sommes, si incommode à s'armer ; ces longues tresses de poil efféminées ; cet usage de baiser ce que nous présentons à nos compagnons et nos mains en les saluant, cérémonie due autrefois aux seuls princes ; et qu'un gentilhomme se trouve en lieu de respect, sans épée à son côté, tout débraillé et détaché, comme s'il venait de la garde-robe ; et que, contre la forme de nos pères et la particulière liberté de la noblesse de ce royaume, nous nous tenons découverts bien loin autour d'eux, en quelque lieu qu'ils soient [5] ; et comme autour d'eux, autour de cent autres, tant nous avons de tiercelets et quartelets [6] de rois ; et ainsi d'autres pareilles introductions nouvelles et vicieuses : elles se verront incontinent évanouies et décriées. Ce sont erreurs superficielles, mais pourtant de mauvais pronostic ; et sommes avertis que le massif se dément [a], quand nous voyons fendiller l'enduit et la croûte de nos parois.

Platon, en ces *Lois* [7], n'estime peste du monde plus dommageable à sa cité, que de laisser prendre liberté à la jeunesse de changer en accoutrements, en gestes, en danses, en exercices et en chansons, d'une forme à autre ; remuant son jugement tantôt en cette assiette, tantôt en celle-là, courant après les nouvelletés, honorant leurs inventeurs ; par où les mœurs se corrompent, et toutes anciennes institutions viennent à dédain et à mépris.

En toutes choses, sauf simplement aux mauvaises, la mutation est à craindre : la mutation des saisons, des vents, des vivres, des humeurs ; et nulles lois ne sont en leur vrai crédit, que celles auxquelles Dieu a donné quelque ancienne durée ; de mode que personne ne sache leur naissance, ni qu'elles aient jamais été autres.

---

a. Le bloc de maçonnerie se désagrège.

CHAPITRE XLIV

DU DORMIR

La raison nous ordonne bien d'aller toujours même chemin, mais non toutefois même train [1] et ores que le sage ne doive donner aux passions humaines de se fourvoyer de la droite carrière, il peut bien, sans intérêt de son devoir, leur quitter aussi, d'en hâter ou retarder son pas, et ne se planter comme un colosse immobile et impassible. Quand la vertu même serait incarnée, je crois que le pouls lui battrait plus fort allant à l'assaut qu'allant dîner ; voire il est nécessaire qu'elle s'échauffe et s'émeuve. A cette cause, j'ai remarqué pour chose rare de voir quelquefois les grands personnages, aux plus hautes entreprises et importantes affaires, se tenir si entiers en leur assiette, que de n'en accourcir pas seulement leur sommeil.

Alexandre le Grand, le jour assigné à cette furieuse bataille contre Darius, dormit si profondément et si haute matinée, que Parménion fut contraint d'entrer en sa chambre, et, approchant de son lit, l'appeler deux ou trois fois par son nom pour l'éveiller, le temps d'aller au combat le pressant [2].

L'empereur Othon [3], ayant résolu de se tuer cette même nuit, après avoir mis ordre à ses affaires domestiques, partagé son argent à ses serviteurs et affilé le tranchant d'une épée de quoi il se voulait donner, n'attendant plus qu'à savoir si chacun de ses amis s'était retiré en sûreté, se prit si profondément à dormir que ses valets de chambre l'entendaient ronfler.

La mort de cet empereur a beaucoup de choses pareilles à celle du grand Caton [4] et même ceci : car Caton étant prêt à se défaire [a], cependant qu'il attendait qu'on lui rapportât nouvelles si les sénateurs qu'il faisait retirer s'étaient élargis du port d'Utique, se mit si fort à dormir, qu'on l'oyait souffler de la chambre voisine ; et, celui qu'il avait envoyé vers le port, l'ayant éveillé pour lui dire que la tourmente empêchait les sénateurs de faire voile à leur aise, il y en renvoya encore un autre, et, se renfonçant dans le lit, se remit encore à sommeiller jusques à ce que ce dernier l'assurât de leur partement. Encore avons-nous de quoi le comparer au fait d'Alexandre, en ce grand et dangereux orage qui le menaçait par la sédition du tribun Metellus [5], voulant publier le décret du rappel de Pompée dans la ville avec son armée, lors de l'émotion de Catilina ; auquel décret Caton seul insistait, et en avaient eu Metellus et lui de grosses paroles et grandes menaces au Sénat ; mais c'était au lendemain, en la place, qu'il fallait venir à l'exécution, où Metellus, outre la faveur du peuple et de César conspirant lors aux avantages de Pompée, se devait trouver, accompagné de force esclaves étrangers et escrimeurs à outrance, et Caton fortifié de sa seule constance ; de sorte que ses parents, ses domestiques et beaucoup de gens de bien en étaient en grand souci. Et en y eut qui passèrent la nuit ensemble sans vouloir reposer, ni boire, ni manger, pour le danger qu'ils lui voyaient préparé ; même sa femme et ses sœurs ne faisaient que pleurer et se tourmenter en sa maison, là où lui au contraire réconfortait tout le monde ; et, après avoir soupé comme de coutume, s'en alla coucher et dormir de fort profond sommeil jusques au matin, que l'un de ses compagnons au tribunat le vint éveiller pour aller à l'escarmouche. La connaissance que nous avons de

a. Se suicider.

la grandeur de courage de cet homme par le reste de sa vie, nous peut faire juger en toute sûreté que ceci lui partait d'une âme si loin élevée au-dessus de tels accidents, qu'il n'en daignait entrer en cervelle non plus que d'accidents ordinaires.

En la bataille navale qu'Auguste gagna contre Sextus Pompée en Sicile, sur le point d'aller au combat, il se trouva pressé d'un si profond sommeil qu'il fallut que ses amis l'éveillassent pour donner le signe de la bataille. Cela donna occasion à Marc Antoine de lui reprocher depuis, qu'il n'avait pas eu le cœur seulement de regarder, les yeux ouverts, l'ordonnance de son armée, et de n'avoir pas osé se présenter aux soldats jusques à ce qu'Agrippa lui vînt annoncer la nouvelle de la victoire qu'il avait eue sur ses ennemis [6]. Mais quant au jeune Marius, qui fit encore pis (car le jour de sa dernière journée contre Sylla [7], après avoir ordonné son armée et donné le mot et signe de la bataille, il se coucha dessous un arbre à l'ombre pour se reposer, et s'endormit si serré qu'à peine se put-il éveiller de la route *a* et fuite de ses gens, n'ayant rien vu du combat), ils disent que ce fut pour être si extrêmement aggravé *b* de travail et de faute de dormir, que nature n'en pouvait plus. Et, à ce propos, les médecins aviseront si le dormir est si nécessaire que notre vie en dépende ; car nous trouvons bien [8] qu'on fit mourir le roi Persée de Macédoine prisonnier à Rome, lui empêchant le sommeil ; mais Pline [9] en allègue qui ont vécu longtemps sans dormir.

Chez Hérodote, il y a des nations auxquelles les hommes dorment et veillent par demi-années [10].

Et ceux qui écrivent la vie du sage Epiménide, disent qu'il dormit cinquante-sept ans de suite [11].

---

a. Déroute. — *b.* Alourdi.

CHAPITRE XLV

DE LA BATAILLE DE DREUX

Il y eut tout plein de rares accidents [a] en notre bataille de Dreux [1] ; mais ceux qui ne favorisent pas fort la réputation de monsieur de Guise mettent volontiers en avant qu'il ne se peut excuser d'avoir fait halte et temporisé, avec les forces qu'il commandait, cependant qu'on enfonçait monsieur le Connétable, chef de l'armée, avec l'artillerie, et qu'il valait mieux se hasarder, prenant l'ennemi par flanc, qu'attendant l'avantage de le voir en queue, souffrir une si lourde perte ; mais outre ce que l'issue en témoigna, qui en débattra sans passion me confessera aisément, à mon avis, que le but et la visée, non seulement d'un capitaine, mais de chaque soldat, doit regarder la victoire en gros, et que nulles occurrences particulières, quelque intérêt qu'il y ait, ne le doivent divertir [b] de ce point-là.

Philopœmen, en une rencontre contre Machanidas [2], ayant envoyé devant, pour attaquer l'escarmouche [c], bonne troupe d'archers et gens de trait, et l'ennemi, après les avoir renversés, s'amusant à les poursuivre à toute bride et coulant après sa victoire le long de la

a. Evénements. — b. Détourner. — c. Engager le combat.

bataille où était Philopœmen, quoique ses soldats s'en émussent, il ne fut d'avis de bouger de sa place, ni de se présenter à l'ennemi pour secourir ses gens ; ainsi, les ayant laissé chasser et mettre en pièces à sa vue commença la charge sur les ennemis au bataillon de leurs gens de pied, lorsqu'il les vit tout à fait abandonnés de leurs gens de cheval ; et, bien que ce fussent Lacédémoniens, d'autant qu'il les prit à heure que, pour tenir tout gagné, ils commençaient à se désordonner, il en vint aisément à bout, et, cela fait, se mit à poursuivre Machanidas. Ce cas est germain à celui de monsieur de Guise.

En cette âpre bataille d'Agésilas contre les Béotiens [3], que Xénophon, qui y était, dit être la plus rude qu'il eût onques vu, Agésilas refusa l'avantage que fortune lui présentait, de laisser passer le bataillon des Béotiens et les charger en queue, quelque victoire qu'il en prévît, estimant qu'il y avait plus d'art que de vaillance ; et, pour montrer sa prouesse, d'une merveilleuse ardeur de courage, choisit plutôt de leur donner en tête ; mais aussi y fut-il bien battu et blessé, et contraint en fin de se démêler [a] et prendre le parti qu'il avait refusé au commencement, faisant ouvrir ses gens pour donner passage à ce torrent de Béotiens ; puis, quand ils furent passés, prenant garde qu'ils marchaient en désordre comme ceux qui cuidaient bien être hors de tout danger, il les fit suivre et charger par les flancs ; mais pour cela ne les put-il tourner en fuite à val de route [b] ; ains [c] se retirèrent le petit pas, montrant toujours les dents, jusques à ce qu'ils se fussent rendus à sauveté.

a. Sortir de la mêlée. — *b.* En pleine déroute. — *c.* Mais.

CHAPITRE XLVI

DES NOMS

Quelque diversité d'herbes qu'il y ait, tout s'enveloppe sous le nom de salade. De même, sous la considération des noms, je m'en vais faire ici une galimafrée *a* de divers articles.

Chaque nation a quelques noms qui se prennent, je ne sais comment, en mauvaise part : et à nous Jehan, Guillaume, Benoît.

Item, il semble y avoir en la généalogie des princes certains noms fatalement affectés : comme des Ptolémées à ceux d'Egypte, de Henris en Angleterre, Charles en France, Baudoins en Flandre, et en notre ancienne Aquitaine des Guillaumes, d'où l'on dit que le nom de Guyenne est venu [1] : par une froide rencontre *b*, s'il n'en y avait d'aussi crus dans Platon même.

Item, c'est une chose légère, mais toutefois digne de mémoire pour son étrangeté et écrite par témoin oculaire, que Henri, duc de Normandie, fils de Henri second, roi d'Angleterre, faisant un festin en France, l'assemblée de la noblesse y fut si grande que, pour

a. Pot-pourri. — *b.* Calembour.

passe-temps, s'étant divisée en bandes par la ressemblance des noms, en la première troupe, qui fut des Guillaumes, il se trouve cent dix chevaliers assis à table portant ce nom, sans mettre en compte les simples gentilshommes et serviteurs.

Il est d'autant plaisant de distribuer les tables par les noms des assistants, comme il était à l'empereur Geta de faire distribuer le service de ses mets par la considération des premières lettres du nom des viandes *a*, on servait celles qui se commençaient par M : mouton, marcassin, merlus, marsouin ; ainsi des autres 2.

Item, il se dit qu'il fait bon avoir bon nom, c'est-à-dire crédit et réputation ; mais encore, à la vérité, est-il commode d'avoir un nom beau et qui aisément se puisse prononcer et retenir, car les rois et les Grands nous en connaissent plus aisément et oublient plus mal volontiers ; et, de ceux-mêmes qui nous servent, nous commandons plus ordinairement et employons ceux desquels les noms se présentent le plus facilement à la langue. J'ai vu le roi Henri second ne pouvoir jamais nommer à droit *b* un gentilhomme de ce quartier *c* de Gascogne ; et, à une fille de la reine, il fut lui-même d'avis de donner le nom général de la race, parce que celui de la maison paternelle lui sembla trop revers *d*.

Et Socrate estime digne du soin paternel de donner un beau nom aux enfants.

Item, on dit que la fondation de Notre-Dame-la-Grande, à Poitiers, prit origine de ce qu'un jeune homme débauché, logé en cet endroit, ayant recouvré une garce et lui ayant d'arrivée demandé son nom, qui était Marie, se sentit si vivement épris de religion et de respect, de ce nom sacro-saint de la Vierge, mère de Notre-Sauveur, que non seulement il la chassa soudain, mais en amenda tout le reste de sa vie ; et qu'en considération de ce miracle il fut bâti en la place où était la maison de ce jeune homme une chapelle au nom de Notre-Dame, et, depuis, l'église que nous y voyons 3.

a. Mets. — *b.* Correctement. — *c.* Contrée. — *d.* Bizarre.

Cette correction voyelle *a* et auriculaire, dévotieuse, tira droit à l'âme ; cette autre, de même genre, s'insinua par les sens corporels : Pythagore, étant en compagnie de jeunes hommes, lesquels il sentit comploter, échauffés de la fête, d'aller violer une maison pudique, commanda à la menestrière *b* de changer de ton, et, par une musique pesante, sévère et spondaïque *c*, enchanta tout doucement leur ardeur et l'endormit.

Item, dira pas la postérité que notre réformation d'aujourd'hui ait été délicate et exacte, de n'avoir pas seulement combattu les erreurs et les vices, et rempli le monde de dévotion, d'humilité, d'obéissance, de paix et de toute espèce de vertu, mais d'avoir passé jusques à combattre ces anciens noms de nos baptêmes, Charles, Loys, François, pour peupler le monde de Mathusalem, Ezéchiel, Malachie, beaucoup mieux sentant de la foi ? Un gentilhomme mien voisin, estimant les commodités du vieux temps au prix du nôtre, n'oubliait pas de mettre en compte la fierté et magnificence des noms de la noblesse de ce temps, Don Grumedan, Quedragan, Agésilan et qu'à les ouïr seulement sonner, il se sentait qu'ils avaient été bien autres gens que Pierre, Guillot et Michel.

Item, je sais bon gré à Jacques Amyot d'avoir laissé, dans le cours d'une oraison *d* française, les noms latins tout entiers, sans les bigarrer et changer pour leur donner une cadence *e* française [4]. Cela semblait un peu rude au commencement, mais déjà l'usage, par le crédit de son *Plutarque*, nous en a ôté toute l'étrangeté. J'ai souhaité souvent que ceux qui écrivent les histoires en latin, nous laissassent nos noms tous tels qu'ils sont : car, en faisant de Vaudemont, Vallemontanus, et les métamorphosant pour les garber *f* à la grecque ou à la romaine, nous ne savons où nous en sommes et en perdons la connaissance.

Pour clore notre conte, c'est un vilain usage, et de très mauvaise conséquence en notre France, d'appeler

---

a. Venue de la voix. — *b.* Musicienne. — *c.* Lourde (comme un vers latin composé de deux syllabes longues). — *d.* Passage en prose. — *e.* Terminaison. — *f.* Parer.

chacun par le nom de sa terre et seigneurie, et la chose du monde qui fait plus mêler et méconnaître les races. Un cadet de bonne maison, ayant eu pour son apanage une terre sous le nom de laquelle il a été connu et honoré, ne peut honnêtement l'abandonner ; dix ans après sa mort, la terre s'en va à un étranger qui en fait de même : devinez où nous sommes de la connaissance de ces hommes. Il ne faut pas aller querir d'autres exemples que de notre maison royale, où autant de partages, autant de surnoms ; cependant l'originel de la tige nous est échappé.

Il y a tant de liberté en ces mutations que, de mon temps, je n'ai vu personne, élevé par la fortune à quelque grandeur extraordinaire, à qui on n'ait attaché incontinent des titres généalogiques nouveaux et ignorés à son père, et qu'on n'ait enté en quelque illustre tige. Et, de bonne fortune, les plus obscures familles sont plus idoines à falsification. Combien avons-nous de gentilshommes en France, qui sont de royale race selon leurs contes ? Plus, ce crois-je, que d'autres. Fut-il pas dit de bonne grâce par un de mes amis ? Ils étaient plusieurs assemblés pour la querelle d'un seigneur contre un autre, lequel autre avait à la vérité quelque prérogative de titres et d'alliances, élevées au-dessus de la commune noblesse. Sur le propos de cette prérogative, chacun, cherchant à s'égaler à lui, alléguait, qui une origine, qui une autre, qui la ressemblance du nom, qui des armes, qui une vieille pancarte domestique *a* ; et le moindre se trouvait arrière-fils de quelque roi d'outre-mer [5].

Comme ce fut à dîner, celui-ci, au lieu de prendre sa place, se recula en profondes révérences, suppliant l'assistance de l'excuser de ce que, par témérité, il avait jusque lors vécu avec eux en compagnon : mais, qu'ayant été nouvellement informé de leurs vieilles qualités, il commençait à les honorer selon leurs degrés, et qu'il ne lui appartenait pas de se seoir parmi tant de princes. Après sa farce [6], il leur dit mille injures : « Contentez-vous, de par Dieu, de ce de quoi nos pères se sont

a. Papier de famille.

contentés, et de ce que nous sommes ; nous sommes
assez, si nous le savons bien maintenir ; ne désavouons
pas la fortune et condition de nos aïeux, et ôtons ces
sottes imaginations qui ne peuvent faillir à quiconque a
l'impudence de les alléguer. »

Les armoiries [7] n'ont de sûreté non plus que les surnoms *a*. Je porte d'azur semé de trèfles d'or, à une patte
de Lion de même, armée de gueules, mise en fasce. Quel
privilège a cette figure pour demeurer particulièrement
en ma maison ? Un gendre la transportera en une autre
famille ; quelque chétif acheteur en fera ses premières
armes : il n'est chose où il se rencontre plus de mutation et de confusion.

Mais cette considération me tire par force à un autre
champ *b*. Sondons un peu de près, et, pour Dieu, regardons à quel fondement nous attachons cette gloire et
réputation pour laquelle se bouleverse le monde. Où
asseyons-nous cette renommée que nous allons quêtant
avec si grand peine ? C'est en somme Pierre ou Guillaume qui la porte, prend en garde, et à qui elle touche.
O la courageuse faculté, que l'espérance qui, en un sujet
mortel, et en un moment, va usurpant l'infinité, l'im-
mensité, l'éternité [8] ; nature nous a là donné un plaisant
jouet. Et ce Pierre ou Guillaume, qu'est-ce, qu'une voix
pour tous potages ? ou trois ou quatre traits de plume,
premièrement si aisés à varier, que je demanderais volontiers à qui touche l'honneur de tant de victoires, à
Guesquin, à Glesquin ou à Gueaquin [9] ? Il y aurait bien
plus d'apparence ici qu'en Lucien, que — mit T en procès [10], car

*non levia aut ludicra petentur
Præmia* *.

il y va de bon : il est question laquelle de ces lettres
doit être payée de tant de sièges, batailles, blessures,
prisons et services faits à la couronne de France par ce
sien fameux connétable. Nicolas Denisot n'a eu soin que

a. Noms de famille. — b. Sujet.
* Virgile, *Enéide*, chant XII : « On ne recherche pas une récompense frivole ou de peu de valeur. »

des lettres de son nom, et en a changé toute la contexture pour en bâtir le comte d'Alsinois qu'il a étrenné *a*
de la gloire de sa poésie et peinture [11]. Et l'historien
Suétone n'a aimé que le sens du sien, et, en ayant privé
Lénis, qui était le surnom *b* de son père, a laissé *Tranquillus* successeur de la réputation de ses écrits [12]. Qui
croirait que le capitaine Bayard n'eut honneur que celui
qu'il a emprunté des faits de Pierre Terrail [13] ? et qu'Antoine Escalin se laisse voler à sa vue tant de navigations
et charges par mer et par terre au capitaine Poulin et
au baron de la Garde.

Secondement, ce sont traits de plumes communs
à mille hommes. Combien y a-t-il, en toutes les races,
de personnes de même nom et surnom ? Et en diverses
races, siècles et pays, combien ? L'histoire a connu trois
Socrate, cinq Platon, huit Aristote, sept Xénophon,
vingt Demetrius, vingt Théodore : et devinez combien
elle n'en a pas connu. Qui empêche mon palefrenier de
s'appeler Pompée-le-grand ? Mais, après tout, quels
moyens, quels ressorts y a-t-il qui attachent à mon palefrenier trépassé, ou à cet autre homme qui eut la tête
tranchée en Egypte, et qui joignent à eux cette voix
glorifiée et ces traits de plume ainsi honorés, afin qu'ils
s'en avantagent ?

> *Id cinerem et manes credis curare sepultos* * ?

Quel ressentiment *c* ont les deux compagnons en principale valeur entre les hommes : Epaminondas, de ce
glorieux vers qui court pour lui en nos bouches :

> *Consiliis nostris laus est attonsa Laconum* ** ?

et Africanus [14], de cet autre :

---

a. Gratifié. — *b.* Nom. — *c.* Sentiment.

* Virgile, *Enéide*, chant IV : « Crois-tu que les cendres et les
mânes s'occupent de cela dans leurs tombeaux ? » Le vers de Virgile
ne se rapporte nullement aux noms propres, mais à la fidélité d'une
veuve pour le souvenir de son mari.

** Vers grec traduit par Cicéron dans les *Tusculanes*, livre V,
chap. XVII : « Par mes plans la gloire de Lacédémone a été anéan-
tie. »

A sole exoriente suipra Mæotis paludes
Nemo est qui factis me æquiparare queat * ?

Les survivants se chatouillent de la douceur de ces voix, et, par icelles sollicitées de jalousie et désir, transmettent inconsidérément par fantaisie aux trépassés celui leur propre ressentiment, et d'une pipeuse espérance se donnent à croire d'en être capables à leur tour. Dieu le sait !

Toutefois,

ad hæc se
Romanus, Graiusque, et Barbarus Induperator
Erexit, causas discriminis atque laboris
Inde habuit, tanto major famæ sitis est quam
Virtutis **.

CHAPITRE XLVII

DE L'INCERTITUDE
DE NOTRE JUGEMENT

C'est bien ce que dit ce vers :

Ἐπέων δὲ πολὺς νόμος ἔνθα καὶ ἔνθα*,

il y a prou loi de parler partout, et pour et contre.
Pour exemple :

Vinse Hannibal, et non seppe usar' poi
*Ben la vittoriosa sua ventura**.*

Qui voudra être de ce parti, et faire valoir avec nos
gens la faute de n'avoir dernièrement poursuivi notre
pointe à Moncontour [1], ou qui voudra accuser le roi
d'Espagne de n'avoir su se servir de l'avantage qu'il eut
contre nous à Saint-Quentin [2], il pourra dire cette faute
partir d'une âme enivrée de sa bonne fortune, et d'un
courage [a], lequel, plein et gorgé de ce commencement de

---

a. Cœur.
  * *Iliade*, chant XX. Montaigne en donne le sens après l'avoir
cité.
  ** Pétrarque, sonnet LXXXII, et souvenir du mot fameux du
maître de la cavalerie à Annibal : « Annibal vainquit les Romains
mais il ne sut pas profiter de sa victoire. » Se reporter au livre XXII,
chap. LI des *Histoires* de Tite-Live.

bonheur, perd le goût de l'accroître, déjà par trop empêché à digérer ce qu'il en a ; il en a sa brassée toute
comble, il n'en peut saisir davantage, indigne que la fortune lui ait mis un tel bien entre mains ; car quel profit
en sent-il, si néanmoins il donne à son ennemi moyen
de se remettre sus ? quelle espérance peut-on avoir qu'il
ose une autre fois attaquer ceux-ci ralliés et remis, et
de nouveau armés de dépit et de vengeance, qui ne les
a osé ou su poursuivre tous rompus et effrayés ?

Dum fortuna calet, dum conficit omnia terror *.

Mais enfin, que peut-il attendre de mieux que ce qu'il
vient de perdre ? Ce n'est pas comme à l'escrime, où le
nombre des touches donne gain ; tant que l'ennemi est
en pieds *a*, c'est à recommencer de plus belle ; ce n'est
pas victoire, si elle ne met fin à la guerre. En cette
escarmouche où César eut du pire *b* près la ville d'Ori-
cum [3], il reprochait aux soldats de Pompée qu'il eût été
perdu, si leur capitaine eût su vaincre, et lui chaussa
bien autrement les éperons quand ce fut à son tour.

Mais pourquoi ne dira-t-on aussi, au contraire, que
c'est l'effet d'un esprit précipiteux et insatiable de ne
savoir mettre fin à sa convoitise ; que c'est abuser des
faveurs de Dieu, de leur vouloir faire perdre la mesure
qu'il leur a prescrite ; et que, de se rejeter au danger
après la victoire, c'est la remettre encore un coup à la
merci de la fortune ; que l'une des plus grandes sagesses
en l'art militaire, c'est de ne pousser son ennemi au
désespoir. Sylla et Marius en la guerre sociale ayant défait les Marses, en voyant encore une troupe de reste, qui
par désespoir se revenaient jeter à eux comme bêtes fu-
rieuses, ne furent pas d'avis de les attendre. Si l'ardeur
de monsieur de Foix ne l'eût emporté à poursuivre trop
âprement les restes de la victoire de Ravenne [4], il ne
l'eût pas souillée de sa mort. Toutefois encore servit la récente mémoire de son exemple à conserver

_a._ Sur pieds. — _b._ Eut le dessous.
* Lucain, *Pharsale*, chant VII : « Pendant que la fortune est
chaude, que la terreur achève toute chose. »

M. d'Enghien de pareil inconvénient à Cerisoles [5]. Il fait dangereux assaillir un homme à qui vous avez ôté tout autre moyen d'échapper que par les armes ; car c'est une violente maîtresse d'école que la nécessité : « *gravissimi sunt morsus irritatæ necessitatis* *. »

Vincitur haud gratis jugulo qui provocat hostem **.

Voilà pourquoi Pharax empêcha le roi de Lacédémone, qui venait de gagner la journée contre les Mantinéens, de n'aller affronter mille Argiens, qui étaient échappés entiers de la déconfiture, ains *a* les laisser couler en liberté pour ne venir à essayer *b* la vertu piquée et dépitée par le malheur [6]. Clodomire, roi d'Aquitaine, après sa victoire poursuivant Gondemar, roi de Bourgogne, vaincu et fuyant, le força de tourner tête ; mais son opiniâtreté lui ôta le fruit de sa victoire, car il y mourut [7].

Pareillement, qui aurait à choisir, ou de tenir ses soldats richement et somptueusement armés, ou armés seulement pour la nécessité, il se présenterait en faveur du premier parti, duquel étaient Sertorius, Philopœmen, Brutus, César et autres, que c'est toujours un aiguillon d'honneur et de gloire au soldat de se voir paré et une occasion *c* de se rendre plus obstiné au combat, ayant à sauver ses armes comme ses biens et héritages : raison, dit Xénophon [8], pourquoi les Asiatiques menaient en leurs guerres femmes, concubines, avec leurs joyaux et richesses plus chères. Mais il s'offrirait aussi, de l'autre part, qu'on doit plutôt ôter au soldat le soin de se conserver, que de le lui accroître ; qu'il craindra par ce moyen doublement à se hasarder ; joint que c'est augmenter à l'ennemi l'envie de la victoire par ces riches dépouilles ; et l'on a remarqué [9] que, d'autres fois, cela encouragea merveilleusement les Romains à l'encontre des Samnites. Antiochus, montrant à Annibal l'armée qu'il préparait

a. Mais. — *b.* Mettre à l'épreuve. — *c.* Raison.

* Citation latine reproduite par Juste-Lipse dans ses *Politiques* livre V, chap. XVIII : « Les morsures de la nécessité déchaînée sont les plus violentes. »

** Lucain, *Pharsale*, chant IV : « On vend cher la victoire à son adversaire quand on provoque la mort. »

contre eux, pompeuse et magnifique en toute sorte
d'équipage, et lui demandant : « Les Romains se conten-
teront-ils de cette armée ? — S'ils s'en contenteront ?
répondit-il ; vraiment, c'est mon *ª*, pour avares *ᵇ* qu'ils
soient [10]. » Licurgue défendait aux siens, non seulement
la somptuosité de leur équipage, mais encore de dépouiller leurs ennemis vaincus, voulant, disait-il, que la pauvreté et frugalité reluisît avec le reste de la bataille [11].

Aux sièges et ailleurs, où l'occasion nous approche de
l'ennemi, nous donnons volontiers licence aux soldats
de le braver, dédaigner et injurier de toutes façons de
reproches, et non sans apparence de raison : car ce n'est
pas faire peu, de leur ôter toute espérance de grâce et
de composition, en leur représentant qu'il n'y a plus
ordre de l'attendre de celui qu'ils ont si fort outragé,
et qu'il ne reste remède que de la victoire. Si est-ce qu'il
en méprit à Vitellius [12] : car, ayant affaire à Othon, plus
faible en valeur de soldats, désaccoutumés de longue
main du fait de la guerre et amollis par les délices de
la ville, il les agaça tant enfin par ses paroles piquantes,
leur reprochant leur pusillanimité et le regret des dames
et fêtes qu'ils venaient de laisser à Rome, qu'il leur
remit par ce moyen le cœur au ventre, ce que nuls enhor-
tements *ᶜ* n'avaient su faire, et les attira lui-même sur
ses bras, où l'on ne les pouvait pousser ; et, de vrai,
quand ce sont injures qui touchent au vif, elles peuvent
faire aisément que celui qui allait lâchement à la besogne
pour la querelle de son roi, y aille d'une autre affection
pour la sienne propre.

A considérer de combien d'importance est la conservation d'un chef en une armée, et que la visée de l'ennemi
regarde principalement cette tête à laquelle tiennent
toutes les autres et en dépendent, il semble qu'on ne
puisse mettre en doute ce conseil *ᵈ*, que nous voyons
avoir été pris par plusieurs grands chefs, de se travestir
et déguiser sur le point de la mêlée ; toutefois l'inconvénient qu'on encourt par ce moyen n'est pas moindre

a. C'est mon avis. — *b.* Si cupides qu'ils soient. — *c.* Exhorta-
tions. — *d.* Dessein.

que celui qu'on pense fuir ; car le capitaine venant à être méconnu des siens, le courage qu'ils prennent de son exemple et de sa présence vient aussi quant et quant *a* à leur faillir, et perdant la vue de ses marques et enseignes accoutumées, ils le jugent ou mort, ou s'être dérobé, désespérant de l'affaire. Et, quant à l'expérience, nous lui voyons favoriser tantôt l'un, tantôt l'autre parti. L'accident de Pyrrhus, en la bataille qu'il eut contre le consul Levinus en Italie, nous sert à l'un et l'autre visage ; car, pour s'être voulu cacher sous les armes de Democlès et lui avoir donné les siennes, il sauva bien sans doute sa vie, mais aussi il en cuida encourir l'autre inconvénient, de perdre la journée [13]. Alexandre, César, Lucullus aimaient à se marquer au combat par des accoutrements et armes riches, de couleur reluisante et particulière ; Agis, Agésilas et ce grand Gilippus, au rebours, allaient à la guerre obscurément couverts et sans atour impérial [14].

A la bataille de Pharsale, entre autres reproches qu'on donne à Pompée, c'est d'avoir arrêté son armée pied-coi *b*, attendant l'ennemi ; pour autant que cela (je déroberai ici les mots mêmes de Plutarque, qui valent mieux que les miens) « affaiblit la violence que le courir donne aux premiers coups, et quant à quant *c*, ôte l'élancement des combattants les uns contre les autres, qui a accoutumé de les remplir d'impétuosité et de fureur plus qu'autre chose, quand ils viennent à s'entrechoquer de roideur, leur augmentant le courage par le cri et la course, et rend ici la chaleur des soldats, en manière de dire, refroidie et figée [15]. » Voilà ce qu'il dit pour ce rôle ; mais si César eût perdu, qui n'eût pu aussi bien dire qu'au contraire la plus forte et roide assiette est celle en laquelle on se tient planté sans bouger, et que, qui est en sa marche arrêté, resserrant et épargnant pour le besoin sa force en soi-même, a grand avantage contre celui qui est ébranlé et qui a déjà consommé à la course la moitié de son haleine ? outre ce que, l'armée étant un

a. En même temps. — *b.* Immobile. De pied ferme. — *c.* En même temps.

corps de tant de diverses pièces, il est impossible qu'elle
s'émeuve en cette furie d'un mouvement si juste, qu'elle
n'en altère ou rompe son ordonnance, et que le plus dispos
ne soit aux prises avant que son compagnon le secoure.
En cette vilaine bataille des deux frères perses [16], Cléarque
Lacédémonien, qui commandait les Grecs du parti de
Cyrus, les mena tout bellement à la charge sans soi
hâter ; mais, à cinquante pas près, il les mit à la course,
espérant, par la brièveté de l'espace, ménager et leur
ordre et leur haleine, leur donnant cependant l'avantage
de l'impétuosité pour leurs personnes et pour leurs
armes à trait. D'autres [17] ont réglé ce doute en leur armée
de cette manière : si les ennemis vous courent sus,
attendez-les de pied-coi ; s'ils vous attendent de pied-coi,
courez-leur sus.

Au passage que l'empereur Charles cinquième fit en
Provence [18], le roi François fut au propre d'élire ou de
lui aller au-devant en Italie, ou de l'attendre en ses
terres ; et, bien qu'il considérât combien c'est d'avantage
de conserver sa maison *a* pure et nette de troubles de la
guerre, afin qu'entière en ses forces elle puisse continuellement fournir deniers et secours au besoin ; que la nécessité des guerres porte à tous les coups de faire le gast *b*,
ce qui ne se peut faire bonnement en nos biens propres ;
et si *c* le paysan ne porte *d* pas si doucement ce ravage
de ceux de son parti que de l'ennemi, en manière qu'il
s'en peut aisément allumer des séditions et des troubles
parmi nous ; que la licence de dérober et de piller, qui
peut être permise en son pays, est un grand support *e* aux
ennuis de la guerre, et, qui n'a autre espérance de gain
que sa solde, il est mal aisé qu'il soit tenu en office *f*,
étant à deux pas de sa femme et de sa retraite ; que celui
qui met la nappe, tombe toujours des dépens *g*, qu'il
y a plus d'allégresse à assaillir qu'à défendre ; et que la
secousse de la perte d'une bataille dans nos entrailles
est si violente qu'il est malaisé qu'elle ne croule tout

a. Royaume. — *b.* Destruction. — *c.* Et encore. — *d.* Supporté.
— *e.* Soulagement. — *f.* Devoir. — *g.* Paye les frais.

le corps, attendu qu'il n'est passion contagieuse comme
celle de la peur, ni qui se prenne si aisément à crédit, et
qui s'épande plus brusquement ; et que les villes qui
auront ouï l'éclat de cette tempête à leurs portes, qui
auront recueilli leurs capitaines et soldats tremblants
encore et hors d'haleine, il est dangereux, sur la chaude ^a,
qu'ils ne se jettent à quelque mauvais parti : si est-ce
qu'il choisit de rappeler les forces qu'il avait delà les
monts, et de voir venir l'ennemi ; car il peut imaginer au
contraire qu'étant chez lui et entre ses amis, il ne pouvait
faillir d'avoir planté ^b de toutes commodités : les rivières,
les passages à sa dévotion lui conduiraient et vivres
et deniers en toute sûreté et sans besoin d'escorte ; qu'il
aurait ses sujets d'autant plus affectionnés, qu'ils auraient
le danger plus près ; qu'ayant tant de villes et de barrières pour sa sûreté, ce serait à lui de donner loi au combat selon son opportunité et avantage ; et, s'il lui plaisait
de temporiser, qu'à l'abri et à son aise il pourrait voir
morfondre son ennemi, et se défaire soi-même par les difficultés qui le combattraient, engagé en une terre contraire ^c où il n'aurait devant, ni derrière lui, ni à côté, rien
qui ne lui fît guerre, nul moyen de rafraîchir ^d ou élargir ^e
son armée, si les malades s'y mettaient, ni de loger à cou-
vert ses blessés : nuls deniers, nuls vivres qu'à pointe de
lance ; nul loisir de se reposer et prendre haleine ; nulle
science de lieux ni de pays, qui le sût défendre d'embû-
ches et surprises ; et, s'il venait à la perte d'une bataille,
aucun moyen d'en sauver les reliques ^f. Et n'avait pas
faute d'exemples pour l'un et pour l'autre parti. Scipion
trouva bien meilleur d'aller assaillir les terres de son
ennemi en Afrique [19], que de défendre les siennes et le
combattre en Italie où il était, d'où bien lui prit. Mais, au
rebours, Annibal, en cette même guerre, se ruina d'avoir
abandonné la conquête d'un pays étranger pour aller
défendre le sien. Les Athéniens [20], ayant laissé l'ennemi
en leurs terres pour passer en la Sicile, eurent la fortune
contraire ; mais Agathocle, roi de Syracuse, l'eut favo-

a. Au chaud de l'action. — b. Quantité. — c. Ennemie. —
d. Reposer. — e. Renforcer. — f. Rester.

rable, ayant passé en Afrique et laissé la guerre chez soi.
Ainsi, nous avons bien accoutumé de dire avec raison que
les événements et issues dépendent, notamment en la
guerre, pour la plupart de la fortune, laquelle ne se veut
pas ranger et assujettir à notre discours et prudence,
comme disent ces vers :

> *Et male consultis pretium est : prudentia fallax,*
> *Nec fortuna probat causas sequiturque merentes ;*
> *Sed vaga per cunctos nullo discrimine fertur ;*
> *Scilicet est aliud quod nos cogatque regatque*
> *Majus, et in proprias ducat mortalia leges* *.

Mais, à le bien prendre, il semble que nos conseils[a] et
délibérations en dépendent bien autant, et que la fortune[21] engage en son trouble et incertitude aussi nos
discours.

Nous raisonnons hasardeusement et inconsidérément,
dit Timée en Platon, parce que, comme nous, nos discours
ont grande participation au hasard.

---

a. Desseins.
* Manilius, *Astronomiques*, chant IV : « La réussite va à des
projets mal conçus ; la prudence se trompe, et la fortune n'approuve
ni n'aide le parti qui le mérite, mais elle est emportée, au hasard et
sans choix, à travers la masse. Sans doute y a-t-il une force supé-
rieure qui nous domine, nous gouverne, et dirige les choses mortelles
selon ses propres lois. »

CHAPITRE XLVIII

DES DESTRIERS

Me voici devenu grammairien, moi qui n'appris jamais langue que par routine, et qui ne sait encore que c'est d'adjectif, conjonctif[a] et d'ablatif. Il me semble avoir ouï-dire [1] que les Romains avaient des chevaux qu'ils appelaient *funales* ou *dextrarios*, qui se menaient à dextre ou à relais, pour les prendre tout frais au besoin ; et de là vient que nous appelons destriers les chevaux de service. Et nos romans [2] disent ordinairement *adestrer* pour *accompagner*. Ils appelaient aussi *desultorios equos* des chevaux qui étaient dressés de façon que, courant de toute leur raideur, accouplés côté à côté l'un de l'autre, sans bride, sans sellé, les gentilshommes romains, voire tout armés, au milieu de la course se jetaient et rejetaient de l'un à l'autre. Les Numides gensdarmes [b] menaient en main un second cheval pour changer au plus chaud de la mêlée : « *quibus, desulto-rum in modum, binos trahentibus equos, inter acerrimam sæpe pugnam in recentem equum ex fesso armatis* »

a. Subjonctif. — b. Soldats.

transsultare mos erat : tanta velocitas ipsis, tamque docile equorum genus *. »

Il se trouve plusieurs chevaux dressés à secourir leur maître, courir sus à qui leur présente une épée nue, se jeter des pieds et des dents sur ceux qui les attaquent et affrontent ; mais il leur advient plus souvent de nuire aux amis qu'aux ennemis. Joint que vous ne les déprenez *a* pas à votre poste *b*, quand ils sont une fois harpés *c* ; et demeurés à la miséricorde *d* de leur combat. Il méprit *e* lourdement à Artibie, général de l'armée de Perse, combattant contre Onesile, roi de Salamis, de personne à personne, d'être monté sur un cheval façonné en cette école ; car il fut cause de sa mort, le coutillier *f* d'Onesile l'ayant accueilli d'une faux entre les deux épaules, comme il s'était cabré sur son maître [3].

Et ce que les Italiens disent qu'en la bataille de Fornoue [4] le cheval du roi le déchargea, à ruades et coups de pied, des ennemis qui le pressaient, et qu'il était perdu sans cela : ce fut un grand coup de hasard, s'il est vrai.

Les Mammeluks se vantent d'avoir les plus adroits chevaux de gendarmes du monde. Et dit-on que, par nature et par coutume, ils sont faits, par certains signes et voix, à ramasser avec les dents les lances et les dards, et à les offrir à leur maître en pleine mêlée et à connaître et discerner [5] (l'ennemi).

On dit de César, et aussi du grand Pompée [6], que, parmi leurs autres excellentes qualités, ils étaient fort bons hommes de cheval ; et de César, qu'en sa jeunesse, monté à dos sur un cheval et sans bride, il lui faisait prendre carrière, les mains tournées derrière le dos.

Comme nature a voulu faire de ce personnage et

a. Détachez. — *b.* A votre gré. — *c.* Engagés dans le combat. — *d.* A la merci. — *e.* Cela tourna mal pour... — *f.* Ecuyer armé d'un couteau.

* Tite-Live, *Histoires*, livre XXIII, chap. xxix : « A la façon de nos cavaliers sautant d'un cheval sur un autre, ils avaient coutume d'emmener chacun deux chevaux, et souvent, parmi les combats les plus acharnés, ils sautaient, armés, du cheval fatigué sur le cheval frais, si grande était leur agilité et la docilité de leurs chevaux. »

d'Alexandre deux miracles en l'art militaire, vous diriez qu'elle s'est aussi efforcée à les armer extraordinairement, car chacun sait du cheval d'Alexandre [7], Bucéphale, qu'il avait la tête retirant *a* à celle d'un taureau, qu'il ne se souffrait monter à personne qu'à son maître, ne put être dressé que par lui-même, fut honoré après sa mort, et une ville bâtie en son nom. César en avait aussi un autre qui avait les pieds de devant comme un homme, ayant l'ongle coupé en forme de doigts [8], lequel ne put être monté ni dressé que par César, qui dédia son image après sa mort à la déesse Vénus.

Je ne démonte pas volontiers quand je suis à cheval, car c'est l'assiette en laquelle je me trouve le mieux, et sain et malade [9]. Platon la recommande pour la santé [10] ; aussi dit Pline [11] qu'elle est salutaire à l'estomac et aux jointures. Poursuivons donc, puisque nous y sommes.

On lit en Xénophon [12] la loi défendant de voyager à pied à l'homme qui eût cheval. Trogus et Justinus [13] disent que les Parthes avaient accoutumé de faire à cheval non seulement la guerre, mais aussi toutes leurs affaires publiques et privées, marchander, parlementer, s'entretenir et se promener ; et que la plus notable différence des libres et des serfs parmi eux, c'est que les uns vont à cheval, les autres à pied : institution née du roi Cyrus.

Il y a plusieurs exemples en l'histoire romaine (et Suétone le remarque plus particulièrement de César [14]) des capitaines qui commandaient à leurs gens de cheval de mettre pied à terre, quand ils se trouvaient pressés de l'occasion, pour ôter aux soldats toute espérance de fuite, et pour l'avantage qu'ils espéraient en cette sorte de combat, « *quo haud dubie superat Romanus* * », dit Tite Live.

Si est-il *b* que la première provision *c* de quoi ils se

---

a. Ressemblant. — *b.* Toujours est-il. — *c.* Précaution.

* Tite-Live, *Histoires*, livre IX, chap. XXII : « C'est par là que les Romains l'emportèrent sans conteste. »

servaient à brider la rébellion des peuples de nouvelle conquête, c'était leur ôter armes et chevaux : pourtant *a* voyons-nous si souvent en César : « *arma proferri, jumenta produci, obsides dari jubet* * ». Le grand Seigneur ne permet aujourd'hui ni à Chrétien, ni à Juif d'avoir cheval à soi, à ceux qui sont sous son empire.

Nos ancêtres, et notamment du temps de la guerre des Anglais, en tous les combats solennels et journées assignées *b*, se mettaient la plupart du temps tous à pied, pour ne se fier à autre chose qu'à leur force propre et vigueur de leur courage et de leurs membres, de chose si chère que l'honneur et la vie. Vous engagez, quoi que die Chrysantès en Xénophon [15], votre valeur et votre fortune à celle de votre cheval ; ses plaies et sa mort tirent la vôtre en conséquence ; son effroi ou sa fougue vous rendent ou téméraire ou lâche ; s'il a faute de bouche ou d'éperon *c*, c'est à votre honneur à en répondre. A cette cause, je ne trouve pas étrange que ces combats-là fussent plus fermes et plus furieux que ceux qui se font à cheval.

> *Cedebant pariter, pariterque ruebant*
> *Victores victique, neque his fuga nota neque illis* **.

Leurs batailles se voient bien mieux contestées ; ce ne sont asteure *d* que routes *e* : « *primus clamor atque impetus rem decernit* ***. » Et chose que nous appelons à la société d'un si grand hasard doit être en notre puissance le plus qu'il se peut. Comme je conseillerais de choisir les armes les plus courtes, et celles de quoi nous nous pouvons le mieux répondre. Il est bien plus apparent de s'assurer d'une épée que nous tenons au poing, que

---

a. C'est pourquoi. — *b*. Batailles rangées. — *c*. S'il obéit mal au mors ou à l'éperon. — *d*. Maintenant. — *e*. Déroutes.

* César, *De Bello Gallico*, livre VII, chap. xi : « Il ordonne de livrer les armes, les chevaux, des otages. »

** Virgile, *Enéide*, chant X : « Ils reculaient en même temps ; en même temps ils chargeaient, vainqueurs et vaincus ; ni les uns ni les autres ne savaient fuir. »

*** Tite-Live, *Histoires*, livre XXV, chap. xli : « Les premiers cris de guerre, la première charge décident du combat. »

du boulet qui échappe de notre pistolet, en lequel il y a plusieurs pièces, la poudre, la pierre, le rouet, desquelles la moindre qui viendra à faillir vous fera faillir votre fortune.

On assène peu sûrement le coup que l'air vous conduit,

Et quo ferre velint permittere vulnera ventis :
Ensis habet vires, et gens quæcumque virorum est,
*Bella gerit gladiis ***.

Mais, quant à cette arme-là, j'en parlerai plus amplement [16] où je ferai comparaison des armes anciennes aux nôtres ; et, sauf l'étonnement^c des oreilles, à quoi désormais chacun est apprivoisé, je crois que c'est une arme de fort peu d'effet, et espère que nous en quitterons un jour l'usage.

Celle de quoi les Italiens se servaient, de jet et à feu, était plus effroyable. Ils nommaient Phalarica une certaine espèce de javeline, armée par le bout d'un fer de trois pieds, afin qu'il pût percer d'outre en outre un homme armé ; et se lançait tantôt de la main en la campagne, tantôt à tout^d des engins pour défendre les lieux assiégés ; la hampe, revêtue d'étoupe empoissée et huilée, s'enflammait de sa course ; et, s'attachant au corps ou au bouclier, ôtait tout usage d'armes et de membres. Toutefois il me semble que, pour venir au joindre^e, elle portât aussi empêchement à l'assaillant, et que le champ, jonché de ces tronçons brûlants, produisît en la mêlée une commune incommodité,

magnum stridens contorta phalarica venit
*Fulminis acta modo ***.

---

a. Assourdissement. — *b.* Avec. — *c.* Aux prises.
* Lucain, *Pharsale*, chant VIII : « Lorsqu'on abandonne au vent la direction des coups : c'est l'épée qui est la force du soldat : toutes les nations guerrières combattent avec l'épée. »
** Virgile, *Enéides*, chant IX : « Avec un sifflement puissant, la phalarique s'abat comme la foudre. » La *phalarique* est un javelot lourd muni d'une courroie.

Ils avaient d'autres moyens, à quoi l'usage les adressait *ᵃ*, et qui nous semblent incroyables par inexpérience, par où ils suppléaient au défaut *ᵇ* de notre poudre et de nos boulets. Ils dardaient leurs piles *ᶜ* de telle roideur que souvent ils en enfilaient deux boucliers et deux hommes armés, et les cousaient. Les coups de leurs frondes n'étaient pas moins certains et lointains : « *saxis globosis funda mare apertum incessentes : coronas modici circuli, magno ex intervallo loci, assueti trajicere : non capita modo hostium vulnerabant, sed quem locum destinassent* * ». Leurs pièces de batterie représentaient, comme l'effet, aussi le tintamarre des nôtres : « *ad ictus mœnium cum terribili sonitu editos pavor et trepidatio cepit* **. » Les Gaulois nos cousins, en Asie, haïssaient ces armes traîtresses et volantes, duits *ᵈ* à combattre main à main avec plus de courage. « *Non tam patentibus plagis moventur : ubi latior quam altior plaga est, etiam gloriosius se pugnare putant : idem, cum aculeus sagittæ aut glandis abditæ introrsus tenui vulnere in speciem urit, tum, in rabiem et pudorem tam parvæ perimentis pestis versi, prosternunt corpora humi* *** » : peinture bien voisine d'une arquebusade.

Les dix mille Grecs, en leur longue et fameuse retraite, rencontrèrent une nation qui les endommagea merveilleusement à coups de grands arcs et forts et des sagettes *ᵉ*

a. Exerçait. — b. Absence. — c. Javelots (*pila*). — d. Habitués. — e. Flèches.

* Tite-Live, *Histoires,* livre XXXVIII, chap. XXIX : « Entraînés à lancer sur la mer des cailloux ronds avec la fronde et à traverser de loin des cercles étroits, non seulement ils blessaient l'adversaire à la tête, mais ils touchaient l'endroit visé. »

** Tite-Live, *Histoires,* livre XXXVIII, chap. V : « Aux coups qui frappaient les remparts avec un bruit terrible, la panique et l'affolement s'emparèrent des assiégés. »

*** Tite-Live, livre XXXVIII, chap. XXI : « Ils ne sont pas ébranlés par les plaies béantes : lorsque la blessure est plus large que profonde, ils s'en font gloire, mais si la pointe d'une flèche ou la balle d'une fronde les brûle à l'intérieur en ne laissant qu'une trace légère en apparence, alors la rage et la honte de mourir pour une si petite blessure les saisit et ils se roulent à terre. »

si longues qu'à les reprendre à la main on les pouvait rejeter à la mode d'un dard, et perçaient de part en part le bouclier et un homme armé [17]. Les engins que Denys inventa à Syracuse à tirer gros traits massifs et des pierres d'horrible grandeur, d'une si longue volée et impétuosité, représentaient de bien près nos inventions [18].

Encore ne faut-il pas oublier la plaisante assiette qu'avait, sur sa mule, un maître Pierre Pol, docteur en théologie, que Monstrelet [19] récite ª avoir accoutumé se promener par la ville de Paris, assis de côté, comme les femmes. Il dit aussi ailleurs [20] que les Gascons avaient des chevaux terribles, accoutumés de virer en courant, de quoi les Français, Picards, Flamands et Brabançons faisaient grand miracle, « pour n'avoir accoutumé de le voir », ce sont ses mots [21]. César, parlant de ceux de Suède [22] : « Aux rencontres qui se font à cheval, dit-il, ils se jettent souvent à terre pour combattre à pied, ayant accoutumé leurs chevaux de ne bouger cependant de la place, auxquels ils recourent promptement, s'il en est besoin ; et, selon leur coutume, il n'est rien si vilain et si lâche que d'user de selles et bardelles ᵇ, et méprisent ceux qui en usent, de manière que, fort peu en nombre, ils ne craignent pas d'en assaillir plusieurs. »

Ce que j'ai admiré autrefois [23], de voir un cheval dressé à se manier à toutes mains avec une baguette, la bride avallée ᶜ sur ses oreilles, était ordinaire aux Massiliens, qui se servaient de leurs chevaux sans selle et sans bride.

Et gens quæ nudo residens Massilia dorso
Ora levi flectit, frænorum nescia, virga *.
Et Numidæ infræni cingunt ** :

---

a. Rapporte. — *b.* Couvertures. — *c.* Tombant.
* Lucain, *Pharsale*, chant IV : « La nation massilienne monte à nu les chevaux, ignore le frein et les dirige avec une petite baguette. »
** Virgile, *Enéide*, chant IV : « Les Numides montent sans frein. »

« *equi sine frenis, deformis ipse cursus, rigida cervice
et extenso capite currentium* *,

Le roi Alphonse [24], celui qui dressa en Espagne l'ordre
des chevaliers de la Bande ou de l'Echarpe, leur donna,
entre autres règles, de ne monter ni mule, ni mulet, sur
peine d'un marc d'argent d'amende, comme je viens
d'apprendre dans les lettres de Guevara, desquelles
ceux qui les ont appelées *dorées*, faisaient jugement
bien autre que celui que j'en fais.

Le *Courtisan* [25] dit qu'avant son temps, c'était reproche à un gentilhomme d'en chevaucher (les Abyssins, à
mesure qu'ils sont plus grands et plus avancés près le
Prêtre-Jean [26], leur maître, affectent [a] au rebours des
mules à monter par honneur) ; Xénophon, que les Assy-
riens tenaient leurs chevaux toujours entravés au logis,
tant ils étaient fâcheux et farouches, et qu'il fallait
tant de temps à les détacher et harnacher que, pour
que cette longueur à la guerre ne leur apportât dommage, s'ils venaient à être en dessoude [b] surpris par les
ennemis, ils ne logeaient jamais en camp qui ne fût
fossoyé et remparé [27].

Son Cyrus, si grand maître au fait de chevalerie,
mettait les chevaux de son écot [28], et ne leur faisait
bailler à manger qu'ils ne l'eussent gagné par la sueur
de quelque exercice.

Les Scythes, où la nécessité les pressait en la guerre,
tiraient du sang de leurs chevaux, et s'en abreuvaient
et nourrissaient,

> *Venit et epoto Sarmata pastus equo* **.

Ceux de Crète [29], assiégés par Métellus, se trouvèrent
en telle disette de tout autre breuvage qu'ils eurent à se
servir de l'urine de leurs chevaux.

Pour vérifier combien les armées turquesques se

---

a. Recherchent. — b. A l'improviste.
* Tite-Live, *Histoires*, livre XXXV, chap. XI : « Leurs chevaux
sont sans frein, leur allure est laide, le cou raide et la tête en avant. »
** Martial, *Spectacula*, chant III : « Survient aussi le Sarmate qui
se nourrit du sang de son cheval. »

conduisent et maintenant à meilleure raison que les nôtres, ils disent qu'outre ce que les soldats ne boivent que de l'eau et ne mangent que riz et de la chair salée mise en poudre, de quoi chacun porte aisément sur soi provision pour un mois, ils savent aussi vivre du sang de leurs chevaux, comme les Tartares et Moscovites, et le salent [30].

Ces nouveaux peuples des Indes, quand les Espagnols y arrivèrent, estimèrent, tant des hommes que des chevaux, que ce fussent ou dieux ou animaux, en noblesse au-dessus de leur nature. Aucuns, après avoir été vaincus, venant demander paix et pardon aux hommes, et leur apporter de l'or et des viandes, ne faillirent d'en aller autant offrir aux chevaux, avec une toute pareille harangue à celle des hommes, prenant leur hennissement pour langage de composition et de trêve [31].

Aux Indes de deçà [32], c'était anciennement le principal et royal honneur de chevaucher un éléphant, le second d'aller en coche, traîné à quatre chevaux, le tiers de monter un chameau, le dernier et plus vil degré d'être porté ou charrié par un cheval seul.

Quelqu'un de notre temps écrit avoir vu, en ce climat-là, des pays où l'on chevauche les bœufs avec bastines [a], étriers et brides, et s'être bien trouvé de leur porture.

Quintus Fabius Maximus Rutilianus, contre les Samnites, voyant que ses gens de cheval à trois ou quatre charges avaient failli [b] d'enfoncer le bataillon des ennemis, prit ce conseil qu'ils débridassent leurs chevaux et brechassent [c] à toute force des éperons, si que [d], rien ne les pouvant arrêter, au travers des armes et des hommes renversés, ouvrirent le pas à leurs gens de pied, qui parfirent une très sanglante défaite [33].

Autant en commanda Quintus Fulvius Flaccus contre les Celtibériens : « *Id cum majore vi equorum facietis, si effrenatos in hostes equos immittitis ; quod sæpe roma-*

---

a. Petits bâts. — *b.* N'avaient pas réussi à... — *c.* Eperonner. — *d.* Si bien que.

*nos equites cum laude fecisse sua, memoriæ proditum
est. Detractisque frenis, bis ultro citroque cum magna
strage hostium, infractis omnibus hastis, transcurre-
runt* *. »

Le duc de Moscovie devait anciennement cette révérence *a* aux Tartares, quand ils envoyaient vers lui des
ambassadeurs, qu'il leur allait au-devant à pied et leur
présentait un gobeau *b* de lait de jument (breuvage qui
leur est en délices), et si, en buvant, quelque goutte en
tombait sur le crin de leurs chevaux, il était tenu de la
lécher avec la langue [34]. En Russie, l'armée que l'empereur Bajazet y avait envoyée, fut accablée d'un si horrible ravage de neiges que, pour s'en mettre à couvert et
sauver du froid, plusieurs s'avisèrent de tuer et éventrer
leurs chevaux, pour se jeter dedans et jouir de cette
chaleur vitale.

Bajazet [35], après cet âpre estour *c* où il fut rompu par
Tamerlan, se sauvait belle erre *d* sur une jument arabesque, s'il n'eût été contraint de la laisser boire son saoul
au passage d'un ruisseau, ce qui la rendit si flasque et
refroidie, qu'il fut bien aisément après acconsuivi *e* par
ceux qui le poursuivaient. On dit bien qu'on les lâche,
les laissant pisser ; mais le boire, j'eusse plutôt estimé
qu'il l'eût rafraîchie et renforcée.

Crésus [36], passant le long de la ville de Sardis, y trouva
des pâtis où il y avait grande quantité de serpents, desquels les chevaux de son armée mangeaient de bon
appétit qui fut un mauvais prodige à ses affaires, dit
Hérodote [37].

Nous appelons un cheval entier qui a crin et oreille ;
et ne passent les autres *f* à la montre. Les Lacédémo-

---

a. Marque de respect. — *b.* Gobelet. — *c.* Combat. — *d.* A toute
vitesse. — *e.* Rejoint. — *f.* Les autres chevaux ne sont pas admis
à la revue.

* Tite-Live, *Histoires*, livre XL, chap. XL : « Vous rendrez le
choc des chevaux plus violent si vous les lancez débridés contre
l'ennemi ; ce que les cavaliers ont fait souvent à leur gloire, selon
la tradition. Ayant retiré les brides, ils traversèrent deux fois de
suite les lignes en faisant un grand carnage d'ennemis et en brisant
toutes les lances. »

niens, ayant défait les Athéniens en la Sicile, retournant
de la victoire en pompe en la ville de Syracuse, entre
autres bravades firent tondre les chevaux vaincus et les
menèrent ainsi en triomphe [38]. Alexandre combattit une
nation Dahas ; ils allaient deux à deux armés à cheval
à la guerre ; mais, en la mêlée, l'un descendait à terre ;
et combattaient ores [a] à pied, ores à cheval, l'un après
l'autre [39].

Je n'estime point qu'en suffisance et en grâce à cheval,
nulle nation nous emporte. Bon homme de cheval, à
l'usage de notre parler, semble plus regarder au courage qu'à l'adresse. Le plus savant, le plus sûr et mieux
avenant à mener un cheval à raison que j'aie connu,
fut à mon gré le sieur de Carnavalet [40], qui en servait
notre roi Henri second. J'ai vu homme donner carrière
à deux pieds sur sa selle, démonter sa selle, et, au retour,
la relever, réaccommoder et s'y rasseoir, fuyant toujours
à bride avalée [b] ; ayant passé par-dessus un bonnet,
y tirer par-derrière des bons coups de son arc ; amasser
ce qu'il voulait, se jetant d'un pied à terre, tenant l'autre
en étrier ; et autres pareilles singeries, de quoi il vivait.
On a vu [41] de mon temps, à Constantinople, deux hommes sur un cheval, lesquels, en sa plus roide course, se
rejetaient à tours [c] à terre et puis sur la selle. Et un qui
seulement des dents, bridait et harnachait son cheval.
Un autre qui, entre deux chevaux, un pied sur une selle,
l'autre sur l'autre, portant un second sur ses bras, cou-
rait à toute bride ; ce second, tout debout sur lui, tirant
en la course des coups bien certains de son arc. Plusieurs qui, les jambes contremont [d], couraient la tête
plantée sur leurs selles, entre les pointes des cimeterres
attachés au harnais. En mon enfance, le prince de Sulmone [42], à Naples, maniant un rude cheval de toute sorte
de maniements, tenait sous ses genoux et sous ses
orteils des reales [43] comme si elles y eussent été clouées,
pour montrer la fermeté de son assiette.

---

a. Tantôt... Tantôt. — *b.* A bride abattue. — *c.* Tour à tour. —
d. En l'air.

CHAPITRE XLIX

DES COUTUMES
ANCIENNES

J'EXCUSERAIS volontiers en notre peuple de n'avoir autre patron et règle de perfection que ses propres mœurs et usances; car c'est un commun vice, non du vulgaire seulement, mais quasi de tous hommes, d'avoir leur visée et leur arrêt [1] sur le train auquel ils sont nés. Je suis content, quand il verra Fabricius ou Lælius, qu'il leur trouve la contenance et le port barbare, puisqu'ils ne sont ni vêtus ni façonnés à notre mode. Mais je me plains de sa particulière indiscrétion [a], de se laisser si fort piper et aveugler à l'autorité de l'usage présent, qu'il soit capable de changer d'opinion et d'avis tous les mois, s'il plaît à la coutume, et qu'il juge si diversement de soi-même. Quand il portait le busc de son pourpoint entre les mamelles, il maintenait par vives raisons qu'il était en son vrai lieu; quelques années après, le voilà avalé [b] jusques entre les cuisses : il se moque de son autre usage, le trouve inepte et insupportable. La façon de se vêtir présente lui fait incontinent condamner l'ancienne, d'une résolution si grande et d'un consentement si universel, que vous diriez que c'est une espèce

a. Manque de discernement. — b. Descendu.

de manie qui lui tourneboule ainsi l'entendement. Par ce que notre changement est si subit et si prompt en cela, que l'invention de tous les tailleurs du monde ne saurait fournir assez de nouvelletés, il est force que bien souvent les formes méprisées reviennent en crédit, et celles-là mêmes tombent en mépris tantôt après ; et qu'un même jugement prenne, en l'espace de quinze ou vingt ans, deux ou trois, non diverses seulement, mais contraires opinions, d'une inconstance et légèreté incroyable. Il n'y a si fin d'entre nous qui ne se laisse embabouiner de cette contradiction et éblouir tant les yeux internes que les externes insensiblement [2].

Je veux ici entasser aucunes façons anciennes que j'ai en mémoire, les unes de même les nôtres, les autres différentes, afin qu'ayant en l'imagination cette continuelle variation des choses humaines, nous en ayons le jugement plus éclairci et plus ferme.

Ce que nous disons de combattre à l'épée et la cape, il s'usait [a] encore entre les Romains, ce dit César : « *Sinistris sagos involvunt, gladiosque distringunt* [*]. » Et remarque dès lors en notre nation ce vice [3], qui y est encore, d'arrêter les passants que nous rencontrons en chemin, et de les forcer de nous dire qui ils sont, et de recevoir à injure et occasion de querelle, s'ils refusent de nous répondre.

Aux bains, que les Anciens prenaient tous les jours avant le repas, et les prenaient aussi ordinairement que nous faisons de l'eau à laver les mains, ils ne se lavaient du commencement que les bras et les jambes ; mais depuis, et d'une coutume qui a duré plusieurs siècles et en la plupart des nations du monde, ils se lavaient tout nus d'eau mixtionnée et parfumée, de manière qu'ils employaient pour témoignage de grande simplicité de se laver d'eau simple. Les plus affétés [b] et délicats se parfumaient tout le corps bien trois ou quatre fois par jour. Ils se faisaient souvent pinceter tout le poil, comme les

a. Il était en usage. — *b.* Raffinés.
* Tiré de César, *De Bello civili*, livre I, chap. LXXV : « Ils s'enveloppent la main gauche de leurs saies et tirent l'épée. »

femmes françaises ont pris en usage, depuis quelque temps, de faire leur front,

Quod pectus, quod crura tibi, quod bracha vellis *,

quoiqu'ils eussent des oignements[a] propres à cela :

Psilotro nitet, aut arida latet oblita creta **.

Ils aimaient à se coucher mollement, et allèguent, pour preuve de patience, de coucher sur le matelas. Ils mangeaient couchés sur des lits, à peu près en même assiette que les Turcs de notre temps.

Inde thoro pater Æneas sic orsus ab alto ***.

Et dit-on du jeune Caton que, depuis la bataille de Pharsale, étant entré en deuil du mauvais état des affaires publiques, il mangea toujours assis, prenant un train de vie plus austère[4]. Ils baisaient les mains aux grands pour les honorer et caresser ; et, entre les amis, ils s'entrebaisaient en se saluant comme font les Vénitiens.

Gratatusque darem cum dulcibus oscula verbis ****.

Et touchaient aux genoux pour requérir ou saluer un grand. Pasiclès le philosophe, frère de Cratès[5], au lieu de porter la main au genou, il la porta aux génitoires. Celui à qui il s'adressait l'ayant rudement repoussé : « Comment, dit-il, ceci n'est-il pas vôtre aussi bien que les genoux ? »

Ils mangeaient, comme nous, le fruit à l'issue de table. Ils se torchaient le cul (il faut laisser aux femmes cette vaine superstition des paroles) avec une éponge : voilà pourquoi *spongia* est un mot obscène en latin ; et était

---

a. Onguents.

* Martial, *Epigrammes*, livre II, LXII : « Parce que tu t'épiles la poitrine, les jambes et les bras. »

** Martial, *Epigrammes*, livre VI, XCIII : « Sa peau brille d'une pommade de vigne blanche ou d'une couche de craie sèche. »

*** Virgile, *Enéide*, chant II : « La vénérable Enée commença ainsi, de son lit élevé. »

**** Ovide, *Pontiques*, chant IV, IX : « En te félicitant, je te donnerais des baisers avec de tendres paroles. »

cette éponge attachée au bout d'un bâton, comme témoigne l'histoire de celui qu'on menait pour être présenté aux bêtes devant le peuple, qui demanda congé d'aller à ses affaires ; et, n'ayant autre moyen de se tuer, il se fourra ce bâton et éponge dans le gosier et s'en étouffa [6]. Ils s'essuyaient le catze *a* de laine parfumée, quand ils en avaient fait :

At tibi nil faciam, sed lota mentula lana *.

Il y avait aux carrefours à Rome des vaisseaux et demi-cuves pour y apprêter à pisser aux passants,

Pusi sæpe lacum propter, se ac dolia curta,
Sommo devincti credunt extollere vestem **.

Ils faisaient collation entre les repas. Et y avait en été des vendeurs de neige pour rafraîchir le vin ; et en y avait qui se servaient de neige en hiver, ne trouvant pas le vin encore lors assez froid. Les grands avaient leurs échansons et tranchants *b*, et leurs fols pour leur donner plaisir. On leur servait en hiver la viande sur des foyers qui se portaient sur la table ; et avaient des cuisines portatives, comme j'en ai vu, dans lesquelles tout leur service se traînait après eux.

Has vobis epulas habete lauti ;
Nos offendimur ambulante cena ***.

Et en été ils faisaient souvent, en leurs salles basses, couler de l'eau fraîche et claire dans des canaux, au-dessous d'eux, où il y avait force poisson en vie, que les assistants choisissaient et prenaient en la main pour le faire apprêter chacun à sa poste. Le poisson a toujours eu ce privilège, comme il a encore, que les grands se

---

a. Membre viril. — *b.* Ecuyers tranchants.
* Martial, *Epigrammes*, livre XI, LVIII : « Quant à toi, je ne te ferai rien, mais une fois ton membre lavé avec de la laine... »
** Citation de Lucrèce, *De Natura Rerum*, chant IV : « Souvent les enfants enchaînés par le sommeil pensent lever leur vêtement devant la cuve à uriner. »
*** Martial, *Epigrammes*, livre VII, XII : « Gardez ces plats pour vous, les riches ; nous n'aimons pas ces repas ambulants. »

mêlent de le savoir apprêter : aussi en est le goût beaucoup plus exquis que de la chair, au moins pour moi. Mais en toute sorte de magnificence, de débauche et d'inventions voluptueuses, de mollesse et de somptuosité, nous faisons, à la vérité, ce que nous pouvons pour les égaler, car notre volonté est bien aussi gâtée que la leur ; mais notre suffisance n'y peut arriver ; nos forces ne sont non plus capables de les joindre en ces parties-là vicieuses, qu'aux vertueuses ; car les unes et les autres partent d'une vigueur d'esprit qui était sans comparaison plus grande en eux qu'en nous ; et les âmes, à mesure qu'elles sont moins fortes, elles ont d'autant moins de moyen de faire ni fort bien, ni fort mal.

Le haut bout d'entre eux, c'était le milieu. Le devant et derrière n'avaient, en écrivant et parlant, aucune signification de grandeur, comme il se voit évidemment par leurs écrits ; ils diront *Oppius* et *César* aussi volontiers que *César* et *Oppius*, et diront *moi* et *toi* indifféremment comme *toi* et *moi*. Voilà pourquoi j'ai autrefois remarqué, en la *Vie de Flaminius* de Plutarque français [7], un endroit où il semble que l'auteur, parlant de la jalousie de gloire qui était entre les Etoliens et les Romains pour le gain d'une bataille qu'ils avaient obtenu en commun, fasse quelque poids de ce qu'aux chansons grecques on nommait les Etoliens avant les Romains, s'il n'y a de l'amphibologie aux mots français.

Les dames, étant aux étuves, y recevaient quant et quant [a] des hommes, et se servaient là-même de leurs valets à les frotter et oindre,

Inguina succinctus nigra tibi servus aluta
Stat, quoties calidis nuda foveris aquist *.

Elles se saupoudraient de quelque poudre pour réprimer les sueurs.

a. En même temps.
* Martial, *Epigrammes*, livre VII, xxxv, 2 : « Un esclave ceint d'un tablier noir au-dessus de l'aine, se tient debout, toutes les fois que, nue, tu prends un bain chaud. »

Les anciens Gaulois, dit Sidoine Apollinaire [8], portaient le poil *a* long par le devant, et le derrière de la tête tondu, qui est cette façon qui vient à être renouvelée par l'usage efféminé et lâche de ce siècle.

Les Romains payaient ce qui était dû aux bateliers pour leur naulage *b*, dès l'entrée du bateau ; ce que nous faisons après être rendus à port,

dum æs exigitur, dum mula ligatur,
Tota abit hora *.*

Les femmes couchaient au lit du côté de la ruelle : voilà pourquoi on appelait César « *spondam Regis Nicomedis* ** ».

Ils prenaient haleine en buvant. Ils baptisaient le vin,

quis puer ocius
Restinguet ardentis falerni
Pocula prœtereunte lympha ***.*

Et ces champisses *c* contenances de nos laquais y étaient aussi,

O Jane, a tergo quem nulla ciconia pinsit,
Nec manus auriculas imitata est mobilis albas,
Nec linguœ quantum sitiet canis Apula tantum ****.*

Les dames argiennes et romaines portaient le deuil blanc [9], comme les nôtres avaient accoutumé, et devaient continuer de faire, si j'en étais cru.

Mais il y a des livres entiers faits sur cet argument.

---

a. Cheveux. — *b.* Le prix du passage en bateau. — *c.* Effrontées.
* Horace, *Satires*, livre I, v : « Pendant qu'on réclame l'argent, qu'on attache la mule, l'heure entière se passe. »
** Souvenir de Suétone, *Vie de César*, chap. XLIX : « La ruelle du roi Nicomède. »
*** Horace, *Odes*, livre II : « Quel esclave va vite éteindre l'ardeur de ce Falerne avec l'eau qui coule près de nous. »
**** Perse, *Satire I* : « O Janus, toi qu'aucune cigogne n'a frappé, à qui on ne fait pas les blanches oreilles d'âne, à qui on ne tire pas une langue longue comme celle d'un chien d'Apulie assoiffé. » On se moquait en imitant le bec de la cigogne avec les doigts ; nous disons : faire les cornes.

CHAPITRE L

DE DÉMOCRITE

LE jugement est un outil à tous sujets, et se mêle partout. A cette cause, aux essais que j'en fais ici, j'y
emploie toute sorte d'occasion. Si c'est un sujet que je
n'entends point, à cela même je l'essaie, sondant le gué
de bien loin ; et puis, le trouvant trop profond pour ma
taille, je me tiens à la rive ; et cette reconnaissance de
ne pouvoir passer outre, c'est un trait de son effet, voire
de ceux de quoi il se vante le plus. Tantôt, à un sujet
vain et de néant, j'essaie voir s'il trouvera de quoi lui
donner corps et de quoi l'appuyer et étançonner. Tantôt,
je le promène à un sujet noble et tracassé *a*, auquel il
n'a rien à trouver de soi, le chemin en étant si frayé
qu'il ne peut marcher que sur la piste d'autrui. Là, il
fait son jeu à élire *b* la route qui lui semble la meilleure,
et, de mille sentiers, il dit [1] que celui-ci ou celui-là, a été
le mieux choisi. Je prends de la fortune [2] le premier
argument. Ils me sont également bons. Et ne desseigne *c*
jamais de les produire entiers. Car je ne vois le tout de
rien. Ne font pas, ceux qui promettent de nous le faire

a. Connu et traité en tous sens. — *b*. Choisir. — *c*. Je n'ai pour
dessein.

voir. De cent membres et visages, qu'a chaque chose, j'en
prends un tantôt à lécher seulement, tantôt à effleurer,
et parfois à pincer jusqu'à l'os. J'y donne une pointe, non
pas le plus largement, mais le plus profondément que
je sais. Et aime plus souvent à les saisir par quelque
lustre inusité. Je me hasarderais de traiter à fond quelque matière, si je me connaissais moins. Semant ici un
mot, ici un autre, échantillons dépris de leur pièce,
écartés sans dessein et sans promesse, je ne suis pas
tenu d'en faire bon, ni de m'y tenir moi-même, sans
varier quand il me plaît ; et me rendre au doute et
incertitude, et à ma maîtresse forme, qui est l'ignorance.

Tout mouvement nous découvre. Cette même âme de
César, qui se fait voir à ordonner et dresser la bataille
de Pharsale, elle se fait aussi voir à dresser des parties
oisives et amoureuses. On juge un cheval non seulement
à le voir manier sur une carrière, mais encore à lui
voir aller le pas, voire *a* et à le voir en repos à l'étable.

Entre les fonctions de l'âme il en est de basses ; qui
ne la voit encore par là, n'achève pas de la connaître.
Et à l'aventure la remarque-t-on mieux où elle va son
pas simple. Les vents des passions la prennent plus en
ces hautes assiettes. Joint qu'elle se couche entière sur
chaque matière, et s'y exerce entière, et n'en traite
jamais plus d'une à la fois. Et la traite non selon elle,
mais selon soi. Les choses, à part elles, ont peut-être
leurs poids et mesures et conditions ; mais au-dedans, en
nous, elle les leur taille comme elle l'entend[3]. La mort
est effroyable à Cicéron, désirable à Caton, indifférente
à Socrate. La santé, la conscience, l'autorité, la science,
la richesse, la beauté et leurs contraires se dépouillent
à l'entrée, et reçoivent de l'âme nouvelle vêture, et de
la teinture qu'il lui plaît : brune, verte, claire, obscure,
aigre, douce, profonde, superficielle et qu'il plaît à
chacune d'elles ; car elles n'ont pas vérifié en commun
leurs styles, règles et formes : chacune est reine en son
état. Par quoi ne prenons plus excuse des externes qua-

---

a. Même.

lités des choses : c'est à nous à nous en rendre compte. Notre bien et notre mal ne tient qu'à nous. Offrons-y nos offrandes et nos vœux, non pas à la fortune : elle ne peut rien sur nos mœurs. Au rebours, elles l'entraînent à leur suite et la moulent à leur forme. Pourquoi ne jugerai-je d'Alexandre à table, devisant et buvant d'autant ? Où s'il maniait des échecs, quelle corde de son esprit ne touche et n'emploie ce niais et puérile jeu ? (Je le hais et fuis, de ce qu'il n'est pas assez jeu, et qu'il nous ébat trop sérieusement, ayant honte d'y fournir l'attention qui suffirait à quelque bonne chose.) Il ne fut pas plus embesogné à dresser son glorieux passage aux Indes ; ni cet autre à dénouer un passage duquel dépend le salut du genre humain. Voyez combien notre âme grossit et épaissit cet amusement ridicule ; si tous ses nerfs ne bandent ; combien amplement elle donne à chacun loi, en cela, de se connaître et de juger droitement de soi. Je ne me vois et retâte plus universellement en nulle autre posture. Quelle passion ne nous y exerce ? la colère, le dépit, la haine, l'impatience et une véhémente ambition de vaincre, en chose en laquelle il serait plus excusable d'être ambitieux d'être vaincu. Car la précellence rare et au-dessus du commun messied à un homme d'honneur en chose frivole. Ce que je dis en cet exemple se peut dire en tous autres : chaque parcelle, chaque occupation de l'homme l'accuse et le montre également qu'une autre.

Démocrite et Héraclite ont été deux philosophes, desquels le premier, trouvant vaine et ridicule l'humaine condition, ne sortait en public qu'avec un visage moqueur et riant ; Héraclite, ayant pitié et compassion de cette même condition nôtre, en portait le visage continuellement attristé, et les yeux chargés de larmes,

alter
Ridebat, quoties a limine moverat unum
Protuleratque pedem ; flebat contrarius alter*.

* Juvénal, *Satire X* : « L'un riait dès qu'il avait mis le pied hors du seuil ; l'autre pleurait au contraire. »

J'aime mieux la première humeur, non parce qu'il est plus plaisant de rire que de pleurer, mais parce qu'elle est plus dédaigneuse, et qu'elle nous condamne plus que l'autre ; et il me semble que nous ne pouvons jamais être assez méprisés selon notre mérite. La plainte et la commisération sont mêlées à quelque estimation de la chose qu'on plaint ; les choses de quoi on se moque, on les estime sans prix. Je ne pense point qu'il y ait tant de malheur en nous comme il y a de vanité, ni tant de malice comme de sottise : nous ne sommes pas si pleins de mal comme d'inanité ; nous ne sommes pas si misérables comme nous sommes vils. Ainsi Diogène, qui baguenaudait à part soi, roulant son tonneau et hochant du nez *a* le grand Alexandre [4], nous estimant des mouches ou des vessies pleines de vent, était bien juge plus aigre et plus poignant *b* et par conséquent plus juste, à mon humeur, que Timon, celui qui fut surnommé le haïsseur des hommes. Car ce qu'on hait, on le prend à cœur. Celui-ci nous souhaitait du mal, était passionné du désir de notre ruine, fuyait notre conversation comme dangereuse, de méchants et de nature dépravée *c* ; l'autre nous estimait si peu que nous ne pourrions ni le troubler, ni l'altérer par notre contagion, nous laissait de compagnie, non pour la crainte, mais pour le dédain de notre commerce ; il ne nous estimait capables ni de bien, ni de mal faire.

De même marque fut la réponse de Statilius, auquel Brutus parla pour le joindre à la conspiration contre César [5] ; il trouva l'entreprise juste, mais il ne trouva pas les hommes dignes pour lesquels on se mit aucunement en peine ; conformément à la discipline de Hégésias qui disait le sage ne devoir rien faire que pour soi ; d'autant que seul il est digne pour qui on fasse [6] ; et à celle de Théodore, que c'est injustice que le sage se hasarde pour le bien de son pays, et qu'il mette en péril la sagesse pour des fols.

Notre propre et péculière *c* condition est autant ridicule que risible.

a. Narguant. — *b.* Piquant. — *c.* Particulière.

CHAPITRE LI

DE LA VANITÉ
DES PAROLES

Un rhétoricien [1] du temps passé disait que son métier était, de choses petites les faire paraître et trouver grandes. C'est un cordonnier qui sait faire de grands souliers à un petit pied. On lui eût fait donner le fouet en Sparte, de faire profession d'une art piperesse et mensongère. Et crois qu'Archidamus, qui en était roi, n'ouït pas sans étonnement la réponse de Thucydide, auquel il s'enquérait qui était plus fort à la lutte, ou Périclès ou lui : « Cela, fit-il, serait malaisé à vérifier ; car, quand je l'ai porté par terre en luttant, il persuade à ceux qui l'ont vu qu'il n'est pas tombé, et le gagne [2]. » Ceux qui masquent et fardent les femmes, font moins de mal ; car c'est chose de peu de perte de ne les voir pas en leur naturel, là où ceux-ci font état de tromper non pas nos yeux, mais notre jugement, et d'abâtardir et corrompre l'essence des choses. Les républiques *a* qui se sont maintenues en un état réglé et bien policé, comme la Crétense *b* ou

a. Etats. — b. Crétoise.

Lacédémonienne, elles n'ont pas fait grand compte d'orateurs.

Ariston définit sagement la rhétorique[3] : science à persuader le peuple ; Socrate, Platon[4], art de tromper et de flatter ; et ceux qui le nient en la générale description[a] le vérifient partout en leurs préceptes.

Les Mahométans en défendent l'instruction à leurs enfants, pour son inutilité[5].

Et les Athéniens, s'apercevant combien son usage, qui avait tout crédit en ville, était pernicieux, ordonnèrent que sa principale partie, qui est émouvoir les affections, en fût ôtée ensemble les exordes et pérorations.

C'est un outil inventé pour manier et agiter une tourbe et une commune déréglée, et est outil qui ne s'emploie qu'aux Etats malades, comme la médecine ; en ceux où le vulgaire, où les ignorants, où tous ont tout pu, comme celui d'Athènes, de Rhodes et de Rome, et où les choses ont été en perpétuelle tempête, là ont afflué les orateurs. Et, à la vérité, il se voit peu de personnages, en ces républiques-là, qui se soient poussés en grand crédit sans le secours de l'éloquence ; Pompée, César, Crassus, Lucullus, Lentulus, Metellus ont pris de là leur grand appui à se monter à cette grandeur d'autorité où ils sont enfin arrivés, et s'en sont aidés plus que des armes ; contre l'opinion des meilleurs temps. Car L. Volumnius, parlant en public en faveur de l'élection au consulat faite des personnes de Q. Fabius et P. Decius : « Ce sont gens nés à la guerre, grands aux effets[b], au combat du babil, rudes[c] : esprits vraiment consulaires ; les subtils, éloquents et savants sont bons pour la ville, préteurs à faire justice », dit-il[6].

L'éloquence a fleuri le plus à Rome lorsque les affaires ont été en plus mauvais état, et que l'orage des guerres civiles les agitait[7] : comme un champ libre et indompté porte les herbes plus gaillardes. Il semble par là que les polices[d] qui dépendent d'un monarque en

---

a. Définition. — *b.* Dans les actes. — *c.* Grossiers. — *d.* Gouvernements.

ont moins de besoin que les autres ; car la bêtise et facilité *a* qui se trouve en la commune, et qui la rend sujette à être maniée et contournée par les oreilles au doux son de cette harmonie, sans venir à peser et connaître la vérité des choses par la force de la raison, cette facilité, dis-je, ne se trouve pas si aisément en un seul ; et est plus aisé de le garantir par bonne institution et bon conseil de l'impression de ce poison. On n'a pas vu sortir de Macédoine, ni de Perse, aucun orateur de renom.

J'en ai dit ce mot sur le sujet d'un Italien que je viens d'entretenir, qui a servi le feu cardinal Caraffe [8] de maître d'hôtel jusques à sa mort. Je lui faisais conter de sa charge. Il m'a fait un discours de cette science de gueule avec une gravité et contenance magistrale, comme s'il m'eût parlé de quelque grand point de théologie. Il m'a déchiffré *b* une différence d'appétits : celui qu'on a à jeun, qu'on a après le second et tiers service ; les moyens tantôt de lui plaire simplement, tantôt de l'éveiller et piquer ; la police de ses sauces, premièrement en général, et puis particularisant les qualités des ingrédients et leurs effets ; les différences des salades selon leur saison, celle qui doit être réchauffée, celle qui veut être servie froide, la façon de les orner et embellir pour les rendre encore plaisantes à la vue. Après cela, il est entré sur l'ordre du service, plein de belles et importantes considérations,

nec minimo sane discrimine refert
Quo gestu lepores, et quo gallina secetur *.

Et tout cela enflé de riches et magnifiques paroles, et celles mêmes qu'on emploie à traiter du gouvernement d'un empire. Il m'est souvenu de mon homme :

Hoc salsum est, hoc adustum est, hoc lautum est
[*parum,*

a. Montaigne accorde la relative avec *facilité*, considérant sans doute que *bêtise* et *facilité* ne font qu'un. — *b.* Enuméré.
* Juvénal, *Satire V* : « Ce n'est pas une mince affaire de distinguer entre le découpage d'un lièvre et celui d'un poulet. »

Illud recte ; iterum sic memento ; sedulo
Moneo quœ possum pro mea sapientia.
Postremo, tanquam in speculum, in patinas, Demea
Inspicere jubeo, et moneo quid facto usus sit *.

Si est-ce ^a que les Grecs mêmes louèrent grandement l'ordre et la disposition que Paul-Emile observa au festin qu'il leur fit au retour de Macédoine [9], mais je ne parle point ici des effets ^b, je parle des mots.

Je ne sais s'il en advient aux autres comme à moi ; mais je ne me puis garder, quand j'ouïs nos architectes s'enfler de ces gros mots de pilastres, architraves, corniches, d'ouvrage corinthien et dorique, et semblables de leur jargon, que mon imagination ne se saisisse, incontinent, du palais d'Apolidon [10] ; et, par effet ^c, je trouve que ce sont les chétives pièces de la porte de ma cuisine.

Oyez dire métonymie, métaphore, allégorie et autres tels noms de la grammaire, semble-t-il pas qu'on signifie quelque forme de langage rare et pellegrin ^d ? Ce sont titres qui touchent le babil de votre chambrière.

C'est une piperie voisine à celle-ci, d'appeler les offices ^e de notre Etat par les titres superbes des Romains [11], encore qu'ils n'aient aucune ressemblance de charge, et encore moins d'autorité et de puissance. Et celle-ci aussi, qui servira, à mon avis, un jour de témoignage d'une singulière ineptie de notre siècle, d'employer indignement, à qui bon nous semble, les surnoms les plus glorieux de quoi l'ancienneté ait honoré un ou deux personnages en plusieurs siècles. Platon a emporté ce surnom de divin par un consentement universel, que aucun n'a essayé lui envier ; et les Italiens, qui se vantent, et avec raison, d'avoir communément l'esprit

---

a. Toujours est-il que. — *b.* Actes. — *c.* Effectivement. — *d.* Etranger. — *e.* Charges.

* Térence, *les Adelphes*, acte III, scène III : « Ceci est trop salé, ceci est brûlé, ceci est trop peu relevé ; voilà qui est à point ! Souvenez-vous de recommencer ainsi ; je les instruis soigneusement, dans la mesure de mes connaissances. Enfin, Demea, je les invite à se regarder dans la vaisselle comme dans un miroir et je les avertis de tout ce qui est de leur service. »

plus éveillé et le discours plus sain que les autres nations de leur temps, en viennent d'étrenner *ᵃ* l'Arétin ¹², auquel, sauf une façon de parler bouffie et bouillonnée de pointes, ingénieuses à la vérité, mais recherchées de loin et fantasques et outre l'éloquence enfin, telle qu'elle puisse être, je ne vois pas qu'il y ait rien au-dessus des communs auteurs de son siècle ; tant s'en faut qu'il approche de cette divinité ancienne. Et le surnom de grand, nous l'attachons à des princes qui n'ont rien au-dessus de la grandeur populaire.

a. Gratifier.

CHAPITRE LII

DE LA PARCIMONIE
DES ANCIENS

Attilius Regulius, général de l'armée romaine en
Afrique, au milieu de sa gloire et de ses victoires contre
les Carthaginois, écrivit à la chose publique qu'un valet
de labourage qu'il avait laissé seul au gouvernement de
son bien, qui était en tout sept arpents de terre, s'en
était enfui, ayant dérobé ses outils de labourage, et
demandait congé pour s'en retourner et y pourvoir, de
peur que sa femme et ses enfants n'en eussent à
souffrir ; le Sénat pourvut à commettre *a* un autre à la
conduite de ses biens, et lui fit rétablir ce qui lui avait
été dérobé, et ordonna que sa femme et enfants seraient
nourris au dépens du public [1].

Le vieux Caton, revenant d'Espagne consul, vendit
son cheval de service pour épargner l'argent qu'il eût
coûté à le ramener par mer en Italie ; et, étant au gouvernement de Sardaigne, faisait ses visitations à pied,
n'ayant avec lui autre suite qu'un officier de la chose
publique, qui lui portait sa robe, et un vase à faire des
sacrifices ; et le plus souvent il portait sa malle lui-

a. Placer.

même. Il se vantait de n'avoir jamais eu robe qui eût coûté plus de dix écus, ni avoir envoyé au marché plus de dix sols pour un jour ; et, de ses maisons aux champs, qu'il n'en avait aucune qui fût crépie et enduite par-dehors [2]. Scipion Emilien, après deux triomphes et deux consulats, alla en légation avec sept serviteurs seulement [3]. On tient qu'Homère n'en eut jamais qu'un ; Platon, trois ; Zénon, le chef de la secte stoïque, pas un [4].

Il ne fut taxé *a* que cinq sols et demi, pour un jour, à Tiberius Gracchus allant en commission pour la chose publique, étant lors le premier homme des Romains [5].

a. Alloué.

CHAPITRE LIII

D'UN MOT DE CÉSAR

Si nous nous amusions parfois à nous considérer, et
le temps que nous mettons à contrôler autrui et à connaître les choses qui sont hors de nous, que nous l'em-
ployions à nous sonder nous-mêmes, nous sentirions
aisément combien toute cette notre contexture est bâtie
de pièces faibles et défaillantes *a*. N'est-ce pas un singulier témoignage d'imperfection, ne pouvoir rasseoir
notre contentement en aucune chose, et que, par désir
même et imagination, il soit hors de notre puissance de
choisir ce qu'il nous faut ? De quoi porte bon témoignage cette grande dispute qui a toujours été entre les
philosophes pour trouver le souverain bien de l'homme,
et qui dure encore et durera éternellement, sans résolution et sans accord ;

> *dum abest quod avemus, id exuperare videtur*
> *Cetera ; post aliud cum contigit illud avemus,*
> *Et sitis æqua tenet *.*

a. Imparfaites.
* Lucrèce, *De Natura Rerum*, chant III : « Pendant qu'il est
loin, l'objet de nos désirs semble l'emporter sur tout le reste : est-il
en notre possession, nous désirons autre chose : notre soif est aussi
grande. »

Quoi que ce soit qui tombe en notre connaissance et jouissance, nous sentons qu'il ne nous satisfait pas, et allons béant après les choses à venir et inconnues, d'autant que les présentes ne nous soulent [a] point : non pas, à mon avis, qu'elles n'aient assez de quoi nous souler, mais c'est que nous les saisissons d'une prise malade et déréglée.

Nam, cum vidit hic, ad usum quæ flagitat usus,
Omnia jam ferme mortalibus esse parata,
Divitiis homines et honore et laude potentes
Affluere, atque bona natorum excellere fama,
Nec minus esse domi cuiquam tamen anxia corda,
Atque animum infestis cogi servire querelis
Intellexit ibi vitium vas efficere ipsum,
Omniaque illius vitio corrumpier intus,
Quæ collata foris et commoda quæque venirent *.

Notre appétit est irrésolu et incertain ; il ne sait rien tenir, ni rien jouir de bonne façon. L'homme, estimant que ce soit le vice de ces choses, se remplit et se plaît d'autres choses qu'il ne sait point et qu'il ne connaît point, où il applique ses désirs et ses espérances, les prend en honneur et révérence ; comme dit César, « *communi fit vitio naturæ ut invisis, latitantibus atque incognitis rebus magis confidamus, vehementiusque exterreamur* ** ».

---

a. Ne nous rassasient point.
* Lucrèce, chant VI : « Il vit qu'à peu près tout ce qui est nécessaire à la vie était à la disposition des mortels ; des hommes comblés de richesses, d'honneurs et de gloire, éminents grâce à la bonne réputation de leurs enfants, avaient cependant le cœur anxieux dans leur for intérieur ; leur âme était tyrannisée par des plaintes douloureuses. Alors il comprit que c'était le vase lui-même qui était cause du mal et que par sa faute tout ce qu'on y versait du dehors, même le plus avantageux, se corrompt à l'intérieur. »
** Citation de César, *De Bello civili*, livre II, chap. IV, dont Montaigne donnait lui-même la traduction suivante dans ses premières éditions : « Il se fait, par un vice ordinaire de nature, que nous ayons et plus de fiance et plus de crainte des choses que nous n'avons pas vues et qui sont cachées et inconnues. »

CHAPITRE LIV

DES VAINES SUBTILITÉS

IL est de ces subtilités frivoles et vaines, par le moyen desquelles les hommes cherchent quelquefois de la recommandation ; comme les poètes qui font des ouvrages entiers de vers commençant par une même lettre ; nous voyons des œufs, des boules, des ailes, des haches façonnées anciennement par les Grecs avec la mesure de leurs vers, en les allongeant ou raccourcissant, en manière qu'ils viennent à représenter telle ou telle figure. Telle était la science de celui qui s'amusa à conter en combien de sortes se pouvaient ranger les lettres de l'alphabet, et y en trouva ce nombre incroyable qui se voit dans Plutarque[1]. Je trouve bonne l'opinion de celui à qui on présenta un homme appris à jeter de la main un grain de mil avec telle industrie[a] que, sans faillir, il le passait toujours dans le trou d'une aiguille, et lui demanda-t-on après, quelque présent pour loyer[b] d'une si rare suffisance ; sur quoi il ordonna, bien plaisamment, et justement à mon avis, qu'on fit donner à cet ouvrier deux ou trois minots[2] de mil, afin qu'un si bel art ne demeurât sans exercice. C'est un témoignage merveilleux de la faiblesse de notre jugement, qu'il recommande les

_a._ Adressse. — _b._ Récompense.

choses par la rareté ou nouvelleté, ou encore par la difficulté, si la bonté et utilité n'y sont jointes.

Nous venons présentement de nous jouer chez moi à qui pourrait trouver plus de choses qui se tiennent par les deux bouts extrêmes ; comme *Sire*, c'est un titre qui se donne à la plus élevée personne de notre Etat, qui est le roi, et se donne aussi au vulgaire, comme aux marchands, et ne touche point ceux d'entre-deux. Les femmes de qualité, on les nomme dames ; les moyennes, damoiselles ; et dames encore, celles de la plus basse marche *.

Les dés qu'on étend sur les tables ne sont permis qu'aux maisons des princes et aux tavernes.

Démocrite disait que les dieux et les bêtes avaient les sentiments plus aigus que les hommes, qui sont au moyen étage [3]. Les Romains portaient même accoutrement les jours de deuil et les jours de fête. Il est certain que la peur extrême et l'extrême ardeur de courage troublent également le ventre et le lâchent.

Le sobriquet de Tremblant, duquel le XII° roi de Navarre, Sancho [4], fut surnommé, apprend que la hardiesse aussi bien que la peur font trémousser nos membres. Et celui à qui ses gens qui l'armaient, voyant frissonner la peau, s'essayaient de le rassurer en appetissant *b* le hasard auquel il s'allait présenter, leur dit : « Vous me connaissez mal. Si ma chair savait où mon courage la portera tantôt, elle s'en transirait tout à plat. »

La faiblesse qui nous vient de froideur et dégoûtement aux exercices de Vénus, elle nous vient aussi d'un appétit trop véhément et d'une chaleur déréglée. L'extrême froideur [5] et l'extrême chaleur cuisent et rôtissent. Aristote dit que les gueuses de plomb se fondent et coulent de froid et de la rigueur de l'hiver, comme d'une chaleur véhémente. Le désir et la satiété remplissent de douleur les sièges au-dessus et au-dessous de la volupté. La bêtise et la sagesse se rencontrent en

a. De la plus basse condition. — *b*. Diminuant (de *petit*).

même point de sentiment et de résolution à la souffrance des accidents humains ; les Sages gourmandent et commandent le mal, et les autres l'ignorent ; ceux-ci sont, par manière de dire, au-deçà des accidents, les autres au-delà ; lesquels, après en avoir bien pesé et considéré les qualités, les avoir mesurés et jugés tels qu'ils sont, s'élancent au-dessus par la force d'un vigoureux courage ; ils les dédaignent et foulent aux pieds. ayant une âme forte et solide, contre laquelle les traits de la fortune venant à donner, il est force qu'ils rejaillissent et s'émoussent, trouvant un corps dans lequel ils ne peuvent faire impression ; l'ordinaire et moyenne condition des hommes loge entre ces deux extrémités, qui est de ceux qui aperçoivent les maux, les sentent, et ne les peuvent supporter. L'enfance et la décrépitude se rencontrent en imbécillité*a* de cerveau ; l'avarice et la profusion, en pareil désir d'attirer et d'acquérir.

Il se peut dire, avec apparence, qu'il y a ignorance abécédaire, qui va devant la science ; une autre, doctorale, qui vient après la science : ignorance que la science fait et engendre, tout ainsi comme elle défait et détruit la première.

Des esprits simples, moins curieux et moins instruits, il s'en fait de bons chrétiens qui, par révérence*b* et obéissance, croient simplement et se maintiennent sous les lois. En la moyenne vigueur des esprits et moyenne capacité s'engendre l'erreur des opinions ; ils suivent l'apparence du premier sens, et ont quelque titre d'interpréter à simplicité et bêtise de nous voir arrêter en l'ancien train, regardant à nous qui n'y sommes pas instruits par étude. Les grands esprits, plus rassis et clairvoyants, font un autre genre de bien croyants ; lesquels, par longue et religieuse investigation, pénètrent une plus profonde et abstruse lumière ès écritures, et sentent le mystérieux et divin secret de notre police*c* ecclésiastique. Pourtant en voyons-nous aucuns être arrivés à ce dernier étage par le second, avec merveilleux fruit et confirmation, comme à l'extrême limite de la

a. Faiblesse. — *b.* Respect. — *c.* Organisation.

chrétienne intelligence, et jouir de leur victoire avec
consolation, action de grâces, réformation de mœurs
et grande modestie. Et en ce rang n'entends-je pas loger
ces autres qui, pour se purger du soupçon de leur
erreur passée et pour nous assurer d'eux, se rendent
extrêmes, indiscrets et injustes à la conduite de notre
cause, et la tachent d'infinis reproches de violence.

Les paysans simples sont honnêtes gens, et honnêtes
gens les philosophes, ou, selon notre temps, des natures
fortes et claires, enrichies d'une large instruction de
sciences utiles. Les métis ^a qui ont dédaigné le premier
siège d'ignorance de lettres, et n'ont pu joindre l'autre
(le cul entre deux selles, desquels je suis, et tant
d'autres), sont dangereux, ineptes ^b, importuns ; ceux-ci
troublent le monde. Pourtant ^c, de ma part, je me
recule tant que je puis dans le premier et naturel siège,
d'où je me suis pour néant essayé de partir.

La poésie populaire et purement naturelle a des
naïvetés et grâces par où elle se compare à la principale beauté de la poésie parfaite selon l'art ; comme il
se voit ès villanelles de Gascogne ⁶ et aux chansons
qu'on nous rapporte des nations qui n'ont connaissance
d'aucune science, ni même d'écriture. La poésie médio-
cre qui s'arrête entre deux, est dédaignée, sans honneur et sans prix.

Mais parce que, après que le pas a été ouvert à
l'esprit, j'ai trouvé, comme il advient ordinairement,
que nous avions pris pour un exercice malaisé et d'un
rare sujet ce qui ne l'est aucunement ; et qu'après que
notre invention a été échauffée, elle découvre un nombre infini de pareils exemples, je n'en ajouterai que
celui-ci ; que si ces essais étaient dignes qu'on en jugeât,
il en pourrait advenir, à mon avis, qu'ils ne plairaient
guère aux esprits communs et vulgaires, ni guère aux
singuliers et excellents ; ceux-là n'y entendraient pas
assez, ceux-ci y entendraient trop ; ils pourraient vivo-
ter en la moyenne région ⁷.

a. Ceux qui sont entre les deux extrêmes. — *b.* Incapables. —
c. C'est pourquoi.

CHAPITRE LV

DES SENTEURS

Il se dit d'aucuns, comme d'Alexandre le Grand, que leur sueur épandait une odeur suave, par quelque rare et extraordinaire complexion ; de quoi Plutarque [1] et autres recherchent la cause. Mais la commune façon des corps est au contraire ; et la meilleure condition qu'ils aient, c'est d'être exempts de senteur. La douceur même des haleines plus pures n'a rien de plus excellent que d'être sans aucune odeur qui nous offense, comme sont celles des enfants bien sains. Voilà pourquoi, dit Plaute,

Mulier tum bene olet, ubi nihil olet * :

la plus parfaite senteur d'une femme, c'est ne sentir à rien, comme on dit que la meilleure odeur de ses actions c'est qu'elles soient insensibles et sourdes. Et les bonnes senteurs étrangères, on a raison de les tenir pour suspectes à ceux qui s'en servent, et d'estimer qu'elles soient employées pour couvrir quelque défaut naturel de ce côté-là. D'où naissent ces rencontres [a] des poètes anciens : c'est puer que de sentir bon,

a. Jeux de mots.
* Plaute, *Mostellaria*, acte I, scène III.

Rides nos, Coracine, nil olentes,
Malo quam bene olere, nil olere *.

Et ailleurs :

Posthume, non bene olet, qui bene semper olet **.

J'aime pourtant bien fort à être entretenu de bonnes senteurs, et hais outre mesure les mauvaises, que je tire de plus loin que tout autre :

Namque sagacius unus odoror,
Polypus, an gravis hirsutis cubet hircus in alis,
Quam canis acer ubi lateat sus ***.

Les senteurs plus simples et naturelles me semblent plus agréables. Et touche ce soin principalement les dames. En la plus épaisse barbarie, les femmes scythes, après s'être lavées, se saupoudrent et encroûtent tout le corps et le visage de certaine drogue qui naît en leur terroir, odoriférante ; et, pour approcher les hommes, ayant ôté ce fard, elles s'en trouvent et polies et parfumées.

Quelque odeur que ce soit, c'est merveille combien elle s'attache à moi et combien j'ai la peau propre à s'en abreuver. Celui qui se plaint de nature, de quoi elle a laissé l'homme sans instrument à porter les senteurs au nez, a tort ; car elles se portent elles-mêmes. Mais à moi particulièrement, les moustaches, que j'ai pleines, m'en servent. Si j'en approche mes gants ou mon mouchoir, l'odeur y tiendra tout un jour. Elles accusent le lieu d'où je viens. Les étroits baisers de la jeunesse, savoureux, gloutons et gluants, s'y collaient autrefois, et s'y tenaient plusieurs heures après. Et si pourtant, je me trouve peu sujet aux maladies popu-

---

* Martial, *Epigrammes*, livre VI, LV : « Tu ris de nous, Coracinus, parce que nous ne sentons rien : j'aime mieux ne rien sentir que sentir bon. »
** Martial, *Epigrammes*, livre II, XII : « Posthumus, il ne sent pas bon, celui qui toujours sent bon. »
*** Horace, Epode XII : « Je dépiste un polype ou la pesante odeur de bouc des aisselles velues plus sûrement qu'un chien de chasse ne découvre la retraite d'un sanglier. »

laires, qui se chargent par la conversation[a] et qui naissent de la contagion de l'air ; et me suis sauvé de celles de mon temps, de quoi il y en a eu plusieurs sortes en nos villes et en nos armées. On lit de Socrate[2] que, n'étant jamais parti d'Athènes pendant plusieurs rechutes de peste qui la tourmentèrent tant de fois, lui seul ne s'en trouva jamais plus mal. Les médecins pourraient, crois-je, tirer des odeurs plus d'usage qu'ils ne font ; car j'ai souvent aperçu qu'elles me changent, et agissent en mes esprits selon qu'elles sont ; qui me fait approuver ce qu'on dit, que l'invention des encens et parfums aux Eglises, si anciennes et épandues en toutes nations et religions, regarde à cela de nous réjouir, éveiller et purifier le sens pour nous rendre plus propres à la contemplation.

Je voudrais bien, pour en juger, avoir eu ma part de l'art de ces cuisiniers qui savent assaisonner les odeurs étrangères avec la saveur des viandes comme singulièrement on remarqua au service de ce roi de Thunes[3], qui, de notre âge, prit terre à Naples pour s'aboucher avec l'empereur Charles. On farcissait ses viandes de drogues odoriférantes, de telle somptuosité qu'un paon et deux faisans revenaient à cent ducats, pour les apprêter selon leur manière ; et quand on les dépeçait, remplissaient non seulement la salle, mais toutes les chambres de son palais, et jusques aux maisons du voisinage, d'une très suave vapeur qui ne se perdait pas si tôt.

Le principal soin que j'aie à me loger, c'est de fuir l'air puant et pesant. Ces belles villes, Venise et Paris, altèrent la faveur que je leur porte, par l'aigre senteur, l'une de son marais, l'autre de sa boue.

a. Fréquentation.

CHAPITRE LVI

DES PRIÈRES

Je propose des fantaisies informes et irrésolues [1], comme font ceux qui publient des questions douteuses à débattre aux écoles ; non pour établir la vérité, mais pour la chercher. Et les soumets au jugement de ceux à qui il touche de régler non seulement mes actions et mes écrits, mais encore mes pensées. Egalement m'en sera acceptable [a] et utile la condamnation comme l'approbation, tenant pour exécrable s'il se trouve chose dite par moi ignoramment ou inadvertament contre les saintes prescriptions de l'Eglise catholique, apostolique et romaine, en laquelle je meurs et en laquelle je suis né. Et pourtant [b], me remettant toujours à l'autorité de leur censure, qui peut tout sur moi, je me mêle ainsi témérairement à toute sorte de propos, comme ici.

Je ne sais si je me trompe, mais, puisque, par une faveur particulière de la bonté divine, certaine façon de prière nous a été prescrite et dictée mot à mot par la bouche de Dieu, il m'a toujours semblé que nous en devions avoir l'usage plus ordinaire que nous n'avons. Et, si j'en étais cru, à l'entrée et à l'issue de nos tables,

---

a. Agréable. — *b.* Et c'est pourquoi.

à notre lever et coucher, et à toutes actions particulières auxquelles on a accoutumé de mêler des prières, je voudrais que ce fût le patenôtre que les chrétiens y employassent, sinon seulement, au moins toujours. L'Eglise peut étendre et diversifier les prières selon le besoin de notre instruction, car je sais bien que c'est toujours même substance et même chose. Mais on devrait donner à celle-là ce privilège, que le peuple l'eût continuellement en la bouche : car il est certain qu'elle dit tout ce qu'il faut, et qu'elle est très propre à toutes occasions. C'est l'unique prière de quoi je me sers partout, et la répète au lieu d'en changer.

D'où il advient que je n'en ai aussi bien en mémoire que celle-là.

J'avais présentement en la pensée d'où nous venait cette erreur de recourir à Dieu en tous nos desseins et entreprises, et l'appeler à toute sorte de besoin et en quelque lieu que notre faiblesse veuille de l'aide, sans considérer si l'occasion est juste ou injuste ; et d'écrier[a] son nom et sa puissance, en quelque état et action que nous soyons, pour vicieuse qu'elle soit.

Il est bien notre seul et unique protecteur, et peut toutes choses à nous aider ; mais, encore qu'il daigne nous honorer de cette douce alliance paternelle, il est pourtant autant juste comme il est bon et comme il est puissant. Mais il use bien plus souvent de sa justice que de son pouvoir, et nous favorise selon la raison de sa justice, non selon nos demandes.

Platon, en ses *Lois*, fait trois sortes d'injurieuse créance des Dieux : Qu'il n'y en ait point ; qu'ils ne se mêlent pas de nos affaires ; qu'ils ne refusent rien à nos vœux, offrandes et sacrifices. La première erreur, selon son avis, ne dura jamais immuable en homme depuis son enfance jusques à sa vieillesse. Les deux suivantes peuvent souffrir de la constance[b].

Sa justice et sa puissance sont inséparables. Pour néant implorons-nous sa force en une mauvaise cause. Il

---

a. Invoquer. — b. Peuvent durer constamment.

faut avoir l'âme nette, au moins en ce moment auquel nous le prions, et déchargée de passions vicieuses ; autrement nous lui présentons nous-mêmes les verges de quoi nous châtier. Au lieu de rhabiller *a* notre faute, nous la redoublons, présentant à celui à qui nous avons demander pardon une affection pleine d'irrévérence et de haine. Voilà pourquoi je ne loue pas volontiers ceux que je vois prier Dieu plus souvent et plus ordinairement, si les actions voisines de la prière ne me témoignent quelque amendement et réformation,

si, nocturnus adulter,
Tempora Sanctonico velas adoperta cucullo *.

Et l'assiette *b* d'un homme, mêlant à une vie exécrable la dévotion, semble être aucunement plus condamnable que celle d'une homme conforme à soi, et dissolu partout. Pourtant refuse notre Eglise tous les jours la faveur de son entrée et société aux mœurs obstinées à quelque insigne malice.

Nous prions par usage et par coutume, ou, pour mieux dire, nous lisons ou prononçons nos prières. Ce n'est en fin que mine.

Et me déplaît de voir faire trois signes de croix au *benedicite*, autant à *grâces* (et plus m'en déplaît-il de ce que c'est un signe que j'ai en révérence et continuel usage, mêmement au bâiller), et cependant, toutes les autres heures du jour, les voir occupées à la haine, l'avarice, l'injustice[2]. Aux vices, leur heure, son heure à Dieu comme par compensation et composition. C'est miracle de voir continuer des actions si diverses d'une si pareille teneur qu'il ne s'y sente point d'interruption et d'altération aux confins mêmes et passage de l'une à l'autre.

Quelle prodigieuse conscience se peut donner repos, nourrissant en même gîte, d'une société si accordante et si paisible, le crime et le juge ? Un homme de qui la

---

a. Réparer. — *b.* Situation.
* Juvénal, *Satire* VIII : « Si, adultère nocturne, tu te couvres la tête avec une cape gauloise. »

paillardise sans cesse régente la tête, et qui la juge très
odieuse à la vue divine, que dit-il à Dieu, quand il lui
en parle ? Il se ramène *, mais soudain il rechoit. Si
l'objet de la divine justice et sa présence frappaient
comme il dit, et châtiaient son âme, pour courte qu'en
fût la pénitence, la crainte même y rejetterait si
souvent sa pensée, qu'incontinent il se verrait maître
de ces vices qui sont habitués et acharnés en lui. Mais
quoi ! ceux qui couchent une vie entière sur le fruit et
émolument du péché qu'ils savent mortel ? Combien
avons-nous de métiers et vacations * reçues, de quoi
l'essence est vicieuse ! Et celui qui, se confessant à moi,
me récitait * avoir tout un âge fait profession et les
effets * d'une religion damnable selon lui, et contradic-
toire à celle qu'il avait en son cœur, pour ne perdre
son crédit et l'honneur de ses charges [3], comment
patissait-il * ce discours en son courage *? De quel
langage entretiennent-ils sur ce sujet la justice divine ?
Leur repentance consistant en visible et maniable répa-
ration, ils perdent et envers Dieu et envers nous le
moyen de l'alléguer. Sont-ils si hardis de demander
pardon sans satisfaction et sans repentance ? Je tiens
que de ces premiers il en va comme de ceux-ci ; mais
l'obstination n'y est pas si aisée à convaincre. Cette
contrariété * et volubilité d'opinion si soudaine, si violente, qu'ils nous feignent, sent pour moi au miracle.
Ils nous représentent l'état d'une indigestible agonie *.
Que l'imagination me semblait fantastique, de ceux
qui, ces années passées, avaient en usage de reprocher
à tout chacun en qui il reluisait quelque clarté d'esprit,
professant la religion catholique, que c'était à feinte,
et tenaient même, pour lui faire honneur, quoi qu'il
dît par apparence, qu'il ne pouvait faillir au-dedans
d'avoir sa créance réformée à leur pied *. Fâcheuse
maladie, de se croire si fort qu'on se persuade qu'il

a. Il se reprend. — *b.* Professions. — *c.* Racontait. — *d.* Culte. —
e. Arrangeait. — *f.* Cœur. — *g.* Contradiction et inconstance. —
h. Lutte intérieure. — *i.* A leur pointure.

ne se puisse croire au contraire. Et plus fâcheuse
encore qu'on se persuade d'un tel esprit qu'il préfère
je ne sais quelle disparité de fortune présente aux
espérances et menaces de la vie éternelle. Ils m'en
peuvent croire. Si rien eût dû tenter ma jeunesse,
l'ambition du hasard et difficulté qui suivaient cette
récente entreprise [4] y eût bonne part.

Ce n'est pas sans grande raison, ce me semble, que
l'Eglise défend l'usage promiscue [a], téméraire [b] et indiscret des saintes et divines chansons que le Saint-Esprit
a dicté en David [5]. Il ne faut mêler Dieu en nos actions
qu'avec révérence et attention pleine d'honneur et de
respect. Cette voix est trop divine pour n'avoir autre
usage que d'exercer les poumons et plaire à nos
oreilles ; c'est de la conscience qu'elle doit être pro-
duite, et non pas de la langue. Ce n'est pas raison
qu'on permette qu'un garçon de boutique, parmi ces
vains et frivoles pensements, s'en entretienne et s'en
joue [6].

Ni n'est certes raison de voir tracasser par une salle
et par une cuisine le Saint livre des sacrés mystères de
notre créance. C'étaient autrefois mystères ; ce sont à
présent déduits [c] et ébats. Ce n'est pas en passant et
tumultuairement qu'il faut manier une étude si sérieuse
et vénérable. Ce doit être une action destinée [d] et rassise,
à laquelle on doit toujours ajouter cette préface de
notre office : « *Sursum corda* », et y apporter le corps
même disposé en contenance qui témoigne une particulière attention et révérence.

Ce n'est pas l'étude de tout le monde, c'est l'étude des
personnes qui y sont vouées, que Dieu y appelle. Les
méchants, les ignorants s'y empirent. Ce n'est pas une
histoire à conter, c'est une histoire à révérer, craindre,
adorer. Plaisantes gens qui pensent l'avoir rendue
maniable au peuple, pour l'avoir mise en langage populaire ! Ne tient-il qu'aux mots qu'ils n'entendent tout
ce qu'ils trouvent par écrit ? Dirai-je plus ? Pour l'en

a. Bas. — *b*. Aveugle. — *c*. Divertissements. — *d*. Réfléchie.

approcher de ce peu, ils l'en reculent. L'ignorance pure et remise *ᵃ* toute en autrui était bien plus salutaire et plus savante que n'est cette science verbale et vaine, nourrice de présomption et de témérité.

Je crois aussi que la liberté à chacun de dissiper une parole si religieuse et importante à tant de sortes d'idiomes a beaucoup plus de danger que d'utilité. Les Juifs, les Mahométans, et quasi tous autres, ont épousé et révèrent le langage auquel originellement leurs mystères avaient été conçus, et en est défendue l'altération et changement : non sans apparence. Savons-nous bien qu'en Basque et en Bretagne, il y ait des juges assez pour établir cette traduction faite en leur langue ? L'Eglise universelle n'a point de jugement plus ardu à faire, et plus solennel. En prêchant et parlant, l'interprétation est vague, libre, muable, et d'une parcelle ; ainsi ce n'est pas de même.

L'un de nos historiens grecs ⁷ accuse justement son siècle de ce que les secrets de la religion chrétienne étaient épandus emmi la place, ès main des moindres artisans ; que chacun en peut débattre et dire selon son sens ; et que ce nous devait être grande honte, qui, par la grâce de Dieu, jouissons des purs mystères de la piété, de les laisser profaner en la bouche de personnes ignorantes et populaires, vu que les Gentils interdisaient à Socrate, à Platon et aux plus sages, de parler et s'enquérir des choses commises aux prêtres de Delphes. Dit aussi que les factions des Princes sur le sujet de la théologie sont armées non de zèle, mais de colère : que le zèle tient de la divine raison et justice, se conduisant ordonnément et modérément ; mais qu'il se change en haine et envie, et produit, au lieu du froment et du raisin, de l'ivraie et des orties quand il est conduit d'une passion humaine. Et justement aussi cet autre, conseillant l'empereur Théodose, disait les disputes n'endormir pas tant les schismes de l'Eglise, que les éveiller et animer les hérésies : que

a. Qui s'en remet à...

pourtant [a] il fallait fuir toutes contentions [b] et argu-
mentations dialectiques, et se rapporter nuement aux
prescriptions et formules de la foi établies par les
anciens. Et l'empereur Androdicus, ayant rencontré en
son palais deux grands hommes aux prises de parole
contre Lopadius sur un de nos points de grande importance, les tança jusques à menacer de les jeter en la
rivière, s'ils continuaient.

Les enfants et les femmes, en nos jours, régentent les
plus vieux et expérimentés sur les lois ecclésiastiques,
là où la première de celles de Platon leur défend de
s'enquérir seulement de la raison des lois civiles qui
doivent tenir lieu d'ordonnances divines ; et, permettant
aux vieux d'en communiquer entre eux et avec le magistrat, il ajoute : pourvu que ce ne soit pas en présence
des jeunes et personnes profanes [8].

Un évêque [9] a laissé par écrit que, en l'autre bout du
monde, il y a une île que les anciens nommaient Dios-
coride [10], commode en fertilité de toutes sortes d'arbres
et fruits et salubrité d'air ; de laquelle le peuple est
chrétien, ayant des églises et des autels qui ne sont
parés que de croix, sans autres images ; grand observateur de jeûnes et de fêtes, exact payeur de dîmes aux
prêtres, et si chaste que nul d'eux ne peut connaître
qu'une femme en sa vie ; au demeurant, si content de
sa fortune qu'au milieu de la mer il ignore l'usage des
navires, et si simple que, de la religion qu'il observe
si soigneusement, il n'en entend un seul mot ; chose
incroyable à qui ne saurait les païens, si dévots ido-
lâtres, ne connaître de leurs dieux que simplement le
nom et la statue.

L'ancien commencement de *Menalippe*, tragédie d'Eu-
ridipe, portait ainsi :

> O Jupiter, car de toi rien sinon
> Je ne connois seulement que le nom [11].

J'ai vu aussi, de mon temps, faire plainte d'aucuns

a. C'est pourquoi. — *b.* Disputes.

écrits, de ce qu'ils sont purement humains et philosophiques, sans mélange de théologie. Qui dirait au
contraire ", ce ne serait pourtant sans quelque raison :
Que la doctrine divine tient mieux son rang à part,
comme reine et dominatrice ; qu'elle doit être principale partout, point suffragante et subsidiaire ; et qu'à
l'aventure se tireraient les exemples à la grammaire,
rhétorique, logique, plus sortablement d'ailleurs que
d'une si sainte matière, comme aussi les arguments
des théâtres, jeux et spectacles publics ; que les raisons
divines se considèrent plus vénérablement et révéram-
ment seules et en leur style, qu'appariées aux discours humains ; qu'il se voit plus souvent cette faute que les théologiens écrivent trop humainement, que cette autre que
les humanistes écrivent trop peu théologalement : « la
philosophie, dit saint Chrysostome, est piéça *b* bannie de
l'école sainte, comme servante inutile, et estimée indigne de voir, seulement en passant, de l'entrée, le
sacraire *c* des saints trésors de la doctrine céleste. » Que
le dire humain a ses formes plus basses et ne se doit
servir de la dignité, majesté, régence *d*, du parler divin.
Je lui laisse, pour moi, dire « *verbis indisciplinatis* * »,
fortune destinée, accident, heur et malheur, et les dieux
et autres phrases, selon sa mode.

Je propose les fantaisies humaines et miennes, simplement comme humaines fantaisies, et séparément
considérées, non comme arrêtées et réglées par l'ordonnance céleste, incapables de doute et d'altercation ;
matière d'opinion, non matière de foi ; ce que je discours selon moi, non ce que je crois selon Dieu, comme
les enfants proposent leurs essais : instruisables, non
instruisants ; d'une manière laïque, non cléricale, mais
très religieuse toujours.

Et ne dirait-on pas aussi sans apparence, que l'ordonnance de ne s'entremettre que bien réservément d'écrire

---

a. Le contraire. — *b.* Depuis longtemps. — *c.* Sanctuaire. —
d. Empire.
  * Saint Augustin, *Cité de Dieu*, livre X, chap. XXIX : « en termes
non approuvés. »

de la religion à tous autres qu'à ceux qui en font expresse profession, n'aurait pas faute " de quelque image d'utilité et de justice ; et, à moi avec, à l'aventure, de m'en taire ?

On m'a dit que ceux mêmes qui ne sont pas des nôtres ᵇ défendent pourtant entre eux l'usage du nom de Dieu, en leurs propos communs. Ils ne veulent pas qu'on s'en serve par une manière d'interjection ou d'exclamation, ni pour témoignage, ni pour comparaison : en quoi je trouve qu'ils ont raison. Et, en quelque manière que ce soit que nous appelons Dieu à notre commerce et société, il faut que ce soit sérieusement et religieusement.

Il y a, ce me semble, en Xénophon un tel discours où il montre que nous devons plus rarement prier Dieu, d'autant qu'il n'est pas aisé que nous puissions si souvent remettre notre âme en cette assiette réglée, réformée et dévotieuse, où il faut qu'elle soit pour ce faire ; autrement nos prières ne sont pas seulement vaines et inutiles, mais vicieuses. « Pardonne-nous, disons-nous, comme nous pardonnons à ceux qui nous ont offensés. » Que disons-nous par là, sinon que nous lui offrons notre âme exempte de vengeance et de rancune ? Toutefois nous appelons Dieu et son aide au complot de nos fautes, et le convions à l'injustice.

Quæ, nisi seductis, nequeas committere divis *.

L'avaricieux le prie pour la conservation vaine et superflue de ses trésors ; l'ambitieux, pour ses victoires et conduite de sa passion ; le voleur l'emploie à son aide pour franchir le hasard et les difficultés qui s'opposent à l'exécution de ses méchantes entreprises, ou le remercie de l'aisance qu'il a trouvée à dégosiller ᶜ un passant. Au pied de la maison qu'ils vont écheller ᵈ ou pétarder ᵉ, ils font leurs prières, l'intention et l'espérance pleine de cruauté, de luxure, d'avarice.

a. Ne manquerait pas. — *b.* Les protestants. — *c.* Egorger. — *d.* Escalader. — *e.* Faire sauter.
 * Perse, *Satire II* : « Ce que tu ne saurais confier aux dieux, sinon en les prenant à part. »

Hoc ipsum quo tu Jovis aurem impellere tentas,
Dic agedum, Staio, pro Jupiter, ô bone clamet,
Jupiter, at sese non clamet Jupiter ipse *.

La reine de Navarre, Marguerite, récite[a] d'un jeune prince, et, encore qu'elle ne le nomme pas, sa grandeur l'a rendu assez connaissable, qu'allant à une assignation amoureuse, et coucher avec la femme d'un avocat de Paris, son chemin s'adonnant au travers d'une église, il ne passait jamais en ce lieu saint, allant et retournant de son entreprise, qu'il ne fît ses prières et oraisons[12]. Je vous laisse à juger, l'âme pleine de ce beau pensement, à quoi il empoyait la faveur divine ! Toutefois elle allègue cela pour un témoignage de singulière dévotion. Mais ce n'est pas cette preuve seulement qu'on pourrait vérifier que les femmes ne sont guère propres à traiter les matières de la théologie.

Une vraie prière et une religieuse réconciliation de nous à Dieu, elle ne peut tomber en une âme impure et soumise lors même à la domination de Satan. Celui qui appelle Dieu à son assistance pendant qu'il est dans le train du vice, il fait comme le coupeur de bourse qui appellerait la justice à son aide, ou comme ceux qui produisent le nom de Dieu en témoignage de mensonge :

tacito mala vota susurro
Concipimus **.

Il est peu d'hommes qui osassent mettre en évidence les requêtes secrètes qu'ils font à Dieu,

Haud cuivis promptum est murmurque humilesque
[susurros
Tollere de templis, et aperto vivere voto ***.

---

a. Raconte.
 * Perse, *Satire II* : « Ce que tu veux glisser à l'oreille de Jupiter, dis-le donc à Staius. « Grand Jupiter ! ô bon Jupiter ! s'exclamera Staius. Et Jupiter lui-même ne s'exclamerait pas de même »
 ** Lucrèce, *De Natura Rerum*, chant V : « Nous concevons des vœux criminels dans un murmure silencieux. »
 *** Perse, *Satire II* : « Il n'est pas possible à tout le monde, au lieu de murmurer et de chuchoter ses souhaits dans le temple, de les exprimer à haute voix. »

Voilà pourquoi les Pythagoriciens voulaient qu'elles fussent publiques et ouïes d'un chacun afin qu'on ne le requît la chose indécente et injuste, comme celui-là,

clare cum dixit : Apollo !
Labra movet, metuens audiri : pulchra Laverna,
Da mihi fallere, da justum sanctumque videri.
Noctem peccatis et fraudibus objice nubem *.

Les Dieux punirent grièvement les iniques vœux d'Œdipe en les lui octroyant. Il avait prié que ses enfants vidassent par armes entre eux la succession de son Etat. Il fut si misérable de se voir pris au mot. Il ne faut pas demander que toutes choses suivent notre volonté, mais qu'elles suivent la prudence.

Il semble, à la vérité, que nous nous servons de nos prières comme d'un jargon et comme ceux qui emploient les paroles saintes et divines à des sorcelleries et effets magiciens ; et que nous fassions notre compte que ce soit de la contexture *ᵃ*, ou son, ou suite des mots, ou de notre contenance, que dépende leur effet. Car, ayant l'âme pleine de concupiscence, non touchée de repentance, ni d'aucune nouvelle réconciliation envers Dieu, nous lui allons présenter ces paroles que la mémoire prête à notre langue, et espérons en tirer une expiation de nos fautes. Il n'est rien si aisé, si doux et si favorable que la loi divine ; elle nous appelle à soi, ainsi fautiers et détestables comme nous sommes ; elle nous tend les bras et nous reçoit en son giron, pour vilains, ords *ᵇ* et bourbeux que nous soyons et que nous ayons à être à l'avenir. Mais encore, en récompense *ᶜ*, la faut-il regarder de bon œil. Encore faut-il recevoir ce pardon avec action de grâces ; et, au moins pour cet instant que nous nous adressons à elle, avoir l'âme déplaisante *ᵈ* de ses fautes et ennemie des passions qui

---

a. Forme. — *b.* Sales. — *c.* En compensation. — *d.* Regrettant.
* Horace, *Epître XVI* du livre I : « Lorsqu'il a dit à haute voix : Apollon ! il resserre les lèvres, craignant d'être entendu : Belle Laverne, accorde-moi de tromper, accorde-moi de sembler juste et respectable. Couvre mes fautes de la nuit et mes vols d'un nuage. »

nous ont poussé à l'offenser : « Ni les dieux, ni les
gens de bien, dit Platon [13], n'acceptent le présent d'un
méchant. »

> *Immunis aram si tetigit manus,*
> *Non somptuosa blandior hostia*
> *Mollivit aversos Penates,*
> *Farre pio et saliente mica* *.

* Horace, *Ode XXIII* du livre III : « Si une main innocente a
touché l'autel, sans être rendue plus agréable par une victime somp-
tueuse, elle a adouci les pénates hostiles avec une farine pieuse et
un grain de sel. »

DE L'AGE

Je ne puis recevoir^a la façon de quoi nous établissons la durée de notre vie. Je vois que les sages l'accourcissent bien fort au prix de la commune opinion. « Comment, dit le jeune Caton à ceux qui le voulaient empêcher de se tuer, suis-je à cette heure en âge où l'on me puisse reprocher d'abandonner trop tôt la vie ? » Si^b, n'avait-il que quarante et huit ans [1]. Il estimait cet âge-là bien mûr et bien avancé, considérant combien peu d'hommes y arrivent ; et ceux qui s'entretiennent de ce que je ne sais quel cours, qu'ils nomment naturel, promet quelques années au-delà, ils le pourraient faire, s'ils avaient privilège qui les exemptât d'un si grand nombre d'accidents auxquels chacun de nous est en butte par une naturelle sujétion, qui peuvent interrompre ce cours qu'ils se promettent. Quelle rêverie est-ce de s'attendre de mourir d'une défaillance de forces que l'extrême vieillesse apporte, et de se proposer ce but à notre durée, vu que c'est l'espèce de mort la plus rare de toutes et la moins en usage ? Nous l'appelons seule naturelle, comme si c'était contre nature de voir un

a. Admettre. — b. Pourtant.

homme se rompre le col d'une chute, s'étouffer d'un naufrage, se laisser surprendre à la peste ou à une pleurésie, et comme si notre condition ordinaire ne nous présentait à tous ces inconvénients. Ne nous flattons pas de ces beaux mots : on doit, à l'aventure *, appeler plutôt naturel ce qui est général, commun et universel. Mourir de vieillesse, c'est une mort rare, singulière et extraordinaire et d'autant moins naturelle que les autres ; c'est la dernière et extrême sorte de mourir ; plus elle est éloignée de nous, d'autant est-elle moins espérable ; c'est bien la borne au-delà de laquelle nous n'irons pas, et que la loi de nature a prescrite pour n'être point outrepassée ; mais c'est un sien rare privilège de nous faire durer jusque-là. C'est une exemption qu'elle donne par faveur particulière à un seul en l'espace de deux ou trois siècles, le déchargeant des traverses et difficultés qu'elle a jetées entre deux en cette longue carrière.

Par ainsi mon opinion est de regarder que l'âge auquel nous sommes arrivés, c'est un âge auquel peu de gens arrivent. Puisque d'un train ordinaire les hommes ne viennent pas jusque-là, c'est signe que nous sommes bien avant. Et, puisque nous avons passé les limites accoutumées, qui est la vraie mesure de notre vie, nous ne devons espérer d'aller guère outre ; ayant échappé tant d'occasions de mourir, où nous voyons trébucher le monde, nous devons reconnaître qu'une fortune extraordinaire comme celle-là qui nous maintient, et hors de l'usage commun, ne nous doit guère durer.

C'est un vice des lois mêmes d'avoir cette fausse imagination *, elles ne veulent pas qu'un homme soit capable du maniement de ses biens, qu'il n'ait vingt et cinq ans ; et à peine conservera-t-il jusque lors le maniement de sa vie. Auguste retrancha cinq ans des anciennes ordonnances romaines[2], et déclara qu'il suffisait à ceux qui prenaient charge de judicature d'avoir trente ans. Servius Tullius dispensa les chevaliers qui avaient passé quarante-sept ans des corvées de la

a. Peut-être. — *b.* Opinion.

guerre ; Auguste les remit à quarante et cinq. De renvoyer les hommes au séjour [a] avant cinquante-cinq et soixante ans, il me semble n'y avoir pas de grande apparence. Je serais d'avis qu'on étendît notre vacation [b] et occupation autant qu'on pourrait, pour la commodité publique ; mais je trouve la faute en l'autre côté, de ne nous y embesogner pas assez tôt. Celui-ci avait été juge universel du monde à dix et neuf ans, et veut que, pour juger de la place d'une gouttière, on en ait trente.

Quant à moi, j'estime que nos âmes sont dénouées à vingt ans ce qu'elles doivent être, et qu'elles promettent tout ce qu'elles pourront. Jamais âme, qui n'ait donné en cet âge arrhe bien évidente de sa force, n'en donna depuis la preuve. Les qualités et vertus naturelles enseignent dans ce terme-là, ou jamais, ce qu'elles ont de vigoureux et de beau :

> *Si l'espine nou pique quand nai,*
> *A pene que pique jamai* *,

disent-ils en Dauphiné.

De toutes les belles actions humaines qui sont venues à ma connaissance, de quelque sorte qu'elles soient, je penserais en avoir plus grande part à nombrer celles qui ont été produites, et aux siècles anciens et au nôtre, avant l'âge de trente ans qu'après : oui, en la vie de mêmes hommes souvent. Ne le puis-je pas dire en toute sûreté de celle de Hannibal, et de Scipion son grand adversaire ?

La belle moitié de leur vie, ils la vécurent de la gloire acquise en leur jeunesse ; grands hommes depuis au prix de tous autres, mais nullement au prix d'eux-mêmes. Quant à moi, je tiens pour certain que, depuis cet âge, et mon esprit et mon corps ont plus diminué qu'augmenté, et plus reculé qu'avancé. Il est possible qu'à ceux qui emploient bien le temps, la science et l'expérience croissent avec la vie ; mais la vivacité, la promptitude,

---

a. Repos. — *b.* Profession.
* « Si l'épine ne pique pas en naissant, à peine piquera-t-elle jamais », proverbe populaire.

la fermeté, et autres parties^a bien plus nôtres, plus importantes et essentielles, se fanent et s'alanguissent.

> *Ubi jam validis quassatum est viribus œvi*
> *Corpus et obtusis ceciderunt viribus artus,*
> *Claudicat ingenium, delirat linguaque mensque* *.

Tantôt c'est le corps qui se rend le premier à la vieillesse ; parfois aussi, c'est l'âme ; et en ai assez vu qui ont eu la cervelle affaiblie avant l'estomac et les jambes ; et d'autant que c'est un mal peu sensible à qui le souffre et d'une obscure montre, d'autant est-il plus dangereux. Pour ce coup, je me plains des lois, non pas de quoi elles nous laissent trop tard à la besogne, mais de quoi elles nous y emploient trop tard. Il me semble que, considérant la faiblesse de notre vie, et à combien d'écueils ordinaires et naturels elle est exposée on n'en devrait pas faire si grande part à la naissance, à l'oisiveté et à l'apprentissage.

---

a. Qualités.

* Lucrèce, *De Natura Rerum*, chant III : « Quand les forces puissantes du temps ont brisé le corps, et que nos membres s'affaissent, nos forces étant émoussées, l'esprit devient boiteux, l'intelligence et la langue s'égarent. »

LIVRE SECOND

CHAPITRE PREMIER

DE L'INCONSTANCE
DE NOS ACTIONS

CEUX qui s'exercent à contrôler les actions humaines ne se trouvent en aucune partie si empêchés, qu'à les rapiécer et mettre à même lustre *a* ; car elles se contredisent communément de si étrange façon qu'il semble impossible qu'elles soient parties de même boutique. Le jeune Marius se trouve tantôt fils de Mars, tantôt fils de Vénus [1]. Le pape Boniface huitième entra, dit-on, en sa charge comme un renard, s'y porta *b* comme un lion et mourut comme un chien [2]. Et qui croirait que ce fût Néron, cette vraie image de la cruauté, comme on lui présenta à signer, suivant le style *c*, la sentence d'un criminel condamné qui eût répondu : « Plût à Dieu que je n'eusse jamais su écrire ! » tant le cœur lui serrait de condamner un homme à mort [3] ? Tout est si plein de tels exemples, voire chacun en peut tant fournir à soi-même, que je trouve étrange de voir quelquefois des gens d'entendement se mettre en peine d'assortir ces pièces ; vu que l'irrésolution me semble le plus com-

a. Présenter sous le même jour. — *b.* Comporta. — *c.* L'usage.

mun et apparent vice de notre nature, témoin ce fameux verset de Publius le farceur,

Malum consilium est, quod mutari non potest *.

Il y a quelque apparence de faire jugement d'un homme par les plus communs traits de sa vie ; mais, vu la naturelle instabilité de nos mœurs et opinions, il m'a semblé souvent que les bons auteurs mêmes ont tort de s'opiniâtrer à former de nous une constante et solide contexture. Ils choisissent un air universel et, suivant cette image, vont rangeant et interprétant toutes les actions d'un personnage, et, s'ils ne les peuvent assez tordre *a*, les vont renvoyant à la dissimulation *b*. Auguste leur est échappé ; car il se trouve en cet homme une variété d'actions si apparente, soudaine et continuelle, tout le cours de sa vie, qu'il s'est fait lâcher, entier et indécis, aux plus hardis juges. Je crois des hommes plus mal aisément la constance, que toute autre chose, et rien plus aisément que l'inconstance. Qui en jugerait en détail et distinctement pièce à pièce, rencontrerait plus souvent à dire vrai.

En toute l'ancienneté, il est malaisé de choisir une douzaine d'hommes qui aient dressé leur vie à un certain et assuré train, qui est le principal but de la sagesse. Car, pour la comprendre toute en un mot, dit un ancien [4] et pour embrasser en une toutes les règles de notre vie, « c'est vouloir et ne vouloir pas toujours même chose ; je ne daignerais, dit-il, ajouter : pourvu que la volonté soit juste ; car, si elle n'est juste, il est impossible qu'elle soit toujours une ». De vrai, j'ai autrefois appris que le vice, ce n'est que dérèglement et faute de mesure, et par conséquent il est impossible d'y attacher la constance. C'est un mot de Démosthène, dit-on, que le commencement de toute vertu, c'est consultation et délibé-

---

a. Déformer à leur profit. — *b.* Les accusent de mensonge.
* Citation de Publius Syrus rapportée par Aulu-Gelle, *Nuits Attiques*, livre XVII, chap. XIV. Montaigne, dans l'édition de 1580, en donnait la traduction suivante : « C'est un mauvais conseil qui [celle qui] ne se peut changer. »

ration ; et la fin et perfection, constance [5]. Si par discours nous entreprenions certaine voie[a], nous la prendrions la plus belle ; mais nul n'y a pensé,

Quod petiit, spernit ; repetit quod nuper omisit ;
Æstuat, et vitæ disconvenit ordine toto [*].

Notre façon ordinaire, c'est d'aller après les inclinations de notre appétit, à gauche, à dextre, contremont, contrebas[b], selon que le vent des occasions nous emporte. Nous ne pensons ce que nous voulons, qu'à l'instant que nous le voulons, et changeons comme cet animal qui prend la couleur du lieu où on le couche[6]. Ce que nous avons à cette heure proposé[c], nous le changeons tantôt, et tantôt encore retournons sur nos pas ; ce n'est que branle et inconstance,

Ducimur ut nervis alienis mobile lignum [**].

Nous n'allons pas ; on nous emporte, comme les choses qui flottent, ores[d] doucement, ores avec violence, selon que l'eau est ireuse[e] ou bonasse[7] :

nonne videmus
Quid sibi quisque velit nescire, et quærere semper,
Commutare locum, quasi onus deponere possit [***].

Chaque jour nouvelle fantaisie, et se meuvent nos humeurs avec les mouvements du temps,

Tales sunt hominum mentes, quali pater ipse
Jupiter auctifero lustravit lumine terras [****].

---

a. Une voie déterminée. — *b.* En haut, en bas. — *c.* Projeté. — *d.* Tantôt... Tantôt. — *e.* En colère (cf *Ire* : colère).
[*] Horace, *Epître I* du livre I : « Ce qu'il a demandé, il le dédaigne ; il redemande ce que naguère il a laissé de côté ; il flotte, et sa vie est une continuelle contradiction. »
[**] Horace, *Satire VII*, livre II : « Nous sommes menés comme la marionnette de bois par des muscles étrangers. »
[***] Lucrèce, *De Natura Rerum*, chant III : « Ne voyons-nous pas que l'homme ne sait pas ce qu'il veut, qu'il est toujours en quête, qu'il change de lieu comme s'il pouvait se décharger de son fardeau. »
[****] Pensée commune aux sages antiques. Ce vers 135 du chant XVIII de l'*Odyssée* a été traduit par Cicéron et cité par saint Augustin dans *La Cité de Dieu*, livre V, chap. XXVIII : « Les pensées des hommes varient au gré des rayons fécondants que le divin Jupiter répand sur la terre. »

Nous flottons entre divers avis ; nous ne voulons rien librement, rien absolument, rien constamment [8].

A qui aurait prescrit et établi certaines lois et certaine police en sa tête, nous verrions tout par tout en sa vie reluire une égalité de mœurs, un ordre est une relation infaillible des unes choses aux autres.

Empédocle remarquait cette difformité aux Agrigentins, qu'ils s'abandonnaient aux délices comme s'ils avaient l'endemain à mourir, et bâtissaient comme si jamais ils ne devaient mourir [9].

Le discours en serait bien aisé à faire, comme il se voit du jeune Caton, qui en a touché une marche [10], a tout touché ; c'est une harmonie de sons très accordants, qui ne se peut démentir. A nous, au rebours, autant d'actions, autant faut-il de jugements particuliers. Le plus sûr, à mon opinion, serait de les rapporter aux circonstances voisines, sans entrer en plus longue recherche et sans en conclure autre conséquence.

Pendant les débauches de notre pauvre Etat, on me rapporta qu'une fille, bien près de là où j'étais, s'était précipitée du haut d'une fenêtre pour éviter la force d'un bélître de soldat, son hôte ; elle ne s'était pas tuée à la chute, et, pour redoubler son entreprise, s'était voulu donner d'un couteau par la gorge, mais on l'en avait empêchée, toutefois après s'y être bien fort blessée. Elle-même confessait que le soldat ne l'avait encore pressée que de requêtes, sollicitations et présents, mais qu'elle avait eu peur qu'enfin il en vînt à la contrainte. Et là-dessus les paroles, la contenance et ce sang témoin de sa vertu, à la vraie façon d'une autre Lucrèce. Or j'ai su, à la vérité, qu'avant et depuis elle avait été garce de non si difficile composition. Comme dit le conte [11] : Tout beau et honnête que vous êtes, quand vous aurez failli [a] votre pointe, n'en concluez pas incontinent une chasteté inviolable en votre maîtresse ; ce n'est pas à dire que le muletier n'y trouve son heure.

Antigone, ayant pris en affection un de ses soldats

<hr>

a. Manqué dans votre entreprise amoureuse.

pour sa vertu et vaillance, commanda à ses médecins
de le panser d'une maladie longue et intérieure qui
l'avait tourmenté longtemps ; et, s'apercevant après sa
guérison qu'il allait beaucoup plus froidement aux affaires, lui demanda qui l'avait ainsi changé et encouardi :
« Vous-même, Sire, lui répondit-il, m'ayant déchargé des
maux pour lesquels je ne tenais compte de ma vie [12]. »
Le soldat de Lucullus, ayant été dévalisé par les ennemis,
fit sur eux, pour se revancher, une belle entreprise. Quand
il se fut remplumé de sa perte, Lucullus, l'ayant pris
en bonne opinion, l'employait à quelque exploit hasardeux par toutes les plus belles remontrances de quoi
il se pouvait aviser,

Verbis quæ timido quoque possent addere mentem *

« Employez-y, répondit-il, quelque misérable soldat dévalisé »,

quantumvis rusticus ibit,
Ibit eo, quo vis, qui zonam perdidit, inquit **,

et refusa résolument d'y aller.

Quand nous lisons [13] que Mechmet [a] ayant outrageu-
sement rudoyé Chasan, chef de ses janissaires, de ce
qu'il voyait sa troupe enfoncée par les Hongres, et lui
se porter lâchement au combat, Chasan alla, pour toute
réponse, se ruer furieusement, seul, en l'état qu'il était,
les armes au poing, dans le premier corps des ennemis
qui se présenta, où il fut soudain englouti ; ce n'est à
l'aventure pas tant justification que ravisement, ni tant
sa prouesse naturelle qu'un nouveau dépit.

Celui que vous vîtes hier si aventureux, ne trouvez
pas étrange de le voir aussi poltron le lendemain : ou
la colère, ou la nécessité, ou la compagnie, ou le vin,
ou le son d'une trompette lui avait mis le cœur au ventre ;

[a.] Mahomet II.
* Horace, *Epître II* du livre II : « En termes capables de donner
du courage même à un lâche. »
** Suite de la précédente citation : « Tout grossier qu'il était, il
répondit : Ira là où tu veux, qui a perdu sa bourse. »

ce n'est un cœur ainsi formé par discours[a] ; ces circonstances le lui ont fermi ; ce n'est pas merveille si le voilà devenu autre par autres circonstances contraires.

Cette variation et contradiction qui se voit en nous, si souple, a fait qu'aucuns[14] nous songent deux âmes, d'autres deux puissances qui nous accompagnent et agitent, chacune à sa mode, vers le bien l'une, l'autre vers le mal, une si brusque diversité ne se pouvant bien assortir à un sujet simple.

Non seulement le vent des accidents me remue selon son inclination, mais en outre je me remue et trouble moi-même par l'instabilité de ma posture ; et qui y regarde primement ne se trouve guère deux fois en même état. Je donne à mon âme tantôt un visage, tantôt un autre, selon le côté où je la couche. Si je parle diversement de moi, c'est que je me regarde diversement. Toutes les contrariétés[b] s'y trouvent selon quelque tour et en quelque façon. Honteux, insolent ; chaste, luxurieux ; bavard, taciturne ; laborieux, délicat ; ingénieux, hébété, chagrin, débonnaire[c], menteur, véritable ; savant, ignorant, et libéral, et avare, et prodigue, tout cela, je le vois en moi aucunement, selon que je me vire ; et quiconque s'étudie bien attentivement trouve en soi, voire et en son jugement même, cette volubilité et discordance. Je n'ai rien à dire de moi, entièrement, simplement et solidement, sans confusion et sans mélange, ni en un mot. *Distingo* est le plus universel membre[d] de ma logique.

Encore que je sois toujours d'avis de dire du bien le bien, et d'interpréter plutôt en bonne part les choses qui le peuvent être, si est-ce que[e] l'étrangeté de notre condition porte que nous soyons souvent par le vice même poussés à bien faire, si le bien faire ne se jugeait par la seule intention. Par quoi un fait courageux ne doit pas conclure un homme vaillant ; celui qui le ferait bien à point, il le ferait toujours, et à toutes occasions. Si

a. Réflexion. — b. Contraires. — c. De bonne humeur. — d. Article. — e. Toujours est-il.

c'était une habitude de vertu, et non une saillie, elle
rendrait un homme pareillement résolu à tous accidents,
tel seul qu'en compagnie, tel en camp clos qu'en une
bataille ; car, quoi qu'on die, il n'y a pas autre vaillance
sur le pavé [a] et autre au camp. Aussi courageusement
porterait-il [b] une maladie en son lit, qu'une blessure au
camp, et ne craindrait non plus la mort en sa maison
qu'en un assaut. Nous ne verrions pas un même homme
donner dans la brèche d'une brave assurance, et se
tourmenter après, comme une femme, de la perte d'un
procès ou d'un fils.

Quand, étant lâche à l'infamie, il est ferme à la pauvreté ; quand, étant mol entre les rasoirs des barbiers,
il se trouve roide contre les épées des adversaires, l'action
est louable, non pas l'homme.

Plusieurs Grecs, dit Cicéron, ne peuvent voir les ennemis et se trouvent constants aux maladies ; les Cimbres
et Celtibériens tout le rebours : « *nihil enim potest esse
œquabile, quod non a certa ratione proficiscatur* [*]. »

Il n'est point de vaillance plus extrême en son espèce
que celle d'Alexandre ; mais elle n'est qu'en espèce, ni
assez pleine partout, et universelle. Tout incomparable
qu'elle est, si [c] a-t-elle encore ses taches ; qui fait que
nous le voyons se troubler si éperdument aux plus
légers soupçons qu'il prend des machinations des siens
contre sa vie, et se porter en cette recherche d'une si
véhémente et indiscrète injustice et d'une crainte qui
subvertit sa raison naturelle. La superstition aussi, de
quoi il était si fort atteint, porte quelque image de pusillanimité. Et l'excès de la pénitence qu'il fit du meurtre de
Clytus est aussi témoignage de l'inégalité de son courage.

Notre fait, ce ne sont que pièces rapportées, « *volup-
tatem contemnunt, in dolore sunt molliores ; gloriam
negligunt, franguntur infamia* [**] », et voulons acquérir

a. Dans la rue. — b. Supporterait-il. — c. Pourtant.
* Cicéron, *Tusculanes*, livre II, chap. XXVII : « Rien ne peut être
stable, qui ne procède d'un principe déterminé. »
** Cicéron, *De Officiis*, livre I, chap. XXI : « Ils méprisent le
plaisir, mais ils sont lâches dans la souffrance ; ils dédaignent la
gloire, mais ils sont abattus par la mauvaise réputation. »

un honneur à fausses enseignes. La vertu ne veut être
suivie que pour elle-même ; et, si on emprunte parfois
son masque pour autre occasion, elle nous l'arrache aussitôt du visage. C'est une vive et forte teinture, quand
l'âme en est une fois abreuvée, et qui ne s'en va qu'elle
n'emporte la pièce. Voilà pourquoi, pour juger d'un
homme, il faut suivre longuement et curieusement sa
trace ; si la constance ne s'y maintient de son seul fondement, « *cui vivendi via considerata atque provisa est* * »,
si la variété des occurrences lui fait changer de pas (je dis
de voie, car le pas s'en peut ou hâter ou appesantir),
laissez-le courir ; celui-là s'en va à vau le vent ", comme
dit la devise de notre Talbot [15].

Ce n'est pas merveille, dit un Ancien [16], que le hasard
puisse tant sur nous, puisque nous vivons par hasard.
A qui n'a dressé en gros sa vie à une certaine fin, il est
impossible de disposer les actions particulières. Il est
impossible de ranger les pièces, à qui n'a une forme du
total en sa tête. A quoi faire la provision des couleurs,
à qui ne sait ce qu'il a à peindre ? Aucun ne fait certain
dessein de sa vie, et n'en délibérons qu'à parcelles.
L'archer doit premièrement savoir où il vise, et puis y
accommoder la main, l'arc, la corde, la flèche et les
mouvements. Nos conseils fourvoient, parce qu'ils n'ont
pas d'adresse et de but. Nul vent fait " pour celui qui
n'a point de port destiné. Je ne suis pas d'avis de ce
jugement qu'on fit pour Sophocle, de l'avoir argumenté
suffisant au maniement des choses domestiques, contre
l'accusation de son fils, pour avoir vu l'une de ses tragédies [17].

Ni ne trouve la conjecture des Pariens [18], envoyés
pour réformer les Milésiens, suffisante à la conséquence
qu'ils en tirèrent. Visitant l'île, ils remarquaient les
terres mieux cultivées et maisons champêtres mieux
gouvernées ; et, ayant enregistré le nom des maîtres

---

a. Terme de chasse : la queue au vent (pour un faucon). —
b. N'agit.
    * Cicéron, *Paradoxes des Stoïciens*, livre V, chap. 1 : « Pour celui
qui a examiné et choisi la route qu'il veut suivre. »

d'icelles, comme ils eurent fait l'assemblée des citoyens en la ville, ils nommèrent ces maîtres-là pour nouveaux gouverneurs et magistrats ; jugeant que, soigneux de leurs affaires privées, ils le seraient des publiques.

Nous sommes tous de lopins et d'une contexture si informe et diverse, que chaque pièce, chaque moment, fait son jeu. Et se trouve autant de différence de nous à nous-mêmes, que de nous à autrui. « *Magnam rem puta unum hominem agere** *. » Puisque l'ambition peut apprendre aux hommes et la vaillance, et la tempérance, et la libéralité, voire [a] et la justice ; puisque l'avarice peut planter au courage d'un garçon de boutique, nourri à l'ombre et à l'oisiveté, l'assurance de se jeter si loin du foyer domestique, à la merci des vagues et de Neptune courroucé, dans un frêle bateau, et qu'elle apprend encore la discrétion et la prudence ; et que Vénus même fournit de résolution et de hardiesse la jeunesse encore sous la discipline et la verge, et gendarme le tendre cœur des pucelles au giron de leurs mères,

Hac duce, custodes furtim transgressa jacentes,
*Ad Juvenem tenebris sola puella venit** * :

ce n'est pas tour de rassis entendement de nous juger simplement par nos actions de dehors ; il faut sonder jusqu'au-dedans, et voir par quels ressorts se donne le branle [b], mais, d'autant que c'est une hasardeuse et haute entreprise, je voudrais que moins de gens s'en mêlassent.

---

a. Même. — *b*. Mouvement.

* Sénèque, *Lettre 120* : « Pense que c'est une grande chose d'être toujours le même homme. »

** Tibulle, livre II, élégie I : « Sous la conduite de Vénus, la jeune fille passe furtivement parmi ses gardiens endormis, et seule, dans les ténèbres, va trouver le jeune homme. »

CHAPITRE II

DE L'IVROGNERIE

Le monde n'est que variété et dissemblance. Les vices sont tous pareils en ce qu'ils sont tous vices, et de cette façon l'entendent à l'aventure les Stoïciens. Mais, encore qu'ils soient également vices, ils ne sont pas égaux vices. Et que celui qui a franchi de cent pas les limites,

Quos ultra citraque nequit consistere rectum *,

ne soit de pire condition que celui qui n'en est qu'à dix pas, il n'est pas croyable ; et que le sacrilège ne soit pire que le larcin d'un chou de notre jardin ;

Nec vincet ratio, tantumdem ut peccet idemque
Qui teneros caules alieni fregerit horti,
Et qui nocturnus divum sacra legerit **.

Il y a autant en cela de diversité qu'en aucune autre chose.

La confusion de l'ordre et mesure des péchés est dan-

---

* Horace, *Satire I* du livre I : « Au-delà et en deçà desquelles ne peut se trouver le bien. »
** *Satire III* du livre I : « La raison n'arrivera pas à persuader qu'arracher de jeunes choux dans le jardin d'autrui soit une aussi grande faute que de piller la nuit le sanctuaire des dieux. »

gereuse. Les meurtriers, les traîtres, les tyrans y ont trop
d'acquêt ª. Ce n'est pas raison que leur conscience se
soulage sur ce que tel autre ou est oisif, ou est lascif,
ou moins assidu à la dévotion. Chacun pèse sur le péché
de son compagnon, et élève ᵇ le sien. Les instructeurs
mêmes les rangent souvent mal à mon gré.

Comme Socrate disait que le principal office de la
sagesse était distinguer les biens et les maux, nous autres,
à qui le meilleur est toujours en vice, devons dire de
même de la science de distinguer les vices ; sans laquelle
bien exacte le vertueux et le méchant demeurent mêlés
et inconnus.

Or l'ivrognerie, entre les autres, me semble un vice
grossier et brutal. L'esprit a plus de part ailleurs ; et
il y a des vices qui ont je ne sais quoi de généreux, s'il
le faut ainsi dire. Il y en a où la science se mêle, la diligence, la vaillance, la prudence, l'adresse et la finesse ;
celui-ci est tout corporel et terrestre. Aussi la plus grossière nation de celles qui sont aujourd'hui [1], est celle-là
seule qui le tient en crédit. Les autres vices altèrent
l'entendement ; celui-ci le renverse, et étonne le corps :

> *cum vini vis penetravit,*
> *Consequitur gravitas membrorum præpediuntur*
> *Crura vacillanti, tardescit lingua, madet mens,*
> *Nant oculi ; clamor, singultus, jurgia gliscunt* *.

Le pire état de l'homme, c'est quand il perd la connaissance et gouvernement de soi.

Et en dit-on, entre autres choses, que comme le moût
bouillant dans un vaisseau ᶜ pousse à mont ᵈ tout ce
qu'il y a dans le fond, aussi le vin fait débonder les plus
intimes secrets à ceux qui en ont pris outre mesure [2],

ª. Avantage. — ᵇ. Rend léger. — ᶜ. Vase. — ᵈ. En haut.
* Lucrèce, *De Natura Rerum*, chant III : « Quand la force du
vin nous a pénétrés, il en résulte une lourdeur des membres, les
jambes sont enchaînées et vacillantes, la langue est embarrassée,
l'esprit est amolli, les regards sont incertains ; ce sont des cris, des
hoquets, des disputes. »

> *tu sapientium*
> *Curas et arconum jocoso*
> *Consilium retegis Licœo* *.

Josèphe [3] conte qu'il tira le ver du nez à un certain ambassadeur que les ennemis lui avaient envoyé, l'ayant fait boire d'autant. Toutefois Auguste, s'étant fié à Lucius Pison, qui conquit la Thrace, des plus privées affaires qu'il eût, ne s'en trouva jamais mécontè ; ni Tibère de Cossus, à qui il se déchargeait de tous ses conseils, quoique nous les sachions avoir été si fort sujets au vin, qu'il en a fallu rapporter souvent du sénat et l'un et l'autre ivre [4],

Externo inflatum venas de more Lyœo **.

Et commit-on aussi fidèlement qu'à Cassius, buveur d'eau, à Cimber le dessein de tuer César, quoi qu'il s'enivrât souvent [5]. D'où il répondit plaisamment : « Que je portasse un tyran, moi qui ne puis porter le vin ! » Nous voyons nos Allemands, noyés dans le vin, se souvenir de leur quartier, du mot et de leur rang,

nec facilis victoria de madidis, et
Blœsis, atque mero titubantibus ***.

Je n'eusse pas cru d'ivresse si profonde, étouffée et ensevelie, si je n'eusse lu ceci dans les histoires ; qu'Attale ayant convié à souper, pour lui faire une notable indignité, ce Pausanias qui, sur ce même sujet, tua depuis Philippe, roi de Macédoine — Roi portant par ses belles qualités témoignage de la nourriture [a] qu'il avait prise

---

a. Instruction.
* Horace, *Ode XXI*, du livre III : « Toi, tu découvres par le joyeux Bacchus, les soucis des sages et les desseins secrets. »
** Virgile, *Sixième Bucolique ;* le texte des éditions modernes est différent de celui de Montaigne : *Inflatun hesterno venas, ut semper, Iaccho.* Le sens n'est cependant guère modifié : « Les veines gonflées, comme de coutume, par le vin absorbé », dit le texte de Montaigne au lieu de : « Les veines gonflées, comme toujours, par le vin de la veille. »
*** Juvénal, *Satire XV* : « La victoire n'est pas facile à remporter sur eux, bien qu'ils soient gorgés de vin, bégayants et titubants par l'effet de l'ivresse. »

en la maison et compagnie d'Epaminondas, — il le fit tant boire qu'il put abandonner sa beauté insensiblement, comme le corps d'une putain buissonnière, aux muletiers et nombre d'abjects serviteurs de sa maison [6].

Et ce que m'apprit une dame [7] que j'honore et prise singulièrement, que près de Bordeaux, vers Castres où est sa maison, une femme de village, veuve, de chaste réputation, sentant les premiers ombrages de grossesse, disait à ses voisines qu'elle penserait être enceinte si elle avait un mari. Mais, du jour à la journée croissant l'occasion de ce soupçon et enfin jusques à l'évidence, elle en vint là de faire déclarer au prône de son église que, qui serait consent de ce fait, en l'avouant, elle promettait de le lui pardonner, et, s'il le trouvait bon, de l'épouser. Un sien jeune valet de labourage, enhardi de cette proclamation, déclara l'avoir trouvée, un jour de fête, ayant bien largement pris son vin, si profondément endormie près de son foyer, et si indécemment, qu'il s'en était pu servir sans l'éveiller. Ils vivent encore mariés ensemble.

Il est certain que l'Antiquité n'a pas fort décrié ce vice. Les écrits mêmes de plusieurs philosophes en parlent bien mollement ; et jusques aux Stoïciens, il y en a qui conseillent de se dispenser quelquefois à boire d'autant, et de s'enivrer pour relâcher l'âme :

Hoc quoque virtutum quondam certamine, magnum
Socratem palmam promeruisse ferunt *.

Ce censeur et correcteur des autres [8], Caton, a été reproché de bien boire

Narratur et prisci Catonis
Sæpe mero caluisse virtus **.

---

* Maximianus, première élégie. Les élégies de cet auteur, publiées souvent dans le même recueil que celles de Catulle, de Tibulle et de Properce, étaient attribuées au XVIᵉ siècle à Cornélius Gallus : « Dans ce noble combat aussi, jadis, rapporte la tradition, le grand Socrate remporta la palme. »

** Horace, *Ode XXI* du livre III, vers II : « On raconte aussi que le vieux Caton réchauffait souvent sa vertu dans le vin. »

Cyrus, roi tant renommé, allègue entre ses autres
louanges, pour se préférer à son frère Artaxerxès, qu'il
savait beaucoup mieux boire que lui [9]. Et ès nations les
mieux réglées et policées, cet essai de boire d'autant était
fort en usage. J'ai ouï dire à Silvius [10], excellent médecin
de Paris, que, pour garder que les forces de notre estomac
ne s'apparessent [a], il est bon, une fois le mois, les éveiller
par cet excès, et les piquer pour les garder de s'engourdir.

Et écrit-on [11] que les Perses, après le vin, consultaient
de leurs principales affaires.

Mon goût et ma complexion est plus ennemie de ce vice
que mon discours. Car outre ce que je captive aisément
mes créances sous l'autorité des opinions anciennes, je
le trouve bien un vice lâche et stupide mais moins mali-
cieux et dommageable que les autres, qui choquent quasi
tous de plus droit fil la société publique. Et si [b] nous ne
nous pouvons donner du plaisir, qu'il ne nous coûte quelque chose, comme ils tiennent, je trouve que ce vice coûte
moins à notre conscience que les autres ; outre ce qu'il
n'est point de difficile apprêt, et malaisé à trouver, considération non méprisable.

Un homme avancé en dignité et en âge, entre trois principales commodités qu'il me disait lui rester en la vie,
comptait celle-ci. Mais il la prenait mal. La délicatesse y
est à fuir et le soigneux triage du vin. Si vous fondez votre
volupté à le boire agréable, vous vous obligez à la douleur
de le boire parfois désagréable. Il faut avoir le goût plus
lâche et plus libre. Pour être bon buveur, il ne faut le
palais si tendre. Les Allemands boivent quasi également
de tout vin avec plaisir. Leur fin, c'est l'avaler plus que
le goûter. Ils en ont bien meilleur marché. Leur volupté
est bien plus plantureuse et plus en main. Secondement,
boire à la française à deux repas et modérément, en
crainte de sa santé, c'est trop restreindre les faveurs de
ce Dieu. Il y faut plus de temps et de constance. Les
Anciens franchissaient des nuits entières à cet exercice, et
y attachaient souvent les jours. Et si, faut dresser son

a. Deviennent paresseux. — *b.* Et pourtant.

ordinaire plus large et plus ferme. J'ai vu un grand seigneur de mon temps, personnage de hautes entreprises et
fameux succès, qui sans effort et au train de ses repas
communs, ne buvait guère moins de cinq lots [12] de vin ;
et ne se montrait, au partir de là, que trop sage et avisé
aux dépens de nos affaires. Le plaisir, duquel nous voulons tenir compte au cours de notre vie, doit en employer
plus d'espace. Il faudrait, comme des garçons de boutique
et gens de travail, ne refuser nulle occasion de boire, et
avoir ce désir toujours en tête. Il semble que, tous les
jours, nous raccourcissons l'usage de celui-ci ; et qu'en
nos maisons, comme j'ai vu en mon enfance, les déjeu-
ners, les reciners *a* et les collations fussent bien plus fréquentes et ordinaires qu'à présent. Serait-ce qu'en quelque chose nous allassions vers l'amendement ? Vraiment
non. Mais c'est que nous nous sommes beaucoup plus
jetés à la paillardise que nos pères. Ce sont deux occupations qui s'entr'empêchent en leur vigueur. Elle a
affaibli notre estomac d'une part, et, d'autre part, la
sobriété sert à nous rendre plus coints *b*, plus damerets
pour l'exercice de l'amour.

C'est merveille des contes que j'ai ouï faire à mon père
de la chasteté de son siècle. C'était à lui d'en dire, étant
très avenant, et par art et par nature, à l'usage des dames.
Il parlait peu et bien ; et si *c*, mêlait son langage de quelque ornement des livres vulgaires, surtout espagnols ; et,
entre les Espagnols, lui était ordinaire celui qu'ils nomment Marc-Aurèle [13]. La contenance, il l'avait d'une gravité
douce, humble et très modeste. Singulier soin de l'honnêteté et décence de sa personne et de ses habits, soit à
pied, soit à cheval. Monstrueuse foi *d* en ses paroles, et
une conscience et religion en général penchant plutôt vers
la superstition que vers l'autre bout. Pour un homme de
petite taille, plein de vigueur et d'une stature droite et
bien proportionnée. D'un visage agréable, tirant sur le
brun. Adroit et exquis en tous nobles exercices. J'ai vu

a. Soupers. — *b.* Galants. — *c.* Et pourtant. — *d.* Prodigieuse,
extraordinaire loyauté.

encore des cannes farcies de plomb, desquelles on dit
qu'il exerçait ses bras pour se préparer à ruer la barre ou
la pierre, ou à l'escrime, et des souliers aux semelles plom-
bées pour s'alléger au courir et à sauter. Du prime-saut [a],
il a laissé en mémoire des petits miracles. Je l'ai vu, par-
delà soixante ans, se moquer de nos allégresses, se jeter
avec sa robe fourrée sur un cheval, faire le tour de la
table sur son pouce [14], ne monter guère en sa chambre
sans s'élancer trois ou quatre degrés à la fois. Sur mon
propos, il disait qu'en toute une province à peine y
avait-il une femme de qualité qui fût mal nommée ; récitait [b] des étranges privautés, nommément siennes, avec
des honnêtes femmes sans soupçon quelconque. Et, de
soi, jurait saintement être venu vierge à son mariage ; et
si, avait eu fort longue part aux guerres delà les monts,
desquelles il nous a laissé, de sa main, un papier journal
suivant point par point ce qui s'y passa, et pour le public
et pour son privé.

Aussi se maria-t-il bien avant en âge, l'an 1528, — qui
était son trente-troisième, — retournant d'Italie. Revenons à nos bouteilles.

Les incommodités de la vieillesse, qui ont besoin de
quelque appui et rafraîchissement, pourraient m'engendrer avec raison désir de cette faculté ; car c'est quasi le
dernier plaisir que le cours des ans nous dérobe. La chaleur naturelle, disent les bons compagnons, se prend premièrement aux pieds ; celle-là touche l'enfance. De là elle
monte à la moyenne région, où elle se plante longtemps et
y produit, selon moi, les seuls vrais plaisirs de la vie corporelle ; les autres voluptés dorment au prix. Sur la fin, à
la mode d'une vapeur qui va montant et s'exhalant, elle
arrive au gosier, où elle fait sa dernière pose.

Je ne puis pourtant entendre comment on vienne à
allonger le plaisir de boire outre la soif, et se forger en
l'imagination un appétit artificiel et contre nature. Mon
estomac n'irait pas jusque-là ; il est assez empêché à
venir à bout de ce qu'il prend pour son besoin. Ma consti-

a. Saut d'un seul élan. — b. Racontait.

tution est de ne faire cas de boire que pour la suite du manger ; et bois à cette cause le dernier coup quasi toujours le plus grand [15]. Anacharsis s'étonnait que les Grecs bussent sur la fin du repas en plus grands verres qu'au commencement [16]. C'était, comme je pense, pour la même raison que les Allemands le font, qui commencent lors le combat à boire d'autant ". Platon [17] défend aux enfants de boire vin avant dix-huit ans, et avant quarante de s'enivrer ; mais, à ceux qui ont passé les quarante, il ordonne de s'y plaire ; et mêler largement en leurs convives l'influence de Dionysius, ce bon dieu qui redonne aux hommes la gaieté, et la jeunesse aux vieillards, qui adoucit et amollit les passions de l'âme, comme le fer s'amollit par le feu. Et en ses lois trouve telles assemblées à boire (pourvu qu'il y ait un chef de bande à les contenir et régler) utiles, l'ivresse étant une bonne épreuve et certaine de la nature d'un chacun, et quand et quand propre à donner aux personnes d'âge le courage de s'ébaudir en danses et en la musique, choses utiles et qu'ils n'osent entreprendre en sens rassis. Que le vin est capable de fournir à l'âme de la tempérance, au corps de la santé, toutefois ces restrictions, en partie empruntées des Carthaginois, lui plaisent : Qu'on s'en épargne en expédition de guerre ; que tout magistrat et tout juge s'en abstiennent sur le point d'exécuter sa charge et de consulter des affaires publiques ; qu'on n'y emploie le jour, temps dû à d'autres occupations, ni cette nuit qu'on destine à faire des enfants.

Ils disent [18] que le philosophe Stilpon, aggravé " de vieillesse, hâta sa fin à escient par le breuvage de vin pur. Pareille cause, mais non du propre dessein, suffoqua aussi les forces abattues par l'âge du philosophe Arcesilaüs.

Mais c'est une vieille et plaisante question, si l'âme du sage serait pour se rendre à la force du vin.

Si munitæ adhibet vim sapientiæ *.

---

a. A qui mieux mieux. — b. Alourdi.
* Horace, *Ode XXVIII* du livre III : « Si le vin peut faire violence à une sagesse bien fortifiée. »

A combien de vanité nous pousse cette bonne opinion que nous avons de nous ! La plus réglée âme du monde n'a que trop affaire à se tenir en pieds et à se garder de ne s'emporter par terre de sa propre faiblesse. De mille, il n'en est pas une qui soit droite et rassise un instant de sa vie ; et se pourrait mettre en doute si, selon sa naturelle condition, elle y pût jamais être. Mais d'y joindre la constance, c'est sa dernière perfection ; je dis quand rien ne la choquerait, ce que mille accidents peuvent faire. Lucrèce, ce grand poète, a beau philosopher et se bander, le voilà rendu insensé par un breuvage amoureux. Pensent-ils qu'une apoplexie n'étourdisse aussi bien Socrate qu'un portefaix ? Les uns ont oublié leur nom même par la force d'une maladie, et une légère blessure a renversé le jugement à d'autres. Tant sage qu'il voudra, mais enfin c'est un homme : qu'est-il plus caduc, plus misérable et plus de néant ? La sagesse ne force pas nos conditions naturelles :

Sudores itaque et pallorem existere toto
Corpore, et infringi linguam, vocemque aboriri,
Caligare oculos, sonore aures, succidere artus,
Denique concidere ex animi terrore videmus *.

Il faut qu'il cille les yeux au coup qui le menace ; il faut qu'il frémisse, planté au bord d'un précipice, comme un enfant ; Nature ayant voulu se réserver ces légères marques de son autorité, inexpugnables à notre raison et à la vertu stoïque, pour lui apprendre sa mortalité et notre fadaise. Il pâlit à la peur, il rougit à la honte [19], il se plaint à l'estrette *a* d'une verte colique, sinon d'une voix désespérée et éclatante, au moins d'une voix casse *b* et enrouée,

Humani a se nihil alienum putet **.

a. Attaque. — b. Cassée.
* Lucrèce, chant III : « Sous l'effet de la terreur, la sueur et la pâleur se répandent sur tout le corps, la langue s'embarrasse, la voix s'éteint, la vue s'obscurcit, les oreilles tintent, les membres fléchissent, bref tout s'effondre. »
** Térence, *Heautontimoroumenos*, acte I, scène I : « Qu'il pense que rien d'humain ne lui est étranger. »

Les poètes, qui feignent tout à leur poste, n'osent pas décharger seulement des larmes leurs héros :

   Sic fatur lachrymans, classique immittit habenas *.

Lui suffise de brider et modérer ses inclinations, car, de les emporter, il n'est pas en lui. Celui même notre Plutarque [20], si parfait et excellent juge des actions humaines, à voir Brutus et Torquatus tuer leurs enfants, est entré en doute si la vertu pouvait donner jusque-là, et si ces personnages n'avaient pas été plutôt agités par quelque autre passion. Toutes actions hors les bornes ordinaires sont sujettes à sinistre interprétation, d'autant que notre goût n'advient non plus à ce qui est au-dessus de lui, qu'à ce qui est au-dessous.

Laissons cette autre secte faisant expresse profession de fierté. Mais quand, en la secte même estimée la plus molle, nous oyons les vantances de Metrodore : « *Occupavi te, Fortuna, atque cepi ; omnesque aditus tuos interclusi, ut ad me aspirare non posses* ** » ; quand Anaxarchus, par l'ordonnance de Nicocreon, tyran de Chypre, couché dans un vaisseau de pierre et assommé à coups de mail de fer, ne cesse de dire : « Frappez, rompez, ce n'est pas Anaxarchus, c'est son étui que vous pilez [21] » ; quand nous oyons nos martyrs crier au tyran au milieu de la flamme : « C'est assez rôti de ce côté-là, hache-le, mange-le, il est cuit, recommence de l'autre [22] » ; quand nous oyons en Josèphe [23] cet enfant tout déchiré des tenailles mordantes et percé des alênes d'Antiochus, le défier encore, criant d'une voix ferme et assurée : « Tyran, tu perds temps, me voici toujours à mon aise ; où est cette douleur, où sont ces tourments, de quoi tu me menaçais ? n'y sais-tu que ceci ? ma constance te donne plus de peine que je n'en sens de ta cruauté ; ô lâche belître, tu te rends, et je me renforce ; fais-moi plaindre, fais-moi flé-

---

* Virgile, *Enéide*, chant VI : « Il parle ainsi, en pleurant, et lâche la bride à sa flotte. »
** Cicéron, *Tusculanes*, livre V, chap. IX : « Je t'ai devancée, ô Fortune, et je te tiens ; j'ai coupé toutes tes voies d'accès de sorte que tu ne puisses arriver jusqu'à moi. »

chir, fais-moi rendre, si tu peux ; donne courage à tes
satellites et à tes bourreaux ; les voilà défaillis de cœur,
ils n'en peuvent plus ; arme-les, acharne-les » ; — certes,
il faut confesser qu'en ces âmes-là il y a quelque altération et quelque fureur, tant sainte soit-elle. Quand nous
arrivons à ces saillies stoïques : « J'aime mieux être
furieux que voluptueux », mot d'Antisthène, Μανειειν
μαλλον η ηθειειν * ; quand Sextius nous dit qu'il aime
mieux être enferré de la douleur que de la volupté ; quand
Epicure entreprend de se faire mignarder à ᵃ la goutte ²⁴,
et, refusant le repos et la santé, que de gaieté de cœur il
défie les maux, et, méprisant les douleurs moins âpres,
dédaignant les lutter et les combattre, qu'il en appelle et
désire des fortes, poignantes et dignes de lui,

> *Spumantemque dari pecora inter inertia votis*
> *Optat aprum, aut fulvum descendere monte leonem* **,

qui ne juge que ce sont boutées d'un courage élancé hors
de son gîte ? Notre âme ne saurait de son siège atteindre
si haut ²⁵. Il faut qu'elle le quitte et s'élève, et, prenant le
frein aux dents, qu'elle emporte et ravisse son homme si
loin, qu'après il s'étonne lui-même de son fait; comme
aux exploits de la guerre, la chaleur du combat pousse les
soldats généreux souvent à franchir des pas si hasardeux,
qu'étant revenus à eux ils en transissent d'étonnement
les premiers ; comme aussi les poètes sont épris souvent
d'admiration de leurs propres ouvrages et ne reconnaissent plus la trace par où ils ont passé une si belle carrière. C'est ce qu'on appelle aussi en eux ardeur et manie.
Et comme Platon ²⁶ dit que pour néant heurte à la porte
de la poésie un homme rassis, aussi dit Aristote qu'aucune âme excellente n'est exempte de mélange de folie.
Et a raison d'appeler folie tout élancement, tant louable
soit-il, qui surpasse notre propre jugement et discours.

---

a. Caresser par.
* Mot cité par Diogène Laërce, *Vie d'Antisthène*, livre VI, chap. III.
** Virgile, *Enéide*, chant IV : « Méprisant ce vil gibier, il appelle
de ses vœux un sanglier écumant, ou un lion fauve, qui descende
des montagnes. »

D'autant que la sagesse, c'est un maniement réglé de notre âme, et qu'elle conduit avec mesure et proportion, et s'en répond.

Platon argumente ainsi, que la faculté de prophétiser est au-dessus de nous ; qu'il nous faut être hors de nous quand nous la traitons ; il faut que notre prudence soit offusquée ou par le sommeil ou par quelque maladie, ou enlevée de sa place par un ravissement céleste [27].

CHAPITRE III

COUTUME
DE L'ILE DE CEA

Sɪ philosopher c'est douter, comme ils disent [a], à plus
forte raison niaiser et fantastiquer, comme je fais, doit
être douter. Car c'est aux apprentis à enquérir et à débattre, et au cathédrant [1] de résoudre. Mon cathédrant, c'est
l'autorité de la volonté divine, qui nous règle sans contredit et qui a son rang au-dessus de ces humaines et vaines
contestations.

Philippe [2] étant entré à main armée au Péloponnèse,
quelqu'un disait à Damidas que les Lacédémoniens auraient beaucoup à souffrir, s'ils ne se remettaient en sa
grâce : « Eh, poltron, répondit-il, que peuvent souffrir
ceux qui ne craignent point la mort ? » On demandait
aussi à Agis comment un homme pourrait vivre libre :
« Méprisant, dit-il, le mourir. » Ces propositions et mille
pareilles qui se rencontrent à ce propos, sonnent évidemment quelque chose au-delà d'attendre patiemment la
mort quand elle nous vient. Car il y a en la vie plusieurs
accidents pires à souffrir que la mort même. Témoin cet
enfant lacédémonien pris par Antigone et vendu pour

a. Comme on dit.

serf, lequel, pressé par son maître de s'employer à quelque service abject : « Tu verras, dit-il, qui tu as acheté ; ce me serait honte de servir, ayant la liberté si à main. » Et ce disant, se précipita du haut de la maison. Antipater menaçant âprement les Lacédémoniens pour les ranger à certaine sienne demande : « Si tu nous menaces de pis que la mort, répondirent-ils, nous mourrons plus volontiers. » Et à Philippe leur ayant écrit qu'il empêcherait toutes leurs entreprises : « Quoi ! nous empêcheras-tu aussi de mourir [3] ? » C'est ce qu'on dit, que le sage vit tant qu'il doit, non pas tant qu'il peut ; et que le présent que nature nous ait fait le plus favorable, et qui nous ôte tout moyen de nous plaindre de notre condition, c'est de nous avoir laissé la clef des champs. Elle n'a ordonné qu'une entrée à la vie, et cent mille issues [4]. Nous pouvons avoir faute de terre pour y vivre, mais de terre pour y mourir, nous n'en pouvons avoir faute, comme répondit Boiocatus aux Romains [5]. Pourquoi te plains-tu de ce monde ? il ne te tient pas : si tu vis en peine, ta lâcheté en est cause ; à mourir il ne reste que le vouloir :

Ubique mors est : optime hoc cavit Deus
Eripere vitam nemo non homini potest ;
At nemo mortem : mille ad hanc aditus patent *.

Et ce n'est pas la recette à une seule maladie : la mort est la recette à tous maux. C'est un port très assuré, qui n'est jamais à craindre, et souvent à rechercher. Tout revient à un, que l'homme se donne sa fin, ou qu'il la souffre ; qu'il coure au-devant de son jour, ou qu'il l'attende : d'où qu'il vienne, c'est toujours le sien ; en quelque lieu que le filet [a] se rompe, il y est tout, c'est le bout de la fusée. La plus volontaire mort, c'est la plus belle. La vie dépend de la volonté d'autrui ; la mort, de la nôtre. En aucune chose nous ne devons tant nous

---

a. Fil.

* Sénèque, *la Thébaïde*, acte I, scène I : « La mort est partout : c'est une faveur de la divinité. Tout le monde peut enlever la vie à un homme, mais personne la mort : mille chemins sont ouverts vers elle. »

accommoder à nos humeurs, qu'en celle-là. La réputation ne touche pas une telle entreprise, c'est folie d'en avoir respect. Le vivre, c'est servir, si la liberté de mourir en est à dire. Le commun train de la guérison se conduit aux dépens de la vie ; on nous incise, on nous cautérise, on nous détranche les membres, on nous soustrait l'aliment et le sang ; un pas plus outre, nous voilà guéris tout à fait [6]. Pourquoi n'est la veine du gosier autant à notre commandement que la médiane [7] ? Aux plus fortes maladies les plus forts remèdes. Servius le Grammairien [8], ayant la goutte, n'y trouva meilleur conseil que de s'appliquer du poison et de tuer ses jambes [9]. Qu'elles fussent podagriques *a* à leur poste *b*, pourvu que ce fût sans sentiment ! Dieu nous donne assez de congé, quand il nous met en tel état que le vivre nous est pire que le mourir.

C'est faiblesse de céder aux maux, mais c'est folie de les nourrir.

Les Stoïciens disent [10] que c'est vivre convenablement à nature, pour le sage, de se départir de la vie, encore qu'il soit en plein heur, s'il le fait opportunément ; et au fol de maintenir sa vie, encore qu'il soit misérable, pourvu qu'il soit en la plus grande part des choses qu'ils disent être selon nature.

Comme je n'offense les lois qui sont faites contre les larrons, quand j'emporte le mien, et que je me coupe ma bourse ; ni des boute-feu *c*, quand je brûle mon bois : aussi ne suis-je tenu aux lois faites contre les meurtriers pour m'avoir ôté ma vie.

Hégésias disait que, comme la condition de la vie, aussi la condition de la mort devait dépendre de notre élection [11].

Et Diogène, rencontrant le philosophe Speusippe, affligé de longue hydropisie, se faisant porter en litière, qui lui cria : « Le bon salut ! Diogène. — A toi, point de salut, répondit-il, qui souffres le vivre, étant en tel état. »

De vrai, quelque temps après, Speusippe se fit mourir, ennuyé d'une si pénible condition de vie.

a. Goutteuses. — *b*. A leur guise. — *c*. Incendiaires.

Mais ceci ne s'en va pas sans contraste. Car plusieurs tiennent [11 bis] que nous ne pouvons abandonner cette garnison du monde sans le commandement exprès de celui qui nous y a mis, et que c'est à Dieu, qui nous a ici envoyés, non pour nous seulement, ains[a] pour sa gloire et service d'autrui, de nous donner congé quand il lui plaira, non à nous de le prendre [12] ; que nous ne sommes pas nés pour nous, ains aussi pour notre pays ; ses lois nous redemandent compte de nous pour leur intérêt, et ont action d'homicide contre nous ; autrement, comme déserteurs de notre charge, nous sommes punis et en celui-ci et en l'autre monde :

Proxima deinde tenent mœsti loca, qui sibi lœtum
Insontes peperere manu, lucemque perosi
Projecere animas *.

Il y a bien plus de constance à user la chaîne qui nous tient qu'à la rompre, et plus d'épreuve de fermeté en Régulus qu'en Caton. C'est l'indiscrétion et l'impatience qui nous hâte le pas. Nuls accidents ne font tourner le dos à la vive vertu ; elle cherche les maux et la douleur comme son aliment. Les menaces des tyrans, les géhennes et les bourreaux l'animent et la vivifient :

Duris ut ilex tonsa bipennibus
Nigrœ feraci frondis in Algido
Per damna, per cœdes, ab ipso
Ducit opes animumque ferra **.

Et comme dit l'autre :

Non est, ut putas, virtus, pater,

---

a. Mais.
* Virgile, *Enéide*, chant IV : « Ensuite occupent les lieux les plus proches, ceux qui, pleins de tristesse, se sont donné la mort à eux-mêmes bien qu'innocents, et qui par haine du jour, ont précipité leurs âmes aux enfers. »
** Horace, *Ode IV* du livre IV : « Telle l'yeuse qu'émonde la dure hache dans la sombre forêt du fertile Algide : ses pertes, ses blessures, le fer même lui donnent une vigueur et un courage nouveaux. »

Timere vitam, sed malis ingentibus
Obstare, nec se vertere ac retro dare *.
Rebus in adversis facile est contemnere mortem :
Fortius ille facit qui miser esse potest **.

C'est le rôle de la couardise, non de la vertu, de s'aller
tapir dans un creux, sous une tombe massive, pour éviter les coups de la fortune. Elle ne rompt son chemin et
son train pour orage qu'il fasse,

Si fractus illabatur orbis,
Impavidam ferient ruinæ ***.

Le plus communément, la fuite d'autres inconvénients
nous pousse à celui-ci ; voire quelquefois la fuite de la
mort fait que nous y courons,

Hic, rogo, non furor est, ne moriare, mori **** ?

comme ceux qui, de peur du précipice, s'y lancent eux-
mêmes :

multos in summa pericula misit
Venturi timor ipse mali ; fortissimus ille est,
Qui promptus metuenda pati, si cominus instent,
Et differre potest *****.
Usque adèo, mortis formidine, vitæ
Percipit humanos odium, lucisque videndæ,

* Sénèque, *La Thébaïde*, acte I : « La vertu ne consiste pas,
comme tu le penses, mon père, à craindre la vie, mais à faire front
aux pires maux et à ne jamais tourner le dos. »
** Citation, modifiée par Montaigne, de Martial, *Epigrammes*,
livre XI, LVI : « Dans l'adversité, il est facile de mépriser la mort,
celui-là agit plus courageusement, qui sait être malheureux. » Les
éditions courantes donnent : *Rebus in angustis* au lieu de *in adversis*.
*** Horace, *Ode III* du livre III : « Que l'univers s'écroule en
morceaux, ses ruines la frapperont sans l'effrayer. » Le texte d'Horace
porte *impavidum* et non *impavidam* : l'adjectif se rapporte au sage
et non à la vertu.
**** Martial, *Epigrammes*, livre II, LXXX : « Je le demande,
mourir de peur de mourir, n'est-ce pas de la folie furieuse ? »
***** Lucain, *La Pharsale*, chant VII : « La crainte même du
malheur à venir a précipité bien des gens dans les plus grands périls :
l'homme le plus courageux est celui qui, prêt à affronter les dangers
quand ils le pressent, sait aussi les éviter. »

Ut sibi consciscant mœrenti pectore lethum,
Obliti fontem curarum hunc esse timorem *.

Platon, en ses *Lois* [13], ordonne sépulture ignominieuse à celui qui a privé son plus proche et plus ami, savoir est soi-même, de la vie et du cours des destinées, non contraint par jugement public, ni par quelque triste et inévitable accident de la fortune, ni par une honte insupportable, mais par lâcheté et faiblesse d'une âme craintive. Et l'opinion qui dédaigne notre vie, elle est ridicule. Car enfin c'est notre être, c'est notre tout. Les choses qui ont un être plus noble et plus riche peuvent accuser le nôtre ; mais c'est contre nature que nous nous méprisons et mettons nous-mêmes à nonchaloir [a] ; c'est une maladie particulière, et qui ne se voit en aucune autre créature, de se haïr et dédaigner. C'est de pareille vanité que nous désirons être autre chose que ce que nous sommes. Le fruit d'un tel désir ne nous touche pas, d'autant qu'il se contredit et s'empêche en soi. Celui qui désire d'être fait d'un homme ange, il ne fait rien pour lui, il n'en vaudrait de rien mieux. Car, n'étant plus, qui se réjouira et ressentira de cet amendement pour lui ?

Debet enim, misere cui forte ægreque futurum est,
Ipse quoque esse in eo tum tempore, cum male possit
Accidere **.

La sécurité, l'indolence, l'impassiblité, la privation des maux de cette vie, que nous achetons au prix de la mort, ne nous apporte aucune commodité. Pour néant évite la guerre celui qui ne peut jouir de la paix ; et pour néant fuit la peine, qui n'a de quoi savourer le repos.

Entre ceux du premier avis, il y a eu grand doute sur ce : Quelles occasions sont assez justes pour faire entrer

---

a. Nous nous négligeons nous-mêmes.
* Lucrèce, *De Natura Rerum*, chant III : « La crainte de la mort inspire aux hommes un tel dégoût de la vie et de la lumière qu'ils se donnent la mort à eux-mêmes dans un accès de désespoir, oubliant que la source de leurs peines est cette peur de mourir. »
** Lucrèce, *De Natura Rerum*, chant III : « Celui qui doit éprouver du malheur et de la souffrance dans l'avenir, doit aussi exister à l'époque où ce malheur pourra se produire. »

un homme en ce parti de se tuer ? Ils appellent cela εὔλογον ἐξαγώγην *. Car, quoiqu'ils disent qu'il faut souvent mourir pour causes légères, puisque celles qui nous tiennent en vie ne sont guère fortes, si y faut-il quelque mesure. Il y a des humeurs fantastiques et sans discours qui ont poussé non des hommes particuliers seulement, mais des peuples, à se défaire. J'en ai allégué par ci-devant des exemples ; et nous lisons en outre, des vierges Milésiennes, que, par une conspiration furieuse, elles se pendaient les unes après les autres, jusques à ce que le magistrat y pourvût, ordonnant que celles qui se trouveraient ainsi pendues, fussent traînées du même licol, toutes nues, par la ville 14. Quand Thréicion prêche Cléomène 15 de se tuer, pour le mauvais état de ses affaires, et, ayant fui la mort plus honorable en la bataille qu'il venait de perdre, d'accepter cette autre qui lui est seconde en honneur, et ne donner point loisir aux victorieux de lui faire souffrir ou une mort ou une vie honteuse, Cléomène, d'un courage lacédémonien et stoïque, refuse ce conseil comme lâche et efféminé : « C'est une recette, dit-il, qui ne me peut jamais manquer, et de laquelle il ne se faut servir tant qu'il y a un doigt d'espérance de reste ; que le vivre est quelquefois constance et vaillance ; qu'il veut que sa mort même serve à son pays et en veut faire acte d'honneur et de vertu. » Thréicion se crut dès lors et se tua. Cléomène en fit aussi autant depuis ; mais ce fut après avoir essayé le dernier point de la fortune. Tous les inconvénients ne valent pas qu'on veuille mourir pour les éviter.

Et puis, y ayant tant de soudains changements aux choses humaines, il est malaisé à juger à quel point nous sommes justement au bout de notre espérance :

> *Sperat et in sæva victus gladiator arena,*
> *Sit licet infesto pollice turba minax ***.

* Maxime stoïcienne : « Sortie raisonnable. »
** Vers attribués à Pentadius que Montaigne a trouvés cités par Juste Lipse dans ses *Saturnalium sermonum libri*. « Même étendu dans l'arène cruelle, le gladiateur vaincu espère encore, bien que la foule menaçante le condamne en renversant le pouce. »

Toutes choses, dit un mot ancien [16], sont espérables à
un homme pendant qu'il vit. « Oui mais, répond Sénèque
pourquoi aurai-je plutôt en la tête cela, que la fortune
peut toutes choses pour celui qui est vivant, que ceci,
que fortune ne peut rien sur celui qui sait mourir ? » On
voit Josèphe [17] engagé en un si apparent danger et si pro-
chain, tout un peuple s'étant élevé contre lui, que, par
discours, il n'y pouvait avoir aucune ressource ; toutefois,
étant, comme il le dit, conseillé sur ce point par un de ses
amis de se défaire, bien lui servit de s'opiniâtrer encore
en l'espérance ; car la fortune contourna, outre toute raison humaine, cet accident, si qu'il s'en vit délivré sans
aucun inconvénient. Et Cassius et Brutus, au contraire,
achevèrent de perdre les reliques de la romaine liberté,
de laquelle ils étaient protecteurs, par la précipitation et
témérité de quoi ils se tuèrent avant le temps et l'occasion. J'ai vu cent lièvres se sauver sous les dents des
lévriers.

« *Aliquis carnifici suo superstes fuit* *. »

Multa dies variusque labor mutabilis ævi
Rettulit in melius ; multos alterna revisens
Lusit, et in solido rursus fortuna locavit **.

Pline dit [18] qu'il n'y a que trois sortes de maladies
pour lesquelles éviter on ait droit de se tuer : la plus
âpre de toutes, c'est la pierre à la vessie quand l'urine
en est retenue ; Sénèque, celles seulement qui ébranlent
pour longtemps les offices [19] de l'âme.

Pour éviter une pire mort, il y en a qui sont d'avis de la
prendre à leur poste. Damocrite, chef des Etoliens, mené
prisonnier à Rome, trouva moyen de nuit d'échapper.
Mais, suivi par ses gardes, avant que se laisser reprendre, il se donna de l'épée au travers le corps [20].

---

* Virgile, *Enéide*, chant XI : « Les jours nombreux et les épreuves
variées du temps inconstant ont rétabli souvent des destinées ;
souvent la fortune, revenant à ceux qu'elle a abattus, les remet par
jeu en lieu sûr. »
** Sénèque, *Lettre 13* : « Tel a survécu à son bourreau. »

Antinoüs et Théodotus, leur ville d'Epire réduite à l'extrémité par les Romains, furent d'avis au peuple de se tuer tous ; mais le conseil de se rendre plutôt ayant gagné, ils allèrent chercher la mort se ruant sur les ennemis, en intention de frapper, non de se couvrir [21]. L'île de Goze [22] forcée par les Turcs, il y a quelques années, un Sicilien qui avait deux belles filles prêtes à marier, les tua de sa main, et leur mère après qui accourut à leur mort. Cela fait, sortant en rue avec une arbalète et une arquebuse, de deux coups il en tua les deux premiers Turcs qui s'approchèrent de sa porte, et puis, mettant l'épée au poing, s'alla mêler furieusement, où il fut soudain enveloppé et mis en pièces, se sauvant ainsi du servage après en avoir délivré les siens.

Les femmes juives, après avoir fait circoncire leurs enfants, s'allaient précipiter quant et eux, fuyant la cruauté d'Antiochus [23]. On m'a conté qu'un prisonnier de qualité étant en nos conciergeries, ses parents, avertis qu'il serait certainement condamné, pour éviter la honte de telle mort, apostèrent un prêtre pour lui dire que le souverain remède de sa délivrance était qu'il se recommandât à tel saint, avec tel et tel vœu, et qu'il fût huit jours sans prendre aucun aliment, quelque défaillance et faiblesse qu'il sentît en soi. Il l'en crut, et par ce moyen se défit, sans y penser, de sa vie et du danger. Scribonia, conseillant Libo, son neveu, de se tuer plutôt que d'attendre la main de la justice, lui disait que c'était proprement faire l'affaire d'autrui que de conserver sa vie pour la remettre entre les mains de ceux qui la viendraient chercher trois ou quatre jours après, et que c'était servir ses ennemis de garder son sang pour leur en faire curée [24].

Il se lit dans la Bible [25] que Nicanor, persécuteur de la Loi de Dieu, ayant envoyé ses satellites pour saisir le bon vieillard Rasias, surnommé pour l'honneur de sa vertu le père aux Juifs, comme ce bonhomme n'y vit plus d'ordre, sa porte brûlée, ses ennemis prêts à le saisir, choisissant de mourir généreusement plutôt que de venir entre les mains des méchants, et de se laisser mâtiner contre l'honneur de son rang, qu'il se frappa de son épée ; mais le coup, pour la hâte *a*, n'ayant pas été bien assené, il courut se précipiter du haut d'un mur au travers de la troupe, laquelle s'écartant et lui faisant place, il chut droitement sur la tête. Ce néanmoins, se sentant encore quelque reste de vie, il rallumá son courage, et s'élevant en pieds, tout ensanglanté et chargé de coups, et faussant la presse *b*, donna jusques à certain rocher coupé et précipiteux, où, n'en pouvant plus, il prit, par l'une de ses plaies à deux mains ses entrailles, les déchirant et froissant, et les jeta à travers les poursuivants, appelant sur eux et attestant la vengeance divine.

Des violences qui se font à la conscience, la plus à éviter, à mon avis, c'est celle qui se fait à la chasteté des femmes, d'autant qu'il y a quelque plaisir corporel naturellement mêlé parmi ; et, à cette cause, le dissentiment *c* n'y peut être assez entier, et semble que la force soit mêlée à quelque volonté. Pélagie et Sophronie toutes deux canonisées, celle-là se précipita dans la rivière avec sa mère et ses sœurs pour éviter la force de quelques soldats, et celle-ci se tua aussi pour éviter la force de Maxence l'empereur [26]. L'histoire ecclésiastique a en révérence plusieurs tels exemples de personnes dévotes qui appelèrent la mort à garant contre les outrages que les tyrans préparaient à leur conscience

Il nous sera à l'aventure honorable aux siècles à venir qu'un savant auteur de ce temps, et notamment parisien [27], se met en peine de persuader aux dames de notre siècle de prendre plutôt tout autre parti que d'entrer en l'horrible conseil d'un tel désespoir. Je suis marri qu'il n'ait su, pour mêler à ces contes, le bon mot que j'ai appris à Toulouse, d'une femme passée par les mains de quelques soldats : « Dieu soit loué, disait-elle, qu'au moins une fois en ma vie je m'en suis saoulée sans péché ! »

A la vérité, ces cruautés ne sont pas dignes de la dou-

---

a. A cause de. — *b.* Perçant la foule. — *c.* Refus (de la femme).

ceur française ; aussi, Dieu merci, notre air s'en voit infiniment purgé depuis ce bon avertissement ; suffit qu'elles disent *nenny* en le faisant, suivant la règle du bon Marot [28].

L'Histoire est toute pleine de ceux qui, en mille façons, ont changé à la mort une vie peineuse [a].

Lucius Aruntius se tua pour, disait-il, fuir et l'avenir et le passé.

Granius Silvanus et Statius Proximus, après être pardonnés par Néron, se tuèrent, ou pour ne vivre de la grâce d'un si méchant homme, ou pour n'être en peine une autre fois d'un second pardon, vu sa facilité aux soupçons et accusations à l'encontre des gens de bien [29].

Spargapizés, fils de la reine Tomyris, prisonnier de guerre de Cyrus, employa à se tuer la première faveur que Cyrus lui fit de le faire détacher, n'ayant prétendu autre fruit de sa liberté que de venger sur soi la honte de sa prise [30].

Bogez, gouverneur en Eion de la part du roi Xerxès [31], assiégé par l'armée des Athéniens sous la conduite de Cimon, refusa la composition de s'en retourner sûrement en Asie à toute sa chevance [b], impatient de survivre à la perte de ce que son maître lui avait donné en garde ; et, après avoir défendu jusques à l'extrémité sa ville, n'y restant plus que manger, jeta premièrement en la rivière Strymon tout l'or et tout ce de quoi il lui sembla l'ennemi pouvoir faire plus de butin. Et puis, ayant ordonné allumer un grand bûcher, et égosiller [c] femmes, enfants, concubines et serviteurs, les mit dans le feu, et puis soi-même.

Ninachetuen [32], seigneur Indois, ayant senti le premier vent de la délibération du vice-roi portugais de le déposséder, sans aucune cause apparente, de la charge qu'il avait en Malacca, pour la donner au roi de Campar, prit à part soi cette résolution. Il fit dresser un échafaud plus long que large, appuyé sur des colonnes, royale-

a. Douloureuse. — *b.* Avec tous ses biens. — *c.* Egorger.

ment tapissé et orné de fleurs et de parfums en abondance. Et puis, s'étant vêtu d'une robe de drap d'or
chargé de quantité de pierreries de haut prix, sortit en
rue, et par des degrés monta sur l'échafaud, en un coin
duquel il y avait un bucher de bois aromatiques allumé.
Le monde accourut voir à quelle fin ces préparatifs inac-
coutumés. Ninachetuen remontra, d'un visage hardi et
mal content, l'obligation que la nation portugaise lui
avait ; combien fidèlement il avait versé [a] en sa charge ;
qu'ayant si souvent témoigné pour autrui, les armes en
main, que l'honneur lui était de beaucoup plus cher que
la vie, il n'était pas pour en abandonner le soin pour
soi-même ; que, sa fortune lui refusant tout moyen de
s'opposer à l'injure qu'on lui voulait faire, son courage
au moins lui ordonnait de s'en ôter le sentiment et de
servir de fable au peuple et de triomphe à des personnes
qui valaient moins que lui. Ce disant, il se jeta dans le
feu.

Sextilia, femme de Scaurus, et Paxea, femme de
Labeo, pour encourager leur maris à éviter les dangers
qui les pressaient, auxquels elles n'avaient part que par
l'intérêt de l'affection conjugale, engagèrent volontairement la vie pour leur servir, en cette extrême nécessité,
d'exemple et de compagnie. Ce qu'elles firent pour leurs
maris, Cocceius Nerva [33] le fit pour sa patrie, moins utilement, mais de pareil amour. Ce grand jurisconsulte,
fleurissant en santé, en richesses, en réputation, en crédit
près de l'empereur, n'eut autre cause de se tuer que la
compassion du misérable état de la chose publique romaine. Il ne se peut rien ajouter à la délicatesse de la
mort de la femme de Fulvius, familier d'Auguste. Auguste,
ayant découvert qu'il avait éventé un secret important
qu'il lui avait fié un matin qu'il le vint voir, lui en fit une
maigre mine. Il s'en retourna au logis, plein de désespoir ;
et dit tout piteusement à sa femme qu'étant tombé en ce
malheur, il était résolu de se tuer. Elle tout franchement :
« Tu ne feras que raison, vu qu'ayant assez souvent expé-

---

a. Il s'était comporté.

rimenté l'incontinence de ma langue, tu ne t'en es point donné de garde. Mais laisse, que je me tue la première. » Et, sans autrement marchander, se donna d'une épée dans le corps [34].

Vibius Virius [35], désespéré *a* du salut de sa ville assiégée par les Romains, et de leur miséricorde, en la dernière délibération de leur sénat, après plusieurs remontrances employées à cette fin, conclut que le plus beau était d'échapper à la fortune par leurs propres mains. Les ennemis les en auraient en honneur et Annibal sentirait combien fidèles amis il aurait abandonnés. Conviant ceux qui approuveraient son avis d'aller prendre un bon souper qu'on avait dressé chez lui, où, après avoir fait bonne chère, ils boiraient ensemble de ce qu'on lui présenterait : « Breuvage qui délivrera nos corps des tourments, nos âmes des injures, nos yeux et nos oreilles du sentiment de tant de vilains maux que les vaincus ont à souffrir des vainqueurs très cruels, et offensés. J'ai, disait-il, mis ordre qu'il y aura personnes propres à nous jeter dans un bûcher au-devant de mon huis, quand nous serons expirés. » Assez approuvèrent cette haute résolution, peu l'imitèrent. Vingt-sept sénateurs le suivirent et, après avoir essayé d'étouffer dans le vin cette fâcheuse pensée, finirent leur repas par ce mortel mets ; et, s'entre-embrassant après avoir en commun déploré le malheur de leur pays, les uns se retirèrent en leurs maisons, les autres s'arrêtèrent pour être enterrés dans le feu de Vibius avec lui. Et eurent tous la mort si longue, la vapeur du vin ayant occupé les veines et retardant l'effet du poison, qu'aucuns furent à une heure près de voir les ennemis dans Capoue, qui fut emportée le lendemain, et d'encourir les misères qu'ils avaient si chèrement fuies. Taurea Jubellius, un autre citoyen de là, le consul Fulvius retournant de cette honteuse boucherie qu'il avait faite de deux cent vingt-cinq sénateurs, le rappela fièrement par son nom, et l'ayant arrêté : « Commande, fit-il, qu'on me massacre

---

a. Désespérant.

aussi, après tant d'autres, afin que tu te puisses vanter d'avoir tué un beaucoup plus vaillant homme que toi. » Fulvius le dédaignant comme insensé (aussi que sur l'heure il venait de recevoir lettres de Rome contraires à l'inhumanité de son exécution, qui lui liaient les mains), Jubellius continua : « Puisque mon pays pris, mes amis morts, et ayant de ma main occis ma femme et mes enfants pour les soustraire à la désolation de cette ruine, il m'est interdit de mourir de la mort de mes concitoyens, empruntons de la vertu la vengeance de cette vie odieuse. » Et, tirant un glaive qu'il avait caché, s'en donna au travers la poitrine, tombant renversé mourant aux pieds du consul.

Alexandre assiégeait une ville aux Indes [36] ; ceux de dedans, se trouvant pressés, se résolurent vigoureusement à le priver du plaisir de cette victoire, et s'embrasèrent universellement tous, quant et leur ville, en dépit de son humanité. Nouvelle guerre : les ennemis combattaient pour les sauver, eux pour se perdre ; et faisaient pour garantir leur mort toutes les choses qu'on fait pour garantir sa vie.

Astapa [37], ville d'Espagne, se trouvant faible de murs et de défenses, pour soutenir les Romains, les habitants firent un amas de leurs richesses et meubles en la place, et ayant rangé au-dessus de ce monceau les femmes et les enfants, et l'ayant entouré de bois et matière propre à prendre feu soudainement et laissé cinquante jeunes hommes d'entre eux pour l'exécution de leur résolution, firent une sortie où, suivant leur vœu à faute de pouvoir vaincre, ils se firent tous tuer. Les cinquante, après avoir massacré toute âme vivante éparse par leur ville, et mis le feu en ce monceau, s'y lancèrent aussi, finissant leur généreuse liberté en un état insensible plutôt que douloureux et honteux, et montrant aux ennemis que, si fortune l'eût voulu, ils eussent eu aussi bien le courage de leur ôter la victoire, comme ils avaient eu de la leur rendre et frustratoire et hideuse, voire et mortelle à ceux qui, amorcés par la lueur de l'or coulant dans cette flamme, s'en étant approchés en bon nombre, y furent suffoqués et brûlés, le reculer leur étant interdit par la foule qui les suivait. Les Abydéens [38], pressés par Philippe, se résolurent de même. Mais, étant pris de trop court, le roi, ayant horreur de voir la précipitation téméraire de cette exécution (les trésors et les meubles qu'ils avaient diversement condamnés au feu et au naufrage, saisis), retirant ses soldats, leur concéda trois jours à se tuer à l'aise ; lesquels ils remplirent de sang et de meurtre au-delà de toute hostile cruauté ; et ne s'en sauva une seule personne qui eût pouvoir sur soi. Il y a infinis exemples de pareilles conclusions populaires, qui semblent plus âpres d'autant que l'effet en est plus universel. Elles le sont moins que séparées. Ce que le discours [a] ne ferait en chacun, il le fait en tous ; l'ardeur de la société ravissant les particuliers jugements.

Les condamnés qui attendaient l'exécution, du temps de Tibère, perdaient leurs biens et étaient privés de sépulture ; ceux qui l'anticipaient en se tuant eux-mêmes [39], étaient enterrés et pouvaient faire testament.

Mais on désire quelquefois la mort pour l'espérance d'un plus grand bien. « Je désire, dit saint Paul [40], être dissous pour être avec Jésus-Christ » ; et : « Qui me dépendra de ces liens [41] ? » Cleombrotus Ambraciota, ayant lu le *Phédon* de Platon, entra en si grand appétit de la vie à venir que, sans autre occasion, il s'alla précipiter en la mer [42]. Par où il appert combien improprement nous appelons désespoir cette dissolution volontaire à laquelle la chaleur de l'espoir nous porte souvent, et souvent une tranquille et rassise inclination de jugement. Jacques du Chastel [43], évêque de Soissons, au voyage d'outremer que fit saint Louis, voyant le roi et toute l'armée en train de revenir en France laissant les affaires de la religion imparfaites, prit résolution de s'en aller plutôt en paradis. Et, ayant dit adieu à ses amis, donna seul, à la vue d'un chacun, dans l'armée des ennemis, où il fut mis en pièces.

En certain royaume de ces nouvelles terres [44], au jour d'une solenne [b] procession, auquel l'idole qu'ils

a. La raison. — *b.* Solennelle.

adorent est promenée en public sur un char de merveilleuse grandeur, outre ce qu'il se voit plusieurs se
détaillant les morceaux de leur chair vive à lui offrir,
il s'en voit nombre d'autres se prosternant emmi la
place, qui se font moudre et briser sous les roues, pour
en acquérir après leur mort vénération de sainteté, qui
leur est rendue.

La mort de cet évêque [45], les armes au poing, a de la
générosité plus, et moins de sentiment ; l'ardeur du
combat en amusant une partie.

Il y a des polices [a] qui se sont mêlées de régler la justice
et opportunité des morts volontaires. En notre Marseille [46], il se gardait, au temps passé, du venin préparé à
tout [b] de la ciguë, aux dépens publics [c], pour ceux qui
voudraient hâter leurs jours, ayant premièrement approuvé aux six cents, qui était leur sénat, les raisons de
leur entreprise ; et n'était loisible autrement que par
congé du magistrat et par occasions légitimes de mettre
la main sur soi.

Cette loi était encore ailleurs. Sextus Pompée, allant
en Asie, passa par l'île de Cea [47] de Negrepont. Il advint
de fortune, pendant qu'il y était, comme nous l'apprend
l'un de ceux de sa compagnie, qu'une femme de grande
autorité, ayant rendu compte à ses citoyens pourquoi
elle était résolue de finir sa vie, pria Pompée d'assister
à sa mort pour la rendre plus honorable : ce qu'il fit ;
et, ayant longtemps essayé pour néant [d], à force d'éloquence qui lui était merveilleusement à main, et de
persuasion, de la détourner de ce dessein, souffrit enfin
qu'elle se contentât. Elle avait passé quatre vingts et
dix ans en très heureux état d'esprit et de corps ; mais
lors, couchée sur son lit mieux paré que de coutume et
appuyée sur le coude : « Les dieux, dit-elle, ô Sextus
Pompée, et plutôt ceux que je laisse que ceux que je vais
trouver, te sachent gré de quoi tu n'as dédaigné d'être
et conseiller de ma vie et témoin de ma mort ! De ma
part, ayant toujours essayé le favorable visage de fortune,

a. Gouvernements. — b. Avec. — c. Aux frais de l'Etat. —
d. Inutilement.

de peur que l'envie de trop vivre ne m'en fasse voir un contraire, je m'en vais d'une heureuse fin donner congé aux restes de mon âme, laissant de moi deux filles et une légion de neveux. » Cela fait, ayant prêché et enhorté[a] les siens à l'union et à la paix, leur ayant départi[b] ses biens et recommandé les dieux domestiques à sa fille aînée, elle prit d'une main assurée la coupe où était le venin[c], et, ayant fait ses vœux à Mercure et les prières de la conduire en quelque heureux siège en l'autre monde, avala brusquement ce mortel breuvage. Or entretint-elle la compagnie du progrès de son opération et comme les parties de son corps se sentaient saisies de froid l'une après l'autre, jusques à ce qu'ayant dit enfin qu'il arrivait au cœur et aux entrailles, elle appelât ses filles pour lui faire le dernier office et lui clore les yeux.

Pline récite[48] de certaine nation hyperborée, qu'en icelle, pour la douce température de l'air, les vies ne se finissent communément que par la propre volonté des habitants ; mais, qu'étant las et saouls de vivre, ils ont en coutume, au bout d'un long âge, après avoir fait bonne chère, se précipiter en la mer du haut d'un certain rocher destiné à ce service.

La douleur insupportable et une pire mort me semblent les plus excusables incitations.

---

a. Exhorté. — *b.* Partagé. — *c.* Poison.

CHAPITRE IV

A DEMAIN
LES AFFAIRES [1]

Je donne avec raison, ce me semble, la palme à Jacques
Amyot sur tous nos écrivains français [2], non seulement
pour la naïveté et pureté du langage, en quoi il surpasse
tous autres, ni pour la constance d'un si long travail, ni
pour la profondeur de son savoir, ayant pu développer
si heureusement un auteur si épineux et ferré (car on
m'en dira ce qu'on voudra : je n'entends rien au grec,
mais je vois un sens si beau, si bien joint et entretenu partout en sa traduction, que, ou il a certainement entendu
l'imagination vraie de l'auteur, ou, ayant par longue
conversation planté vivement dans son âme une générale
idée de celle de Plutarque, il ne lui a au moins rien prêté
qui le démente ou qui le dédie) ; mais surtout je lui sais
bon gré d'avoir su trier et choisir un livre si digne et si à
propos, pour en faire présent à son pays. Nous autres
ignorants étions perdus, si ce livre ne nous eût relevés
du bourbier ; sa merci [a], nous osons à cette heure et parler
et écrire ; les dames en régentent les maîtres d'école ;
c'est notre bréviaire. Si ce bonhomme vit, je lui résigne

a. Grâce à lui.

Xénophon [3] pour en faire autant ; c'est une occupation
plus aisée, et d'autant plus propre à sa vieillesse ; et puis,
je ne sais comment, il me semble, quoi qu'il se démêle [a]
bien brusquement et nettement d'un mauvais pas, que
toutefois son style est plus chez soi, quand il n'est pas
pressé et qu'il roule à son aise.

J'étais à cette heure sur ce passage où Plutarque
dit [4] de soi-même que Rusticus, assistant à une sienne
déclamation à Rome, y reçut un paquet de la part de
l'empereur et temporisa de l'ouvrir jusques à ce que tout
fût fait : en quoi (dit-il) toute l'assistance loua singulièrement la gravité de ce personnage. De vrai, étant sur le
propos de la curiosité, et de cette passion avide et gour-
mande de nouvelles, qui nous fait avec tant d'indiscrétion
et d'impatience abandonner toutes choses pour entretenir un nouveau venu, et perdre tout respect et contenance pour crocheter soudain, où que nous soyons, les
lettres qu'on nous apporte, il a eu raison de louer la
gravité de Rusticus ; et pouvait encore y joindre la
louange de sa civilité et courtoisie de n'avoir voulu interrompre le cours de sa déclamation. Mais je fais doute
qu'on le peut louer de prudence ; car, recevant à l'imprévu lettres et notamment d'un empereur, il pouvait
bien advenir que le différer à les lire eût été d'un grand
préjudice.

Le vice contraire à la curiosité, c'est la nonchalance,
vers laquelle je penche évidemment de ma complexion,
et en laquelle j'ai vu plusieurs hommes si extrêmes,
que trois ou quatre jours après on retrouvait encore en
leur pochette les lettres toutes closes qu'on leur avait
envoyées.

Je n'en ouvris jamais, non seulement de celles qu'on
m'eut commises, mais de celles mêmes que la fortune
m'eut fait passer par les mains ; et fait conscience si mes
yeux dérobent par mégarde quelque connaissance des
lettres d'importance qu'il lit, quand je suis à côté d'un
grand. Jamais homme ne s'enquit moins et ne fureta
moins ès affaires d'autrui.

a. Retire.

Du temps de nos pères, M. de Boutières⁵ cuida perdre Turin pour, étant en bonne compagnie à souper, avoir remis à lire un avertissement qu'on lui donnait des trahisons qui se dressaient contre cette ville, où il commandait ; et ce même Plutarque m'a appris⁶ que Jules César se fût sauvé, si, allant au Sénat le jour qu'il y fut tué par les conjurés, il eût lu un mémoire qu'on lui présenta. Et fait aussi⁷ le conte d'Archias, tyran de Thèbes, que le soir, avant l'exécution de l'entreprise que Pélopidas avait faite de le tuer pour remettre son pays en liberté, il lui fut écrit par un autre Archias, Athénien, de point en point ce qu'on lui préparait ; et que, ce paquet lui ayant été rendu pendant son souper, il remit à l'ouvrir, disant ce mot qui depuis, passa en proverbe en Grèce : « A demain les affaires. »

Un sage homme peut, à mon opinion, pour l'intérêt d'autrui, comme pour ne rompre indécemment compagnie, ainsi que Rusticus, ou pour ne discontinuer une autre affaire d'importance, remettre à entendre ce qu'on lui apporte de nouveau ; mais, pour son intérêt ou plaisir particulier, même s'il est homme ayant charge publique, pour ne rompre son dîner, voire ni son sommeil, il est inexcusable de le faire. Et anciennement était à Rome la place consulaire, qu'ils appelaient, la plus honorable à table, pour être plus à délivre*ᵃ* et plus accessible à ceux qui surviendraient pour entretenir celui qui y serait assis⁸. Témoignage que, pour être à table, ils ne se départaient pas de l'entremise d'autres affaires et survenances.

Mais, quand tout est dit, il est malaisé ès actions humaines de donner règle si juste par discours de raison, que la fortune n'y maintienne son droit.

_a._ Plus à portée.

CHAPITRE V

DE LA CONSCIENCE

Voyageant un jour, mon frère sieur de la Brousse[1] et
moi, durant nos guerres civiles, nous rencontrâmes un
gentilhomme de bonne façon ; il était du parti contraire
au nôtre, mais je n'en savais rien, car il se contrefaisait
autre ; et le pis de ces guerres, c'est que les cartes sont
si mêlées, votre ennemi n'étant distingué d'avec vous
d'aucune marque apparente, ni de langage, ni de port,
nourri en mêmes lois, mœurs et même air, qu'il est
malaisé d'y éviter confusion et désordre. Cela me faisait
craindre à moi-même de rencontrer nos troupes en lieu
où je ne fusse connu, pour n'être en peine de dire mon
nom, et de pis à l'aventure. Comme il m'était autrefois
advenu : car en un tel mécompte je perdis et hommes
et chevaux, et l'on m'y tua misérablement entre autres
un page gentilhomme Italien, que je nourrissais soigneusement, et fut éteinte en lui une très belle enfance
et pleine de grande espérance. Mais celui-ci en avait une
frayeur si éperdue, et je le voyais si mort à chaque
rencontre d'hommes à cheval et passage de villes qui
tenaient pour le roi, que je devinai enfin que c'étaient
alarmes que sa conscience lui donnait. Il semblait à ce
pauvre homme qu'au travers de son masque et des croix

de sa casaque on irait lire jusque dans son cœur ses secrètes intentions. Tant est merveilleux l'effort de la conscience ! Elle nous fait trahir, accuser et combattre nous-mêmes, et, à faute de témoins étrangers, elle nous produit, contre nous :

> *Occultum quatiens animo tortore flagellum* *.

Ce conte est en la bouche des enfants, Bessus, Péonien, reproché d'avoir de gaieté de cœur abattu un nid de moineaux et les avoir tués, disait avoir eu raison, parce que ces oisillons ne cessaient de l'accuser faussement du meurtre de son père. Ce parricide jusque lors avait été occulte et inconnu ; mais les furies vengeresses de la conscience le firent mettre hors à celui même qui en devait porter la pénitence [2].

Hésiode [3] corrige le dire de Platon, que la peine suit de bien près le péché : car il dit qu'elle naît en l'instant et quant et quant [a] le péché. Quiconque attend la peine, il la souffre [4] ; et quiconque l'a méritée, l'attend. La méchanceté fabrique des tourments contre soi,

> *Malum consilium consultori pessimum* **.

comme la mouche guêpe pique et offense autrui, mais plus soi-même, car elle y perd son aiguillon et sa force pour jamais,

> *vitasque in vulnere ponunt* ***.

Les cantharides [5] ont en elles quelque partie qui sert contre leur poison de contre-poison, par une contrariété de la nature. Aussi, à peine qu'on prend le plaisir au vice, il s'engendre un déplaisir contraire en la cons-

---

a. Avec.
* Juvénal, *Satire XIII* : « Nous frappant d'un fouet invisible et nous servant elle-même de bourreau. » Montaigne a légèrement modifié le texte pour mieux l'adapter à sa phrase.
** Proverbe cité par Aulu-Gelle, *Nuits Attiques*, livre IV, chap. v : « Le mauvais dessein est surtout mauvais pour celui qui l'a suivi. »
*** Virgile, *Géorgiques*, chant IV : « Elles laissent la vie en blessant. »

cience [6], qui nous tourmente de plusieurs imaginations pénibles, veillant et dormant,

> *Quippe ubi se multi, per somnia sæpe loquentes,*
> *Aut morbo delirantes, protraxe ferantur,*
> *Et celata diu in medium peccata dedisse *.*

Apollodore songeait qu'il se voyait écorcher par les Scythes, et puis bouillir dedans une marmite, et que son cœur murmurait en disant : « Je te suis cause de tous ces maux. » Aucune cachette ne sert aux méchants, disait Epicure [7], parce qu'ils ne se peuvent assurer d'être cachés, la conscience les découvrant à eux-mêmes,

> *prima est hæc ultio, quod se*
> *Judice nemo nocens absolvitur **.*

Comme elle nous remplit de crainte, aussi fait-elle d'assurance et de confiance. Et je puis dire avoir marché en plusieurs hasards d'un pas bien plus ferme, en considération de la secrète science que j'avais de ma volonté et innocence de mes desseins.

> *Conscia mens ut cuique sua est, ita concipit intra*
> *Pectora pro facto spemque metumque suo ***.*

Il y en a mille exemples ; il suffira d'en alléguer trois de même personnage.

Scipion, étant un jour accusé devant le peuple romain d'une accusation importante, au lieu de s'excuser ou de flatter ses juges : « Il vous siéra bien, leur dit-il, de vouloir entreprendre de juger de la tête de celui par le moyen duquel vous avez l'autorité de juger de tout le monde [8]. » Et, une autre fois [9], pour toute réponse aux imputations que lui mettait sus un tribun du peuple, au

---

* Lucrèce, *De Natura Rerum*, chant V : « Nombreux sont les coupables qui parlant dans leur sommeil ou dans le délire de la maladie s'accusent eux-mêmes et révèlent des fautes cachées depuis longtemps. »

** Juvénal, *Satire XIII* : « La première punition, c'est qu'aucun coupable ne peut s'absoudre à son propre tribunal. »

*** Ovide, *Fastes*, chant I : « Selon le jugement que la conscience se rend à elle-même, on a intérieurement le cœur rempli de crainte ou d'espérance. »

lieu de plaider sa cause : « Allons, dit-il, mes citoyens, allons rendre grâce aux dieux de la victoire qu'ils me donnèrent contre les Carthaginois en pareil jour que celui-ci. » Et, se mettant à marcher devant vers le temple, voilà toute l'assemblée et son accusateur même à sa suite. Et Petilius ayant été suscité par Caton pour lui demander compte de l'argent manié en la province d'Antioche, Scipion, étant venu au sénat pour cet effet, produisit le livre des raisons *a* qu'il avait dessous sa robe, et dit que ce livre en contenait au vrai la recette et la mise ; mais, comme on le lui demanda pour le mettre au greffe, il le refusa, disant ne se vouloir pas faire cette honte à soi-même ; et, de ses mains, en la présence du sénat, le déchira et mit en pièces. Je ne crois pas qu'une âme cautérisée sût contrefaire une telle assurance. Il avait le cœur trop gros de nature et accoutumé à trop haute fortune, dit Tite-Live [10], pour qu'il sût être criminel et se démettre à la bassesse de défendre son innocence.

C'est une dangereuse invention que celle des géhennes *b*, et semble que ce soit plutôt un essai de patience que de vérité. Et celui qui les peut souffrir cache la vérité, et celui qui ne les peut souffrir. Car pourquoi la douleur me fera-t-elle plutôt confesser ce qui en est, qu'elle ne me forcera de dire ce qui n'est pas ? Et, au rebours, si celui qui n'a pas fait ce de quoi on l'accuse, est assez patient pour supporter ces tourments, pourquoi ne le sera celui qui l'a fait, un si beau guerdon *c* que de la vie lui étant proposé ? Je pense que le fondement de cette invention est appuyé sur la considération de l'effort de la conscience. Car, au coupable, il semble qu'elle aide à la torture pour lui faire confesser sa faute, et qu'elle l'affaiblisse ; et, de l'autre part, qu'elle fortifie l'innocent contre la torture. Pour dire vrai, c'est un moyen d'incertitude et de danger.

Que ne dirait-on, que ne ferait-on pour fuir à si grièves douleurs ?

a. Le livre de comptes. — *b.* Tortures. — *c.* Récompense.

Etiam innocentes cogit mentiri dolor *.

D'où il advient que celui que le juge a géhenné pour ne le faire mourir innocent, il le fasse mourir et innocent et géhenné. Mille et mille en ont chargé leur tête de fausses confessions. Entre lesquels je loge Philotas, considérant les circonstances du procès qu'Alexandre lui fit et le progrès de sa gêne [14]. Mais tant y a que c'est, dit-on, le moins mal que l'humaine faiblesse ait pu inventer.

Bien inhumainement pourtant et bien inutilement, à mon avis ! Plusieurs nations [11], moins barbares en cela que la grecque et la romaine qui les en appellent, estiment horrible et cruel de tourmenter et desrompre *a* un homme de la faute duquel vous êtes encore en doute. Que peut-il mais de votre ignorance ? Etes-vous pas injustes, qui, pour ne le tuer sans occasion *b*, lui faites pis que le tuer [12] ? Qu'il soit ainsi : voyez combien de fois il aime mieux mourir sans raison que de passer par cette information plus pénible que le supplice et qui souvent, par son âpreté, devance le supplice, et l'exécute. Je ne sais d'où je tiens ce conte [13], mais il rapporte exactement la conscience de notre justice. Une femme de village accusait devant un général d'armée, grand justicier, un soldat pour avoir arraché à ses petits enfants ce peu de bouillie qui lui restait à les sustanter, cette armée ayant ravagé tous les villages à l'environ. De preuve, il n'y en avait point. Le général après avoir sommé la femme de regarder bien à ce qu'elle disait, d'autant qu'elle serait coupable de son accusation si elle mentait, et elle persistant, il fit ouvrir le ventre au soldat pour s'éclaircir de la vérité du fait. Et la femme se trouva avoir raison. Condamnation instructive *c*.

---

a. Mettre en pièces. — *b.* Sans motif. — *c.* Servant à l'instruction du procès.

* Sentence de Publius Syrus, citée par Vivès dans son *Commentaire de la Cité de Dieu*, de saint Augustin, livre XIX, chap. VI : « La souffrance force à mentir même des innocents. »

CHAPITRE VI

DE L'EXERCITATION

Il est malaisé que le discours [a] et l'instruction, encore que notre créance s'y applique volontiers, soient assez puissants pour nous acheminer jusques à l'action, si outre cela nous n'exerçons et formons notre âme par expérience au train auquel nous la voulons ranger : autrement, quand elle sera au propre des effets [b], elle s'y trouvera sans doute empêchée [c]. Voilà pourquoi, parmi les philosophes, ceux qui ont voulu atteindre à quelque plus grande excellence, ne se sont pas contentés d'attendre à couvert et en repos les rigueurs de la fortune, de peur qu'elle ne les surprît inexpérimentés et nouveaux au combat ; ains [d] ils lui sont allés au-devant, et se sont jetés à escient [e] à la preuve [f] des difficultés. Les uns en ont abandonné les richesses, pour s'exercer à une pauvreté volontaire ; les autres ont recherché le labeur et une austérité de vie pénible, pour se durcir au mal et au travail ; d'autres se sont privés des parties du corps les plus chères, comme de la vue et des membres propres à la génération, de peur que leur service, trop plai-

---

a. Raisonnement. — b. Actions. — c. Embarrassée. — d. Au contraire. — e. Sciemment. — f. Epreuve.

sant et trop mol[1], ne relachât et n'attendrît la fermeté
de leur âme. Mais à mourir, qui est la plus grande besogne que nous ayons à faire, l'exercitation ne nous y peut
aider. On se peut, par usage et par expérience, fortifier
contre les douleurs, la honte, l'indigence et tels autres
accidents ; mais, quant à la mort, nous ne la pouvons
essayer qu'une fois ; nous y sommes tous apprentis
quand nous y venons.

Il s'est trouvé anciennement des hommes si excellents
ménagers du temps, qu'ils ont essayé en la mort même
de la goûter et savourer, et ont bandé leur esprit pour
voir que c'était de ce passage ; mais ils ne sont pas revenus nous en dire les nouvelles :

> *memo expergitus extat*
> *Frigida quem semel est vitai pausa sequuta* *.

Canius Julius, noble homme romain, de vertu et fermeté
singulière, ayant été condamné à la mort par ce maraud
de Caligula, outre plusieurs merveilleuses preuves qu'il
donna de sa résolution, comme il était sur le point de
souffrir la main du bourreau, un philosophe, son ami,
lui demanda : « Eh bien, Canius, en quelle démarche est
à cette heure votre âme ? que fait-elle ? en quels pensements êtes-vous ? — Je pensais, lui répondit-il, à me
tenir prêt et bandé de toute ma force, pour voir si, en
cet instant de la mort, si court et si bref, je pourrai
apercevoir quelque délogement de l'âme, et si elle aura
quelque ressentiment[a] de son issue, pour, si j'en
apprends quelque chose, en revenir donner après, si je
puis, avertissement à mes amis[2]. » Celui-ci philosophe
non seulement jusques à la mort, mais en la mort
même. Quelle assurance était-ce, et quelle fierté de
courage, de vouloir que sa mort lui servît de leçon, et
avoir loisir de penser ailleurs en une si grande affaire !

---

a. Sentiment.
* Lucrèce, *De Natura Rerum*, chant III : « Personne ne se réveille
après avoir été atteint par le froid repos de la mort. »

Jus hoc animi morientis habebat *.

Il me semble toutefois qu'il y a quelque façon de nous apprivoiser à elle et de l'essayer aucunement. Nous en pouvons avoir expérience, sinon entière et parfaite, au moins telle qu'elle ne soit pas inutile, et qui nous rende plus fortifiés et assurés. Si nous ne la pouvons joindre, nous la pouvons approcher, nous la pouvons reconnaître ; et, si nous ne donnons jusques à son fort, au moins verrons-nous et en pratiquerons les avenues. Ce n'est pas sans raison qu'on nous fait regarder à notre sommeil même, pour la ressemblance qu'il a de la mort.

Combien facilement nous passons du veiller au dormir ! Avec combien peu d'intérêt nous perdons la connaissance de la lumière et de nous !

A l'aventure pourrait sembler inutile et contre nature la faculté du sommeil qui nous prive de toute action et de tout sentiment, n'était que, par icelui, nature nous instruit qu'elle nous a pareillement faits pour mourir que pour vivre, et, dès la vie, nous présente l'éternel état qu'elle nous garde après icelle, pour nous y accoutumer et nous en ôter la crainte.

Mais ceux qui sont tombés par quelque violent accident en défaillance de cœur et qui y ont perdu tous sentiments, ceux-là, à mon avis, ont été bien près de voir son vrai et naturel visage ; car, quant à l'instant et au point du passage, il n'est pas à craindre qu'il porte avec soi aucun travail ou déplaisir, d'autant que nous ne pouvons avoir nul sentiment sans loisir. Nos souffrances ont besoin de temps, qui est si court et si précipité en la mort qu'il faut nécessairement qu'elle soit insensible. Ce sont les approches que nous avons à craindre ; et celles-là peuvent tomber en expérience.

Plusieurs choses nous semblent plus grandes par imagination que par effet. J'ai passé une bonne partie de mon âge en une parfaite et entière santé : je dis non seulement entière, mais encore allègre et bouillante. Cet

* Lucain, *La Pharsale*, chant VIII : « Il avait encore cet empire sur son âme au moment d'expirer. »

état, plein de verdeur et de fête, me faisait trouver si horrible la considération des maladies, que, quand je suis venu à les expérimenter, j'ai trouvé leurs pointures *a* molles et lâches au prix de ma crainte.

Voici que *b* j'éprouve tous les jours : suis-je à couvert chaudement dans une bonne salle, pendant qu'il se passe une nuit orageuse et tempêteuse, je m'étonne et m'afflige pour ceux qui sont lors en la campagne ; y suis-je moi-même, je ne désire pas seulement d'être ailleurs.

Cela seul, d'être toujours enfermé dans une chambre, me semblait insupportable ; je fus incontinent dressé à y être une semaine, et un mois, plein d'émotion *c*, d'altération et de faiblesse ; et ai trouvé que, lors de ma santé, je plaignais les malades beaucoup plus que je ne me trouve à plaindre moi-même quand j'en suis, et que la force de mon appréhension enchérissait près de moitié l'essence et la vérité de la chose. J'espère qu'il m'en adviendra de même de la mort, et qu'elle ne vaut pas la peine que je prends à tant d'apprêts que je dresse et tant de secours que j'appelle et assemble pour en soutenir l'effort ; mais, à toutes aventures, nous ne pouvons nous donner trop d'avantage.

Pendant nos troisièmes troubles ou deuxièmes [3] (il ne me souvient pas bien de cela), m'étant allé un jour promener à une lieue de chez moi, qui suis assis dans le moiau [4] de tout le trouble des guerres civiles de France, estimant être en toute sûreté et si voisin de ma retraite que je n'avais point besoin de meilleur équipage, j'avais pris un cheval bien aisé, mais non guère ferme. A mon retour, une occasion soudaine s'étant présentée de m'aider de ce cheval à un service qui n'était pas bien de son usage, un de mes gens, grand et fort, monté sur un puissant roussin qui avait une bouche désespérée *d*, frais au demeurant et vigoureux, pour faire le hardi et devancer ses compagnons vint à le pousser à toute bride droit dans ma route, et fondre comme un colosse sur le petit homme et petit cheval, et le foudroyer de sa roideur et

a. Douleurs poignantes. — *b.* Ce que. — *c.* Inquiétude. — *d.* N'obéissant pas au mors.

de sa pesanteur, nous envoyant l'un et l'autre les pieds contre mont *a*, si que voilà le cheval abattu et couché tout étourdi, moi dix ou douze pas au-delà, mort, étendu à la renverse, le visage tout meurtri et tout écorché mon épée que j'avais à la main, à plus de dix pas au-delà, ma ceinture en pièces, n'ayant ni mouvement ni sentiment, non plus qu'une souche. C'est le seul évanouissement que j'aie senti jusques à cette heure. Ceux qui étaient avec moi, après avoir essayé par tous les moyens qu'ils purent de me faire revenir, me tenant pour mort, me prirent entre leurs bras et m'emportaient avec beaucoup de difficulté en ma maison, qui était loin de là environ une demi-lieue française. Sur le chemin, et après avoir été plus de deux grosses heures tenu pour trépassé, je commençai à me mouvoir et respirer ; car il était tombé si grande abondance de sang dans mon estomac, que, pour l'en décharger, nature eut besoin de ressusciter ses forces. On me dressa sur mes pieds, où je rendis un plein seau de bouillons de sang pur, et plusieurs fois par le chemin, il m'en fallut faire de même. Par là je commençai à reprendre un peu de vie, mais ce fut par les menus *b* et par un si long trait de temps que mes premiers sentiments étaient beaucoup plus approchant de la mort que de la vie,

Perche, dubbiosa anchor del suo ritorno,
Non s'assecura attonita la mente *.*

Cette récordation *c* que j'en ai fort empreinte en mon âme, me représentant son visage et son idée si près du naturel, me concilie aucunement à elle. Quand je commençai à y voir, ce fut d'une vue si trouble, si faible et si morte, que je ne discernais encore rien que la lumière,

---

a. En l'air. — *b*. Peu à peu. — *c*. Souvenir.
* Tasse, *Jérusalem délivrée*, chant XII : « Car encore incertaine de son retour, l'âme frappée de stupeur ne peut s'affermir. »

come quel ch'or apre or chiude
Gli occhi mezzo tra'l sonno è l'esser desto *.

Quant aux fonctions de l'âme, elles naissaient avec même progrès que celles du corps. Je me vis tout sanglant, car mon pourpoint était taché partout du sang que j'avais rendu. La première pensée qui me vint, ce fut que j'avais une arquebusade en la tête ; de vrai, en même temps, il s'en tirait plusieurs autour de nous. Il me semblait que ma vie ne me tenait plus qu'au bout des lèvres ; je fermais les yeux pour aider, ce me semblait, à la pousser hors, et prenais plaisir à m'alanguir et à me laisser aller. C'était une imagination qui ne faisait que nager superficiellement en mon âme, aussi tendre et aussi faible que tout le reste, mais à la vérité non seulement exempte de déplaisir, ains *ª* mêlée à cette douceur que sentent ceux qui se laissent glisser au sommeil.

Je crois que c'est ce même état où se trouvent ceux qu'on voit défaillants de faibesse en l'agonie de la mort ; et tiens que nous les plaignons sans cause, estimant qu'ils soient agités de grièves douleurs, ou avoir l'âme pressée de cogitations pénibles. Ç'a été toujours mon avis, contre l'opinion de plusieurs, et même d'Etienne de la Boétie, que ceux que nous voyons ainsi renversés et assoupis aux approches de leur fin, ou accablés de la longueur du mal, ou par l'accident d'une apoplexie, ou mal caduc,

vi morbi sæpe coactus
Ante oculos aliquis nostros, ut fulminis ictu,
Concidit, et spumas agit ; ingemit, et fremit artus ;

---

a. Mais.
* *Jérusalem délivrée*, chant VIII : « Comme celui qui tantôt entrouvre les yeux et tantôt les referme, à mi-chemin entre le sommeil et le réveil. »

Desipit, extentat nervos, torquetur, anhelat,
Inconstanter et in jactando membra fatigat *,

ou blessés en la tête, que nous oyons grommeler*ᵃ et
rendre parfois des soupirs tranchants, quoique nous en
tirions aucuns signes par où il semble qu'il leur reste
encore de la connaissance, et quelques mouvements que
nous leur voyons faire du corps ; j'ai toujours pensé,
dis-je, qu'ils avaient et l'âme et le corps ensevelis et
endormis :

Vivit, et est vitæ nescius ipse suæ **.

Et ne pouvais croire que, à un si grand étonnement*ᵇ de
membres et si grande défaillance des sens, l'âme peut
maintenir aucune force au-dedans pour se reconnaître ;
et que, par ainsi, ils n'avaient aucun discours qui les
tourmentât et qui leur pût faire juger et sentir la misère
de leur condition, et que, par conséquent, ils n'étaient
pas fort à plaindre.

Je n'imagine aucun état pour moi si insupportable et
horrible que d'avoir l'âme vive et affligée, sans moyen
de se déclarer ; comme je dirais de ceux qu'on envoie
au supplice, leur ayant coupé la langue, si ce n'était
qu'en cette sorte de mort la plus muette me semble la
mieux séante, si elle est accompagnée d'un ferme visage
et grave ; et comme ces misérables*ᶜ prisonniers qui
tombent ès mains des vilains bourreaux soldats de ce
temps, desquels ils sont tourmentés*ᵈ de toute espèce de
cruel traitement pour les contraindre à quelque rançon
excessive et impossible, tenus cependant en condition
et en lieu où ils n'ont moyen quelconque d'expression
et signification de leurs pensées et de leur misère.

a. Geindre. — *b.* Ebranlement. — *c.* Dignes de pitié. — *d.* Tor-
turés.
  * Lucrèce, *De Natura Rerum*, chant IV : « Souvent un malade,
dompté par la violence de la maladie, comme frappé par la foudre,
s'affaisse sous nos yeux : il écume, il gémit, ses membres frémissent,
il délire, roidit ses muscles, se débat, halète et épuise son corps en
mouvements désordonnés. »
  ** Ovide, *Tristes*, livre I, chant III : « Il vit, mais il n'a pas lui-
même conscience qu'il vit. »

Les poètes ont feint quelques dieux favorables à la délivrance de ceux qui traînaient ainsi une mort languissante,

> *hunc ego Diti*
> *Sacrum jussa fero, teque isto corpore solvo* *. *

Et les voix et réponses courtes et décousues qu'on leur arrache à force de crier autour de leurs oreilles et de les tempêter, ou des mouvements qui semblent avoir quelque consentement à ce qu'on leur demande, ce n'est pas témoignage qu'ils vivent pourtant, au moins une vie entière. Il nous advient aussi sur le bégaiement du sommeil, avant qu'il nous ait du tout saisis, de sentir comme en songe ce qui se fait autour de nous, et suivre les voix d'une ouïe trouble et incertaine qui semble ne donner qu'aux bords de l'âme ; et faisons des réponses, à la suite des dernières paroles qu'on nous a dites, qui ont plus de fortune que de sens.

Or, à présent que je l'ai essayé par effet [a], je ne fais nul doute que je n'en ai bien jugé jusques à cette heure. Car, premièrement, étant tout évanoui, je me travaillais d'entrouvrir mon pourpoint à belles ongles (car j'étais désarmé), et si sais que je ne sentais en l'imagination rien qui me blessât : car il y a plusieurs mouvements en nous qui ne partent pas de notre ordonnance,

> *Semianimesque micant digiti ferrumque retractant* **.

Ceux qui tombent élancent ainsi les bras au-devant de leur chute, par une naturelle impulsion qui fait que nos membres se prêtent des offices [b] et ont des agitations à part de notre discours :

> *Falciferos memorant currus abscindere membra,*
> *Ut tremere in terra videatur ab artubus id quod*

---

a. Effectivement. — b. Services.
* Virgile, *Enéide*, chant IV : « Selon les ordres des dieux, j'apporte à Pluton ce cheveu consacré et je te délivre de ton corps. » Iris, messagère des dieux, met fin à la cruelle agonie de Didon.
** Virgile, *Enéide*, chant X : « A demi morts, les doigts s'agitent convulsivement et ressaisissent le fer. »

Decidit abscissum, cum mens tamen atque homini vis
Mobilitate mali non quit sentire dolorem *.

J'avais mon estomac pressé de ce sang caillé, mes mains y couraient d'elles-mêmes, comme elles font souvent où il nous démange, contre l'avis de notre volonté. Il y a plusieurs animaux, et des hommes mêmes, après qu'ils sont trépassés, auxquels on voit resserrer et remuer des muscles. Chacun sait par expérience qu'il y a des parties qui se branlent, dressent et couchent souvent sans son congé. Or ces passions*a* qui ne nous touchent que par l'écorce, ne se peuvent dire nôtres. Pour les faire nôtres, il faut que l'homme y soit engagé tout entier ; et les douleurs que le pied ou la main sentent pendant que nous dormons, ne sont pas à nous.

Comme j'approchai de chez moi, où l'alarme de ma chute avait déjà couru, et que ceux de ma famille m'eurent rencontré avec les cris accoutumés en telles choses, non seulement je répondais quelque mot à ce qu'on me demandait, mais encore ils disent que je m'avisai de commander qu'on donnât un cheval à ma femme. que je voyais s'empêtrer et se tracasser dans le chemin qui est montueux et malaisé. Il semble que cette considération dût partir d'une âme éveillée, si est-ce que*b* je n'y étais aucunement ; c'étaient des pensements vains, en nue, qui étaient émus par les sens des yeux et des oreilles ; ils ne venaient pas de chez moi. Je ne savais pourtant ni d'où je venais, ni où j'allais ; ni ne pouvais peser et considérer ce qu'on me demandait : ce sont des légers effets que les sens produisaient d'eux-mêmes, comme d'un usage ; ce que l'âme y prêtait, c'était en songe, touchée bien légèrement, et comme léchée seulement et arrosée par la molle impression des sens.

Cependant mon assiette était à la vérité très douce

---

a. Impressions. — *b.* Toujours est-il.
* Lucrèce, *De Natura Rerum*, chant III : « On rapporte que des chars armés de faux coupent les membres de telle sorte que les tronçons séparés des articulations semblent s'agiter à terre, lorsque l'âme et la force de l'homme n'éprouvent pas de la souffrance en raison de la rapidité du mal. »

et paisible ; je n'avais affliction ni pour autrui ni pour moi ; c'était une langueur et une extrême faiblesse, sans aucune douleur. Je vis ma maison sans la reconnaître. Quand on m'eut couché, je sentis une infinie douceur à ce repos, car j'avais été vilainement tirassé par ces pauvres gens, qui avaient pris la peine de me porter sur leurs bras par un long et très mauvais chemin, et s'y étaient lassés deux ou trois fois les uns après les autres. On me présenta force remèdes, de quoi je n'en reçus aucun, tenant pour certain que j'étais blessé à mort par la tête. C'eût été sans mentir une mort bien heureuse ; car là faiblesse de mon discours *a* me gardait d'en rien juger, et celle du corps d'en rien sentir. Je me laissais couler si doucement et d'une façon si douce et si aisée que je ne sens guère autre action moins pesante que celle-là était. Quand je vins à revivre et à reprendre mes forces,

Ut tandem sensus convaluere mei*,

qui fut deux ou trois heures après, je me sentis tout d'un train rengager aux douleurs, ayant les membres tout moulus et froissés de ma chute ; et j'en fus si mal deux ou trois nuits après, que j'en cuidai remourir encore un coup, mais d'une mort plus vive ; et me sens encore de la secousse de cette froissure. Je ne veux pas oublier ceci, que la dernière chose en quoi je me pus remettre, ce fut la souvenance de cet accident ; et me fis redire plusieurs fois où j'allais, d'où je venais, à quelle heure cela m'était advenu, avant que de le pouvoir concevoir. Quant à la façon de ma chute, on me la cachait en faveur de celui qui en avait été cause, et m'en forgeait-on d'autres. Mais longtemps après, et le lendemain, quand ma mémoire vint à s'entrouvrir et me représenter l'état où je m'étais trouvé en l'instant que j'avais aperçu ce cheval fondant sur moi car je l'avais vu à mes talons et me tins pour mort,

---

a. Raison.
* Ovide, *Tristes*, livre I, chant III : « Lorsqu'enfin mes sens reprirent des forces. »

mais ce pensement avait été si soudain que la peur n'eut pas loisir de s'y engendrer, il me sembla que c'était un éclair qui me frappait l'âme de secousse et que je revenais de l'autre monde.

Ce conte d'un événement si léger est assez vain, n'était l'instruction que j'en ai tirée pour moi, car, à la vérité, pour s'apprivoiser à la mort, je trouve qu'il n'y a que de s'en avoisiner. Or, comme dit Pline, chacun est à soi-même une bonne discipline, pourvu qu'il ait la suffisance de s'épier de près. Ce n'est pas ici ma doctrine, c'est mon étude ; et n'est pas la leçon d'autrui, c'est la mienne.

Et ne me doit-on savoir mauvais gré pourtant, si je la communique. Ce qui me sert, peut aussi par accident servir à un autre. Au demeurant, je ne gâte rien, je n'use que du mien. Et si je fais le fol, c'est à mes dépens et sans l'intérêt de personne. Car c'est en folie *a* qui meurt en moi, qui n'a point de suite. Nous n'avons nouvelles que de deux ou trois anciens qui aient battu ce chemin ; et si ne pouvons dire si c'est du tout en pareille manière à celle-ci, n'en connaissant que les noms. Nul depuis ne s'est jeté sur leur trace. C'est une épineuse entreprise, et plus qu'il ne semble, de suivre une allure si vagabonde que celle de notre esprit ; de pénétrer les profondeurs opaques de ses replis internes ; de choisir et arrêter tant de menus airs de ses agitations. Et est un amusement nouveau et extraordinaire, qui nous retire des occupations communes du monde, oui, et des plus recommandées. Il y a plusieurs années que je n'ai que moi pour visée à mes pensées, que je ne contrôle et étudie que moi ; et, si j'étudie autre chose, c'est pour soudain le coucher sur moi, ou en moi, pour mieux dire. Et ne me semble point faillir, si, comme il se fait des autres sciences, sans comparaison moins utiles, je fais part de ce j'ai appris en celle-ci ; quoique je ne me contente guère du progrès

---

a. Texte peu compréhensible. Peut-être faut-il lire : « *c'est une folie qui...* »

que j'y ai fait. Il n'est description pareille en difficulté
à la description de soi-même, ni certes en utilité. Encore
se faut-il testonner *, encore se faut-il ordonner et ranger
pour sortir en place. Or je me pare sans cesse, car je
me décris sans cesse. La coutume a fait le parler de
soi vicieux, et le prohibe obstinément en haine de la
ventance *b* qui semble toujours être attachée aux propres *c* témoignages.

Au lieu qu'on doit moucher l'enfant, cela s'appelle
l'énaser *d*,

In vitium ducit culpæ fuga *.*

Je trouve plus de mal que de bien à ce remède. Mais,
quand il serait vrai que ce fût nécessairement présomption d'entretenir le peuple de soi, je ne dois pas, suivant
mon général dessein, refuser une action qui publie cette
maladive qualité, puisqu'elle est en moi ; et ne dois
cacher cette faute que j'ai non seulement en usage,
mais en profession. Toutefois, à dire ce que j'en crois,
cette coutume a tort de condamner le vin, parce que
plusieurs s'y enivrent. On ne peut abuser que des
choses qui sont bonnes. Et crois cette règle qu'elle ne
regarde que la populaire défaillance. Ce sont brides à
veaux, desquelles ni les saints, que nous oyons si
hautement parler d'eux, ni les philosophes, ni les théologiens ne se brident. Ne fais-je, moi, quoique je sois
aussi peu l'un que l'autre. S'ils n'en écrivent à point
nommé, au moins, quand l'occasion les y porte, ne
feignent-ils pas de se jeter bien avant sur le trottoir *e*.
De quoi traite Socrate plus largement que de soi ? A
quoi achemine-t-il plus souvent les propos de ses disciples, qu'à parler d'eux, non pas de la leçon de leur livre,
mais de l'être et branle de leur âme ? Nous nous disons
religieusement à Dieu, et à notre confesseur, comme
nos voisins ⁵ à tout le peuple. Mais nous n'en disons

a. S'attifer. — *b.* Vantardise. — *c.* Particuliers. — *d.* Lui couper
le nez. — *e.* Piste pour faire trotter les chevaux.
* Maxime tirée de l'*Art poétique* d'Horace : « La peur d'une
faute nous conduit à un vice. »

me répondra-t-on, que les accusations. Nous disons donc tout : car notre vertu même est fautière[a] et repentable[b]. Mon métier et mon art, c'est vivre. Qui me défend d'en parler selon mon sens, expérience et usage, qu'il ordonne à l'architecte de parler des bâtiments non selon soi, mais selon son voisin ; selon la science d'un autre, non selon la sienne. Si c'est gloire de soi-même publier ses valeurs que ne met Cicéron en avant l'éloquence de Hortensius[6], Hortensius celle de Cicéron ? A l'aventure, entendent-ils que je témoigne de moi par ouvrages et effets, non nuement par des paroles. Je peins principalement mes cogitations, sujet informe, qui ne peut tomber en production ouvragère. A toute peine le puis-je coucher en ce corps aéré de la voix. Des plus sages hommes et des plus dévots ont vécu fuyant tous apparents effets. Les effets diraient plus de la Fortune que de moi. Ils témoignent leur rôle, non pas le mien, si ce n'est conjecturalement et incertainement : échantillons d'une montre particulière[7]. Je m'étale entier : c'est un skeletos[8] où, d'une vue, les veines, les muscles, les tendons paraissent, chaque pièce en son siège. L'effet de la toux en produisait une partie ; l'effet de la pâleur ou battement de cœur, une autre, et douteusement.

Ce ne sont pas mes gestes que j'écris, c'est moi, c'est mon essence. Je tiens qu'il faut être prudent à estimer de soi, et pareillement consciencieux à en témoigner, soit bas, soit haut, indifféremment. Si je me semblais bon et sage ou près de là, je l'entonnerais à pleine tête. De dire moins de soi qu'il n'y en a, c'est sottise, non modestie. Se payer de moins qu'on ne vaut, c'est lâcheté et pusillanimité, selon Aristote[9]. Nulle vertu ne s'aide de la fausseté ; et la vérité n'est jamais matière d'erreur. De dire de soi plus qu'il n'y en a, ce n'est pas toujours présomption, c'est encore souvent sottise. Se complaire outre mesure de ce qu'on est, en tomber en amour de soi indiscrète, est, à mon avis, la substance de ce vice. Le suprême remède à le guérir,

---

a. Coupable. — *b.* Capable de repentir.

c'est faire tout le rebours de ce que ceux ici ordonnent, qui, en défendant le parler de soi, défendent par conséquent encore plus de penser à soi. L'orgueil gît en la pensée. La langue n'y peut avoir qu'une bien légère part. De s'amuser*a* à soi, il leur semble que c'est se plaire, en soi ; de se hanter et pratiquer, que c'est se trop chérir. Il*b* peut être. Mais cet excès naît seulement en ceux qui ne se tâtent que superficiellement ; qui se voient après leurs affaires, qui appellent rêverie et oisiveté s'entretenir de soi, et s'étoffer et bâtir, faire des châteaux en Espagne : s'estimant chose tierce et étrangère à eux-mêmes.

Si quelqu'un s'enivre de sa science, regardant sous soi : qu'il tourne les yeux au-dessus vers les siècles passés, il baissera les cornes*c*, y trouvant tant de milliers d'esprits qui le foulent aux pieds. S'il entre en quelque flatteuse présomption de sa vaillance, qu'il se ramentoive*d* les vies des deux Scipion, de tant d'armées, de tant de peuples, qui le laissent si loin derrière eux. Nulle particulière qualité n'enorgueillira celui qui mettra quand et quand*e* en compte tant d'imparfaites et faibles qualités autres qui sont en lui, et, au bout, la nihilité de l'humaine condition.

Parce que Socrate avait seul mordu à certes*f* au précepte de son Dieu, de se connaître, et par cette étude était arrivé à se mépriser, il fut estimé seul digne du surnom de Sage. Qui se connaîtra ainsi, qu'il se donne hardiment à connaître par sa bouche.

---

a. Passer son temps avec soi. — *b*. Cela peut. — *c*. Il s'humiliera. — *d*. Qu'il se rappelle. — *e*. En même temps. — *f*. Sérieusement.

CHAPITRE VII

DES RÉCOMPENSES
D'HONNEUR

CEUX qui écrivent la vie d'Auguste César [1] remarquent
ceci en sa discipline militaire que, des dons, il était
merveilleusement libéral envers ceux qui le méritaient,
mais que, des pures récompenses d'honneur, il en était
bien autant épargnant. Si est-ce qu'il avait été lui-même
gratifié par son oncle de toutes les récompenses militaires avant qu'il eût jamais été à la guerre. Ç'a été
une belle invention, et reçue en la plupart des polices [a]
du monde, d'établir certaines marques vaines et sans
prix, pour en honorer et récompenser la vertu, comme
sont les couronnes de laurier, de chêne, de myrte, la
forme de certain vêtement, le privilège d'aller en coche
par ville, ou de nuit avec flambeau, quelque assiette
particulière aux assemblées publiques, la prérogative
d'aucuns surnoms et titres, certaines marques aux
armoiries, et choses semblables, de quoi l'usage a été
diversement reçu selon l'opinion des nations, et dure
encore.

  a. Gouvernements.

Nous avons pour notre part, et plusieurs de nos voisins, les ordres de chevalerie, qui ne sont établis qu'à cette fin. C'est, à la vérité, une bien bonne et profitable coutume de trouver moyen de reconnaître la valeur des hommes rares et excellents, et de les contenter et satisfaire par des paiements qui ne chargent aucunement le public et qui ne coûtent rien au prince. Et ce qui a été toujours connu par expérience ancienne et que nous avons autrefois aussi pu voir entre nous, que les gens de qualité avaient plus de jalousie de telles récompenses que de celles où il y avait du gain et du profit, cela n'est pas sans raison et grande apparence. Si au prix qui doit être simplement d'honneur, on y mêle d'autres commodités et de la richesse, ce mélange, au lieu d'augmenter l'estimation, il la ravale *a* et en retranche. L'ordre Saint-Michel, qui a été si longtemps en crédit parmi nous [2], n'avait point de plus grande commodité que celle-là, de n'avoir communication d'aucune autre commodité. Cela faisait qu'autrefois il n'y avait ni charge ni état, quel qu'il fût, auquel la noblesse prétendît avec tant de désir et d'affection qu'elle faisait à l'ordre, ni qualité qui apportât plus de respect et de grandeur : la vertu embrassant et aspirant plus volontiers à une récompense purement sienne, plutôt glorieuse qu'utile. Car, à la vérité, les autres dons n'ont pas leur usage si digne, d'autant qu'on les emploie à toute sorte d'occasions. Par des richesses, on satisfait le service d'un valet, la diligence d'un courrier, le danser, le voltiger, le parler et les plus vils offices qu'on reçoive ; voire et le vice s'en paie, la flatterie, le maquerelage, la trahison : ce n'est pas merveille si la vertu reçoit et désire moins volontiers cette sorte de monnaie commune, que celle qui lui est propre et particulière, toute noble et généreuse. Auguste avait raison d'être beaucoup plus ménager et épargnant de celle-ci que de l'autre, d'autant que l'honneur, c'est un

---

a. Rabaisse.

privilège qui tire sa principale essence de la rareté ; et la vertu même :

Cui malus est nemo, quis bonus esse potest * ?

On ne remarque pas, pour la recommandation d'un homme, qu'il ait soin de la nourriture de ses enfants, d'autant que c'est une action commune, quelque juste qu'elle soit, non plus qu'un grand arbre, où la forêt est tout de même. Je ne pense pas qu'aucun citoyen de Sparte se glorifiât de sa vaillance, car c'était une vertu populaire en leur nation, et aussi peu de la fidélité et mépris des richesses. Il n'échoit pas de récompense à une vertu, pour grande qu'elle soit, qui est passée en coutume ; et ne sais avec, si nous l'appellerions jamais grande, étant commune.

Puis donc que ces loyers *a* d'honneur n'ont autre prix et estimation que celle-là, que peu de gens en jouissent, il n'est, pour les anéantir, que d'en faire largesse. Quand il se trouverait plus d'hommes qu'au temps passé, qui méritassent notre Ordre, il n'en fallait pas pourtant corrompre l'estimation. Et peut aisément advenir que plus le méritent, car il n'est aucune des vertus qui s'épande si aisément que la vaillance militaire. Il y en a une autre, vraie, parfaite et philosophique, de quoi je ne parle point (et me sers de ce mot selon notre usage), bien plus grande que celle-ci et plus pleine, qui est une force et assurance de l'âme, méprisant également toute sorte d'accidents ennemis : équable *b*, uniforme et constante, de laquelle la nôtre n'est qu'un bien petit rayon. L'usage, l'institution *c*, l'exemple et la coutume peuvent tout ce qu'elles veulent en l'établissement de celle de quoi je parle, et la rendent aisément vulgaire : comme il est très aisé à voir par l'expérience que nous en donnent nos guerres civiles. Et qui nous pourrait joindre à cette heure et acharner à une entre-

a. Récompenses. — *b.* Egale. — *c.* Education.
* Martial, *Epigrammes*, livre XII : « Pour qui ne voit pas de méchants, qui pourrait être juste ? »

prise commune tout notre peuple, nous ferions refleurir notre ancien nom militaire. Il est bien certain que la récompense de l'Ordre ne touchait pas, au temps passé, seulement cette considération ; elle regardait plus loin. Ce n'a jamais été le paiement d'un valeureux soldat, mais d'un capitaine fameux. La science d'obéir ne méritait pas un loyer si honorable. On y requérait anciennement une expertice bellique *a* plus universelle et qui embrassât la plupart et plus grandes parties d'un homme militaire : « *Neque enim eœdem militares et imperatoriœ artes sunt* * », qui fut encore, outre cela, de condition accommodable à une telle dignité. Mais je dis, quand plus de gens en seraient dignes qu'il ne s'en trouvait autrefois, qu'il ne fallait pas pourtant s'en rendre plus libéral ; et eût mieux valu faillir à n'en étrenner *b* pas tous ceux à qui il était dû, que de perdre pour jamais, comme nous venons de faire, l'usage d'une invention si utile. Aucun homme de cœur ne daigne s'avantager de ce qu'il a de commun avec plusieurs ; et ceux d'aujourd'hui, qui ont moins mérité cette récompense, font plus de contenance de la dédaigner, pour se loger par là au rang de ceux à qui on fait tort d'épandre indignement et avilir cette marque qui leur était particulièrement due.

Or, de s'attendre, en effaçant et abolissant celle-ci, de pouvoir soudain remettre en crédit et renouveler une semblable coutume, ce n'est pas entreprise propre à une saison si licencieuse et malade qu'est celle où nous nous trouvons à présent ; et en adviendra que la dernière [3] encourra dès sa naissance les incommodités qui viennent de ruiner l'autre. Les règles de la dispensation de ce nouvel ordre auraient besoin d'être extrêmement tendues et contraintes, pour lui donner autorité ; et cette saison tumultuère *c* n'est pas capable

***

a. Expérience de la guerre. — *b.* Gratifier. — *c.* Epoque tumultueuse.

* Citation de Tite-Live, *Histoires*, livre XXV, chap. IX et adaptée au passage par Montaigne : « L'art du soldat n'est pas le même que celui du général en chef. »

d'une bride courte et réglée ; outre ce qu'avant qu'on lui puisse donner crédit, il est besoin qu'on ait perdu la mémoire du premier, et du mépris auquel il est chu.

Ce lieu pourrait recevoir quelque discours sur la considération de la vaillance et différence de cette vertu aux autres ; mais Plutarque étant souvent retombé sur ce propos, je me mêlerais pour néant *a* de rapporter ici ce qu'il en dit. Mais il est digne d'être considéré que notre nation donne à la vaillance le premier degré des vertus, comme son nom montre, qui vient de valeur ; et que, à notre usage, quand nous disons un homme qui vaut beaucoup, ou un homme de bien, au style de notre cour et de notre noblesse, ce n'est à dire autre chose qu'un vaillant homme, d'une façon pareille à la romaine. Car la générale appellation de vertu prend chez eux étymologie de la force. La forme propre, et seule, et essentielle de noblesse en France, c'est la vacation *b* militaire. Il est vraisemblable que la première vertu qui se soit fait paraître entre les hommes et qui a donné avantage aux uns sur les autres, ç'a été celle-ci, par laquelle les plus forts et courageux se sont rendus maîtres des plus faibles, et ont acquis rang et réputation particulière, d'où lui est demeuré cet honneur et dignité de langage ; ou bien que ces nations, étant très belliqueuses, ont donné le prix à celle des vertus qui leur était plus familière, et le plus digne titre. Tout ainsi que notre passion, et cette fiévreuse sollicitude que nous avons de la chasteté des femmes, fait aussi qu'une bonne femme, une femme de bien et femme d'honneur et de vertu, ce ne soit en effet à dire autre chose pour nous qu'une femme chaste ; comme si, pour les obliger à ce devoir, nous mettions à nonchaloir *c* tous les autres, et leur lâchions la bride à toute autre faute, pour entrer en compositon *d* de leur faire quitter celle-ci.

---

a. Inutilement. — *b.* Profession. — *c.* Nous négligions. — *d.* Accord.

NOTES

LIVRE PREMIER

CHAPITRE PREMIER

1. Le prince Noir, fils d'Edouard III. Anecdote tirée de Froissart et embellie par Montaigne : le prince, au dire de Froissart, épargna les trois braves et non toute la ville.

2. Le siège de Limoges eut lieu en 1370.

3. Scanderberg. Sa *vie* était racontée dans les *Cose dei Turchi*, par Paul Jove (1541), traduits en français en 1544.

4. Conrad III (1138-1152) assiégea Weinsberg, ville de Bavière, en 1140. Anecdote tirée de Jean Bodin (1529-1596), (*Six livres de la République,* 1576-1578).

5. Cette addition de 1588 est la première confidence que Montaigne fait sur son caractère : il se laisserait plus facilement toucher par la pitié que par l'admiration.

6. Anecdote tirée des *Œuvres Morales* de Plutarque, traduites par Amyot (1572).

7. Aujourd'hui Reggio, sur la côte de Calabre, en face de Messine.

8. Anecdote tirée de Diodore de Sicile (XIV, 26), traduit par Amyot.

9. Plutarque, *Instruction pour ceux qui manient affaires d'Etat* (chap. XVII). l'appelle Sthénon.

10. *Préneste,* selon Plutarque, mais la traduction d'Amyot porte *Pérouse,* d'où la confusion de Montaigne.

11. Anecdote tirée de Quinte-Curce, IV, 6.

12. Quinte-Curce, livre IV, 6.

13. D'après Diodore de Sicile, livre XXVII, traduit par Amyot en 1559.

CHAPITRE II

1. Anecdote célèbre tirée d'Hérodote, livre III, chap. XIV.

2. Une personne de sa maison. Selon Hérodote, il s'agissait d'un vieillard qui mangeait habituellement à la table du roi.

3. Le cardinal de Lorraine, Charles de Guise, qui perdit ses deux frères à quinze jours d'intervalle : François de Guise, assassiné par Poltrot de Méré, le 24 février 1563, et l'abbé de Cluny, mort le 6 mars 1563.

4. L'Athénien Timanthe (IVᵉ s. av J.-C.). Anecdote citée par Cicéron, Pline l'Ancien, Valère Maxime, Quintilien, etc.

5. Anecdote citée par Paul Jove, *Historiae sui temporis*. XXXIX, édition de 1553.

6. Une variante de 1588 ajoute cette confidence : « *accident qui ne m'est pas inconnu.* »

7. Pline l'Ancien, *Histoire Naturelle*. Tous ces exemples, tirés des Anciens, étaient couramment cités par les moralistes de la Renaissance.

8. La Corse (latin : *Corsica*). Exemple emprunté à Valère Maxime.

9. Guichardin, *Histoire d'Italie*, livre XIV, et Martin du Bellay, *Mémoires* (Livre II), « Le pape Léon fut bien aise de mourir de joie. »

10. Pline l'Ancien, *Histoire Naturelle*.

CHAPITRE III

1. Platon, *Timée*, d'après la traduction latine de Ficin, humaniste italien, publiée par H. Estienne en 1546.

2. Tacite, *Annales*, livre XV, 67 et 68 : « J'ai commencé à te haïr après que tu t'es montré assassin de ta mère et de ta femme, cocher, acteur et incendiaire. »

3. « *A lui et à tous méchants comme lui* », ajoute l'édition de 1595.

4. Hérodote, livre VI, *Traduction* de Saliat : « ... il faut que tous les amis du Lacédémon, qui sont réputés pour voisins des Spartiates, se trouvent à ces funérailles. Quand plusieurs milliers de ces voisins, des Ilotes et des Spartiates mêmes se sont assemblés, tant hommes que femmes, tous pêle-mêle, ils se taillent et découpent le front, et avec cris et lamentations infinis, regrettant leur roi, disant toujours que le dernier est le meilleur qu'ils eurent onques. »

5. Aristote, *Morale à Nicomaque*, Hérodote, racontant l'histoire de Solon et de Crésus (*Histoires*, I, *Clio*), développe cette idée que personne ne peut être dit heureux avant sa mort.

6. Bertrand du Guesclin. Anecdote lue par Montaigne dans les *Annales d'Aquitaine* de Jean Bouchet : « Bertrand du Guesquin, connétable de France, mourut de maladie, au siège qu'il tenait devant le château de Rançon [Châteauneuf-de-Randon, près de

Mende], à quatre lieues près le Puy en Auvergne ; et le jour de son trépas, ceux dudit château apportèrent les clefs sur le corps dudit Guesquin. »

7. Guichardin, *Histoire d'Italie.*

8. Province de Brescia.

9. Plutarque, *Vies de Nicias et d'Agésilas,* traduites par Amyot.

10. Mort en 1307.

11. Jean Zizka (1360-1424), chef des Hussites.

12. Wiclef ou Wyclif, précurseur anglais de la Réforme.

13. Usage rapporté par Gomara, *Histoire générale des Indes,* III, 22, traduite en français en 1584. Cette addition de 1588 montre l'intérêt que Montaigne portait aux coutumes des sauvages d'Amérique, auxquels il consacrera l'essai *des Cannibales, Essais,* livre I, xxxi et un passage de l'essai *des Coches, Essais,* livre III, vi.

14. Guillaume et Martin du Bellay, *Mémoires,* livre II, 59 : « Le capitaine Bayard fut blessé d'une arquebusade au travers du corps, lequel persuadé de ses gens de se retirer, ne le voulut consentir, disant n'avoir jamais tourné le derrière à l'ennemi. Et après les avoir repoussés, se fit descendre par un sien maître d'hôtel, lequel jamais ne l'abandonna et se fit coucher au pied d'un arbre le visage devers l'ennemi. »

15. Philippe II, roi d'Espagne.

16. Xénophon, *Cyropédie.*

17. Erasme, *Eloge de la Folie,* fait des critiques analogues sur ceux qui se préparent de pompeuses funérailles. Malherbe, au xviie s., dans la *Paraphrase du psaume* 145, montre le néant de cet orgueil :

« Et dans ces grands tombeaux où leurs âmes hautaines
Font encore les vaines,
Ils sont mangés des vers. »

18. Tite-Live, *Epitome* du livre XLVIII.

19. Diogène Laërce, *Lycon.*

20. « *...et sauf les choses requises au service de ma religion, si c'est en lieu où il soit besoin de l'enjoindre* » [1588].

21. Platon, *Phédon,* Cicéron, *Tusculanes.*

22. Diodore de Sicile, livre XIII, traduction d'Amyot : « ... Seigneurs athéniens, je prie aux dieux que la sentence que vous avez donnée à l'encontre de nous, tourne au bien et à l'honneur de la chose publique. »
Socrate, seul, prit la défense des infortunés capitaines.

23. Diodore de Sicile, livre XV.

CHAPITRE IV

1. *Vie de Périclès* : « César, voyant un jour à Rome quelques étrangers, hommes riches et opulents, qui avaient toujours entre

leurs bras de petits chiens et de petites guenons, et les chérissaient merveilleusement, leur demanda si les femmes en leur pays ne faisaient pas des enfants. »

2. Publius et Cneus Scipion ; Tite-Live, livre XXV. 37.

3. Cicéron, *Tusculanes,* livre III.

4. Hérodote, livre VII ; Plutarque, *Comment il faut refréner la colère* : « Xerxès donna des poisonnades et des coups de fouet à la mer, et écrivit des lettres missives à la montagne Athos... »

5. Sénèque, *De Ira,* 21 : Il faut lire *déplaisir* et non *plaisir.* Sénèque dit en effet : « L'Empereur détruisit une fort belle maison à Herculanum, parce que sa mère y avait été séquestrée. »

6. Suétone, *Vie d'Auguste,* XVI et XXIII.

7. Les jeux du cirque.

8. Hérodote.

9. Dans le traité *Comment il faut refréner sa colère.*

CHAPITRE V

1. Anecdote tirée de Tite-Live.

2. Il avait livré aux Romains les enfants des chefs falisques.

3. Tiré non directement de Polybe, mais des *Politiques* de Juste Lipse, qui cite l'historien grec.

4. Ternate, îlot des Moluques. Goulard, *Hist. du Portugal,* XIV, 16 : « ... quand les insulaires veulent faire la guerre à quelques autres, afin que les assaillis ne se plaignent d'avoir été surpris, ils les envoient défier premièrement, et les avertissent des gens qu'ils mènent...

5. Anecdote tirée peut-être de Machiavel, mais plus vraisemblablement de la *Chronique* de Villani, 75.

6. De saint Martin, Martin rappelant Mars, dieu de la guerre.

7. Plutarque, *Vie de Lysandre ;* l'image était familière aux compilateurs du xvie s.

8. *Mémoires* des frères du Bellay. Le siège de Mousson eut lieu en 1521. L'histoire des seigneurs de Montmort et de Lassigny contée par les frères du Bellay a inspiré cet essai.

9. Plutarque, *Vie d'Eumène ;* Montaigne a reproduit textuellement la traduction d'Amyot.

10. Froissart, livre I.

11. Les étais de bois qui soutenaient la sape, et qui, en tombant, provoquaient l'éboulement de la mine et la chute des remparts.

CHAPITRE VI

1. Bourg du Périgord, à proximité du château de Montaigne. Ce siège eut lieu en 1569, un an avant la retraite de Montaigne.

2. Tite-Live, livre XXXVII.

3. Plutarque, *les Dits notables des Lacédémoniens,* est cité presque textuellement dans ce passage.

4. Tite-Live, livre XXIV. Montaigne avait cité le texte latin dans la première version.

5. Sens latin : général en chef. Il s'agit du héros de la *Cyropédie.*

6. Guichardin, *Histoire d'Italie,* livre V, 2.

7. De nos jours, Carignan dans les Ardennes. Montaigne confond avec le siège de Dinant (1554).

8. *Mémoires* des frères du Bellay.

9. *Ibid.*

10. Cicéron, *De officiis.*

11. Quinte-Curce, livre IV, 13.

CHAPITRE VII

1. *Mémoires* des frères du Bellay : « Quelque temps après le roi Don Philippe allant par mer de Flandre en Espagne, la tourmente le contraignit de descendre en Angleterre, où il fut recueilli du roi Henri septième honorablement : si est-ce que ledit roi d'Angleterre ne voulut permettre audit roi Don Philippe de sortir hors de son royaume, que premièrement, il n'eût remis entre ses mains le duc de Suffolc... qui était en sa puissance dedans ses Pays-Bas : vrai est qu'il promit audit roi Don Philippe de ne le faire mourir, ce qu'il ne fit ; mais à son trépas et dernière volonté, ordonna à son fils, le roi Henri huitième, qu'incontinent lui décédé, il lui fît trancher la tête. »

2. Les comtes de Hornes et d'Egmont, champions de l'indépendance des Pays-Bas, furent décapités le 4 juin 1568. Goethe a fait une tragédie avec leur histoire.

3. Hérodote, livre II.

CHAPITRE VIII

1. Cette image se trouve dans Pierre de Messie (Pedro de Mejía), auteur espagnol dont les *Diverses leçons* (1542) remportèrent un vif succès ; la traduction de Gruget (1552) eut de multiples éditions. Le titre de la *leçon* est identique à celui de l'essai. Par les confidences qu'il contient sur la retraite récente de Montaigne, ce texte semble bien dater de 1572.

2. Plutarque, *Préceptes de mariage,* traduits par Amyot et par La Boétie. Or, Montaigne avait publié en 1571 le travail de son ami.

3. En registre. D'après ce texte, l'origine des *Essais* serait le désir de Montaigne de mettre en ordre ses pensées ; le but poursuivi évoluera et s'enrichira au cours des méditations de l'auteur.

CHAPITRE IX

1. Les éditions antérieures à 1588 ajoutent ici cette remarque : « *J'en pourrais faire des contes merveilleux, mais pour cette heure, il vaut mieux suivre mon thème.* » Montaigne revient à plusieurs reprises sur son manque de mémoire : « *Un incroyable défaut de mémoire* », Essai I, XXVI, *De l'institution des enfants ;* dans l'essai *de la Présomption*, II, XVII, il donne divers exemples de ces « contes ».

2. Dans l'exemplaire de Bordeaux, le mot est tronqué. La restitution *attirant* est hypothétique. *Attisant* serait plus satisfaisant pour le sens général.

3. Le « porte-colle » ou « protocolle », à la fois régisseur et souffleur, tenant un livret à la main, rappelait leur rôle aux acteurs.

4. Hérodote, livre V.

5. Nigidius, dans Aulu-Gelle, cité par P. de Messie.

6. Saint Augustin, *Cité de Dieu*, livre XIX.

7. *Mémoires* des frères du Bellay, IV.

8. Le roi François Iᵉʳ.

9. Anecdote tirée d'Henri Estienne, *Apologie pour Hérodote*, qui l'a lui-même traduite d'Erasme, *De lingua*. — Il s'agit de Louis XII, et non de François Iᵉʳ.

CHAPITRE X

1. Citation de La Boétie, *Vers français*, sonnet XIV, édition de 1572, publiée par Montaigne.

2. Anecdote empruntée aux *Mémoires* des frères du Bellay. Il s'agit de la réconciliation de François Iᵉʳ et du pape.

3. Poyet, chancelier de France en 1548. « Ledit Poyet... supplia le roi de donner cette charge à un autre, remontrant que c'était le fait d'un prélat, attendu que c'était pour l'union et bien de l'Eglise. Mais à bien dire, c'était qu'il n'avait le temps de pouvoir changer de langage ni la substance de sa dite oraison. » (G. du Bellay, *Mémoires*, livre IV, pp. 228-229.)

4. Sénèque, *Controverses*, livre III.

CHAPITRE XI

1. Platon, *Timée*.

2. *Mémoires* des frères du Bellay, livre VI. Les *Mémoires* insistent sur le caractère superstitieux du marquis de Saluces.

3. Fossano, en Piémont. Cette trahison eut lieu en 1536.

4. Anecdote tirée également du *De divinatione*, livre II.

5. *République*, livre V.

6. Cicéron, *De natura deorum*, livre III.

7. Cicéron, *De divinatione*, livre I.

8. Joachim de Flore, moine cistercien, né à Celico en Calabre (1130-1201). Ses livres de prophéties furent publiés au début du XVIᵉ s., et connurent une telle vogue qu'on le surnomma : « Le Prophète. »

CHAPITRE XII

1. Montaigne résume ici un passage du *Lachès* de Platon.

2. Pausanias, roi de Sparte, bat les Perses à Platée (479 av. J.-C.).

3. Hérodote, livre IV : Darius « dépêcha un héraut vers Indathyrse, roi des Scythes, avec ces paroles : Heureux entre les hommes, que te sert de fuir incessamment, attendu que tu peux faire l'un de ces deux. Si tu te trouves suffisant pour résister, demeure et viens au combat ; autrement, en arrêtant le cours de ta fuite, viens parler à ton seigneur, et lui apporte pour don terre et eau. Indathyrse répondit : Sache, Roi Perse, que ma coutume est telle que je ne fuis onques pour crainte d'homme... Et je te veux bien déclarer pourquoi je ne viens à te combattre. Nous n'avons villes aucunes, et nos terres ne sont plantées ni labourées pour nous faire craindre que prises soient ou gâtées, si soudain n'entrons en bataille contre vous : mais si voulez nécessairement nous faire venir à ce point, nous avons les sépultures de nos ancêtres ; marchez, et les allez trouver, puis essayez de les gâter : lors vous verrez si nous combattrons ou non pour icelles sépultures.

4. Il s'agit de l'invasion de la Provence par Charles Quint (1536). La fin de l'anecdote est différente dans les *Mémoires* des frères du Bellay, livre VII : « ... lequel promptement adressa si à propos devers le lieu où était ledit Marquis les deux pièces étant sur le théâtre des Arènes, que si le Marquis voyant mettre le feu ne se fût tiré à côté, il n'eût failli d'arriver à la fin de sa vie ».

5. Guichardin, *Histoire d'Italie,* livre XIII, Laurent II (1492-1519), père de Catherine de Médicis.

6. Passage imité d'Aulu-Gelle, cité par saint Augustin, *Cité de Dieu,* livre IX.

CHAPITRE XIII

1. L'entrevue de Clément VII et de François Iᵉʳ eut lieu en 1533.

2. L'entrevue de Clément VII et de Charles Quint eut lieu en 1532, à Bologne.

CHAPITRE XIV

1. Cette sentence est tirée du *Manuel* d'Epictète (X). Montaigne l'avait fait inscrire sur sa bibliothèque.

2. Toutes ces images sont inspirées des *Lettres* de Sénèque, sans être traduites littéralement.

3. Tiré de Cicéron, *Tusculanes*, livre V. La cantharide est un insecte coléoptère, dont on tire une poudre utilisée pour les vésicatoires.

4. Ces différents exemples sont tirés de *l'Apologie pour Hérodote*, XV, xx, d'Henri Estienne qui les donne dans un ordre un peu différent : « De combien oyons-nous parler tous les jours auxquels le bourreau a donné le saut pendant qu'ils gaussaient encore... L'autre, à messire Jean, qui lui dit : Mon ami je vous assure que vous irez souper aujourd'hui avec Dieu, répond : Allez-y vous-même... etc. ».

5. Tiré de Jean Bouchet, *Annales d'Aquitaine* : « Le Roi prit par force la cité d'Arras... et les principaux habitants d'icelle furent punis et décapités : à partie desquels le Roi eût pardonné, s'ils eussent voulu dire : « Vive le Roi ! » mais ils aimaient mieux mourir que s'humilier. »

6. Tout ce passage est tiré de Goulard, *Histoire du Portugal*, IV, II, fol. 118, v°. Il sera encore question du royaume de Narsinque au chapitre xxvII, livre II, *Couardise, mère de la cruauté.*

7. Tiré de Bonaventure des Périers, conteur du xvIᵉ s. *Nouvelles récréations et joyeux devis* (préface).

8. Tiré de Plutarque, *Vie de Brutus*, VIII. Montaigne résume Plutarque dont le récit se termine ainsi : « Brutus fit à son de trompe crier par un héraut qu'il donnerait certain prix d'argent à tout soudard qui pourrait sauver un Xanthien ; et ne s'en trouva, à ce qu'on dit, que cinquante seulement qui furent sauvés malgré eux. »

9. Ce sont les premiers mots du serment des Grecs avant la bataille de Platée. Montaigne a pu lire ce serment dans Diodore de Sicile, dont l'*Histoire* avait été traduite par Amyot.

10. Anecdote tirée de l'*Histoire du roi Emmanuel* d'Osorio. Jean II régna de 1481 à 1495.

11. Le successeur de Jean II (1495-1521). Montaigne indique lui-même sa source : *l'évêque Osorius.* La Bibliothèque Nationale possède un exemplaire de cette *Histoire* avec la signature de Montaigne au titre.

12. L'édition de 1595 donne un exemple tiré de l'*Histoire de France*, de Du Haillant : « *La ville de Castelnau d'Arri (Castelnaudary) fut longuement assiégée, en laquelle furent pris cinquante hommes qui aimèrent mieux être brûlés vifs que de revenir.* »

13. Vraisemblablement René de Valzargues, capitaine protestant, tué au siège de Brouage en 1577.

14. Sénèque, *Lettres à Lucilius*, inspire toutes ces remarques.

15. Exemple tiré de Diogène Laërce, *Vie de Pyrrhon*, livre IX, et reproduit par Rabelais, *Quart livre de Pantagruel*, chap. xvIII.

16. Anecdotes tirées de Cicéron, *Tusculanes,* livre II, chap. VI.

17. Variante de 1588 : *c'est d'avoir eu trop de commerce avec le corps.*

18. Dans le *Phédon.*

19. Passage inspiré de la *Lettre 78 à Lucilius,* de Sénèque : « Il faut combattre contre elle de toute son âme : elle sera vaincue ; si tu recules, elle vaincra... »

20. Image tirée des *Tusculanes.*

21. Évangile selon saint Jean (Jean, XVI, 21) : « La femme, lorsqu'elle enfante, a de la tristesse, parce qu'est venue son heure ; mais lorsqu'elle a mis l'enfant au monde, elle ne se souvient plus de sa souffrance. »

22. Les mercenaires suisses emmenaient leurs femmes dans les expéditions militaires.

23. Eponine, femme de Sabinus, qui se révolta en Gaule contre Vespasien. Elle ravitailla son mari caché dans une grotte pendant neuf ans.

24. Exemple bien connu tiré de Plutarque, *Vie de Lycurgue,* chap. XIV.

25. Autre anecdote vulgarisée dès l'Antiquité ; se trouve en particulier dans Valère Maxime, les *Faits et dits mémorables.*

26. Sénèque, dans la *Lettre 24 à Lucilius,* fait allusion à ce récit conté tout au long par Tite-Live.

27. Toujours dans les *Lettres à Lucilius* (lettre 78).

28. Exemple tiré d'Aulu-Gelle, les *Nuits attiques,* livre XII.

29. De fine taille. Les Espagnoles au XVIᵉ siècle avaient la réputation d'être minces. J. Plattard rappelle que « Badebec, la mère de Pantagruel, est dépeinte dans son épitaphe, *comme ayant corps d'Espagnole* ».

30. Avec de grandes entailles. L'armature qui sanglait la taille serrait de véritables éclisses et meurtrissait la chair.

31. Henri III régna sur la Pologne de 1573 à 1574. L'historien de Thou raconte qu'à son départ, le grand chambellan de Pologne se donna un coup de poignard dans le bras comme preuve de son dévouement.

32. Le texte de 1595 ajoute la précision suivante : « *Quand je vins de ces fameux Etats de Blois, j'avais vu peu auparavant une fille en Picardie...* » Montaigne avait séjourné chez Mˡˡᵉ de Gournay, en Picardie avant de suivre la cour à Blois.

33. Balafres. Guillaume Postel, *Des histoires orientales,* raconte des usages analogues : « De braves et gens de cour, qui aiment et poursuivent une dame, feront de telles taillades, pour approuver l'amour et souvent se piqueront de quelque fer jusques au sang,

faisant une figure à la devise de la dame... puis y bouteront le feu longtemps avec une chandelle... » Montaigne utilise ce passage comme le confirme le mot *aspre*, petite pièce d'argent en usage chez les Turcs.

34. Joinville, *Histoire et chronique du très chrétien roi saint Louis IX* : « après sa confession, il dépouillait ses épaules et se faisait battre par son dit prêtre, à tout (avec) cinq petites chaînettes de fer... »

35. Exemple tiré de Jean Bouchet, *Annales d'Aquitaine*.

36. Foulques III, mort en 1040 ; l'anecdote est rapportée par Du Haillant dans son *Histoire des rois de France* (1576).

37. Les confréries de flagellants étaient nombreuses au XVIᵉ siècle. Henri III, après la mort de sa maîtresse Marie de Clèves, s'affilia aux pénitents. Pendant la campagne de Languedoc (novembre 1574-janvier 1575), il participe aux processions nocturnes des « battus » d'Avignon, le corps enveloppé dans un sac qui ne laisse voir que les yeux. C'est au cours d'une de ces processions que le cardinal de Lorraine prit un refroidissement mortel.

38. Exemples tirés des *Tusculanes*, livre III.

39. Le marquis de Trans perdit ses trois fils au combat de Moncrabeau, près d'Agen. Montaigne était l'ami du comte de Gurson, l'un des trois frères.

40. Exemple emprunté à Plutarque, *Dits notables des anciens Rois*, traduits par Amyot.

41. Saint Charles Borromée (1538-1584), archevêque de Milan.

42. Démocrite. L'anecdote était déjà célèbre dans l'Antiquité, mais son exactitude contestée. Cicéron, *Tusculanes*, livre V, soutient que cette cécité n'était pas volontaire.

43. Aristippe : exemple vulgarisé dès l'Antiquité.

44. Epicure cité par Sénèque, qui ne dédaignait pas d'explorer le camp adverse (*Lettres à Lucilius*, 17).

45. Etat de comptes ; *prescription*, budget.

46. Barguignage : marchandage. « C'est ici trop barguigné », dit le capitaine du navire à Dindenault, qui amuse Panurge. (Rabelais, *Quart Livre*).

47. Bion cité par Sénèque, *De tranquillitate animi*, chap. VIII : « Bion dit spirituellement qu'il n'est pas moins désagréable aux chevelus qu'aux chauves, qu'on leur arrache un cheveu. »

48. Il s'agit en réalité de Denys le père, selon Plutarque, *Les dits notables des anciens Rois*, qui a fourni l'anecdote à Montaigne.

49. Variante de 1588 : *Je fus quatre ou cinq années.*

50. Anecdote tirée de la *Cyropédie* de Xénophon, livre III.

51. Peut-être l'archevêque de Bordeaux. Montaigne lui avait acheté

des biens en 1578, et avait échangé des terres avec lui, pour
remembrer son domaine.

52. Ce paragraphe est traduit de Sénèque, *Lettres à Lucilius,*
98.

53. Montaigne emprunte ce développement à Plutarque, *Du vice
et de la vertu.*

54. Inspiré de Sénèque, *Lettres à Lucilius,* 71.

CHAPITRE XV

1. Forme méridionale de poulailler ; en 1580, Montaigne avait
écrit *poulaillier.* Le mot *poullier* se trouve dans les *Mémoires* des
frères du Bellay : « Ledit seigneur de Montmorency fut contraint
de battre une tour qui était sur le pont, l'ayant gagnée, la fit rem-
parer et garder, faisant pendre ceux qu'il trouva dedans, pour avoir
été si outrageux d'avoir voulu garder un tel poullier à l'encontre
d'une armée française... » Les autres exemples sont également tirés
de ces *Mémoires.*

2. La famille du Bellay compta au XVIᵉ siècle quatre personnages
éminents dans les armes, l'église et la diplomatie : Jean, cardinal ;
Guillaume, seigneur de Langey, défenseur du Piémont ; Martin,
brillant capitaine comme Guillaume ; René, évêque du Mans. Le
père du poète Joachim était leur cousin germain. Montaigne reproche aux *Mémoires* de Guillaume et de Martin d'être partiaux en
faveur de François Iᵉʳ et leur consacre une page de critique (*Essais,*
livre II, x, *Des livres*).

3. Passage inspiré de l'*Histoire du Portugal* de Goulard.

CHAPITRE XVI

1. Souvenir des *Mémoires* de Martin du Bellay, livre X. Le seigneur de Vervins avait rendu la ville de Boulogne au roi d'Angleterre, Henri VIII.

2. Tiré de Diodore de Sicile, livre XII.

3. Souvenir d'Ammien Marcellin (330-400), historien de l'empereur Julien.

4. Tite-Live, livre XXV, chap. VII et livre XXVI, chap. II et III.

5. Exemples tirés des *Mémoires* des frères du Bellay, livre II.

6. L'événement eut lieu en 1536. (*Mémoires* des frères du Bellay,
III).

CHAPITRE XVII

1. Inspiré de Plutarque, *Dits notables des Lacédémoniens* article
Archidamus.

2. Par exemple, la description du pont sur le Rhin, *De Bello*

Gallico, livre IV, chap. XVII et l'énumération des dispositifs de combat devant Alésia, livre VII, chap. LXXII.

3. Variante du manuscrit : « *La vis par où il était monté.* » Il s'agit donc d'un escalier tournant ou escalier à vis.

4. Tiré de Diodore de Sicile, livre XV.

5. Montaigne revient sur le profit qu'on peut tirer des historiens et mémorialistes à l'essai *Des Livres,* livre II, essai 10.

6. Guillaume du Bellay.

7. Charles Hémard de Denonville, ambassadeur du roi de France près du pape depuis 1533.

8. Montaigne a tiré cette discussion sur l'obéissance du *Courtisan* de Castiglione, livre II, chap. XXIV, qui l'avait lui-même empruntée à Aulu-Gelle.

CHAPITRE XVIII

1. La prise de Rome eut lieu en 1527. Ces anecdotes sont empruntées aux *Mémoires* des frères du Bellay, livre III et livre VIII. « Un porteur d'enseigne ayant la garde d'une ruine... voyant monsieur de Bourbon venir avec quelques soldats à travers les vignes pour reconnaître la place, entra en tel effroi que, cuidant fuir devers la ville, passa, l'enseigne au poing, par ladite ruine, et s'en alla droit aux ennemis. Monsieur de Bourbon, voyant cet enseigne venir droit à lui, estima qu'il fût suivi d'autres gens et que ce fût une saillie faite sur lui, pourquoi s'arrêta... »

2. Tacite, *Annales,* livre II : « Fait surprenant : deux colonnes ennemies, par une fuite opposée, se précipitaient, celle qui avait occupé la forêt, en terrain découvert et celle qui se tenait dans la plaine, vers la forêt. »

3. Les Arabes. Ismaël, fils d'Abraham et d'Agar, sa servante, ancêtre des Arabes. Anecdote empruntée à Zonaras, ancien, premier secrétaire de Constantinople, auteur d'une *Histoire* allant de la création du monde à la destruction de Jérusalem.

4. Tite-Live, livre XXI. Scipion, battu par Hannibal au Tessin, fut renforcé par l'armée de l'autre consul, Sempronius ; les deux consuls subirent une nouvelle défaite à la Trébie, affluent du Pô.

5. Tiré de Cicéron, *Tusculanes,* livre III, chap. XXVII.

6. Diodore de Sicile, livre XV, chap. VII.

CHAPITRE XIX

1. Emprunté à Hérodote, *Histoire III,* livre I. Cette anecdote avait été utilisée par la plupart des moralistes latins, et était devenue un exemple scolaire.

2. Tiré de Plutarque, *Dits notables des Lacédémoniens.*

3. Exemple tiré de Plutarque, *Vie de Paul-Emile*, chap. XIX :
il s'agit de Philippe, fils de Persée.

4. L'exemple de Denys le tyran, détrôné et devenu maître d'école
à Corinthe, était cité dès l'Antiquité comme un exemple de la puissance de la fortune.

5. Pompée, après la défaite de Pharsale.

6. Ludovic Sforza fut enfermé à Loches par Louis XII, de 1500
à 1507.

7. Marie Stuart, décapitée le 18 février 1587 par l'ordre de la
reine Elizabeth. On sait combien la reine d'Ecosse était populaire
en France.

8. Sénèque, *lettre 102*.

9. Sénèque, *lettre 24*.

10. Plutarque, *les Dits notables des anciens Rois*.

11. Mlle de Gournay dans son édition de 1635 apporte une modi-
fication à cette phrase et en éclaire le sens en ajoutant : « Les
ambitieux et courageux desseins du mourant n'avaient rien de si
haut que fut leur interruption. »

CHAPITRE XX

1. Cicéron, *Tusculanes*, livre I, chap. XXX : « La vie tout entière
des philosophes, comme le dit Socrate, est une méditation de la
mort. » Montaigne sur la fin de sa vie ne croira plus en cette
maxime et la discutera (*livre III*, XII).

2. Tiré de *l'Ecclésiaste*, chapitre III, verset 12 : « Je connus que
rien saurait être meilleur que se réjouir et bien agir dans sa vie. »

3. Allusion à l'étymologie de *virtus* donnée par Cicéron dans
les *Tusculanes*, livre II, chap. XVIII, qui fait venir le mot de *vis*.

4. Variante de 1588 : *Or il est hors de moyen d'arriver à ce
point de nous former un solide contentement, qui ne franchira la
crainte de la mort.*

5. D'après Valère Maxime, livre VIII. Exemple banal chez les
moralistes du XVIᵉ siècle.

6. Traduit de la *lettre 74* de Sénèque.

7. Tiré de Plutarque, *Vie de Cicéron*, chap. XXII.

8. M. Radouant fait remarquer que *feu* n'est pas l'équivalent de
fut comme le croit Montaigne. *Feu* vient de *fatutus* (de *fatum*) :
qui a subi son destin.

9. Une ordonnance de Charles IX fixa le premier jour de l'année 1564 au premier janvier au lieu de Pâques, où commençait
l'année jusque-là. Le Parlement ne donna suite à ce changement
que le 1ᵉʳ janvier 1567.

10. Montaigne dans les premières éditions ajoutait comme autre
exemple : « ... *et ce fameux Mahomet aussi.* » Puis s'apercevant

que Mahomet était mort à soixante ans, il corrigea cette bévue.

11. Jean II, mort en 1305 sous le règne de Philippe le Bel.

12. Bertrand de Got, pape sous le nom de Clément V (1305-1314), avait été archevêque de Bordeaux ; de là l'appellation familière : « *mon voisin* ».

13. Allusion à Henri II, blessé mortellement dans un tournoi par le comte de Montgomery, le 10 juillet 1559.

14. Philippe, fils aîné de Louis le Gros. Un pourceau heurta son cheval, rue Saint-Antoine, et provoqua ainsi la chute du prince et sa mort.

15. Exemples tirés de Valère Maxime, livre IX, chap. XII.

16. Ces deux exemples sont empruntés à l'*Histoire Naturelle* de Pline l'Ancien, livre VII.

17. Montaigne a puisé ces morts extraordinaires dans les compilateurs de la Renaissance, en particulier chez Ravisius, qui en tirait des conclusions morales. Ce pape est Jean XXII, né à Cahors, d'où le terme : « *un de nos* ». Le capitaine Saint-Martin était Arnaud Eyquem, seigneur de Saint-Martin, né en 1541.

18. Souvenir probable de l'*Odyssée* : les prétendants se cachent sous la peau d'un veau (note de M. Delbiausse). L'expression était proverbiale dès l'Antiquité (= en faisant le lâche), par opposition à la *peau du lion,* symbole du courage.

19. Souvenir de Plutarque, *Banquet des sept sages,* chap. III : « Quant à la façon de faire d'Egypte où ils ont accoutumé d'apporter ordinairement au milieu d'un festin l'anatomie sèche d'un corps d'homme mort et le montrer à tous les conviés, en les admonestant de se souvenir qu'en peu de temps ils seront tels, encore que ce soit un fort mal plaisant et importun entremets, toutefois si a-t-il quelque commodité. »

20. Maxime tirée de Sénèque, *Lettre 26.*

21. Exemple emprunté à Plutarque, *Vie de Paul-Emile,* chapitre XVII. Il s'agit de Persée, vaincu à Pydna et qui mourut prisonnier à Rome en 135 av. J.-C.

22. Passage inspiré de Plutarque, *Vie de Lycurgue,* chap. XX.

23. Montaigne reproduit ici la traduction d'Hérodote par Pierre Saliat (1575).

24. Ces compilations étaient nombreuses chez les Anciens et pendant la Renaissance. Rabelais dans le *Quart Livre,* chap. XVII, cite plusieurs morts singulières : celle d'Eschyle, du poète Anacréon « lequel mourut étranglé d'un pépin de raisin ; plus de Fabius, préteur romain, lequel mourut suffoqué d'un poil de chèvre... plus de celui honteux lequel, par retenir son vent et défaut de péter un méchant coup, subitement mourut en la présence de Claudius, empereur romain, etc. ».

25. Cicéron, *De Officiis*, livre II. Ce philosophe recherchait si les guerres faisaient mourir plus d'hommes que les autres accidents.

26. César, *Guerre des Gaules*, livre VII, chap. LXXXIV.

27. Inspiré de la *lettre 77* de Sénèque.

28. Tout ce passage résume un paragraphe de saint Augustin, la *Cité de Dieu*, livre I, chap. II.

29. Tiré de Diogène Laërce, *Vie de Socrate*, livre II, chap. XXXV. On trouve le même développement dans les *Tusculanes*, livre I, chap. XL. En réalité, Socrate survécut trois ans à la chute des trente tyrans, imposés par les Lacédémoniens vainqueurs.

30. Le passage est traduit exactement des *Tusculanes*, livre I, chap. XXXIX.

31. Cette éloquente prosopopée est inspirée de Lucrèce, *De Natura rerum*, chant III, que complètent des citations de Sénèque commentées par le texte français.

32. Emprunté à Diogène Laërce, *Vie de Thalès*, livre I, chapitre XXXV.

33. Traduit de la *lettre 120* de Sénèque.

34. Développement inspiré de la *lettre 24* de Sénèque.

Guillaume du Vair (1556-1621), continuateur stoïcien de Montaigne, a repris ces arguments dans le *Traité de la Constance* (1594) en les empruntant soit aux *Essais*, soit aux *Lettres* de Sénèque.

CHAPITRE XXI

1. Variante de 1588 : *chacun en est féru, mais aucuns en sont transformés.*

2. Hippocrate et Galien signalaient déjà, chez les Anciens, l'influence de l'humeur du médecin sur le malade. Rabelais fait allusion à cette puissance de l'imagination dans l'ancien prologue du *Quart Livre*. La plupart des exemples qui suivent sont tirés des compilateurs du XVI° siècle.

3. Exemple tiré de Sénèque le Rhéteur (*Controverses*, livre II) et repris par les compilateurs de l'époque.

4. L'exemple de Cyppus se trouve dans l'*Histoire Naturelle*, livre XI, chap. XLV de Pline l'Ancien, chez Valère Maxime et surtout chez P. de Messie, *Diverses leçons*, livre II, chap. VII.

5. Le fils de Crésus, muet de naissance, recouvra la parole en voyant son père en danger de mort. L'anecdote rapportée par Hérodote (*Histoires*, livre I, chap. LXXXV) a été souvent reproduite chez les Anciens et les compilateurs moraux de la Renaissance. L'origine de celle d'Antiochus semble être le *Traité de la déesse de Syrie*, de Lucien.

6. Pline l'Ancien, *Histoire Naturelle*, livre VII, chap. IV.

7. Lors de son voyage en Italie, en septembre 1580. L'anecdote est racontée plus longuement dans le *Journal de Voyage* : « L'autre histoire, c'est d'un homme encore vivant nommé Germain, de basse condition, sans nul métier ni office, qui a été fille jusques en l'âge de vingt-deux ans, vue et connue par tous les habitants de la ville, etc. »

Le chirurgien Ambroise Paré cite le même exemple : « Etant à la suite du roi, à Vitry-le-François, en Champagne, j'y vis un certain personnage, nommé Germain Garnier ; aucuns le nommaient Germain Marie, parce qu'étant fille on l'appelait Marie... » (*Œuvres,* édition de 1607, p. 1017.)

8. Les exemples du roi Dagobert, de saint François et du prêtre sont cités par Corneille Agrippa. *L'Alcoran des Cordeliers,* ouvrage très connu au XVIᵉ siècle, réfute l'explication des stigmates de saint François par l'effet de l'imagination.

9. Saint Augustin, *Cité de Dieu,* livre XIV, chap. XXIV.

10. Montaigne fait allusion aux « nouements d'aiguillette », forme d'impuissance momentanée que ses contemporains attribuaient à des tours de sorcellerie. Bodin, dans sa *Démonomanie* (1580), Coignet, dans son *Instruction aux princes pour garder la foi promise* (1584) et Guillaume Bouchet dans ses *Serées* (1584) traitent de la même question. Ce passage est la partie la plus originale de l'*essai*.

11. Variante de 1588 : *Cela n'est à craindre qu'aux entreprises où notre âme se trouve outre mesure tendue de désir et de respect, et notamment où les commodités se rencontrent imprévues et pressantes. A qui a assez de loisir pour se ravoir et remettre de ce trouble, mon conseil est qu'il divertisse ailleurs son pensement, s'il peut, car il est difficile, et qu'il se dérobe de cette ardeur et contention de son imagination. J'en sais à qui il a servi d'y apporter le corps même, annobli et affaibli d'ailleurs. Et à celui qui sera en alarme des liaisons, qu'on lui persuade hors de là qu'on lui fournira des contre-enchantements d'un effet merveilleux et certain. Mais il faut aussi que celles, à qui légitimement on le peut demander ôtent ces façons cérémonieuses et affectées de rigueur et de refus, et qu'elles se contraignent un peu pour s'accommoder à la nécessité de ce siècle malheureux ; car l'âme de l'assaillant, troublée de plusieurs diverses alarmes, elle se perd aisément ; et ce n'est pas tout, car celui à qui l'imagination a fait une fois souffrir cette honte (et elle ne la fait guère souffrir qu'aux premières accointances, d'autant qu'elles sont plus ardentes et âpres, et aussi en cette première connaissance qu'on donne de soi, on craint baucoup plus de faillir), ayant mal commencé, il entre en si grande fièvre et dépit de cet accident, que cette frayeur s'en augmente et lui*

redouble à toutes les occasions suivantes, et sans quelque contre-
mine, on n'en vient pas aisément à bout.

12. Le comte de Gurson, mari de Diane de Foix. C'est en l'honneur de Diane que Montaigne écrira l'essai de l'*Institution des*
Enfants. Le comte de Gurson, fils du marquis de Trans, fut tué
avec ses deux frères à Moncrabeau en 1587. Montaigne était très
lié avec son père, qui le protégea et lui remit en 1571 le collier de
l'ordre de Saint-Michel.

13. Jacques Peletier du Mans, mathématicien, médecin et poète.
Les premières odes de Ronsard parurent dans le recueil de poésies
publié par Jacques Peletier en 1547. Il rendit visite à Montaigne
chez lui (*Essais*, II, 12, « Apologie de Raymond Sebond »).

14. Anecdote citée par Hérodote, *Histoires,* livre II, chap. CLXXXI.

15. Anecdote tirée de Diogène Laërce, livre VIII, chap. XLIII
ou de Plutarque, *Préceptes du Mariage,* livre VIII.

16. Saint Augustin, *Cité de Dieu,* livre XIV, chap. XXIV.

17. Commentateur espagnol de saint Augustin (1492-1540).

18. Allusion à la liberté de péter partout accordée par l'empereur Claude d'après l'historien Suétone.

19. Platon, *Le Banquet.*

20. Les rois de France avaient le don de guérir les scrofuleux.
Pendant la captivité de François Iᵉʳ (1525-1526), de nombreux Espagnols avaient été guéris par le roi et par la suite d'autres venaient
en France pour se faire « toucher ». François Iᵉʳ avait opéré des
guérisons miraculeuses à Bologne, en 1516.

21. C'est l'opinion de Pline l'Ancien, *Histoire Naturelle,* livre VII,
chap. II, rapportée par Corneille Agrippa.

22. Anecdote rapportée par saint Jérôme et reproduite comme
la suivante par les compilateurs du XVIᵉ siècle.

23. Passage de la Genèse (XXX, 37) cité par saint Augustin,
Cité de Dieu, livre XII, chap. XXIV et reproduit par Corneille
Agrippa : Jacob pour duper son beau-frère Laban fait peler des
verges de diverses couleurs et les place près de l'abreuvoir. Les
chèvres et les brebis qui voient ces couleurs variées ont des petits
tachetés. Ambroise Paré qui cite cet exemple (*Des Monstres,*
livre IX) conclut comme Montaigne à la force de l'imagination.

24. Les éditions précédentes portent : « Mon père vit un jour
un chat... »

CHAPITRE XXII

1. Anecdote tirée de Sénèque. *De Beneficiis,* livre VI, chap.
XXXVIII.

2. Cet Ancien comique est Philémon, cité par Stobée dans ses
Sententiae.

CHAPITRE XXIII

1. Montaigne, en insistant sur la puissance de la coutume, est en complet accord avec les compilateurs moraux de son temps, en particulier : Marcouville, *Traité enseignant d'où procède la diversité des opinions humaines* ; Corneille Agrippa, *De l'incertitude et vanité des sciences* ; Guy de Bruès, *Dialogues contre les nouveaux académiciens* ; P. de Messie, *Diverses leçons* ; Henri Estienne, *Apologie pour Hérodote*, etc.

Montaigne lui-même traite de la coutume dans plusieurs autres essais : livre I, essai 31 ; essai 36, essai 49.

2. Conte très répandu chez les Anciens, cité par Stobée, Quintilien et Pétrone, repris par Erasme dans ses *Adages*.

3. Platon, *République*, livre VII, chap. I.

4. Mithridate. Exemple très souvent cité par les Anciens et les contemporains de Montaigne. La Boétie, son ami, le rapporte dans le *Contr'un*.

5. Albert le Grand, philosophe et théologien allemand (1193-1280) cité par Messie, *Diverses leçons* (livre I, chap. XXVI).

6. Lopez de Gomara, dans son *Histoire Générale des Indes,* rapporte des usages analogues : « Ils mangent des chauves-souris, pelées en eau chaude » (livre II, chap. IX), traduction Fumée (1586).

7. Exemple tiré du *Songe de Scipion* de Cicéron.

8. Tiré de Diogène Laërce, *Vie de Platon*, livre III, chap. XXXVIII.

9. Plusieurs contemporains de Montaigne ont parlé de ce phénomène. En particulier Guillaume et Michel Le Riche, avocats à Saint-Maixent, dans leur *Journal* : « Le samedi 17 (17 mars 1579), arriva en cette ville un petit homme, se disant de Nantes, lequel n'avait de bras, au lieu desquels il usait de ses pieds. Il tirait de l'arquebuse qu'il chargeait, bandait et abattait le chien ; il jouait aux dés... etc. » Texte cité par H. Clouzot dans son *Histoire du théâtre en Poitou*.

10. Villey pense qu'il s'agit du phénomène décrit par Ambroise Paré au chapitre VIII de ses *Monstres* : « On a vu depuis quelque temps en çà à Paris un homme sans bras âgé de quarante ans environ, fort et robuste, lequel faisait presque toutes les actions qu'un autre pouvait faire de ses mains : à savoir, avec son moignon d'épaule, et la tête ruait une cognée contre une pièce de bois... Pareillement, faisait cliquetter un fouet de charretier... »

11. Ces coutumes étranges sont tirées de l'*Histoire Générale des Indes* de Lopez de Gomara. On sait que Montaigne était très curieux de tout ce qui concernait le Nouveau Monde.

12. Peut-être François IV de la Rochefoucauld, tué en 1591 au siège de Saint-Yrieix-la-Perche.

13. Tiré de Plutarque, *Que le vice seul est suffisant pour rendre l'homme malheureux*, chap. V. Montaigne rapproche cette coutume attribuée par Plutarque aux Tartares et aux Hyrcaniens de celles des Sauvages citées par Gomara.

14. Coutume rapportée par Goulard dans son *Histoire du Portugal*, livre IV, chap. XIX. Montaigne tire du même ouvrage les coutumes qui suivent ; il accentue l'effet d'étrangeté en accumulant les exemples.

15. Ces coutumes contrairement aux précédentes ne sont pas empruntées à Gomara ou à Goulard ; elles proviennent des auteurs anciens, Hérodote, Pline l'Ancien ou Aulu-Gelle, allégués par les compilateurs du XVIe siècle.

16. Allusion à la république des Amazones.

17. Sorte de cresson. Usage rapporté par Xénophon dans la *Cyropédie*, livre I, chap. II.

18. Tiré de la *Morale à Nicomaque*, livre VII, chap. VI.

19. Tiré de Valère Maxime, *Dits et faits mémorables*, livre XII, chap. II.

20. Anecdote tirée *des Histoires* d'Hérodote, livre III, chap. XI et reproduite par les commentateurs du XVIe siècle.

21. Ce développement est traduit des *Lois* de Platon, livre VII, chap. VI.

22. Exemples d'amours incestueuses. Œdipe épousa sa mère sans le savoir et se creva les yeux quand il découvrit son crime. Sophocle dans son drame *Œdipe-Roi* a développé cette légende.

23. Tiré sans doute de Sextus Empiricus, *Hypotyposes*, livre I, chap. XIV, ou de Diogène, *Vie de Chrysippe*.

24. Isocrate, *Discours à Nicoclès*, chap. VI.

25. Paul-Emile, entre autres : *De rebus Francorum*. Ce serait un gentilhomme originaire de Gascogne et nommé Gascon qui aurait exposé les revendications des Français à Charlemagne.

26. La justice a été très vivement critiquée au XVIe siècle : sans oublier Marot *(Epître à Lyon Jamet, Epître au Roi)* et Rabelais, on peut citer : Viret, *le Monde à l'empire* (1650) ; Tahureau, *Dialogues* (1565) ; Henri Estienne, *Apologie pour Hérodote* (1566) ; Bodin, *les Six livres de la République* (1576) ; Guillaume Bouchet, *Sérées* (1584) ; Noël du Fail, *Contes et discours d'Eutrapel* (1585). La plupart de ces plaintes avaient été exposées par Guillaume Budé.

27. L'opposition entre la raison et la force se poursuit : la robe longue : la noblesse et le clergé ; la robe courte : l'armée.

28. Montaigne est revenu à plusieurs reprises sur l'obligation de se conformer aux usages de son pays. Il est en complet accord sur ce point avec Ronsard et le « bon M. de Pibrac », dont il cite les quatrains.

29. Platon, *Criton.*

30. Ce législateur serait Zaleucus, selon Diodore de Sicile, *Histoires,* livre XII, chap. IV.

31. Lycurgue, selon Plutarque, *Vie de Lycurgue,* chap. XXII.

32. Plutarque, *Les Dits notables des Lacédémoniens* : « Emerepes étant éphore coupa avec une hachette deux cordes des neuf que le musicien Phrynis avait en sa lyre, disant : Ne viole point la musique. »

33. Valère Maxime, livre II, chap. VI, relate le fait et insiste sur le symbole politique. E. Pasquier fait allusion à cette coutume dans une lettre à Ramus.

34. La Réforme et ses conséquences politiques. Cette profession de foi de conservatisme se retrouve dans le livre III des *Essais* : les épreuves de la guerre civile ont renforcé chez Montaigne le penchant à l'ordre et à la stabilité politique. L'édition de 1588 précisait la durée des troubles : « *depuis vingt-cinq ou trente ans.* »

35. Thucydide, livre III, chap. LII, reproduit par Plutarque. *Comment on pourra discerner le flatteur d'avec l'ami* : « Thucydide écrit qu'ès séditions et guerres civiles, l'on transférait la signification accoutumée des mots, aux actes que l'on faisait, pour les justifier... »

36. Isocrate. *Discours à Nicoclès,* chap. IX, § 33. Variante de 1588 : « *parti ; on ne peut changer qu'on ne juge du mal qu'on laisse, et du bien qu'on prend.* »

37. Tiré de Plutarque, *Vie de Marius,* § 15.

38. Agésilas n'applique pas les lois de Sparte, trop rigoureuses ; tiré de Plutarque, *Vie d'Agésilas,* chap. VI.

39. Alexandre, selon Plutarque : *Vie d'Alexandre,* chap. V. Alexandre répond ainsi à ceux qui déclaraient qu'on ne commençait pas une campagne au mois de juin.

40. Plutarque, *Vie de Lysandre,* chap. IV.

41. *Vie de Périclès,* chap. XVIII.

42. Comparaison de Titus Q. Flaminius avec Philopœmen.

CHAPITRE XXIV

1. Jacques Amyot (1513-1593), illustre helléniste, précepteur de Charles IX et d'Henri III. Nommé grand aumônier de France en 1560, puis évêque d'Auxerre en 1570. Célèbre par ses traductions de Plutarque.

2. François de Guise, de la maison de Lorraine, par conséquent d'origine étrangère.

3. Rouen fut assiégé par l'armée catholique en 1562.

4. Tout ce passage est traduit du *De Clementia* de Sénèque. On sait quel parti Corneille tirera de cette anecdote dans *Cinna.*

5. Allusion à l'assassinat de François de Guise au siège d'Orléans, en 1563, par le protestant Poltrot de Méré.

6. Montaigne expose la conception platonicienne de l'inspiration (*Ion*), reprise de son temps par Ronsard et la Pléiade tout entière.

7. Cet *avis* est tiré de Plutarque, *Comment on se peut louer soi-même*, chap. IX.

8. La même idée se trouvait dans *Le Prince* (chap. XIX) de Machiavel, et chez Jean Bodin dans sa *République*, livre IV, chap. VII.

9. Anecdote tirée de Plutarque, *Dits notables des anciens rois*.

10. Anecdote rapportée par Quinte-Curce, *Vie d'Alexandre*, livre III, chap. VI et par Plutarque, *Vie d'Alexandre le Grand*.

11. Allusion à Henri de Navarre, selon Florimond de Raemon. Montaigne souhaitait voir Henri de Navarre se libérer de l'emprise des huguenots.

12. Henri de Guise.

13. Tite-Live, *Histoires*, livre XXVIII, chap. XVII.

14. Louis XI qui vint traiter directement avec Charles le Téméraire. L'entrevue de Péronne (1468) a été racontée par l'historien Commines, qui trouve la démarche imprudente.

15. Selon Villey, allusion au lieutenant du roi en Guyenne, de Moneins, qui fut tué à Bordeaux en 1548, lors de la révolte dite de *la Gabelle*. Montaigne avait alors quinze ans.

16. Variante de 1588 : « *une si hasardeuse et belle résolution* ».

17. Variante de 1588 : « *de près, de se remplir l'âme et le front de repentance, et n'ayant plus autre soin que de la conservation si qu'abandonnant son premier rôle de régler et guider, et cédant plutôt que s'opposant, il attira cet orage sur soi, employant tous moyens de le fuir et échappa. On délibérait.* »

18. Allusion à un épisode de la vie politique de Montaigne. Il s'agit de la revue que passa Montaigne en 1588 pendant sa deuxième mairie alors que le ligueur Vaillac préparait une insurrection dans Bordeaux.

19. Suétone, *Vie de César*, chap. LXXV.

20. D'après Plutarque, *Dits notables des Anciens Rois*.

21. D'après l'historien italien Villani, *Histoire universelle de son temps*, IIe partie, I, 12.

22. D'après Appien que Montaigne lisait dans la traduction Seyssel (1544).

CHAPITRE XXV

1. Catherine de Médicis et Henri III avaient fait venir des troupes italiennes, dont le succès se maintint jusqu'à la fin du XVIIe siècle.

2. Du Bellay, *Regrets*, sonnet 68.

3. *Vie de Cicéron,* chap. II.

4. Peut-être Catherine de Bourbon, sœur d'Henri de Navarre. Montaigne, gentilhomme ordinaire de la chambre d'Henri de Navarre, eut sans doute l'occasion de la rencontrer.

5. Variante du texte de 1588 : « *Mais au rebours des nôtres* ».

6. Archimède ; anecdote rapportée par Plutarque, *Vie de Marcellus,* chap. VI.

7. Anecdote empruntée à Diogène Laërce, *Vie de Cratès,* chapitre IX.

8. Diogène Laërce, *Vie d'Empédocle,* chap. VIII.

9. Le renard de la fable : « Ces raisins sont trop verts. »

10. Diogène Laërce, *Vie de Thalès,* chap. I, et Cicéron, *De Divinatione,* livre I, chap. XLIX.

11. Aristote, *Morale à Nicomaque,* livre VI, chap. v.

12. Montaigne reprend et développe un passage de Sénèque, tiré de la *Lettre 88.*

13. A servir de jetons. Comparaison tirée de l'opuscule de Plutarque, *Comment l'on pourra apercevoir si l'on amende et profite en l'exercice de la vertu,* chap. IX.

14. Montaigne développe cette remarque dans le chapitre *Des Cannibales* (I, XXXI), dans lequel il cite une chanson d'amour et une chanson guerrière, qui ne le cèdent en rien, dit-il, aux poèmes grecs.

15. Dicton gascon, dont le sens est vraisemblablement : « Souffler, cela est assez facile, mais nous en sommes à remuer les doigts. »

16. Chalemie : Chanson rustique jouée sur le chalumeau, appelé aussi chalemie.

17. Sénèque, *Lettre 27.* Erasme avait repris le personnage pour le ridiculiser dans l'*Eloge de la Folie.*

18. Comparaison tirée de Plutarque, *Comment il faut ouïr,* chap. XIX.

19. Cicéron, dans ses *Académiques,* livre II, chap. I, raconte que Lucullus apprit l'art militaire pendant la traversée d'Italie en Asie en étudiant les histoires et en questionnant les officiers. Amyot dans la préface de sa traduction des *Vies* de Plutarque avait rapporté l'anecdote.

20. Anecdote empruntée à Diogène Laërce, *Vie de Diogène.* chap. VI. Il s'agit de Diogène et non pas de Denys.

21. Montaigne songe-t-il à l'écolier limousin ridiculisé par Rabelais ?

22. Platon, *Hénon,* paragraphe 28.

23. Platon, *Protagoras,* paragraphe 16.

24. Calembour commenté par Montaigne : confusion volontaire entre les deux sens de *férir* (frapper) : *être passionné de* et *être frappé.*

25. Adrien Turnèbe (1512-1565), professeur d'éloquence au Collège Royal et érudit fameux. Montaigne en parle avec admiration dans les essais xii et xvii du livre II.

26. Vers grec cité par Stobée.

27. On trouve une image analogue chez Sénèque, *Lettre 71.*

28. Gilles Corrozet, dans ses *Propos Mémorables,* avait rendu populaire l'anecdote : « Jean, duc de Bretagne, cinquième du nom, voulant faire le mariage de Monsieur François, son fils, avec Isabeau, fille du roi d'Ecosse, le jeune prince François s'enquit, quelle était cette dame Isabel. Auquel on répondit que c'était une belle dame et sage, bien disposée de son corps pour avoir lignée, mais inélégante à parler. Elle est telle que je demande (dit le petit Duc), car je tiens une femme assez sage, quand elle sait mettre différence entre le pourpoint et la chemise de son mari. »

Molière s'est souvenu de l'anecdote dans la tirade de Chrysale, *Les Femmes Savantes,* acte II, scène vii.

29. Platon, *République,* livres III et IV ; pensée reprise par Cicéron, dans le *De Officiis* (livre I, chap. xix).

30. Xénophon, *Cyropédie,* livre I.

31. Tiré du *Premier Alcibiade.*

32. Plutarque, *Vie de Lycurgue,* chap. xi.

33. La discipline des Perses décrite par Xénophon dans la *Cyropédie.*

34. Toujours d'après la *Cyropédie,* livre I, chap. iii. Dans Xénophon c'est à Mandane et non à Astyage que Cyrus fait ce récit.

35. Tiré de Plutarque, *Dits notables des Lacédémoniens.*

36. Plutarque, *Vie d'Agésilas,* chap. vii, et *Dits notables des Lacédémoniens.*

37. Platon, *Hippias majeur.*

38. Tamerlan (1336-1405), conquérant d'Asie Centrale.

39. La civilisation corrompt et amollit les mœurs. Cette idée était courante au xvie siècle ; on la trouve chez Balthazar Castiglione dans *Le Courtisan* et chez Brantôme. On sait quel éclat lui donnera Rousseau dans le *Premier Discours.*

CHAPITRE XXVI

1. Diane de Foix de Candale avait épousé Louis de Foix, comte de Gurson, en 1579. Montaigne assistait au mariage comme « procureur » des père et mère de Louis de Foix. A plusieurs reprises, il fait allusion au comte de Gurson, notamment au chap. xxi, livre I : *De la force de l'imagination.*

2. Image fréquente au xvie siècle. On peut la rapprocher du vers de du Bellay, *Le Poète courtisan* :
« *Pour un vers allonger ses ongles il ne ronge.* »

3. Cléanthe, philosophe stoïcien, successeur de Zénon.

4. Vraisemblablement le chap. vii du livre V de l'ouvrage intitulé *Propos de table.*

5. *Disant que c'est vrai.*

6. Les premières éditions ajoutaient cette précision : « Car autrement, j'engendrerais des monstres comme font les écrivains... »

7. Diogène Laërce, chap. vii de la *Vie de Chrysippe.*

8. Diogène Laërce, *Vie d'Epicure*, chap. x.

9. Au sens où cette expression sera utilisée au xviie siècle : l'homme du monde.

10. Allusion à une satire contre les moines, parue à Venise en 1543. L'auteur Lelio Capilupo (1498-1560) appliquait à la vie des moines des vers héroïques empruntés à Virgile. Boileau reprendra ce procédé avec succès dans *Le Lutrin.*

11. *La Politique* de Juste Lipse parut à Leyde en 1589 et obtint un vif succès. L'auteur en avait envoyé un exemplaire à Montaigne, qui en tira de nombreux exemples.

12. Montaigne fait allusion à ce portrait dans l'essai xvii du livre II. Dans le *Journal de voyage,* il plaisante sur sa calvitie : « Quant à me faire tondre comme ils font tous, et puis on met à cet endroit une petite pièce de satin avec certains réseaux qui la tiennent sur la tête, ma tête polie n'en avait pas besoin... »

13. L'essai sur le pédantisme (I, xxv).

14. Montaigne développe une comparaison tirée de l'édition latine du *Théagès* de Platon par H. Estienne.

15. Exemples tirés de Plutarque, *Pourquoi la justice divine diffère quelquefois la punition des maléfices,* chap. vi.

16. Dans sa *République,* livre III et IV.

17. Diane de Foix était cultivée. L'humaniste bordelais Pierre de Brach lui avait dédié un recueil de poèmes en 1576.

18. Un comte de Foix avait été troubadour au xiiie siècle ; Gaston de Foix, surnommé Gaston Phébus (1331-1391) avait écrit un traité de vénerie : *Miroir de Phébus, des déduits de la chasse aux bêtes sauvages et des oiseaux de proie.*

19. François de Foix de Candale, évêque d'Aire, avait publié en 1574 et 1578 diverses traductions savantes, notamment les *Eléments d'Euclide.*

20. Cette image, l'une des plus connues des *Essais,* est généralement citée à tort et appliquée à l'élève, non au précepteur. Elle était courante au xvie siècle ; on la trouve notamment chez le

conteur Noël du Fail, dans les *Contes d'Eutrapel* et chez Henri Estienne dans son *Apologie pour Hérodote*.

21. Trait rapporté par Cicéron. *De Finibus*, livre I, chap. I. Les *Dialogues* de Platon montrent en effet Socrate faisant parler ses disciples et leur faisant tirer eux-mêmes la conclusion des entretiens.

22. Il s'agit du médecin Girolamo Borro, professeur de philosophie à l'Université de Rome et emprisonné par l'Inquisition. Délivré par le pape, il dut abandonner sa chaire en 1586, et mourut à Pise en 1592. Montaigne eut plusieurs entretiens avec lui et reçut en présent un de ses ouvrages en italien sur le flux et le reflux de la mer.

23. L'image de l'abeille se trouve dans l'*Ion* de Platon et chez de nombreux anciens : Sénèque l'emploie dans la *Lettre 12*, Horace dans l'ode 2 du livre IV. Ronsard la développe avec grâce dans sa *Réponse* aux ministres protestants :

« *As-tu point vu voler en la prime saison*
L'avette qui de fleurs enrichit sa maison ?... »

24. Epicharme, auteur comique du Vᵉ siècle, s'efforça d'élever la farce au niveau de là grande comédie. L'exemple est tiré de l'opuscule de Plutarque. *Quels animaux sont les plus avisés.*

25. Il s'agit de deux Italiens, maîtres de danse, qui vécurent à la cour des Valois, Ludovico Palvallo et Pompeo Diabono.

26. La noblesse française voyageait souvent à l'étranger. L'écrivain protestant La Noue le constate dans ses *Discours politiques et militaires* (1587) et blâme cette coutume pour des raisons morales.

27. L'église Santa Rotonda est l'ancien Panthéon construit par Agrippa sous le règne d'Auguste.

28. Variante du texte de 1595 : « *Et comme si ce fut marchandise malaisée que répréhension et nouvelletés, vouloir tirer de là nom de quelque péculière valeur.* »

29. Souvenir du début du dialogue *Hippias majeur*.

30. Tite-Live, *Histoire*, livre XXVII, chap. XXVII, raconte que Marcellus fut tué dans une embuscade à l'âge de soixante ans.

31. Plutarque, opuscule *De la mauvaise honte*, chap. VII : « Celui qui dit anciennement que tous les habitants de l'Asie servaient à un seul homme pour ne savoir prononcer une seule syllabe. qui est : Non. » (Traduction d'Amyot). Le sous-titre de la *Servitude Volontaire* est le *Contr' Un*.

32. Plutarque, *Dits notables des Lacédémoniens*.

33. Plutarque, opuscule *De l'exil* : « Socrate disait encore mieux qu'il ne pensait être ni d'Athènes, ni de la Grèce, mais du monde. » (Traduction d'Amyot).

34. *Prendre du bon temps.* On se souvient des vers de Villon le *Grand Testament :*
« Je plains le temps de ma jeunesse
Auquel j'ai plus qu'autre gallé... »

35. Ce mot naïf est rapporté par Henri Estienne dans le discours préliminaire de son *Apologie pour Hérodote,* qui imite même le patois du Savoyard.

36. Cicéron, *Tusculanes,* livre V, chap. III.

37. Tiré de Diogène Laërce, *Vie de Socrate,* livre II, chap. XXI.

38. Diogène Laërce, *Vie d'Anaximène,* chap. II, p. 5.

39. Philosophe grec du XVe siècle, réfugié en Italie, où il enseigna avec succès. Il publia en 1495 à Venise une grammaire grecque qui fut très répandue au XVIe siècle.

40. Particularités de la grammaire grecque. Le futur du verbe βάλλω (lancer) est βάλω ; βελτιον et χεῖρον sont les camparatifs de χαχός et ἀγαθός.

41. Anecdote rapportée par Plutarque, *Des oracles qui ont cessé,* chap. V.

42. L'image est empruntée à l'*épître 59* de Sénèque.

43. Termes de la logique formelle fort en honneur au Moyen Age. On avait inventé 4 vers composés de mots imaginaires désignant les 19 formes de syllogisme :
« Barbara, celarent, darii, ferio, baralipton,
Celantes, dabitis, fapesmo, frisesomorum,
Cesare, camestres, festino, baroco, darapti,
Felapton, disamis, datisi, bocardo, ferison. »

44. Montaigne avait d'abord écrit : « marmiteux » dont le sens est analogue.

45. *Cercles imaginaires :* terme de l'ancienne astronomie.

46. L'allure poétique de ce tableau rappelle l'*Hymne* de Ronsard, *De la philosophie.*

47. Personnages du *Roland furieux* de l'Arioste, épopée romanesque très goûtée au XVIe siècle. Robert Garnier en a tiré la tragicomédie de *Bradamante.*

48. Pâris, le berger troyen qui donna le prix de beauté à Vénus, la préférant à Junon et à Minerve.

49. Ce passage est emprunté à l'opuscule de Plutarque, *De la fortune d'Alexandre,* chap. II.

50. D'après Diogène Laërce, *Vie d'Epicure.*

51. Toujours d'après Diogène Laërce, *Vie de Carnéade.*

52. N'avait guère de durée. Proverbe tiré des *Lectionum antiquarum libri,* compilation de dissertations variées de l'Italien Ludo-

vicus Coelius Rhodiginus. Montaigne mentionne son nom, en passant par sa ville natale, Rovigo, dans le *Journal de Voyage*.

53. Passage inspiré de la traduction d'Amyot : *Propos de table* de Plutarque, chap. I.

54. Allusion au *Banquet* de Platon, où l'on met en discussion le problème de l'amour.

55. Cité par Plutarque dans son opuscule *Les règles et préceptes de santé*.

56. Les premières éditions précisaient : *non comme aux collèges*.

57. Remarque tirée de l'*Institution oratoire* de Quintilien, livre I, chap. III.

58. Anecdote tirée de la *Vie de Speusippe* de Diogène Laërce.

59. Platon traite des jeux et sports surtout dans le livre VII des *Lois*.

60. Anecdote tirée de la *Vie de Pyrrhon* de Diogène Laërce et rapportée par les compilateurs du XVIᵉ siècle.

61. Exemple cité par Plutarque, au chapitre II de son opuscule, *De l'envie et de la haine*.

62. L'histoire de Callisthène est rapportée par **Plutarque**, *Vie d'Alexandre*.

63. L'exemple d'Alcibiade, tiré de la *Vie d'Alcibiade*, chap. XIV, de Plutarque. Montaigne tient à cette idée et y revient dans l'essai XXXVI du livre II, *De l'usage de se vêtir*.

64. Dans le dialogue intitulé *Les Rivaux*.

65. Anecdote racontée par Cicéron dans les *Tusculanes* (livre V, chap. III).

66. Ces deux réponses sont tirées de la *Vie de Diogène*, chap. VI, de Plutarque.

67. Cette réponse de Zeuxidamus est tirée des *Dits notables des Lacédémoniens* de Plutarque.

68. Du Bellay dans la *Défense et Illustration de la langue française* se plaignait déjà du temps perdu dans les exercices scolaires : « A grand-peine avez-vous appris leurs mots, et voilà le meilleur de votre âge passé. »

69. Dialecte de Bergame, ville d'Italie ; ce langage était considéré comme un patois ridicule par les lettrés italiens du XVIᵉ siècle. C'est le parler d'Arlequin dans les Comédies italiennes.

70. Le Petit-Pont ou pont du Petit-Châtelet, l'un des trois premiers ponts de Paris. C'est là que se tenait le marché au poisson.

71. Un grand nombre d'ouvrages comportaient des préfaces au « candie lecteur ».

72. Aper est un des interlocuteurs du *Dialogue des Orateurs*, de Tacite, chap. XIX.

73. Anecdote tirée des *Dits Notables des Lacédémoniens* de Plutarque. Montaigne cite presque textuellement la traduction d'Amyot.

74. Autre citation de la traduction de Plutarque. *Instruction pour ceux qui manient les affaires d'Etat,* par Amyot, chap. XI.

75. Anecdote rapportée par Plutarque, *Vie de Caton d'Utique,* chap. VI. Il s'agit du *Pro Murena* de Cicéron, dans lequel Cicéron plaisante l'intransigeance stoïcienne de la partie adverse, son ami Caton. Celui-ci aurait souri des plaisanteries et prononcé le mot cité. Cicéron était alors consul en exercice.

76. D'après Plutarque, *Si les Athéniens ont été plus excellents en armes qu'en lettres.*

77. Anecdotes tirées de Diogène Laërce, *Vie d'Aristippe,* livre II, chap. LXX, *Vie de Chrysippe,* livre VII, chap. CLXXXII.

78. Citation de Suétone, *Vie de César* : l'obscurité qu'y trouve Montaigne s'explique par une faute de transcription.

79. Montaigne condamne le vocabulaire érudit de la Pléiade et devance le point de vue de Malherbe.

80. Anecdote tirée de Diogène Laërce, *Vie d'Epicure,* livre X, chap. XIII.

81. Allusion à un passage des *Lois* de Platon, livre I.

82. D'après Stobée, *Pensées,* livre XXXVI. Montaigne a puisé dans cette anthologie de sentences morales plusieurs maximes, dont certaines figurent sur les solives de sa « librairie ».

83. Montaigne vénérait son père et il en a évoqué le souvenir à maintes reprises : I, chap. XXXV, *D'un défaut de nos polices ;* II, II, *De l'ivrognerie ;* II, XII, *Apologie de Raymond Sebond ;* III, IX, *De la Vanité ;* III, XIII, *De l'expérience.*

84. La nouveauté ne consistait pas dans l'usage du latin, qui était parlé dans les collèges, même en récréation, mais dans le fait que le latin précède la connaissance du français.

85. Nicolas Grouchy (1510-1572) fut professeur de grec et de philosophie au collège de Guyenne à Bordeaux de 1534 à 1547 — Guérente, Rouennais lui aussi, ami et collègue de Grouchy, enseigne dans le même collège de 1534 à 1547. Il collabora à une traduction de la *Logique* d'Aristote publiée par Grouchy.

86. Buchanan, né en Ecosse en 1506, professeur au collège de Guyenne de 1539 à 1542 : inquiété pour ses opinions religieuses, il se réfugia un certain temps au château de Montaigne. Il publia des vers latins, une histoire de l'Ecosse et des pamphlets, et des tragédies bibliques *(Saint Jean-Baptiste, Jephté)* jouées au collège de Guyenne pour la grande joie de Montaigne.

87. Muret (1526-1585), humaniste célèbre, auteur d'un commentaire savoureux des poèmes de Ronsard et de tragédies latines. Il fit jouer

un *Jules César* par les élèves du collège de Guyenne. Il semble toutefois que Montaigne avait quitté le collège quand il y fut professeur. Il mourut à Rome, où il était devenu « orateur » de la France près du Saint-Siège.

88. Le comte de Cossé-Brissac (1543-1569), brillant officier, fut tué pendant les guerres civiles au siège de Mussidan, près du château de Montaigne. Brantôme, qui en fait un vif éloge, lui donne comme précepteur Buchanan, confirmant ainsi Montaigne.

89. La première édition donnait la précision suivante : « *Et avait un joueur d'épinette pour cet effet.* »

90. Le collège de Guyenne, fondé en 1533, avait été réorganisé en 1534 par un principal réputé, Antoine de Gouvéa (1497-1548). Celui-ci recommandait l'indulgence aux maîtres et veillait particulièrement aux études latines. Les élèves ne devaient parler que latin en classe et pendant les récréations, les « grands » s'adressant en latin aux « tout petits » et traduisant ensuite en français. Le père de Montaigne, qui faisait alors partie de la municipalité de Bordeaux, était très au courant des méthodes du collège ; c'est lui qui avait accordé le brevet de naturalisation à Gouvéa, Portugais d'origine.

91. *Lancelot du Lac,* roman en prose, tiré du cycle breton du Graal. — *Amadis des Gaules,* roman portugais du XIVe siècle, d'après les romans (en vers) de la Table ronde. Herberay des Essarts en fit une traduction française (1540-1548) sur le désir de François Ier. — *Huon de Bordeaux,* adaptation en prose de la *Chanson de Geste.*

92. On connaît un *Jules César* de Muret, et deux tragédies, également en latin, de Buchanan, *Jephté* et *Saint Jean-Baptiste.* Les pièces de Guérente sont inconnues.

93. Gouvéa, après avoir exercé en France, enseigna dans la célèbre Université de Coïmbre.

94. Rousseau sera d'un avis opposé. Cf. *Lettre à d'Alembert sur les spectacles.*

CHAPITRE XXVII

1. Cette maxime célèbre, qui s'applique si bien à Montaigne, est attribuée tantôt à Solon, tantô à Chilon.

2. Cette défaite eut lieu en 1385. Froissart la rapporte dans ses *Chroniques,* livre III, chap. XVII.

3. Cet autre exemple est tiré des *Annales* de Nicole Gilles, ouvrage que Montaigne a lu de près et annoté.

4. Anecdote empruntée à la *Vie de Paul-Emile,* de Plutarque.

5. Les *Annales d'Aquitaine* de Bouchet.

6. Tous ces miracles sont rapportés par saint Augustin, dans la *Cité de Dieu,* livre XXII, chap. VIII.

CHAPITRE XXVIII

1. La Boétie (1530-1563) né à Sarlat, juge au parlement de Bordeaux. Magistrat réputé pour sa droiture et son indépendance, humaniste et poète, La Boétie exerça de leur rencontre (1557) jusqu'à sa mort une très vive et très durable influence sur Montaigne. En mourant, il légua à son ami sa bibliothèque, qui renfermait la plupart des ouvrages stoïciens. De son côté, Montaigne fit imprimer les œuvres de La Boétie, notamment ses sonnets, mais fit exception pour le *Discours de la Servitude volontaire.*

2. Montaigne avait publié en 1571 les poèmes et les traductions de La Boétie, mais non la *Servitude volontaire.* Ce traité circula en manuscrit et fut reproduit en 1574, fragmentairement, et sans nom d'auteur, sous le titre provocateur : le *Réveille-Matin des Français.* En 1576, les protestants le publièrent dans un recueil de pamphlets antimonarchiques, *Mémoires de l'Etat de la France sous Charles neuvième.*

3. Les premières éditions précisent : *N'ayant pas atteint le dix-huitième an de son âge.* La composition du traité remonterait à 1548. Voir à ce sujet les travaux de M. Maurice Rat.

4. L'édit de janvier 1562 accordait aux protestants l'exercice du culte.

5. Ce livret fut publié en 1572, à Paris chez Frédéric Morel par les soins de Montaigne. Il contenait *La Ménagerie de Xénophon ; Les Règles du Mariage de Plutarque ; Lettre de consolation de Plutarque à sa femme ; Le tout traduit du grec en français par feu M. Etienne de La Boétie, conseiller du Roi en sa cour de Parlement à Bordeaux. Ensemble quelques vers latins et français, de son invention. Item un discours sur la mort dudit seigneur de La Boétie, par M. de Montaigne.*

6. Dans la *Morale à Nicomaque,* livre VIII, chap. I.

7. Montaigne a déjà fait allusion à ces coutumes sanguinaires dans l'essai *de la Coutume,* livre I, essai XXIII. Il y reviendra au chapitre *Des Cannibales.*

8. Anecdote tirée de Diogène Laërce, *Vie d'Aristippe,* livre II, chap. LXXXI.

9. Plutarque, *De l'amitié fraternelle,* chap. IV.

10. D'après *Le Banquet* de Platon.

11. Ils chassèrent d'Athènes les fils du tyran Pisistrate.

12. A Bordeaux.

13. Cette satire fait partie du recueil publié par Montaigne en 1571.

14. La Boétie était de trois ans l'aîné. Quand ils se lièrent d'amitié, Montaigne avait vingt-cinq ans.

15. L'exemple de Blosius est tiré du *De Amicitia,* chap. xi.

16. Mot attribué par Aulu-Gelle à Chilon.

17. Tiré de Diogène Laërce, *Vie d'Aristote,* chap. v, § 21.

18. Passage inspiré par le *De Amicitia,* chap. xxi.

19. D'après Diogène Laërce, *Vie d'Aristote.*

20. D'après Diogène Laërce, *Vie de Diogène.*

21. Ce bel exemple d'amitié est tiré de *Toxaris,* chap. xxii, de Lucien.

22. Exemple tiré de Xénophon, *Cyropédie,* livre VIII, chap. iii.

23. Il s'agit d'Agésilas, d'après Plutarque, *Vie d'Agésilas :* « Il aimait fort tendrement ses petits enfants, de sorte qu'il jouait avec eux parmi la maison, se mettant une canne entre les jambes comme un cheval. » *(Traduction d'Amyot.)*

24. *Dix-huit ans* selon les premières éditions.

25. L'utilisation de la *Servitude volontaire* par les protestants comme pamphlet antimonarchique est considérée par Montaigne comme un abus de confiance.

26. La Boétie fait un long parallèle entre le gouvernement républicain de Venise et le gouvernement despotique des Turcs. Les préférences de La Boétie vont nettement au régime républicain, en théorie du moins.

27. Il s'agit de vingt-neuf sonnets cités par Montaigne dans l'essai suivant et qui ont été supprimés dans les éditions postérieures à 1588.

CHAPITRE XXIX

1. Diane, vicomtesse de Louvigni, dite la belle Corisande d'Andouins, mariée en 1567 au comte de Grammont et de Guiche (ou Guissen). Le comte de Grammont fut tué en 1580 au siège de la Fère, et Montaigne, qui le considérait comme un ami, accompagna ses restes à Soissons. Henri de Navarre aima la belle veuve et fut sur le point de l'épouser. La baronnie d'Andouins se trouvait à quelques lieues de Pau, dans le Béarn.

2. La poésie et la musique étaient considérées comme inséparables au xvie siècle. Ronsard dans son *Abrégé de l'art poétique* (1565) conseille au poète d'adapter ses rimes à la musique : « Tu feras tes vers masculins et féminins tant qu'il te sera possible, pour être plus propres à la musique et accords des instruments, en faveur desquels il semble que la poésie soit née, car la poésie sans les instruments ou sans la grâce d'une ou de plusieurs voix n'est tellement agréable... »

3. Le recueil des œuvres de La Boétie publié par Montaigne en 1572 était dédié au comte de Foix, ambassadeur de France à Venise.

4. Allusion à une édition séparée, publiée entre 1588 et 1592,

et qui n'a pas été retrouvée. Nous croyons utile de citer ici ces sonnets, à la place qu'ils occupaient dans les *Essais*.

5. La Vézère se jette dans la Dordogne. La Dordogne est le symbole de la personne aimée.

6. Allusion à Ronsard qui illustrait, ainsi que du Bellay, le *Loir gaulois*.

7. Allusion à Pétrarque, que la Pléiade imita, tout en le raillant parfois. (*Cf.* Du Bellay, *Contre les Pétrarquistes.*)

8. Phryxus et sa sœur Hellé, montés sur un bélier à toison d'or, tombèrent dans la mer. De là, l'*Hellespont*.

9. Méléagre de Gadara (Ier siècle avant J.-C.) constitua un recueil des chefs-d'œuvre de poésie légère, intitulé *Couronne*.

CHAPITRE XXX

1. Maxime tirée de saint Paul, *Aux Romains*, XII, 3 et que Montaigne avait inscrite sur les solives de sa bibliothèque.

2. Allusion probable à Henri III qui participait aux processions de « flagellants ».

3. Anecdotes tirées de Diodore de Sicile, livre XI des *Histoires*, traduites par Amyot.

4. Dans le dialogue intitulé *Gorgias*.

5. Montaigne a lu cette recommandation de saint Thomas dans la *Secunda*.

6. Platon, dans les *Lois*, livre VIII, recommande cette abstention.

7. Il s'agit des Indiens de Darien. Montaigne a lu cet usage dans l'*Histoire générale des Indes* de Lopez de Gomara.

8. Cette coutume est rapportée par Guillaume Postel dans l'*Histoire des Turcs* (1575).

9. L'exemple de Zénobie est cité par de nombreux compilateurs du XVIe siècle ; il se trouve notamment dans les *Epîtres dorées* de Guevara que connaissait Montaigne.

10. Allusion à un passage du livre III de la *République*. Platon commente une anecdote tirée de l'*Iliade*, chant XIV, vers 294.

11. L'exemple des rois de Perse est tiré des *Préceptes du mariage* de Plutarque. Montaigne avait pu lire cet opuscule soit dans la traduction d'Amyot, soit dans celle de La Boétie.

12. Autre anecdote tirée de Plutarque, *Instructions pour ceux qui manient les affaires d'Etat*, chap. IX.

13. Anecdote tirée du *De officiis* de Cicéron, livre I, paragraphe 40.

14. Exemple tiré de l'*Histoire* de Spartien et cité par plusieurs compilateurs.

15. En particulier, Eusèbe, *Histoire ecclésiastique*.

16. Junius Gallio était un sénateur romain, exilé pour avoir déplu

à Tibère. Montaigne commente gaillardement un passage de Tacite, *Annales,* livre VI, chap. III, beaucoup plus concis.

17. D'après Chalcondylas, *Histoire de la décadence de l'Empire grec,* livre VII, chap. IV.

18. Ces coutumes sont tirées de l'*Histoire générale des Indes* de Gomara, livre II, chap. VII, et de son *Histoire de Fernand Cortès.*

CHAPITRE XXXI

1. Anecdote tirée de Plutarque, *Vie de Pyrrhus,* chap. VIII.

2. Autre anecdote empruntée à Plutarque, *Vie de Flaminius,* chap. III.

3. Exemple trouvé dans Tite-Live, *Histoires,* livre XXXI, chap. XXXIV.

4. Villegagnon débarqua au Brésil en 1557 avec d'autres protestants et tenta de s'y établir de façon durable. Les compagnons de Villegagnon publièrent plusieurs récits de leurs aventures : André Thevet, *Les Singularités de la France antarctique* (1558) ; Jean de Léry, *Histoire d'un voyage fait en la terre de Brésil autrement dit Amérique* (1578).

5. Passage célèbre du *Timée,* chap. XXII-XXV. Le rapprochement de l'Amérique avec l'Atlantide a été fait également par Benzoni, *Histoire naturelle du Nouveau Monde* (1579), Lopez de Gomara, *Histoire générale des Indes,* et André Thevet.

6. La mer Noire.

7. L'Eubée, appelée Négrepont par les navigateurs italiens du Moyen Age.

8. Le géographe Wegener soutient que les continents flottent et se déplacent lentement.

9. Arsac se trouve à cinq lieues de Bordeaux, dans le canton de Castelnau-de-Médoc. L'ensablement des côtes ne fut arrêté que par la fixation des dunes, et la plantation des pins. Le sieur d'Arsac est Thomas de Montaigne, seigneur de Beauregard et d'Arsac, né le 17 mai 1534.

10. Il s'agit des indigènes des Antilles et de l'Amérique du Sud.

11. D'après les *Lois,* livre X.

12. L'historien Osorio, décrivant les mœurs des sauvages, rapporte « qu'ils ne sèment point de blé, ains font leur pain de la racine d'une herbe grande comme le pourpié... ». L'*Histoire* d'Osorio avait été traduite en français par Goulard.

13. Le coriandre, plante dont les fruits sont utilisés comme condiment ou pour parfumer des liqueurs.

14. D'après les *Histoires* d'Hérodote, livre IV, chap. LXIX.

15. Tout ce passage est en complet accord avec le récit, plus détaillé, d'Osorio : « Ils nourrissent grassement les prisonniers,

et leur donnent des femmes qui couchent avec eux. S'ils veulent faire quelque jour de fête, ils lient de cordes le plus gras de leurs prisonniers, etc... » (Livre II, chap. xv, traduction Goulard.) Les récits de Jean de Léry et de Thevet rapportent des coutumes analogues.

16. D'après Diogène Laërce, *Vie de Chrysippe*, chap. vii.

17. Le siège d'Alésia raconté par César, *De Bello Gallico*, livre VII, chap. lvii et lviii.

18. Les récits des voyageurs mentionnent aussi cette indifférence pour les conquêtes.

19. Exemple tiré de Chalcondyle, *Histoire de la décadence de l'Empire grec*, livre V, chap. ix.

20. La victoire navale de Salamine en 480, les victoires terrestres de Platées et de Mycale en 479, sont les succès les plus éclatants remportés par les Grecs contre Xerxès. La *victoire de Sicile* est la victoire remportée par les Spartiates sur l'expédition athénienne qui assiégeait Syracuse (415-413 av. J.-C.).

21. D'après Diodore de Sicile, livre XV, chap. xvi.

22. André Thevet dans les *Singularités de la France antarctique* (1558), chap. xl, rapporte une chanson analogue.

23. Ces exemples bibliques sont vraisemblablement tirés de la *Cité de Dieu* de saint Augustin. Sarah, femme stérile d'Abraham, lui offrit sa servante Agar ; Lia ou Lea et Rachel sont les femmes de Jacob ; elles lui donnèrent leurs servantes pour qu'il en eût des enfants. La servante de Lea se nomme Zilpa ; celle de Rachel Dilha.

24. D'après Suétone, *Vie d'Auguste*, chap. lxxi.

25. Selon Plutarque, *Des vertueux faits des femmes* : « Elle choisit entre les captives prises à la guerre une belle jeune fille qui avait nom Electra, qu'elle enferma avec Dejotarus dedans une chambre ; et nourrit et éleva les enfants qui en vinrent avec autant d'affection et en aussi grande magnificence comme s'ils eussent été siens » (Traduction d'Amyot).

26. Montaigne aimait beaucoup la poésie antique et moderne. Il a cité déjà Du Bellay et fait allusion à Ronsard. Les œuvres d'Anacréon et du pseudo-Anacréon avaient été éditées par Estienne.

27. Cette ambassade eut lieu en 1562.

CHAPITRE XXXII

1. Allusion au *Critias*.

2. Il s'agit des horoscopes tirés de l'astrologie dite « judiciaire », par opposition avec l'*astrologie,* sans épithète, qui signifiait astronomie.

3. D'après Lopez de Gomara, *Histoire générale des Indes*, livre III, chap. xxii.

4. Bataille entre les protestants et les catholiques, le 25 juin 1569. Les protestants furent vainqueurs. La Roche-Abeille est à proximité de Saint-Yrieix.

5. Victoires des catholiques, Jarnac le 13 mars 1569, Moncontour le 3 octobre 1569.

6. Victoire navale de Juan d'Autriche sur les Turcs à Lépante (5 octobre 1571). L'Europe fut sauvée de l'invasion par cette victoire.

7. Arius, prêtre de l'église d'Alexandrie, niait la divinité du Christ. Cette hérésie fort répandue en Orient fut condamnée par le concile de Nicée (325). Cette mort étrange est racontée par Jean Bouchet, *Annales d'Aquitaine.*

8. Ces nécrologies curieuses figurent dans les recueils des compilateurs du XVIe siècle.

9. Dans la *Cité de Dieu,* livre I, chap. VIII.

10. Image tirée de Plutarque, *De la curiosité.*

CHAPITRE XXXIII

1. Ce passage est tiré de la *Lettre 22* de Sénèque.

2. Histoire empruntée aux *Annales d'Aquitaine* de Jean Bouchet.

CHAPITRE XXXIV

1. Anecdote tirée de Guichardin, *Histoire d'Italie,* livre VI. Il s'agit de César Borgia.

2. Anecdote tirée des *Mémoires* des frères du Bellay, livre II. Le *guidon* était le porte-fanion. Les *Mémoires* écrivent *Fouquerolles* au lieu de *Foungueselles.*

3. Cette coïncidence est relevée par un grand nombre d'historiens et de moralistes, elle figure dans les *Diverses Leçons* de Pierre de Messie.

4. Anecdotes empruntées aux *Annales d'Aquitaine* de Jean Bouchet.

5. Anecdote tirée des *Mémoires* des frères du Bellay.

6. Cette anecdote citée par Pline l'Ancien, *Histoire Naturelle,* livre VII, chap. I, a été très souvent reprise par les compilateurs que lisait Montaigne.

7. Autre exemple emprunté à Pline. Protogène, peintre et sculpteur du temps d'Alexandre le Grand.

8. Anecdote tirée des *Chroniques* de Froissart, livre I, chap. X.

9. Anecdote tirée de Plutarque, *De la Tranquillité d'esprit.*

10. Anecdote racontée par Plutarque, *Vie de Timoléon.*

11. Anecdote empruntée à Appien, *Guerres Civiles,* traduit par Claude de Seyssel.

CHAPITRE XXXV

1. Lilio Gregorio Giraldi (1479-1552), poète et archéologue de Ferrare.

2. Sébastien Châteillion né à Châtillon-les-Dombes en 1515 et mort à Bâle en 1563. Célèbre traducteur de la Bible.

3. Montaigne, sans être soucieux, comme son père, de tenir un *journal,* possédait un agenda universel, l'*Ephemeris Historica* de Beuther (1551). Il inscrivit dans ce *livre de raison* les faits importants de son existence : naissance des enfants, mariages, réception de Henri de Navarre au château. Brèves indications, mais qui éclairent et confirment les *Essais.* Ce mémorable *Beuther* appartient maintenant à la ville de Bordeaux. M. Jean Marchand en a donné une reproduction annotée (Compagnie française des arts graphiques). Lors de son voyage en Italie, Montaigne mettra à exécution ce projet de journal régulièrement tenu par lui-même ou un secrétaire.

CHAPITRE XXXVI

1. Citation de l'*Ecclésiaste,* IX, gravée sur la bibliothèque de Montaigne.

2. Il s'agit sans doute de Florimond de Raimond, successeur de Montaigne dans sa charge de conseiller.

3. D'après Cicéron, *De Senectute,* chap. X.

4. Selon Hérodote, *Histoires,* livre III, chap. XII.

5. D'après Plutarque, *Apophtegmes des Lacédémoniens.*

6. D'après Suétone, *Vie de César,* chap. LVIII.

7. Balbi, *Viaggio del' Indie Orientale* (1590). Le royaume de Pegu faisait partie des Indes Orientales.

8. Dans les *Lois,* livre XII.

9. Etienne Bathory fut élu roi de Pologne en 1574 lorsque Henri d'Anjou s'enfuit de Pologne pour prendre la succession de Charles IX.

10. Usage rapporté par Pline l'Ancien, *Histoire Naturelle,* livre XXVIII, chap. VI.

11. Citation précise des *Mémoires* des frères du Bellay, livre X : « Les gelées furent si fortes tout le voyage, qu'on départait le vin de munition à coups de cognée et se débitait au poids, puis les soldats le portaient dedans des paniers. »

12. La mer d'Azov.

13. D'après Tite-Live, *Histoires,* livre XXI, chapitre LIV.

14. Souvenir de Xénophon, *Anabase,* livre IV, chap. V. Il s'agit de la retraite des Dix-Mille.

15. D'après Diodore de Sicile, livre XVII, chap. XVIII.

16. D'après Lopez de Gomara, *Histoire générale des Indes*, livre II, chap. XXXIII.

CHAPITRE XXXVII

1. Variante de 1588 : « *Je n'ai point cette erreur commune de juger d'autrui selon moi, et de rapporter la condition des autres hommes à la mienne. Je crois aisément d'autrui beaucoup de choses où mes forces ne peuvent atteindre. La faiblesse que je sens en moi n'altère aucunement les opinions que je dois avoir de la vertu et valeur de ceux qui le méritent.* »

2. C'était alors un ordre récent, puisqu'il datait de 1574.

3. Confusion de Montaigne. Il s'agit de la bataille de Platées, où les Grecs commandés par le roi de Sparte, Pausanias, écrasèrent l'armée perse et tuèrent son général en chef Mardonios (479 av. J.-C.). Anecdote inspirée d'Hérodote, livre IX, par. 20.

4. Dans l'opuscule de la *Malignité d'Hérodote*.

5. La comparaison du poète avec l'anneau aimanté est développée par Platon dans le dialogue *Ion* : Socrate démontre au rhapsode Ion que la poésie n'est pas un effet de l'art, mais de l'inspiration. Ronsard et toute la Pléiade ont repris cette théorie.

CHAPITRE XXXVIII

1. Exemple tiré de Plutarque, *Vie de Pyrrhus*, chap. XVI.

2. Le vainqueur de Charles le Téméraire à Nancy (1477).

3. La bataille d'Auray en 1364.

4. Souvenir de Plutarque, *Vie de César*, chap. XIII.

5. Souvenir de Tacite, *Annales*, livre XIV, paragr. 4. Tacite se demande si Néron éprouva une émotion sincère ou s'il la feignit.

6. Montaigne se souvient d'un passage de la *Théologie Naturelle* de Raymond Sebond qu'il a traduite.

7. Souvenir d'Hérodote, *Histoires*, livre VII, chap. XLV.

8. Anecdote tirée de Plutarque, *Vie de Timoléon*.

CHAPITRE XXXIX

1. Cette comparaison faite par les Anciens avait été reprise au XVIe siècle par les écrivains italiens, notamment Balthazar Castiglione et Sperone Speroni.

2. Le mot de Bias a été reproduit maintes fois, en particulier par Diogène Laërce, *Vie de Bias*, livre I.

3. Souvenir de Sénèque, *Lettre 7*.

4. Citation de Diogène Laërce, *Vie de Bias*, livre I, chap. LXXXVI.

5. Anecdote tirée de l'*Histoire du Portugal*, traduite par Goulard, livre VIII, chap. IX.

6. Souvenir de Sénèque, *Lettre 28.*

7. D'après Diodore de Sicile, livre XII, chap. IV.

8. Une rature précise l'origine de la remarque : « Saint Augustin dit très bien qu'il n'est rien si dissociable par son vice que l'homme ; rien si sociable par sa nature. »

9. Souvenir de Diogène Laërce, *Vie d'Antisthène.*

10. Souvenir de Sénèque, *Lettre 104,* dont Montaigne s'inspire pour tout ce passage.

11. D'après Diogène Laërce, *Vie de Stilpon.*

12. D'après Diogène Laërce, *Vie d'Antisthène.*

13. D'après saint Augustin, *Cité de Dieu,* livre I, chap. X.

14. D'après Diogène Laërce, *Vie de Thalès,* ce philosophe renonça à la politique pour se consacrer à l'étude.

15. Allusion à Démocrite, qui se creva les yeux, pour se consacrer tout entier à la philosophie.

16. Allusion à Cratès. Cet exemple cité par les compilateurs du temps a été repris par Montaigne dans l'essai IX du livre III, *De la Vanité.*

17. D'après Diogène Laërce, *Vie d'Arcésilas,* livre IV, chap. XXXVIII.

18. Souvenir de Salluste, *La Conjuration de Catilina,* chap. IV.

19. Cicéron reproduit dans le *De Senectute,* chap. XVII, le passage des *Économiques* (livre I, chap. XX) de Xénophon où il est question des jardins de Cyrus, et de ses plantations.

20. D'après Pline le Jeune, *Lettres,* livre I, lettre I.

21. Cicéron utilisait ses retraites à l'étude de la philosophie. Il y fait souvent allusion, en particulier dans l'*Orator,* paragr. 43.

22. Souvenir de Sénèque, *Épître 51.*

23. *L'un* : Épicure ; *l'autre* : Sénèque. Tout ce passage est inspiré de Sénèque.

24. Ces « deux premiers » sont Pline et Cicéron.

CHAPITRE XL

1. Il s'agit des oppositions faites dans l'essai précédent entre Cicéron et Pline le Jeune d'une part, Sénèque et Épicure de l'autre.

2. Allusion à Pline le Jeune se recommandant à son ami Tacite, *Lettres,* livre VII, lettre XXXIII.

3. Montaigne est convaincu que les comédies jouées sous le nom de Térence, esclave africain affranchi, sont l'œuvre de ses illustres protecteurs, Scipion et Laelius. Ce problème, pas plus que le mystère de Shakespeare, n'a reçu de solution définitive.

4. Allusion à la Préface des *Adelphes.* Térence se défend mollement de cette attribution.

5. Le jeu de bague consistait à enlever des anneaux d'un coup de lance.

6. Montaigne a déjà cité ce goût de Cyrus dans l'essai XXXIX.

7. Selon Plutarque, *Vie de Démosthène.*

8. D'après Plutarque, *Vie de Périclès.*

9. D'après Plutarque, *Propos de Table.*

10. D'après Plutarque, *Les Dits notables des Anciens Rois.*

11. D'après Plutarque, *Vie de Périclès.*

12. Epicure et Sénèque.

13. Souvenir de Sénèque, *lettre 21.*

14. Selon Plutarque, *Dits notables des Anciens Rois.*

15. Variante de 1588 : « *Ceux que j'aime me mettent en peine s'il faut que je le leur die, et m'offre maigrement et fièrement à ceux à qui je suis.* »

16. Annibal Caro (1507-1566), traducteur de Virgile et auteur de *Lettres* familières publiées en 1572 et 1576. Certaines traitent de problèmes archéologiques et littéraires, mais la plupart sont moins remarquables par le sujet que par leur forme aisée.

17. Montaigne dans l'édition de 1588 supprima ses titres nobiliaires en tête des *Essais.*

CHAPITRE XLI

1. Souvenir du *Pro Archia,* paragr. II ou des *Tusculanes,* livre I, paragr. II.

2. D'après Plutarque, *Vie de Marius,* chap. VIII.

3. Souvenir des *Mémoires* des frères du Bellay, livre VI. La date exacte est 1536.

4. D'après Plutarque, *Dits notables des Lacédémoniens.*

5. D'après Froissart, *Chroniques,* livre I. La bataille de Crécy eut lieu en 1346. Les Anglais y employèrent pour la première fois des canons.

6. Anecdotes tirées de Plutarque, *Instructions pour ceux qui manient affaires d'Etat.*

7. Exemples tirés de Du Tillet, *Recueil des Rois de France* (1578). La victoire de Bouvines eut lieu en 1214.

CHAPITRE XLII

1. Dans l'opuscule *Que les bêtes brutes usent de la raison.*

2. Variante de 1580 : « *Car quant à la forme corporelle, il est bien évident que les espèces des bêtes sont distinguées de bien plus apparentes différences que nous ne sommes les uns des autres* ».

3. Variante de 1588 : « *C'est-à-dire que le plus excellent animal et plus approchant de l'homme de la plus basse marche que n'est cet homme d'un autre homme grand et excellent.* »

4. Il s'agit des lanières ou *longes* utilisées pour le dressage des faucons ; on attachait aux pattes de ces oiseaux des sonnettes pour les retrouver.

5. Souvenir de Sénèque, *Lettre 76.*

6. Variante de 1588 : « *et ses richesses. Il est satisfait, content et allègre. Et à qui a cela, que reste-t-il ?* »

6 *bis.* Variante des éditions antérieures : « *La tourbe de nos hommes, ignorante, stupidement endormie, basse, servile, pleine de fièvre et de frayeur, instable.* »

7. Coutume rapportée par Hérodote, *Histoires,* livre V, chap. VII.

8. Comparaison fréquente chez Sénèque (*Lettres 76 et 80).*

9. Souvenir de Plutarque, *Vie d'Alexandre,* chap. IX.

10. Anecdote rapportée par Plutarque, *Les Dits notables des Anciens Rois, Princes et grands Capitaines.*

11. Image familière, fréquente chez les conteurs du XVI⁰ siècle, en particulier chez Rabelais.

12. Souvenir du livre II des *Lois.*

13. Anecdote rapportée par Plutarque, *Si l'homme d'âge doit se mêler des affaires publiques.*

14. Maxime tirée de l'*Épître au Roi* d'Amyot, qui sert de préface à la traduction des *Œuvres morales* de Plutarque.

15. Souvenir du traité intitulé *De la Condition des Rois.*

16. Souvenir de Guillaume Postel, *Histoire des Turcs.*

17. Souvenir du chap. XXIV du *Gorgias.*

18. Souvenir du traité de Xénophon, intitulé *Hiéron.*

19. Allusion à deux épisodes de la campagne d'Henri II contre Charles Quint en 1555 : Brissac s'empara de Casal dans le Montferrat. Montluc, assiégé dans Sienne, en sortit avec les honneurs de la guerre.

20. Souvenir du *De Bello Gallico,* livre VI, chap. XXIII. Il s'agit des Germains, non des Gaulois.

21. Variante de 1588 : « *ou pour en tirer leurs agrandissements et commodités particulières* ».

22. Anecdote rapportée par l'historien Ammien Marcellin, livre XXII.

23. Anecdote très souvent citée par les compilateurs du XVI⁰ siècle.

24. Souvenir de Plutarque, *Banquet des sept sages,* chap. XIII.

25. Anecdote rapportée par Plutarque dans sa *Vie de Pyrrhus,* chap. VII, et dont Rabelais s'est souvenu dans le conseil de guerre de Picrochole, *Gargantua,* chap. XXXIII.

CHAPITRE XLIII

1. Les lois contre le luxe ont existé dès l'Antiquité : les Romains

pendant la Seconde Guerre Punique avaient interdit les bijoux d'or, les équipages, les étoffes de pourpre (loi Oppia). Au Moyen Age, Pierre de Sorbon reprochait à Joinville son élégance et saint Louis se montrait fort embarrassé pour trancher le différend. A l'époque de la Renaissance, le luxe vestimentaire devint presque un fléau national : les étoffes de soie, les fourrures, les bijoux venaient surtout d'Italie et le trésor royal supportait mal cette hémorragie de devises. De François Iᵉʳ à Henri IV, les interdictions se multiplièrent, toutes aussi inefficaces les unes que les autres : en effet, les vêtements des courtisans n'étant pas réglementés, les magistrats et les bourgeois ne respectaient guère les restrictions les frappant. Henri III pour intimider les délinquants fit emprisonner en 1583 trente dames de Paris, nobles ou bourgeoises, mais sans plus de succès.

2. Souvenir de Diodore de Sicile, livre XII, chap. v.

3. Variante de 1588 : « *Car le reste de la France prend pour patron ce qui se fait à la cour ; ces façons vicieuses naissent près d'eux.* »

4. Il s'agit de la braguette, partie du haut-de-chausses. *Cf.* les plaisanteries de Rabelais sur la braguette de Panurge (*Tiers Livre* chap. VII et VIII).

5. Cet usage s'établit sous Henri III.

6. Image empruntée à la fauconnerie : le tiercelet est le mâle des oiseaux de chasse, trois fois plus petit que la femelle, d'où le nom. Montaigne a formé le diminutif *quartelet* sur le même modèle.

7. Allusion au livre VII des *Lois.*

CHAPITRE XLIV

1. Souvenir de Sénèque, *Lettre 20.*

2. Anecdote rapportée par Plutarque, *Vie d'Alexandre,* chap. II ou à Quatre-Curce, livre IV, chap. XIII.

3. Plutarque, *Vie d'Othon,* chap. VIII.

4. Plutarque, *Vie de Caton d'Utique,* chap. XIX.

5. *Ibidem,* chap. VIII.

6. Suétone, *Vie d'Auguste,* chap. XVI.

7. Plutarque, *Vie de Sylla,* chap. XIII.

8. Plutarque, *Vie de Paul-Emile.*

9. Pline l'Ancien, *Histoire Naturelle,* livre VII, chap. LII.

10. Hérodote, *Histoires,* livre IV, chap. XXV.

11. Diogène Laërce, *Vie d'Epiménide,* livre I, chap. CIX.

CHAPITRE XLV

1. La bataille de Dreux eut lieu le 19 décembre 1562. Les catholiques, commandés par le maréchal de Saint-André, le connétable

de Montmorency et François de Guise, furent vainqueurs des protestants, commandés par Condé et Coligny.

2. Cette anecdote a été rapportée par Plutarque, dans la *Vie
de Philopœmen,* chap. VI.

3. Plutarque, *Vie d'Agésilas,* chap. VI.

CHAPITRE XLVI

1. Montaigne a trouvé cette étymologie fantaisiste dans les *Annales d'Aquitaine* de Bouchet : « L'Aquitaine... fut nommée Guienne
comme il est vraisemblable à cause des ducs qui portèrent le nom de
Guillaume. » Il lui emprunte aussi l'anecdote concernant le duc de
Normandie.

2. Anecdote vulgarisée par les compilateurs du XVIᵉ siècle.

3. Anecdote empruntée aux *Annales d'Aquitaine* de Bouchet. Il
s'agit de la célèbre église romane.

4. Question très controversée au XVIᵉ siècle. Amyot a généralement conservé la forme grecque ou latine. Au contraire, Du Bellay,
dans la *Défense et Illustration de la langue française* (1549), recommandait de franciser les noms.

5. Le roi d'Orient. Souvenir des Croisades.

6. Cette « farce » aurait été faite par Bertrand de Baylens, sénéchal des Landes, chef catholique très actif. Il s'empara de Mont-
de-Marsan en 1583, Montaigne se rendit dans cette ville pendant
sa mairie de Bordeaux. Il s'agit peut-être d'un souvenir de ce
voyage.

7. Montaigne semble avoir été assez fier de ses armoiries, qu'il
laissa en plusieurs étapes de son voyage en Italie, notamment à
Plombières, à Augsbourg et à Pise.

8. L'édition de 1595 remplace le mot *éternité* par toute une
phrase : « et remplissant l'indigence de son maître de la possession
de toutes les choses qu'il peut imaginer et désirer autant qu'elle
veut ! ».

9. Ces différentes formes se trouvent dans les *Annales d'Aquitaine* de Bouchet.

10. Allusion au *Jugement des Voyelles* de Lucien.

11. Nicolas Denisot, né au Mans en 1515, fut le compagnon de
Ronsard, au collège de Coqueret. Ronsard, dans le *Folatrissime
voyage d'Arcueil* (1549), le décrit chevauchant un âne, au milieu
de la joyeuse troupe des étudiants. Denisot avait composé en 1545
un recueil de *Noëls,* et peint notamment un portrait de Cassandre.

12. *Tranquillus* est le surnom de Suétone.

13. Le nom de famille du sire de Bayard était Terrail. — Escalin,
baron de la Garde, dit capitaine Poulin était de basse origine. Il
fut lieutenant général des galères en 1544.

14. Scipion l'Africain, le vainqueur de Carthage.

CHAPITRE XLVII

1. A la bataille de Moncontour (1569), le duc d'Anjou, vainqueur des protestants, préféra assiéger Niort que poursuivre les vaincus.

2. La défaite de Saint-Quentin (1557) ouvrait la route de Paris aux troupes de Philippe II, mais celui-ci s'attarda au siège de la ville de Saint-Quentin et ne profita pas de sa victoire.

3. D'après Plutarque, *Vie de César*, chap. XI.

4. Gaston de Foix, vainqueur des Espagnols à Ravenne (1512), fut tué en poursuivant les vaincus.

5. Le comte d'Enghien battit les Espagnols à Cerisoles le 15 avril 1544. Cette victoire fut célébrée par Marot, puis par Ronsard.

6. Selon Diodore de Sicile, livre XII, chap. XXIV.

7. Anecdote tirée des *Annales d'Aquitaine* de Bouchet.

8. Fait rapporté par Xénophon dans la *Cyropédie*, livre IV, chap. III.

9. Souvenir de Tite-Live, *Histoires*, livre IX, chap. XL.

10. Souvenir des *Nuits Attiques* d'Aulu-Gelle, livre V, chap. V.

11. D'après Plutarque, *Dits notables des Lacédémoniens*.

12. D'après Plutarque, *Vie d'Othon*, chap. III.

13. Anecdote empruntée à Plutarque, *Vie de Pyrrhus*, chap. VIII. Plutarque appelle le personnage Mégaclès et non pas Demogaclès.

14. D'après Plutarque, *Vie d'Alexandre*, chap. V, *Vie d'Agis*, et *Vie de Cléomène*, chap. IV.

15. D'après Plutarque, *Vie de Pompée*, chap. XIX, Montaigne cite la traduction d'Amyot.

16. Cyrus et Artaxerxès, dont Xénophon raconte la lutte dans l'*Anabase*, livre I, chap. VIII.

17. Les capitaines de Cyrus selon Plutarque, *Préceptes du Mariage*. On sait que La Boétie avait traduit cet opuscule.

18. Cette campagne eut lieu en 1536. Les avantages et les inconvénients de l'offensive et de la défense ont été souvent étudiés au XVIᵉ siècle, en particulier par Bodin dans sa *République*, livre V, chap. V, Machiavel dans ses *Discours sur la première décade de Tite-Live*, livre II, chap. XII. Montaigne semble s'être inspiré surtout des *Mémoires* des frères du Bellay, chap. VI, et des *Instructions sur le fait de guerre*, de Guillaume Du Bellay.

19. Allusion à la Seconde Guerre Punique.

20. Allusion à l'expédition de Sicile, qui tourna au désastre pendant la guerre du Péloponnèse. Ces deux exemples ont été employés par Machiavel dans son *Discours sur la première décade de Tite-Live*.

21. Variante de 1588 : « *la fortune n'est pas plus incertaine et téméraire que nos discours.* »

CHAPITRE XLVIII

1. Souvenir de Suétone, *Vie de Tibère*, chap. VI.

2. Les romans de chevalerie. Montaigne méprisait ce genre littéraire et prétendait l'avoir ignoré complètement dans sa jeunesse.

3. D'après Hérodote, livre V, chap. CXII et CXIII.

4. Il s'agit de la bataille de Fornoue en 1495, livrée par Charles VIII.

5. Ces deux exemples sont tirés de Paul Jove, *Histoire de son temps*, livres II et XVII.

6. Souvenir de Plutarque, *Vie de Pompée*, chap. XVII et *Vie de César*, chap. V.

7. D'après Aulu-Gelle, *Nuits Attiques*, livre V, chap. II.

8. Anecdotes rapportées par Pline l'Ancien et Suétone. Rabelais s'en est souvenu dans le *Gargantua*, chap. XVI.

9. Montaigne revient souvent sur ses prouesses de cavalier, notamment dans l'essai IX du livre III : « Je me tiens à cheval sans démonter, tout coliqueux que je suis, et sans m'y ennuyer, huit et dix heures. »

10. Dans les *Lois*.

11. Pline l'Ancien, *Histoire Naturelle*, livre XXVIII, chap. XIV.

12. Dans la *Cyropédie*, livre IV, chap. III.

13. Auteurs cités par Beroald dans son commentaire de la *Vie de César* par Suétone.

14. *Vie de César*, chap. LX.

15. Dans la *Cyropédie*, livre IV, chap. III.

16. Montaigne composa, en effet, un essai sur le pistolet, mais un valet le lui déroba.

17. Souvenir de Xénophon, *Anabase*, chap. VIII, paragraphe 2.

18. Diodore de Sicile rapporte ces inventions de Denys le Tyran dans son *Histoire*, livre XIV, chap. XII.

19. Monstrelet, continuateur de Froissart. L'anecdote est citée au chap. XLVI de l'édition de 1572.

20. Au chap. LXVI.

21. Les éditions antérieures à 1595 ajoutaient : « *Je ne sais quel maniement ce pouvait être, si ce n'est celui de nos passades.* »

22. Tiré du *De Bello Gallico*, livre IV, chap. I.

23. Souvenir du voyage à Rome, le 8 octobre 1581.

24. Alphonse XI, roi de Léon et de Castille. Souvenir des *Epîtres dorées* de Guevara, traduites par Guttery : *Lettre au comte de Benavent Don Alphonse Pimentel, par laquelle est narré l'ordre*

qu'avaient les anciens chevaliers de la Bande. — « Doré » est synonyme de « sage ».

25. Souvenir du *Courtisan* de Balthazar Castiglione qui eut un vif succès au XVIe siècle.

26. Le *Prêtre-Jean* est le négus d'Abyssinie. L'origine de cette légende d'un souverain chrétien de l'Orient serait une prétendue lettre envoyée en 1165 par le prêtre Jean à l'empereur de Byzance. Cf. Rabelais (*Pantagruel,* chap. XXIV) qui cite le pays du « Prêtre-Jean » parmi les escales du géant.

27. Tiré de la *Cyropédie* de Xénophon, livre III, chap. III.

28. *Ecot :* la quote-part de chaque convive, et par suite *compagnie.*

29. *Ceux de Crète :* souvenir de Valère Maxime, livre VII, chapitre VI.

30. Anecdote empruntée à Paul Jove, *Ordre et discipline de l'armée turque.*

31. Souvenir de Lopez de Gomara, *Histoire de Fernand Cortès.*

32. *Les Indes Orientales.*

33. Souvenir de Tite-Live, *Histoires,* livre VIII, chapitre XXX.

34. Anecdote empruntée à Herbert-Fulstin, auteur d'une *Histoire des Rois et Princes de Pologne* (1573).

35. L'anecdote sur Bajazet battu par Tamerlan est empruntée à Chalcondyle, *Histoire de la décadence de l'Empire grec,* livre III, chap. XII.

36. *Sardes.* Anecdote tirée d'Hérodote. *Histoires,* livre I, chap. LXXVIII.

37. Anecdote tirée d'Hérodote, *Histoires,* livre I, chapitre LXXVIII.

38. Anecdote tirée de Plutarque, *Vie de Nicias,* chapitre X.

39. D'après Quinte-Curce, livre VII, chap. VII.

40. François de Carnavalet (1520-1571), écuyer de Henri II et maître d'équitation à l'Ecurie Royale. Ronsard, qui fut son élève, lui consacra une ode élogieuse.

41. Anecdote tirée de George Lebelski, *Description des jeux représentés à Constantinople en la solennité de la circoncision du fils d'Amurath* (traduit en 1583).

42. Sans doute Philippe de Launoy, prince de Sulmone.

43. Monnaies espagnoles.

CHAPITRE XLIX

1. Image tirée de la chevalerie. La lance était maintenue par un crampon de l'armure, l'*arrêt.*

2. On peut rapprocher ce début de l'essai XXXI du livre I, des *Cannibales.*

3. César, *De Bello Gallico,* livre IV, chap. V.

4. D'après Plutarque, *Vie de Caton d'Utique*.

5. D'après Diogène Laërce, *Vie de Cratès*, chap. vi, paragraphe 89.

6. Sénèque, *lettre 70*.

7. Plutarque, traduit par Amyot.

8. Sidoine Apollinaire (*Œuvres*, poème v, vers 239), évêque de Clermont-Ferrand (430-489), gendre de l'empereur Avitus et poète latin.

9. Souvenir de Plutarque, *Questions romaines*.

CHAPITRE L

1. Variante de 1588 : « *Au demeurant, je laisse la fortune me fournir les sujets, d'autant qu'ils me sont également bons ; et si n'entreprends pas de les traiter entiers et à fond de cuve : de mille visages qu'ils ont chacun, j'en prends celui que me plaît ; je les saisis volontiers par quelque lustre extraordinaire : j'en trierais bien de plus riches et pleins, si j'avais quelque autre fin proposée que celle que j'ai. Toute action est propre à nous faire connaître.* »

2. Montaigne reprend cette idée dans l'essai v du livre III.

3. Montaigne a développé cet argument dans l'essai xiv du livre I.

4. Allusion à Diogène écartant Alexandre de son soleil. Cicéron cite l'anecdote dans ses *Tusculanes*, livre V, paragraphe 10.

5. Plutarque, *Vie de Marcus Brutus*, chap. iii.

6. Diogène Laërce, *Vie d'Aristippe*, livre II, chap. xcv.

CHAPITRE LI

1. Maxime tirée de Plutarque, *Dits notables des Lacédémoniens*.

2. Anecdote empruntée à Plutarque, *Vie de Périclès*, chap. v. Ce Thucydide n'est pas l'historien, mais son homonyme, chef du parti aristocratique.

3. Dans l'*Institution Oratoire* de Quintilien, livre II, chap. xv.

4. Dans le *Gorgias*.

5. D'après l'*Histoire des Turcs* (p. 36 de l'édition de 1560) de Guillaume Postel.

6. Tout ce passage est traduit littéralement de Tite-Live, *Histoires*, livre X, chap. xxii.

7. Tacite a développé cette idée dans le *Dialogue des orateurs*, chap. xxvi.

8. Neveu du pape Paul IV, il fut démis de sa dignité à cause de ses scandales.

9. Selon Plutarque, *Vie de Paul-Emile*, chap. xv.

10. Palais merveilleux de l'*Amadis des Gaules*.

11. Allusion à l'usage d'appeler les membres du Parlement de Paris du nom de : *Senatores*.

12. L'Arétin (1492-1556), auteur de satires, de dialogues et de sonnets fort libres.

CHAPITRE LII

1. Anecdote très souvent citée au XVIᵉ siècle : elle est tirée de Valère Maxime, *Dits et faits mémorables,* livre IV, chap. IV.

2. Anecdotes tirées de Plutarque, *Vie de Caton le Censeur,* chap. III.

3. Tiré de Valère Maxime, livre IV, chap. III.

4. Souvenir de Sénèque, *Consolation à Albina.*

5. Souvenir de Plutarque, *Vie de Tiberius Gracchus.*

CHAPITRE LIV

1. D'après Plutarque, *Propos de table,* livre VIII, chap. IX.

2. Souvenir de Quintilien, *Institution oratoire,* livre II, chap. XX ; environ 40 litres.

3. Souvenir de Plutarque, *Les opinions des Philosophes,* livre IV, chap. X.

4. Montaigne confond Sancho Garcia et son fils Garcia V, dit le Trembleur, parce qu'au moment de combattre il tremblait si fort qu'on l'entendait grelotter, ce qui ne l'empêchait pas ensuite d'être un hardi combattant.

5. Souvenir d'Aristote qui cite cet usage à propos de l'étain.

6. Montaigne aime la poésie populaire ; il a cité des poèmes des indigènes d'Amérique à l'essai *Des Cannibales,* I, XXXI, et au cours du voyage en Italie, il rappelle le souvenir de fêtes où une poétesse, simple paysanne, lui dédia des vers. La villanelle est une poésie pastorale composée d'un nombre impair de tercets suivis d'un quatrain.

7. Le texte de 1580 était : « Ils trouveraient place entre ces deux extrémités. »

CHAPITRE LV

1. *Vie d'Alexandre,* chap. I.

2. Anecdote tirée de Diogène Laërce, *Vie de Socrate,* livre II, chap. XXV.

3. *Roi de Tunis.* Anecdote empruntée à Paul Jove, *Histoire de son temps,* chap. XLIV.

CHAPITRE LVI

1. Ce paragraphe, ajouté en 1582, fait allusion à la remontrance des censeurs pontificaux concernant l'opinion de Montaigne sur la prière ; Montaigne avait écrit qu' « il faut avoir l'âme nette au

moins en ce moment auquel nous le prions, et déchargée de passions vicieuses ». Il maintint son texte, mais inséra au début de l'essai cette déclaration de soumission à l'Eglise. Une variante de 1595 insiste sur la soumission de Montaigne à l'Eglise : « *choses dites... pour absurde et impie, si rien se rencontre ignoramment ou inadvertamment couché en cette rhapsodie contraire aux saintes résolutions et prescriptions.* »

2. Le texte de 1588 donne : « *occupées à usures, veniances et paillardises* ». Le mot *veniance* ne figure pas dans les dictionnaires d'ancien français. Il a néanmoins été repris par tous ceux des éditeurs qui ont adopté la version de 1588. Nous croyons devoir le corriger en *vengeances*, puisque selon l'orthographe du temps de Montaigne, on écrivait indifféremment *veniances* ou *venjances*.

3. Allusion probable à Arnaud du Ferrier (1505-1585), professeur de droit, ambassadeur du roi de France près du concile de Trente, puis converti au protestantisme. Il devint le chancelier de Henri de Navarre. Montaigne, maire de Bordeaux, avait affaire avec lui et l'estimait beaucoup.

4. *La Réforme.*

5. Allusion aux *Psaumes*, traduits en français et chantés par les Réformés. La plus célèbre traduction est celle de Marot (1541) en vers français, dont les strophes étaient calquées sur celles des chansons populaires. Marot ne savait pas l'hébreu, mais Vatable, lecteur d'hébreu au Collège Royal, lui avait traduit les psaumes en prose française.

6. Remi Belleau (*La Reconnue,* acte V, sc. 2) exprime la même critique :

> « *La nouvelle religion*
> *A tant fait que les chambrières,*
> *Les savetiers et les tripières*
> *En disputent publiquement.* »

7. Nicétas cité dans un opuscule de Juste-Lipse, *Adversus dialogistam liter de una religione.* La traduction de Juste-Lipse a fait commettre une bévue à Montaigne : Lopadius n'est pas un personnage, mais un laïc.

8. Dans les *Lois* (page 750 de la traduction de 1546).

9. Anecdote tirée d'Osorio, *Histoire du Roi Emmanuel de Portugal.*

10. *Socotora*, près de Mozambique.

11. Tiré de Plutarque, *De l'Amour,* dans la traduction d'Amyot.

12. Dans l'*Heptaméron*, journée III, nouvelle 25. Ce jeune prince est le galant François Ier. Marguerite excuse son frère, sous prétexte que sa feinte piété cachait son intrigue et évitait de compromettre sa belle.

13. Dans les *Lois* (p. 43 de l'édition de 1546).

CHAPITRE LVII

1. D'après Plutarque, *Vie de Caton d'Utique*, chap. xx.
2. Règlement tiré de Suétone. *Vie d'Auguste*, chap. xxxii. L'âge permettant d'accéder à certaines charges était avancé de cinq ans.

LIVRE SECOND

CHAPITRE PREMIER

1. Question déjà posée par Plutarque, *Vie de Marius*, chap. xvi.
2. Cette comparaison curieuse est la traduction de l'épitaphe de Boniface VIII rapportée par Jean Bouchet dans les *Annales d'Aquitaine*.
3. Souvenir de Sénèque, *De Clementia*, livre II, chap. i.
4. Souvenir de Sénèque, *Lettre 20*.
5. Traduction de Sénèque, *Lettre 52*.
6. Cette comparaison fréquente au xvie siècle avait déjà été utilisée par Plutarque, qui citait le caméléon et le poulpe.
7. Souvenir de Sénèque, *Lettre 23* ; selon que la mer est *en furie ou calme*.
8. Souvenir de Sénèque, *Lettre 52*.
9. Trait emprunté à Diogène Laërce, *Vie d'Empédocte*, livre VIII, chap. lxiii.
10. *Pédale* d'un instrument de musique, d'un orgue, par exemple.
11. Allusion à la nouvelle XX (IIe journée) de *l'Heptaméron* de Marguerite de Navarre.
12. Souvenir de Plutarque, *Vie de Pélopidas*, chap. i : « Vous m'avez, Sire, vous-même rendu moins hardi que je n'étais, en me faisant panser et guérir des maux pour lesquels je ne tenais compte de ma vie. »
13. Tiré de Chalcondyle, *Histoire de la décadence de l'Empire grec*, livre VIII.
14. Allusion à la secte des manichéens, dont il est souvent parlé par saint Augustin dans *La Cité de Dieu*.
15. Le célèbre capitaine anglais Talbot, qui combattit longtemps en Gascogne et mourut en 1453 à Castillon-sur-Dordogne, aujourd'hui Castillon-la-Bataille, près de Libourne. De là vient le possessif « notre » Talbot.
16. Sénèque dans la *Lettre 71*.
17. Souvenir de Cicéron, *De Senectute*, chap. vii. Selon la tra-

dition, Sophocle aurait été accusé par son fils d'avoir perdu la raison et se serait défendu en faisant lire aux juges sa dernière pièce, *Œdipe à Colone.*

18. Selon Hérodote, livre V, chap. XXIX.

CHAPITRE II

1. Allusion à l'Allemagne. On peut rapprocher ce passage de l'extrait du *Journal de Voyage* : « Leur vin se sert dans des vaisseaux comme grandes cruches, et est un crime de voir un gobelet vide qu'ils ne remplissent soudain, et jamais de l'eau. » Dans l'essai XXVI du livre I, *De l'institution des enfants,* il écrivait : « Je pensais faire honneur à un seigneur aussi éloigné de ces débordements qu'il soit en France, de m'en quérir à lui, en bonne compagnie, combien de fois en sa vie il s'était enivré, pour la nécessité des affaires du roi en Allemagne... »

2. Traduit de Sénèque, *Lettre 83.*

3. L'historien grec Flavius Josèphe, *De vita sua,* chap. XLIV.

4. Anecdote rapportée par Sénèque, *Lettre 83.*

5. Nouvel emprunt à la *Lettre 83* de Sénèque.

6. D'après Diodore de Sicile, *Histoires,* livre XVI, chap. XXVI.

7. Vraisemblablement la femme de Joseph Aimar, président au parlement de Bordeaux en 1575.

8. Les éditions de 1580 et 1588 ajoutaient : « La vraie image de la vertu stoïque », ce qui dénotait une confusion entre Caton le Censeur et Caton d'Utique.

9. Selon Plutarque, *Vie d'Artaxerxès,* chap. II : « Il disait... qu'il endurait mieux toutes nécessités que lui, qu'il entendait mieux la magie, qu'il buvait plus de vin et le portait mieux. »

10. Jacques Dubois, dit Sylvius (1478-1555) mathématicien et médecin illustre. Il fut régent du collège de Tréguier et lecteur en médecine au Collège Royal.

11. D'après Plutarque, *Propos de table,* chap. VII et Hérodote, *Histoires,* livre I, chap. CXXXIII.

12. Mesure valant quatre pintes, c'est-à-dire presque quatre litres.

13. *Marc-Aurèle ou l'Horloge des princes,* par Antoine de Guevara, traduit par Bertaut de la Grise en 1531 et par Herberay des Essarts en 1555. Cet ouvrage vulgarisa la philosophie stoïcienne ; Montaigne le lut et l'utilisa.

14. En prenant son pouce comme point d'appui, le père de Montaigne sautait par-dessus la table à l'horizontale, et se retrouvait de l'autre côté.

15. L'édition de 1595 comportait l'addition suivante : « Et parce qu'en la vieillesse, nous apportons le palais encrassé de rhume ou altéré par quelque autre mauvaise constitution, le vin nous semble

meilleur, à mesure que nous avons ouvert et lavé nos pores. Au moins, il ne m'advient guère que pour la première fois j'en prenne bien le goût. »

16. Selon Diogène Laërce, *Vie d'Anacharsis,* livre I, chap. CIV.

17. Dans les *Lois,* livre II.

18. D'après Diogène Laërce, *Vie de Stilpon,* livre II, chap. CXX.

19. Variante de 1588 : « *Il gémit à la colique, sinon d'une voix vaincue du mal, au moins comme étant en une âpre mêlée.* »

20. Dans la *Vie de Publicola,* chap. III.

21. D'après Diogène Laërce, livre IX, chap. LIX.

22. Citation de Prudence, livre *Des couronnes,* hymne II, vers 401. C'est saint Laurent qui parle.

23. Paraphrase du chapitre VIII de l'histoire des *Macchabées* par Flavius Josèphe. P. Villey remarque que les éditions du XVIe siècle de ce traité avaient comme sous-titre : « De la domination de la raison sur les sens corporels » ; la portée morale de l'ouvrage était donc évidente.

24. Exemples tirés des *Lettres 66, 67* et *92* de Sénèque.

25. Tout ce développement est tiré de Sénèque, *De Tranquillitate animi,* chap. XV.

26. Ces théories de Platon sont citées par Sénèque.

27. Dans le *Timée.*

CHAPITRE III

1. Le professeur qui préside à la soutenance d'une thèse : *mon directeur.*

2. Ces quatre exemples, souvent cités par les moralistes du XVIe siècle, sont tirés de Plutarque, *Dits notables des Lacédémoniens.*

3. Exemple tiré de Cicéron. *Tusculanes,* livre V, chap. XIV.

4. Développement tiré de la *Lettre 70* de Sénèque, si souvent utilisé par Montaigne.

5. Réplique tirée des *Annales de Tacite,* livre XIII, chap. LVI.

6. Tout ce passage reprend et développe les idées de Sénèque dans les *Lettres 70* et *77.*

7. La veine du coude, où l'on fait la saignée.

8. Anecdote citée par Pline l'Ancien, *Histoire Naturelle,* livre XXV, chap. VI, et Suétone, *De illustribus grammaticis,* chap. II et III.

9. Variante de 1588 : « *Meilleur conseil que de s'appliquer du poison aux jambes, et vécut depuis, ayant cette partie du corps morte.* »

10. D'après Cicéron, *De Finibus,* livre III, chap. XVIII.

11. Anecdotes tirées de Diogène Laërce, *Vie d'Aristippe,* livre II, chap. XCIV et *Vie de Speusippe,* livre IV, chap. III.

11 *bis*. Variante des éditions antérieures : « *Car, outre l'auto-rité, qui en défendant l'homicide y enveloppe l'homicide de soi-même, d'autres philosophes tiennent...* »

12. Cette condamnation du suicide, exposée par Platon dans le *Phédon*, et Cicéron, dans la *République*, a été développée par les Pères de l'Eglise, en particulier par saint Augustin, *Cité de Dieu*, livre I, chap. XXII, et son commentateur Vivès souvent cité par Montaigne.

13. Au livre IX.

14. Anecdote citée par Plutarque, *Des vertueux faits des femmes* et par Aulu-Gelle dans les *Nuits Attiques*, XV, par. II.

15. Anecdote empruntée à Plutarque, *Vie de Cléomène*, chap. XIV.

16. Cité et critiqué par Sénèque dans la *Lettre 70*.

17. Dans son autobiographie, page 635 de l'édition de 1544. En fin de paragraphe, l'édition de 1595 ajoute : « *la journée de Céri-solos Monsieur d'Enghien essaya deux fois de se donner de l'épée dans la gorge, désespéré de la fortune du combat, qui se porta mal en l'endroit où il était ; et cuida par précipitation se priver de la jouissance d'une si belle victoire.* »

18. Dans l'*Histoire naturelle*, livre XXV, chap. III. Variante de 1588 : « *retenue ; la seconde, la douleur d'estomac ; la tierce, la douleur de tête...* »

19. Dans la *Lettre 58*.

20. Souvenir de Tive-Live, *Histoires*, livre XXXVII, chap. XLVI.

21. Anecdote rapportée par Tite-Live, livre XLV, chap. XXVI.

22. Petite île située à l'ouest de Malte ; Guillaume Paradin dans l'*Histoire de son temps* (1575) a rapporté cette anecdote.

23. D'après Flavius Josèphe, dans le *Traité des Macchabées*, page 958 de l'édition de 1544.

24. Exemple emprunté à Sénèque, *Lettre 70*.

25. Au livre des *Macchabées*, II, chap. XIV.

26. Exemple tiré de saint Augustin, *Cité de Dieu*, livre I, chap. XXVI.

27. Allusion, selon Villey, à Henri Estienne qui a développé la même idée dans son *Apologie pour Hérodote*, chap. XV.

28. Allusion à l'épigramme *De oui et nenni*.

« Un doux Nenni, avec un doux sourire,
Est tant honnête... »

29. Exemples tirés de Tacite, *Annales*, livre V, chap. XLVIII, et livre XV, chap. LXXI.

30. Selon Hérodote, *Histoires*, livre I, chap. CCXIII.

31. Anecdote tirée d'Hérodote, *Histoires*, livre VII, chap. CVII. L'Eion est une péninsule entre le Pont-Euxin et le marais Méotide.

32. Le suicide de Ninachetuen est emprunté à l'*Histoire du Portugal* de Goulard, livre IX, chap. XXVII.

33. Les exemples de Sextilia, Paxea et de Cocceius Nerva sont tirés de Tacite, *Annales,* livre VI, chap. XXIX et XXVI.

34. L'histoire de Fulvius est tirée de Plutarque, *Du trop parler,* chap. IX.

35. Tout ce récit est emprunté à Tite-Live, *Histoires,* livre XXVI, chap. XIII-XV, qui raconte le suicide de Vibius Virius avant la prise de la ville par les Romains. Capoue avait pris le parti d'Annibal.

36. D'après Quinte-Curce, livre IX, chap. IV.

37. Anecdote empruntée à Tite-Live, *Histoires,* livre XXVIII, chap. XXII-XXIII.

38. Autre emprunt à Tite-Live, livre XXXI ,chap. XVII-XVIII.

39. Traduit de Tacite, *Annales,* livre VI, chap. XXIX.

40. *Epître aux Philippiens,* chap. I, verset 23.

41. *Epître aux Romains,* chap. VII, verset 24 : « Misérable que je suis ! qui me délivrera de ce corps de mort ? »

42. D'après Cicéron, *Tusculanes,* livre I, chap. XXXIV. Anecdote vulgarisée par les moralistes du XVIᵉ siècle.

43. D'après Joinville, *Vie de saint Louis,* chap. LI : « Jacques du Chastel, évêque de Soissons... lequel voyant que nous étions en chemin, pour nous en aller à Damiette, et que chacun avait désir de retourner en France, il aima mieux demeurer avec Dieu... »

44. Anecdote tirée de l'*Histoire du royaume de Chine* de Gonçalez de Mendoza, traduit en français en 1585.

45. Jacques du Chastel.

46. D'après Valère Maxime, *Faits et Dits mémorables,* livre II, chap. VI.

47. L'île de Céos dans la mer Egée. Anecdote également tirée du même chapitre de Valère Maxime.

48. D'après Pline l'Ancien, *Histoire Naturelle,* livre IV, chap. XII.

CHAPITRE IV

1. Ce titre est emprunté à un opuscule de Plutarque, *Du démon familier de Socrate.*

2. Montaigne a fait de la traduction d'Amyot son livre de chevet. Lors de son séjour à Rome, dînant un jour avec l'ambassadeur de France et l'humaniste Muret, il défendit la traduction d'Amyot à laquelle ses interlocuteurs reprochaient des erreurs de détail. Il maintint du moins que « où le traducteur a failli le vrai sens de Plutarque, il y en a substitué un autre vraisemblable. »

3. Amyot (1513-1593) était donc bien en vie. Il n'existait pas encore de traduction française des œuvres complètes de Xénophon. Montaigne pouvait utiliser des traductions d'ouvrages isolés, comme

celles des *Economiques* par La Boétie ou celle de la *Cyropédie* par Jacques de Ventimille ; le plus souvent, il se servait d'une traduction latine.

4. Dans le traité *De la curiosité*, chap. XIV.

5. Anecdote empruntée aux *Mémoires* des frères du Bellay, livre IX, mais l'explication est différente : c'est « par oubliance ou pour avoir trop d'affaires », selon les mémorialistes que M. de Boutières n'ouvrit pas la lettre.

6. Dans la *Vie de César*, chap. XVII.

7. Dans le *Démon familier de Socrate*, chap. XXVII.

8. D'après Plutarque, *Propos de table*, livre I, chap. III. Les éditions antérieures à 1588 ajoutent : « ou pour lui donner quelque avertissement à l'oreille ».

CHAPITRE V

1. Pierre de Montaigne, seigneur de la Brousse (1535-1595).

2. Anecdote empruntée à Plutarque, *Pourquoi la justice divine diffère la punition des maléfices*, chap. VIII.

3. Tiré du même traité, chap. IX.

4. Traduction d'une maxime de Sénèque, *Lettre 105*.

5. Exemple tiré de Plutarque, *Pourquoi la justice divine...*, chap. VIII.

6. Plutarque, même traité.

7. D'après le témoignage de Sénèque, *Lettre 97*.

8. D'après Plutarque, *Comment on se peut louer soi-même*, chapitre V.

9. Cette anecdote et la suivante sont tirées des *Nuits Attiques* d'Aulu-Gelle, livre IV, chap. XVIII.

10. Dans le livre XXXVIII, chap. LII.

11. Anecdote rapportée par Quinte-Curce, *Histoire d'Alexandre*, livre VI, chap. VII.

12. Raisonnement emprunté au *Commentaire* de Vivès, livre XIX, chap. VI.

13. Ce conte se trouve dans l'*Histoire* de Froissart, livre IV, chap. LXXXVII et dans l'*Apologie pour Hérodote* d'Henri Estienne, livre XVII, chap. IX.

CHAPITRE VI

1. Montaigne a déjà traité ces questions dans les essais XIV et XXXIV du livre I. C'est Cratès qui avait abandonné ses richesses pour s'exercer à la pauvreté.

2. Anecdote empruntée à Sénèque, *De tranquillitate vitae*, chap. XIV.

3. Allusion à la deuxième guerre de religion (1567) et à la troisième (1569-1570).

4. Le domaine de Montaigne était entouré de seigneuries protestantes. *Moiau* = Milieu.

5. Les protestants.

6. Hortensius, le rival en éloquence de Cicéron : il l'aida dans sa carrière oratoire et politique après les *Verrines*.

7. Montaigne a déjà exposé les mêmes idées dans les essais XXIV et XLVII du livre I.

8. Le mot squelette n'était alors employé qu'en médecine, l'expression courante étant : *anatomie sèche*.

9. Dans la *Morale à Nicomaque*, livre IV, chap. VII.

CHAPITRE VII

1. D'après Suétone, *Vie d'Auguste*, chap. XXV.

2. Institué en 1469 par Louis XI l'ordre fut très considéré jusque sous Henri II, mais la création de nombreux chevaliers sous Charles IX et Henri III le déprécia. Les témoignages de Brantôme, De Thou et Montluc confirment l'opinion de Montaigne. Lui-même, en dépit de ces réserves, était fier d'en faire partie.

3. Allusion à l'ordre du Saint-Esprit, institué par Henri III en 1578. Les premières éditions ajoutaient cet éloge de Plutarque traduit par Amyot : « Et nous étant si familier par l'air français qu'on lui a donné si parfait et si plaisant. »

TABLE

Table   607

LIVRE SECOND

IMPRIMÉ EN FRANCE PAR BRODARD ET TAUPIN
58, rue Jean Bleuzen - Vanves - Usine de La Flèche.
LIBRAIRIE GÉNÉRALE FRANÇAISE - 14, rue de l'Ancienne-Comédie - Paris.

ISBN : 2 - 253 - 02815 - 0 ✛ 30/1393/5